清末立宪运动史料丛刊 28

主编 胡绳武
副主编 牛贯杰 戴鞍钢

湖南谘议局

牛贯杰 编

国家清史编纂委员会·文献丛刊

山西人民出版社

本书获中国人民大学『中央高校建设世界一流大学（学科）和特色发展引导专项资金』支持

『十二五』国家重点图书出版规划项目

国家清史编纂委员会出版委员会

主　任　戴　逸

执行主任　马大正　崔建飞

委　员　卜　键　朱诚如　成崇德　郭成康

潘振平　徐兆仁　邹爱莲

学术秘书　赫晓琳　李　岚

《清末立宪运动史料丛刊》出版工作委员会

主　任　贾新田　胡彦威

副主任　姚　军　梁晋华

统　筹　蒙莉莉

委　员　（以姓氏笔画为序）

王新斐　冯灵芝　史美珍　刘小玲　吉　昊

李　靖　李　鑫　张小芳　张志杰　何赵云

杜厚勤　张彦彬　柳承旭　武　静　郝文霞

贺　权　贾登红　崔人杰　阎卫斌　傅晓红

翟丽娟　蔡咏卉　魏美荣

总序

戴逸

二〇〇二年八月，国家批准建议纂修清史之报告，十一月成立由十四部委组成之领导小组，十二月十二日成立清史编纂委员会，清史编纂工程于焉肇始。清史之编纂酝酿已久，清亡以后，北洋政府曾聘专家编写《清史稿》，历时十四年成书。识者议其评判不公，记载多误，难成信史，久欲重撰新史，以世事多乱不果。中华人民共和国成立后，中央领导亦多次推动修清史之事，皆因故中辍。新世纪之始，国家安定，经济发展，建设成绩辉煌，而清史研究亦有重大进步，学界又倡修史之议，国家采纳众见，决定启动此新世纪标志性文化工程。清代为我国最后之封建王朝，统治中国二百六十八年之久，距今未远。清代众多之历史和社会问题与今日息息相关。欲知今日中国国情，必当追溯清代之历史，故而编纂一部详细、可信、公允之清代历史实属切要之举。编史要务，首在采集史料，广搜确证，以为依据。必藉此史料，乃能窥见历史陈迹。故史料为历史研究之基础，研究者必须积累大量史料，勤于梳理，善于分析，去粗取精，去伪存真，由此及彼，由表及里，进行科学之抽象，上升为理性之认识，才能洞察过去，认识历史规律。史料之于历史研究，犹如水之于鱼，空气之于鸟，水涸则鱼逝，气盈则鸟飞。历史科学之辉煌殿堂必须岿然耸立于丰富、确凿、可靠之史料基础上，不能构建于虚无缥缈之中。吾侪于编史之始，即整理、出版“文献丛刊”、“档案丛刊”，二者广收各种史料，均为清史编纂工程之重要组成部分，一以供修撰清史之用，提高著作质量；二为抢救、保护、开发清代之文化资源，继承和弘扬历史文化遗产。清代之史料，具有自身之特点，可以概括为多、乱、散、新四字。一曰多。我国素称诗书礼义之邦，存世典籍汗牛充栋，尤以清代为盛。盖清代统治较久，文化发达，学士才人，比肩相望，传世之经籍史乘、诸子百家、文字声韵、目录金石、书画艺术、诗文小说，远轶前朝，积贮文献之多，如恒河沙数，不可胜计。昔梁元帝聚书十四万卷于江陵，西魏军攻掠，悉燔于火，人谓丧失天下典籍之半数，是五世纪时中国书籍总数尚不甚多。宋代印刷术推广，载籍日众，至清代而浩如烟海，难窥其涯涘矣！《清史稿·艺文志》著录清代书籍九千六百三十三种，人议其疏漏太多。武作成作《清史稿艺文志补编》，增补书一万零四百三十八种，超过原志著录之数。彭国栋亦有《重修清史艺文志》，著录书一万八千零五十九种。近年王绍曾更求详备，致力十余年，遍览群籍，手抄目验，成《清史稿艺文志拾遗》，增补书至五万四千八百八十种，超过原志五倍半，此尚非清代存留书之全豹。王绍曾先生言：“余等未见书目尚多，即已见之目，因工作粗疏，未尽钩稽而失之眉睫者，所在多有。”清代书籍总数若干，至今尚未能确知。清代不仅书籍浩繁，尚有大量政府档案留存于世。中国历朝历代档案已丧失殆尽（除近代考古发掘所得甲骨、简牍外），而清朝中枢机关（内阁、军机处）档案，秘藏内廷，尚称完整。加上地方存留之档案，多达二千万件。档案为历史事件发生过程中形成之文件，出之于当事人亲身经历和直接记录，具有较高之真实性、可靠性。大量档案之留存极大地改善了研究条件，俾历史学家得以运用第一手资料追踪往事，了解历史真相。二曰乱。清代以前之典籍，经历代学者整理、研究，对其数量、类别、版本、流传、收藏、真伪及价值已有大致了解。清代编纂《四库全书》，大规模清理、甄别存世之古籍。因政治原因，查禁、篡改、销毁所谓“悖逆”、“违碍”书籍，造成文化之浩劫。但此时经师大儒，联袂入馆，勤力校理，尽瘁编务。政府亦投入巨资以修明文治，故所获成果甚丰。对收录之三千多种书籍和未收之六千多种存目书撰写详明精切之提要，撮其内容要旨，述其体例篇章，论其学术是非，叙其版本源流，编成二百卷《四库全书总目》，洵为读书之典要、后学之津梁。乾隆以后，至于清末，文字之狱渐戢，印刷之术益精，故而人竞著述，家娴诗文，各握灵蛇之珠，众怀昆冈之璧，千舸齐发，万木争荣，学风大盛，典籍之积累远迈从前。惟晚清以来，外强侵凌，干戈四起，国家多难，人民离散，未能投入力量对大量新出之典籍再作整理，而政府档案，深藏中秘，更无由一见。故不仅不知存世清代文献档案之总数，即书籍分类如何变通、版本庋藏应否标明，加以部居舛误，界划难清，亥豕鲁鱼，订正未遑。大量稿本、抄本、孤本、珍本，土埋尘封，行将澌灭；殿刻本、局刊本、精校本与坊间劣本混淆杂陈。我国自有典籍以来，其繁杂混乱未有甚于清代典籍者矣！三曰散。清代文献、档案，非常分散，分别庋藏于中央与地方各个图书馆、档案馆、博物馆、教学研究机构与私人手中。即以清代中央一级之档案言，除北京中国第一历史档案馆所藏一千万件以外，尚有一大部分档案在战争时期流离播迁，现存于台北故宫博物院。此外，尚有藏于沈阳辽宁省档案馆之圣训、玉牒、满文老档、黑图档等，藏于大连市档案馆之内务府档案，藏于江苏泰州市博物馆之题本、奏折、录副奏折。至于清代各地方政府之档案文书，损毁极大，但尚有劫后残余，璞玉浑金，含章蕴秀，数量颇丰，价值亦高。如河北获鹿县档案、吉林省边务档案、黑龙江将军衙门档案、河南巡抚藩司衙门档案、湖南安化县永历帝与吴三桂档案、四川巴县与南部县档案、浙江安徽江西等省之鱼鳞册、徽州契约文书、内蒙古各盟旗蒙文档案、广东粤海关档案、云南省彝文傣文档案、西藏噶厦政府藏文档案等等分别藏于全国各省市自治区，甚至清代两广总督衙门档案（亦称《叶名琛档案》），被英法联军抢掠西运，今藏于英国伦敦。清代流传下之稿本、抄本，数量丰富，因其从未刻印，弥足珍贵，如曾国藩、李鸿章、翁同龢、盛宣怀、张謇、赵凤昌之家藏资料。至于清代之诗文集、尺牍、家谱、日记、笔记、方志、碑刻等品类繁多，数量浩瀚，北京、上海、南京、广州、天津、武汉及各大学图书馆中，均有不少贮存。丰城之剑气腾霄，合浦之珠光射日，寻访必有所获。最近，余有江南之行，在苏州、常熟两地图书馆、博物馆中，得见所存稿本、抄本之目录，即有数百种之多。某些书籍，在中国大陆已甚稀少，在海外各国反能见到，如太平天国之文书。当年在太平军区域内，为通行之书籍，太平天国失败后，悉遭清政府查禁焚毁，现在中国，已难见到，而在海外，由于各国外交官、传教士、商人竞相搜求，携赴海外，故今日在外国图书馆中保存之太平天国文书较多。二十世纪内，向达、萧一山、王重民、王庆成诸先生曾在世界各地寻觅太平天国文献，收获甚丰。四曰新。清代为传统社会向近代社会之过渡阶段，处于中西文化冲突与交融之中，产生一大批内容新颖、形式多样之文化典籍。清朝初年，西方耶稣会传教士来华，携来自然科学、艺术和西方宗教知识。乾隆时编《四库全书》，曾收录欧几里得《几何原本》，利玛窦《乾坤体义》，熊三拔《泰西水法》、《简平仪说》等书。迄至晚清，中国力图自强，学习西方，翻译各类西方著作，如上海墨海书馆、江南制造局译书馆所译声光化电之书，后严复所译《天演论》、《原富》、《法意》等名著，林纾所译《茶花女遗事》、《黑奴吁天录》等文艺小说。中学西学，摩荡激励，旧学新学，斗妍争胜，知识剧增，推陈出新，晚清典籍多别开生面、石破天惊之论，数千年来所未见，饱学宿儒所不知。突破中国传统之知识框架，书籍之内容、形式，超经史子集之范围，越子曰诗云之牢笼，发生前所未有之革命性变化，出现众多新类目、新体例、新内容。清朝实现国家之大统一，组成中国之多民族大家庭，出现以满文、蒙古文、藏文、维吾尔文、傣文、彝文书写之文书，构成为清代文献之组成部分，使得清代文献、档案更加丰富，更加充实，更加绚丽多彩。清代之文献、档案为我国珍贵之历史文化遗产，其数量之庞大、品类之多样、涵盖之宽广、内容之丰富在全世界之文献、档案宝库中实属罕见。正因其具有多、乱、散、新之特点，故必须投入巨大之人力、财力进行搜集、整理、出版。吾侪因编纂清史之需，贾其余力，整理出版其中一小部分；且欲安装网络，设数据库，运用现代科技手段，进行贮存、检索，以利研究工作。惟清代典籍浩瀚，吾侪汲深绠短，蚊衔蚊负，力薄难任，望洋兴叹，未能做更大规模之工作。观历代文献档案，频遭浩劫，水火兵虫，纷至沓来，古代典籍，百不存五，可为浩叹！切望后来之政府学人重视保护文献档案之工程，投入力量，持续努力，再接再厉，使卷帙长存，瑰宝永驻，中华民族数千年之文献档案得以流传永远，沾溉将来，是所愿也！

二〇〇四年

序言

胡绳武

清末立宪运动是一场全国性的政治运动。这场运动历时9年（1903—1911），波及除内外蒙古、青海、西藏之外的全国22个行省（内地18个省、东北三省和新疆），对辛亥革命前后的中国政治、经济、社会和思想文化均产生过重要的影响。这场运动的人和事，自宣统年间以来不断地有国内外学者们进行研究和评议。由于研究者的立场与观点不同，对这场运动的人和事的评议自然是见仁见智的。但研究者们一致感到研究立宪运动的困难之一在于史料相对缺乏。中华人民共和国成立后，国家重视对近百年历史的研究，在中国史学会的主持下，曾出版过一套《中国近代史资料丛刊》。这套资料的出版对中国近代史的教学与研究曾产生了很好的推动作用，但这套资料丛刊却没有把立宪运动包括在内。

有关立宪运动的文献资料，除1979年中华书局出版过一部《清末筹备立宪档案史料》外，尚无一套比较完整的立宪运动文献资料丛刊，这给中国近代史的教学与研究带来一定的影响。为此，中华书局编辑部于1986年曾拟定编辑一套《立宪运动》的文献资料，作为《中国近代史资料丛刊》的续编出版，并邀请我作为这套文献资料丛刊的主编。我当时因为正在撰写《辛亥革命史稿》，无力承担此项工作而加以婉拒。当时中华书局近代史编辑室的主任陈铮向我表示这项工作可在《辛亥革命史稿》完成以后再着手进行，并希望我能将此项工作接受下来。当时我的研究生程为坤讲师也希望我将这项工作接受下来，并表示愿意全力帮助我完成文献资料的搜集与整理工作。这样，我就终于将此项工作接受下来，并开始注意有关立宪运动文献资料的搜集工作。1990年以后，《辛亥革命史稿》的撰写工作虽然已经完成，程为坤却已出国留学，我又年近七十，无力单独承担，此项工作遂告中断。其后，我曾争取与中国人民大学图书馆古籍整理研究所合作，希望继续完成这套资料的搜集与整理工作，后因故再次中断。已经搜集却又未经整理的有关立宪运动的文献资料只好堆积存放。

2002年国家清史纂修工程启动后，清史编纂委员会主任戴逸教授动员我组织力量，将《立宪运动》这套文献资料的整理工作作为国家清史纂修工程文献整理项目之一继续下去，争取完成。我考虑到早在1986年即已接受中华书局近代史编辑室委托，承担《立宪运动》的主编工作，中途虽因客观原因中断，但我内心总觉得对学术界和出版社欠了一笔账，不免感到内疚，现在有机会将这套《立宪运动》作为清史文献项目之一列入计划，这是给我完成上世纪中断了的《立宪运动》这套文献资料的一个极好机会，遂于2004年向国家清史编纂委员会正式提出申请，并于2005年获得通过，正式立项。

这套《清末立宪运动史料丛刊》总的要求是，能够较为全面地反映这场运动的发展全貌，对该运动发生的历史背景、酝酿与兴起、发展和声势、它与民主革命运动及清廷预备仿行立宪的关系、立宪团体、立宪派人士的思想与活动，以及该运动对于中国近代社会历史所造成的影响诸方面，均得到合乎实际的说明。

以往《中国近代史资料丛刊》的编辑方法大致有三种：一是按资料的类型进行整理编辑，如《太平天国》；二是按事件发展进行编辑，如《辛亥革命》；三是二者结合，如《第二次鸦片战争》。本套文献资料大体依照第三种形式，从以下八个方面对相关资料进行搜集、整理与编辑：一、立宪运动的酝酿与发动；二、立宪派与革命派的论战；三、清廷的预备仿行立宪；四、立宪团体；五、国会请愿运动；六、资政院；七、各省谘议局；八、有关立宪运动的外文资料。谘议局文献的选编范围涉及12个行省，即顺直谘议局、奉天谘议局、吉林谘议局、山西谘议局、山东谘议局、江苏谘议局、浙江谘议局、福建谘议局、广东谘议局、江西谘议局、湖南谘议局、四川谘议局。参加本项目的成员及分工如下：中国社会科学院近代史研究所李细珠研究员（立宪运动的酝酿与发动、福建谘议局），清华大学马克思主义学院王宪明教授（立宪派与革命派的论战、有关立宪运动的外文资料），首都师范大学历史系迟云飞教授（清廷的预备仿行立宪），北京大学历史系尚小明教授（立宪团体、国会请愿运动、山西谘议局、山东谘议局），中国人民大学历史学院牛贯杰副教授（资政院、湖南谘议局、广东谘议局），北京师范大学历史学院邱涛副教授（顺直谘议局），中国社会科学院法学研究所孙家红副研究员（奉天谘议局、吉林谘议局），上海图书馆上海科学技术情报研究所高洪兴研究员（江苏谘议局），广东警官学院法律系沈晓敏教授（浙江谘议局），中山大学历史系廖伟章教授（广东谘议局），南昌大学历史系黄志繁教授（江西谘议局），四川大学城市研究所何一民教授（四川谘议局）。

值得说明的是，这套文献资料丛刊立项伊始，清史编纂委员会考虑到我年事已高，故建议增加一位项目主持人，我们经过商议，聘请复旦大学历史系戴鞍钢教授为主持人。项目进行期间，他审阅了700余万字的文稿，并提出具体的修改意见，帮助我承担了不少审阅初稿的任务。牛贯杰副教授承担了大量烦琐沉重的学术辅助工作。清史编纂委员会文献组的王汝丰教授、出版组孟超编审对本项目给予了特别的关心与指导。没有他们的帮助，很难相信这套文献资料丛刊能够如期完成，在此表示诚挚的谢意。同时，山西人民出版社的领导也给予了特别的关注，编辑们付出了辛勤的努力，在此一并致谢。

当然，囿于种种因素，我们不可能将22个行省的谘议局文献全部搜求于内，只选择性地摘取了12个行省的相关文献，这些省份涵盖了沿江沿海、中原腹地、京畿重地与清王朝的龙兴之地——吉林与奉天两省。此外，我们对各省谘议局文献的选编原则以谘议局本身文献为主，因此，规模方面无法做到整齐划一，而且数量各有不同。这些不足和局限，衷心期待学术界进行批评和补正。

2014 年 10 月

凡例

一、本文献为类编资料，资料来源均在正文结尾处标明。

二、本文献按照立宪运动发生、发展的脉络分为三十卷，各卷内容为：第一卷，立宪运动的酝酿与发动；第二卷，立宪派与革命派的论战；第三至六卷，清廷的预备仿行立宪；第七至八卷，立宪团体；第九至十卷，国会请愿运动；第十一至十二卷，资政院；第十三卷，顺直谘议局；第十四至十五卷，奉天谘议局；第十六至十七卷，吉林谘议局；第十八卷，山西谘议局；第十九至二十卷，山东谘议局；第二十一至二十二卷，江苏谘议局；第二十三卷，浙江谘议局；第二十四至二十五卷，福建谘议局；第二十六卷，广东谘议局；第二十七卷，江西谘议局；第二十八卷，湖南谘议局；第二十九卷，四川谘议局；第三十卷，有关立宪运动的外文资料。

三、文献史料如有原名，一律沿用；如没有原名，则由整理者自行拟定，文中注明。

四、资料原文所用繁体字，在不会造成歧义的情况下改为通行简化字。某些具体人名、地名不在此限。异体字、通假字尽量保持文献原貌。

五、本书在纂辑过程中，对清末惯用的一些字词，悉仍其旧，如“豫备立宪”、“豫算”、“筹画”、“画一”、“澈底”、“坐次”、“帐目”、“缕晰陈之”、“详晰”、“人材”、“发见”、“札覆”、“叠次”、“身分”、“省分”、“择尤”等。文中还有许多反复出现的字词属于此种情形，不在此一一列举。

六、文献资料均由编者标点、分段与校勘。错别字用（ ）标出，并于〔 〕中标明正确字，脱字以【 】标明，衍字以〈 〉标明，无法辨识文字和原公文中故意省略之字，均以□标示。

七、原稿繁体竖排，今改为简体横排。原稿中“左”、“如左”、“左列”、“右”、“如右”、“右列”等文字均保留原貌，一律不作改动。

八、为便于读者更好地利用资料，整理者对有必要加注的地方一律加注，以脚注标明。

整理说明

一、《湖南谘议局文献》选取内容为湖南省谘议局本身文献，计有《湖南谘议局筹办处报告书》、《湖南谘议局第一届报告书》（五卷）、《湖南谘议局己酉议事录》、《湖南谘议局议员通问录》、《湖南谘议局己酉议决案》、《湖南谘议局第二届常年会议员一览表》等。

二、文献各篇内容一般不作改动，然对于有损少数民族形象的字眼作了必要改动，凡脱漏、重叠、错误等情况均予校正。

三、关于原文避讳及称谓简化情形一律照录，未作改动。

牛贯杰

2016年10月

目录

湖南谘议局筹办处报告书

奏咨类

编制类

札饬类

函电类

禀牍类

告示类

湖南谘议局第一届报告书

公文类

甲、关于议案者

乙、关于质问者

丙、关于陈请者

丁、关于规则者（凡局内细则非经呈请督抚核准者不载）

戊、关于互选者（凡议员之开缺、补缺者附之）

己、关于经费者

庚、其他

信札类

电报类

湖南谘议局议员通问录

湖南谘议局议事录

湖南谘议局议事录附表

谘议局地方行政经费预算案总说明

地方行政经费经常门

地方行政经费临时门

湖南谘议局议决案

湖南谘议局筹办处报告书

奏咨类

湖南巡抚岑春蓂奏设谘议局筹办处及开办情形折

奏为遵设谘议局筹办处、选派官绅设处开办恭折仰祈圣鉴事。窃臣恭阅光绪三十四年六月二十四日电传阁抄奉上谕："朕钦奉慈禧端佑康颐昭豫庄诚寿恭钦献崇熙皇太后懿旨：宪政编查馆、资政院、王大臣等会奏拟呈各省谘议局及议员选举章程一折，谘议局为采取舆论之所，并为资政院预储议员之阶，议员基础即肇于此。事体重大，亟宜详慎厘定。兹据该王大臣拟呈各项章程，详加披阅，尚属周妥，均照所议办理。即著各督抚迅速举办，实力奉行，自奉到章程之日起，限一年内一律办齐等因。钦此。"仰见朝廷推行宪政切实豫备之至意，钦服莫名，旋准宪政编查馆咨开。现在谘议局尚未成立，各省应就省会地方先行设立该局筹办处，由督抚钦遵谕旨，选派公正明达官绅创办其事，详细章程由各省自行酌定、咨送备查等因。恭录谕旨刷印原奏清单，并拟定选举票、投票匭及当选议员各执照格式咨行到湘。臣维谘议局为议院之基础，筹办处又为谘议局之阶梯，事体重大，条理烦密。当此创办伊始，凡调查选举之方法、建筑设立之规制，以及遴派经办员绅、明定办事权限、酌分选举时期、筹备经常费用等事，均须细心考究，切实区画，且被选议员即为参议政事之人，尤非全省地方官会同正绅通力合作、秉公经办不足以期完善而昭慎重。现经臣遵奉厘定就省城设立谘议局筹办处，派藩、学、臬三司为总办，檄委盐法、巡警、劝业三道及照会在籍绅士、内阁学士衔前国子监祭酒王先谦、前掌江南道监察御史赵启霖、翰林院编修谭延闿、广西候补道汤鲁璠为会办，湖南候补道张鸿年为驻处会办，由臣督同该总会办择定设处宇舍、订立章程分科治事。选任长沙府及长沙、善化两县并通达治理熟悉法政之员绅，分别派充提调科长、科员，筹备设立谘议局一切事宜。业经设处开办，俟谘议局筹办就绪，即将该处裁撤，用符定章。至选举议员，事属创办，端绪烦多，湘省风气开通未久，各府、州、厅、县见闻或有囿隘办理，恐致纷歧，特将宪政编查馆原奏章程及票匭执照各格式仿印多本札发，饬令先行切实研究，并饬筹办处代拟各区域初选、复选办事细则分发各府、州、厅、县遵照办理，以期画一而免周折。该处所需一切经费已饬善后局随时筹拨，其各属选举需用款项恐各该地方自备维艰，一并由省酌发，仍饬撙节动用，核实造报，均请作正开销。除咨宪政编查馆、资政院、吏部、度支部查照外，所有遵设谘议局筹办处、选派官绅设处开办缘由，谨会同湖广总督臣陈夔龙恭折具陈，伏乞皇上圣鉴，谨奏。

奉朱批：该衙门知道。钦此。

湖南巡抚岑春蓂奏调编修谭延闿回湘办理谘议局筹办处事务照章免扣资俸折

再，翰林院编修谭延闿籍隶湘省，品端学裕，体用兼赅，近年在籍办理学务，热心公益，于新政事宜尤能悉心研究，合无仰恳天恩俯念湘省要政需才，敕令谭延闿回湘会同办理谘议局筹办处一切事务，并恳照章免扣资俸，俾得尽心职事出自鸿慈，除分咨查照外，理合附片陈请，伏乞圣鉴训示，谨奏〈奉〉。

湖南巡抚岑春蓂奏筹办谘议局选举事宜第一届期满限内办理情形折

奏为筹办谘议局选举事宜，遵将第一届期满限内办理情形恭折具陈仰祈圣鉴事。窃臣前承准宪政编查馆咨光绪三十四年八月初一日奉上谕："朕钦奉慈禧端佑康颐昭豫庄诚寿恭钦献崇熙皇太后懿旨：宪政编查馆、资政院会奏进呈宪法议院选举各纲要暨议院未开以前逐年应行筹备事宜一折，单开逐年应行筹备事宜，均属立宪国应有之要政，必须秉公认真次第推行，即责成内外臣工遵照单开各节依限举办，每届六个月将筹办成绩胪列奏闻，并咨报宪政编查馆查核等因。钦此。"又于十二月二十七日钦奉上谕："宪政编查馆奏定各衙门应归第一年筹办之事，现已据陆续具奏，至明年以后所有分年应行筹备各事，著内外各衙门按限妥筹，次第举办，毋得始勤终懈。等因。钦此。"当即钦遵先后恭录通饬各府、州、厅、县一体切实办理。伏查宪政编查馆奏定考核专科章程第三条内载九年筹备事宜，每届六个月将筹办成绩胪列奏闻。自光绪三十四年八月起至十二月底止为一届，每年二月内、八月内各具奏咨报一次等语。臣维选举调查为谘议局成立之始基，关系至为重要，开办之初头绪繁赜，诚恐各属办理未能如法。前于上年十一月间奏明设立谘议局筹办处后，当经督饬该处按照宪政编查馆原奏章程，体察湘省情形，酌议选举调查事务所通章、调查员注意并投票所、开票所选派管理员、监察员等项办法细则，由臣核定通饬遵办，俾归划一。各处于选举事宜凡有疑义，随时禀经臣电询宪政编查馆核示，转饬照办。嗣因各属办理不免观望迁延，复经分别电檄饬催暨酌定办事期限表，分列功过，藉资劝惩，并将禀报迟缓各员予以记过，以示儆戒。筹办处会办绅士前广西右江镇总兵黄忠浩等〈在〉于省城设立选举调查研究所，集各处士绅将调查选举方法切实研究，以期人皆练习为筹办处之助。各属亦由筹办处饬令附设研究所于事务所，俾得一体讲求。第各府州绅士与筹办处官绅声气隔阂，难期融洽，饬令该府州选请在籍公正明达之绅充任名誉参议，与处绅随时直接函商，以收集思广益之效。其风气未甚开通之区，由省酌派明于法政士绅前往帮办，选举事宜不复分派司选员。盖因阖省共有七十八厅、州、县，实无如许练达之员堪以充当，且所派如不得人，该地方官绅转得有所诿卸，是以不能不详酌审慎。惟湘边毗连黔、粤，各属近者千余里，远者几二千里，不通电报之区公文往返动须月余，定章正月十五日为初选期，三月十五日为复选期，选举人名册须于选期六个月以前告成，为时太促，万难赶办。前经咨明宪政编查馆，将调查造册及申转复核一应事宜限令各属于本年四月以前一律办竣，拟定五月初一日为初选举投票期，六月二十一日复选举投票期，仍限于九月初一日为开设谘议局之期，不准迟误，以后初选、复选日期仍照定章办理。现查各属调查选举资格、编造选举人名草簿已据陆续申赍，其第二届期内应办事宜亦已预为筹备，臣惟有随时认真督催，总期依限办竣，不稍延误，以仰副朝廷慎重宪政之至意。除将拟定选举调查事务所等项章程细则咨送宪政编查馆查核暨咨资政院查照外，所有筹办谘议局选举事宜第一届期满限内办理情形，理合会同湖广总督臣陈夔龙恭折具奏。伏乞皇上圣鉴。

再，应建造谘议局房屋，现在派员采勘地基，参酌各国议院规制量为变通，详细绘图核实，估计一俟勘估明确即行筹款兴造，奏明办理所需建筑各项经费应请作正开销，合并陈明。谨奏。

湖南巡抚岑春蓂奏丁忧湖南试用道朱祖荫留湘差委、会同在籍广西存记道汤鲁璠监修谘议局工程片

再，湘省举行新政并整顿财政事宜，须得办事认真、体用兼备之员帮同经理。臣附片奏明檄指分湖南试用道朱祖荫来湘委办铜元官钱各局事务，遇事详细钩稽，甚为核实。该员引见到省后仍办官钱局事务，上年八月间添派会办清理财政事宜。湘省现应建造谘议局房屋，观瞻所系宜仿各国议院之式，并考查本省议员人数酌量建筑。工程固无取华美，规模必须完备，亟应慎选明干大员克期修造，经臣督同谘议局筹办处司道一再商酌，查该员朱祖荫与在籍广西存记道汤鲁璠干练有为，才猷素著，平日于各项工程均能切实讲求，业经檄委该员等会同妥为经理监修，以期试用。惟朱祖荫现在本生母病故，丁降服忧，合无仰恳天恩俯念湘省要政需才，准将该员朱祖荫仍留原差，俾资得力，除咨吏部查照外，理合附片具奏。

奉朱批：允行该部知道。钦此。

湖南巡抚岑春蓂奏报采定谘议局地址并本届开会暂借用府学明伦堂片

再，湖南省谘议局房屋前经派员采勘地基、参酌规制、估工绘图、筹款建修，于奏报第一届筹备情形折内声明。旋复附片奏请将丁忧湖南试用道朱祖荫仍留官钱局总办原差，与在籍军机处存记广西补用道汤鲁璠经理监修事宜，奉旨允准在案。嗣经采定抚标中军参将衙署并练军营房地址宽衍，当饬该参将移住拟裁

抚标右营游击署内，其练军亦移扎城垣，即将该衙署营房旧有屋宇一律撤毁，参仿各国议院制度兴修谘议局，正在估计建筑。惟谘议开局在即，其房屋一时尚难竣工，臣与筹办处司道会商绅士议定，本届开会暂就长沙府学明伦堂，修饬精洁、略加扩充作为会所，业将应设之议长、议员、旁听、书记各席妥为布置，以便届期举行。所有借用谘议局会所缘由，除咨宪政编查馆查照外，理合附片具奏。伏乞圣鉴。谨奏。

奉朱批：允行该部知道。钦此。

编制类

湖南谘议局筹办处开办章程

第一章　宗　旨

第一条　本处为奉旨设立，名曰“湖南谘议局筹办处”，专掌筹办谘议局事宜，现设长沙省城，俟谘议局成立遵章禀请裁撤。

第二章　职　员

第二条　本处除奉抚部院檄委藩、学、臬三司兼充总办，盐法、巡警、劝业三道兼充会办，长沙府兼充提调，长沙、善化两县兼帮办提调外，其余专任职员由抚部院选公正明达官绅充之，遇事禀承，核定施行。

第三条　本处应派专任职员：一驻处会办，一会办绅士，一驻处提调，一科长，一科员，会办至提调科长均由抚部院委派科员，由本处选定详情委充。

第三章　设　科

第四条　本处拟设三科。

一司选科，暂设四员。

（一）分理检察各属选举之名册报告及关于选举各事宜。

（二）分理撰拟管理监察一切方法及通饬各府、厅、州、县一切施行细则并批答各属疑问事件。

一文牍科，暂设四员。

（一）分理撰拟公文函件。

（二）分理本处收发文件及监用关防各事宜。

一庶务科，拟设二员。

（一）分理本处银钱出入、购置修理、应用器具经理处中一切物件。

（二）分理本处杂务及稽查印刷绘画图式各事宜。

一拟设书记十六员，分一、二、三等分别派充。

第四章　权　限

第五条　总办：总理本处一切事务。

第六条　会办与会办绅士：会议办理本处一切事务。

第七条　提调：应禀承总办、会办，会同科长率同各科科员办理本处事务。

第八条　科员：商承本科科长，分任本科事务。

第九条　一等书记：掌管紧要文件收检卷宗并撰稿缮写事宜。二等书记：撰拟例稿缮写禀详册籍等件。三等书记：缮写咨移章程表册并一切文札杂件。

第五章　经　费

第十条　本处经费分为常年费、开办费二类，详请抚部院指款拨用。

第十一条　各属办理选举调查一应事宜须用经费，应由处妥议办法，详请抚部院核示遵行。

第六章　治事规则

第十二条　本处职员除地方现任官不必每日到处外，其余各员每日按时到处，按照另定治事规则分职办事，春、冬两季巳正到处，申正散；夏、秋两季辰正到处，申初散。本处设注到循环簿，自提调以下每日到散时刻各在簿亲笔分注，簿交收发委员专管，每日呈驻处会办过目，提调盖章，月终呈总会办察核。另设治事循环簿，局员人各一册，逐日记载所办事件，以半个月为一期，由提调汇呈总会办察核。

第十三条　局员如有紧要事项须请假，过三日外者应先书明事由呈报，并托人代办须经总会办认可其请假；在三日以内者各科员以次应报明提调科长认可。

第十四条　本处所拟章程以奉文日起为施行之期，如有未尽事宜，应行修改者随时呈请抚部院核定施行。

拟定各属选举调查事务所通章

一、本所借设××厅××州××县治某公所（或劝学所，或商务工会，或巡警公所及一切公益团体所在，均可借设），由初选监督刊发戳记，纵横径寸，文曰“某某选举调查事务所”摹式赍筹办处核阅。

二、本所办事人以现办各公所首士及乡望素孚各正绅，由初选监督选择照会派充，各尽桑梓义务，一概不领薪水，夫马驻所者只开火食。

三、本所经费由初选监督将省城筹办处所发经费酌给领用。倘有不敷，在本地各公所原有经费内匀拨，城内调查纸张费及四乡派员调查纸张费、夫马火食费均由本所支发，断断不准各调查员在城乡户口敛费分文，本所并不得借此名目添筹别项捐款。

四、调查员城内按段派员，四乡按团或按都、或按区、或按段派员，统名为“临时调查员”。此项人员应派出多数，以期同时并举，迅速竣事，派定后各员即日出发调查。查毕，各员立时撤散。概选愿尽义务之士，不支薪水，惟派往四乡人员按其路之远近、时日之多寡酌给夫马火食，由各该员据实记帐交由本所核销。以外如有因公必需日费，亦准据实报销（城内不在此例）。严禁下乡需索分文，如有借端索扰，由本所察知或初选监督访闻以及被人告发加等治罪。

五、本所以调查草簿造成后呈初选监督核定选举人名册，即为本所撤销之日。

六、选派调查员及调查员办事之规则。

（甲）调查区域即依本地原有之区域配定地方宽廓者，不妨多分若干区（投票区定章有限制定数，调查分区多寡并无限制）。

（乙）调查员先尽本处士绅选派，如不足或无人再就邻区拣充。此项调查员务须具有左列各项资格：

（一）年在二十五岁以上；

（二）熟悉本区情形；

（三）有学问知识；

（四）品行无亏；

（五）不染嗜好；

（六）现未被控有案。

（丙）调查员由本所会绅公同选拟开单，呈初选监督复核派定后，即由本所照单各给调查证书一纸，其式如下：调查证书须随同调查草簿缴呈本所，事竣连同存根一并呈由初选监督核销。

执照　×××号××（人名）现派充×××（地名）调查选举资格之临时调查员，应需纸张夫马火食等费（城内派员未给夫马火食者注明“自备”字样）概由本所酌给备带，毋庸调查之处供给须至证书者。

×××年××月××日　　选举调查事务所给　　（此上应盖戳记）

×××字××××号　　骑缝须盖戳

存根　×××号现派充×××调查选举资格之临时调查员除给证书外须至存根者

×××年××月××日　　×××选举调查事务所

（丁）调查员姓名及住址由本所开单呈初选监督榜示各处，并须开一总单，各调查员人给一纸，以便彼此接洽。

（戊）调查员应随身携带调查员证书（此项证书凡在公共场所齐集时应宣示大众认阅，按户调查时须给与该户阅看以外，无论何人欲请阅看者均须随时给阅）及选举章程与表解调查选举资格草簿、记事簿、笔墨等件。

（己）调查员须先知照该区团总或都总及本地父老协助，并须会同先在该区剀切演说选举之关系与选举权之利益及调查之并无骚扰，俾免误会或致放弃权利。其调查财产一项尤须透切解说，告以决无捐派等事。

（庚）调查五项资格内，文七品、武五品以上凡候补、候选人员曾经署理、代理者均与实缺无异，一律入册；候补、候选而未经署理、代理者不在此例，另发文七品、武五品以上各职官表一纸备查。

（辛）调查员到本区时应与邻区调查员接洽，以免交界之区脱漏重复。

（壬）调查期限每区每员从派定出发之日起算，大率以半月为度，各员依期查竣缴草簿于本所。

（癸）调查时之每日时间以晨八时起至午后五时止（被调查者因特别事情而有约定时间者不在此例）。

（子）调查员对于被调查人须谦和庄肃，总以不伤感情为度，调查时除应询各件（即选举章程所规定应调查者）以外，不得夹查别事，被调查者如详询选举情形及谘议局利益者，调查员须明晰回答，不得厌烦。

（丑）被调查者他出无法询问时，应告其家人约定日期再往调查；如其家无人则托其邻右转达。如调查员赴第二次之约又不遇，则示以己之住址，约以定期，嘱其自来呈报；如再不践约，则商由该区各董事等设法调查，务以查得为止。但如被调查人或种种规避始终不受调查，则可视为自己放弃权利，应由调查员特别详细载入记事簿中，报由本所查核。

（寅）被调查者如举家外出，应询其邻右或其戚属，再证以本区各首事有无选举资格，仍分别照章填注。惟此种被调查之户应特别载明调查簿，报由本所查核。

（卯）调查员于选举人资格务须恪守定章，分别合格、不合格，不得稍有徇隐通融。倘被调查者自谓合格，而调查员确查得其并未合格；或被调查人自谓并未犯有不合格，而调查员确查得其实犯有不合格者，应据实分别载明调查簿，报由本所查核。

（辰）调查时或有疑义不能确定，应书之记事簿，交由本所核办。

（巳）被调查者如有嫚骂无礼等事，调查员应即退出，报告本所核办，不得当时与之忿争。

（午）调查时须照表式详细填注，不得舛误遗漏。

（未）被调查人于有选举权五项之资格内有一项合格者，即为应有选举权之人，但于不得有选举权八项事故，犯有一项则无论于五项资格内有若干项合格，均作为无效。即如吃食鸦片者，则虽有举贡生员以上之出身，或曾任实缺文七品、武五品以上未参革之官职，或有五千元之财产，各项应有选举权资格均作为无效，余可类推。

（申）调查之合选举资格者须给以调查证一纸，其式如下：

一户×××，调查讫××××，须至调查证者

××××年××月××日×××调查员×××　签字

此项证纸亦须立存根簿，事毕交本所存查。

（酉）调查员须注意各则另单开列。

（戌）调查员犯有下列一至三事项，或为人告发，或为本所访闻查实，由本所立即报告初选监督，调销调查证书，立解其任；其犯有第四项者，如情节较重，并须报由初选监督与以相当之惩罚。

（一）品行有亏；

（二）旷废职务；

（三）填注不实；

（四）藉端索扰。

（亥）凡合选举资格之人，或本籍而现寄居于外府、外县以及外省者，或外府、外县以及外省之籍而寄居于本籍者，均应各于草簿分别提造，以便造册时分别列出核办。

七、本所收到各区调查员调查草簿，随时派员复查（此项复查员亦一律给以证书，注明“复查员”字样，甲区调查员事竣可派作乙区复查员，本所员绅有可分身担任者亦可派充）。于（丑）、（寅）、（卯）、（辰）各条尤须加意复加查核。

八、派出各调查员及复〈调〉查员本身应有选举资格，统俟各员调查告竣后由本所照章核定，分别加入册内。其本所办事人应有选举资格，由初选监督核定，分别加入册内。

以上各项章程、规则照章本应由初选监督拟定，呈由复选监督核行。本处因恐时期迫促，各属或因此辗转担延时日，是以代为拟定，各属务须按照章程因地制宜，克日依次办理，并先由官绅会同将发去各项规章详晰研究，如有疑义或有所引伸之处，并刷印原件或有讹误，均准直接函达本处询商，藉收集思广益之效。

筹办处识

调查员注意

一、调查须详细载登草簿。草簿为总人名册，将来选举人名册即由此簿分别提出，若日后被调查者别有异议，亦可查取草簿为凭。

一、凡年满二十四岁（定章须二十五岁，今年已有二十四岁则明年选举时年岁已为合格；若系明年年龄则须满二十五岁）以上之男子有合谘议局章程第三条选举资格之一者一律入簿。如有不能决定之处，即于簿中注明。

一、遇数户同居一姓分炊等家，均须分别调查，以免脱漏。

一、选举人年龄例如满二十四岁，如系今年调查概填明年之年岁，如系明年调查则即填明年本年年岁。至于办学务各公益事须满三年以上，则概照已往经历之年期填注，切勿预连来年计算，以免纷乱。

一、凡至一家调查时，须先嘱被调查者确实陈说，告以不实则恐被攻讦。

一、填写被调查者姓名时，有别号者均须填写。

一、凡职官及举贡生员之籍贯，均以官册为凭，其余则以现住之县为本籍住所地，名之上须列明某府某县。

一、办理学务，指曾办学堂而言。

一、公益事务，如乡团、都团、董事及各项善举公所董事各团体职员曾经地方官谕委者。

一、学堂毕业文凭，须调查文凭上何项学堂并年限若干，一一入册。

一、营业资本如铺店、现有金钱、货物之类，不动产如田地、房屋，皆是两项，各值若干，均须分别注明草簿。

一、遇有父子、兄弟、叔侄同居之家，其资产值五千元以上者，须由其家自愿确指相当之人列名入册。

一、兄弟未分家共有五千元以上资产，则听用一人入册，或兄或弟听本人自便（其余一人草簿亦须附填）。

一、凡在外为现任官或因职业他出不在乡里者，一例入册，惟须于册上注明。

一、一人有两住所与否，调查员须随时问明。

一、本地人曾任职官及有举贡生员以上之出身者，虽无住所，仍应入册。

一、调查时无论其人有选举资格与否，凡谘议局章程第六条、第七条、第八条所列各事项须随时问明或查明，有则记入草簿。其目详后：

一、品行悖谬、营私武断，此两项均以被控有案、经官判实者为断；

一、曾处监禁以上之刑者，指现行律徒以上之刑而言；

一、营业不正者；

一、失财产上之信用、被人控实尚未清结者，指倒账被控、有案未了者而言；

一、吸食鸦片烟指吃而未戒、戒而未断者而言；

一、有心疾者指疯癫白痴而言；

一、身家不清白者；

一、不识文气者以不能自书选举票为断。

以上为第六条所列之事。

一、本省官吏或幕友官吏，指寄居十年又有一万元以上之财产，而现为本省现任或候补之职官而言，教官不在其内；幕友指在官幕办刑名、钱谷等事者而言（书吏与幕友同）；

一、常备军人及征调期间之续备、后备军人，现在尚无续备、后备军人，则指现当征兵及现在巡防队各营伍及充警兵者而言；

一、巡警官吏指管带警兵者而言；

一、僧道及其他宗教师；

一、各学堂肄业生指现在学堂者而言，若系讲习所、传习所，不在此例；

以上为第七条所列之事。

一、现充小学堂之教员者，须注明该学堂之地址及名称。

此为第八条所列之事。

调查员注意附则

一、调查员至该区时，先明白宣讲选举之利益，并申明并非为税丁抽捐之故，俾众周知。接晤本区都团、董事、团总及本镇士绅、体面商家等，详询本区内有合选举资格者若干人，乡人见闻较确，不难得其大概，即据所述先行载入记事簿中。

一、调查员须按户亲赴各处调查，不可忽东忽西，亦不可参差错落；查明后，一面填入草簿，一面将合格人名详开一单，缮写多分，遍贴交通最便之处，并声明：如有遗漏，准本人于若干日内亲向调查员陈明，如确系合格即行补录，其余未尽事宜载入记事簿中，报告事务所查核。

拟定各属分划投票区，设立投票所、开票所，选派管理员、监察员办法细则

第一节　分划初选投票区，设立初选投票所

第一条　投票区由初选监督〈在〉于本管境内按照原有之区域分划，或以团计，或以都记，各照行政上之习惯以归简易，惟须酌量地段之阔狭、人口之多寡，或以一团、一都为一区，或并数团、数都为一区，如有已经划定学区之处，即可以学区为投票区，每厅或每州或每县至多不得过十区之数（此专指投票分区而言，其调查选举分区则不加限制）。

第二条　投票区分划后，由初选监督派定某处为第一区，某处为第二、第三等区，以便依次编造投票簿。

第三条　每投票区应设投票所一处，须设于该投票区适中之地，公所、祠庙均可借用，惟须地方宏敞，且有两门，可以由此门入、由彼门出者（办法另详《投票所办事细则》）。

第四条　投票区、投票所分定后，由初选监督将本管初选举全区绘一总图，用界线界出各投票区四至，其区内最著地名及设投票所之处暨该区之里数均须详细注明；于宣示选举人名册前，将绘图专差飞速分赍本处及复选监督核定。

第五条　投票区、投票所经复选监督核定后，初选监督即多出白话告示晓谕，俾各区选举人临期各赴各投票所投票，何区应在何所投票尤应剀切详明，俾免投赴错误；并声明投票人以本投票区为断，其所举之人则不必拘定本区，凡同初选举区之人均皆可举，以免误会。

第六条　投票区宜早划定，调查选举资格时即按区调查，以便编造投票簿；其投票区较广者可分为数调查区，调查毕仍合数调查区为一投票区，每一投票区即造一投票簿，庶免误造。

第二节　遴派初选投票管理员、监察员

第七条　投票管理员每区至少应派三员，照章不论官绅，惟须品行端谨、心气和平、不染嗜好、现无控案并能认识本区选举人，先期令将投票管理各方法研究，由初选监督会绅公同选拟开单，申请复选监督核定，分别照会札委充任（照章此项管理员不得与〈于〉选举及被选举之数，恐有选举资格者不愿为之，可仿直隶办法：择本无选举权之巡警官吏、小学教员充当，惟其中必须有本区团总、都总之素孚众望者一人，取其能认识本区选举人）。

第八条　投票监察员至少应派三员，须用本区投票簿内有名之选举人，俟投票簿造成后，由初选监督于中择其老成公正者开单，申请复选监督核定，照会充任。

第三节　设立初选开票所

第九条　初选开票所照章设于初选监督所驻地方，每初选区只设一处，或设于厅、州、县衙署，或借用公所祠庙，或即以前设之选举调查所改设均可，必须厅事宏敞、能容多人参观之处（办法另详《开票所办事细则》）。

第四节　遴派初选开票管理员、监察员

第十条　开票管理员至少应派五员，先期令将开票、检票各方法研究，不拘官绅，由初选监督会绅公同选拟，申请复选监督核定，分别照会札委充任。

第十一条　开票监察员至少应派五员，由初选监督于选举人名册内择其公正明达兼谙开票、检票方法者，申请复选监督核定，照会充任。

第五节　设立复选投票所，遴派管理员、监察员

第十二条　复选投票所设于复选监督所驻地方，只设一处，可借用公所祠庙，仍须有两门，以便此入彼出。

第十三条　复选投票管理员至少应派五员，不拘官绅，由复选监督会绅公同选择，须谙悉投票管理方法，能认识初选当选人者更为相宜，分别照会札委充任。

第十四条　复选投票监察员不拘额数，应于各初选区当选人名册内每区遴选一人，或令各区当选人公举，由复选监督照会充任。

第六节　设立复选开票所，遴派管理员、监察员

第十五条　复选开票所亦设一处，或设于衙署，或借用公所祠庙，由复选监督酌定。

第十六条　遴派复选开票管理员，照遴派投票管理员办理，惟须择谙悉开票、检票方法者。

第十七条　遴派复选开票监察员，照遴派投票监察员办理。

第七节　投票、开票管理员、监察员通则

第十八条　凡选派投票、开票管理员、监察员，均须先行商妥，然后委任该员；既经承诺即不得托故辞差，以免临时更换，致误期限。

第十九条　若投票管理员、监察员临时实有要事，必不能到其近城之投票区，仍由初选监督派员代理；其距城较远者，即由本区各管理员、监察员公举一人代理，仍将举人代理缘由申报初选监督查核；至开票管理员、监察员及复选之

投票、开票管理员、监察员，若有临时不到者，一律均由初选、复选监督派员代理。

拟定投票所办事细则

此细则除第一、第二两条专指初选举而言，余无论初选、复选一律照办。

第一条　投票区分定后，初选监督即应派出投票管理员分赴各区，会同该处团总、都总等在该区适中之地选择合宜房屋，设立投票所；如房屋不能适合，则必先期修理合式；及一切应用器具均由管理员按照细则所开，或借或制，预为布置；投票所之房屋应分进出两门，进门处门外大书“投票人从此进”，出门处书“投票人从此出”；凡进出门均须坚固，于门中施以二尺五寸高、二尺五寸长之夹栏，夹栏之中留一尺九寸之距离，用三寸见方之木为之。其式如下：

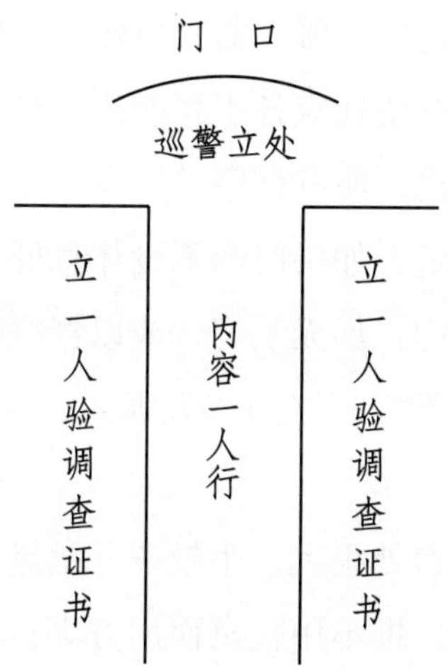

第二条　投票所设立后，应将初选人名册在本所宣示；本区投票簿造成后亦应先期在本所公布众览。

第三条　投票人入门处应派警兵把守，无警兵处可借用防勇或公丁；凡投票人到门须将调查时所发之调查证书验明，始依次放入，不可任其一拥而进，无调查证书者不准阑入。

第四条　门内应设投票人休息处，以便人多时后到者在此暂息，俟先到者投票毕，再依次引进；写票处设笔砚若干分，即引进若干人，免致拥挤，并防笔砚不敷及窥（懑）〔伺〕他人书票等弊，惟必须设在签字发票等处之外，如门内无合宜之处，即设于门外亦可。

第五条　投票人签字处应设一案，照所发投票簿式先期制就投票簿，并笔砚安设于上，以一管理员掌之，认明投票人确系本人，问明年岁、籍贯、住址，核对与簿相符，令其于簿内亲书“到”字，即指往发票处领票。

第六条　发票处应与签字处附近即可，于签字案旁另设一案，将票纸安放其上，以一管理员掌之；投票人签字后，管理员即发给票纸一张，每发一张，仍于簿上或圈或点作一记号，以免漏发、重发之弊；投票人得票后，即指往写票处，勿任停留观望，致碍后来之人。

第七条　投票簿上虽无名而诉讼业经判决许其确有选举权，本人持有判决凭据于选举当日至投票所者，管理员应验明凭据添入投票簿，仍令签字发给票纸，惟须记其缘由列入报告。

第八条　签字、发票二处应共派一监察员照料，以便认识投票人及问答指示一切；凡签字处、发票处、投票处应各于其前施二尺五寸高、三尺长之栏杆，距离一尺九寸，从左进，从右出，便有秩序。

第九条　签字、发票二处，如头门内不设休息处，即可设于门内；如头门内有休息处，则必设于二门之内；如无二门，或以栅栏隔之亦可；如设于二门或栅栏之内，则其外仍应派警兵看守，以防多人拥入，或致认识不清，兼妨害签字、发票之秩序。

第十条　写票处应距发票处稍远，距投票处稍近，宜设于大厅之上，排列数桌，略如科举时堂号之位置，惟不用长桌而用方桌；每桌各设笔砚一具，投票人各就桌写票，两桌之间须以木板或竹箦隔之，以免彼此窥视，惟不可妨碍其光线；写票处亦宜照作夹栏，如内容十人，写票则放入以十人为限；内出一人，则外进一人。其式如下：

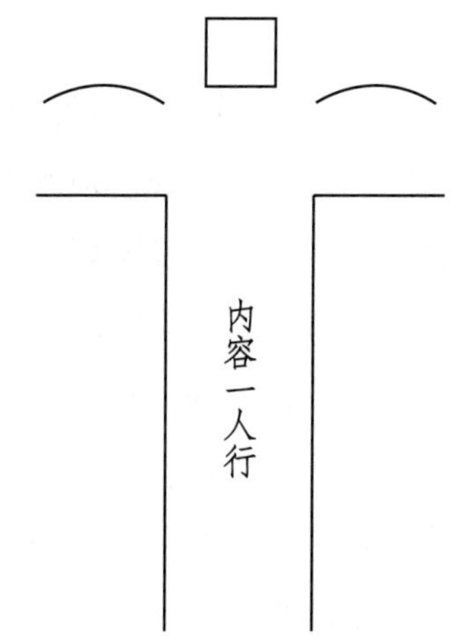

第十一条　写票处桌数太多，恐难于照料，最多不得过十桌；如设于大厅一边，则以一监察员司之；设于大厅两边，则各以一监察员司之，以便指示问答，并防范违背章程等事，惟监察员仍不得干涉其所举之姓名；写票毕，由监察员指往投票处。

第十二条　写票人不准互相问答，互相窥视，并不准自书姓名，不准倩人代写；票内只准书名，不准书号而不书名，所举之人不必限定本区，惟以本厅或本州或本县之选举区为断。此数款并谘议局选举章程第五十五条废票全文均应书贴写票处，临时由监察员指示写票人先行详观，然后写票，以免误犯。

第十三条　投票匦设于大厅正中近上之处，以一管理员掌之；初开投票所时，管理员当众选举人前将此匦两重盖锁齐开，举示于众，以表空虚，始锁内盖，即将其钥当众交与监察员；投票毕，再锁外盖，此钥即由管理员保藏之，倘一日不能蒇事，须于次日续投，则由管理员开其外盖，投毕再锁；至其内盖，则必至开票时，始由监察员将钥交出，当众开启。

第十四条　选举人写票毕，即赴投票处亲手将票纸举示，管理员随即投入匦中。

第十五条　管理员或监察员若认出票纸或有伪造，其人或系顶替，及投票簿虽有名而现已失其选举权者，均得拒绝其投票。

第十六条　投票人受前项之拒绝，倘有不服，可令为假投票，以票纸入于封筒而封缄之，令其自书姓名于表面，始投诸匦，以待开票时之决定，管理员、监察员须记其缘由列入报告。

第十七条　一人投票毕，即由监察员指示由另门而出，不可仍出所从入之门，此监察员兼照料投票及出门二处，出门处仍须派警兵看守，以防闲人阑入。

第十八条　入门处、休息处、签字处、发票处、写票处、投票处、出门处均应粘贴红签大字标明，令人注意。

第十九条　管理员、监察员于谘议局选举章程第三十三条之投票所启闭时刻中俱不得偶离职守，如投票一日不能完毕，管理员须在所内值宿，以资照料。

第二十条　投票匭如不能即日送至开票所，应用封条封固，由管理员、监察员公同保守，不可轻交他人，致滋流弊。

第二十一条　投票人如已领票纸并不投票，及受正当之拒绝并违背定章等事，经管理员、监察员照章令其退出者，均应将其票纸收回，另行封存，记明缘由、数目列入报告。

第二十二条　管理员、监察员于投票事毕会同将投票始末情形造具详细报告，于翌日连同投票匭、投票簿及余剩之票纸暨收回之票纸一并移交开票所，并申报监督。报告式列后。

第二十三条　谘议局选举章程内关于投票之事者如第五节之第二十九条至第三十六条、第七节之第四十一条至第四十八条暨第五十五条废票全文，并本细则均应照录两分，一贴投票所头门外，一贴投票人休息处，以便选举人先行观览研究。

第二十四条　本细则外应行遵守事宜，详见谘议局选举章程。

投票簿式

号	姓　名	年　岁	籍　贯	住　所	签　字

上初选投票簿式应将选举人名册内有名之人分别应归，某区投票者即列入某区投票簿，须细心核对，不可误列别区之人。于上格内填号数，次填姓名，次填年岁、籍贯、住址，均预先填就，只空下一格，俟本区选举人来领票时查明簿上有名，问明年岁、籍贯、住址与簿相符，照章令其于本名下空格内亲笔书一“到”字方可发给。复选投票簿亦照此式，惟将各初选当选人按照各初选区次第编列，于年岁、籍贯、住址之下并须填注初选当选票数。

拟定初选投票报告式

湖南府、厅、直隶州、州、县第几区投票所初选投票报告

一、宣统元年某月某日举行初选举，本投票所遵章于是日午前八时启门；

一、管理员某某、监察员某某均于投票时刻先期齐集投票所；

一、管理员某人或监察员某人于投票时刻未到，由初选监督派某人代理，或由管理员、监察员公举某人代理；

一、管理员某人于未投票之先当众选举人前开投票匦，示其空虚之后即锁内盖，而置于投票管理员及监察员之前，其内盖之钥已交监察员某人保管，其外盖之钥仍由管理员某人收存；

一、投票人到门出示调查证书，依次入门，管理员某人、监察员某人逐次问明其姓名、年岁、籍贯、住址，核对与投票簿相符，遵章令其签字于簿，由管理员某人每人发给票纸一张；

一、投票人依次至写票处，由监察员某人监视，其自行写票，即赴投票处举示，管理员某人及监察员某人亲手投于匦中，即依次由另门而出，并无逗留窥视情事；

一、投票人某人因某事经管理员、监察员拒绝其投票，已将所领票纸收回；

一、投票人某人因某事经管理员、监察员拒绝其投票，据其自称实系云云

因，令其为假投票；

一、投票人某人因某事违背定章，管理员及监察员收回其票纸，而令其退出投票所外；

一、管理员某人或监察员某人于某时因某事出离投票所，由各管理员、监察员公举某人代理；

一、午后六时投票已毕或投票未毕，由管理员、监察员宣示已至应闭投票所之时刻，即先锁投票匭外盖，并将出入之门一律关锁；

一、本日投票并无违背章程等事；

一、某日投票未毕，于某日续投，仍于午前八时启投票所门，管理、监察各员取出投票匭置于案上，由管理员开其外盖，其内盖未曾开动；

以后均照第一日叙法叙至投票完毕，接写下条：

一、投票匭锁闭后，其外盖之钥应行送付投票匭之管理员掌管，内盖之钥应行送付投票匭之监察员掌管；

一、应行送付投票匭之管理员、监察员如左：

管理员　　某甲　　某乙

监察员　　某甲　　某乙

一、监临投票所之官吏如左：

官衔　姓名

一、投票所之执事人如左：

某事务　　某甲

某事务　　某乙

一、记载于本区投票簿之选举人若干名、投票者若干名、假投票者若干名、被拒绝者若干名、未领票者若干名；

一、本投票所前收交来之票纸若干张、投票使用若干张、假投票使用若干张、收回者若干张、余剩者若干张；

一、移送开票所之件，计投票匭一个、投票簿一本、选举人名册一本、收回及余剩之票纸若干、投票报告一纸；

宣统元年某月某日第几区投票所

管理员　　　某甲

某乙　　全具

监察员　　　某丙

右列各条无则不书，如有特别事故，式中未详者应斟酌列入。

拟定复选投票报告式

湖南××府、××厅、××直隶州、××州、
××县第几区投票所复选投票报告

一、宣统元年某月某日举行复选举，本投票所遵章于是日午前八时启门，以下各条均与初选举同，惟派代理管理、监察各员改为由复选监督投票，人到门出示调查证书改为出示初选当选执照。

拟定开票所办事细则

此细则无论初选、复选，均一律照办。

第一条　开票管理员派定后，即应查照细则内开票时应用器具先行预备，如法布置。

第二条　开票所无论设于何项公所祠庙，必于正厅上当众公开，以示大公而昭郑重；管理员及执事人等须将开票章程细则悉心研究，预为演习，以免临时忙乱，致滋贻误。

第三条　开票所于各区投票匦送齐后，即报由监督酌定时刻，先行榜示；届时于大厅正中近上处设一案为开票处，俟监督亲临，督同开票。

第四条　开票处以一管理员、一监察员分列左右，专司其事；于案侧稍后另设一桌，将各区投票匭安置其上，依投票区之次第逐一将匭取至案上，由监察员开启匭盖，管理员依次将票纸取出，每取一票随即拆开，高声唱名后转授检票管理员。

第五条　开票案前偏左西向设一桌为检票处，以一管理员掌之，并以二监察员会同检点；管理员接到票纸时，会同监察员查看有效、无效，管理员即高唱某人一票有效或某人一票无效，此处须将选举人名册及各区投票簿安置案头，以备查封。

第六条　检票案必须长，大能容多票，检票管理员、监察员决定为有效之票，即依次排列案上，如第一得某甲一票即列于首，第二得某乙一票即列其次，第三复得某甲一票即叠于先所得某甲一票之上，余皆仿此；开票毕，将每叠票纸用线约为一束，以备与开票簿核对。

第七条　检票管理员、监察员决定为无效之票，应另设一案存放，即可设于检票案之次，以一管理员掌之，应照章程内废票各款先书红签分贴案上，犯某款者即安置某签处，以免混淆；开票毕，各为一束，以便点数列入报告。

第八条　收废票处应设废票簿一本，以一监察员司之；每接一废票，再行查看，确系无效，始记入簿内；如见为尚有疑义，即当众宣布意见，并报知监督重加审定，俾免屈抑。

第九条　检票案之对面应排列两案，均东向，为得票记数处；与开票案、检票案距离不可过远，案上各置一同式之开票簿（簿照所发簿式制就），以二管理员分掌之，并以一监察员帮同照料。

第十条　得票记数处当开票管理员唱名时，记数管理员即于簿内写列该名至检票管理员；唱某人一票有效时，记数管理员即于簿中某人名下用红笔在格内作一圈，或先刻一“选”字小戳，得一票则于格内印一“选”字尤为便易，惟不可跨格或空格，以便核数。

第十一条　开票已毕，记数管理员将开票簿内各人得票之数从头核算，于格内末尾一圈或“选”字之下用红笔作一线界之，然后计其得票若干，将总数填入末行共得之下，一员即高唱某人共得若干票，一员持簿默对，检票管理员、监察员即将某人票纸点计数目相符，始将其票纸作为一束放入收存票纸之器中，仍高声报明某人票数相符，然后再接算二名。

第十二条　匭内如有假投票，应由各管理员、监察员公同剖决；如决为有效，即拆去封筒，将票纸归入有效票中，如决为无效，则连封筒交废票处。

第十三条　旁听席应列于开票、检票、记数各案之后，多设长凳以备选举人参观，惟参观人不得彼此交谈及任意游行，并不得至开票、检票、记数各案附近处，致妨执事人职务，如有不守规则，监督得令其退出；旁听席人数必较多，于开票监督及管理人既多设长凳，应于长凳之前设一为限之物，用三寸见方之木栏杆为界。其式如左：

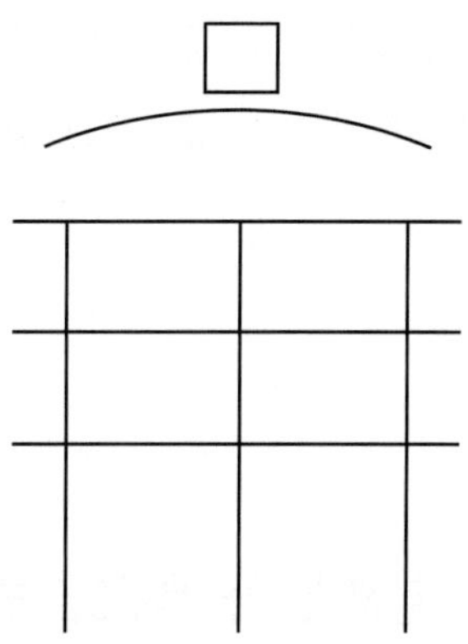

第十四条　开票所门外应派警兵把守；选举人欲入内参观者，初选应验明调查证书，复选应验明初选当选执照，始准入门；非选举人不准阑入，免致纷扰。

第十五条　开票事毕，由监督宣示先令参观人退出，各管理员、监察员将有效、无效之票及开票簿、投票簿、选举人名册分别收贮箱内，会同造具详细报告照章于翌日送交监督，然后由监督决定当选人，榜示姓名、票数。报告式列后。

第十六条　票数过多本日不能开毕，或继烛，或次日续开，应由监督与管理员、监察员酌定，当众宣布。

第十七条　本细则外应行遵守事宜，详见《谘议局选举章程》。

第十八条　《谘议局选举章程》之关于开票事者如第八节之第四十九条至第五十三条，第九节之五十四条、五十五条并本细则，均应照录全文，张贴开票处，以便随时观览。

<table>
<tr><td>号数</td><td colspan="2">姓　名</td><td colspan="2">年岁、籍贯、住址及外籍人寄居年分、选举资格</td></tr>
<tr><td></td><td colspan="2"></td><td colspan="2"></td></tr>
<tr><td colspan="2">初选当选票额若干</td><td></td><td>本号共得若干票</td><td></td></tr>
</table>

上初选开票簿式，于前行上方横格内写号数，可先填就；次格内写姓名，须俟开票时唱一名填一名；其下方长格内填年岁、籍贯、住址、寄居年分及五项选举资格，应俟开票一律完竣再行补填，有何项书何项，无则不书；中间方格十行，每行二十格，共二百格，恐不敷用，应照此式放大预备五百格；开票时得一票，则于格内用红笔作一圈或印一“选”字，均照开票所办事细则办理；开票毕，核算本号得若干票，即将总数用一、二、三、四等大数目字填入末行下方，本号共得之下、其末行上方则预先填注初选当选票额之数，以便比较；复选投票簿亦照此式，惟末行上方则填复选当选票额，前行填选举资格之后并须填明初选当选票数。

拟定初选开票报告式

湖南××府、××厅、××直隶州、××州、××县开票所初选开票报告

一、宣统元年某月某日各区投票所之投票匭、投票簿悉行送到，兹遵照初选监督榜示之时刻，于某月某日午前某时举行初选举开票；

一、本开票所照章呈准设于某厅或某州或某县城内某街某处；

一、初选监督于榜示时刻亲临本所督同开票，其参列之官吏衔、名列左：

官衔　姓名

官衔　姓名

一、管理员、监察员均各按榜示时刻先期齐集，其职务、姓名列左：

开票管理员　某人

开票监察员　某人

检票管理员　某人

检票监察员　某人、某人

记数管理员　某人、某人

记数监察员　某人

收掌废票管理员　某人

收掌废票监察员　某人

一、管理员某人或监察员某人于开票时刻未到，由初选监督派某人代理；

一、开票监察员依投票区之次第逐一开匭，开票管理员逐一将票纸取出，拆开唱名，随即授与检票管理员及检票监察员查看，分别有效、无效，报由记数管理员某甲、某乙各记于同式之开票簿中；

一、检票管理员、监察员检出无效之票，均交收掌废票管理员，由收掌废票监察员重加审定，随记入废票簿；

一、开票毕，记数管理员、监察员核计开票簿内各人得票总数，朗读其姓名及票数，与检票管理员收存之票纸一一对较，均相符合；

一、管理员及监察员意见相同而决定为有效者若干票；

一、管理员及监察员意见相同而决定为无效者若干票，内写不依式者若干票，夹写他事者若干票，字迹模糊不可认识者若干票，不用投票所所发投票纸者若干票，选举出之人不合被选举资格者若干票，空白投票者若干票；

一、管理员及监察员意见不合，建议于监督而受判决为有效者若干票：

某甲因何事由若何判决

某乙因何事由若何判决

一、管理员及监察员意见不合，建议于监督而受判决为无效者若干票：

某甲因何事由若何判决

某乙因何事由若何判决

一、管理员、监察员承监督之命令于假投票内决定为有效而准其自封筒取出归入有效票内者若干票：

某甲因何事由若何判决

某乙因何事由若何判决

一、管理员、监察员承监督之命令于假投票内决定为无效而连封筒交与废票处收存者若干票：

某甲因何事由若何判决

某乙因何事由若何判决

一、合前数项之票总计有效者若干票、无效者若干票；

一、合计各项有效、无效票数与各区投票簿总数，核对数目相符或少若干票或多若干票；

一、本日至午后某时开票未毕，由监督宣告继烛续开或翌日续开；

一、本日选举人来所参观者若干名；

一、某日午前某时启开票所监督、管理、监察各员按时齐集，续行开票；

一、管理员于开票各事完竣后，将有效、无效各票分别收入箱内，加以印封，造具详细报告，申送监督收存；

计申送投票匭若干个、投票簿若干本、选举人名册若干本、开票簿若干本、票纸若干张。

宣统元年某月某日

管理员　　　某甲、某乙

　　　　　　某丙　同具

监察员　　　某丁、某戊

右列各条无则不书，如有特别事故式中未详者，应斟酌列入。

拟定复选开票报告式

湖南××府、厅、××直隶州、州、县开票所复选开票报告

一、宣统元年某月某日准投票所将投票匭、投票簿送到，兹遵照复选监督榜示之时刻，于某月某日午前某时举行复选举开票；

一、本开票所照章呈准设于某府或某直隶州城内某街某处；

以下各条均与初选举同，惟复选不分区投票，第五条依投票区之次第句可不用，凡式中“初选”二字均改为“复选”可也。

拟定调查选举办事期限表

一、宣统元年十月初八日，设立筹办处。

二、宣统元年十一月十五日，颁发宪政馆咨行谘议局选举章程并选举执照式、票式、匭式于各属。

三、宣统元年十一月二十五日，出示晓谕各属。

四、宣统元年十二月初十日以前，颁发本处摘录谘议局章程及选举章程表解，并代拟地方选举调查事务所通章（附调查员注意），并编造选举人名草簿簿式及正册册式，及初、复选当选人名册册式，并开办调查经费勒限通饬各属。

五、宣统元年十二月二十日以前，本处颁发初选、复选投票开票所办事细则，及投票开票簿簿式，及遴委、投票、开票、管理、监察各员方法通饬。

六、各厅、州、县设立调查事务所，所有应办各事之次第：

（甲）各属限于奉文五日内遴选公正明达士绅设立选举调查事务所，慎选调查员，会同城乡都、团各董事调查选举资格，限宣统二年二月十五日以前草簿造竣。

（乙）各属派复查员复查选举资格，限宣统二年二月二十五日以前复查完竣。

（丙）编造选举人名册，限宣统二年二月底编造完竣。

（丁）初选监督审定选举人名册，并分划投票区所、详细绘图及宣示选举人名册，限宣统二年闰二月初十日以前。

（戊）宣示选举人名册，照选举章程第二十二条以二十日为期，选举人如有以调查为错误者得于期内取具凭证呈请初选监督随时判定；如有更正，初选监督应随时飞报本处及复选监督，限宣统二年三月初十日以前。

七、宣示选举人名册时，各初选监督应一面造册，连同投票区所图专差飞赍径报本处（有电局者应先将人名、总数电达；无电局者应赴邻近电局发电），仍另造选举人名册连同投票区所图专差飞赍复选监督，并照章保荐初选投票、开票管理、监察各员，呈请复选监督核派，限宣统二年闰二月初十日以前发申。

八、复选监督汇报各初选区选举人名册于本处，限宣统二年闰二月廿五日以前发申，三月初五日以前到省。

九、宣统二年三月初六日起至三月底，一律颁到各属，并先用电达，名额总数饬知各复选监督，至通饬各属公文概用专递，本处汇详选举人名册，请抚部院按选举人名册分配议员额数，咨报民政部径札饬知各复选监督，并径札饬知各初选监督，并请抚部院咨报确定选举人名册于民政部。

十、宣统二年四月初一日起，限四月十五以前颁到各初选监督（投票纸及当选人执照须提前预备，届时颁发庶不致迟误），复选监督照章分配初选当选人额数，并颁发投票纸及初选当选人空白执照于初选监督，并核定各初选区投票区及投票所、开票所地址，并派定初选投票、开票管理、监察各员，饬知各初选监督。

十一、宣统二年四月十六日起，限至四月底（簿匦应提前预备，届时颁发始不致迟误），初选监督张贴初选告示，并宣示投票区及投票所、开票所地址，并投票、开票日期，并投票方法，并颁发投票纸、投票簿、投票匭于各投票所。

十二、宣统二年五月初一日投票，初五以前各投票所尽先完毕初选投票。

十三、初选投票以后至复选投票以前应办各事之次第：

（甲）各投票所送投票匭于开票所，并报告投票情形于初选监督，限三日；

（乙）初选监督先期布置开票所，届时初选开票暨检票，暨初选当选人不足定额再行投票，以补足额数，并再开票再检票，限十日；

（丙）初选监督知会初选当选人，收初选当选人呈明情愿应选书，限六日；

（丁）给与当选人执照，并榜示确定当选人姓名、职衔，限于半月内齐赴复选监督驻扎处所，限三日；

（戊）初选监督申报初选当选人名册于复选监督，自发行以至递到统限十日，并另文径报本处；

（己）复选监督审定复选人名册，张贴复选举告示，并宣示投票所、开票所地址及投票、开票日期及投票方法，派定复选投票、开票管理、监察各员，并颁发投票纸、簿匭于复选投票所，限十日（纸簿匭应先预备，届时颁发）；

（庚）初选落选人员如有诉讼事件，应于初选监督榜示当选人名以后、复选监督宣示投票日期以前，照章向复选监督衙门呈控；

右列甲至庚七项，自五月初六日办起，统限至六月二十日以前一律完毕。

十四、复选投票，限宣统二年六月二十一日投票，二十五日以前投票所尽先完毕。

十五、复选投票以后至申报本处以前，应办各事之次第：

（甲）复选监督先期布置开票所，届时开票暨检票，限五日；

（乙）知会复选当选人，收复选当选人呈明情愿应选书，限六日；

（丙）给与当选议员执照，并榜示确定议员姓名、职衔，限于一月内齐赴长沙，听候抚部院征集并申报名册于本处暨督部堂、抚部院，限十日；

右列甲至丙三项统限至七月二十日以前一律完毕。

以上预定各日期约分三大限，以调查选举资格草簿为第一限期，初选投票为第二限期，复选投票为第三限期，各属必须依限赶办，准提前、断不准逾期落后。

十六、宣统二年八月十五日以前，本处检查、复核、判定一切，暨详请抚部院咨报议员姓名、职衔于资政院、民政部，并宣布确定议员衔名于各属暨征集议员。

十七、宣统二年八月二十五日以前，议员齐集长沙。

十八、宣统二年九月初一日，谘议局成立，筹办处裁撤，抚部院开第一次议会。

查谘议局定限，须在明年九月以前成立，现在时期迫促，调查选举资格及初复选举、投票、开票，暨一切文牍申转告示宣布所需日期，自应按照本省现办情形，将原定章程各办事日期酌量变通，业已详明抚部院，咨达宪政馆在案，各属办事日期概以此表详定日期为断，以期不逾明年九月钦限，不得迁延宕搁，切切。

假定议员配额表

今假定湖南全省选举人为十万零八千五百六十八名，以议员定额八十二名。除此总数，每选举人一千三百二十四名应配议员一名，再以此数分除各复选区选举人数，按区分配；议员配定后，议员不足定额六名，应在零数较多之区选出，桂阳州首居零数较多之区，岳州府、沅州府、长沙府、常德府各次居零数较多之区，将不足五名依次补配，尚余一名应在宝庆、衡州零数相等之两区抽签补配，分别填表如下：

复选区名	选举人数	议员配数	配定议员后所余选举人零数	零数较多应补配议员之区
长沙府	一〇一六〇	七	八九二	一
宝庆府	一〇〇三四	七	七六六	宝庆、衡州两府所余零数相等，抽签补配一名
衡州府	一〇〇三四	七	七六六	
永州府	八〇七三	六	一二九	
郴　州	七〇〇九	五	三八九	

续表

复选区名	选举人数	议员配数	配定议员后所余选举人零数	零数较多应补配议员之区
桂阳州	六五三四	四	一二三八	一
岳州府	九〇〇五	六	一〇六一	一
常德府	一〇一〇六	七	八三八	一
澧　州	七〇〇八	五	三八八	
辰州府	八〇二七	六	八三	
沅州府	九〇〇一	六	一〇五七	一
永顺府	八〇〇六	六	六二	
靖　州	五五七一	四	二七五	

选举资格说明书

谘议局议员出于选举，故选举实为谘议局成立之始基。各国选举议员之法有单选、复选之别，单选者径由选举人投票选出议员是也；复选者先由选举人选出若干选举议员人，再由选举议员人投票选出议员是也。今日所行实采用复选举制，将来谘议局议员俱被选于初选当选人，而初选当选人乃被选于初选选举人，故初选选举人实为选举议员之根本。而调查初选人资格、编制初选人名册，又为实行投票选举入手之第一法。倘调查资格时稍涉不明不公之见解，于编制名册时即生出不明不公之事实，因而生选举诉讼时即不免有不明不公之判断。一府、一直隶州犯之，则一复选区选举为无效；一州、一县犯之，则一初选区选举为无效，无效则需改选，改选不及则有妨九月谘议局之成立，斯事体大，而肇端调查如是其重且要也。抑更有进者，议员额数之多寡以选举人名数为分配，内地风气初开，选举事属创办，如其合格民人不愿入册、放弃选举公权，即自失议员定额，调查时又当详细收罗，剀切晓譬，既不可失之冒滥，亦不得稍有挂漏。本章所定选举资格，其中界限有待引伸，深恐任事之员或难了解，殊多窒碍，故取关于选举资格本章第三至第八条之规定详为说明，以示例证。调查细则则别定之。

第三条　凡属本省籍贯之男子，年满二十五岁以上，具下列资格之一者有选举谘议局议员之权。

限制年龄为选举第一要件。今假定有人虽科第至状元，或仕宦至宰相，而年不满二十五岁者，仍不得有选举权；然年满二十五岁而无下列各项资格之一者亦然。年龄调查如系职官及举贡生员出身之人，则以官册所载为凭。

一、曾在本省地方办理学务及其他公益事务满三年以上著有成绩者

办理学务者，如官立、公立、私立各学堂监督、堂长、监学、教员、教务、斋务、庶务及学务，公所、劝学所、教育会内各职员皆包括在内。办理公益事务者，如团防局局绅、团总、都总及商会之办事人，各善堂之首士如〈皆〉不忍堂、同善堂、育婴堂、履道堂之类皆包括在内。此项人员以由地方公推而得官长之札文者为标准。办事年限可前后共计，不必继续。今假定有人于光绪二十八年前办过学务，一年后又于光绪三十一、二年办理学务，已及二年，前后合计共满三年即为合格。又，办理学务及公益事务两项不能合并计算。今假定有人前办过学务，一年后又办其他公益事务，已及二年，两项并计虽满三年，而一项未满三年不得谓为合格。著有成绩者，学务以合于寻常劳绩保奖之例，公益即以继续三年并无遗误、未被斥革及驱逐惩罚、并未被人指控有实案者为准（学务、公益两项不能合计，暨学务成绩须合于寻常劳绩之例，均见宪政馆复山西省电）。

二、曾在本国或外国中学堂及与中学同等或中学以上之学堂毕业得有文凭者

凡学堂科目程度在钦定高等小学之上，如师范、实业各学堂，即谓之与中学同等之学堂，暨中学以上者，均可入册。师范简易科，如系照学部定章二年以上毕业得有文凭者，可视为中学同等。其法政讲习科如系一年半毕业者亦可照办，惟师范传习所仅一年以内毕业者不得援以为例（师范简易科云云，以下系节录馆复山西电）。其他各传习所之学期在一年以内者，即可比照师范传习所办理文凭，由本国学堂发给者以各省提学使衙门有案为断，由外国学堂发给者以留学生监督有案及出使大臣证明书为断。

三、有举贡生员以上之出身者

举贡生员专指文举、文生，其武举、武生不在此例（见馆复江宁电），未考

之荫生得以生员论（见馆复浙江电）。

四、曾任实缺职官文七品、武五品以上未被参革者

曾任实缺职官，对虚衔与候选候补者而言，惟候选、候补人员如曾署理或代理见过缺者亦得作为曾任实缺，其寻常候选、候补未见缺者不在此例（见馆复山西各省电）。武职即保至提镇崇阶究非实任，惟从前曾充统领营官者，其任与绿营武职五品以上无异。至赏有勇号及黄马褂者，系曾在军营立功，与办公益事务著有成绩者无异，应均准有选举权。其未任武五品以上实缺与未充统领营官及仅赏有翎枝者，虽保有五品以上提镇极品，均不在此例。其世职未经入营、入学者，应援用武五品以上办理（以上节录馆复湖北咨文）。此项职官以未经参革为断，即被参革而业经开复原官或只开复原衔者，亦以未被参革论。降级者虽亦系被参，但按其官阶文未降至八品、武未降至六品，亦仍应有选举权。文官虽降至七品以下，如系本有举贡生员各出身者，仍应有选举权；武官虽降至五品以下，如系本有世职及荫生者，亦仍应有选举权。但已被参革之文武职官，则并其本有之中学毕业或中学以上毕业及生员以上暨世职荫生各出身，概行削除，至职官名目查照，本处另发文七品、武五品以上职官品级表办理。

五、在本省地方有五千元以上之营业资本或不动产者

营业资本者，即经营商业之母本也，如商店之成本，股东之股票，及店铺、行栈之货物、器具等皆可归入营业资本内计算，但必除去所借他人之债而有五千元真实之财产者方为合格。不动产者，即附着土地上不能移动之产业也，如田土、房屋及矿山、山林、池塘等皆是，其价值以契据所载为凭。但田房产业价值随时涨落，倘时值与契载之价略同，自可以契据所载为断；若其大相悬绝，田产可以现出租谷计算，房产可以现得佃钱计算。例如租谷五石估作该产值一百五十元，佃钱十串亦估作该产值一百五十元，余类推。无论营业资本或不动产，均以本省为断，其现挂洋旗而不担任公益经费者亦不准入册。此项调查如遇无由确知时，应令本人自行据实呈报，估算时营业资本与不动产得合并计算，但以共有五千元以上即得有选举权（许合并计算，馆复山西电）。又如一家有五千元以上之财产，倘祖孙、父子、兄弟、叔侄并未析灶者，其选举权应属家长，或由家长指其子弟之年龄及格者一人入册亦可。又如一家财产虽数倍于五千元，若未分析则子弟人数虽多，只准一人行使选举权（此层只准有一人选举权，续见馆复吉林

电）。本处前颁调查事务所通章称：遇有父子同居财产值五千元以上，计算有若干份之五千元可得数人资格者，则其父之外并可列其子之名等语一条应即取消。惟倘一人已有五千元以上之财产，而复具有自一至四别项得有选举权之资格，则准由本人指定自占某项资格，而以五千元以上财产一项属其未析产之兄弟、叔侄、子孙一人入册。

第四条　凡非本省籍贯之男子，年满二十五岁，寄居本省满十年以上，在寄居地方有一万元以上之营业资本或不动产者，亦得有选举谘议局议员之权。

寄居人者，非本省之客籍人而寄居于此省之谓。寄居人于寄居地方所受之利害关系，较本籍人为轻，故其权利亦不能无所区别。非满十年以上，则于寄居地方之情势、习惯俱未融洽，骤予以选举权，或不能得适当之人物。虽满十年以上而于寄居地方无一万元以上之财产，则寄居人与寄居地方利害所关尤未见其十分关切，此立法者所以对于客籍人严定此二条件之意也。寄居人非具此二条件，或仅具条件中之一者，虽合前列第二、第三、第四等项资格，仍不得有选举权。寄居人以非本省人为断，其同为一省人只系异府、异厅、异州、异县而寄居此府、此厅、此州、此县者，不与非本省人之寄居者同例，准其于原籍及寄籍之府、厅、州、县衙门呈明，即得视同土著，而不以此条例之（本处奉馆通电，业经通饬在案）。

第五条　凡属本省籍贯或寄居本省满十年以上之男子，年满三十岁以上者，得被选举为谘议局议员。

谘议局章程第六、第七、第八等条，于被选举权之限制已极严密，故本条除年龄以外更无何等要项。盖选举议员与任命官吏不同，国家但当指定何种人为在不应选举之列（犹言指定何种人为不应有选举权也），不当更立程式强令选举人必于何种人内行其选举权也。

第六条　凡有下列情事之一者不得有选举权及被选举权。

前条上列五项为积极的资格，言选举人不可无一于此也；此条下列八项为消极的资格，言选举人与被选人不可有一于此也。

一、品行悖谬、营私武断者

上指宗旨歧邪、干犯名教及讼棍、土豪劣迹昭著者而言，若已犯刑罚者自应归入第三项并论。又，本项所指要以被控有案并经官判实者为断，其并无事实者不得故援本项，以剥夺他人之公权。

二、曾处监禁以上之刑者

监禁以上之刑，如现行律已定徒以上各罪名皆是；又，监禁系指地方官判定年限有明文者为断，其因案被押待质而案未审实者不得谓之监禁；又，监禁后狱经平反昭雪者亦不在此限。

三、营业不正者

指娼、赌、烟馆等类妨害公安及有碍卫生等营业而言，开娼、开烟馆者虽现已歇业，如查有从前实在曾经开设实据，仍不准有选举权。至开设土栈等店铺，如并未违禁卖灯不得列入烟馆一例，将来禁烟年限届满再有私卖膏土者，届时方得指为营业不正。

四、失财产上之信用被人控实尚未清结者

指乡户破产、铺家倒闭，被人控实尚未清结者而言。

五、吸食鸦片者

指现在吸而未戒、戒而未断者而言。

六、有心疾者

指疯狂痴靦者而言，以其精神恍惚、已异常人、无辨别是非之智识也。

七、身家不清白者

指娼、优、隶卒等贱业及向例不准应试各项而言，并照旧制三代不应试例，(巳)〔已〕逾三代者不论。

八、不识文义者

此以不能书写选举票者为限。

第七条　下列人等停止其选举权及被选举权。

本条所定限制，非以下列各人于享受公权之资格有所缺乏而夺其权也，乃以其所现处之地位不适于选举议员及被选举为议员故也，故条文中只言“停止”。言停止者，谓将来不居下列之地位，即仍得有选举权及被选举权也。

一、本省官吏或幕友

官吏指本省之现任、候补等官而言，各衙署局所之书吏亦在其内，教官则不在此限。幕友指现在为本省官吏之幕宾，担任刑名、钱、谷等席者而言。

二、常备军人及征调期间之续备、后备军人

指现为常备军征兵而言，其巡防队、水师各营暨未裁尽之绿营弁勇及警察兵均在其内。但各项均以列伍为断，已退伍者不在此限。湖南现在尚无续备、后备军人，将来已有此项，军人则应以退出后备军为限。

三、巡警官吏

指巡警长官及管带警者而言，若警务公所所设科长、科员等文职例准用本省士绅充当者，应与教官一例，不在此限。

四、僧道及其他宗教师

宗教包中外各种教而言，以从事宗教者各奉一教为宗，不预世务，即彼亦不愿与闻选举也。

五、各学堂肄业生

指现在学堂肄业、尚未毕业者而言，若各讲习所、研究会之学员应不在此例。

第八条　现充小学堂教员者停止其被选举权。

小学堂教员职司国民教育，责任綦重，若以被选为议员之故致旷、厥职，殊于学务有碍，故仅留其选举权而停止其被选举权。

初选监督职掌须知

一、初选监督奉到本处札文后，即遵照选举章程第四条，以本衙门为办理选举事务之所，凡关于选举之事均应提归一处办理，以免与他项公件混淆而致延误，遇事随到随办以期迅速。

二、凡本处颁发谘议局选举章程暨各种释义、通章及各项细则、簿册、报告式样，每接到一件，登即会同办理选举员绅逐项研究，务期了解。如有疑义，应随时函询本处，不可略一过目即转发士绅或发房了事，其期限表一种尤关紧要，须张贴壁间以便触目警心，庶免遗忘延搁等弊。

三、选举事属创办，条绪纷繁，限期甚迫，层折太多，处分綦严，而水陆交通又多不便，本处先后所发各章程、细则、告示、文件等项，倘有一处遗失延搁，影响即及于全局。各初选监督每奉到一件，务须即时签稿，并送将奉到日期申报查考，其应行禀报办理情形各件随时另报。

四、初选监督奉札后，即应商同本管士绅设立选举调查事务所。此所虽以办理调查选举资格为主，凡关于选举全体事宜亦可会同士绅在此研究组织，一切以监督为主体，而其办事机关则全总于常驻该所办事人员，而以地方官监督之，故所中必须择公正明达绅士数人驻所办事，其应设之司事、书记等项由监督酌量办理。

五、选举调查事务所应多派调查员分区调查，其选派各员由该所会议公推，呈明初选监督核准，然后施行。一切调查事宜遵照本处拟定选举调查事务所通章办理，均由该所总其成而转报于初选监督。

六、地方风气未开之处，如全无谙悉选举法之人，初选监督应于奉札后一面组织选举调查事务所，一面选派明达士绅齐集选举调查事务所先行研究，以免贻误。

七、选举人名册最为重要。初选监督应按照本处颁发册式先期刊刻，用官堆纸印就，其长短阔狭均须一律，俟各区调查员将调查草簿送到时，即会同调查事务所各绅逐名详细考核，有不合格者即行删除，将其合格者按各投票区次序填入册内，须将同姓之人连列一处，以便稽查。其表面及骑缝年月均须盖印，免犯选举章程第九十五条第二项之弊。

八、选举人名册照章应于各投票所宣示。该厅、州、县境内分划若干投票区，即应造册若干份，每区发给一份，并另造一份存案备查。另造四份，以一份径报本处，以三份申送复选监督，由复选监督汇齐所属各区名册，留一份存案，以两份转呈本处，由本处核定后以一份转呈抚部院。各该监督编造该册，均须详细核对，不可讹误，并须专差兼程飞递，勿稍迟延。

九、选举人名册照章应行宣示，如只以册存于公共场所，任人纵览，恐乡僻之处未能周知；应照选举人名册钞录姓名、年岁、籍贯、住所、资格，列榜晓示，张贴各投票所门外，必须置之容易属目、不被雨淋、不能撕毁之处，并附以告示声明：如有错误遗漏，准于某日起至某日止期限内呈请更正，逾期即不得再请等语。初选监督于宣示期内遇有呈请更正者，应按照本处拟定办事期限表办理。

十、初选监督于人名册有所更正，应将更正姓名、资格及呈词随时飞报本处暨复选监督查考，至过宣示期限，即将确定之选举人名册另造一份申送本处，以备详请抚部院咨送民政部，以符定章。

十一、分划投票区，设立投票所，选派投票管理员、监察员，均遵照本处颁发细则办理，应按照办事期限表中日期提前赶办，以免迟误。

十二、投票匦、投票簿由初选监督按照颁发式样先期制就，投票匦内、外盖须备不同式之暗锁，投票簿须逐页盖骑缝印。俟复选监督发下投票纸，初选监督即按照各区投票簿中人数，将投票纸盖用印信连同投票匦、投票簿分发各投票所，管理员须记明某区发投票纸若干张，并须嘱令保存勿失。投票毕，无论（巳）〔已〕用未用，均须一律列入报告缴回，初选监督应逐一点收，其未用之纸须印一缴销戳记，以防舞弊。

十三、初选当选人额数，照章虽由复选监督榜示，惟初选监督遵照选举章程第二十八条，出选举告示时，除遵章叙明初选日期及投票区、投票所、开票所地址暨选举章程第七节投票方法外，仍应将初选当选人额数及本区选举人数叙明，并说明本初选区若干初选举人应若干票额得选当选人一名，其选举章程第九十五条至第一百四条各项罚则亦应逐条详列，俾知警戒。

十四、设立开票所，选派开票管理员、监察员，均遵照本处颁发细则办理。惟投票区照章应绘图申报复选监督核定，则设立投票所之处即可于图内注明。至开票所，则照章设于初选监督所在地方只设一处，无绘图申报之必要，自可由初选监督于城中择一合宜之处用之，或即用城中之投票所，或前设之调查事务所均可，即于保荐、管理、监察各员文中声明，不必列入图内，亦不必另行绘图。

十五、开票日期照章应于各区投票匦送齐之翌日，其时刻则由初选监督酌定，先期榜示，仍应以午前八时为宜。惟乡僻之处多无钟表，凡章程细则中称午前八时者均应声明为辰刻，称午后六时者均应声明为酉刻，以便尽人皆知。届时初选监督衣冠亲临，即在开票案督同开票，亦可随带委员，退食时执事各员均须轮班照料，以期周密而免贻误。

十六、开票时管理员与监察员遇有因票纸之有效、无效等事意见不合，应各陈明意见，由初选监督即时判决。故初选监督平日须将各章程细则详细研究，务期了然于心，庶临时易于决定。

十七、按选举章程，初选以本区应出当选人额数除选举人总数，将得数之半为当选票额。凡因不满当选票额，致无人当选或当选人不足定额，应于开票后第三日再行投票等语。此事最难办到。现据安徽电请馆示变通办理，以本区当选人额数除本区实在投票人总数，以得数之半为当选票额，已蒙宪政编查馆复准，自可遵照办理。惟事后须详细报告，倘仍无满票额之人或满票额之人仍不足当选人额数，则必再行投票一次，仍遵照选举章程第五十七条办理。

十八、开票毕，一面即据管理、监察各员报告投票、开票情形申报本处，暨复选监督查考所有管理、监察各员申送之报告票纸及各项册簿暨投票匭等件，初选监督均须一律保存，俟第三年下届选举后，则此次之票纸及投票簿、开票簿可以焚弃，其选举人名册及报告仍应存案备查，投票匭则下届仍可再用。

十九、初选监督遵章决定初选当选人排定名次，即将当选人姓名先列草榜，晓示榜上，应将年岁、住所、资格、票数一并注明，如有候补当选人亦应一体榜示；一面即备照会知会当选人，照会中须将本处颁发办事期限表、限定当选人呈明情愿应选书及发给执照日期声叙明白，当选人如有不愿应选或逾期不呈应选书，或因别故当选无效，即将候补当选人递补。

二十、初选监督收到当选人情愿应选书，即将复选监督颁发初选当〈报〉选照依式填就，盖用印信，按名发给本人。发照后，当选人即为确定，仍将此确定之当选人姓名、职衔榜示，即于榜示内限于半月内齐赴复选监督驻扎处所。

二十一、初选监督应照本处给发册式造具初选当选人名册，申送复选监督；并另文径申本处，以备查考。

二十二、办理选举员绅照章均为名誉职，不支薪水。惟驻所办事及赴乡调查暨投票、开票时，办事员绅应酌给夫马伙食，由本处所发款内开支，其数目由初选监督酌量路途远近暨日期多寡核定。

二十三、初选监督倘遇选举变更等事，一面迅将详细情形先行专差飞报本处暨复选监督，一面遵照选举章程第四章办理。惟期限过迫，务须并日赶办，方不误复选日期。

二十四、以上各条均系初选监督职掌应办之事，其章程及细则内已详者即不赘述，应与本处先后颁发章程释义及办事期限表、选举调查事务所通章暨各项细则参看。

复选监督职掌须知

一、间接选举制度以复选为主体，初选所选仅系选举议员之人，复选所选始系充当议员之人，是初选原为复选而设，则复选事务虽较简于初选而重要过之，故复选监督责任亦重于初选监督。凡初选一切事宜，复选监督均应主持。各复选监督奉到本处札文后，即应遵章以本衙门为办理选举事务之所，凡关于选举之事，均提归一处，随到随办，以免与别项公件混淆而致延误。

二、复选监督奉到本处颁发谘议局选举章程及各项细则、通章释义表解暨簿册报告各式，无论关于初选、复选，均应详加研究，务期了解。盖初选监督尚可不谙复选之事，复选监督断不可不谙初选之事也。其办事期限表应张贴座右，时时寓目，《初选监督职掌须知》尤应随时按照考核所属初选各区，如有办理迟延，即应严切督催，以免逾限致误复选日期。

三、复选监督奉到本处先后颁发各件，除将奉到日期即时具文申报外，其应由复选监督制办之票纸、执照均应照颁发格式先期制就。复选投票纸及议员执照即盖用该府、直隶州印信，其初选投票纸应照各初选区选举人名数每区加倍预备（须加倍预备者，以备再开选应用），初选当选执照应照各初选区当选人额数每区多备数张（须多备数张者，以备因故改给），分发各初选监督，由该厅、州、县自行盖印颁发，日期应照期限表所开办理，宜早勿迟，以免初选监督忙迫贻误，致滋藉口。

四、初选投票、开票管理、监察各员，照章应由初选监督保荐、复选监督分别照会札委充任，恐各区员数众多，缮写需日，应先将照会委札刊刻刷印，空其衔名，俟接到复选监督保荐文书，即按名填发，较为简便。其复选投票、开票管理、监察各员即由复选监督自行选派，均遵照本处颁发细则办理。

五、复选监督奉到抚部院榜示复选当选人额数后，即将初选当选人额数如法分配榜示所属各初选区，榜首应叙明：本复选区选举人共若干名，每选举人若干名得选出当选人一名，其后则横列计开所属某处选举人若干名，应配当选人若干名，其不足定额而照章配入，零数较多之处者于该处之下用小字注明。至分配之法，均遵照选举章程第二十六条、第二十七条办理，细玩章程，释义自明。

六、选举人名册均由各初选区造就，复选监督不过汇申，并不费事，应先期将申赍文件缮就，一俟收齐名册，立即专差飞赍本处，务期迅速能于期限表所开日期以前早日赍到尤妙，万勿迟延，缘本处接到选举人名册尚须检查，迟恐赶办不及。

七、复选投票、开票均遵照本处颁发细则办理，仍先据管理、监察各员报告情形申报本处查考，然后决定当选人，分别知会，给与执照，榜示衔名，均遵照选举章程第七十四条至七十七条办理，其办法与初选略同。

八、复选当选人即为议员，发给执照后，于榜示文内限于一月内起程赴省，一面将议员姓名、职衔造册六份，留一份存案备查，以五份申赍本处，以备转申督部堂、抚部院并详请抚部院咨报资政院、民政部立案。此册人数无多，不必刊刻，即按照颁发式样缮写，字画务须工楷，纸墨务须精良，不可草率。

九、复选监督倘遇选举变更等事，一面飞报本处，一面遵照选举章程第四章斟酌或应改选，或应补选，并日赶办，总期不致迟误、累及全局为要。

十、以上各条，均复选取监督职掌应办之事，其章程细则（巳）〔已〕详者即不赘述，应与本处颁发章程释义各项细则及初选监督职掌须知参看。

札饬类

通饬各属设立选举调查事务所并发各种章程文

为通饬事。照得本处奉抚宪札发宪政馆奏定各省谘议局章程及案语并议员选举章程，业经通饬各属，并出示晓谕在案。查谘议局为立宪初基，欲求谘议局之有成效，必在议员之得人；欲议员之得人，首在调查选举资格之合法。本处恐各属之骤奉新章，不能晓悟也；摘录谘议局各章程为之表解，又恐各属之开办调查道谋无成也；代拟各属初选举调查事务所通章并附调查员注意，并订各种应用簿册各式，又恐各属之凌躐次序或旷废日时也。预定本处及各属办事日期表，抚宪又恐各属之调查需费重累吾民也，饬本处按幅员之广狭酌给费之多寡，每一厅、州、县或五六百千，或三四百千，事经详订，不啻三令五申；款亦代筹，更为无微不至。各属奉行之日即为实行之日，应以慎选调查员为第一义。调查不实则选举不妥，议员安能得人？至于现在设立调查所，将来分设投票、开票所，遴选员绅均应慎之又慎，勿偏执己见，亦勿过徇人情，庶举事有效而经费不致虚糜。办理调查又以严禁骚扰为第一义，宪政萌芽断不容奉行不善，先滋流弊。兹查该直隶州、厅、州、县系初选举区，并系复选举区，该牧丞倅令应为复选监督，并应先行遴派教职佐贰等员为初选监督，除分行外，合将本处拟订各件一并札发。札到，该牧丞倅令即便遵照，克日遴派公正明达士绅设立选举调查事务所，将奉发章程悉心体会，依次实行。现在为时已迫，钦限綦严，本处亟亟顾景，日不暇给，如各属办理妥速，依限告成，除分别详情记功外，本处并当择其异常出力各员具详督宪、抚宪从优奖励；若其因循玩愒致误要政，成立之期违逾钦限，则本处惟有立与详撤，并请督宪、抚宪从严参处，决不稍事瞻徇，懔之慎之。限文到三日内先将开办日期及办事职员姓名具报；查考毋违，再发去各项规章。各属官绅应详晰研究，如有疑义，或有所引伸之处，并刷印原件或有伪误，均准直接函达本处询商，藉收集思广益之效。切切。特札。

通饬各初、复选举区设立选举事务研究所札

为通饬事。照得选举议员事属创举，条绪纷繁，大抵执行之权在官吏，协助之责在事绅，必于一切办法融会贯通，而后通力合作，克底于成。本处开办以来，既将原颁章程逐条注解，并拟定各种详细规则通饬遵照，惟日孜孜不惮烦劳，无非为期于共明起见。乃考察各属情形，在一二开通处所固不乏明白晓畅、办有秩序之人，而懵于事理、穿凿错谬者亦复不少，盖由事前既未讲求，临事遂茫无依据。现在调查尚未告竣，而复查造册、投票开票等事方兴未艾，若不统筹前局、预事绸缪，流弊殆不可言喻。本司道等与省内外会办诸绅公同商酌，佥谓非饬阖属官绅交相研究不可。查各初选区均设有选举调查事务所，应即一律附设选举事务研究所，调查事竣即改为专所，俟本届选举办毕，再将该所撤销，其各复选区亦即一律设所研究，由各该监督会督士绅将先后奉发规章细心体会、集众讨论。如有疑义，准直接通函本处随时质问，藉收广益集思之效，并由该所遴派已经研究有得之人分诣划定各投票区所，广场集众详为演说，何等人所以合格，何等人所以不合格，何种票为有效，何种票为无效，以及选举之权利、罚则之条例皆须一一揭明，反复譬喻，不厌求详，俾各晓然，于利害所关不至歧趋冥索，庶于选举前途不无裨益。除详明督宪、抚宪并分别咨行外，合行札饬。札到，该即便遵照。限文到三日内设立选举调查事务所，遴派士绅驻所办事，附设选举事务研究所，即由原派各绅驻所兼办，妥定规条，呈赍查核，随时会督各绅遵照文内一应事宜切实办理，仍将奉文设所日期及所绅职名先行禀报，以后并按旬将所办各事报查。毋违。特札。

札发各属章程释义等书文

为通饬事。照得本处开办以来，所有一应章程、规则迭经先后拟订、颁发各在案。兹据各属陆续具报前来，细加检察，明白条理者固不乏人，而办理隔膜者比比皆是，似于章程意义仍未能豁然贯通。兹将原颁谘议局章程及选举章程，关于现行之事逐条注释，名曰《选举章程释义》；又将选举资格逐项说明，汇纂各省询定宪政馆所示方法详晰分注，名曰《资格说明书》；又就章程内关于初、复选监督职掌各事再行逐条引伸、分别揭示，名曰《选举监督职掌须知》，俾得循途守辙，不致再滋歧误。除分别呈咨并通行外，合行札发。札到，该即便收阅遵照办理。本司道系为慎重要政起见，指示不厌精详，该初、复选监督务须悉心体会，会督在事绅员详细研究，毋得束置不观，临事舛错，致干咎戾，仍将奉到日期具报查考。毋违。特札。

通饬各属交替专案提出移交札

为通饬事。照得本处筹办谘议局一应事宜，业将拟定办事期限表、章程表解，并代拟选举调查事务所通章及各种簿册式样一并札发，分别专差递送各在案。查此事乃宪政起点，关系重大，钦限綦严，尤为迫不容缓。各该守丞倅牧令等身任地方，责无旁贷，务须一体遵照，按时举办，依限告成，断不容稍有逾延、牵动全局。除分行外合行札饬，札到，该即便遵照本处所定日期，将调查选举资格及一切选举应办之事顺序举行，如遇交替，务提出此案全卷及奉发各章程、规则、式样，开列清单，专案移交。接任之员应即立时接办，并各将交接日期具报。前任应将已办之事若干件、每件或已办完或办而未竣一一禀明；后任亦应将接办情形并查明前任办理各节一并具报查考，倘有互相推诿以及漏交缓接等情事致误要公，定即一并详情参撤。懔之！慎之！切切。特札。

札饬苗、瑶各籍一律准其投票有选举权文

为札饬事。案据保靖县孙令鸾、蓝山县汪令先昕先后电禀，苗民、瑶民应否与汉人一律办理、请示祇遵各等情到处。据此查苗、瑶各籍归化已久，向例准与汉人一体考试。此次办理选举，如果该苗民、瑶民中有合于谘议局章程第三条所列五项资格之一而不犯第六条所列八项劣迹者，自应与汉人一律有选举权，照章查明入册，准其投票选举议员。其有无被选举权，亦一律查照定章办理。除分别电复并将孙令所禀苗备弁应否停止选举权与被选举一节呈请抚宪电询宪政编查馆核复再行饬遵外，查该系属苗瑶杂处，自应一律照办，合行抄电札发。札到，该即便遵照办理。毋违。特札。

札饬苗疆各属苗备弁准其有选举权及被选举权文

为札饬事。案照前据保靖县孙令鸾电禀请示各节，除核复并移行外，其所询苗备弁应否停止其选举权与被选举权一层并经呈请抚宪电询宪政编查馆核复在案。旋奉抚宪札开：本部院于宣统元年正月二十四日电致宪政编查馆，文曰：湘省苗疆各厅县向设有苗备千把等弁，虽系土官，仍属苗民，归厅县管辖，无独辖地方之责，似与普通官吏有别，其选举权、被选举权可否免其停止，请核示。等因。译发，俟接复电再行知外，合就札行。札到，该处即便知照。又奉札开宣统

元年正月二十八日承准宪政编查馆俭电开：电悉。苗疆土官既无独辖地方之责，与普通官吏有别，应准其有选举及被选举权。等因。到本部院。承准此合就札行。札到，该处即便移行知照。各等因。奉此，除已电请辰沅永靖道通饬遵照并分别移行外，合并札行。札到，该即便遵照凡苗疆厅县备弁各土官具有谘议局章程第二章第三条所列各项资格之一而不犯第六条所列劣迹者，准其有选举权；如具有第五条所列年龄而不犯第六条所列劣迹者，并准其有被选举权，其资格、年龄不符者不在此例，仰即查照分别办理。毋违。此札。

札委员绅分赴各属守催选举事宜文

为札委事。照得选举议员关系重要，事繁期迫，刻不容缓，迭经本处拟订办事期限表及一应规章，通饬遵办，并详定考核功过章程，以示劝惩各在案。兹据各属陆续具报，固多刻期告竣办有条理之处，其不能依限办理以及粉饰敷衍者亦尚不少，现在事机已迫，岂能任听玩延，致误钦限，自应派员查催，以凭考核，除呈报抚部院并分别咨行外，合行札委。札到，该员即便遵照，刻日束装前赴州、县、厅查明该州、县、厅现办情形，按照颁发治事簿所列表式分别逐一填注，其已逾定限有意迟延者并即催促赶办，一面飞报本处核夺。此系特委之件，该员务须妥慎将事据实禀报，毋得扶同徇隐，致干未便，仍将起程及抵县日期报查。一俟查催事毕，即行回省销差，切切毋违。再，该员前途经过地方并将各该州县办理情形随时留心查访，一并填表赍报合并饬知。特札。

通饬确定选举人名总数表暨代配初选当选人名额表文

为通饬事。照得湖南全省选举人名数，前经据各属报册开列总表，详请抚宪照章分配议员，通饬遵照各在案。续据各属补报于选举名册互有增删，并查有赍册重列人名至数百名之多者，应与分别删正，经本处复加检核结存，最后截算总数计共十万零〈零〉四百八十七名。查此届结数虽视前表增加，按之各复选区配得议员名数仍与前表吻合，并无出入。惟各初选区当选人名额应按照各该选举人数匀为分配，以符定章。除列表补详督宪、抚宪并通行外，合将确定选举人名总数表暨代配初选当选人名额表一并札饬。札到，该即便遵照复查该属各初选区选举人数，如与表列数目相符，所配当选名额并无参差，即行照章转饬各初选监督一体遵照，并将配定所属各初选区初选当选人额数榜示，各初选区仍将奉文遵办情形具报查考，毋稍违延，是为至要。切切。再，查本处详定办事期限表内开各初选监督宣示选举人名册限闰二月初十日以前等语，宣示期限二十日截至闰二月底期满，再加程限二十日，统应于三月二十日以前赍报到处。此次截数即以三月二十日为断，经此次补详之后再有补赍选举人名册者，如果资格相符，只准其赴区附行投票，一概不入总数凑配当选名额，俾免牵动全局。所有限外续赍选举名数一并附表饬知，并仰查照。此札。

通饬各属谘议局成立后查照拟定条款办理文

为通饬事。案奉抚宪札饬，遵照宪政编查馆咨行事宜设立处所筹办谘议局，业经通饬遵照各在案。查原咨声明俟一年内筹办就绪，谘议局成立后即按照此次奏定章程办理，将筹办处概行裁撤。各等因。现在选举告蒇，谘议局成立在即，所有原设之筹办处自应于成立后即行裁撤，以符奏案。其未尽事宜亦应酌定办法，通行各属一体遵照，俾有率由。除将裁撤日期呈报督宪、抚宪并分别咨行外，合行札饬。札到，该即便查明后开条款遵照办理，毋违。此札。

计开：

一、查宪政编查馆原咨内开：谘议局开办后与地方官吏来往公文体制，督抚用札行，司道以下用照会，谘议局均用呈文。现在筹办处裁撤，谘议局成立后纯系绅办性质，各该地方官如与该局行文自应概用照会，无庸用申禀款式，并无庸称“谘议局宪”等字样，以符馆定体制。

一、各地方官如与谘议局有公文往来，应先行通禀各衙门请示，俾资考核。

一、各属应领初、复选经费，除已经扣领清楚外，其未经拨领及未经折成银数之处，本处业经开单咨请牙厘局查照，应即径自备文申请办理，如无税契可拨及拨用不敷之处，即照数汇请善后局照发。

一、各属垫给议员旅费，本处业已移明善后局立案，应即备文径向善后局请领归垫。

札饬附设地方自治筹办处及开用关防文

为札饬事。案奉抚宪批本处具详拟订地方自治筹办处开办简章，并请刊发关防一案，由奉批察核折开：所拟地方自治筹办处开办简章各条说，纲举目张，均属妥洽，应即照办。所有该处一应筹办事宜，前准宪政编查馆咨行奏定章程，既声明责令谘议局筹办处兼理现设地方自治筹办处，所有总、会办提调各员自应即以原来照派总会办各官绅全数兼充，毋庸另行加札照会，俟本年九月谘议局成立、筹办处裁撤时再行加札办理，所设各科员即由该处就谘议局筹办处科员内分别酌派数员札委兼理。省城已设地方自治研究所自宜于简章第三条内酌添，俟各属选举办理完竣，即以选举事务研究所改为地方自治研究所，庶城、镇、乡议事会选举调查办理不至茫然，无所措手，除札饬善后局刊刻湖南全省地方自治筹办处关防一颗移送开用外，仰即分别移行一体遵照办理。仍将开用关防日期具报查核，所有章程内应订施行细则及应用各项图记、式样并即次第拟订，详候核夺，并补详督部堂查核暨候批示缴清折章程票式存等因。奉此，本司等遵即祗领已于三月二十四日开用关防并将开办简章补详督宪查核在案，其第三条内并遵批饬理由酌量添入，饬匠印刷，除分别呈报并咨行外，合行札饬。札饬该州、府、厅、县即便遵照，并将奉文日期及办理情形分别具报核夺。毋违。此札。

函电类

拟致各属绅士函

敬启者：谘议局为宪政起点，关系重大，明诏限本年九月初一日各省一律成立，定期迫促，刻难缓延。本处奉抚宪札饬，遵照宪政编查馆章程设立处所筹办一切事宜，数月以来规模粗具，现饬各州、县设立选举调查事务所，遴选正绅先行调查选举资格，造册申报。定于本年五月初一日举行初选举投票，六月二十一日举行复选举投票，仍依定限于九月初一日成立谘议局。所有一切章程及各种细则，均由本处体察湘省情形，并参酌各省办法，悉心厘订，通饬各属一体遵照办理，并筹给选举办公经费，俾资应用，不准丝毫派取民间，致滋扰累，此筹办之大概情形也。但兹事体大且系创举，诚恐乡民未及通晓，转致窒碍，素念执事怀抱公益、关心大局，用特专函布告，尚祈广为开导，启牖愚蒙，如能指示箴规，以匡不逮，尤所至盼专肃。敬请台安。

拟致各府直隶州函

径启者：增设各府直隶州名誉参议一事，业经本处详奉抚宪批准、通饬，遵照在案。查此项名誉职员有联络士民参议庶事之责，必须慎选得人，方足以胜厥任而资协助。望即于所属士绅中遴选公正明达、乡望素孚之人，酌量照请，本处并不遥制，仍将各该职名具报查考。专此。顺颂。升祉。

抚部院通饬各府直隶厅州电

谘议局九月成立，钦限綦严，详咨奏定初选、复选各期，断不能有一日之更改，各守牧令应如何赶速遵办。乃据筹办处司道面称：自去冬颁发办事期限并迭拟详章通饬去后，时逾两月，各属之以一纸申复者尚属寥寥，更无一处办有头绪等语。似此任意宕延，必致贻误，钦限制动全局，谁能当此重咎。该守牧为复选监督，责无旁贷，仰即转饬所属各州县迅遵筹办处迭饬事理，依期举办。其直隶州本管地方照章应遴派教佐为初选监督，又各厅应以附近之府为复选区，前经筹办处详定：凤凰乾州以辰州府、永绥以永顺府、晃州以沅州府、南洲以岳州府各为复选区，该丞倅等应自为初选监督，均即遵照定章暨迭次札饬切实赶办。该守（收）〔牧〕并随时详查办理情形，上紧督催，按旬由各该初选、复选监督各自具报一次，或邮寄，或排递，速寄筹办处。如有玩延，立予电请撤参。兹事体大，为目前第一要政，万勿视为常件，稍事延缓，至干参究。懔之！慎之！此电即由彭守景、守禄、守钞送该管道查照，本部院已另电委各道为谘议局筹办处会办矣。再，筹办处通行各项章规格式，该府、州、厅、县奉到几起，有无疑义，办理如何，并先电复。抚院。佳。

抚部院致各道电

谘议局筹办处前经遵旨遴选官绅开办，查谘议局为议院基础，各府、厅、州、县分任初选、复选之责，当此创办伊始，非有大员就近考核督催，不足以期捷速而归划一，应即派委该道充筹办处会办，督率所属各府、厅、州、县遵照定章及该处迭次通饬事理依限赶办，并随时严催，毋任稍有延宕，贻误钦限，致干参究。除另行外，仰即遵照。抚院。佳。

抚部院致直隶杨制台、浙江增抚台电

建筑谘议局，应参酌议院规模。查各国议院有用半圆形者，有用长方形者，闻尊处业经兴工，祈速饬绘图由邮局寄示，以资仿造。希电复为祷。文。

保靖县孙令来电

谘议局筹办处宪钧鉴：调查事务所十二成立，由驿申报。惟绎选举资格第五项语，意营业资本与不动产似区为二，若遇两项并计方足五千圆者是否合格？卑县系属苗疆，苗民中有合五项资格之一者可否同汉人一律？又，各苗备弁似与官吏不同，其选举权与被选举权应否停止？若不停止，该苗备弁职任催收公租、弹压苗民性质有类团防，可否援办理公益之例？统乞示遵。保靖县知县孙鸾谨禀。

复保靖县孙令电

辰州转保靖县孙鉴：电悉。营业资本与不动产准合并计算；苗籍照汉籍一律；至苗备弁应否停止选举、被选举各权，候电请馆示再复。筹办处。敬。

抚部院致北京宪政编查馆电

湘省苗疆各厅县，向设有苗备千把等弁，虽系土官，仍属苗民，归厅县管辖，无独辖地方之责，似与普通官吏有别，其选举权、被选举权可否免其停止？请核示。敬。

北京宪政编查馆来电

电悉。苗疆土官既无独辖地方之责，自与普通官吏有别，应准其有选举及被选举权。宪政编查馆。俭。

致辰州府景守电

辰州景守鉴：前据保靖孙令电询苗备弁应否停止选举权及被选举权等情，经呈院询。奉宪政馆电开：苗疆土官既无独辖地方之责，自与普通官吏有别，应准其有选举及被选举权。等因。请即录电分行所属，并专差呈镇筸道飞饬孙令，并通行各属遵照办。筹办处。东。

武陵调查所来电

谘议局筹办处，寄居、汇票号有无选举权，候复。武陵调查所电。

复武陵调查所电

常德武陵调查所电悉。无论何省，寄居人均应查照定章，寄居本省满十年以上、寄居地方有一万元之产得有选举权。至票号系股东财产，与在号各执事无涉。筹办处。支。

武陵县陶令来电

谘议局鉴：革员有财产、选举权而得罪，可否分公、私，按照品行剥夺。武陵县。青。

复武陵县陶令电

武陵县鉴：青电悉。名位与财产，二者各不相蒙，革员如未犯第六条所列八项事故并未查抄者有五千元以上财产，准有选举权。筹办处。灰。

抚部院致江苏陈抚台、济南袁抚台电

建筑谘议局，应参酌议院规模。惟各国议院式样甚多，尊处系仿何式，已未兴工修建，需经费若干，是否奏明作正开支，祈先电示大略，一面饬绘详图，分条开载办法及款目，交邮局寄示，俾珂乡得资仿办。至为盼祷。

苏州陈抚台来电

效电悉。苏省谘议局建筑式样，须俟日本考查员回华方能酌定办法，现尚无从邮寄。特闻启。泰。哿。

济南袁抚台来电

谘议局图三月间照寄。敬先复。勋。箇。

武陵选举研究所来电

筹办处宪鉴：经调查员注有资格，现戒烟者共百余人自警戒断，求给证纸。候电示。武邑选举研究所。文。

复武陵选举研究所电

常德武陵研究所鉴：文电悉。曾经吸烟之人，须已经戒断方得有选举权。现报戒而未断者，未便给证。筹办处。元。

常宁县王令来电

谘议局筹办处宪钧鉴：县警局委绅，省警察、道师范、府中学堂各教员，县视学、小学堂长等有无被选举权，请电示，遵照更正。卑职允猷叩。望。

复常宁县王令电

衡阳县专送常宁县王鉴：望电悉。警局委绅非官吏，县视学及小学堂长非教员，警察、师范、中学各校教员非小学堂教员，均不停止被选举权。筹办处。铣。

永州研究所来电

筹办处宪钧鉴：现在标候补五品武官曾见缺者，应否照本省候补官员停止选举。乞电示。永州研究所叩。

复永州研究所电

永州研究所鉴：电悉。五品以上曾见缺之归标武官现不在任者，无管辖地方之责，不停止选举权。筹办处。巧。

抚部院致天津杨制台、武昌陈制台、山东袁抚台、苏州陈抚台、浙江增抚台电

尊处建筑谘议局图说，前承允惠寄，以资仿办。现在计已绘妥，何时邮寄，请电示。效。

武昌陈制台来电

效电悉。日本议院图式，由胡大臣托大藏省绘，约月底方能到敝处。有北洋图一分，先寄上备参酌，东京图到再摹寄。龙。智。

天津杨制台来电

谏电敬悉。承询敝处谘议局图式，系官绅合议，招工建筑，价约十二万有奇。特复。骧。祃。

桂林张抚台来电

贵省谘议局筹办处，自开办起至八月底止，所有处中员绅暨派出各属司选员薪水，以及其他关于选举各种活支款项、谘议局建筑经费，凡由公家支发者共约需款若干，恳饬查电示为感。岐。啸。

抚部院复广西张抚台电

啸电敬悉。湘省筹办处自开办至八月底，额活支约银二万余两，各属选举用款约钱四万余串，均奏请作正开销，部复处用准销各属款令自筹建筑费未定，余无他用，亦未派司选员。敬复。敬。

沅陵县选举研究所来电

谘议局筹办处宪钧鉴：确有选举权而官幕他省，投票到否难料，又非停止之例，应一律入册否，亏欠学款有案，可否以失财产上之信用论，请电示。沅陵县选举研究所。公叩。

沅陵县研究所来电

筹办处宪鉴：陆军两年毕业，家居有选举权否？乞示。沅陵研究所叩。

复沅陵研究所电

沅陵研究所鉴：两电悉。有选举权而官幕他省者，无论投票到否，均一律入册。欠款有案，应以失财产上之信用论。陆军小学毕业，不合中学学级，不得有选举权。筹办处。寝。

抚部院致北京宪政编查馆、学部电

据筹办处司道会同学司禀称：湘省谘议局初、复选，前经奏展于五六月举行投票。彼时适考优拔，选举人内生员居多，势难同时并行，拟请援广东案将优拔试期展至八月初举行。等语。谨电奉商，可否照准。请赐电复饬遵。叩。有。

北京宪政编查馆来电

有电悉。湘省初、复选举期日既与优拔试期相近，应即援照粤案展缓优拔试期，乞转饬遵办。宪政编查馆。艳。

抚部院饬各府、直隶州电

议员名额啸电配定，通饬在案。兹据筹办处详报，全省选举人续有增删，截算确定总数共十万零四百八十七名。各复选区议员配额核与啸电仍无出入，查定章应于初选举期前由本部院将名额榜示，各复选区本届各期均经缩短，榜去已不及事。仰即录此电所开选举人总数及啸电所配各区议员额数合并榜示，晓谕周知，仍先电复并赍稿备查。此电由景守抄送袁道、彭守抄送周道知照。抚院。艳。

饬岳州府魏守电

岳州魏守：小学教员照章只停被选举权，而初选当选人仍是选举人，乃巴陵刊发选举人名册于小学教员，一律盖不得误举之戳，大误。速饬更正宣示。仍电复。筹办处。齐。

上海朱道台来电

职道调查：浙工系浙董樊时勋招沪工李得顺包造，图式做法合同已向樊觅来，江苏局建南京，建筑事宁苏绅尚未会议。浙图议场仿西式半圆形，约下层议员可坐百八十人，上层特别员、旁听员可坐四百余人。湘照浙造，议员额少于浙，将来酌增当有余地。惟座位太窄，须加宽便出入。兹事重大，职道拟调查鄂省办法，回湘禀商宪台核定。再，到汉沪投标估工，择妥实工头取保包造，期臻稳慎。浙工除雨天限十个月完，未完工前议场借用公所。窃意要工务在坚固经久，碍难求速，是否有当，乞电示遵办。再，局基墙脚用三和土，参将署拆出破碎砖瓦务留，拌三和土用。恳告汤道为叩。职道祖荫禀。蒸。

武陵县王令来电

筹办处宪钧鉴：照章初选不满额者，开票后在原投票地方就所列姓名再行投票。现武陵水涨，苟仍分往各区，实行障碍。可否合在城内一区举行。再，票额是否合计前得票数核算。又，次多数姓名有力主不榜列者可否允行。恭候电示祗遵。知县章祺叩。沁。

复武陵县王令电

常德王令：沁电悉。应照章就得票较多者开列二十八名榜示，在各原投票地方令原投票人就所列名内再投；至得票数应每次分算，不能将前得之票并计；所请不分区、不榜示均违定章，未便照准。筹办处。勘。

饬华容县王令电

岳州魏守转饬华容王令：初选投票以选举名册为限，册内无名之票应作为无效。该县禀有张克曙未列选举册，得十四票，乃为请补入册。谬极。筹办处。东。

抚部院致北京宪政编查馆电

据筹办处声称：按选举章程第五十七条，凡当选人不足定额，就得票较多者按照应出当选人额数，加倍开列姓名，榜示再投。等语。文为应出额数，自系按照该区当选原额而言。现在善化县应出初选当选人额数为四十名，第一次投票已得当选二十三名，不足定额十七名，就得票较多者按照该县应出额数四十名加倍开列八十名，榜示再投。惟如第二次续投得当选若干名，仍不足额，则此开列姓名已无八十名之多，是否须将第一次得票较多未开列者补足八十名再投，抑每次只尽第一次所开姓名令投至足额为止。又，票额叠奉馆示，以每次实到投票人数为率。例如善化是否每次均以四十名之额除算，抑每次以不足定额人数递减除算折作票额。又，得票者之票数是否每次各算，抑第一次所得之票可与第二次所得之票积合计算。均请电商示遵等情。乞迅赐核复，详晰见示为祷。叩。鱼。

北京宪政编查馆来电

鱼电悉。选举章程五十七条所云，应出当选人额数指当选不足定额应行补足之数而言，非补应出之总数。例如善化初选当选人额数为四十名，初次投票得二十三名，则不足之十七名即为应行补出之当选人额数，加倍开列即三十四名也。如是每次递减，投至足额而止。至除算票额每次均以应出当选人总数为准，不得递减除算。又得票者票数每次各算，不能将各次票数积合计算。即希转饬遵办。宪政编查馆。真。

饬宁远县陈令电

永州德守转饬宁远县陈令：电悉。初选当选人如有不应选者，应与敦劝，非有大故不得放弃。筹办处。齐。

永州府德守来电

筹办处宪鉴：当选人有重要事不能应选，又无候补当选人递补，应如何办理。乞电示。知府泰禀。佳。

复永州府德守电

永州德守：佳电悉。初选已当选人因事开除，如无候补人可补即任，其缺额余照饬转宁远齐电办理。至复选应预置候补当选人，以备缺额递补，已详请馆示，俟奉复另电饬知。筹办处。佳。

辰州府景守来电

谘议局筹办处宪钧鉴：泸溪初次投票无人当选，二次实行投票人仅百零九名，票额是否准就二次投票人数除算。请示遵。知府方昶叩。佳。

复辰州府景守电

辰州景守：佳电悉。每次票额各以本次实到投票人计算，无论投若干次，均准此类推。筹办处。灰。

通饬各府、直隶州电

本处因再投票榜列应投名数暨折算票额核计票数各节，原章尚觉浑含，经拟电呈院电询宪政馆核示，奉复电开：选举章程五十七条所云应出当选人额数，指当选不足定额应行补足之数而言，非补应出之总数。例如善化初选当选人额数为四十名，初次投票得二十三名，则不足之十七名即为应行补出之当选人额数，加除算票额，每次均以应出当选人总数为准，不得递减。除算又得票者票数，每次各算，不能将各次票数积合计算。仰即转饬所属一体遵照。筹办处。支。

云南谘议局筹办处来电

谘议局筹办处鉴：查谘议局章程，议长、副议长及常驻议员公费并书记以下薪金，其数目应由督抚酌定。又，议员旅费亦由督抚核定。敝处现奉护督宪谕，敬询贵省所定各项数目若干，恳请详赐电复，俾资则效。云南谘议局筹办处叩。阳。印。

复云南谘议局筹办处

云南谘议局筹办处鉴：阳电悉。谘议局员公费、薪金、旅费等项，湘省刻正筹议，俟详定确数，遵当详晰电告。先此奉复。湖南筹办处。真。

致南昌、武昌、杭州、苏州、天津各省谘议局筹办处电

谘议局筹办处鉴：查谘议局章程，议长、副议长、常驻议员公费，书记以下薪金及议员旅费，应由督抚核定。奉抚宪谕，敬询贵省所定各项数目若干，祈分别电示，俾资则效。湖南谘议局筹办处。漾。印。

浙江谘议局筹办处来电

谘议局筹办处鉴：漾电悉。已呈请抚宪核定，俟核定后奉闻。浙江谘议局筹办处。宥。

南昌谘议局筹办处来电

谘议局筹办处鉴：漾电敬悉。敝省议长以下公费、薪金尚未详定，容后奉复。赣谘议局筹办处。宥。

直隶谘议局筹办处来电

谘议局筹办处鉴：漾电悉。议长以次公费现正筹拟，一俟批准即行电达。直隶谘议局筹办处。宥。

苏州谘议局筹办处来电

谘议局筹办处：漾电悉。苏谘议局现已合并在宁，所有议长以下各费尚未详定。查此项数目应各就本省情形斟酌，似难一律。敝省俟院宪规定，容再奉闻。苏筹办处。沁。

武昌谘议局筹办处来电

谘议局筹办处鉴：前奉电询谘议公费、薪金、旅费各数，敝处已详奉院批。议长月百元，副议长月八十元，常驻议员、书记长每员月六十元，书记每员月三十元。又，议员此次至省，旅费由各该府州酌量到省远近先行垫给，随后由省拨还。至以后旅费、杂费、薪金，则俟谘议局成立后，会议预算数目呈督抚核定。谨电达，请酌夺。湖北谘议局筹办处。东。

直隶谘议局筹办处来电

谘议局筹办处鉴：兹奉督宪核定，谘议局议长公费一百五十两，副议长各一百二十两，常驻议员各七十两，因物价昂贵，故定费较多。其旅费照章由该局预算后核定。直隶谘议局筹办处。齐。

辰州府景守来电

抚宪谘议局筹办处宪钧鉴：廿二日开票，邹士桢得八票，张文卿、钟声鸿、冯士倜均六票，冯锡仁五票。钟声鸿被得四票之滕凤藻讼其在外彼此相约互举，经讯属实，应作无效。以冯锡仁当选，滕、钟两人并罚停选举权。是否有当，请示遵。知府方昶叩。漾。

复辰州府景守电

辰州府景守：漾电悉。钟既讯实，自应扣除。惟父子应否免其回避，已请馆示，得复再电，执照缓发。筹办处。有。

抚部院致北京宪政编查馆电

据谘议局筹办处声称：议员有父子兄弟同时当选，应否比照自治选举以子弟避父兄。至当选票额，照章系过半数；复选应五票以上。如只得五票，准作当选与否。又，复选第一次投票，倘当选不足额，是否照第五十七条初选章程就得票较多者按缺数加倍开再投。统乞电咨请示等语。祈迅赐核示饬遵。宥。

北京宪政编查馆来电

宥电悉。查谘议局议员，照章虽无父子兄弟回避明文，仍应查照地方自治选举章程，令其回避为宜。至议员当选票额，按选章第七十四条并无应得过半数明文，该条所称以上者乃兼赅本数而言，但得五票即为合格。其复选当选不足额应即按照五十七条办理，即希饬遵。宪政编查馆。艳。

通饬各府、直隶州电

奉抚宪钞发宪政编查馆电开：查谘议局议员，照章虽无父子兄弟回避明文，仍应查照地方自治选举章程，令其回避为宜。至议员当选票额，按选章第七十四条并无应得半数明文，该条所称以上者乃兼赅本数而言，但得五票即为合格。其复选当不足额应即按照五十七条办理，即希饬遵。等因。转行到处，仰即遵照办理。再，查地方自治选举原章系以子弟避父兄，并仰知照。筹办处。艳。

抚部院致北京宪政编查馆电

据谘议局筹办处转据长沙复选监督汪守禀称：选举章程第十二条“凡办理选举人员，除监察员外不得与〈于〉选举人及被选举人之数”等语。统按前后各条文义，似停止选举、被选举权专指投开票时之管理员而言，惟语意尚觉浑含，而明文则见之馆复宁藩敬电，所指不得与选举及被选举只系管理员一项。执此互证，究竟办理选举员可否以投开票之管理员为限，抑须将一切办理选举如调查所等人员统与停止？统停则窒碍甚多，恳电咨请示前来，乞迅赐核复。艳。

北京宪政编查馆来电

艳电悉。调查员不在办理选举人之列，业于五月初九日电复黔抚在案，湘省自应一律。此复。宪政编查馆。纸。

抚部院饬各复选监督电

复选告成，议员当已确定，兹援浙省成案提前召集互选，假定议长、副议长俾得于开会前先行准备一切，仰即催令该属议员刻日首途赶程并进，统限七月底齐集长沙，毋任稍延。该议员所需旅费，据筹办处详：每百里每员给洋四元，路远者准此递加，通轮处减半。并即转饬各该地方官查照，如数垫给，随后拨还。仍先电复。此电由景守钞送袁道知照。抚院。青。

抚部院致北京宪政编查馆电

据筹办处司道详称：本届复选各属一律告竣，议员选足定额并照额加半预备候补议员。现援浙省成案，提前召集议员照章投票，互选假定议长，以便准备一切，仍依定限于九月初一日开第一次议会。谨先电闻。覃。

复云南谘议局筹办处电

云南谘议局筹办处鉴：前电敬悉。湘谘议局公费、薪金、旅费，现奉院宪核定，议长月百元，副减二十，常驻议员及书记长每员月六十元，书记半之。旅费此次暂定每百里四元，远则递加，通轮减半。下届增减由局续拟。谨复。湖南筹办处。元。

抚部院致南京制台、浙江抚台电

闻尊处已假定议长开会一应礼节当早规定，届日举行开会式应否宣读上谕，行谢恩礼。官绅旅见是否相揖，抑行大礼。祈明晰示复。马。

武昌陈制台来电

效电悉。鄂省谘议局建筑未竣，本年系借地开会，会场既欠宽展，驻汉各领事及其他外宾均在隔江，届时拟不知照。特复。龙。个。

拟致南京、武昌谘议局筹办处电稿

会场照章准人旁听，届开会日各国领事应否送与入场券，尊处必已酌定办法，谨此奉询，祈示复。湖南谘议局筹办处。

南京谘议局来电

谘议局鉴：开会日，拟行政官、议员同上筹备宪政旷典开始祝词，次督抚宣诵开会词，议长宣诵答词，相见则右立各三揖。议长席居中，督抚席稍后两旁，礼节单仍另寄。謇。宥。

抚部院电请军机处代奏稿

窃照湘省遵章筹办谘议局，业将办理情形暨借用会所缘由先后奏报在案。现届开局之期，据各议员互选得在籍翰林院编修谭延闿为议长，陆军部主事曾熙、前工科给事中冯锡仁为副议长，春遵于九月初一日莅局行开会礼式，一切秩序均尚整肃。除恭折奏报外乞代奏。春叩。东。

抚部院致宪政编查馆、资政院电

湘省遵章筹办谘议局，业将办理情形暨借用会所缘由先后奏报在案。现届开局之期，据各议员互选得在籍翰林院编修谭延闿为议长，陆军部主事曾熙、前工科给事中冯锡仁为副议长，遵于九月初一日莅局行开会礼式，一切秩序均尚整肃，已电请军机处代奏。再，议长原议假定嗣各议员以会期在迩主持，准备责任宜专议改预期确定复查，系属实情，因即照行并闻。叩。东。

禀牍类

城步县程令起凤禀

大人阁下敬禀者：窃照卑县遵奉通饬举办选举事务一案，业将派员设所、分区调查各情形按旬具报在案。兹将调查所得选举人悉心审定，合计四百九十四名，异府异县之遵章呈明，及异省之合格者均在此数。除宣示外，业经分别本籍、寄居造成人名册二本，并分划投票区图表，保荐投票、开票，管理监察人员，清折专差飞赍宪处及本府核办。又恐审定之法有未悉当，因将有选举资格而又有不得有选举权及被选举权各情事者另造附册一本同赍，听候查核。卑县地当边徼，风气迟开，城乡士民罕知选举议员为何事，经卑职于奉到章程后将谘议局宗旨及对于地方人民之利益亲向各绅剀切演说，并将奉发告示及所撰手谕令其于调查之便持赴各乡，广为宣传。又奉宪处筹发经费钱文，俾各员薪水夫马得以有资，丝毫不累被调查之处用，能将调查一事提前赶办，凡列名于册者并无役丁派捐之疑，而调查各员亦无宽滥遗漏之弊，此选举事务第一节名册告成尚无贻误也。惟调查所士绅查知谘议局章程谓城步一县决无议员之望，不免惶惑从事。盖以全省议员共止八十二名，而初选应出选举议员人八百二十名，又系按各属选举人名总数分配，城步选举人名总数仅止四百九十四名，较之繁盛州县相去不下十倍、十数倍之远。今初选当选额数与各属匀配，则城步奉派者大约不过数人，以此数人赴郡复选，即共举一人亦难满议员票额。章程虽许举及同府而异县之人，是否合格未必深知，即令知之而彼此地方利病之关系总有主客轻重之不同，必非举者所心愿。章程虽许被同府共举，而僻小之县岂有声望达于大县之人，是城步一县无议员之望可预决也。城步一县无议员之望，不啻城步一县之人皆无被选举权及选举权也。自一县言之，城步无被选举权，由于选举人数不能与各属相衡，诚不能怨及胜已者。第谘议局以采取舆论为宗旨，议员以指陈利弊、筹计治安为职务，如一县无舆论之代表，则似一县之治安利病皆付诸勿问，恐非局中一视同仁之本意。即自个人言之，譬如其人有生员以上之出身或文七品、武五品以上之官职，若在繁盛州县，其当选人数既多，票额有自主之权即可被选为议员。今以籍隶僻小之区，遂无议员之望，而投票纷纷为他人作嫁，恐其势亦有所难行。盖人情必有希望之心，然后乐于从事，今既无所希望，谁愿作初选应选之人而奔驰五百里以外赴府投他初选区人之票；既不愿赴府投票，又谁愿为选举人往返数十里而赴各区投决不得议员之票。此次创办伊始，各乡皆仰信为便民要政，目注五月投票之期、方且翘足以待者，亦无非冀得议员以达其乡曲隐情。若复选之后通县并无被选为议员之人，则有选举权者不惟无足宝贵，且为无选举权者所窃笑，将来再遇调查、投票等事必避之，若浼孰肯视为义务，是于选举前途妨碍尤不可胜言。伏查议员额数及视选举人数分配当选人数，均系奏定章程，原不敢妄献疑义，但卑县本属苗疆，从前移宝庆同知于长安营，并设参、游、都、守、防、汛等官三十六员，无非以筹计地方治安为宗旨，则谘议局之设似乎边要之风俗利病，或须指陈，尤不便听。其独在议员之外，既为卑职管见所及，并据该所士绅再三陈请，实不敢壅于上闻。且查奉发奏定选举议员章程第八十五条，本有增广议员定额一节，又各省议员额数系按照学额所定，如荷宪处详奏增广议员名额，或援照苗疆专设学额办法变通分配章程，俾卑县必得议员一名，以免向隅之处实出逾格鸿慈，抑或变通外办章程，将初选当选之八百二十人除被选为议员及不应选之外，一律予以“名誉议员”或“额外议员”等项名目，仍由复选监督一律发给凭照，并册报宪处存案，许其直接通函指陈地方利病，亦可以维系其希望之心并不失采取舆论之旨。盖科举学堂以学额小学堂为先导，于各县无不设之区，而选举以“名誉议员”为先导，则僻县有观感之具，表厥宅里即以树之风声，似于选举事务不无裨益。是否有当，理合禀乞大人俯赐察核训示祗遵。再，此项选举人名册定限闰二月初十以前发申，今于限内申赍并未逾违。又，卑县距省远，禀批奉到总在三个月以外，此次宪批拟恳径行掷交专差赍回，以便宣布而慰舆情。合并声明，肃此具禀，恭请钧安。伏乞垂鉴。除禀抚部院暨监宪外，批禀册及另单均悉。选举事为创办，头绪孔繁，期限甚促，虽经本处叠拟详章、联翩通饬，而各属奉文承办非草率即迁延，动滋詸误。该令独能办理迅速，不特调查依限告竣并将正册提前编造首先赍到。本处详加检察，填册悉臻妥。叶禀陈各节议论明通，见解透澈，尤为各属所无，深堪嘉许，应详请将该令记大功二次。该管府督率有方，并详请将潘守记功二次，以昭激劝。至称该县选举人名为数较少，恐难配得议员等语。查各属电报名数多者至数千名，少者二三百名不等，该县人名尚在适中，将来按照全省名册分配。如该县能得初选当选人在五名以外，亦未必竟无议员被举之望，所请能否变通各节，事关各直省通章，未便轻议，应俟随后酌核办理。再，该令所造选举人名册，厘剔谨严，甚为合法。惟选举资格非仅以功名学识为限，其农商各流如有恒产及格者照章兼收，该县倘尚有遗珠，不妨搜罗补报也。并仰知照，仍候抚部院暨监道衙门批示。缴赍件存。

新宁县吴令兆梅禀

大人阁下敬禀者：窃照卑县办理选举，前经报至三月二十三日在案。自三月二十四日起，至四月初三日止，所办各事约有数端，一仍前约集士绅及投票、开票管理、监察各员赴选举事务研究所研究，计旬日内士绅到者十九人，管理、监察各员到者二十人。

一、三月二十七日星期，卑职亲赴选举事务研究所，会同研究得议案四条。

一、三月二十四日，据西乡劝学员蒋溢南回县报告：在杨溪、烟村、高桥三村演说选举事宜各八次；在棑梓、安山、温塘三村演说各五次；在三渡一村演说九次。二十八日，据南区劝学员二次回县报告：在长湖、上富、金家、赤竹四村演说选举事宜各四次；在下富、江口、新寨三村演说各三次，均经卑职饬令于三月二十七、四月初一等日仍赴各该本区复演。

一、四月初一日派令各投票区管理员前赴前定之投票所，先期将不能适合房屋修理，务期合式应用器具，并令按照奉发投票办事细则所开，向附近各处借用。

一、定于四月十三日行初选举投票，十八日开票。撰就选举告示，遵照定章将应行声叙各节切实声叙，刊刷多张，遍贴晓谕。以上所办各端，均系实在情形，除仍会同所绅将以后应办各事遵章妥速办理外，所有旬日内遵办选举缘由，理合连同研究议案、选举告示禀赍大人，俯赐察核批示祇遵。肃此具禀，恭请钧安。伏乞垂鉴。

批：据禀，按旬所办各事言皆有物，非空文搪塞者可比。告示摘要罗列能得纲领，具见该县官绅于选举章程思过半矣。现在初选投票当已毕事，所有一应事宜仰即妥为经理，聿观厥成，是为至要。仍候抚部院暨监道衙门批示。缴赍件存。

钞新宁县初选监督吴令示稿

出示晓谕事：照得新宁选举人姓名前经宣示在案，现在本监督将全境分为十个投票区，凡某区内之选举人应照初选日期前赴本区投票所投票，不得混入他区。其所举之人则不必拘定本区，凡是十区内选举人皆可举。现时将届初选之期，合将应行晓谕各节条例于后。

一、初选投票限四月十三日起，至十五日止。

二、初选投票区投票所地址列下：城厢江口村、杨溪村、石桥村、水头村中下八坼为第一投票区，其投票所设在南门外武慎祠；水头村上四坼、石田村、盆溪村为第二投票区，其投票所设在昆山将军祠；大白村、新塘村、黄龙村、檀山村为第三投票区，其投票所设在黄龙村陈氏宗祠；新寨村、上富村、下富村为第四投票区，其投票所设在水庙里；长湖村、金家村、赤竹村为第五投票区，其投票所设在白马田济婴堂；三渡村、烟村、高桥村为第六投票区，其投票所设在岳武穆庙；安山村、梽梓村、温塘村为第七投票区，其投票所设在石桥头宁新寺；油头村、双滩村、钟田村为第八投票区，其投票所设在南庙中街乾元福；西喉村、龙回村、小溪村为第九投票区，其投票所设在一渡水同仁堂；八峒为第十投票区，其投票所设在大绢峒书院。

三、新宁选举人共三百零三人，应得当选人四人，计应七十五票额得选当选人一名。

四、开票所设在南门外武慎祠，订于四月十八日开票，届时各投票区选举人均可来城参观。

五、投票方法按定章摘录如下：投票人以列名本属投票所之投票簿者为限；投票人届选举期，应亲赴投票所自行投票，不得倩人代理；投票人应在投票簿所载本人姓名项下签字毕方准领投票纸；投票人每名只准领投票一页；投票用无名单记法，每票只准书被选举人一名，不得自书本人姓名；投票人于投票所内除关于投票事宜得与职员问答外，不得涉及私言，并不得与他人接谈；投票完毕后，投票人应即退出，不得逗遛窥视；投票人倘有顶替及违背定章等事，管理员及监察员得令退出。

六、罚则按定章摘录如下：以诈术获登选举人名册或变更选举人名册者，处十元以上、一百元以下之罚金，办理选举人员知情者处一月以上、六月以下之监禁，或三十元以上、二百元以下之罚金；冒用姓名投票者，处二月以上、一年以下之监禁，附加十元以上、百元以下之罚金；以财物利诱选举人或选举人受财物之利诱及居中周旋说合者，处六月以下之监禁或二百元以下之罚金，财物入官，已用去者按价追缴；以暴行胁迫妨害选举人及选举系人者，处一月以上、一年以下之监禁，或三十元以上、三百元以下之罚金；选举人及选举关系人携带凶器者，处一月以上、六月以下之监禁，凶器入官；加暴行于办理选举人员或骚扰投票所、开票所或阻留毁夺选举票投票匭及其他有关选举文件者，处二月以上、二年以下之监禁，附加十元以上、百元以下之罚金；办理选举人员漏泄选举票上之姓名者，处二月以上、二年以下之监禁，附加十元以上、百元以下之罚金，其所漏泄非事实者罚同上；办理选举人员违法干涉选举人之投票或暗记被选举人之姓名者，处一月以上、一年以下之监禁，或三十元以上、三百元以下之罚金，违法擅开投票匭或取出投票匭中之选举票者罚同上。凡犯本则所定各条者，于处罚后二年以上、十年以下不得为选举人及被选举人。本则所定各条，俟新定刑律颁行后应照新刑律办理。以上各条，选举人均应明晓遵守，兹特明白示谕为此示，仰即一体凛遵。毋违。特示。

新宁县吴令兆梅禀

敬禀者：窃卑县选举投票不足，当选定额定期复投各情形，前经禀陈在案。上月二十四日各投票区复行投票，二十九日开票所复行开票，所有投票、开票情形据各管理员、监察员报告前来，谨录副赍请宪鉴。不再赘述其关于投票、开票之事，为报告所未详者及开票后办理事宜谨为宪台陈之。此次续行投票，各区投票人共五百二十七名，当选票额以当选人五名，额数除投票人总数以得数之半为准，计应得五十二票为当选票额。当查开票簿所记得票过定额者六人，合以初次足当选票额之一人，共得当选人七名。卑县仅配当选人五名，自应以初次当选足额之一人及此次当选足额票数较多之四人为当选人，其余为候补当选人，此应禀明者一也。卑县选举人六百零三名，未在籍者七十二名，在籍应投票者五百三十一名，卑职发给各区投票纸均系按照在籍人数发给，期免弊混。县中风气未甚开通，选举人前于选举投票之事多怀观望不前。卑职访察情形，当即秉承宪训，撰就劝谕投票白话告示，到处张贴，并剀谕宣讲员及各区劝学员将选举利益、投票方法随处广场集众，切实演说。各区选举人始各晓然，是以初次投票放弃选举权者仅有十九名，此次投票放弃者仅仅四名，且投票之踊跃竟有半日、一日即已毕事者。其写票不能如法者初次仅有三名，此次亦只四名，实为初料不及，此应禀明者二也。当选人姓名卑职于开票后即已开列，草榜晓谕，一面照会各当选人出具情愿应选书呈县。现于五月初三日应选书均已取齐，由卑职发给执照，限期齐赴郡城复选，仍将当选人姓名、职衔另行榜示周知。选举事务研究所已于五月初一日撤销，该所所有用费，现已饬令所绅赶造报销，一俟造齐，即当禀赍宪处暨本府查核，并以一分另贴所外，俾众共览，以示大信，此应禀明者三也。以上各端，均系实在情形，所有投票、开票以及知会当选人、收情愿应选书暨发给执照，各日期按之办事期限表亦无逾违，理合检录投票、开票管理监察员报告，并造具当选人及候补当选人名册，赍请大人俯赐察核批示祗遵。

批：禀悉。选举议员事属并举，边远州县风气未开，尤多懵于选举权利，放弃盖所不免，该县两次投票，选举人踊跃而来，不到者仅居少数，具见劝导有方，所陈办理一切俱臻妥协，深堪嘉许。现在复选将次届期，仰即敦劝该当选人先时赴府听候复选投票，俾得观成要政。仍候抚部院暨监道衙门批示。缴名册存，报告发还。

告示类

抚宪晓谕谘议局筹办处开办告示

为出示晓谕事。照得前宪政编查馆咨开：奉上谕：谘议局为采取舆论之所，著各督抚迅速举办，限一年内一律办齐。等因。钦此。并颁到会奏各省谘议局章程及按语，并议员选举章程折单，暨选票投票匭、当选执照格式到湘，原咨内开：现在谘议局尚未成立，各省应就省会地方先行设立谘议局筹办处，由督抚钦遵谕旨，选派公正明达官绅创办其事，其筹办处详细章程由各省自行酌定，仍咨送本馆备查。等因。承准此，查原颁章程湖南额定议员八十二名，以厅州县为初选区，以该管府州为复选区，先由初选监督按照选举资格详细调查，将合格之人造册申报分配当选人额数，由各初选、复选区层递投票选举，克期办齐，限明年九月初一日。开办谘议局事体重大，期限紧迫，自应遵选官绅设处筹办，以期届时成立。当经札委藩、学、臬三司为总办，盐法、巡警、劝业三道为会办，候补道张道为驻处会办，另照请内阁学士衔前国子监祭酒王绅、前工科给事中冯绅、前掌江南道监察御史赵绅、翰林院编修谭绅、陆军部主事曾绅、前广西右江镇总兵黄绅、广西候补道汤绅、湖北候补道陈绅为会办绅士，并遴委提调科长各员，饬即拣设处所，将一应开办事宜次第酌议，妥速兴办，通饬各属一体遵照各在案。查谘议局为议院基础，筹办处乃谘议局权舆，现在虽已开办，但事属创举，图始为难，选举调查条绪尤为繁赜，诚恐各属绅民于章程未尽通晓，不免误解名义，甚至传闻悠谬，观望不前，致要政不克按期举行，关系良非浅鲜。除饬该处将原颁章程详细解释通饬各属明白宣示外，合行晓谕为此示，仰阖省绅民人等一体知悉。须知本部院遵旨设立处所、筹办谘议局事宜，系为裒集全省舆论起见，将来成立，凡地方利弊、民生疾苦皆可由议员代为敷陈，其裨益难以殚述。湘省文明早著，不乏通达士民，务各将现在办法剀切开导，展转告语，俾乡曲小民皆晓然于筹办宗旨之所在，庶几上下一心，官民一体，同摅忠爱，共济时艰，以上副朝廷通达民隐之至意。是所深望其各懔遵。毋违，切切。特示。

晓谕谘议局选举告示

为出示晓谕事。案奉抚部院岑札开：承准宪政编查馆咨送会奏各省谘议局章程及按语并议员选举章程折单暨选举票投票匭、当选执照格式到湘。原咨内开：现在谘议局尚未成立，各省应就省会地方先行设立谘议局筹办处，由督抚钦遵谕旨，选派公正明达官绅创办其事。其筹办处详细章程由各省自行酌定，仍咨送本馆备查。等因。承准此，查谘议局为宪政基础，选举尤创办之件，事体重大，条绪殷繁，当此筹办伊始，自应遴选官绅设处开办，以期早就成立，饬即拣设处所，将一切开办事宜次第酌议，妥速兴办。各等因。奉此，本司道遵于上月在省城贾太傅祠设立谘议局筹办处，并遴选员绅分科任事，妥议章程，通饬各属一体遵办各在案。查谘议局为采取舆论之地，实开议会初基，上以宣朝廷德意，下以抒里巷隐情，宪政所关至为重大。现在筹办伊始，先从选举调查入手。查定章以五项资格定选举权，其以名位、学识为重者，为其研究地方利弊有关系；其以资本产业为重者，为其担负地方税则有关系，苟具有各项资格之一，固得有选举权，即使资格不及亦得由有选举权者代表其言论，意思直使通国舆情无一不达于官府，盖即周官询于外朝，洪范谋及庶人之遗意也。湘省文明甲于南服，其在通达之士民类能知以公益为务，但事属创办，条绪纷繁，特恐荒僻之区风气迟开，于此项章程未能一一通晓，不免误解名义。因调查年岁或疑有派役之举，或因调查财产或疑有敛费之举，始而误会，继而讹传，甚至故为隐匿，不敢列名于册，以致造报误期，殊于选举前途大有妨碍。除由本处将原颁章程详细解释、通饬各属剀切宣示外，合行出示晓谕为此示。仰阖省绅民人等一体知悉。尔等须知筹办谘议局乃予人民以与闻政事之权，一经成立，举凡何利当兴、何弊当革，胥得由议员指陈于上，裨益百姓者甚多，实为从来未有之盛举。此次选举调查，只为分配当选人数起见，别无他意。尔等当以选举权为至宝贵，以得有选举权为至荣幸，断不可稍涉疑畏，自甘放弃。自示之后，务各将后开条款及通行一切章程逐条研究，细心领会，父诏其子，兄助其弟，辗转传述，俾各晓然于利害所关，自无不欢欣鼓舞。倘有无知之徒造谣生事，煽惑人心，希图阻挠要政，即由该管地方官随时查拿，禀请惩办。总期议员依限选齐，谘议局按期成立，上有嘉德，下无违心，同摅忠爱之忱，赞成隆平之治，本司道有厚望焉。其各懔遵。毋违，切切。特示。

计开：摘录宪政编查馆章程，谘议局议员湖南额定八十二名。合选举资格者列下：

一、曾在本省地方办理学务及其他公益事务满三年以上、著有成绩者。

成绩指已满三年而未被参革及驱逐者而言。

二、曾在本国或外国中学堂及与中学同等或中学以上之学堂毕业、得有文凭者。

文凭由本国学堂发给者，以各省提学使衙门有案为断。外国学堂发给者，以留学生监督有案及出使大臣证明书为断；凡小学以下毕业生不在此例。

三、有举贡生员以上之出身者。

武举、武生及佾生、监生皆不在内。

四、曾任实缺职官文七品、武五品以上未被参革者。

曾任实缺以曾经见缺为限，署理、代理与实授者同。未被参革指现未革职者而言。

五、在本省地方有五千元以上之营业资本或不动产者。

营业资本指店铺、行栈货物及持有各项股票而言，不动产指田地、房屋而言。

以上五项，凡属本省籍贯之男子、年满二十五以上具有资格之一者，有选举谘议局议员之权，其非本省籍贯之男子、年满二十五岁、寄居本省十年以上、在寄居地方有一万元之营业资本或不动产者，亦得有选举谘议局议员之权。

得被选举为谘议局议员者列下：

凡属本省籍贯或寄居本省满十年以上之男子、年满三十岁以上者。

须满此年龄而复具有以上五项资格之一，并不犯以下所列各项劣迹者，方得被选举为谘议局议员。

不得有选举权及被选举权者列下：

一、品行悖谬、营私武断者。

指被控有案经官判实而言。

二、曾处监禁以上之刑者。

指现行律已定徒以上之罪名而言。

三、营业不正者。

四、失财产之信用被人控实、尚未清结者。

指倒账之类而言。

五、吸食鸦片者。

指现在吸而未戒、戒而未断而言。

六、有心疾者。

指疯狂觑痴者而言。

七、身家不清白者。

八、不识文义者。

以不能书写选举票者为限。

停止选举权及被选举权者列下：

一、本省官吏或幕友。

官吏指现在及候补者，与各衙门书吏而言，教职不在内；幕友指各衙门刑名、钱谷等席而言。

二、常备军人及征调期间之续备、后备军人。

现在巡防队及水师各营伍弁兵及警兵亦在其内。

三、巡警官吏。

指管带巡警者而言。

四、僧道及其他宗教师。

僧道外各宗教名目繁多，难以枚举，但以不合公民性质为断。

五、各学堂肄业生。

以现在学堂肄业者为断。

停止被选举权者列下：

现充小学堂教员者。

此只停其被选举权，并不概停其选举权，如有合选举五项资格之一者仍得有选举权。

劝导选举人等届期亲赴投票所自行投票告示

为通饬事。案照选举议员，关系重要。现在调查已毕，名册告成，照章应于选举期前将选举人名榜示各投票所，宣示公众。俾届选举期亲赴投票所自行投票，但事属创办，选举之权之不应放弃，恐士民未尽周知；而各该选举人等散处四乡，且虑未能家喻户晓，转瞬投票届期，倘或徘徊观望、不克俱来，抑更甘心放弃，不愿出荷责任，则票数既少，票额难满，殊于选举前途关碍匪浅。自非出示劝导，动其趋赴之心，不足以观成善政。除分行外，合行札饬。札到，该即便遵照限文到三日内出示，谕劝选举人等届期亲赴投票所自行投票，不得置身事外，亦不得倩人代投。示内文义务须剀切详明，以期读者无不明晓，撰就刊刻，分发该管地方广为张贴。其穷乡僻壤尤宜贴到，不可遗漏，仍录稿并张贴处所具报查考。此系特办之件，至届选举期前应晓示投票日期、投票区投票所及开票所地址，投票方法仍照定章办理。再，现据各属申造选举人名册大致尚属合法，惟如办过学务，未注明学堂名目及职务名目暨年限；办理公益，未注何项名目暨年限；出身项下之贡生，未注明恩拔副岁优以及廪增附；学堂毕业生，未注何处给凭暨肄业学期；其兼有营业资本、不动产两项财产者，并未分填数目，只填合计之数。事关资格，出入均宜详晰，免干部驳，仰各属迅即查照上指各节，如有未经填写明白者，按名列表详注，飞速申赍以凭察核，补填立候汇齐，幸勿延玩。切切。特示。

晓谕初选当选人遵章复选投票告示

为晓谕事。照得选举议员为宪政进行第一机关，本处遵奉抚宪札饬，按照宪政编查馆颁行章程，督率合属员绅筹办一应事宜。数月以来，规模毕具，现在初选渐次告蒇，复选旋将举办。查定章，复选当选人不必在初选当选之内，并不必在初选选举人名册，且不必以初选区为限，凡同府直隶厅州之合格者皆可举。又，初选当选人仍系选举议员人，复选当选人即系议员，是复选投票其范围较初选为广，其责任更较初选为重。各该初选当选人既由公举而来，所具学识度必迈出等伦，自能各举所知，襄成盛举。但兹事体大，一有不当，关系殊非浅鲜。本处为先事防维起见，诰诫不惮谆详，除通饬各复选监督率同在事员绅妥慎办理外，合行出示晓谕全属初选当选人。须知谘议局之成立视乎议员，议员之确定系于初选得失，所关在此一举。倘或稍挟私见，掉以轻心，以致所举非人，滋为口实，非惟贬损一己人格，抑且破坏全体名誉。将来届期投票，务各慎重，将事推举合格之人以充斯选，俾得摅其谠言宏说，参与庶政。本司道有厚望焉。切切，毋违。特示。

本处职员衔名月薪表

职　任	姓　名	官　　衔	籍　贯	月薪　夫马
总　办	庄赓良	湖南布政使	江　苏	
总　办	吴庆坻	湖南提学使	浙　江	
总　办	陆钟琦	前任湖南按察使	顺　天	
总　办	周儒臣	湖南按察使	安　徽	
会　办	朱延熙	盐法长宝道	安　徽	
会　办	唐步瀛	劝业道	四　川	
会　办	赖承裕	巡警道	福　建	
会　办	王乃徵	岳常澧道	四　川	
会　办	谭启瑞	衡永郴桂道	贵　州	
会　办	袁学昌	辰沅永靖道	江　苏	
驻处会办	张鸿年	候补道	广　西	五十两
会　办	王先谦	内阁学士衔前国子监祭酒	湖　南	一百两
会　办	冯锡仁	前工科给事中	湖　南	一百两
会　办	赵启霖	江南道监察御史	湖　南	一百两
会　办	谭延闿	翰林院编修	湖　南	一百两
会　办	曾　熙	陆军部主事	湖　南	一百两
会　办	黄忠浩	前广西右江镇总镇	湖　南	一百两
会　办	汤鲁璠	广西候补道	湖　南	一百两
会　办	陈兆葵	湖北候补道	湖　南	一百两
提　调	汪凤池	原任长沙府知府	江　苏	
提　调	汪凤瀛	长沙府知府	江　苏	
提　调	王寿龄	候补知府	广　西	三十两
提　调	汪文溥	道员用候补知府	江　苏	八十两

续表

职任	姓名	官衔	籍贯	月薪 夫马
帮办提调	余屏垣	长沙县知县	四川	
帮办提调	邢骧	前任善化县知县	湖北	
帮办提调	郭中广	善化县知县	贵州	
文牍科科员	邵承祜	同知衔补用知县	顺天	三十两
文牍科科员	费尧勋	同知衔拣选知县	江苏	二十两
文牍科科员	沈锡畴	四川补用典史	浙江	三十两
文牍科科员	罗志京	补用县丞	安徽	三十两
司选科科员	张通焕	候选主事	湖南	三十两
司选科科员	胡子清	直隶州州同	湖南	三十两
司选科科员	邱才英	浙江截取盐大使	湖南	三十两
司选科科员	杨树谷	副贡生	湖南	三十两
司选科科员	彭名时	附贡生	湖南	三十两
司选科科员	刘民安	廪生	湖南	三十两
司选科科员	李运刚	附贡生	湖南	三十两
庶务科科长	陈正学	改选班知县	四川	二十两
庶务科科员	杨崇勋	候选都察院都事	湖北	三十两
庶务科科员	蒋光濬	同知衔湖北试用知县	湖南	三十两

各初选区初选当选人配额表

以各复选区全区应配议员加十倍之数为法，以各复选区全区选举人总数为实，法实相除。分配各初选区当选人额数不足定额，则于零数较多之区依次补配。列表如下：

复选区名	初选区					
	区名	选举人名数	初选当选人分配数	分配初选人所余选举人零数	零数选举人补配初选当选人数	初选当选人总数
长沙府	长沙	7576	62	74		62
	善化	4796	39	77	1	40
	湘潭	4949	40	109	1	41
	湘阴	2437	20	17		20
	宁乡	3554	29	45		29
	浏阳	2779	22	117	1	23
	醴陵	1407	11	76		11
	益阳	2356	19	57		19
	湘乡	3112	25	87	1	26
	攸县	1715	14	21		14
	安化	2648	21	107	1	22
	茶陵州	398	3	35		3
	统计	37727	305		5	310
宝庆府	邵阳	3544	28	44		28
	新化	3117	24	117	1	25
	城步	494	3	119	1	4
	武冈州	2259	18	9		18
	新宁	603	4	103	1	5
	统计	10017	77		3	80
岳州府	巴陵	957	7	110	1	8
	临湘	611	5	6		5
	华容	1112	9	23		9
	平江	1004	8	36		8
	附南洲厅	1173	9	84	1	10
	统计	4857	38		2	40
常德府	武陵	1906	14	2		14
	桃源	2148	15	108	1	16
	龙阳	812	5	132	1	6

续表

复选区名	初选区					
	区名	选举人名数	初选当选人分配数	分配初选人所余选举人零数	零数选举人补配初选当选人数	初选当选人总数
常德府	沅江	598	4	54		4
	统计	5464	38		2	40
澧州直隶州	澧州	1201	10	31		10
	石门	724	6	22		6
	安乡	616	5	31		5
	慈利	553	4	85	1	5
	安福	611	5	26		5
	永定	996	8	60	1	9
	统计	4701	38		2	40
衡州府	衡阳	1784	14	62	1	15
	清泉	1636	13	37		13
	衡山	1342	10	112	1	11
	耒阳	839	6	101	1	7
	常宁	914	7	53		7
	安仁	426	3	57		3
	酃县	447	3	78	1	4
	统计	7388	56		4	60
永州府	零陵	2422	18	28		18
	祁阳	1718	12	122	1	13
	东安	391	2	125	1	3
	道州	1708	12	112	1	13
	宁远	779	5	114	1	6
	永明	296	2	30		2
	江华	448	3	49		3
	新田	264	1	131	1	2
	统计	8028	55		5	60

续表

复选区名	初选区					
	区　名	选　举人名数	初选当选人分配数	分配初选人所余选举人零数	零数选举人补配初选当选人数	初选当选人总数
郴州直隶州	郴　州	905	6		59	6
	永　兴	657	4	93	1	5
	宜　章	498	3	75	1	4
	兴　宁	455	3	32		3
	桂　阳	1403	9	134	1	10
	桂　东	341	2	59		2
	统　计	4259	27		3	30
桂阳直隶州	桂阳州	2384	21	53		21
	临　武	316	2	94	1	3
	嘉　禾	228	2	6		2
	蓝　山	407	3	74	1	4
	统　计	3335	28		2	30
辰州府	沅　陵	1358	11	93	1	12
	泸　溪	284	2	54		2
	辰　溪	694	6	4		6
	溆　浦	1454	12	74	1	13
	附乾州厅	255	2	25		2
	附凤凰厅	560	4	100	1	5
	统　计	4606	37		3	40
沅州府	芷　江	933	8	61	（待掣签）0.5	8.5
	黔　阳	660	6	6		6
	麻　阳	715	6	61	（待掣签）0.5	6.5
	附晃州厅	988	9	7		9
	统　计	3296	29		1	30
永顺府	永　顺	1514	12	62		12
	龙　山	698	5	93	1	6

续表

复选区名	初选区					
	区名	选举人名数	初选当选人分配数	分配初选人所余选举人零数	零数选举人补配初选当选人数	初选当选人总数
永顺府	保靖	607	5	2		5
	桑植	202	1	81	1	2
	附永绥厅	749	6	23		6
	附古丈坪	1085	8	117	1	9
	统计	4855	37		3	40
靖州直隶州	靖州	597	6	15		6
	会同	728	7	49		7
	通道	153	1	56	1	2
	绥宁	479	4	91	1	5
	统计	1957	18		2	20
统计		100487				820

续定各属选举人名册叠次增删结存总数表

复选区名	初选区名	原赍名数	补赍名数	各属请删名数	本处核除名数	结存总数
长沙府	长沙	7406	194		24	7576
	善化	4736	79	13	6	4796
	湘潭	4949				4949
	湘阴	2444		2	5	2437
	宁乡	3561			7	3554
	浏阳	2757	26	3	1	2779
	醴陵	1335	84	5	6	1407
	益阳	2347	35	19	7	2356

续表

复选区名	初选区名	原赍名数	补赍名数	各属请删名数	本处核除名数	结存总数
长沙府	湘　乡	3051	61			3112
	攸　县	1682	51	6	12	1715
	安　化	2648				2648
	茶陵州	383	15			398
	统　计					37727
宝庆府	邵　阳	3545			1	3544
	新　化	3134		4	13	3117
	城　步	494			1	494
	武冈州	2167	93/52	2/65	4	2259
	新　宁	545	41/62			608
	统　计					10017
岳州府	巴　陵	932	49	24		957
	临　湘	593	1/17			611
	华　容	1100	28	16		1112
	平　江	1015		4	停止 3/4	1004
	附南洲厅	1177			4	1173
	统　计					4857
常德府	武　陵	1724	183		1	1906
	桃　源	2139	10		1	2148
	龙　阳	813		1		812
	沅　江	429	88/90			598
	统　计					5464
澧州直隶州	澧　州	1206			三月十一日 5	1201
	石　门	724				724
	安　乡	616				616
	慈　利	554			1	553
	安　福	612			1	611
	永　定	989	7			996
	统　计					4701

续表

复选区名	初选区名	原赍名数	补赍名数	各属请删名数	本处核除名数	结存总数
衡州府	衡阳	1772	14		2	1784
	清泉	1625	11			1636
	衡山	1390		9/2	37	1342
	耒阳	850	8	10	9	839
	常宁	900	12/2			914
	安仁	427	2	1	2	426
	酃县	447				447
	统计					7388
永州府	零陵	2309	116		3	2422
	祁阳	1654	76		12	1718
	东安	380	11			391
	道州	1708				1708
	宁远	786			7	779
	永明	296				296
	江华	448	4/2			448
	新田	264				264
	统计					8026
郴州直隶州	郴州	910		4	1	905
	永兴	657				657
	宜章	(请补4名)499			1	498
	兴宁	455				455
	桂阳	1406			3	1403
	桂东	341				341
	统计					4259
桂阳直隶州	桂阳州	2377	1/5/6	1	4	2384
	临武	316				316
	嘉禾	230		1	1	228
	蓝山	407				407
	统计					3335

续表

复选区名	初选区名	原赉名数	补赉名数	各属请删名数	本处核除名数	结存总数
辰州府	沅　陵	1135	258	10/20	5	1358
	泸　溪	284				284
	辰　溪	518	176			694
	溆　浦	1460		6		1454
	附乾州厅	216	39			255
	附凤凰厅	572			12	560
	统　计					4605
沅州府	芷　江	933				933
	黔　阳	663			3	660
	麻　阳	714	1			715
	附晃州厅	1002			14	988
	统　计					3296
永顺府	永　顺	1515			1	1514
	龙　山	705			7	698
	保　靖	614		1	6	607
	桑　植	202				202
	附永绥厅	164	586		1	749
	附古丈坪	1089			4	1085
	统　计					4855
靖州直隶州	靖　州	449	152		4	597
	会　同	732			4	728
	通　道	153				153
	绥　宁	483			2/2	479
	统　计					1957
统　计						100487

各州厅县调查选举进行表

成结 州县名	事务所成立日期 处　所	划定投票 区　数	调查员 人　数	人名草册 告成日期	初选合格 人　数
长沙县	正月二十七日长沙县学署	十　区	五十三员	二月二十九日	7576
善化县	正月十六日善化县学署西斋	十　区	四十三员	二月十五日	4796
湘潭县	十二月二十六日自治局	十　区	六十三员	初四日	4949
湘阴县	十二月十八日兴贤堂	十　区	七十七员	十一日	2437
宁乡县	十二月十六日县属钱漕公局	十　区	二十三员/帮同调查廿员	初八日	3554
浏阳县	十二月二十四日团防总局	十　区	二十一员	二月十二日	2779
醴陵县	十二月十八日劝学所	八　区	六十九员	二月十三日	1407
益阳县	十二月十八日县署	五　区	三十一员	二月十五日	2356
湘乡县	十二月十八日昭忠祠	十　区		二月十五日	3112
攸　县	十二月十九日调查公所	九　区	五十二员	二月十五日	1715
安化县	十二月二十一日劝学所	十　区	三十三员	二月十三日	2648
茶陵州	十二月二十二日劝学所	八　区	四十九员	二月十三日	398
邵阳县	十二月二十八日天符庙	十　区		二月二十五日	3544
新化县	十二月二十二日巡警公所	十　区		二月初十日	3117
城步县	正月初一日警务局	三　区	二十员	二月初二日	494
武冈州	正月初六日巡警局	九　区	六十七员	二月初六日	2259
新宁县	正月初四日劝学所	十　区	三十员	二月初九日	603
巴陵县	十二月二十五日宏济局	六　区	十一员	二月十三日	957
临湘县	十二月二十四日培元局	八　区	十六员	二月十二日	611
华容县	十二月十八日县署	八　区	四十八员	二月十五日	1112
平江县	正月初九日县治试院	十　区	十员	初五日	1004

续表

成结 州县名	事务所成立日期 处 所	划定投票 区 数	调查员 人 数	人名草册 告成日期	初选合格 人 数
南洲厅	正月初四日劝学所	五 区	八十员	二月十四日	1173
武陵县	正月十四日劝学所	十 区	七员	二月十五日	1906
桃源县	十二月二十二日劝学所	九 区	九十八员	二月初一日	2148
龙阳县	正月初八日龙阳县学署	七 区	三十五员	二月二十七日	812
沅江县	十二月二十二日劝学所	六 区		二月初十日	598
澧 州	正月初十日劝学所	十 区	三十四员	初四日	1201
石门县	正月初二日本城公局	八 区	十三员	二月十五日	724
安乡县	十二月二十七日县城五公局	五 区	二十三员	二月十二日	616
慈利县	十二月二十四日劝学所	六 区	四十九员	二月十五日	553
安福县	正月十八日县署农工商务分局	五 区	十二员	二月十五日	611
永定县	十二月二十七日署前文昌宫	十 区	八十员	二月初十日	996
衡阳县	十二月二十四日城隍庙	十 区	九十八员	二月十七日	1784
清泉县	正月初四日城隍庙	十 区	五十四员	二月十六日	1636
衡山县	正月二十日县署劝业所	九 区	五十四员	二月十五日	1342
耒阳县	正月十五日统筹局	七 区	十八员	二月十四日	839
常宁县	正月二十二日县署	十 区	四十九员	二月十四日	914
安仁县	十二月二十二日缉私局	八 区	十八员	二月十一日	426
酃 县	正月十六日县署侧考棚	四 区	十员	二月十五日	447
零陵县	正月初二日警察局	八 区	六十九员	二月初八日	2422
祁阳县	正月二十日团练局	五 区	六十九员	二月十四日	1718
东安县	正月初九日警察分局	三 区	六员	二月初十日	391
道 州	正月初四日署右劝学所	八 区	二十九员	二月十四日	1708
宁远县	正月二十六日劝学所	九 区	七十三员	二月十五日	779
永明县	正月初十日县署统计处	五 区	十六员	二月十四日	296
江华县	正月初四日宣讲所	五 区	一百五十三员	初二日	448
新田县	正月十一日县署储备仓	五 区	十六员	二月十三日	264
郴 州	正月初六日崇义堂公房	九 区	三十八员	二月二十九日	905
永兴县	正月十六日劝学所	五 区	十二员	二月初七日	657

续表

成结 州县名	事务所成立日期 处所	划定投票 区数	调查员 人数	人名草册 告成日期	初选合格 人数
宜章县	正月十六日劝学所	六区	二十四员	二月十一日	498
兴宁县	正月初九日县城官立戒烟局	五区	三十八员	二月十二日	455
桂阳县	正月二十一日劝学所	七区	一百三十五员	二月十五日	1403
桂东县	十二月二十七日劝学所	六区	二十五员	二月初十日	341
桂阳州	正月十二日兴贤堂	十区	四十八员	二月二十一日	2384
临武县	正月初十日兴贤堂	五区	四十员	二月十四日	316
嘉禾县	正月初九日劝学所	六区	二百零一员	二月初八日	228
蓝山县	正月初六日阖邑总局	五区	四十二员	二月初七日	407
沅陵县	十二月二十六日警务总局	九区	四十一员	正月二十四日	1358
泸溪县	正月十六日劝学所	三区	十二员	二月初十日	284
辰溪县	十二月二十八日警务总局	五区	三十六员	二月十五日	694
溆浦县	正月二十六日教谕衙门	七区	四十员	二月十四日	1454
乾州厅	正月初六日厅署侧考棚内	四区	二十三员	二月二十八日	255
凤凰厅	正月初六日统计处	五区	五十六员	二月初十日	560
芷江县	正月初九日劝学所	七区	十二员	二月十五日	933
黔阳县	正月十八日团保总局	七区	十四员	二月十八日	660
麻阳县	正月初八日团防局	五区	三十三员	二月初十日	715
晃州厅	十二月二十六日劝学所	六区	十九员	二月十四日	988
永顺县	正月十六日保甲局	十区	三十四员	二月初五日	1514
龙山县	正月初六日文昌宫	八区	三十三员	二月二十六日	698
保靖县	正月十二日警务总局	五区	二十一员	二月十五日	607
桑植县	正月初四日刘爷庙	六区	十二员	二月初十日	202
永绥厅	正月十六日师范馆	五区	四十四员	二月二十七日	749
古丈坪厅	正月二十日劝学所	六区	二十二员	二月初五日	1085
靖州	正月初六日巡警局	十区	二十三员	二月十五日	597
会同县	正月初九日劝学所	七区	十六员	初一日	728
绥宁县	正月初八日警察局	六区	五十员	二月初二日	479
通道县	二月初二日城隍庙	四区	十员	二月二十五日	153

谘议局议员姓名职衔表

姓　名	年　岁	籍　　贯	职　　衔
刘忠训	四　八	长沙府浏阳县	举人，前任华容县教谕
罗亮杰	四　五	长沙府安化县	副贡生
罗　杰	四　十	长沙府长沙县	附生，日本法政大学毕业生
王章永	四　六	长沙府宁乡县	举人，拣选知县，新化县教谕
刘润珩	五　一	长沙府湘阴县	前翰林院庶吉士（江苏震泽县知县改授永州府教授）
李恒泽	五　五	长沙府善化县	附　生
郭景鏊	四　六	长沙府益阳县	廪贡生
谭兆元	五　五	长沙府益阳县	岁贡生
刘国泰	六　一	长沙府善化县	廪贡生分部主事，前岳州府训导
丁蕃绥	五　十	长沙府长沙县	附　生
周广询	五　一	长沙府湘乡县	副贡生
丁鸣盛	三　八	长沙府攸县	附生，日本宏文师范毕业生
刘佐璇	五　九	长沙府醴陵县	附　生
易宗羲	三　五	长沙府善化县	附　生
危曜垣	五　四	长沙府湘阴县	举人，现任临湘县教谕
陈炳焕	五　十	长沙府湘阴县	廪贡生
陈文玮	五　四	长沙府长沙县	花翎二品顶戴，湖北候补道
粟戡时	三　十	长沙府长沙县	日本法政大学毕业生
易宗夔	三　四	长沙府湘潭县	廪生，日本宏文师范毕业生
陈晋鑫	六　十	长沙府善化县	附贡生
左学谦	三　十	长沙府长沙县	附生，湖南法政学堂毕业生
谭延闿	三　一	长沙府茶陵州	翰林院编修，学部谘议官
周煦埏	四　七	长沙府湘乡县	附贡生
黎尚文	四　二	长沙府浏阳县	附　生
刘善渥	三　一	长沙府浏阳县	附　生

续表

姓名	年岁	籍贯	职衔
汤鲁璠	五二	长沙府善化县	举人，云南候补道
曹作弼	四十	长沙府湘潭县	廪生，日本法政大学毕业生
贺景章	五四	长沙府湘潭县	廪贡生
周翼崧	五四	长沙府湘阴县	
黄锳	四二	长沙府长沙县	
宋增馨	四二	长沙府湘潭县	附贡生，候选训导
曾继辉	四一	宝庆府新化县	廪生
潘振铎	五四	宝庆府武冈州	廪贡生
王鼎峙	三五	宝庆府邵阳县	附生
刘泽林	五三	宝庆府武冈州	附贡生，分省补用州同
萧湘柱	四十	宝庆府新化县	附生
周毓丰	四一	宝庆府新化县	廪生
李有珪	四十	宝庆府邵阳县	附贡生
石秉钧	四三	宝庆府邵阳县	拔贡生
刘承孝	四十	岳州府华容县	举人
李积璇	三九	岳州府平江县	附生
谢宗海	五三	岳州府巴陵县	
周铭勋	四八	常德府武陵县	
皇甫天成	三九	常德府桃源县	廪贡生，湖南法政学堂毕业生，同知职衔
钟逢优	四七	常德府桃源县	增生
唐右桢	五七	常德府武陵县	前翰林院庶吉士，前任广西融县知县
丁沅	六一	常德府武陵县	岁贡生，光禄寺署正衔候选训导
侯昌铭	五五	澧州直隶州永定县	举人，内阁中书
杨生春	五七	澧州直隶州	举人，攸县教谕
李执中	四八	澧州直隶州石门县	举人，拣选浙江盐大使
于云赞	五七	澧州直隶州慈利县	拔贡生
向燊	四一	衡州府衡山县	廪贡生，日本宏文师范毕业生，候补道
刘献典	四七	衡州府清泉县	增贡生，同知职衔
曾熙	四七	衡州府衡阳县	进士，陆军部主事

续表

姓　名	年　岁	籍　　贯	职　　衔
萧鲤祥	三　八	衡州府衡阳县	举人，候选知县
周名建	五　七	衡州府清泉县	举人，前云南龙陵厅同知
刘楚英	五　十	衡州府耒阳县	廪贡生，试用训导
胡　璧	六　八	永州府零陵县	廪贡生，前任云南蒙化直隶同知，候选道
周鸿勋	四　六	永州府零陵县	附　生
洪泽灏	四　五	永州府道州	举人，拣选知县
何步蟾	五　六	永州府道州	廪贡生
姜岳崧	四　九	永州府宁远县	廪贡生
杨若时	四　四	永州府江华县	廪贡生
何居怡	四　六	郴州直隶州永兴县	附　生
朱廷利	五　七	郴州直隶州桂阳县	廪　生
陈为鑑	五　七	郴州直隶州	前任浙江黄岩县知县
罗蔚廷	五　十	桂阳直隶州	优增生
钟才宏	三　十	桂阳直隶州蓝山县	举人，分省直隶州知府
刘元鑑	四　一	桂阳直隶州	廪　生
邹士桢	四　一	辰州府溆浦县	岁贡生，贵州试用县丞
张文卿	四　八	辰州府辰溪县	拔贡生，四项统选教职
冯锡仁	五　八	辰州府沅陵县	进士，前工科给事中
谌伯瑞	三　八	辰州府溆浦县	廪贡生，中书科中书职衔
李永瀚	五　十	沅州府芷江县	拔贡生，日本宏文师范毕业生，五品衔候选主事
姚炳麟	三　六	晃州直隶厅	廪　生
郑　鼎	五　十	沅州府麻阳县	廪贡生
彭施涤	三　七	永顺府永顺县	举人，拣选知县
黄本崑	六　三	永顺府龙山县	廪贡生，江苏试用知县
吴树声	五　六	永绥直隶厅	岁贡生，候选训导
杨圭埏	三　十	永顺府古丈坪厅	监生，同知职衔
杨本沼	四　一	靖州直隶州会同县	廪　生
储世镜	四　四	靖州直隶州	附贡生，世袭云骑尉

谘议局候补议员姓名职衔表

姓　名	年　岁	籍　　贯	职　　衔
杨德邻	四　十	长沙府长沙县	附　生
俞藩同	三　四	长沙府善化县	分省知州
童光业	三　四	长沙府宁乡县	
陆鸿逵	四　十	长沙府长沙县	附　生
龚云翥	六　十	长沙府善化县	副贡，前任龙阳桂东教谕
黎承福	三　四	长沙府湘潭县	附　生
胡子清	四　十	长沙府湘乡县	举人，日本法政大学毕业生
周逢瑞	五　五	长沙府益阳县	廪贡生
王先谦	六　八	长沙府长沙县	内阁学士衔前国子监祭酒
周焕华	六　二	长沙府湘乡县	附　生
徐承基	六　十	长沙府湘潭县	附贡生，候选训导，前署宝庆府教谕
黄荣甲	三　六	宝庆府邵阳县	附贡生，候选中书科中书
萧程俊	四　六	宝庆府武冈州	岁贡生，日本法政学堂毕业生
李子蓁	四　七	宝庆府新宁县	附　生
杨　焘	四　五	宝庆府邵阳县	附贡生，光禄寺署正衔，分缺先选用训导
方名贵	五　一	岳州府临湘县	廪　生
李冕南	四　八	岳州府巴陵县	岁贡生
李肩武	四　十	常德府沅江县	贡生，候选通判
易顺履	五　八	常德府龙阳县	附　生
田　昺	四　八	澧州直隶州永定县	恩贡生
许镇岳	六　八	衡州府安仁县	举人，选授沅州府芷江县训导

续表

姓 名	年 岁	籍 贯	职 衔
赵壬汇	五 四	衡州府衡山县	附 生
魏联蓁	三 七	永州府零陵县	优廪生，师范毕业生
刘明镜	三 二	永州府零陵县	附 生
杨 彬	五 十	永州府祁阳县	举人，截取知县，前任长沙教谕
李 燊	四 八	永州府祁阳县	附 生
何朝钦	四 一	郴州直隶州桂阳县	廪 生
彭邦栋	三 五	郴州直隶州宜章县	廪生，日本法政大学毕业生
欧熙载	四 六	桂阳直隶州	附 生
周肇夔	六 二	桂阳直隶州嘉禾县	
张书绅	五 二	桂阳直隶州	恩贡生，系存记额外候补当选人
钟 灵	三 六	辰州府溆浦县	廪 生
张学健	三 九	沅州府芷江县	廪 生
杨树屏	三 二	晃州直隶厅	附 生
曾立廷	六 十	永顺府永顺县	恩贡生，前署新化县教谕
张世洛	四 六	永顺府保靖县	岁贡生
周祥滨	四 七	靖州直隶州绥宁县	廪 生

谘议局选定正、副议长及常驻议员、候补常驻议员名单

议长

谭延闿

副议长

冯锡仁、曾熙

常驻议员十六名

李永瀚、钟才宏、谢宗海、胡　璧、刘润珩、李执中、丁　沅、朱廷利、罗　杰、彭施涤、萧鲤祥、邹士桢、陈炳焕、粟戡时、曾继辉、石秉钧

候补常驻【议】员八名

汤鲁璠、周煦挺、黎尚雯、周广询、易宗夔、唐右桢、罗亮杰、李有珪

湖南谘议局第一届报告书

公文类

甲、关于议案者

抚部院交议呈复议决湘路限年赶修案文

宣统元年十月初四日

为呈复事。前奉交议湘路亟宜限年赶修案，业经本局以欲筹办法、须定宗旨，呈请饬知公司成立股东会，旋奉批行在案。查交议原案于湘路利害推论精详，而以进行方法待之公决，仰见维持期望之盛心。本局以事体重大，讨论再三，窃谓限年赶修计划在工程，而根本在款项，因修路而筹股款是谋巨利，因需款而借外债是受巨害。自借债之议起，人情皇惑震动，全湘缄电纷驰，群向公司责问，且亟亟焉为图存计而谋进行之方。湘人现在情形，所争者借外债，所急者废草约，并不患其不筹股款免危亡之祸，正所以鼓踊跃之机也。夫修路固必保主权，拒债即应筹自款，而要以完全商办为目的。湘路官督商办久经奉旨遵行，从前公司进行稍迟，正以未能实行商办，并非商办之无效。今群情激发、万口同声之会，乘此确定组织，观听一新，仍前困难必无是理。查公司入款岁可得盐款约银三十余万两，米捐约银三十余万两，租股约银七十余万两，其招获股款公司并商会共一百二十余万元，尚有已认未收之股四百余万元。兹株昭路工已达三十里长，株中段亦正兴工，岁提出赎款本息及金元、小票子金办理尚无虞棘手，再从此广为筹集，众擎易举，自能迅赴事机。大湖以南号称贫国，际此民生困苦，何忍复议增加？然铁路为营业大端，筹款与劝捐迥异，湘路复为危机所迫，与其于二十年内受借债之损害而赔累无穷，曷若于五年中尽负担之义务而偿还有日，即令地方受累，而究之妨碍财产较之丧失身命，其轻重又自有间。况累进一法，于贫民无损，于富户有加，逐年取以锱铢，异日偿之倍蓰，为民间增长财力，即路款立得大宗。又值明春租股发息之时，民情必更形踊跃，实属无所窒碍，加以多方集股，敦劝周详，血脉既通，精神自振，通盘筹画，以全湘之力势不难厚集赀财，兼有公司、银行、外省股分按年增款。计里程工款积少以成多，工由长而缩短，以五年估算，湘路千三百七十里，商办撙节每里平均一万八千元，每年修二百七十四里，需款四百九十三万二千元。款无止数，工有穷期，既无停工待款之虞，岂有款绌工迟之病？近大部来电殷殷以有无把握垂询，窃以为把握云者：事后则谓为成效，事前则决之理由，既实在情理之中，断不至出之意外，审时度势，讵托空言。本局代表人民保障其权利，必不敢掉以轻心，反复推寻，始能定议，佥以借款草约宜急取销，公司商办宜速确定，并列举筹款事项及一应计划草具议案，逐条公同议决。查《谘议局章程》第二十二条谘议局议定可行事件呈候督抚公布施行，理合录送议案，申叙情由，呈候核定。吁恳查照议案，据情具奏，分别咨请大部照准立案，以维路政而慰喁望。所有交议湘路限年赶修议案、议决缘由并议案一扣，伏候裁夺施行。须至呈者。

札知前案奏奉朱批文

宣统元年十二月初八日

为恭录札行事。照得本部院于宣统元年十月二十三日会同前任督部堂陈恭折具奏，湘境粤汉铁路全省人民皆愿集股自办、不认筹借外债一折，当将折稿兹行在案。今于十一月二十五日差弁赍回原折，奉朱批：邮传部知道，单并发。钦此。合就恭录札行为此，札行谘议局钦遵查照。须至札者。

札复前案租股一条应再妥定章程办理文

宣统元年十二月二十八日

为札行事。照得谘议局呈称云云等情到院。本部院查议决案内筹款项下累进租股法一条，于富者取其有余，仍复加以限制，自是妥善之策。惟租股法今年秋间各属甫经创办，应俟明年秋间一个年度再查其收数如何，庶更定章程办理方有把握。其余各节缜密周妥，均系为规画路事进行起见，自应照准公布施行，以符定章。除分别咨行外，为此札行谘议局查照。须至札者。

呈复遵照前案薪股办法文

宣统二年正月二十九日

为呈复事。案奉札开：案查谘议局议决湘路限年赶修议案一件，业经本部院核准，公布施行暨据情具奏，分别咨行，先后札复谘议局各在案。查案内筹款项下各界以薪赀入股一条内载：凡湘人在本省幕局或在学堂充教员或在营充将弁者，均计每月薪修所入划出十分之一劝购股票，拟从每岁百元起至五百元以上者酌量加多等语。是此条范围极广，凡湘人在本省幕局充任何项职务领取薪赀岁得百元以上者，均应一体劝购股票，方能普及。现查本部院衙门，其有湘人充任幕席及其他各项职务者，概自本年正月起按月量其薪赀所入酌量扣除，随时汇送铁路总公司掣取，收条交由各该员换取股票。其谘议局各项职务多由士绅负担，尤为湘人荟萃之所，除各议员应照原案筹款项下第四项量力入股外，其余自书记长书记以次凡充任其他各职务岁入百元以上者，亦应自本年正月起由谘议局量其薪赀所入随时扣除汇送，方足以昭画一而免观望。除咨提督军门暨各镇并照会铁路总公司外，合行札知。为此札行查照等因。奉此，具见维持湘路之至意，钦佩莫名。查本局议长、常驻议员皆已定有公费，虽与薪赀性质不同，而事关公益，未便歧异。现经协议，除照原案量力入股外，仍仿薪赀入股，大旨酌定先将本年二月份全月公费入股，书记长以下各职员亦愿先将二月份全月薪赀均入路股，不待按月扣除，以急要公而免烦琐。其余筹款各条属本局分内者，自应切实履行；属铁路公司者，亦可由本局催请照办。惟他条件须候抚部院施行者，本局未便屡渎，应请分别饬令照办，所有议长以下至常驻议员公费及书记长以下各职员薪赀入股办法并他条件请饬照办，各缘由理合备文呈请，察核备案。须至呈者。

呈请查照前案内第七、第八各条分别饬令照办文

宣统二年二月十九日

为呈请事。窃照本局第一届常年会内议决湘路限年赶修一案，业经呈奉前抚部院岑奏准，公布施行在案。查议决案款项第七各界以薪赀入股一条内，分幕局、学堂、营弁三项，自奉前抚部院分别通饬照办，后各界遵照缴股者固所时有，而视为具文者所在仍多，拟请关于幕局者，札饬布政使司查明委用各局、所及各厅、州、县人员，饬令遵照办理；关于学堂者，札饬提学使司查明全省禀准有案官、私各校，饬令遵照办理；关于军营者，咨行提镇、标统、协统、水陆各营统带转饬所属，一体查照办理，似此责任既专自有实效可睹，庶不负维持湘路之盛心。惟官缺股一条，同属议案范围之内，究系如何办法现尚未奉札知。兹经协议，拟请文自抚部院以下至知县，武自提镇以下自都守，分别缺分大小，劝令酌量入股，以符原案。为此备文呈请抚部院迅赐查照施行。须至呈者。

札行盐政大臣电知盐斤加价一项提归公用文

宣统二年二月二十七日

为札行事。宣统二年二月二十三日承准督办盐政处养电内开：淮南商本内复价一款，前准度支部来咨酌提公用，当经本大臣札饬淮运司核议，具详在案。兹据四岸运商姚吉昌等电禀，苏、鄂、湘、西、皖五省绅士请提盐价，余款兴办地方公益，因捐款重叠，请予免提，并准湘抚咨请扣提复价拨作湘省路款。本大臣查光绪二十一年规复商本内之原减岸价，原以钱价骤涨，故为此举，现在银价已

涨至一千五百文以外，复价一项自非该商所应得，何得藉口捐款，请予免提；况当时原减岸价系减商本及盐厘两项，今盐厘之复价虽经提回，然历年所亏已属不少，方今国家财政困难，自应将此项商本内复价全数提归公用，以弥补从前盐厘亏耗。此款既准部咨提归公用，所有各省地方公益及铁路用款议提复价之处未便照准，希即转行遵照等因到本部院。承准此，合行札知。为此札行谘议局查照。须至札者。

呈请查照前案将盐斤加价一项奏请提作湘路经费文

宣统二年三月初一日

为呈请事。窃湘路分年赶修案内筹款项下盐斤加复钱价，以出自湘人者提作湘省公用，曾蒙会同督部堂陈附单奏明，又蒙咨督办盐政大臣暨度支部会办盐政大臣、两江督部堂并札饬湖南督销总局暨盐法长宝道各在案，仰见维持路款、体恤民艰之至意，全省士庶感佩莫名。顷承转北京督办盐政处电文云云。查原案所请拟拨之款，并与盐厘无涉，光绪二十七年运商以银价贱至每两兑钱一千二百数十文，请复同治七年各岸已减盐价之半，其数在湘岸复价每百斤一钱五分，此项复价照案，俟银价贵至一千五百文以上即应减回同治七年原价，然至今未减，此本局所请提拨之款也。至盐厘贴商之款，系光绪二十九年运商以钱荒更甚，每银一两仅兑至一千一百三四十文，请再复。二十七年尚未尽复同治七年之半价，此项半价在同治七年本与售价无涉，至光绪三十一年钱价渐平，此项扣厘之半价由官收回八成，其二成为运商（朦）〔蒙〕占。今盐政处既烛运商之（朦）〔蒙〕蔽，谓此款非该商所应得，何得藉口捐款，请予免提，则盐厘所减之数既应全数提归，其岸价之一钱五分加自食户者，自宜照应减之数还之食户，以符原案而昭平允。从前湘绅本已呈请减免，嗣以湘路集款自修无一非在地方筹集，此项既为地方之款暂提作地方公用，铁路既成，此款即请免提，仍照数减还售价。盖此款不惟非国家税且并非地方税可比，不得已而暂借之，稍得已而即还之，庶可济地方至急之需，并不失列朝加惠闾阎之意。若云从前盐厘亏欠，提应归之民间者以弥补之，则以前盐厘之减不过二年，未收之数不过二成，而复价之累民者实多历年所，况盐厘定章以每银一两约兑钱一千五百文内外为准，同治七年银价至一千六百数十文及七百文不等，奏减售价三钱，今则已至一千九百文内外，尤应照案于三钱之外再行核减，乃不问运商之（朦）〔蒙〕占，不计售价之应减而惟重取于民以补厘而富商。譬如两造方以财物构讼，听讼者既直原告，而被告应偿原告之项断令入官，非徒失情理之平抑，非政体所宜有。方今国家财政困难，自应妥立筹款之法，俾薄海臣民共担任之，未便使数省人民偏受其累，想盐政处不过一时权宜对付运商之语，断不至破坏数十年成案，不恤数省食户之艰而忍竟为此举也。惟抚部院洞悉地方艰苦情形，且深知湘路需款之至急，伏乞缕案再行奏请，将湘人自出之款提作湘省公用，维路政即以恤民艰，不胜祷叩之至。为此备文呈请抚部院迅赐施行。须至呈者。

呈请查案奏咨提拨盐斤加复钱价一款以维路政文

六月初十日

为呈请查案奏咨拨款以维路政事。查本局议决湘路限年赶修案内筹款项下有盐斤加复钱价一款，曾经前抚部院暨黄御史瑞麒先后具奏，奉旨：邮传部知道。钦此。钦遵随经钞录，咨明两江督盐部堂转饬督销局照数拨解在案。嗣因运商延款未缴，本局又公举代表赴江宁、扬州与两淮运司磋商，始允据情具详。旋奉盐政大臣电饬，将此款作为十成。以三成提归部用，以四成津贴场灶，仍留三成贴补运商，如将来银价低落，仍应酌归运商，以符原案等因。本局细绎电文，是仍以同治七年奏定成案为凭，故声明银价低落提款仍应归还运商，足见原案不可不符而定章不容轻于破坏。第电文重在价低应加一面，其所以爱惜运商、保护维持之苦衷已无微不至，特于价高应减，为食户少轻负担，湘路略资补益之处未暇言及，是与原案仍不□□□□□□□□两易钱一千五百零至六百文，每

□□□□□□□□以恤民艰，每两易钱至一千五百□□□□□□□□牌价内加银一钱五分，在应收盐课内□□□□□□每百斤共加复银三钱，以恤商艰，在当日定□□□□原有标准民与商同示体恤，初未尝偏重运商而□□食户也。况加价已非一次，如光绪二十一年至二十九年运商迭次禀求加价，原案均声明：俟银价每两涨至一千五六百文，仍照章每百斤减银三钱，断不敢稍有异词。此运商联名自禀之案尽可毋庸代为翻异，亦无所用其讳饰。上年湘绅因银价每两涨至一千八九百文呈请照案核减，旋因铁路筹款问题发生，各岸纷递请愿书咸请移缓就急，将此项加复钱价拨入路股，路成再请减免，已经两次奏明，分别咨行。湘岸运商已经承认，后因各岸均请减，提盐官出而左袒，始敢宕延观望，妄生觊觎侥幸之心。而两淮增运司亦遂乘隙斡旋，借灶丁津贴以施其（朦）〔蒙〕混取巧之术。现在币制甫定，倘一旦银价低落，在度支部所提三成犹可归还，运商至场灶熬盐，穷丁津贴一经规定，即成计口授食之需，每年四成，就湘岸一处计算，已不下十万余元，如骤然停止，则两淮场灶立成废岸。如不能停止，运商必遵照电文援案要求，然则各岸食户之应减者未减，又将用压力以强加之耶。上年岳州因盐价过昂，归咎盐行，纠众滋闹，缠讼两年，几酿巨案，此运商所目击者。查盐课项下之一钱五分，光绪三十一年银价每两将至一千五百文左右，（即）〔既〕经两江督部堂提去八成银一钱二分，只留二成暂贴运商，去年又提开办海军经费及常年经费，惟食户所加之一钱五分，多历年所，银价每两至一千九百数十文，虽奏案具在，官场无人过问，始而湘绅呈请奏拨铁路股款，继而江、赣、皖、鄂合力并争，忽奉部电提去三成，其余或藉口津贴灶丁，或仍以津贴运商，而于湘省屡次奏案皆置不顾，现当预备立宪时代，似此办法不但失情理之平，亦非政体所宜有。兹经本局常驻议员公同协议，理合备文呈请抚部院迅赐查案奏请，照章提拨，以符原案而维路政。再，此案前经本局呈请前抚部院据情奏咨，旋因交卸未及核办，合并声明。须至呈者。

呈请奏销借款草约以顺舆情而维湘路文

宣统二年七月十九日

为呈请据情奏咨以顺舆情而维路政事。窃本局于去岁常年会议决前抚部院交议湘路限年赶修一案，业经前抚部院专折具奏，以合省人民皆愿集款自办、不认筹借外债，所有关于湘路借款一事，仰恳饬下邮传部设法取销，妥筹办理。奉朱批：邮传部知道。钦此。当时议决原案即经公布施行，并咨呈军机处暨分咨度支部、邮传部察核。本年临时会本局议决抽收房租以作路股案及试办累进租股章程，均奉抚部院札准，公布施行各在案。是湘路之能集款自办、不认借债情形久已上达天听，具在圣明洞鉴之中，实由前抚部院〈抚部院〉极力维持，始克有此官民一心，天下共睹，湘人方感激奋勉，以为指日可以观成。而月余以来，忽传四国银行代表到京，执草约以迫借款，旅京及各省湘人函电纷驰，言之愤诧。又湘路公司奉到抚部院照会准邮传部咨称：湘路公司所筹各款皆无把握，事关干路，未便延阁等因。于确实巨款指为无著，虽经公司据实申办，而闻者皆为不平，本局代表舆论，不容默然。窃谓为政当顺民心，论事必求实际，借款之贻祸尽人所知，草约之可废成例具在，历次公文奏牍声叙甚明，使必借债而后筑路，则当时何用赎回？若云集款皆属空言，则奏案岂能欺饰？且已开车之路岂能徒手而成，已发出之股票岂能中道而废？湘中民情、公司实力，朝廷及大部或以道远未能深知，抚部院则深知之，不容伪也。无论公司商股实数可稽，米盐各款奉行已久，租股开办毫无疑阻，长株、株昭克日开车，工款昭然，在人耳目。即如本年春夏以后灾变相仍，市面滞塞，商款入股尚数十万金，上忙租股，乡民踊跃输将，收已过半；议收房股及实行租股累进法，绅商士庶欣然乐从，无一反对，皆知铁路之为公益，期自办之必有成，不甘借债以蹈危机，万口同声，民情可见，设必改借外债，其大拂民情可知。且湘人非独为湘计也，今国家所负外债已十万万有余，外人借口欲干涉我财政者日有所闻，此次草约条款在在，以中国国家为缔约之当事者，其蓄意可知。志士仁人言之扼腕，今即不能令其减少，其可从而附益之。湘人茹苦，痛犯艰险，以求路工之成，非尽以为私谋，亦欲使国家少一分外债之负担、多一省未失之权利。区区忠爱之忱，宜为朝廷所深谅，就使款犹待集，路未兴工犹当思，所以扶助之而不忍坐视。况人民方黾勉竭蹶，日起有功而必摧抑之，以填外人之欲壑，公忠体国之大臣宜不出此。伏读光绪三十二年上谕：时处今日，惟有及时详晰甄核，仿行宪政，大权统于朝廷，庶政公诸舆论，以立国家万年有道之基等因。钦此。圣谟洋洋，薄海共仰。又查光绪三十一年十二月前督部堂张奏复御史黄昌年折称：光绪三十一年十月二十八日奉上谕：借款修路，流弊滋多，应由三省集股兴修，以保路权，不准借用外债等因。钦此。又查光绪三十四年十二月度支部奏清理财政折云：外债流弊，言之痛心。又云：各部、各省不得径向外国订借等语，经奉旨俞允在案。湘人幸生好恶同民之世，懔遵以保权利之纶音，上有内外大臣之奏章，重以本省公布之议案深信不疑，并力兼进，几经困难，始有成绩。而忽以未定之草约徇外人之要求，是则谕旨、奏案均不若外人之一言，督抚公布之文告不足凭，而谘议局之设立为可罢也。一旦有事，朝廷将何恃以取信于民，民其复有急公奉上如此者乎？是湘路借款不特损国家之主权，抑且隳朝廷之信用，其机甚微，其患甚大。天高听卑必蒙垂察，本局遵照局章于本省权利存废有议决之权，路政为湘省命脉，借款关系权利存废，若知而不言，言之不尽，不惟负全省人民之责望，抑且非朝廷特定权限之本心，用敢缕晰呈明，伏候抚部院分别电奏、电咨声明，湘路实能自办，草约亟宜注销，以固邦基，以昭大信，不胜迫切待命之至。须至呈者。

呈报议决房股章程文

宣统二年五月二十六日

为呈请事。案查去年本局议决湘路限年赶修一案，筹款办法均经前抚部院奏准，公布施行在案。惟湘线道里最长，限期迫促，每年需款不下五百万元，前案所筹尚形未足。及全案发布后，省会绅商之热心路事者佥称：大宗款项仍有各大城市之房股可筹，既无他项手续之繁，又有确实可靠之款，众擎易举，为数必多，取办不难，决无窒碍。去冬绅商即欲自行发起，本年二月底公呈，业经草就，正拟缮递。忽值灾变事遂起，从阁置入都，拒款代表曾经据实上达邮传部。现际外债拒绝，需款尤殷，刻将此案提出，全体议决，应即呈请施行。查各大城市殷实绅商最居多数，前此拒款事起，群情踊跃，莫不极力赞成。今据议案，举办房股自必争先输纳，盖绅商于借款之害与自办之利固已灼见周知。论者不察，以为灾变之后市情冷落，骤办房股，恐滋疑虑，不知善后筹捐较平时尤称慨慷，况铁路关系全省人民永久生命财产，入股不同，纳捐且有厚利可图，并系绅商本意，有何疑虑。又谓各大城市已有抽取房捐办理警察者，兹又举办房股，难免两相冲突。不知输捐警务系行政费上之负担，且征取无多，已抽者固安之若素。若铁路则成股本，无一钱之虚掷，既能顾全公义，又可储蓄私财，迨至路工告成，股本已积成多数，纵此时凑集稍费周章，而后此享无穷利益，公私各别，又何碍彼此之执行。本局再三斟酌，未敢掉以轻心，既经大众赞成，毫无贻累，自属确实可行。所有筹办房股理由及议决章程，理合缮折备文呈请裁夺，公布施行。须至呈者。

议决房铺租股章程

第一条　城市繁盛之区，每年酌提房铺租一月入铁路股，名曰房铺租股。

第二条　自湖南省城外现时可办房股地方如下：

一、湘潭，二、常德，三、益阳，四、洪江，五、澧州之津市，六、衡州，七、宝庆，八、岳州，其余各城市由本地士绅斟酌情形，仿照立案办理。

第三条　创办时应由本地方官出示晓谕，照会绅商，责成各团保遵照办理。

第四条　城厢内外房屋先由各街团挨户调查，某团某街住房、铺户共计若干，某栋行佃若干，何人管业，何人承佃，逐一详注明晰，造具清册，以便定期收股。

第五条　房屋、铺面租价每月收五元以上者方行劝股，不满五元者听其自便。

第六条　房铺租股应归房东担任，由佃户代缴，但营业较大之铺店，每年于代缴房东租股之外，得仿照房东例入股。

第七条　自居自业之房铺或向无租价可查者，即由街团公共估定每月租价若干，劝令入股。

第八条　凡庙宇祠寺有现行召佃者，均应照章入股。

第九条　凡办公局所如系租借民房者，其房东一律照章入股。

第十条　收纳房股限于每年九、十两月，其年限以铁路成立之日为止。

第十一条　凡各州县已设收股处者，其房股即由该处代取，填给收条；未设收股处者，由自治公所或劝学所经理之。

第十二条　征收费用仿照田亩租股办法，提出百分一四作为报酬，以二成归经手之团保，余二成归收股处；如未设收股处，由自治公所或商会经管者同除四成酬劳外，其余杂用不另开支。

第十三条　抽收房铺租股以中国人民产业为限，凡洋行教堂堆栈概不抽股。

第十四条　计算房股多少以银圆为标准，其以铜元或银两纳租者，须照时价折成银圆，以昭画一。

第十五条　房铺月租不满五元而自愿入股者，准其以收条转相购卖，彼此合并；如满五元，即填给股票，惟不得与田亩租股相并，以免混淆，其交股时如在优先股期内者一律作为优先股。

第十六条　本章程以本年九、十月为施行之期。

札复前项章程照案公布施行文

宣统二年六月初九日

为札复事。据谘议局呈称云云，计呈清折一扣到院。据此，卷查湘路筹款办法（附：抽田地租股），业经通行，遵办在案。房屋亦系不动产，自可仿照，一律加抽，藉收众擎易举之效。兹据谘议局议决《房铺租股章程》呈请裁夺前来，本部院详加披阅，所拟各条均尚周妥，自可公布施行，以期普及而维路政。除札饬劝业道照案分别移行，一体遵照办理外，合行札复。为此札行谘议局查照。须至札者。

呈报议决累进租股章程并表式文

宣统二年六月初十日

为呈送事。窃照本局第一届常年会议决湘路限年赶修案内累进租股一条，业经呈奉前抚部院札饬再定章程办理，旋经本局临时会公同拟就《累进租股简章》，并编列累进数目表，呈奉抚部院札准在案。兹将此项简章并累进数目表刷印成帙，理合备文检送，呈请抚部院札发各属，一体遵照办理。须至呈者。

议决累进租股简章并表

一、本简章遵照宣统元年〈月〉前抚部院奏案，定名为《铁路累进租股试办程章》。

一、奏案收租五十石准折正银一两，随粮附股。今试行累进租股，应照原案，仍以完纳征银若干计算。

一、依照奏案，原定正银一两（即五十石）入股一元之例，自二两（即百石）至四两者（即二百石）按每两（即五十石）递加五角，自四两（即二百石）至二十两者（即一千石）按每二两（即百石）递加五角（假如完纳正银一两者，原入股一元；纳至二两者，则每两应入股洋一元五角，合二两计算即应入股洋三元，其余类推。均得检表，随粮带收）。

一、依奏案二十两以上者不复累进，按完纳二十两者每两应入股洋六元五角。(即应入股洋一百三十元，此外每多一两，比照前例，只应加入股洋六元五角，不再累进)

一、应收累进股银自二两以上计钱不计分，另列详表，照表收取。

一、一分以上、二两以下仍照旧章每两收股一元扣算。

一、凡一家而有数户、数堂名，至数十户、数十堂名，均得集合计算入股，惟粮书不得藉此丝毫抑勒。

一、租股原案每洋一元折收钱一千三百文，今试行累进，仍照旧折收钱文，以归一律，其洋元、小毫铜元均照该处时价计算，一概照收。

一、租股原由各厅州县督饬粮书随粮带收，其收条随填随发，不得延搁并格外需索分文。

一、带收租股，奇零必多，若自愿补足整数者听。

一、此项累进租股决限办至宣统六年停止，无论何项要需，不得援案续办，其累进数目限期内以此为准，不得再加。

一、本简章未及详列者，均照奏定租股旧章办理。

一、本简章自本年下忙起，以七月为试办之期。

租股累进法自百石起至千石止详表

累进以饷银二两为起点，系合上、下忙计算，其上、下忙不满二两者仍照普通租股带收，二两以上计钱不计分。

二两，三元；二两一钱，三元一角五分；二两二钱，三元三角；二两三钱，三元四角五分；二两四钱，三元六角；二两五钱，三元七角五分；二两六钱，三元九角；二两七钱，四元零五分；二两八钱，四元二角；二两九钱，四元三角五分。

三两，六元；三两一钱，六元二角；三两二钱，六元四角；三两三钱，六元六角；三两四钱，六元八角；三两五钱，七元；三两六钱，七元二角；三两七钱，七元四角；三两八钱，七元六角；三两九钱，七元八角。

四两，十元；四两一钱，十元零二角五分；四两二钱，十元零五角；四两三钱，十元零七角五分；四两四钱，十一元；四两五钱，十一元二角五分；四两六钱，十一元五角；四两七钱，十一元七角五分；四两八钱，十二元；四两九钱，十二元二角五分。

五两，十二元五角；五两一钱，十二元七角五分；五两二钱，十三元；五两三钱，十三元二角五分；五两四钱，十三元五角；五两五钱，十三元七角五分；五两六钱，十四元；五两七钱，十四元二角五分；五两八钱，十四元五角；五两九钱，十四元七角五分。

六两，十八元；六两一钱，十八元三角；六两二钱，十八元六角；六两三钱，十八元九角；六两四钱，十九元二角；六两五钱，十九元五角；六两六钱，十九元八角；六两七钱，二十元零一角；六两八钱，二十元零四角；六两九钱，二十元零七角。

七两，二十一元；七两一钱，二十一元三角；七两二钱，二十一元六角；七两三钱，二十一元九角；七两四钱，二十二元二角；七两五钱，二十二元五角；七两六钱，二十二元八角；七两七钱，二十三元一角；七两八钱，二十三元四角；七两九钱，二十三元七角。

八两，二十八元；八两一钱，二十八元三角五分；八两二钱，二十八元七角；八两三钱，二十九元零五分；八两四钱，二十九元四角；八两五钱，二十九元七角五分；八两六钱，三十元零一角；八两七钱，三十元零四角五分；八两八钱，三十元零八角；八两九钱，三十一元一角五分。

九两，三十一元五角；九两一钱，三十一元八角五分；九两二钱，三十二元二角；九两三钱，三十二元五角五分；九两四钱，三十二元九角；九两五钱，三十三元二角五分；九两六钱，三十三元六角；九两七钱，三十三元九角五分；九两八钱，三十四元三角；九两九钱，三十四元六角五分。

十两，四十元；十两一钱，四十元四角；十两二钱，四十元八角；十两三钱，四十一元二角；十两四钱，四十一元六角；十两五钱，四十二元；十两六钱，四十二元四角；十两七钱，四十二元八角；十两八钱，四十三元二角；十两九钱，四十三元六角。

十一两，四十四元；十一两一钱，四十四元四角；十一两二钱，四十四元八角；十一两三钱，四十五元二角；十一两四钱，四十五元六角；十一两五钱，四十六元；十一两六钱，四十六元四角；十一两七钱，四十六元八角；十一两八钱，四十七元二角；十一两九钱，四十七元六角。

十二两，五十四元；十二两一钱，五十四元四角五分；十二两二钱，五十四元九角；十二两三钱，五十五元三角五分；十二两四钱，五十五元八角；十二两五钱，五十六元二角五分；十二两六钱，五十六元七角；十二两七钱，五十七元一角五分；十二两八钱，五十七元六角；十二两九钱，五十八元零五分。

十三两，五十八元五角；十三两一钱，五十八元九角五分；十三两二钱，五十九元四角；十三两三钱，五十九元八角五分；十三两四钱，六十元零三角；十三两五钱，六十元零七角五分；十三两六钱，六十一元二角；十三两七钱，六十一元六角五分；十三两八钱，六十二元一角；十三两九钱，六十二元五角五分。

十四两，七十元；十四两一钱，七十一元五角；十四两二钱，七十二元；十四两三钱，七十二元五角；十四两四钱，七十三元；十四两五钱，七十三元五角；十四两六钱，七十四元；十四两七钱，七十四元五角；十四两八钱，七十五元；十四两九钱，七十五元五角。

十五两，七十六元；十五两一钱，七十六元五角；十五两二钱，七十七元；十五两三钱，七十七元五角；十五两四钱，七十八元；十五两五钱，七十八元五角；十五两六钱，七十九元；十五两七钱，七十九元五角；十五两八钱，八十元；十五两九钱，八十元零五角。

十六两，八十八元；十六两一钱，八十八元五角五分；十六两二钱，八十九元一角；十六两三钱，八十九元六角五分；十六两四钱，九十元零二角；十六两五钱，九十元零七角五分；十六两六钱，九十一元三角；十六两七钱，九十一元八角五分；十六两八钱，九十二元四角；十六两九钱，九十二元九角五分。

十七两，九十三元五角；十七两一钱，九十四元零五分；十七两二钱，九十四元六角；十七两三钱，九十五元一角五分；十七两四钱，九十五元七角；十七两五钱，九十六元二角五分；十七两六钱，九十六元八角；十七两七钱，九十七元三角五分；十七两八钱，九十七元九角；十七两九钱，九十八元四角五分。

十八两，一百零八元；十八两一钱，一百零八元六角；十八两二钱，一百零九元二角；十八两三钱，一百零九元八角；十八两四钱，一百十元零四角；十八两五钱，一百十一元；十八两六钱，一百十一元六角；十八两七钱，一百十二元二角；十八两八钱，一百十二元八角；十八两九钱，一百十三元四角。

十九两，一百十四元；十九两一钱，一百十四元六角；十九两二钱，一百十五元二角；十九两三钱，一百十五元八角；十九两四钱，一百十六元四角；十九两五钱，一百十七元；十九两六钱，一百十七元六角；十九两七钱，一百十八元二角；十九两八钱，一百十八元八角；十九两九钱，一百十九元四角。

二十两，一百三十元。

札复前项章程照案公布施行文

宣统二年七月初一日

为札复事。据谘议局呈称云云，计呈清折一扣到院。据此，卷查此案经岑前院札复照准并缮单具奏。奉朱批：邮传部知道。钦此。钦遵行知去后，案内甲、乙、丙规划各条，均经分别移行、查照办理在案。惟官缺股一项尚未定议，累进租股法亦未实行。兹据拟定《累进租股简章》前来，本部院复加审核，所拟简章颇为允洽，表列递加各数亦甚均平，于富者取其有余，较之原定租股章程有变通而无窒碍，照此推行无阻，巨款不难立筹，于湘路前途裨益匪浅，自可照准公布施行，以符定案。除札行布政使司照案出示晓谕、转饬各属一体遵照试办外，合行札复。为此札行谘议局查照。须至札者。

札知改良宣讲所案修改处与部章不合未便施行文

宣统元年十一月十八日

为札行事。照得谘议局呈称前奉交议改良宣讲所一案，业经公同议决，略有增修，呈请察核等情到院，当经本部院详加核阅，此案修改之处间与学部章程不合，未便施行。兹复略加删改，如第三条第五项宣讲员由劝学所呈请地方官照会该员，照部章宣讲员由地方官札派，现此项改为由劝学所呈请地方官札派。又，第八项宣讲时请巡警官派巡警到场旁听，俾资保护，照部章宣讲所应受巡警之监督，故巡警之旁听非仅负保护之责，实亦有监督之权，此项修改不如原案义较周(币)〔密〕，已改从原案。又，第十五项妇人须分别坐位，以防溷杂，与原案暂不准妇人听讲一节截然反对，今将此二语删去。又，第二十项语意不甚明显，一并删去。又，第三条第三项原案尾句现改为以事实为本，以白话为用，编成宣讲书呈请咨送学部，经学部采择然后行用。以上各项，略加删改，与谘议局议决各节无甚出入，业已札饬提学司通行遵照办理，合并札知。为此札行谘议局查照。须至札者。

呈复札改前案应照局章馆电办理文

宣统元年十一月廿二日

为呈复事。案奉札开：事照得谘议局呈称云云等因。奉此，查谘议局章程第二十二条云：谘议局议定可行事件，呈候督抚公布施行。第二项云：前项呈候施行事件，若督抚不以为然，应说明原委事由，令谘议局复议。第二十三条云：谘议局议定不可行事件，得呈请督抚更正施行，若督抚不以为然，照前条第二项办理。又，谘议局章程第四十六条云：各省督抚于谘议局之议案有裁夺施行之权，案语谓即指第二十二、二十三两条所载事项而言，是谘议局议决案件督抚如不以为然，只可说明原委，交局复议。又，查宪政编查馆复河南巡抚电开：常驻议员照章无议决督抚交局复议事件之权，所有应行复议事件，如谘议局业经闭会，应由督抚声明缘由，交常驻议员存案，俟下届开会再行交议；如系紧要重大事件，应开临时会办理等语。本局现已闭会，自应遵照办理。所有议决各案，除前项宣讲事件业经札饬通行、应请照章公布外，其他如有不以为然之案，或全案可施行而案中条件有须复议者，均请查照局章馆电分别札知，缘由暂行存案，以符定章。理合备文呈请裁夺施行。须至呈者。

提学司照奉抚札前案业已排印通饬各属文

宣统元年十二月二十三日

为照会事。案奉抚部院岑札开：案查谘议局章程第二十二条谘议局议定可行事件呈候督抚公布施行等因。前据谘议局呈送议决交议改良宣讲所一案，当经札饬该司详加复核。嗣据详称：除原签各条及第三条衍字外，其余均属周妥，请照验施行等情到本部院。据此，查全案改定之后，均可公布施行，应即通饬遵办，以符定章。除札行谘议局外，合将议案札发。为此札，仰该司即便遵照，饬匠排印成帙，转饬各属一体遵照、妥速办理，不得藉词延宕，即由该司认真督率暨将遵办情形具报，并照会谘议局知照。仍将排印此项议案，检送三十本到院，用备查阅等因，计札发改良宣讲所议案一件，奉此除行各属一体遵办外，相应照会贵局，请烦查照施行。须至照会者。

札复禁止迎神赛会、订立地方禁约崇尚节俭、组织商务分会三案业已公布施行文

宣统元年十二月初十日

为札行事。照得谘议局先后呈称：前奉交议禁止迎神赛会、订立禁约崇尚节俭、组织商务分会各议案，经本局开会讨论，略加修改及无庸另具草案，公同议决以为可行，分别缮具清折，请裁夺施行等情到院。兹经本部院详加核阅，议决案修改各节与原案无大出入，应即公布施行，以符定章。除札饬各司道排印各案、通饬各属一体遵照妥速办理外，合行札知。为此札行谘议局查照。须至札者。

札复组织混同消防、建设食品市场、展拓街道、积谷清查及增加案文

宣统元年十二月初四日

为札行事。照得谘议局先后呈称：前奉交议组织混同消防、建设食品市场展拓街道、积谷清查及增加各议案，业经本局讨论，谨就原案略加修改，推广引申及增添办法公同议决，以为可行，缮具清折，请裁夺施行等情到院。兹经本部院详加核阅，其组织混同消防一案，如第一条所议义勇消防与常备消防每年混合练习二次一节，系为互相观摩、藉收实效起见，现拟俟各消防组织完全，每年四季季终月首会演一次，仿各学堂运动会办法，由警务公所备给奖品，届时由巡警道会同商会总协理及各分会绅董齐集，按阅分别鼓励而资观感。又，第六、第七两条所议各项器械服装在在需款，议决经费条内谓：除旧有的款外可就范围内按户酌量抽收，现拟饬知巡警道一面录案出示晓谕，一面咨商商会，俟各处消防组头、消防副组头经众选定后，查明原有旧款若干、新款应加筹若干，再视各商店成本几何、居民财产几何，分别等差认捐，由区官及正、副组头酌定细则，公同经理，庶开办与常年经费均有著落方能持久，余均照所议办理。其建设食品市场一案，议决推广各处所自宜分别择用，以清市面而便居民。惟创办之始，筹款维艰，议决末节所云提公款先选数场以为模范，自是扼要办法，今拟札知巡警道，先于羊风拐角左近就贡院围墙外隙地建设食品市场一所以为先导，其余徐议扩充或俟之商办。至各府厅州县建设此项市场，拟一并札知巡警道，通饬斟酌本地情形设法办理，余议均可施行。其展拓街道一案，于建设新街道一节规定详明，思深虑远，惟造端宏大，恐非一蹴能（几）〔就〕。查北门外新河一带地方上接商埠、旁绾铁道，自是绝好市场，将来输轨交通，商贾麇集不烦，设购地局出示晓谕，大资本家自然踊跃争先、出资营造，其严定新市街章程及预先划定市区两条最是一劳永逸之计，应札知巡警道察夺情形，详候核准办理。至禁私卖田产与外

人一条，自系为保存土地、预防喊晚起见。惟既订有条款，中外商民自应遵守，原不必三令五申，出示晓谕，本为思患预防之计或转开外人诘问之端，此项应毋庸置议，其余均可逐渐推行。其积谷清查及增加一案议决收放法项下每石息谷至多不得过二斗一语，界限不甚明晰，拟改为每谷一石，春借秋收取息一斗，庶办理者有所适从而贫民认息较轻，亦可略示体恤。其余所议各节于原案稍有变通、思虑益加详密，均属可行。以上各案，经本部院详加核定，与议决各条略有变更，合行札知。希即公同酌定，如须全体复议，应即存案，俟将来开会时再行提议，如以为无甚出入，可以公布施行，亦即妥酌具复以凭转饬办理。为此札行谘议局查照。须至札者。

札知英领事以严禁私卖土地与外人一条恐酿事端照请查照文

宣统元年十二月十三日

为札行事。案准英国许领事照开：查阅十一月二十八日《长沙日报》，有谘议局议决展拓街道一案内载宜严禁私卖租界外土地、房屋与外人等语，恐湘民信其言词，酿成事端，照请查照等因。准此。查此案禁止私卖田产与外人一条业经本部院札行谘议局，无庸置议在案。兹准前因，除照复英领事外，合将来往照会一并抄单札发。为此札行谘议局查照。须至札者。

附录：英领事照会抚院文

查阅本年十一月二十八日《长沙日报》，有湖南谘议局议决展拓街道案内载，宜严禁私卖租界外土地、房屋与外人，及车站通商埠新市街难免洋人不暗中在租界外置地等语。查贵资政院章程早有不许谘议局干预交涉事件，现湖南谘议局如此议论，实属有违政章。在湘省地方官常云开导绅士，若不加意开导，议员发此等议论，恐湘民信其言词，庶不难酿成事端。且交涉大权亦系贵部院主持，岂容该局夺权置议，以肇祸乱之基。本署领事念切交谊，不得不预为奉告，相应照会贵部院，请烦查照，谕饬该局自后勿得妄议交涉，以期相安而免酿事。

附录：抚院照会英领事文

为照会事。案准贵领事照开云云，以期相安而免酿事等因。准此，查十一月二十八日《长沙日报》登载湖南谘议局议决展拓街道案内禁止私卖租界外土地、房屋一条，系属草案，虽由谘议局呈请到院，前经本部院详加核阅，以札令将此条毋庸置议在案，并未核准施行。兹准前因，除札行谘议局外，相应照复，为此照会贵领事烦为查照。须至照会者。

呈请知照英领事不得违章干涉内政文

宣统元年十二月十五日

为呈复事。案奉札开：准英国许领事照开云云等因，并抄发照会两件到局。奉此，查本局议决展拓街道交议案末有严禁私卖租界外土地、房屋与外人一条，实因近日外人每在租界之外违章租买土地、房屋，及至发觉，已上贻长官交涉之忧，下贻人民诉讼之累。故于展拓街道案内特别声明。前奉札开：此条系为保存土地、预防喊唤起见，惟既有条款中外商民俱应遵守，原不必三令五申，出示晓谕。本为思患预防之计或转开外人诘问之端等语。是固深以本局所议决为然，特须以实力保守主权而不欲以文告稍伤交谊，盖虑闳远，钦佩同深。惟英领事会照内所称各情殊多不合，交涉云者谓：同一事实而涉于二国以上之关系，其一方违反义务时他之一方因对之为辩论之行为也。本局既为立法机关，自有增删修改本省单行章程规则之权限。土地之可否租卖与外人实属于本省权利之存废，而外人不得于租界外购买土地又为约章上之所明订。绎其意义，即租界外之土地，外人既无租买之权利，且含有不得租买之义务。准是以言，则本局议决展拓街道案末条所云，实以立法机关遵守本机关之职任权限，且于不违反条约之范围内而为适法之议决。彰彰明矣，何至关系交涉，更何得谓为干预交涉乎？本局议决此案既与交涉事件绝不相干，该领事竟谓本局有违政章何耶？即令本局议论有违政章，亦属我国内政问题，自有抚部院任其监督之责，又岂容该领事越权妄言、背约诬（蠛）〔蔑〕？此则本局之所大惑不解者也。该领事又谓：议员发此等议论，恐湘民信其言词，庶不难酿成事端等语。不知本局为此决议，原因民人不能尽谙约章、冒昧私售，以至酿成交涉问题，自应明白宣示，以符筹计地方治安之宗旨。则此种重要事件在本局当然有发表此议论之权利，在湘民当然有遵奉此议论之义务。设不幸而终至酿成事端，则购买者岂遂能辞违约之责？乃该领事且若惟恐其不能购买，至不能酿成事端者何哉？伤人道之平和，堕邦交之信义，尤为该领事不取也。在抚部院婉辞照复，原以顾全外交，但恐该领事益傲然自恣、不知悛改，应请抚部院据本局所指斥转致该领事，嗣后不得似此妄加訾毁，以杜衅端而敦睦谊。理合备文呈请裁夺施行。须至呈者。

呈报复议展拓街道案内严禁私卖土地一条业已删去文

宣统二年五月十七日

为呈报复议事。案奉前抚部院岑交议展拓街道一案，业经本局议决呈奉札，复于严定新市街章程及预先划定市区两条应札知巡警道察夺情形，详候核准办理。至禁止私卖田产与外人一条，既有条款遵守，无庸置议，希即公同酌定，必须全体复议应即存案，俟将来开会时再行提议等因。奉此，兹于本月十六日复议：查原案严禁私卖土地、房屋一条，虽为思患预防之计，实以履行条约为归。兹奉札文，以既有条例中外商民俱应遵守，则临时有发生事件自当据约力争，不必三令五申，出示晓谕。业经公同议决，即将原案此条删去，其余各条应请照章公布施行。至严定新市章程及预先划定市区两条为此案关键，既饬巡警道察夺情形、详候核准办理。究竟巡警道对于此项章程如何规定，市区已否划清，应请查照局章第二十一条第六项饬催巡警道速将所定章程并划界图式交由本局议决，呈候核准公布，以符定章。所有议复展拓街道一案缘由，理合备文呈请，分别查照施行。须至呈者。

呈复积谷清查及增加案内每石取息仍不得过二斗文

宣统元年十二月十六日

为呈复事。案奉札开云云等因。奉此，查核拟各节虽与议决各条略有变更，尚无出入，自应仍请公布施行。惟案内收放法项下每石息谷至多不得过二斗一语，界限不甚分明，拟改每谷一石春借秋收取息一斗一节。查积谷取息，各处情形不同，有收一斗二、一斗五及二斗，且有二斗外及三斗者。原案收息不过二斗稍为限制，以示体恤。其实春放秋收有费，仓谷出入有耗，均由息谷弥补。若仅收息一斗或能勉强弥补，势难望所储之数逐年增加，且贫民但望有谷可借，决不以二斗之息为重。盖春夏谷价多昂，秋收谷价必落，以谷论则二斗似嫌稍重，以价论则有息与无息等。如收息太轻，窃恐贪利之徒本不需谷，亦将分领以逐毫末，则贫民反受乏谷之累。原案不云以二斗为准，而但云不得过二斗者，特欲为收息过重者予以限制。若向来息轻者仍听其自行酌定，势难限于一律，则收息不过二斗一语界限固自分明，似不嫌其蒙混。当时会议曾经再三讨论，必如此始能通行，拟请仍照原案办理。理合备文呈复察夺，公布施行。须至呈者。

札复前案照议办理文

宣统二年正月十一日

为札复事。照得谘议局呈复云云等情到院，本部院查清查积谷一案收放法项下札复拟每谷一石春借秋收取息一斗，原系为体恤民艰起见，既据积谷取息各处情形不同、多寡互异，收息太轻恐有贪利之徒藉为盘剥之计。此等弊端诚恐不免，应照原案所议办理，以期推行尽利。其余组织混同消防、建设食品市场、展拓街道各议案，应一并转饬，照案办理。除札行布政司、巡警道通行一体遵照外，合行札复。为此札行谘议局查照。须至札者。

札复扩充改良湘省慈善事业案略加变通希即改正呈候公布施行文

宣统二年正月二十日

为札行事。照得谘议局呈称：前奉交议扩充改良湘省慈善事业一案，业经本局讨论，特拟办法另设工厂，公同议决以为可行，缮具议案请裁夺施行到院。当经札饬长沙府禀商布政司暨盐法长宝道悉心筹议，详候核夺。去后兹据详称：各属旧有善举向多由绅士经理，若欲提其余款开办贫民工艺厂，各处情形不同，自应候各厅州县地方自治公所成立后，各就本地情形详加体察，斟酌行之。至拟将旧有慈善事业一切提归自治公所经理，似须俟地方自治办有端倪、信用大彰之后徐议，及此方足免阻碍而利推行。若省城善举由官经理者，育婴堂系向归盐法长宝道衙门管辖，保节堂、百善堂、普济堂系向归知府衙门管辖，各该堂皆有委绅，现正力筹整顿，期于教养兼施，其款项由官筹集者居多，有发典生息者，有向司局随时请领者，每岁皆有报销清册可查，应听省城地方自治公所绅董随时切实调查，俟自治规模粗有头绪后，拟即将盐道衙门所管育婴堂、知府衙门所管保节、百善、普济三堂移交该公所接管，以为各处之倡。堂在长境者归长沙地方自治公所经理，堂在善境者归善化地方自治公所经理，其用款随时赴原管衙门请领，办法随时由原管衙门考核。至贫民工艺厂为急须举办之端，现在公款极为支绌，善堂款项亦不见有余，容会商地方自治公所各绅妥议集款之法，禀请察核施行。知府禀商布政司、盐法长宝道意见相同，理合具文详复等情前来。本部院复加审查，与原案所议自可参酌办理。议案整理财产第一条、第二条、第三条各项，查前交议筹办地方自治经费一案，谘议局呈复内有清理公款、公产办法，业经本部院札知，统归各地方自治公所暂行管理此案。慈善事业系属地方自治范围内事，所有慈善经费应由各地方自治公所逐一清查，暂为经理考核，将来仍由各议事会议决管理方法，以符定章。议案所称将来自治会，想系指议事会暨董事会而言，惟自治会三字现行法令上未经规定，不得沿用，应即删去。又，第四条检查报告一项应参照城镇乡地方自治章程第一百一条办理。议案改良办法第三条收育婴儿一项，各省育婴【堂】惜少，实际现有以育婴经费改办蒙养院者，有附设一处相辅而行者，湘省可以此为标准，力图改良，以资人类之进化。又，第四条寡妇在保节堂者须聘女教习教以工艺一项，教养兼施，法良意美，自当改照所议办理。又，第五条设女子习艺所一项，现时经费毫无凭藉，能否就保节堂改设，仍尽寡妇及孤女入所肄业，另开一班招收其他聪颖贫苦女子以广传习，此事应再从长计议。本条拟设济良赎身所一项，自属可行。又，第六条设废疾学堂一项，此系仿照外国设聋哑学堂之意，中国现时缺乏此种教员，应候委觅员绅筹商办理。又，第十条设贫民习艺所一项，与议案后开之贫民工艺厂相混，应合并改为救贫工艺厂，以免两歧。又，第十一条各属附设救贫警察一项，应候巡警道逐渐办理。议案实行扩充三条理论甚是，附拟工艺厂办法候饬知巡警道暨地方自治筹办处会商布政司、盐法长宝道、长沙府等公同参酌办法，妥定章程并即筹画开办，及经常费用先行试办。其余议案所拟均属妥协，如无疑义，希即分别改正，呈候公布施行。本部院对于地方公益力求实惠，不尚空言，凡兹慈善事业关系社会治安，官府固职任所归，而全省士绅亦属责无旁贷，本部院与谘议局共勉之。除批示长沙府知照外，合行札复。为此札行谘议局查照。须至札者。

呈复前案各条请并案施行文

宣统二年二月初七日

为呈复事。案奉札开云云等因。奉此，查整理财产四条，原以慈善事业本属地方自治范围。现在议事会、董事会既未完全成立，即不得不由地方自治公所暂行管理，酌拟办法逐渐进行，将来议事会、董事会成立，仍应归其办理，以符定章，实与札文意见正相符合。惟原详所开省城各善堂在长境者归长沙自治公所经理、在善境者归善化自治公所经理等语。查省城善堂皆系全省公款，应以一省为范围，应候省城地方自治公所成立拨归管理，方与定章相符。至自治会名义，见于谘议局章程第二十一条第十一项，其解释系包有议事会、董事会而言，似可毋庸删去。改良办法第五、第六两条经费、教习，自应预备计划，应请妥觅员绅筹商举办。第十条贫民习艺所系规画各属普通办法，与后开之贫民工艺厂专指省城拟办者不同，省城旧有基础早拟开办，未便混合，惟名目即可改为贫民工艺厂，以归划一。所有协议缘由，理合备文呈请查照，公布施行。须至呈者。

札行前案已照复议施行文

宣统二年三月十四日

为札行事。照得谘议局呈送议决扩充改良湘省慈善事业交议案一件，业经本部院札复在案。兹据呈称：查整理财产四条云云等情，呈请公布施行前来，本部院复加审核，所称省城善堂皆系全省公款，应以一省为范围等语，应俟省城地方自治公所成立后与长、善两邑地方自治公所协商管理方法，以免争议。余均妥协，无甚出入，自应照章公布施行。附拟贫民工艺厂办法已札饬巡警道等会商办理，除札饬布政司迅将议案饬匠排印成帙、分别转移，并通饬各属会、各地方自治公所，凡关于慈善事业急应照案设法扩充改良、认真办理外，合行札知。为此札行谘议局查照。须至札者。

附：布政司移奉抚札前案已排印通饬各属照办文（宣统二年四月初五日）

为移会事。案奉前抚宪岑札开：案照谘议局呈送议决扩充改良湘省慈善事业交议案一件，业经本部院札复在案。现往复筹商，悉臻妥协，自应照章公布施行。为此札，仰该司迅将议案排印成帙、分别转移，并通饬各属会商该地方自治公所或自治会，凡关于慈善事业一体照案设法扩充改良、认真办理，并移会谘议局查照。议案排印后仍检齐三十分呈院备阅，切切勿延，此札等因。奉此，相应移会为此，合移贵局烦为查照施行。须至移者。

呈报议决组织禁烟会社不如扩充禁烟公所严定章程文

宣统元年十月初八日

为呈复事。窃照谘议局章程第二十二条，谘议局议定可行事件呈候督抚公布施行。又，二十三条谘议局议定不可行事件呈请督抚更正施行各等因。查前奉交议组织禁烟会社一案注重在会社，以绅士为主要，以官权为后盾，计画[①]周详，同深钦佩。惟今日自治尚在萌芽，会社裁制力不及行政官之厉行为有效，本局议员统筹各地方情形，以为非官绅合力急切进行、明定限期画一办法、徒恃会社禁制恐无实际，又言不如扩充禁烟公所、严定章程，较之组织会社必能克期奏效，业由本局拟具办法，逐条参考原案议决，理合缮具议案备文，呈请裁夺施行。须至呈者。

札复前案已据司道详复批饬照办文

为札行事。照得谘议局呈覆云云，并奉发抄折一件等因。奉此。本司道等窃以禁烟事宜不外禁吸以苏病夫，禁种以杜滋蔓，而欲得吃户之日少，莫要于按月

① “画”，旧同“划”，为保持原貌，不作改动。下同。

递减、限制私卖土膏，欲净种烟之根株则莫要于随事稽查、严定违禁办法。湘省自奉文查禁以来叠经诰诫谆谆，设所查验，密查之员相属于道，并由本司道等酌定禁烟功过章程，饬令按月填表责核，均经详奉批准在案。兹据谘议局呈请组织禁烟会社奉饬筹议，本司道等遵即悉心会核所议，计九章，凡二十二条。其中：有业已饬行一时毋须更议者，如第一章第一、第二条及第八章第二十一条之类是也；有应就地方查酌情形办理者，如第一章第四条之筹设公所及第八章第二十条加收照捐之类是也；有新增较为严密足以辅章程所未及者，如第四章第十四条之专卖指定场所及十五条贩卖须报明公所等类是也，其余各条均已定章通行。而该局所呈尤为周密，同为力除烟害起见，查核均属可行，特于原议各条将复核情形分别详注、详请察核等情到本部院。据此，查案内详注各节均极妥善，其与议决案略有出入之处非事经奏定未便遽议更张，即格于部章不能通融照准，自属毋庸置议，即可公布施行。除札饬布政司，巡警、劝业两道分别照案理并转饬各属一律遵办外，合行抄单札知。为此札行谘议局查照。须至札者。

附录：司道详注实行禁烟办法

第一章　纲　要

第一条　十〈零〉年禁绝期限太久，久则生玩。查今年禁种省分近二十省，其抵补税项如盐斤加价、税契加成、印花税亦次第施行，拟请抚部院咨商各省会衔出奏请旨缩短年限，至宣统二年十二月一律禁绝，或单行出奏作为湖南单行章程。查禁烟缩短期限，奉民政部奏明通行湘省限今冬一律禁绝，已奉宪台奏定有案，现督饬各地方官绅认真稽查，以冀烟苗尽净，似毋庸另行改期。

第二条　洋药入口前与各国缔约订明十年递减，原恐不能早期戒绝，今中国既能缩短年限，彼必乐为协助文明之举，提前禁运，拟请抚部院请旨饬下外务部与各国从新协约，于宣统二年十二月禁绝烟药入口，并饬各海关查照办理。查洋药入口久已议定年限，各国既允协助，但须内地查禁认真则烟毒将不禁自绝，似毋庸从新订约，转与人以口实，拟请仍饬各地方官严查入境土药在于何处行销，消纳分明则奸商无所售，其欺私囤弊或可免。

第三条　省城及各府厅州县无论何项人等，统限于宣统二年十二月底一律不准吸食鸦片，逾限查有吃食者，请照新订法典草案第二百六十条办理。查吸食鸦片久经通饬各属发给牌照勒戒，所拟限于宣统二年年底止一律禁净，立法尤为严密，应请仍饬各属遵照办理。

第二章　办　法

第四条　省城设禁烟总公所，仍请派藩司为总办，巡警、劝业两道为会办，拟请加派廉干道员、正绅各一人为坐办，州县士绅各若干人相间任事。此所为调查吸户、收发牌照、化验戒烟丸、监查专卖、发验护照、检查土膏、调验戒户、实行赏罚等事之惟一总机关。各府厅州县一律设立禁烟分公所，简派专员协同地方官绅合主其事，职务悉如总所。除私人禁烟团体外，所有局所或裁撤或归并，以一事权。查禁烟公所专为调验有瘾员绅而设，前奉札委，本司为总办，职道等如有闻见，仍可随事谘商，似毋庸另委坐办，以节经费。至省外各属有已报设所调验者，其未设各属亦应饬令查酌情形，由该地方官绅妥筹办理。

第五条　地方官照调查户口例，已设巡警处责成巡警局，未设巡警处照会各区调查长责成调查员分所调查，吸户编册送所，限期具领牌照，注明每日吸烟分量。查调查户口于牌照内注明每日吸烟分量系属切实办法，核与定章相符，由职道通饬照办。

第六条　调查遗漏者自缴册日起一月内准其来所补报领照，逾期不领私吃者查实罚钱十千文外勒领牌照，查获具报者赏钱五千文。查各属土膏店应领营业照及吸户应领牌照者，虽经各属遵办而漏未请领者在所难免，所拟逾期不领查实酌罚以惩抗玩而儆将来，应请查照办理。

第七条　牌照一纸带给百日折一扣按日过戳，以免数人共一牌照之弊。查给折按日过戳洵足杜弊，应请照办。

第八条　各处不乏挟持势力拒人调查、不领牌照敢于私吸者，拟请地方官于大堂安设一匭，收受无名告帖，再加侦访，调所查验实系有瘾，一体勒戒。查私吸准人讦告足以辅官查所不及，况告后仍加访查亦不患其诬指，应请照办。

第九条　省城府厅州县各公所并他售膏场所，由牌照捐费项下拨购戒烟丸照原价发售，赤贫有的保介绍者免费。查省城及各属戒烟局章程极贫者原不取药，资所拟赤贫者的保介绍免费，核与定章相符，应请照办。

第十条　凡官绅富室私藏土膏者限宣统二年六月以前报明公所，除将期限内需吸之土膏酌留、填给保单外，余土余膏缴局代卖还价，过期不缴查获实据，土膏充公外，罚钱一百串文，查实告发者赏钱十串文。查此条系为严杜绅富私藏土膏，应请查照办理。

第十一条　各衙门局所、学堂、自治团体大都含混具结，此次须另由该主者亲具。本辖各色人等不食鸦片之总结，自后无论官眷、幕友、司事等项仍调查验，如确有瘾，令离该处勒戒，撤换主者。查各署局所学堂官亲、幕友、司事均已由本司道等详定章程，按月填表，如所报不实，即行记过，并将有瘾之亲友驱逐，所拟仍调查验有瘾，即令离出勒戒，系为严杜含混起见，应请照办。

第三章　【禁　吸】

第十二条　生员原饬学官查禁每多瞻循不力，拟请再饬各学官所属生员勒限宣统二年三月底禁绝，以资倡率。期满抽验，如瘾尚未断，褫革衣顶外再行勒限戒绝，其牌照仍归公所办理。查生员吸烟已饬各学查明，勒戒诚恐为期太宽，仍怀观望，应请即如所拟办理。

第十三条　除前规定外，所有吸户应以领照日起每日购膏，只准减少，不准加多，限百日断瘾。缴销牌照已戒之户用抽验法，确未断瘾分别贫富处以四千文以上、二百文以下之罚款，再调来所勒戒。查按期递减、勒限断瘾系属定章，已分行各属遵照所拟。已戒之户抽验未戒拟罚示惩，自系严防翻瘾起见，应请照办。

第四章　贩　卖

第十四条　专卖最便稽查，惟官本难筹，拟略师其法而利用土商，通饬领有执业牌照者统限来禁烟公所，或指定场所发卖土膏与领照吸户，不准在本栈及他处私卖，并卖与未领牌照之人，违者即将该栈封闭，其土膏一概充公。获有实据报案者，无论为土商、为卖户，均赏钱十千文。每府厅州县之城厢即就公所发卖，长沙、常德、衡州、湘潭地段过宽，土栈亦伙，应准添设两所卖膏，其厅州县之各乡限设四所以内，以便派人监查验照，但限制宣统二年十二月底一律歇业，余土余膏毁销，抗者处以一百〈千〉以上、一千以下之罚款外勒令毁销。查专卖之法即以杜私贩之弊，若由官绅筹办不惟难集巨款，亦且近于垄断，所拟指定场所发卖既便稽查，亦免私卖，应请即如所拟办理。省城地方即由商会知照各土商遵办，由职道分饬区官查察，省外各属即由地方官仿办，总期烟毒永除而商民不扰，斯为切要。

第十五条　公所成立即向领有营业牌照之土商检查登记，各土商于宣统二年内自量存土不敷销售，尚须出境贩卖，务先陈明公所，由官给予护照，始准出境贩卖，并具结逾限余土余膏自愿毁销。凡过关卡无护照者，其货截留交附近公所煎膏发卖，半价缴还，该关卡充赏土到销场即报公所注册，查对货单、厘票、护照，以凭稽核。其在本境贩卖者亦须报明，公所许可方准交易。查此条系为严杜贩卖私土，既明示以限制，而又便于清查，应请照办。

第十六条　各府厅州县每有行商携带土膏担卖或土帮闯关分起私卖查无护照者，其货充公，获土具报者半价充赏。

第五章　禁　种

第十七条　湖南原限今年禁种，春间虽已实行，根株未绝，拟请续饬地方官多出白话告示，严行查究，一面委员巡查，再有抗禁者，已业则田亩充公，佃业则充公外再罚佃户每种苗一亩罚钱四千文。查禁种烟苗，曾奉宪台剀切示谕，并由本司先后札发白话告示及委员清查，如有抗违，即提种烟地亩充公。现届种烟之期，复行委员查禁在案，所拟加罚佃户系为大惩小诫起见，应请并饬各州厅县照办。

第六章　烟　馆

第十八条　烟馆早悬厉禁，如再有开设查获实据者，其房屋无分已业、佃业，一体充入禁烟公所出卖，如有慑于势力三个月无人承买者，折卖瓦木，地基永作公业。查私开烟馆房屋充公久已通行遵办，所拟充入禁烟公所出卖，应请照办，所得价值即提作禁烟经费。

第七章　烟　具

第十九条　烟具严禁已久，尚有制造及贩卖者，由地方官再行严查毁销，并处以四千以上、百千以上之罚款。查禁卖烟具已奉宪台饬行遵办，所拟违禁酌罚盖为杜弊起见，应请照办。

第八章　经　费

第二十条　牌照捐分三期递加以促速戒。自奉到章程至宣统二年四月底为第一期，此期所领之牌照每张缴钱三百文，每卖膏一钱加收牌照捐钱二十文。自五月至八月底为第二期，此期内所领之牌照每张缴钱六百文，每卖膏一钱加收牌照捐钱四十文。自九月至十二月底为第三期，此期内所领之牌照每张缴钱一千二百文，每卖膏一钱加收牌照捐钱六十文。查抽收牌照费原以寓禁于征，所拟分作三期加收，较定章尤为严切，惟须由地方官先行出示晓谕，届时再查酌情形，禀候核办。

第二十一条　办理禁烟在在需款，所收之牌照捐及罚金一概归本境公所应用，如有不足，就地筹补，每月开列出入悬榜通衢外宣布官报。查牌照捐一项，照章应解候部拨，嗣因各属禁烟经费无出，已详定截留二成以资贴补，所拟将照捐留作公用，殊与定章不符，应请仍照前详办理。其罚款无论多寡，准拨归该地方公所支用，于禀报后榜示通衢。

第九章　考　成

第二十二条　全省或本境依限戒绝者，省城总所之官绅及各府厅州县之印委士绅分别异常、寻常，请照光绪三十四年四月稽查禁烟章程第十八条奏请奖叙。若至宣统三年尚未戒绝，官则拟请参革，绅则褫夺公权。禁烟原为自强之本，稍形懈驰则不免相率观望，自非明定考成不足以资观感，所拟与定章无甚出入，应请照办。

呈复札行司道详复前案中有误会仍请查照前议办理文

宣统元年十二月十八日

为呈复事。案奉札行司道详复议决组织禁烟会社一案，除原文有案不录外，后开查案内详注各节均极妥善，其与议决案略有出入之处，非事经奏定，未便遽议更张，即格于部章不能通融，照准自属无庸复议，即可公布施行。除札饬布政司，巡警、劝业两道分别照案办理及转饬各属一律遵办外，为此抄单札行查照等因。奉此。查详注案内各节因属妥善，其与议决案出入之处不无误会，用特呈明，以申其意。如议决案第一条所谓禁绝者系概括禁种、禁吸一切革除尽净之意，非专指禁种而言，文内所引今年禁种近二十省其抵补税项盐斤加价税契加成印花税亦将施行等语者，证明缩短年限毫无滞碍，而详注以其中有禁烟字样，遂疑禁绝为禁种，未免误会，此宜呈明者一。又，如交议案云省城须组织禁烟总会，各府厅州县须组织禁烟分会，本局议决不如扩张禁烟公所办法、厉行官权，较会社为有效，前呈送议决案业于文内声明。然则本局议决案第四条所云省城设立禁烟公所、各府厅州县一律设立禁烟分公所者，虽袭禁烟公所之名称，不专为调验而设，凡属禁烟事宜以此为唯一机关，既免纷歧，亦有经费，故省城禁烟总公所宜特派坐办一员专司禁烟各事，各府厅州县亦宜普设禁烟分公所，严定章程，拣派专员以执行之。其用意与组织禁烟总会及分会相同，而以官权为主要，详注专指调验一端而不及各项事宜之计画，未免误会，仍请查照议决案办理，此宜呈明者二。又，如议决案第二十一条牌照捐概归本境禁烟公所应用，原以禁烟各项事宜在在需款，窃恐款绌废事，故请全数截留，且第二十条所拟捐章领照有费、逐期累进，正所以寓禁于征，较部章每购土一两捐钱四十文、每购膏一两捐钱六十文者，其收数自必增多，详注谓所拟将照捐留作公费，殊与定章不符等语未免误会，但宜以部定捐例所收之数匀作十成，以八成解候部拨，其余详请截留二成，并增加之款及罚金一概截留本境，以资公用，于经费事实均有裨益，此宜呈明者三。抑本局更有请者，议决案第二十条累进抽捐原以促人民之速戒，其意存观望者多取之不为虐，详注拟先由地方官出示晓谕，自是正办，并请知照宣讲员演讲，以期周知。详注又拟由地方官斟酌情形禀候核办，亦恐时日不免延缓，捐数复有参差，仍请查照议决案办理，以昭划一而迅除大害。理合备文呈复，察核施行。须至呈者。

札复前案有照呈更正惟与交议案部章不合未便照行文

宣统二年二月十九日

为札复事。照得谘议局呈复云云等情前来，本部院复加核阅，呈称各条有系属详注误会者，有因议决案未经分晰说明、致意涉两歧者。如议决案第一条叙述各节于禁烟、禁种语意未甚分明，来呈既称系包括两项而言，并拟请奏明缩短年限自属为痛祛烟害起见。本部院关于禁烟要政郑重图维，力求速效，所有禁种、禁吸等办法不外收查调验，严切施行。上年十二月二十日钦奉上谕：宣布禁烟条例等因。钦此。现已颁发到湘，即当并合上年闰二月内禁烟大臣等奏定续拟禁烟章程一体钦遵办理。又，议决案第四条请于省城设立禁烟总公所，分派司道为总会办，委官、绅各一人为坐办，以各州县士绅相间任事，各府厅州县设立禁烟分公所，拣派专员协同地方官绅合主其事等情。玩其用意，与原案所谓总分会以绅士主任其事者截然不同。交议因一省之吸烟者绅民自占多数，幅员辽阔，未易清查，必须热心士绅相助为理，庶有消息灵通之益，无官民隔阂之虞。若如谘议局所议仍是官办性质，与交议本旨未免矛盾，应仍照原案，于省城及各属组织禁烟总、分会认真稽查，妥为劝戒，以绅力辅官力所不及，庶不难弊绝风清。至如何组织之法，即由各议员详细妥筹，以维公益而祛巨害。又，议决案第二十一条谓办理禁烟在在需款，所收牌照捐并罚金一概归本境公用等情，于解部截留之成数未经声叙，详注误会，自非无因。来呈拟以部定专例所收之数匀作十成，八成解候部拨，其余详请截留二成并增加之款及罚金一概截留本境以资公用，自属可行。惟呈称议决案第二十条累进抽捐原以促人民之速戒，其意存观望者多取不为虐等情，查光绪三十四年度支部推广牌照捐原奏内载，现拟定为：无论膏、土各店，凡来购者均须验明牌照，每土一两向购者捐钱四十文、每膏一两向购者捐钱六十文作为牌照捐。现当各省禁种罂粟，土价飞涨，加收牌照捐即为严禁吸食地步，此外各地方官不得再有别项征收名目等因。是此项牌照捐数目经部奏定，各省不得自为风气，任意增加。议决案第二十条所谓逐期累进、寓禁于征，自未便照准施行，即二十一条所谓并增加之款一语亦即失其根据。以上复核各节，凡详注误会之处均经按照来呈更正。禁烟一事关系重大，除恶固宜务尽，而事必期其可行，有相维相系之因，乃收群策群力之效，希即公同酌议，勉为其难，将来裨益地方实非浅鲜。所有此次札复各节是否可以公布施行，应即另文呈复，以凭酌核。为此札行谘议局查照。须至札者。

呈复前案札知办法与原案略有出入乞摘出俟开复议文

宣统二年三月二十七日

为呈复事。案奉札开云云，查交议案组织会社重在劝戒，本局以民间旧染已深，非强制力断难收效，是以公同议订本省禁烟单行章程。查照局章第二十三条呈请在案，原以十年期限，人民恃宽，假之岁月每多怙恶不悛，是以规定一年廓清烟害，前承札准，已见于详注第三条兹奉札文复有力求速效并查照禁烟条例办理等语，郑重主持，自不难克期净尽。惟禁烟事宜千条万绪，徒法不能自行，机关亟宜整备。省城为提纲挈领之地，不可无总公所以为种种执行之机关，其组织之法规定官绅并用者，正所以仰体原指之通力合作，自与官办性质有间，兹云组织会社纯属自治性质，可为补助机关而非执行机关，定章虽得由官通饬，而组织究出自私人，亦未便代为妥筹。再，如第二十条、第二十一条加抽牌照累进捐，此经费问题与前案息息相关，来札以度支部推广牌照捐办法限制綦严，未便照准，恐前案不免丧失效力。惟查度支部原奏规定地方官不得另征，用意在防流弊，本局所谓就牌照捐行累进法，以取之吸户者仍用之吸户，事非得已，似与别立名目、巧为征收者不同。又，查谘议局章程第二十一条第五款议决本省担任义务增加之事件，此项牌照捐为吸户所负之义务，累进法即为增加吸户之担任，本局既有议决权，又与限制地方官不同，惟此案既承前抚部院谘询，与原案出入甚大，现已另文呈请开临时会，应请暂行存案，（挨）〔俟〕开会时再行会议。理合呈复，裁夺施行。须至呈者。

呈复修改前案仍请查照施行文

宣统二年五月二十七日

为呈报复议事。案：奉前抚部院岑札复议决实行禁烟办法一案，屡经本局协议呈奉答复，于第一、第二、第四、第二十、第二十一等条与议决案略有出入，复经本局呈请摘出，俟开会时复议在案。兹经开会复议，佥谓原案第一条原系为实行禁烟力求速效起见，奏请缩短年限作湖南单行章程似无不合，应即照此修改，仍请查照施行。第二条抵制洋药入口事关国际交涉，从新订约诚恐遽难办到，应请删去。第四条札文主张组织禁烟分会仍以绅力辅助官力为词，查向来会社情形，凡关于去弊之政非取强制主义不足以收速效而策进行，原案注重实行自以官权为主体，至私人禁烟团体系劝导性质，本许设立，两不相妨，仍请查照议决案办理。至各府厅州县禁烟公所，既由地方官绅合主其事，不必另派专员。第二十条递加牌照捐，部章既有定数，不得自为风气，自应遵照删去。惟已详定截留之二成牌照捐仍归本境公所应用，不得挪移。查禁烟为自强要政，去年十二月二十日钦奉谕旨，于各省奏请变通年限首经允准者均作为定章，如有违背，概照禁烟条例治罪，仰见朝廷湔除痼习之盛心。本案反复推求，虚延时日，原定限期已难办到。本局为实行起见，已逐条修改，公同议决，不求效于旦夕，期不负于初心。所有复议实行禁烟办法一案，理合另折备文，呈请抚部院查照，公布施行。须至呈者。

第一章　纲　要

第一条　本章程以实行禁烟缩短期限为宗旨奏定，作为湖南单行章程。

第二条　省城及各府厅州县无论何项人等，统限宣统三年六月底一体不准吸食鸦片。查有逾限吸食者照奏定禁烟条例第四条办理。

第二章 办 法

第三条 省城设禁烟总公所，派藩司为总办，巡警、劝业两道为会办，拟请加派干道员正、绅各一人为坐办，州县士绅各若干相间任事。此所为调查吸户、收发牌照、化验戒烟丸、监查专卖、发验护照、检查土膏、调验戒户、实行赏罚等事之唯一总机关。各府厅州县一律设立禁烟分公所，地方官绅合主其事，职务悉如总所（除私人禁烟团体外，所有局所或裁或撤或归并，以一事权）。

第四条 地方官照调查户口例，已设巡警处责成巡警局、未设巡警处照会各区调查长责成调查员分段调查，吸户编册送所，限期具领牌照，注明每日食烟分量。

第五条 调查遗漏者自缴册日起一月内准其来所补报领照，逾限不领私吸者查实罚钱十千文外勒领牌照，查获具报者赏钱五千文。

第六条 牌照一纸带给百日折一扣按日过戳，以免数人共一牌照之弊。

第七条 各处不乏挟持势力拒人调查、不领牌照敢于私吸者，拟请地方官于大堂设匦收受无名告帖，再加侦访调所查验，实系有瘾，一体勒戒。

第八条 省城府厅州县各公所并他售膏场所，由牌照罚项下拨购戒烟丸照原价发售，赤贫有的保介绍者免费。

第九条 凡官绅富室私藏者限宣统二年以前报明公所，除将期限内需食之土膏酌留填给保单外，余土、余膏缴所代卖还价，过期不缴查获实据土膏充公外罚钱百千文，查实告发者赏钱十千文。

第十条 各衙门局所、学堂、自治团体大都含混具结，此次须另由该主者亲具本辖各色人等不吸鸦片之总结，自后无论官眷、幕友、司事等项任调查验，如确有瘾，令离该处勒戒外具结之官绅均照禁烟条例第六条办理。

第三章 禁 吸

第十一条 生员原饬学官查禁，每多瞻循不力，拟请再饬各学官所属生员勒限宣统二年十二月底禁绝，以资倡率。期满抽验如瘾尚未断，除褫革衣顶外再勒限戒绝，其牌照仍归公所办理。

第十二条 除前条规定外，所有吸户以领照日起每日购膏只准减少、不准加多，限百日断瘾。缴销牌照已戒之户用抽验法，确未断瘾，分别贫富处以四千文以上、二百千文以下之罚款，再行调所勒戒。

第四章　贩　卖

第十三条　专卖最便稽查，惟官本难筹，拟略师其法而利用土商，通饬领有执业牌照者统限来禁烟公所或指定场所发卖土膏与领照吸户，不准在本栈及他处私卖并卖与未领执照之人，违者即将该栈封闭，其土膏一概充公。确有实据报案者无论所获为土商、为买户，均赏钱十千文。每府厅州县之城厢即就公所发卖，长沙、常德、衡州、湘潭地段过宽，土栈亦夥，应准添设两所卖膏。其厅州县之各乡限设四所以内，以便派人监查验照，限至宣统三年六月底一律歇业，余土、余膏毁销。违抗者照禁烟条例第二条办理外，仍勒令毁销。

第十四条　公所成立，即向领有营业牌照之土商检查登记。各土商于宣统三年六月内自量存土，不敷销售尚须出境贩买者须呈明公所，由官给予护照始准出境贩买，并具给余限，余土、余膏自愿毁销。凡过关卡无护照者其货截留，交附近公所煎膏发卖，半价缴还，该关卡充赏。土到销场，即报公所注册，查对货单、厘票、护照，以凭稽核。其在本境贩买者亦须报明公所，许可方准交易。

第十五条　各府厅州县每有行商携带土膏拍卖或土帮闯关分投私卖，查无护照者其货充公，获土具报者半价充赏。

第五章　禁　种

第十六条　湖南原限宣统元年禁种，多未实行，拟请一面续饬地方官多出白话告示、严行查究，一面委员巡查。再有抗禁者，已业则田亩充公，佃业则充公外仍照禁烟条例第一条处罚。

第六章　烟　馆

第十七条　烟馆早悬厉禁，如再有开设查获实据者，照禁烟条例第三条，充入禁烟公所永作公业。

第七章 烟 具

第十八条 烟具严禁已久，尚有制造及贩买者由地方官再行严查毁销，照禁烟条例第二条处罚。

第八章 经 费

第十九条 办理禁烟在在需款，所有详定截留之二成牌照捐并罚金一概归本境公所应用，如有不足，就地筹补，每月开列出入悬榜通衢外宣布官报。

第九章 考 成

第二十条 全省或本境依限戒绝者，省城总所之官绅及各府厅州县之印委士绅分别异常、寻常，请照光绪三十四年四月稽核禁烟章程第十八条禀请奖叙，奉行不力之官绅应请分别参处。

札复前案既已仍执前议照章咨送资政院核议文

宣统二年六月二十七日

为札复事。案：据谘议局呈送复议组织禁烟会社一案前来，本部院详加察核，如原案第一条请奏明缩短禁烟年限、第四条请设禁烟总公所，派司道为总会办，加派廉干道员正绅为坐办各节，迭具一再呈复，坚持原议。查谘议局章程第二十四条内开：谘议局于督抚交令复议事件，若仍执前议，督抚得将全案咨送资政院核议等因。此案应即照章办理，以利推行而免异议。除（资）〔咨〕送资政院外，合行札复。为此札行谘议局查照。须至札者。

札复振兴工兴大宗案希再酌议呈候施行文

宣统二年三月初二日

为札行事。照得谘议局呈称：前奉交议振兴工业大宗案，业经本局开会讨论，佥以振兴工业莫要于取本地自有之原料以供制造，惟组织公司、设立工厂非有切实办法无由次第举行，兹就原案理由拟定办法，逐条公同议决，事属可行。理合缮具议案，备文呈请察核施行等情到院。查阅各节区分纲目、规划宏深，就原有之物料谋普通之制造，诚足以发达实业、收揽利权。所拟办法七章，有为人民生计所关亟应从速图维者，有为湘省财力所限尚须次第兴办者，兹特逐条核复如下：议案第一章第一节宗旨甚为远大。第二节师资项下请设简易教员讲习所及工业陈列所两事均可照准，先从省城试办，再为推行各属实业，教员讲习所课程繁重，非一年所能蒇事，应改为两年毕业。其余附加条件未必尽与事实相合，应由劝业道随时参酌议案办理。第三节职工资格一项即令照办。第四项任用董事各项限制，盖为工厂慎重始基起见，但湘省工业尚属萌芽，此节可暂从缓议。第二章第一节开办经费项下注重多设殖业银行亟属正办，各国实业之发达多系得力于此，部定殖业银行则例即是此意，所请甲项官设殖业银行现时库储积亏甚巨，实无余款可拨，应俟库款稍裕或将来仿办公债时再行办理；乙【项】公设殖业银行一项，此等公共财产，应由各属地方自治公所及将来之议事会、董事会先行清理，再行详酌地方情形妥定公立殖业银行办法呈请立案，以便实行开办，此条候札饬地方自治筹办处遵照办理；丙【项】商设殖业银行一项，本省如有商人集股禀办殖业银行者，创办人果系殷实，无不乐予提倡。第二节常年经费项下拟抽百货厘金五十文为各厂常年经费；又附加收工业经费方法一项，经当札饬牙厘局暨米捐局核议，兹据牙厘局详称：叠奉部章，百货正厘除正协饷外加抽二成，复加茶、糖二成，烟酒两次倍加，川、粤盐三次加抽，谷米出口除赈捐外两次加倍，兼之学堂善举附局抽收者不一而足，似宜稍纾商困藉以维持，所议加收工业经费实属窒碍难行等语。又，米捐局详称：米谷为民生日用之需，即贩运各处亦系接济民食，故近日九江议请加捐米谷已奉部驳。湖南开办米捐原属以征为禁，商人以捐款太重曾经屡次求减，现因振兴工业意欲加捐，工业固当今要务，所加亦为数无多，然商人以为不减而加，必皆视为不便，况值商情甚困，势难议加，厘金乃大宗之款，已难办到，仅此米捐加之未必有济于工业，不加似可稍恤商情等语。两局详称各节俱系实在情形，且现值禁米出口之期，尤难办到，自应缓议。第三章建设工厂胪举各项自第一节至第十九节就湘省原有之材料分别设厂制造，果能按照所议逐一兴办，大可抵制外货、广辟利源，惟是原料虽出地方而制造动需机械，同时并举集款为难。查纺纱织造等项近年省城已有商立厂所、公司，其造纸、编织、制酒、熬糖以及金工之类各属工商亦多经营，其事惜资本不足、制作未精，此其缺憾也。就中第四节机械造纸厂据称确定为由官设立者，侯札饬劝业道物色良工酌拟办法，详候核夺；第十一节编织厂细篾棉麻两种据称请拨给官款开办者，此种工厂省城及各属既有已经设立者应由劝业道督饬工商力求改良方法，如有应行拨给官款之处再行详候核办，其余未确定官办商办性质及呈请劝令商人办理者均由劝业道随时设法董劝，本部院亦当尽力维持，至绅商之有赀力者亦宜互相联合组织。各项工厂、公司谋社会公共之益，即个人生利之方，凡与部章相合有应行奖励者由劝业道查明具详，本部院当为之奏请，以资提倡。第四章第一节改良民间工业各项均关紧要，应由劝业道详细调查并筹划改良办法，是否必须官款补助随时详请办理；第二节改良官办工业甲、乙两项如议通饬照办。第五章推广瓷业暨湘绣两节应由劝业道设法推广。第六章甲项名誉奖励自应遵照部章办理，乙项补助、奖励二种应随时斟酌事势暨成绩若何，再行酌给津贴，及专利年限未便先事预定。第七章结论共四节，俱属事实上应有之义，照议办理。以上核复各节希即公同酌议，分别呈候公布施行。为此札行谘议局查照。须至札者。

呈复前案札准各节请即公布余俟开会复议文

宣统二年三月二日

为呈复事。案：奉前抚部院岑札开，照得谘议局呈称：前奉交议振兴工业大宗案等因。奉此。查振兴实业以利益人民生计最关紧要，定章实业教员讲习所农业、商业均限二年毕业，工业完全科则限三年，简易科则限一年。本局议决案系请办简易以冀速得师资，故以一年毕业。查现在学部业已奏定新章，应请查照办理。至常年经费一项，据牙厘局暨米捐局所详自应暂从缓议。又，补助奖励一项应随时斟酌事势暨成绩若何，未便预定，均请摘出存案，俟下届开会时再议。其余札复各节与议决案无甚出入，理合呈复裁夺，即予公布施行。须至呈者。

呈报复议前案请设法指拨专款文

宣统二年五月二十七日

为呈报复议事。案：奉前抚部院岑札复议决振兴工业大宗一案，业经本局协议，呈请分别摘出，俟开会时复议在案。兹于本月十九日开会复议，佥以原案意在振兴大宗工业，规划不能不宏，名目虽繁，究可分别缓急举办，不必同时并进。除师资一节已有部章，改良、推广二章已奉札准外，补助专利一节为诱掖奖励之要图，虽不能先事预定要，不妨特设规条，应请仍照原案公布施行。但经费一章札复既谓难行，则财力所限，一切皆无从兴办。又，建设工厂一节为振兴工业之本，当此灾变之后筹款，本极艰难，然为休养生息之所关，究不能不力图振作。湘省原料既富，工业不兴，长此因循，殊为可惜，必先于省城设立模范，庶外府有所观摩，必由公款为之提倡，庶众情有所激劝，因本原案次第兴办之旨以立，他时循序渐进之。规艺取其简而易，行事取其轻而易举，拟请就省城官地建造厂屋，名曰“模范工艺厂”，实习金工、木工、竹工、织工四科，俟有成效再图扩充，庶不负前抚部院交议之初心与本局议决之本意。所有一应经费，应请设法指拨专款，以资开办。合将所拟开办常年各费分别列表备文，呈请裁夺施行。须至呈者。

附录：模范工艺厂开办、常年经费预算表

开办经费预算表

事类别	物品数	款项数
厂　基		公地不筹款
建　筑	一二零间	一万七千两
机　械		一万五千两
器　具		二千两
合　计		三万四千两

常年经费预算表

名　称	人　数	用　款	月　额	年　额
总　理	一	夫　马	十　两	一百二十两
董　事	二	薪　资	二十四两	二百八十八两
司　事	八	薪　资	四十八两	五百七十六两
技　师	八	工　食	四十八两	五百七十六两
杂　役	八	工　食	二十四两	二百八十八两
招　工	四十	工　食	九百六十两	一万一千五百二十两
原　料				二万四千两
职员、火食	十		三十两	三百六十两
合　计				三万七千七百廿八两

札复前案应照先后札复分别改正呈候公布施行文

宣统二年六月初十日

为札复事。据谘议局呈称云云等情到本部院。据此，卷查此案补助专利一节前此札复，拟俟办有成绩再行酌给津贴。许其专利系为循名责实起见，来呈称：诱掖奖劝不妨特设规条，悬一格以示之的，鼓舞振兴要不失劝工之意，可照所议办理。又，建造模范工艺厂分科教授一节系属变更原案，期于实行，惟查表列开办当年经费其数已达七万两有奇，公家但有可拨之款，工厂自系切要之图，候将全案札发劝业道妥筹办理，次第推行。此案全体无甚出入，应由谘议局查照，先后札复各节，将原案分别改正，呈候公布施行。合行札复。为此札行谘议局查照。须至札者。

呈修改前案请即公布施行文

宣统二年七月初八日

为呈复事。案，奉前抚部院岑札复议决振兴大宗工业一案，经本局临时会复议，以原案意在振兴大宗工业，名目繁多，需款亦巨，非克期可能蒇事，故特缩小范围，拟设模范工艺厂一所，以其易举而济急，需请拨专款以资开办等情编列预算，呈奉抚部院札复内开云云等因。奉此。查前抚部院交议原案虽有振兴之盛心，并无施行之方法，本局议决案始本交议宗旨、规划推广，期于可行，历奉札复除常年经费一条外大抵皆甚以为然。惟本案之要旨集合虽在民间，而提倡实赖官府，非有大宗的款则改良推广悉无所施，今银行开办既尚无期，厘捐、米捐亦无可拨经费，已归无著振兴即属空言，虽全案公布施行，于工业前途恐无影响。本局此次复议，固不能以激劝缓待，将来究不敢以励行迫之，一旦因就循序渐进之旨，别定简易模范之方，盖欲使原案见之实行，抑以使民间有所效法，此本局议决及复议之理由也。兹奉前因当即公同协议，佥以原案议决诸条本以次第饬办为言，非欲同时并举，现虽筹款有待，亦宜规定办法使人民知趋向所在，则感奋兴起自易为功。所有原案札准各条自应分别改正，呈请公布施行。至复议所称先就省城开办模范工厂，即系根据原条第三章就民间需用利益甚广之厂先行由官设立之文先办四科，徐图推广，于事实较为易举，于原案并无变更。所列预算开办常年各费只需三万余金，为数尚非甚巨，今虽度支竭蹶，而事关人民生计，直接、间接为效甚多，但令经理得宜，母财并非不复。札文既以为切要，应请妥筹的款，刻日施行。似此办法，一方面以提倡奖励促人民进行，一方面以实力施行树人民之模范，原案既不失效力，振兴亦非等具文。兹将原案改正，另缮清折备文申复，呈请查照公布施行。须至呈者。

第一章　纲　领

第一节　宗　旨

专就本省富有之原料仿造外货，改良工艺以挽回利权、发达人民生活为宗旨。

第二节　师　资

工业以技师之良否判出品之优劣。查日本制造工场皆设立教员养成所及速成科，一面培植人材，〈即〉一面以制造之品输出，故能节省经费易著成效。兹值开办之初，尚无工厂可以附设，应注重工业教员讲习所以为入手之方，又多设工业陈列所助其观摩，以图进步。

（一）简易工业教员讲习所

工业教员讲习所现已遵章开办，惟须查照现办何项工厂、先办何项科目，以期应用。

（二）工业陈列所

当广征中外工业名品分类陈列，并编制造白话说明书，使人人通晓仿造改良方法。凡各府厅州县均令集款设立一所，不必求备。若大市镇及人民游集之处，则须由官广筹赀本设立，以臻美备。

（三）选用技师

此项技师如系仿造外货，当聘外国上等职工或外省、本省程度相当者；如系改良土货，当聘外省职工以为向导。惟所雇各项职工，均宜就厂训练实习，以资实用。

第三节 职工资格

专取身体强壮、视力优胜兼性敏耐劳之子弟，无论已入初等、未入初等学堂须粗识字义者。

第四节 任用董事

凡办理工业董事，无论官办、商办、官商合办，须具有下列四项资格方能任用：

（一）资本能独力开办一项工厂者。

（二）能集股至开办此项工业经费三分之一者。

（三）办过各项工业著有成效、为人所信从者。

（四）在本国或外国高等以上工业学堂毕业及有相当之程度经验者。

若于以上四项资格不合而禀请试办者一概不与立案，以杜半途中辍之弊。

第二章 经 费：分开办、常年二种

第一节 开办经费

近日举行新政各项款目已罗掘殆尽，振兴工业虽为生财之源，而开办经费实为用财之薮，若徒责令民间筹款集股开办，恐仍是一纸虚文，都无成效，拟请援照部章多设殖业银行，凡合于银行则例及本章程第一章第四节所定四项资格者均得向银行借贷开办经费，则各项工厂不难成立矣。

（甲）官设殖业银行，拟仿四川殖业银行办法就省城设立一所，并于各繁盛商埠分设一二所。

（乙）公设殖业银行，查殖业银行则例第五条可由地方官以地方官款或管理地方公共财产人以地方财产呈度支部设立，此等公共财产无县无之，如有不敷，可以集股补助，应请通饬各府州县详察地方情形开办。

（丙）商设殖业银行，查殖业银行则例第三条殖业银行无论官办、商办，其详细章程均须报明度支部核准开办，此项银行本系商办性质，应请通饬各地方官查明商业繁盛之区，督催商人或独赀或集股设立。

第二节　常年经费

工业为商业之基本，工业不发达则商业亦不能鬯旺。今既有银行以资周转，又必设法补助以垂久远，应由官指拨专款以示提倡。

第三章　建设工厂

以下所列，皆就湘省所有原料而言，名目虽多，并举为难，除就民间需用利益甚广之厂先行由官设立以作模范，其余或专归官办，或专招商办，或官商合办，随时酌定。

第一节　煤气厂

煤气为用至广，用以燃灯，用以烹饪，大可省煤，运动机械尤为便捷（日本织布及制造理、化器械各小项机械工厂皆利用煤气），其炼过之石炭仍可供各机器厂之燃料。湘省石炭最多，宜设立以开利源。

第二节　硫酸厂

硫酸为工业之要品，无论何项制造，必须硫酸。湘省富有原料，如石门、慈利、澧州、郴州、安化、湘乡、常宁所产之硫磺及各炼厂分化之硫质，宜就省城设厂制造。

第三节　纺纱厂

湘省仿织洋布，以纱价日昂、成本太重，故获利不优。查湘省产花之区尚多，若山花之绒极细，可以纺成细纱，亟宜设立纺纱厂，以期自供纺织。

第四节　造纸厂：分机械、手工二种

机械造纸厂，洋纸原料为桑皮、雪花树皮、萱草、楮皮、稻草各种，湘中此项原料甚多，拟仿照四川由官设立。

手工造纸厂，查日本机械造纸厂惟王子厂一处，余皆手工制造，所需转压机价亦便宜，约有三千元上下即可开办。

第五节　澼麻厂

湘省产麻甚富，浏、醴但知制造夏布，郴、桂所产全由广州输出，外洋制成布匹仍以售我，若设立澼麻厂使麻质细致，利当倍蓰。

第六节　玻璃厂

其原料为石英、大理石、硅素、亚铅各种，湘产甚富，省城商人亦设有制造厂，奈只知以玻璃造玻璃，以致出品薄劣且系小品，不能畅销，拟请劝令该行商人组织设厂，分美术、用品二项，制造则理化器械皆可不向外洋购用，而常用玻璃可以减少入口。

第七节　塞门德土厂

查此项原料为粘土、石灰石二者合炼而成，其原料湘省无处无之，现在建筑需用日广，应即原料最富之区设厂制造。

第八节　制革厂

中国不知制造，多以生皮贱价售，经外洋制造，仍以高价卖之中国。市镇所售之药水皮为数不少，皆自外洋运来，若将湘省所产皮革劝令商人自兴制造，利权可免外溢。

第九节　织造厂：分为五种

（一）仿织绸缎

湘省所产之丝，民间只知织绢，不甚适用，拟雇江浙良工教织各项绸料。

（二）仿织洋布

湘省仿织洋布皆用木机，故出品不甚精致，当购最新手织机、力织机以便改良。

（三）仿织麻布

查竹布及绉布皆用麻织，若澼麻厂已经设立，则此项工厂可以开办。

（四）仿织毛毯

查此项原料当以羊毛为上，牛毛次之，湘省羊毛甚少，而牛毛以西路为最多。

（五）仿设漂染

此为织造所必需，湘省已有试办者，宜提倡增广。

第十节　编织厂：分为二种

（一）细篾手工

此项手工以湘乡、益阳、浏阳、衡山所出各品最为工致，应请招致良工、拨给官款开办。

（二）棉麻手工

近日洋袜、洋汗衣及卫生衣几于无人不购，查此项衣服皆系手制，于女子尤为合宜，应请雇用良工、拨给官款开办。

第十一节　石硷厂

其原料为石灰及动植物油，湘中牛油、羊油、猪油、木子油茶、油菜油、花生油皆极合用，应令商人集股开办。

第十二节　金工厂

金工为途至宽，令拟就日用常品如刀锉及绘图测量所需之品类先行设厂制造，以利民用。

第十三节　象皮厂

象皮者，树胶所制之皮，原质即中国楮树、构树有似动物之皮，故称象皮。凡树皮质有粘合力者皆可造象皮。（考验）樱桃皮、榔树皮、香柴树皮皆可为原料，外洋制造象皮为出产之一大宗，湘省原料既富，宜劝令富商设厂开办。

第十四节　制造工业药品公司

工业以药品为先，如染色造纸布匹所需漂白等药品名目甚多，近皆购自外洋，查其原料湘省所产最富而价值又贱，宜就省设立一所，以为工业增进利益。

第十五节　制造学校用品公司

近日学校用品，如石笔、石板、天然墨、油墨、墨水、树脂水糊精、米突尺、三角曲线板，皆向省外购用。查此项原料无地无之，不过制造之法不明耳，宜请雇用良工、设厂制造。

第十六节　造酒公司

外洋制酒，凡葡萄、橘、柚果实等类皆其原料，洋酒输入内地日多，价极昂贵，亟宜由商组织公司，以塞漏卮。

第十七节　罐头公司

近日罐头为食品大宗，制造之法亦甚易，湘省所产麻菌、冬笋及各项果品为外人所同嗜，宜令商人组织公司制造，以广利源。

第四章　改　良

第一节　民间工业

（甲）陶器

各府厅州县制造陶器窑户不下数千家，亟应通饬地方官责令改良。

（乙）漆工

湘省漆工如省城、浏阳均有可观，但皆小品，而附着漆灰太厚易于脱落，不适于用，应请饬令仿照日本各种漆器样式改良。

（丙）折扇

纸扇工业以衡阳之长乐为最，亦出省之一宗，近虽改良，尚未十分完善，应雇用杭州名工，如能改良，准拨官款补助。

（丁）竹器

宝庆竹器雕刻尚有可观，但仅小品用具，应令改制大项用具，以期畅销。

（戊）火柴

省城和丰公司所出之品形质太劣，不足以抵制外货，应请饬令加重工本，于制造条盒、附着磷料等项从速改良，以适民用。

（己）红茶

红茶向为湘省出口大宗，近来业此行者损失甚多。查其原因，皆用旧法以手工制造，粗细不匀且色香味均不足惹起人之观念，拟请饬各属红茶各庄极力改良，厚集赀本购办机械，精益求精，以免滞销而浚利源。

（庚）草席

湘省出席甚多，惟龙须草席颇能适用，其余皆以竹草编织，不能转折，近日日本输入织花草席极其柔软，湘中亟宜仿造。

第五章　推　广

第一节　磁　业

醴陵磁业已著成效。查湘潭、衡阳、衡山、益阳、宁乡各属制碗之厂不下数百家，其原料已经试验，甚属合用，应请酌拨官款推广制造。

第二节　湘　绣

此项工业在湘省极为发达，且系女工，亟宜推广，令各府州县一例仿办，俾全省女子得有职业。

第六章　奖　励：分名誉、补助二种

（甲）名誉奖励

凡有就原有工艺美术翻新畅销外埠，或仿西式工艺各项日用所需迺销中国及集股至十万元以上者，均请照部章给奖励章。

（乙）补助奖励：分为二种

（一）常年津贴

除官办各厂外，无论商办、官办、官商合办，如出品精工，可查明该厂赀本若干，仿照各国工商保息办法，每年按给六厘或五厘官息，以示鼓励。若工业递增发达，则保息亦可递减，至能完全保息，则将官息停止。

（二）专利年限

仿照西式工业或改良本国工业著有成效者，均请与以照章专利年限。

第七章　结　论

第一节

凡创办一厂，宜先定章程方有把握，俟指定设立厂再行拟具详细章程。

第二节

湘省所产工业上之原料未尽发见，俟调查确实，如有后出之原料可供制造，再议设厂。

札行简易小学普及办法并筹经费案除户捐俟开会再议余与交议原案参酌施行文

宣统二年二月十九日

为札行事。照得谘议局呈称：前奉交议简易小学普及办法并筹经费一案，业经本局讨论，以为欲求教育普及，必先改良私塾、多设半日学堂，方能实收普及之效。兹就原案添改办法公同议决，以为可行，缮具议案，请裁夺施行等情到院。本部院以事关学务，当即札饬提学司通筹妥计，详候核夺在案。兹据该司详复前来，本部院复加审核，除户捐一层外，议决案所开添改各节暨附呈推广简易小学办法七条均可与交议原案参酌施行，兹就议决案逐条答复如下：一、总义项下呈称再加添改者：如私塾改良会宜附设于各州县劝学所一节，查各属劝学所未能一律成立，私塾改良会不妨多设，正不必拘定以劝学所为机关，其能附设一处者听安徽、江西两省于省城设立私塾改良总会为各属之倡率，湘省亦可仿行，其总会暨分会章程均须呈报提学司核定，以昭统一；又称私塾教科书应以部颁简易小学教科书为限；又称私塾请改良者应由视学员调查合格，始准立案；又称改良之私塾均正名为私立简易小学各节，法良意美，均可照行；又称章程限期满后宜一律改正等语。此项私塾改良章程无庸规定年限，如将来续奉部章，有应行改正者仍当随时遵照办理。二、办法项下呈称拟添入者：如半日学堂之多少应列入地方官之考成一节；又因地制宜办夜学堂一节，一专牧令之责成，一便儿童之就学，均属扩充小学要义，应即照准。三、学额项下改称：私塾不拘额数，以三十人为合格；半日学堂以四十人为合格等语，所定学额尚属斟酌得中，应如议办理。四、教员项下呈称拟添改者：如教员不以师范生为限及各属补设师范传习所或简易科各节，与提学司上年筹备教育案内呈部条款相合，应即照行；又称甄别塾师等语应由提学司遵照学部奏准检定小学教员章程，并参酌所议办理。五、课程项下改称简易小学一律定为四年毕业等语，查学部奏定简易小学章程本有四年级、三年级两类，各斟酌地方情形，准人选择，可谓权衡至当，此条即应遵照定章办理。六、课时项下改称为第一班、第二班，不必用忠、孝等字一节，应如议改正。七、经费项下所称再四讨论、刻难施行等语，抽户捐以兴学，邻省行之并无流弊，本部院于地方行政素不愿苛累小民，原拟湘省仿办户捐者正欲筹定经费、实行普及教育，以免敷衍涂饰、托之空言。今谘议局不欲为人民加重负担，本部院亦决不执持成见。惟此事与原案出入甚大，应即备案，俟九月开局时再行审议。至称易于通行者，一就区筹捐之款，如茶捐、纸捐等项；一就区酌提之款，如惜字、义学、宾兴等费，各地方多已早经抽捐或提拨，分充学堂、巡警之用。今欲提出改办简易小学，在不明事理者不能体移缓就急之心，或反丛夺彼予此之怨，欲予持平须筹抵拨，苟抵拨者猝无的款，则提出者亦属空言。又称就该区内提出之款以拨入该区内兴学支用为限一节，区分界限、藉免竞争，自是妥善之法，可由布政、提学两司札饬各府厅州县会同该处公正绅士，就各区之款何项可捐、何项可提，悉令妥细商酌办法、详候核夺。简易小学仍一面由提学司督率各属从速设法推广，得尺得寸总以进行为主，但款项虚悬，无米之炊，可试行而不可经久，是可虑耳。又称劝导各户量力捐助为小学基本金等语，劝捐办法自属众擎易举，惟出于士绅之劝导可得乐助，出于官家之干涉迹近勒捐，此节应再从长计议。又称户捐一项俟地方自治确有成效，由本区内自行办理，不必借手书吏以滋苛扰一节，亦深知户捐之可行具有同意。惟原议户捐按粮册征收，另行划拨，即系地方附加税办法，尚不至于苛扰，即将来自治办有成效、计粮册以取户捐亦断无本区行自收征之理，此事应另案核办。八、简易识字学塾项下所称可酌量地方情形开办及略贡意见一节，交案拟办简易识字学塾说明仿照山东办法择简便之字编本试授，并无拟仿江南另造简字之意，毋庸误会，此节候饬提学司调取章程先行试办。复核议案附呈推广简易小学办法用意至为深远，惟第五条齐一学科一节，将来四年级之简易小学尽可酌量多办，其三年级之一类既为学部定章所许，二者仍应并行，其余各条均属妥善，统候谘议局呈复到院当即分别公布，并汇案札饬提学使司遵照议准各节一体通行，循筹备宪政之大端，国民宜拓其智识，宏普及教育之精意，兴学必植其本根造端也，微将毕也。钜官府有倡率之责，亦赖地方士绅竭力赞助，勉为其难，本部院愿稍缓须臾，有以观湘省教化之行也。除批示提学司外，合行札复。为此札行谘议局查照。须至札者。

呈复户捐存案余请公布施行文

宣统二年三月十一日

为呈复事。案奉札开云云等因。奉此。查札复各节除户捐一条暂行存案、俟开会时再行复议外，余均与原案无甚出入，理合备文呈请公布施行。须至呈者。

呈复修改前案仍请公布文

宣统二年五月十五日

为呈报复议事。案奉前抚部院札开：谘议局呈称交议简易小学普及办法并筹经费一案，业经本局讨论，就原案添改办法公同议决，以为可行，缮具议案，请裁夺施行等情到院。当经札饬提学司通筹妥计，详候核夺，本部院复加审核，就议决案逐条答复等因。奉此。兹于临时会五月十二日会场复议，按照札开复议各节公同议决，查交议原案有议决实行再订详细章程等语，理合将复议议决各条开具清折，即请查照。原案详订章程仍照局章第二十一条第六款交本局议决，增删修改理合备文，另折呈请抚部院公布施行。须至呈者。

第一条　总义项下

私塾改良会宜附设于各州县劝学所，其章程即由所印发各都团，使其有所遵循，亦便稽核。札开：查各属劝学所未能一律成立，私塾改良会无妨多设，正不必拘定以劝学所为机关，其能附设一处者听安徽、江西两省于省城设立私塾改良总会为各属之倡率，湘省亦可仿行，其总会及分会章程均须呈报提学司核定，以昭统一。按：此条系援部定劝学所章程推广学务条内第一款，遇私塾塾师课程较善者，劝其改为私立小学，并代为禀报；第五款去阻力，有顽陋塾师禁阻学生入学堂者，两款规定与江苏私塾改良会组织微有不同，盖苏、沪风气开通，商、学界乐为提倡，机关不难成立，而内地风气阻塞，非劝学所专其责成措施，更无凭藉，如有明达士绅广立分会，自当襄成其善举，岂容拘定其范围？至省垣应行设立总会之处，应请札行提学司照会教育总会商筹办法，以资倡率而昭统一。又，私塾改良自宣统二年起，至宣统五年止，准用此项章程办理。限期满后宜一律改正，以齐一学制。札开：此项私塾改良章程无庸规定年限，如将来续奉部章有应用改正者，仍当随时遵照办理。按：规定年限原以期改良之进步，非欲阻遏其新机，如必俟部颁新章始行改正之处，应请将原款删除。

（弟）〔第〕五条　课程项下

查学部简易小学章程有四年级、三年级两类，我国文学艰深，三年毕业必难致用，宜一律定为四年毕业。札开：四年级、三年级两类各斟酌地方情形，准人选择，可谓权衡至当。此条即应遵照定章办理。按：学部奏请变通初等小学章程折内称：两类年限略短，其学生毕业之后有欲再求深造者所缺功课可于高等小学补习之语，是于升学前途仍无窒碍，应请仍照部章办理。至附呈推广简易小学齐一学科一节，应照部章一律改正。

第七条　经费项下

抽收户捐一节已经再四讨论、刻难施行云云，至不必藉手书吏以滋苛扰。札开：抽户捐以兴学，邻省行之并无流弊云云，至亦断无本区自行征收，此事应另案核办。按：湘省近年筹款兴学实已不留余力，而各州县学生反见其少，即就原有税契一项言之，学堂、警察共得一分，由地方官衙门经手者往往延不肯交、匿帐短发，边远州县侵蚀尤多。如桃源、会同等县历控有案，学堂之不发达此即一大原因。况当兹创办自治调查户口之时，民间谣言蜂起，谓为抽丁加税而设，若有户捐发生其间，愚民何知远大之图，而先受此负担之累，恐以细微之故累及全局，此不可不预为虑及者也。至就区捐提之款专就未曾筹及者量予酌提，自不能夺彼而予，此就区劝捐之说果得素孚乡望者广为劝导，亦不难日累而月增，总之啬生益智之说非官吏能尽人而代谋，而权利义务之言非愚氓所浅索而辄解者也。

第八条　简易识字学塾项下

简易识字课本尚未颁发以前，仅将我国文字择要教授，以期简便，若江南之另造简易编以字母、谐以声韵似可不必，且于实际不合。札开：交案拟办简易识字学塾说明，仿照山东办法择简易之字编本试授，并无拟仿江南简字之意，无庸误会。按：此项章程课本现已由部颁行到省，请札催提学司先于省城设立多处，以为模范，并通饬各属一律遵行。

札复前案公布施行文

宣统二年五月二十一日

为札复事。案，据谘议局呈称云云等情到本部院。据此，查核折开各节，如第一条总义项下请饬提学司照会教育总会筹办省城私塾改良总会、又私塾改良章程限宣统五年为止一款请即删除。又，第五条课程项下简易小学毕业年限请仍照部章分为三年级、四年级办理，附呈推广简易小学齐一学科一节并请改正。又，第八条简易识字学塾项下请饬提学司先于省城设立简易识字学熟多处，以为模范，并请通饬各属一律遵行，均可照所议分别删改，一并札饬提学司公布施行。此案全部关系以经费为要点，户捐既未易实行，则筹款将无从措手。据称应就各区未经筹及之款项量予酌提，遴选乡望素孚之士绅广为劝导，虽办理毫无把握，舍此亦别无长策。查九年筹备清单续办城镇乡地方自治，筹办厅州县地方自治，均应于今年举行，定章自治经费以清查公款、公产及抽收附捐为一定办法。现在各属办理地方自治纷纷禀请筹款，要不外此数端，所谓各区可提之款类已悉索无余，罗掘虽工，当亦有限。简易小学为教育普及之先导，款项既无实际，将开办尽属空言。现在拟即照议录案札饬各属，一面招集各区士绅筹商有无可提之款，一面就各区遴选公正绅耆设法力为劝募，但得群策群力之助，或收得尺得寸之功，本部院亦忻然乐许。若复毫无成效，则教育一项为陶铸国民之要素、预备立宪之本源，未便因筹款维艰遂至延搁不办。户捐一层所当从长计议，至此案详细章程当饬提学司妥议详复，以凭核夺。札复集议除将全案照章公布施行外，合行札复。为此札行谘议局查照。须至札者。

呈送疏湖报告书

宣统元年十一月十一日

为呈复事。前奉交议疏浚洞庭湖水道一案，业经声明派员赴鄂协商在案。查原案所拟迁城、废垸、加粮各节，佥以为窒碍甚多，大众讨论办法约有三端：一曰浚湖，二曰塞口，三曰疏江。审其先后缓急，期于切实可行，事体重大，未敢轻率决定，公推议员谢宗海、陈炳焕、曾继辉三议员赴鄂省谘议局协商。鄂中持议亦大略相同，逮三议员回湘报告则已值闭会，未经公决。事关滨湖各区人民生命财产，未便废弃，而距明年开会之日尚久，碍难延待。理合将会议时意见书备文呈送，伏祈采择施行。须至呈者。

呈报议决疏浚洞庭湖水道案请咨商督部堂请旨施行文

宣统二年五月二十九日

为呈请事。去年九月本局开会，奉前抚部院交议疏浚洞庭湖水道一案，本局当以此案系两省重大事件，应与鄂省谘议局协商，方可进行无碍，公推议员谢宗海、陈炳焕、曾继辉赴鄂局会议。该局议员所表意见与本局亦大略相同，逮谢宗海等南旋适已闭会，本局以此案未便延搁不办，特将湖工审查报告书四份备文呈请前抚部院采择施行，当蒙札发岳、常、澧道暨岳州府统筹全局，妥议禀办在案。现值灾变之后，欲为久远之计，宜以治水为先，因函请抚部院饬抄王道、魏守、杨统带等原禀四件以资参考。当经开会再三讨论，佥以原案所拟迁城、废垸、加粮各节窒碍甚多，已经另筹办法，分三大端：一曰浚湖，二曰塞口，三曰疏江。兹查杨统带原禀所拟办法亦以浚湖、塞口、疏江三项并举，与本局大略相同。至王道等所拟办法分四大纲：一曰疏江流，二曰浚湖道，三曰修港口，四曰固堤岸。其疏江一策最中肯綮，北岸自郝穴塞后已无泄水之支河，柳子渊至刘家沟既系从前江水经流，上下口门仍在，一经疏浚，即可近一百余里，合之陈家沟、何家垱穿洲取直，又近一百余里，共二百余里；且水势东趋，上、下游均受其益，此最切实可行者也。若浚湖、固堤二节办法虽稍有异同，于本局宗旨尚不大相刺谬，惟修港一节则本局与之绝相反对。大江西来数千年尚无巨患者，以两岸江堤水东行毫无留滞也。自前明以来，鄂人以壑邻为主义，将北岸向有之郝穴、柳子渊、杨林市、小岳套、尺八各口索与潜沔相通，以杀江势者，一一举而塞之，复西自江邻、东至汉阳，高筑石堤绵亘数百里，逼水南趋，于是有南岸江堤屡经溃决之事，至藕池决而其累大矣。使于藕池方决之日旋即堵塞，何至有今日之事？因鄂人坚执不允，由是大江之水由各口散漫而南，其一泻千里、飞流急奔之势一变而为流缓，沙落成今日洞庭淤塞江身，填高不可救药之巨害。事已至此，欲为亡羊补牢之计，惟有迅将南岸各口堵塞，挟两省全力以疏江，使江水循故道东行疾趋入海，犹可存一未全淤塞之小洞庭以为潴水之处，或南北两省居民尚有生存之一日。若如王道之议，不惟不事堵塞，且欲将三口开深夹立石门区，令江水南注，是欲导大江全水尽入湖南，吾恐洞庭益淤江身之高必且日甚一日，不至洞庭全失江道就湮不止，至此则湘省之害不独岳、常、澧、南诸属均叹，其(鱼)〔余〕即长郡省会之区且有岌岌之势矣。是王道之策，非疏江浚湖之策，直填江塞湖之策，非保全两省之策，直存鄂亡湘之策也。试问洞庭淤高已不能容受多水，今反导江南趋使之泛滥四溢，不至如以上诸说不止，此本局之绝对反对、不敢迁就者也。抑本局更有议者近日江患情形分为三种，注重塞口，以疏江浚湖辅之，则两省水患或可稍息，然南省主持此说，北省倘不谅而反对，则此举必成筑室之谋，舍此弗治。目前之祸固在湖南，二十年后必在湖北。荆、沙各属近日测量低于江面丈许，南省全湖塞满，欲大江之不夺荆、沙各属以为新洞庭也不可得矣。用将去岁报告各书复加决议，其中有因时局变迁、调查切实须稍变易者，略加删改数则，条列于下，其余概仍原议，理合另折备文呈请裁夺，咨商督部堂请旨施行。须至呈者。

（甲）浚湖

（一）改沅江工程局为疏湖总局

查光绪十年南洲开局以后，濒湖各州县次第均设垦局，今各局业已裁撤，惟沅江工程局兼办垦务。岳州新设一局、二局尚存，既拟停止发照，永远禁垦，则垦务局当即裁撤。查工程局上通南澧，下达巴湘，据全州形胜为各属适中之处，且垦务虽撤，而管理官垸租课暨清理已佃未勘、已垦未升官租各案，工程一局断难全撤，拟请即以原有之工程局改为疏湖总局，管理各属疏湖事务。此项总局统辖各处民立疏湖分局，其委员即以工程局委员兼之，局内费用只添湖工司事数名，余皆仍旧，不得另设名目开支，以节糜费。

（二）设疏湖分局

于各河道适中处所设一疏湖分局，视河道流域之远近为之，或一河仅设一局，或一河兼设两局，或数河合设一局，总以常年照料、随淤随浚为要义。此项分局由该处两岸居民自立，皆归疏湖总局管辖，惟用人、理财二事总局不得干预。

（三）疏浚已成河道

淤洲浚河最宜审慎。盖平铺洲渚水缓沙停之处虽冬干水落，河洪尚存，若从此处开挖，不久必复淤塞，虽岁岁开河仍不见有河也。惟有两堤对峙之间，无论旧河、新河皆可浚治，盖以堤束水，以水刷沙，斯无淤塞之患而河可治矣。现如华容之注滋口、安乡之三汊河、白蚌口南洲之油港麻壕口、扁（坦）〔担〕河三仙湖、沅江之草尾官马头、白水洑虱婆嘴、瓦官河南外洲、青天湖等处皆淤洲，现存河道可以疏浚者也。他若沅、澧、资、湘四水入湖之处亦多流泄不畅，若沅、澧、尾闾其堵塞更甚，宜一支由酉港至梁键镧、五十弓等处，一支由接港至天心湖、杨阁老、白沙等处，设局浚治，以便流通。

（四）划留未成河道

未成河道即已经发照尚未修垸，而两洲之间已成天然之河道，此等河道若不预为划出，将来修垸时垦民贪尺寸之利将河道夺去，则水路闭塞，贻害靡穷，拟请饬疏湖局委员会同地方官切实履勘，如有可以留河之处酌量划出，其河由某道进口、某处出口、应留河头若干弓、河身若干弓，估丈注册，在垦局暨地方官衙门存案，永远禁垦，违者尽法惩之。

（五）永禁修垸钉头

淤洲河道之失皆钉头为之也。大抵一洲修垸，必有创之于先者。夫创始之时，堤外河道具在，后之修者以为省堤一方即可省费巨万，且将河道围入，莲利、稻利两者俱得，于是千谋百计必求，所以钉之。钉之，则河道失矣。华安、南沅之间二十年已成积习，光绪二十九年前抚部院赵颁行濒湖各州县垦务章程十六条，中有禁止钉头一节，至为严切，地方官奉行不力，违禁尚多，嗣后应照原案办理。除无碍水道、自钉自堤围地无多不计外，两院垦民无论彼此愿意与否，永禁不准钉头。

（六）无照官洲永远禁垦

濒湖洲县之民以官荒为已有者皆以垦照为凭，今既将垦局裁撤，再有淤起，官洲斯为无照之官洲矣。此项无照官洲难免不有地棍土豪称此间湖地系其祖父之业，盘踞霸占，陆续盗垦，如南洲王乐山旧事者。此必立一盗垦湖淤法律，由某年月日起，凡未经发照之洲永远禁垦，违者尽法惩之。

（七）已发执照、有罩占河地者退庄撤消

近年垦局办理不善，常用新洲尚未出水，即以白泥待淤等名目填照发给，无论异日之为田、为河皆入其四至抵界中矣。此等照地果将应留河道混入其内，则修垸时应由疏湖委员酌量划出，如或照业不符，则将原庄退还，其所留河道仍永远不准越垦。

（乙）塞口

（一）塞松滋口

查松滋口在湖北松滋县，俗名黄家铺，此口受江水建瓴之势，为祸最烈。今经沅江人杨炳麟等测量约宽二百八十五丈，深七八尺、丈许不等，口下两旁均已淤成高阜，可以施工，估款约需银十万两。

（二）塞藕池口

查藕池口较各口稍大，广约七百余丈，深约三百余丈。塞之之法，据杨炳麟条陈称：已有经验者乘夏秋水涨时以乱石压船沉诸水底，在上游散布泥沙，至此即停滞不行，淤积渐高，俟冬干水落时招工兴筑。此项工程宜作二年办理，其款难预先估定。

（三）塞南岸沿堤各小溃口

查大江南岸溃口除松滋、藕池外，其余小溃口或数十丈、百余丈，未经修复者尚多须一律坚筑，与北岸对峙，庶能束水东行。

（四）暂留大平、调弦二口以杀水势

查荆江南北两岸，前明宣德、正统间建筑江堤，北留郝穴等口，南留调弦、太平二口，以便水道出入。今北人既将郝穴封闭，则太平、调弦亦应援例堵塞，以御狂澜。然此际江流不深，江堤不高，若不留口消泄，恐堤身难于容受，又生横决之变。(拟)〔俟〕疏江后，江洪深大，水行地中，然后设法修复。

（丙）疏江

（一）购置疏河机器

此项机器应购三具，其大小、式样以何者为合用，每具须费银若干，尚须调查。

（二）由荆河起至调关止

查荆河以上自尺八口起，历陈家矶、上下车湾至监利县城，江中已有无数浅滩，而县城西南江中复有一大浅（西名蒲尔题浅），已多阻碍。循是而上，越刘家沟抵调关（即调弦口），此处复有大浅一、小浅一横亘江面，此为大江应疏之第一段。

（三）由挑兴口起至郝穴止

查挑兴以上、经安西司角转宋穴，经张家湾至石首西北江中接近藕池口处七八十里内，江面均有浅亘，横塞江心，分水道为二江，流既曲浅障其前，藕池决口原因于此。由藕池北转江中起一大洲曰天心洲（西名礼拜日岛），长数里，分江水为二直冲。藕池又上而至郝穴，郝穴当江水东冲，昔有口分江水东流，出白湖而下沌仁，今筑石堤堵塞已久。其西岸亦有小浅，循是而上则为观音寺，此为大江应疏之第二段。

（四）由观音寺至枝江止

观音寺西南江中起一大洲，曰文星夹，一名杜岐洲。又上至沙市，其西南面江中沙洲绵亘，上与虎渡口接近，即旧窖金洲遗迹也。而虎渡口东北江中又一沙洲拦塞江水东去，此又太平口（即虎渡口）近日水大之原因也。又上而至松滋，沙洲匪一，或南，或北，或居江中，昔之枚迥洲均其遗迹，而新口之决即亦由此。又上而至枝江，系百里洲故址，沙亘虽巨，然两岸诸山束水，不得横决旁施，此则无须疏浚矣。此为大江应疏之第三段。

（丁）筹款

（一）疏湖总局经费

此局即以沅江现设之工程局为之，其局费、杂费不另开支。惟须添设河工司事数人，由该局酌量禀报办理。至全湖工程材料经费，已由本局提案截留江南湘岸盐斤新政加价一项，以备开支。

（二）疏湖分局经费

由各河道适中处所设局，即由各河道所经之地两岸堤垸按亩筹款，视工程之大小为筹款之多少，须临时酌派，不能预先提出反滋弊端。

（三）塞口经费

查大江南岸堤垸，其属北省者为江陵、松滋、公安、石首四县，属南省者为澧州、安乡、华容、武陵、南洲、龙阳、沅江、巴陵各厅州县。此时各州县因被巨灾，若从该堤垸按亩筹款万难办出，拟请抚部院奏请截留各省协饷作为本省湖工经费，至以后岁修或加筑江堤，其筹款之法则从南、北两省所辖之十二属堤垸按亩摊认。

（四）疏江经费

疏浚大江为南、北两省公共利益，现在置器估工应需的款若干，当先筹算略数，集合后应请抚部院咨商督部堂会同奏请颁发库帑。疏浚江工关系两省命脉，经费既巨，灾荒之后自筹更难，查乾隆五十三年荆州堤溃曾发巨款修筑，应援照旧案奏请发款办理。

札复前案已据情咨商督部堂文

宣统二年七月十二日

为札复事。据谘议局呈称云云等因，计呈清折一扣到院。据此，查湘省比年水灾迭告，人民财产之损失、公家赈粜之耗费为数何可胜计。水利不修，天灾时有非将全省潴水之地疏通宣泄、无以息水患而奠民居。疏浚洞庭一案自上年交议以来，官府筹商于上，士绅谋议于下，亦以兹事体大，不厌求详，根本之图未可稍缓。兹据胪陈浚湖、塞口、疏江诸策，证以湖湘水道情形，不为无见，征之湘省今日大局，亟宜实行。惟此举于湘、鄂两省利害关系至为密切，自应先事协商，始能定议。除录案咨商督部堂，并案内截留各省协饷作为湖工经费一节，现准部咨、毋庸议，合亟札复。为此札行谘议局查照。须至札者。

呈复否决交议抽收房铺捐以充警费案文

宣统元年十月初六日

为呈复事。窃照谘议局章程第二十三条议定，不可行事件得呈请督抚更正施行等因。前奉交议抽收房铺捐以充警费一案，以警察有保护人民财产之责任，筹款于民固属应尽之义务，但湘省警政举行多年，已有的款，当此预算尚未成立之际，骤增人民负担，必多窒碍难行。案经本局公同议决，佥以为事不可行，所有交议抽收房铺各捐充作警费之处似毋庸议。理合备文呈请裁夺施行。须至呈者。

札复整顿田房税契，组织农会培禁森林，改良矿务，筹办新监狱、改良旧监狱，筹办地方自治经费，开设银行研究科六案俟临时会复议至采买兵米一案候饬各营详复再行核复文

宣统二年四月十八日

为札复事。案，据谘议局议长、副议长、常驻议员联名呈请招集议员开临时会议，业经本署部院酌定会期，札复照准，并分别电咨、电饬暨札饬布政司转行

一体知照各在案。兹据谘议局呈称：查谘议局章程第二十五条内开，第二十一条所开第一至第七各款，议案应由督抚先期起草，于开会时提议等语。本局此次开临时会议，原因灾变之余一切善后事宜亟应筹备，署抚部院总揽全省行政，谅已早定规画，所有必须交议之紧要议案应请早日发交到局，以便遵章通知各议员详晰研究，豫备提议。又，查本局去岁常年会议决各案悉系紧要事件，其已奉札准公布者固宜切实照案施行，其全案应交复议及摘出数条存案者应由本局汇知各议员预备开会时公同议决，惟停止采买兵米改作地方经费案迄今未奉札复。又，整顿田房税契案，改良矿务案，筹办地方自治经费案，组织农会并培禁森林案，筹办新监狱、改良旧监狱案，开设银行研究科案，此六案之中前抚部院均有谘询事件，业经本局申复，是否已经公布亦未再奉札知。如系须交复议之件，应由本局汇齐预行通知各议员讨论得失，应请署抚部院察照，迅即分别札知到局，俾得遵办以重宪政，理合备文，呈请裁夺施行等情到院。据此，查谘议局先后呈复整顿田房税契，改良矿务，筹办地方自治经费，组织农会并培禁森林，筹办新监狱、改良旧监狱，开设银行研究科各议案，其中颇有疑义，尚须讨论。前部院岑未及札复，旋准汇案移交到本署部院。现值谘议局临时会预备开会时，所有未经札复各议案自应开单逐案札复，以便将应议之件先行通知各议员，俟开会时公同复议。除交议案另文发交暨停止采买兵米改作地方经费案经前部院岑札发布政司咨商各营核议、应俟详复再行核复外，合行开单札复。为此札行谘议局查照。须至札者。

计开：

一、整顿田房税契议案

此案前据谘议局呈称：查议决案甲项第六条取消抽查一节云云等情，准前部院岑移交到本部院。据此，查民间匿税之风久已相沿成习，原案抽查一条于稽核隐匿之法至为详尽，实足补人民告发所不及。民间已税契纸原不患官府之抽查，如果印契分明，地方官将何所扰累？若系故意漏匿，希图取巧，一经查出，自应照章处罚，惩一儆百以重。正供在匿税者咎由自招，亦不得谓官吏之无端惊扰，所谓惊扰不堪一节似未免鳃鳃远虑。惟是良法美意须人而行，法久弊生，势所必至，来呈既一再呈请取消，即照所议办理。余如乙项第五条税银随征随解一节，整顿报告之弊第一条其系数人分关而契纸存于一人一节，又分关管业如系老契散佚应仍分关各别照章投税一节，均即通知各议员，俟开会时复议。

一、改良矿务议案

此案前据谘议局呈称：惟官商合办一节云云等情，准前部院岑移交到本署部院。据此，查阅此案全卷，来呈于官督商办一节反复引伸极不谓然，所虑者不为无见，即前此札复文内亦谓暂置勿论，并非强欲施行，应即照来呈办理。又专归官办一节，矿产为天然美利，无论官办、公办，总之为一省开辟富源，较之弃货于地者固自有别，就一县团体组合公司招股开办，众擎易举之法（俱）〔讵〕不谓然。所虑者，利之所在，众所必争，宁乡、慈石三县办矿之现象恐亦所在难免。若咸以公益、公利为目的，更得此群策群力之组织，亦复何可訾议至官府？果以巨赀开采矿山为一省宏兹大利，揆之地方绅民之意当亦极为赞成，则是办矿一事当从利害上衡量之，不宜从官办、公办之界限上计较之也。又，增附通行办法八条第六项开设银行一节，查度支部奏定银行通行则例：凡省会商埠官办行号只准设立一所，湖南省城已设官钱局，未便再设银行，核阅各卷，此已于札复开设银行研究科案内说明，应即毋庸置议。又，第七项筹办学堂一节，湘省矿产富饶，甲乎他省，养成人才、藉备任使自系不可缓之要图。惟是此项学堂开办常年经费，非少数之款项可以集事，现值灾变之余，一应善后事宜需款甚巨，并骛兼营实属无此财力，此条应从缓办理。以上各条，即由谘议局分别知照各议员，俟开会时复议。

一、筹办地方自治经费议案

此案前据谘议局呈称第四项丙、丁、戊三条云云等情，准前部院岑移交到本署部院。据此，查阅呈复各节与札文无甚出入。案中如丁条庵观寺院之田房以累进法征收附捐一节，应照来呈俟开会时提出议决，余如开设殖业银行一节，据称为自治团体举办实业要务，自可任令开办。第七项募集公债，府厅州县地方自治章程内既经规定，自可照原案办理。至清查公款、公产章程，候即札发地方自治筹办处妥定规则、详候核夺，再行发交谘议局公同议决，以符定章。查此案全体无甚出入，应俟丁条庵观寺院之田房以累进法征收附捐一节复议呈候核准后，再行一并公布施行。

一、组织农会并培禁森林议案

此案前据谘议局呈称：查农工商部奏定农会简明章程第十二条云云等情，准前部院岑移交到本署部院。据此，查农业为富强基础，农会尤提倡机关，若欲整顿维持，则凡物产土宜调查为入手要义，虽创办之初未易确实精密，而办理手续要当不厌求详，此条可照原案办理，以期振兴实业、广辟利源。又农会经费一节，会中会费虽不能尽责会员、会友负担，而事关地方公益鼓舞振兴，亦当勉尽义务，若各该会经费于会员、会友担任会费之外尚有不敷自应，由各该地方官绅协力统筹，亦冀维持永久。又培禁森林案，查阅来呈拟于原限一年之外展限半年勒令种植，虽略与部章相抵牾，然于督促进行之中要不失体恤劝导之意，亦可照准此案。惟农会经费一条与原案略有出入，应由谘议局提出复议，俟呈复核准后一并公布施行。

一、筹办新监狱、改旧监狱议案

此案前据谘议局呈称：查法部所订监狱规则尚未颁布云云等情。据此，查省城及商埠各级审判厅今年须一律成立，自应改良监狱，以期相辅而行。改良之法以培植监狱人才为先务，以设立模范监狱为始期，原案所议颇极详审，前此札复亦有赞成而无反对。惟规模先宜查考经费，动须预筹空言，起行迥分难易需，乃害事亦知其然，其属于乙项第一款候札饬法政学堂监督会商提学司筹议办理，属于乙项第二款候饬按察司、善后局，一面调查模范监狱制度，一面妥筹此项经费，详候核办。至监狱学堂毕业即为巡狱、典狱之预备，及原案第六款选派巡狱一节，非一省所可自为风气，大部当有明文，无庸预为规定此案。全体无甚出入，惟乙条第一款第一项及第六款略有异议，应由谘议局俟开会时提出复议，呈候核夺。

一、开设银行研究科议案

此案前据谘议局呈称云云等情，准前部院岑移交到本署部院。据此，候即札饬提学司会商法政学堂监督遵照前次札文妥筹办理，详候核准，即将全案公布施行。

札复整顿田房税契案与原案稍有变更文

宣统二年正月二十六日

为札行事。照得谘议局呈称：前奉交议整顿田房税契一案，业就原案略加修改，公同议决以为可行，缮具草案请察核施行到院。当以草案所议与原案颇有出入，自应详加考究，以期有利无弊，札饬牙厘总局悉心筹议、详请核夺。去后兹据详复前来，本部院复加审核，自可参酌原案分别办理。查原案第一条典买田房须报明团总登载印簿一节，原为稽查隐匿起见，既据呈称有窒碍之处，应准如议取消原案。第二条每月榜列征收数目准人告发分别赏罚一节，呈称公同修正，改为每季截算一次，榜示通衢，与原案无甚出入，自属可行。原案第三条欺隐价值准本地公款将该业取赎一节，准其取消原案。第四条典契、买契不得以堂名含混立案一节，呈称：惟置买公产不便注明姓名者听查公产一项，如系本族公产不便填载某名仍应填载某姓；如系地方公产虽不便填载姓名立契约时应注明公产二字，以免置买私产者藉端（朦）〔蒙〕混，此层自应加入原案。第五条代笔书立契券减数私填预为短价投税地步一节呈称公同修正，改为嗣后契价虽由中人填载，仍须代笔人于契尾当面批明契中人某某亲笔，以杜前弊各等语，应准照办。原案第六条地方官抽查责令呈验契纸、其有业户相距较远者酌予期限一节，呈称公同取消，于整顿匿税之义未合，应仍令地方官有抽查之权，其有祖父世传老契散佚者与公共会产契归一人经收，而其人或已死徙者应准有权管理产业之人呈地方官存案，三个月后如无别件纠葛，准其邀同绅保公立证据呈地方官一律投税，于核实之中寓维持之意，尚属可行。原案第七条临讼投税者即将价值一半勒缴充公一节呈称公同修正各等语，查宣统元年部颁整顿各省田房税契章程第七条载：凡民间置买田房，于立契之后统限六个月内呈明纳税。湘省自应遵章办理，嗣后立契有逾六个月尚未投税者无论契价已否交清，一经因田房案涉讼或被告发，均应照匿税定章科罚复核。谘议局补附草案整顿征收之弊第一条请通饬各属援照湘阴、新化成案归自治局或劝学所办理一节，查税契旧章：凡地方官领到司印契纸，分发城乡团局收存，听民领用。嗣因各团绅遗失契纸甚多，业经去年厘订新章，改为六分税契，案内通饬将税契官纸妥存各厅州县，本署听业户随时自行赴柜投税领用，业经各属遵办在案。本部院恐柜书格外需索，业户裹足不前，兹特变通办理，将契纸发交各厅州县妥存。本署税契事宜由现在之地方自治公所暨将来之董事会帮同地方官办理，既专责成，且除积弊，尚属妥协。又第二条请核定契价洋银一元作银六钱八分扣税、以昭划一一节，又第三条洋银洋毫铜元制钱均照时值扣银、不得折减一节，又第四条契纸随税随发及不得留难需索一节，均准照办。又第五条税银随征随解局用、榜示通知仍受地方官监督一节，本部院去年奏定六分税契定章，以四分解省，以一分办地方学堂、巡警，以一分留作官吏办公经费。部颁章程第十四条载：每加征一分应扣提一厘以为经征官吏办公之用，盖责令地方官办理，自免别项开支。草案拟各属经征税银仍由地方官遵章按季归解，此条应无庸议复核。谘议局补附草案整顿报告之弊第一条远年老契投税请宽免告发各节，去年改定税契章程，未税白契自各厅州县出示之日起限三个月内投税，逾限查出即照湖北章程勒交业价一半充公，今照部章从宽改为统限六个月以内一律投税。至分关管业如系老契散佚，应仍以分关各别照章投税，如系数人分关而契纸存于一人，即由该执分关之人各执分关，连同原契无论远年、近年均限于奉文六个月内呈验注册，以杜伪托。又第二条告人匿税者须有切实歇保一节，应候汇案照行。又第三条凡告人匿税者须先开具报单，交由现在之各地方自治公所及将来之各属董事会，传知业户带同契纸与报单，核对白契即责令投税。倘刁抗不遵，即据报单呈官核办。除逾限匿税照章科罚外，不得需索留难。又第四条诬告者应实行惩罚一节，应如议办理。综计交议原案七条及谘议局补附草案九条，俱经本部院逐条核复，如无剩议，希即分别改正，【呈】候公布施行。要之，厘剔弊端即为慎部库正供之收入，预防扰累又以保社会产业之安全，弊去其泰甚，事期其可行，如是而已。除批示牙厘局外，合行札复。为此札【行】谘议局查照。须至札者。

呈复前案札复各节仍请查照议决案更正公布施行文

宣统二年三月十一日

为呈复事。案奉札开云云等因。奉此。查此案重在杜弊，交议案与议决案用意均同，兹奉前因仰见抚部院寓体恤于整顿之中尤为周挚。查议决案甲项第六条取消抽查一节，去年开会时公同体察情形，以立法过繁、惊扰必甚，查部章第六条稽查漏税之法各省情形不同，应由各该地方官详慎酌办，不得稍滋扰累等语。今既准告发，则救济匿税之法已不为不至，复加抽查必至扰累不堪。其有祖父世传散佚一节，查以证据投税部章所以从未规定者，无非预防扰累之意，是以公同取消，仍请查照兹据办理。乙项第五条税银随征随解一节，来札以原章部章均规定经征官吏办公经费，查自治制度各国下级自治团体无不有收税之职，自治会之董事等本属公吏，与向之所谓董事迥不相同，以之承办税契似无不合，且湖南税契各地方学警应得一分，是此项税契含有地（力）〔方〕税性质，似非逾越权限。既令其承办税契，似不能不稍给用费，榜示周知，所以杜浮冒虚糜之弊，应请存案，以俟下届提议。整顿报告之弊第一条其系数人分关而契纸存于一人一节，此项田房既有契纸可凭，自不必再行注册以滋烦扰。分关管业如系老契散佚仍以分关各别照章投税一节，查分关无投税明文似亦未便规定，应请一并存案。所有议复各节无非仰体来札所谓厘剔弊端、预防扰累之至意，其余各条仍请查照议决案分别更正、公布施行。理合呈复察核施行。须至呈者。

呈报复议前案查照先后札复各节分别增删修改请速施行文

宣统二年五月二十二日

为呈报复议事件事。案，奉抚部院札开：准前抚部院移交兹据谘议局呈整顿田房税契一案到本部院。据此，查抽收一条即据一再呈请取消，即照所议办理。余如乙项第五条税银随征随解一节整顿报告之弊第一条其系数人分关而契纸归于一人一节，又分关管业系老契散佚应仍以分关各别照章投税一节，即通知议员俟开会时复议等因。奉此。兹于十九日开会复议，查议决案税银随征随解一节，原以规定承办人对于该地方官厅之手续并非直接解省，自应将随解改为随缴，以免误会。至自治职本为法定公吏，此项办公经费似应开支以资局用，但自治团体本已筹有常款办公，毋庸与官分利，此条亦应更正。至于数人分关契纸存于一人一节，既有契纸存于一人，则各执行之分关不过为析业之凭证，自不必注册，以免滋扰。老契散佚分关管业一节，查本省六分税契章程第三条兄弟叔侄产业授受但如得有价值、即应投税等语，兄弟叔侄授受如此，则祖父之遗业可知，分关本无价值，自应不在投税之列。又查度支部整顿税契原奏内开：凡无典买之事，官吏即无从过问，是于舆情为不扰等语。今蒙业相安之产既无典买之事，责令注册投税是许官吏过问舆情之不便，可知所有分关注册及投税两节均经议决，认为不可行事件。惟原案此条意在酌定远年老契告发年限，以杜喊唤，今部章既已明定此条，自应删除。所有全案各条遵照屡次来札并此次复议增删修改，另缮清折备文呈请裁夺，迅予公布施行。须至呈者。

另折条列如左：

（甲）整顿匿税之弊

第一条　每季由各地方官将本属征收税契截算一次，于下季之初分晰开列，榜示通衢，俾众周知。倘有各项情弊，准人告发，一经查实，定即拘案，从严处罚。其告发之人拟于罚款中酌提十分之二充赏，倘系挟嫌诬告者即以所告应罚之款罚之。

第二条　典卖立契往往业户将姓名隐匿，只载某某堂名，以致甲售与乙，乙售与丙，业凡几易，契仍如初，于彼于此莫可究诘。嗣后典契、卖契必将业户姓名确实填载，不得仍以堂名含混立契。如系本族公产，立契时要注明公产二字。

第三条　书立契券向有代笔名目，每于价值多寡业户不令当面确载，以便减数私填，是预为短价投税地步。嗣后凡遇卖契，其价值若干应由代笔人眼同中保直接载明。如系中人填载，仍须代笔人于契尾当面批明系中人某某亲笔，以杜前弊。

第四条　田房涉讼必先调验契纸，应由地方官出示晓谕，凡典买产业应遵部章，于立契后六个月内呈明投税。如有逾限尚未纳税者无论契价已否交清，一经涉讼或被人告发，均照匿税定章科罚。

（乙）整顿征收之弊

第一条　湘阴、新化劝学所承办税契，自光绪三十一年禀准在案，至今办有成效。嗣后各属援照成案，一律改归现在之筹办地方自治公所暨将来之各董事会承办。

第二条　契价每钱一串作银六钱，已经抚部院通饬在案。惟契价用洋银者其如何征收尚未明示标准，仍不免上下其手，应请核定每契价洋银一元作银六钱八分扣税，以昭划一。

第三条　纳税用银，其有用洋银、洋毫、铜元、制钱者均照时值扣银，不得折减。

第四条　契纸随到随税随发，至久不得过三日。凡衙门经管税契暨用印各家丁不得需索留难。

第五条　承办经征税银，除截留学堂、巡警一分外，随征随缴。该管厅州县衙门不许蒂欠，每月清结一次，截留若干、共缴若干榜示通知，年终总结一次，列表公布。

（丙）整顿报告之弊

第一条　凡呈控匿税者须有切实歇保，以便请官传案候讯，如无歇保者不得收理。

第二条　凡呈控匿税者须先开具报单，交由现在承办税契之各地方自治公所及将来之各属董事会，传知业户带同契纸与报单对核。如系白契，责令投税。倘刁抗不遵，即据报单呈官核办。除匿税照章科罚外不得需索留难。

第三条　诬告者律应反坐，然从未实行，且有只传被告并不问原告何人者，以致奸民敢于肆恶，嗣后诬告者即实行罚以所告应罚之款；纵贫无可罚，亦当比较罚款轻重，分别惩责。

札复前案内分关投税一节仍请从长计议文

宣统二年五月二十八日

为札复事。案，据谘议局呈称云云等情到院。据此，查阅折开各条，悉照前此札文分别修改更正，均属妥协。其税契随征随解改为随征随缴，眉目较为清晰，则界限自觉分明。又数人分开契纸存于一人一节据称：各执之分关系属析业之凭证，应请不必注册，以免扰累等情。现在我国登记法尚无一定之规定，可暂照所议办理。又分关管业如系老契散佚应仍以分关各别照章投税一节据称：分关本无价值，不在投税之列等情。查分关执业果系承祖父之遗产，本非卖买行为，自不能强令税契。惟此案意在厘剔弊端，此条重在老契散佚。盖老契既经散佚，则分关即失其根据，一切凭证无从查考，若概令从宽，不必投税，设有同族数人共置一产、各立分关，托词老契散佚，藉此（朦）〔蒙〕混为匿税地步。告发之条既力有难周，整顿之方将不免缺点，此节亦似可虑。现在税率增加，负担益重，人民不识国家正供之义，方百出其变以相尝，及至事机败露，科罚有加亦帖然忍受，转不如立法之初益求详密，不予以可乘之隙，或不干违反之条，此条仍当由谘议局从长计议有无救济之法，并即呈复以凭核夺。合行札复。为此札行谘议局查照。须至札者。

呈复前案内分关投税一节仍请删除文

宣统二年五月二十九日

为呈复事。案：奉札复云云，奉此。查原案此条系为整顿报告之弊，欲定以自光绪二十八年填用官纸为始，使奸民无所施其计。分关管业一语，本属举例之辞，本局复议即将此条删除，正以分关注册投税虽不可行，而老契宽免告发亦有流弊，与其预为制限以启争端，不如不加规定以免藉口，其防弊之意实与来札正同。此条既删，果有作奸犯科如来札所云者，一经告发，无所逃罪。人知无可宽免，何乐为此欺（朦）〔蒙〕，似不必别定专条转生窒碍，拟请查照所有议复分关投税一节缘由，理合备文呈请，分别查照施行。须至呈者。

札复前案整顿报告第三条“惩责”二字改为“惩处”文

宣统二年八月二十一日

为札行事。案：照谘议局呈送复议、议决整顿田房税契案一件呈请裁夺公布施行等情到院，本部院复加查核，均属可行。惟原案整顿报告第三条内有分别惩责一语，现在刑责已奉删除，应改分别惩处，以昭妥协。除由院更正查照局章第二十二条公布施行外，合行札复。为此札知谘议局查照。须至札者。

札复组织农会、培禁森林两案略有变通文

宣统元年十二月十八日

为札行事。照得谘议局呈复前奉交议组织农会及培禁森林二案，当经本局讨论，以农会为当今急务，亟须提倡。惟开办之初一切会费责之会员，恐无实际，应由官款拨给，庶可克期告成。至森林为农务之一，即可附入农会，不必更设总会以省烦费，特就原案修正，公同议决以为可行，理合缮具议案呈请裁夺施行等情到院，当经札发劝业道核议具复。兹据该道详复，案：奉札发谘议局议决组织农会及培禁森林一案，饬即督率科员悉心筹议等因。奉此。遵查谘议局议决农会章程内载成立之名称、结合之宗旨、公所之筹备、选举之资格以及职任事宜、会务科目、一切会规会期，尚与交议原案无甚歧异。惟组织一节原案请先举董事再复选总协理，本系遵照部定章程"该局请先举总协理、再选举董事"，则与职道前禀筹议办法大略相同。查四川、江西等省设立农务总会，其总协理各员或经官选派，或由绅公举，均经农工商部奏准在案。湘省创办伊始，似可援照变通。惟总协理及董事各员均应照章一年一任，如果办事热心、任满投票又得多数，亦许连任，以资熟手。其会务调查条内"总会成立后、分会未设之前，请先饬府厅州县调查地亩土性"一节，查各属已未开垦之官民荒地以及气候土宜，叠经职道通饬绘造图表，近已陆续到齐，容即汇案详赍，以后按图索骥，自不致徒托空言。且各属劝业员由道饬催选举，现已札派多处，所请附查之各项农产、农事统计，责成劝业员确切考求、随时报告，亦可因事课功，似不必另派多员，致滋纷扰。至请设分会一条，重在互相劝导、共为维持，固与原案之扩充分会宗旨相合。而提倡注重地方官，以冀分会之早日成立，并由上级官厅分别鼓励，亦为扼要之图。其不能实行者惟总会概由官款开办，如经费收入一条拟由米捐、木税、茶厘项下每年提银五千两作为一切经费，开办费尚须另提。是经费全资官款，不惟与农会性质未合，亦与会员、会友担任会费之部章不符，况近来新政繁兴、财

力支绌，各项厘金税捐既有额支之款，亦难强为腾挪，似应仍依原案，除官长酌拨公款提倡外，余由会员等担任倡捐并劝募士绅捐款，庶几众擎易举、集腋即可成裘。其会员变通办理一层意在早收实效，似不妨量为变通。至于培禁森林一案，其旨趣亦与原案相符，中有名目稍异而办法亦略为增损者。如原案各厅、州、县组织森林总会，该局则拟设分会、分所而附设于农务总、分各会中，另举坐办以专责成，似属可行。即加增各节如研究造林之学缩短请奖年分，责成各地方官仿设森林警察及请示申明禁令，重惩障碍森林之痞徒，无非欲使林业发达、保护治安，亦属妥洽。惟森林警察必须筹有经费始能举行，似应先行责成团保或附近居民共为维护，方足以杜窃发而防侵损。又更易原案限年种植一节内有一年外限再展半年一层，查部定推广农林章程，民荒自验契之日起限一年内垦种，逾限则收买归官、另筹办法，原期早收实效、广辟利源，况期限至一年之久，不为不宽，似可无须加展。如逾一年之限，或定价收入归官，或另行招佃承垦，统由会员察酌妥办，随时报明，用昭画一之规定而促实业之进行，合将筹议缘由详请察核裁夺等情到本部院。据此，查该道详复各节，其组织农会案内如会务调查经费、收入两条及培禁森林案内划分林区一条与议决案略有变通，而理由颇为正当，合行札知，如以为无甚出入，可以公布施行，希即酌议具复，以便转饬遵照办理。为此札行谘议局查照。须至札者。

呈复前案逐加议决仍请公布文

宣统二年三月十二日

为呈复事。案，奉札开：照得谘议局呈复前奉交议组织农会及培禁森林二案云云等因。奉此。查劝业道详复于组织农会案内会务调查及经费收入两条，于培禁森林案内划分林区一条，均与议决案略有变通，惟本局细绎变通之处或于文义不无误会，或于事实尚未切实施行，请为抚部院详陈之。查农工商部奏定农会简明章程第十二条：农会成立后应就该地方境内土宜物产切实调查，研究改良办法列表报部备核。是会中之要务固莫重于调查，而调查之施行尤不厌乎精细。本局议决案所请于分会未设以前先饬各府厅州县调查一节，据劝业道详称，业已通饬绘造图表并饬催各属选举劝业员，责成确切考求，随时报告。是即本局议决案所云先以立调查之基础者，固非欲另派多员，致滋纷扰，惟一省幅员之辽阔，土宜物产之繁伙，必谓一次调查即可按图索骥，恐仍系徒托空言，且劝业员亦必富于专门学识而又积有经验者，随时随地切实调查研究，应请转饬慎选妥绅充当，赶速查照办理。又，查农工商部定章第七条有农会经费应于本地公款中酌量拨助等语，是定章固不以会费概由会员、会友分担，现在国家税与地方税之性质未分，即官款与公款之名目无定，农会事属创始，非由官长指拨的款，实力提倡亦何能刻期告成？惟公家财力支绌，诚如劝业道所详称，而筹设农会固实为当务之急，仍请妥速设法以期早日成立。又，查培禁森林交议案云：一年以外仍荒芜者，得由分区会长通知总会，将其荒芜地勒租，种植三十年采取果实后返还原地之所有者。本局修正云：一年以外仍荒芜者，分所长得督令种植，逾半年仍不听者得将其地收买，或作为官荒由分会代种。是本局议决案定限虽似有半年之宽，而办法则实较返还为严，且此半年内由分所长督令种植原系催促进行，初非漫为加展，以半年为犹豫之期而以督种用强制之力，似此执行部章于逾限则另筹办法一语并无不合，且可使原有者帖然心服，不至生意外喊唤，其他劝业道详复各节均与议决案无甚出入，理合备文呈复裁夺、公布施行。须至呈者。

呈报组织农会案内经费一条请并案公布文

宣统二年五月二十二日

为呈报复议事。案，奉抚部院札开：准前抚部院岑移交前据谘议局呈复组织农会并培禁森林一案到本部院。据此，查农业为富强基础云云，俟呈复核准后一并公布施行等因。奉此。兹于本月十五日开会复议，佥称湘省为农业之区，人民失讲求之道欲图改良进步，非先组织农会以为研究不可。惟事属创举，经费维艰，若遽欲会员、会友担任会费，人将裹足不前，此本局议决案之所由请拨官款也。兹奉札开：若各该会经费于会员、会友担任会费外尚有不敷，自应由各地方官绅协力统筹等语，当系指各该分会经费而言，自应由各该分会地方酌量本地情形办理。惟总会为提纲挈领之区，造端宏大，需费必多，势不能不仰给官款以资组织，查劝业道衙门存有开办农务总会经费二万两，即可拨给办理以资提倡，并酌收会员、会友入会金以为补助，务期总会刻日成立，树厥风声，然后以次开办，分会遵章收取会费，似此变通办理既与定章不悖，复于事实可行。所有议复农会经费一条缘由，理合备文呈请抚部院查明，已准各条一并公布施行。须至呈者。

札复前案经费仰给官款不合部章希议复文

宣统二年六月二十三日

为札复事。据谘议局呈称云云等情到院。据此，湘省农产富饶甲于他省，惜无提倡机关为之设法改良、力求进步，此上届所以有组织农会案之交议也。至该经（会）〔费〕一节征之部章第七条内、第六条内开：农会经费应于本地公款中酌量拨助，入会各员分会员、会友两等担任会费各等语，自系包括总、分会而言，诚以农会之设于全省农业所关甚巨，自应由绅民合力统筹，非必俟官力提倡、官款补助始克成立也。来呈称总会需款甚多、必仰给官款等情，证之部章殊觉不合。本年农工商部奏明皖省设立农务总会请立案一折内云：开办经费据称先由该绅等分别认捐，至常年经费遇有可拨公款再行呈请，酌拟办法尚无不合，应即照准立案等因。可见他省设立农务总会无专恃官款组织者，来呈请拨劝业道衙门存款开办一层无论有无此项的款，未便照准。总之，农会必须组织经费，亦应妥筹，一面宜就地方公款酌量提拨，移缓就急，一面即由入会各会员、会友分别负担，以期众擎易举、日起有功，于湘省实业前途裨益匪浅，本部院有厚望焉。此案有无异议，仍俟谘议局呈复到院，一并公布施行。为此札复谘议局查照。须至札者。

呈复前案经费仍请转饬拨给文

宣统二年七月初五日

为呈复事。案，奉前抚部院岑札复组织农会案内经费一条，业经本局临时会复议，呈奉抚部院。札复内开：湘省农产富饶甲于他省云云等因。奉此。查农工商部具奏酌拟农会简明章程一折，内有开办需用经费应先于地方善举款中酌拨成数以为倡率，其余听入会人员酌量分别捐助等语，即系挈简章第七条之意而措语尤为明显，诚以事当创始，必应由官筹的款以资倡率，其余不足之经费乃由入会各员分担。本局此次复议声请拨给官款以资提倡，并酌收会员入会金以为补助，本系遵奉部章为正确之解释，与来札所谓“农会必须组织经费亦应妥筹，一面宜就地方公款酌量提拨，移缓就急，一面即由入会各会员、会友分别负担”用意相同，别无异议。其原案第八项会员总项下数语应删去，并添入会金一条。第十一项经费收入一条应即改正粘呈。理合备文呈复，即请查照已准各条一并公布施行。须至呈者。

条录修改原文如左：

八、会员、总会既拟，概由官款开办，则会员亦宜变通办理，期收实效(总会云云应删去)。

第三条　凡为本会会员，须年纳三元以上之会金。(此条系增入至原案第三条，应改为第四条，以后递改)

十一、经费

第一条　收入“本会创办之初，先由官长筹拨的款作为开办费及基本金，以资倡率，其余听入会人员酌量分别捐助，不准向农民苛派，致滋扰累”。

札复前案公款与官款有别仍着提地方公款以资开办文

宣统二年七月十九日

为札复事。照得谘议局呈复组织农会案内经费一条，据称查农工商部具奏酌拟农会简明章程一折云云等情。查此案关系农林要政，督促进行正未可缓，造端伊始需费孔殷，官府固当设法维持，士绅尤当热心赞助，方不至托空言而鲜实际，此案总会开办经费照部章则应由公款酌提，据来呈则请拨官款倡导。官款、公款性质不同，名目亦异，文牍辩论徒事稽延，解释部章未为正确，兹复据增删修改原案呈送前来，本部院复加审核改正案十一经费项下“先由官长筹拨的款”一语应改为“由官长会商热心公益士绅酌提地方公款作为开办费”云云，以符定章，余均照所议办理。除照章公布施行外，为此札复谘议局查照。须至札者。

札复改良矿务案间有出入希公同复议文

宣统二年正月初八日

为札行事。照得谘议局呈复前奉交议改良矿务一案，业经本局讨论，以为矿务为当今要政，亟应改良办法以辟利源，原案善后三策略有窒碍，特为引申理由、拟定办法，公同议决以为可行，理合缮具议案备文呈请裁夺施行等情到院，当将议决案札饬劝业道悉心筹议，详候核夺。兹由该道具详前来，本部院逐加复核，详复各节于议决各条赞成实居多数，间有异议之处颇足以资采择而备说明。如原案所谓官商会办一节系因湘省办矿商人彼此倾轧，屡起争端，故欲以官主持其中，藉省喊唤。且官地招商合办原期利益均沾，即商矿欲求官股，亦必查无妨碍方能合办。如所谓矿商恃强图私，或有碍墓庐而欲胁以官威，参以官股在矿商或容有此弊，在官府当调护商民，亦岂有不察商情意为偏重？如慈、石两县界牌峪之雄黄矿曾有官商合办及改归官办之请，当以喊唤未清、中多窒碍，未经照准，是合办之议本意原在维持，非以压力从事。议决案反复引伸虽多见到之语要，亦不无过虑之处，刻下既无官商合办之矿产，应即暂置勿论。又如官督商办一节，原案本概略言之议决案，实指新化县锡矿山一处所见略同。查此山矿产极伙，喊唤亦多，现由该署县张令及各矿先后禀请，派员驻山，就近整顿，并添练警兵以资镇慑等情前来，业经饬知劝业道会同布政司遴派委员驰往驻扎，实力巡查，认真弹压。旋据详称：已委王令兆涵前往，所有委员驻山及添练警察各费均于抽收矿山项下开支，似此办理当不难以平纷争而清讼累。又于专归官办一节原案指从前久经封闭之矿而言，至于现在控争之案，自应饬属秉公讯明，据理科断，若地方实有公款可提，又得热心公益之人出而担任，则讦讼不休之矿改归地方公办，诚足以息事宁人。否则，公款无出，集股另开，仍是商办性质，设承办不得其人，争端亦未必遂泯，即以近事证之，如宁乡煤炭坝六斗丘之煤矿系五公合办，界牌峪之雄黄矿，慈、石两县占有公益各六十股，均仍控争不休，殷鉴不远，亦非计之得也。又如定立专章一节，查部定矿务正、附章程早经通饬遵照，所拟各按现办矿地情形查照定章，拟定细则相辅而行，用意甚善，惟所拟细则须呈候核准，然后施行，方足以昭慎重。又如劝设商会一节，查各属应组织商务分会，本届编案交议已由谘议局议决，呈候公布施行，前已札发劝业道通饬遵办，自毋庸另案办理，以归划一。又如开设银行一节，矿不能尽发其藏，良由资本不足设立银行，钞票以资周转，洵为要图。惟总公司现在官本息银尚未算交，自未能据实作用，且议决案于官商合办矿业一条反复推求，声称多所窒碍，银行亦系营业性质，自未便官商通力合作，以归一律。又为筹办学堂一节，湘矿余利津贴游学费本为培养人才、期收实效起见，学生游学毕业，其于矿学果系确有心得，自应召集回乡，俾尽梓乡义务。至矿务学堂湖北本于上年开办，常年经费鄂六湘四，考送合格学生到鄂肄业，去岁业经咨送，将来造就有成楚材自归楚用。湘省高等实业学堂今年已开办，路矿本科早经分科研习，矿务学堂自毋庸另行开办。其余如责成官守勘定地界、合筹销路、扩充官矿各节，筹画周详，诸臻妥善，自应照准，以维矿政而辟利源。以上核议各条与议决案间有出入，希即公同筹议，如以为可以公布施行迅即具复，以凭转饬遵照，如以为尚须复议，亦即查照存案，另文声明。除批示外，合行札知。为此札行谘议局查照。须至札者。

呈复核复前案各节仍请察夺施行文

宣统二年二月二十一日

为呈复事。案，奉札开云云等因。奉此。仰见慎重矿章之至意。惟查官商合办一节，本局前经反复推阐，以为难行，均据畴昔发见事实而言，并非臆断。盖委员或不能尽体上台维持之心而出于压制，奸商则专务藉长官尊严之势以遂其欺凌，若此事暂置不提，必有劣监刁绅时思尝试，万一虚词耸惑、稍予通融，即强占侵夺之风必不能免，及至上烦聪听立予解除，而民间之受累已多，非官虐民，实奸人假势欺民。又如专归官办一节，本局议决零星小矿争讼不休者，与其提归官办，不如提归公办。札文谓：有款得人亦是宁人息事，否则讼端亦未必遂泯，并引宁乡、慈石各矿以为前车之鉴。查宁乡五公合办之矿原系商民自开，初因风水致启争端，旋以利厚提归公办。盖诸绅方筹学款，见该矿有余利可图，遂呈请归公，并非出于官断。且接办之后亦未得法，寻复顶归他商，商利复厚，初办者自不甘心，又其时新旧界限未融，争竞亦极剧烈，种种不平，其争讼也。固宜若慈、石两县之雄黄矿仅附公益股六十外，此之股本仍多不得谓为公办。公办者议决案所谓就一县团体内集合公同开办，该两造亦利益均沾，是无论有公款无公款，总期集合股本、同分利益，前此两造亦免向隅，宝藏既不虑终埋，办法似亦属公允，所最要者得人耳。然一县之大，断不至无二三正绅，自可访求委托，未便因一二处办理不善遂谓为公办难恃也。以上二条系就发交之案公同修正，应请查照原议，与官督商办一条公布施行。至于增附通行办法八条第六项开设银行，札文谓议决案于官商合办之矿反复推求，声称多所窒碍，银行亦系营业性质，自未便官商通力合作以归一律等因。查银行虽系营业性质，究与官商合办矿业不同。矿业就地开采，庐墓邱舍或所在多有佳矿，所至流弊自不能无。若银行则借贷必索抵押，关系与质当无异，不过利息稍轻，便利商民，藉资提倡耳。以故大清银行商股亦巨，似不必因官商不便合办矿务而迁累及此也。又第七项筹办学堂，札文谓湖北矿务学堂业派附学湘省高等实业学堂已开路矿本科，矿务学堂自无庸另行开办等因。查矿务为湘省天然重产，五金备具且极宏富，将来发达需人必多。据西人前此调查，约共七万五千英方里，近来锑矿发见已出西人调查之外，其不止此数可知。以极多矿产省分而无一矿务学堂以造就人材，目前既任其蕴藏后此必借才异地，甚非计之得也。以上增附八条内二项亦请查照原案公布施行，若酌拟细则呈候核准，劝设商会既发通饬，自应遵照札文办理。所有遵议各节，理合备文呈请察夺施行。须至呈者。

呈报复议前案仍请查照公布施行文

宣统二年五月十七日

为呈报复议事。案，奉札开：准前抚部院岑移交前据谘议局呈复改良矿务一案到本部院。据此，查阅此案全卷云云，俟开会时复议等因。奉此。兹于十二日临时会会议札开：查专归商办一节原案云：平江金矿、常宁铅矿其利甚大，从前商办屡起争端，诚不如官办之为得。若零星小矿自宜提归地方公办，将来新政叠兴可恃此以供挹注等语，则是矿地广而需款巨者归官办，矿地狭而需款少者归公办，剖析极为分明。又，附呈通行办法扩充官矿条内历指官矿总处已经购地，因资本不充停办者计二十余处，若并将此零星小矿据而有之，恐官办亦力所难逮，且启奸吏攫夺民矿之门，拟请嗣后各属州县内有久经封闭、矿苗实佳之零星小矿由官矿总处札饬该州县劝谕各团体集股开办，自奉谕之日起（尽）〔仅〕三月内即须声明能否集资公办，并限于一年内实行开采，如逾期不能成立则是该地方自弃利权，然后提归官办，庶昭平允。惟札到该州县时，该地方官不得（厌阁）〔延搁〕营私，一经告发查实从严参处。又开设银行一节，查度支部银行则例有中央银行、普通银行、殖业银行、储蓄银行四种，札文所谓官办行号每省商埠只设立一所者，普通银行也。银行之为用甚大，前于筹办自治经费案内亦有开设银行之请，曾经札准任令开办，兹之所请固犹是。殖业银行并非谓矿务一端又须另设一所者可比，应请照准施行。至开办学堂一节，以灾变之余无此财力，自不能不从缓办理。惟查省城高等实业学堂添置机械、建设工厂尚无的款，应请添拨，就原有学堂加以扩充，较之专办一校自必事半功倍，庶用费少而（程）〔成〕效亦速。所有议复改良矿务一案缘由，理合备文呈报抚部院查照原案一并公布施行。须至呈者。

札复前案惟殖业银行应俟劝业道详复核夺、余均公布施行文

宣统二年二十七日

为札复事。案，据谘议局呈称云云等情到院。据此，查专归官办一条复议称：嗣后各属久经封闭之零星佳矿由官矿处札饬该州县谕各团体集股开办，限三个月声明，一年开采，过期则归官办一节。振兴美利，督促进行，自可照准。又开设银行一条复议称：此项银行系指殖业银行而言，又谓前于筹办自治经费案内有开设银行之请曾经札准、任令开办等语。不知筹办地方自治经费案内所请开设之银行规模狭小、需款无多、醵集尚易为力，与此案开设银行专恃总公司官本息银为的款者不可相提并论，若此项本息一时猝难应用，则银行之设将至徒托空言，此条应候札饬劝业道会商总公司查明详晰、具复办理方有把握，此时碍难作定。又开办学堂一节复议称：省城高等实业学堂所有机械工厂应请添拨扩充、以期事半功倍等情，并候札饬提学司会商该学堂监督，如有应行添置扩充之处，自当酌量办理，以期渐臻完备。以上核复各节，惟开设银行一条应俟劝业道详复：所有官本息银果能悉数提出，方可如议办理。其余各节均无甚出入，可即照章公布施行。除分别札行外，合行札复。为此札行谘议局查照。须至札者。

札复筹办地方自治经费案内分别缓办、试办，庵观寺院田产宜分公私余均可行文

宣统二年正月初七日

为札行事。案，照谘议局呈称：前奉交议筹办地方自治经费一案业经讨论，就原案修改补附公同议决，以为可行，缮具议案请裁夺施行等情。当以原呈筹集经费办法七条暨清查公款、公产办法十三条筹议至为详切，实深嘉佩。地方自治于全省关系甚大，而筹集经费事属创行，尤不能不出以慎重，札饬布政司会同地方自治筹办处核议详复去后兹据详称：查核各项条款，尚有须加审慎者。如开设殖业银行一项为谋自治团体之各项实业发达起见，讵不谓然。惟目今人民智识程度犹未达于完满开通之域，银行利益容有不深知者，若遽以本地方发商生息及其他公款充作殖业银行资本，不鲜群生疑沮，而且信用未昭，集商股更恐尤戛戛其难，此宜缓办者一也。又如酌抽公益捐项下丙条起经忏楮锭各品特捐，以征为禁，固属蠲除迷信一法，但民智甫开，僻远之区风气蔽锢，迷信或未遽除，操之过蹙，窃恐谣诼繁兴转致偾事，似宜量度民情习惯斟酌行之，此宜试办者一也。又如酌抽公益捐项下丁条以累进法征庵观寺院之田房附捐，查各国租税制度，惟所得税用累进税法，田宅皆系比例税法，无用累进税法者。今议庙产抽捐亦破除迷信之一道变通仿办似无不可，但庙产有公私之别、丰啬之殊，在公有田房固应抽税以济公用，其虽非公有而田房饶足者亦应附加捐税，盖此等多系富僧，即稍蠲所得亦于经济无损，则阻力少而事易行。若夫私人捐舍田房系出自个人好善之诚，与捐助办理公益事业者不同，个人对于此等田房往往仍有自行管理者，则与民业无异，征收附捐窃恐不无窒碍。且所谓累进税者包含有若干定额以下可免税办法，是无论为公、为私均应酌拟一定数，凡若干田房以下一概免收附捐，俾示体恤，此宜区别办理者又其一也。他若酌抽公益捐项下戊条税契由自治公所代办等语，似宜改为税契由自治公所代办、代缴，其属于自治经费，可由所截留。

又，派员清理公款、公产项下俟清查毕报告自治公所下似宜改为应转由地方官申报自治筹办处备查，以清权限而免淆混。其余各项条款悉臻妥协，应即饬属一体照办。查筹办自治公所已由本处详定专章、通饬遵照，应再严催各属依限成立、具报查考，不准稍涉延缓。至清查公款、公产办法，容俟参酌原呈办法妥订规则，并将附列表式刊发通行以为标准。其各项附捐、特捐以及酌拨罚金、募集公债等项，应由各该地方官会商绅士体察地方情形，酌拟办法禀复核定施行等情前来，本部院逐加审查。谘议局原呈附列办法第一项严催各属设立筹办自治公所应照议办理，候即札饬地方自治筹办严催未呈报地方自治公所各厅州县克期成立，倘再延缓，当分别记过、撤任以为玩视宪政者戒。第二项派员清理公款、公产应如原呈办理。第三项凡属公款公产在地方自治未成立以前自应统归自治公所暂行管理，将来仍须遵照城镇乡地方自治章程第九十四条所定规则办理。第四项各项公益捐由自治公所酌抽，查城镇乡地方自治章程第九十六条，附捐由该管官吏按章征收，汇交城镇董事会或乡董收管，特捐由城镇董事会或乡董呈请该管地方官出示晓谕，交该董事会或乡董自行按章征收。规定甚为明确，现时各属议事会、董事会尚未成立，此项内甲、乙两条暂照拟试行，一俟议、董两会成立仍应遵照奏定章程办理；丙、丁、戊三条应如前开详文分别缓办或改正。第五项各团体之罚金由自治公所酌拨暂允通行。第六项开设殖业银行，此种金融机关非现时自治团体之力量所能举办，应如前开详文缓办。第七项募集公债，查各国地方自治多有举行募集公债者，而限制甚严，查城镇乡地方自治章程并无公债之规定，湘省未便独异，此项应从缓议。附呈清查公款公产办法应由地方自治筹办处细心参酌原呈，妥订规则，附列表式详候核定饬刊通行遵办。本部院对于地方自治事务审核不厌精详，原呈各条均逐一核定，如有疑义尚须公同酌议，希即存案另文具复，如以为无须复议应即遵照谘议局章程第二十二条呈候公布施行，以便早定经常之费，确立自治之基，此则本部院所殷殷企望者也。合行札复。为此札行谘议局查照。须至札者。

呈复前案各条仍请查照原案公布施行文

宣统二年二月初七日

为呈复事。案：奉札复筹办地方自治经费一案本部院逐加审查云云等因。奉此。仰见慎重宪政不厌精详之心，除已照原案办理各项外，第四项丙、丁、戊三条札文以应分别缓办或改正。查原案丙条“得起特捐”四字即系含有量度民情习惯、斟酌行之之义，与详文意见正同。丁条庵观寺院之田房以累进法征收附捐，自应酌拟定数区别办理，应请俟开会时再行提出议决。戊条税契由自治公所代报代缴，其属于自治经费，由所截留与原案无甚出入，自应照改。第六项开设殖业银行札文以此种金融机关至缓办等语，查此项银行原属自治团体举办实业要务，如日本之各种殖业银行范围极小，不过藉此集合款项以成公益，非若普通各大银行之不易创设，应由各自治团体斟酌事业大小分别组织，自无疑阻之虞，不必预为限制。第七项募集公债札文以城镇乡地方自治章程并无公债之规定，湘省未便独异，此项应从缓和议等语。查府厅州县地方自治章程第八十二条府厅州县遇有下列各款事由得募集公债，是此项公债已为章程所规定，应请仍如原案办理。清查公款公产办法既由地方自治筹办处妥订规则，即属于本省单行章程规则之范围，应遵照局章第二十二条第六项交本局议决，以符定章。所有协议呈复各条，理合备文呈请查照，公布施行。须至呈者。

呈报复议前案内更改累进一条请并案公布施行文

宣统二年五月十六日

为呈报复议事。案，奉札开：准前抚部院岑移交前据谘议局呈复筹办地方自治经费一案到本部院。据此，查阅呈复各节与札文无甚出入，案中如丁条庵观寺院之田房以累进法征收附捐一节，应照来呈俟开会时提出议决。至清查公款公产章程候即札发地方自治筹办处妥定规则详候核夺，其余无甚出入，应俟丁条庵观寺院之田房以累进法征收附捐一节复议呈候核准后再行一并公布施行等因。奉此。兹于十二日临时会会议，窃以城镇乡地方自治章程规定自治经费凡在城镇乡内之田产及营业莫不一律征收公益捐，所有庵观寺院田产自应包括在内，惟查庵观寺庙田房大半坐拥厚资，不妨重加负担，此前议所以用累进法征收附捐也。现经复议，以累进法手续繁难拟改为应分别公有、私有，按照普通附捐加倍征收。凡产业由个人私捐而又自行管理者为私有，加倍征收，其余公有者皆两倍征收，似此办理较为便利。至清查公款公产章程，既饬地方自治筹办处妥定规则，应请饬催该处从速拟就，由本局议决，以符定章。所有议复更改累进法缘由，理合粘抄备文呈报抚部院，查照原案一并公布施行。再，本局临时会以二十日为率，应请于会期内早日札复到局，合并声明。须至呈者。

札复前案已照案公布施行文

宣统二年五月二十一日

为札复事。案，据谘议局呈称：前奉札复筹办地方自治经费案，札令将案内庵观寺院之田房以累进法征收附捐一节复议呈核等因。奉此。兹于十二日临时会会议，窃以城镇乡地方自治章程规定自治经费云云等情到本部院。据此查各地方庵观寺院坐拥厚资者所在多有，以其资财之有余补自治经费之不足，化无用为有用，自属可行。比年开办学堂酌提庙产之说久已风行一时，其间因捐款而生喊晚者亦已屡见叠出，来呈称现经复议庵观寺院田房征收方法拟改为分别公有、私有加倍征收或两倍征收等语，似此变通办理自较累进法稍易为功，惟湘省民气未甚开通，迷信之风牢不可破，以个人之私财祈个人之幸福，虽如何烦费而不辞。若欲提归公用，既非其目的之所在，或即其反对所由来。征收之法纵较公有之庵观寺院为轻，尚恐未易著手，特是自治为宪政初基，筹办非经费不可，自当挹彼注兹，碍难因噎废食，此条可与全案一律公布施行。惟关于庵观寺院征收田产一节，应饬知各属于筹办地方自治经费项下俟酌提公款、公产及抽收附捐、特捐，如尚不敷，再行查照。先行试办应俟民智大开，人人知神鬼祸福之说不尽可凭，此条当可推行无阻。至清查公款、公产规则，应俟续行札复公同集议、除录案公布施行外合行札复再来呈称。临时会以二十日为率，应请于会期内早日札复等情，系为迅速程功起见，惟查谘议局提议、复议各议案，其间关系重大之件应发交司道局处核议详复者正复不少，嗣后呈复各案欲于会期内一律札复，时期迫促，势难实行，并即知照。为此札行谘议局查照。须至札者。

呈报议决提出附设清查公所案文

宣统二年五月二十七日

为呈请事。案：查本局议决筹办地方自治经费一案后附清查公款、公产办法，业经呈奉札复在案。查筹办地方自治处详定自治期限表，本月内各属实行公款、公产之调查，是期限已迫，间不容缓，惟各府厅州县区域较小，公有财产之名目亦不甚繁，且向归各地方官直接监督管理，由各筹办地方自治分所派员清查，著手较易。至省城公有财产名目綦繁，除隶属于长、善两县者自由两县自治公所分途调查，如岳麓、城南、求忠三书院之旧产储备，湘社、湘义各仓之存储，及其他义举捐项公有财产属于全省范围者，非另行组织机关无以为实行清查之地。本局公同提议，拟于自治筹办处附设清查公所，庶于慎重。公款之中仍寓划清权限之意，业经公同议决，以为可行。理合备文另折呈请裁夺，公布施行。须至呈者。

条陈办法如左：

一、定名为阖省清查公款、公产公所。

二、场所附设省城自治筹办处。

三、规定以省城所有公款、公产之关于全省者为范围。

四、员绅：设清查长一人，清查员六人，书记人数视事之繁简临时酌定。

五、期限：自清查公所成立之日起，以两个月为率。

六、选举法：初用公推法加倍推举清查员十四人，复行开会票举。

七、选举权：谘议局议员、教育会干事、商会董事及全省绅商学界均有投票选举之权。

八、委任法：清查员选定后，呈请自治筹办处总办加以照会。

九、经费：清查长、清查员每月每人夫马火食银三十两，书记薪水火食银圆十五圆，由自治筹办处支给。

札复清查公所附设度支公所较便文

宣统二年八月初二日

为札行事。据地方自治筹办处详称：案，奉札开据谘议局呈称云云到院。据此，查核该局所拟清查公所办法系为清查省城关于全省之公款、公产起见，是否可行，有无窒碍，现在省城所有全省公款、公产曾否依限清查，札行下处饬即妥议具复，以凭核夺，并抄发原呈办法一纸，奉此。查上年谘议局议决自治经费案内附有清厘地方公款、公产办法呈奉前宪岑核饬照办，当经本处详定专章通饬各属依限清查，其范围以厅州县为限，凡关于全省之公款、公产不与焉。今该局提议另行组织机关，将省城公有财产实地清查，诚足补原章之未及，所拟办法亦尚有伦有要，虽其中款项糅杂、名目繁多，著手为难当有甚于厅州县者，然当此统一财政之际究不能因噎废食，迁延不办，允宜公布施行。惟查此项财产既为全省所公有，与厅州县公有财产属于地方行政费者固有不同，本处为筹办全省地方自治之总机关，非行政衙门可比，对于各属之举办清查亦仅督催考核而已，其执行机关仍在各厅州县。等而上之则有非下级机关所有越谋者，该局议于本处附阖省清查公款、公产公所权限既不相统办理，即难合宜似未便勉强迁就，致多窒碍。查藩司衙门总理全省财政度支，公所成立在即，该清查公所既为清厘全省公有财产而设，实系度支公所权限内应有之事，若以之附设办理，该清查员举定后即由司照会将关于全省各项公款、公产确切清查，务得实际，庶于财政前途不无裨益等情到本部院。据此，相应札知。为此札行谘议局迅即查照地方自治筹办处筹拟办法妥议呈复，以凭核夺。须至札者。

呈复清查公所仍附设地方自治筹办处文

宣统二年八月十七日

为呈复事。案，奉札开：据地方自治筹办处详称云云，至妥议呈复以凭核夺等因。奉此。查全省地方自治筹办处虽非行政机关，而各属举办清查公款、公产固有督催考核之责，各属之清查公款、公产既各有执行之机关，而清查全省之公款、公产非各散机关所能执行，是以本局议决案特设总机关之公所以清查之。盖清查公款、公产之执行机关只有散与总之分，而无下级与上级之别。各散机关之举办清查既由筹办处督催考核，则清查公所之总机关附设筹办处权限最为分明，且原案议决清查公所期限自成立日起，以两个月为率，固非永久设立，与筹办处性质尤为适合，且系另举绅董、另筹经费，原为附设而非带办，于筹办处办公毫无妨碍。若以之隶于度支公所似不相宜，理合将协议清查全省公款、公产仍请照议决案附设于全省地方自治筹办处缘由备文呈复，裁夺施行。须至呈者。

整顿团防、设立简易习艺所二案文

宣统二年五月二十二日

为札行事。案，据谘议局呈称：查谘议局章程第二十五条内开、第二十一条所开第一至第七各款，议案应由督抚先期起草，于开会时提议等语。本局此次开临时会议原因灾变之余，一切善后事宜亟应筹备署抚部院总揽全省行政，谅已早定规画。所有必须交议之紧要议案，应请早日发交到局，以便遵章通知各议员详晰研究、预备提议等情到院。据此查湘省善后事宜，防乱、救荒实为当务之急，兹经本署部院拟定议案二件：一为整顿团防以靖地方，一为各州厅县设立简易习艺所以养贫氓，合行抄单札发，希即于开会时公同议决。为此札行谘议局查照。须至札者。

一、交议整顿团防以靖地方案

（甲）理由

兵以卫民，即以已乱顾御。有形之乱非兵力不克有济防，无形之乱则桓桓者之力亦有时而穷。一省之大，方舆辽阔，人民生命财产在在俱应保护，而天灾事变相循，靡已民生之困未苏，祸患之来无日，只此少数军队株守一隅，势分则力单，添募则饷绌，乱已形而趋赴之恒有鞭长莫及之虞，前此宁乡、益阳之变可为前车。然则御乱而仅恃兵力已非万全之策，况防患未然更非其力之所能及耶？救济之法厥为团防，团防之制，各省有行之者，自警察兴而其制稍稍废驰矣。湘省举办既久，基础已立，其地方自治之端倪为一般人民之保障所虑，自为风气无整齐画一之规，形式空存则精神缺略，值此饥民变乱之余，人情谣惑，奸宄生心，亟当整顿扩充藉以保卫地方，消弭隐患，人人有踔厉奋发杀敌致果之气，宵小将有所惮而不敢逞地方，实阴受其福。一旦有儆而指臂相使，众志成城，不藉军威亦可自保，此即古者寓兵于农之遗意也。所有整顿扩充之说条列下方，以便议决。

（乙）办法

一、总局之设立

湘省各厅州县治多设有团防总局，然未经成立者尚复不少。又故事奉行，或于操练之法并不讲求，亦属有名无实。兹拟各属除已设者应切实整顿外，凡未经设立者概限本年七月以前一律组织团防总局一所为经理防务之总汇，由各该地方官督率倡导，由该局局长妥定规则呈由地方官核准施行。

二、分局之配置

各属团村无论向来组织团防与否，应由地方官酌量全境幅员之广狭划分若干区，区设一团防分局，大约以户满二千人、口满五千以上者组合一团为标准。

三、团防之组织

总、分团防局概以乡望素孚、富于经验、具有胆略者为局长，总理一切防务，掌管编制队伍丁册，训练指挥各团勇暨筹集经费等事项，其他办事人员宜如何量为设置，应各就地方情形妥筹办理。

四、团勇之编制

总、分局团勇以户出一人为限，家无男丁及男丁未成年者免，但系殷实之家须出赀雇人代充，丁口单弱专恃其人谋生活者应否免充团防公议决定。团勇编制后，除遇变故应齐力抵御外，所有训练巡逻等事均宜更番替换，以免旷时失业。

五、经费之筹集

整顿团防设立总、会局在在需费，查湘省从前团练经费有由绅富士商倡义捐输者，有按丁粮加抽者，此次省垣办理各团，亦均由绅民醵集巨款立即开办，地方赖以又安。现在灾祲之时，民物凋敝，按粮加抽未易实行，且缓不济急。况办理团防系属临时费用，将来年谷丰稔，人心大定，此项办团经费自然逐渐减少，现在惟有各由本团之绅富士商酌量认捐较为众擎易举。

六、平时之训练

各团团勇为保卫地方以备不虞而设，必具有尚武之精神、折冲御侮之实力，则训练尚矣。训练之法凡练胆、练技、练手足、耳目，悉以兵法部署之，每月必有一定时期，现为思患预防起见，事机迫促，不能尽拘农隙讲武之说矣。

七、声势之联络

一地方之总团及各分团须联为一气，以资接应而壮声威，即甲县与乙县毗连之团亦应互为联络、协力相助，无事则加意（梭）〔逡〕巡，有警则互相策应，各属团防尤须预约有一定之警号（放炮或鸣锣），有警时一团号召，他团继之，虽数百里瞬息可以周知矣。

八、户口之清查

团防之优胜于兵队者，以其能消患无形也。消患无形之法，各团编定后，应十户为一牌，十牌为一甲，牌、甲各有长，家给门牌一方，男女雇佣居留人数、姓名、执业何等均逐一注明，另册登记之，由牌、甲长随时挨户巡查，俾奸民无可托足团内。无业游民、地痞、娼窝等须另编一牌以示区别，更当加意查察以防不轨，以清匪源。

九、外人之保护

外人传教我国，所有教堂散布各属，往往匪徒暴动生命财产横被牵连，交涉之结果地方之受累深矣。今须由总、分局局长平时宣布此旨，俾人人皆晓然于外人旅居我国咸负保护之义务，一旦有变，属于何团范围内者应一面分派团勇驰往保护，一面集众堵截防剿，以免疏虞损失致酿事端。

十、奖励与惩罚

各属团防局长、团勇办理团务纯系义务性质，虽曰保卫身家亦系为地方宣力，且缉捕防剿等事有不测之危险，非有奖励章程不足以资鼓舞，兹拟办团及各团勇有能奋不顾身以赴急难或捕获盗贼及慨捐巨赀者由各地方官查明禀请，给予功牌匾额，以示优异。其有不顾公益意图破坏及有意妨害治安者，由各团防分别情节轻重酌量惩罚或送官惩治，以示儆戒。

以上各条但粗举纲要，希即公同酌议有无窒碍，以凭核夺而利推行，庶于湘省地方不无裨益。

一、交议各州、厅、县设立简单习艺所以工代赈案

（甲）理由

自限田之制不行而养生之道乃狭，古者课民于农野，通财于商阛，工安于肆，士安于业，交能易事，人各得养。后世生齿日繁，人习逸豫，始则无廛业之

资，后遂有冻馁之苦，坐困失计是曰闲民，流荡无归是曰惰民，古则十无二三，今则十之八九，幸而丰稔乞食有资，倘遇歉荒，沟壑无告，周救有所不逮，赈恤其何能周甚？而强暴之众迫于冻饥，煽惑无知（挺）〔铤〕而走险，劫商夺谷，窜伏道途，散则无形，聚足为扰，重为寇盗之媒，轻亦地方之毒，此次长沙变端，其前事也。今则城市稍安，四郊多警，乱机虽遏，伏莽尚多，究其自干蹈咎之原因类系闲民、惰民之迫，念因思礼节起于衣食，恒业乃有恒心为事，穷变后之补苴自以以工代赈为要义。卷查上年议决振兴工业大宗案事理赅备，纤悉靡遗，特造端宏大，未易实行，欲求目前补救之方当从易知、易能入手，今拟就各州县广设简易习艺所，招集无业人民使各习一业，本以工代赈之旨，救现时槁荒，扩将来之生计，其事既轻而易举，其法尤简而易行，所有办法条列如下：

（乙）办法

一、凡湘中各州县被荒之区以及各属人民失业较众者，各该州、厅、县官绅务于本年六月内各赶先筹设简易习艺所数区，以为教养失业饥民之地。

二、此项习艺所约分二类：一公立，一私立。公立属于官绅合办及地方士绅醵赀筹设者是也，私立属于一乡一邑之富绅独立捐赀倡设者是也。惟一邑之大，官力有时不给，全赖地方富绅协力筹办，穷民既赖赡养，社会得以又安，复于个人之赀财无稍损失，其裨益地方良非浅鲜。

三、此项习艺所本系救急之计，暂拟分织布、织席、制革、制糖、织手巾、编竹器等项，先从简易入手，并由各该州县自行考察，于本辖境内所出土货酌量裁制，但取易于行销，不必骤求精美。

四、开办之初，教习难得，应先就本地所有匠师技艺较佳者遴选充任，一面由府州设手工讲习所遴聘教员，招集各属失业之民，授以各属稍精手工，限六个月毕业。毕业后分派各该州厅县充任贫民习艺所教习，以为扩充深造之地。

五、习艺所地址应先就各该处祠宇庙堂及各项公有处所暂借筹设，若能分区多设，尤为美善。

六、习艺人民不限年龄、资格，不限毕业时期，来所习艺之人每日由所一律给与饭食，仍各量该处普通生活日用数目为酌定工资标准。

七、每府、厅、州、县设一总发行所，收售隶于各该府厅之州县制造物品，不能在本地行销者由各属公举朴诚而殷实之士绅董理。每县设一发行所，收售各乡制造之物品。由地方官绅公举一朴实勤慎于工艺物品考察有素者充当。

八、各属士绅如能劝筹多设、办理确著效验，即由各该地方官胪举该绅筹办事迹禀请酌奖。

九、各府厅总发行所开办之时应豫集重资以资应付，至各该州县发行所为货物转输之地，其赀本可以随时流动，不必如府厅筹集重款。

十、所中一切用人、筹款、购售品物之权，如系公立由官绅举之，私立则由承办人自主，凡习艺人民均不准有丝毫干涉。

（丙）经费

一属于公立款项之区分：

一、酌提地方公款；

二、量移地方慈善事业各款；

三、劝集富绅捐款；

四、招集股款。

一属于私立款项之区分：

一独力承任开办一所或数所之赀本金；

一独力捐认巨款而复团集一族款项为补助之赀本金。

右所列虽属于习艺所经费之区别，究之府厅筹设工业物品总发行所，州厅县筹设工业物品发行所，其集款之法亦无逾于属于公立款项所列者，惟府厅发行所非重款不办，届时或由官绅合力筹助之。

呈复否决整顿团防以靖地方案文

为呈复事。案：奉抚部院交议整顿团防以靖地方案，本局于本月十一、十六日两次会议，佥以为整顿团防固为防患于未然起见，然当兹筹备宪政时代，巡警正宜遵宪政编查馆奏定清单依限推广完备，若举办团防兼办巡警，机关并立，冲突必多，于宪政进行殊有妨碍，此不可行一也。时值荒歉，筹款为难，人民于负担警务费之外再负担团防费，财力既不能支，举办即有名无实，且原案中所列筹款各法均不可恃，此不可行二也。原案限七月以前成立，现在为日无多，待议决后公布施行，以及组织一切手续甚繁，势难如限成立；七月以后新谷既登，人安其业，忽奉办团之命令必致相顾色骇，加以强迫烦扰滋多，此不可行三也。巡警为永久保安之性质，团队为一时自卫之性质，湘省此次饥荒，各属人民之有能力者类能不待官府之提倡自行组织，有急则自由集合，无事则自由解散，费用既省，闾阎不惊，事理昭然，推勘可得，是则各属团防已办者地方官不必以命令禁止，未办者地方官不必以命令强设，应请转饬巡警道就已有巡警之地方切实改良，未设巡警之地方从速创办，总期不事虚文，方与人民有益。查局章第二十三条云：谘议局议定不可行事件得呈请督抚更正施行。此案业经本局反复讨论，公同议决以为不可行事件，应请更正施行。须至呈者。

札复前案即照所议办理文

宣统二年五月二十七日

为札复事。案，据谘议局呈称：案奉交议整顿团队以靖地方一案云云等情到院。据此，查此案交议，本旨缘湘省灾变之余各属时形扰乱，军队既鞭长不及，警察亦力有难周，若欲保卫地方自以整顿团队为一时权宜之计，而仍与各属巡警相辅而行，并非办理团防即可取消巡警，况各厅州县巡警皆有一定之的款，团防经费则系临时醵集，尤属两不相妨。若谓办有巡警地方即可恃以无恐，前此湘垣之变，巡警不下数百人，未闻有一人御侮折冲、消弭巨患者，况各属巡警更寥寥无几乎？惟现在地方渐臻安谧，新谷将次登场，意外之变或可无虞，非常之原黎民所惧，团防之办理与否一任人民之自为，不加以官府之干涉镇静出之，或亦息事宁人之道，即照所议办理。至各地方巡警，查照宪政筹备清单今年须一律完备，自应饬知巡警道转行一并推广，以冀无误事期，合行札复。为此札行谘议局查照。须至札者。

呈复设立简易习艺所以养贫民案文

宣统二年五月十八日

为呈复事。案：奉抚部院交议设立简易习艺所以工代赈一案，本局于本月十一日、十六日两次会议，佥谓湘省近年水旱遍灾无岁不有，而闲惰无业（偏）〔遍〕地皆然，抚部院本惩前瑟后之思为寓教于养之计，交议此案洵足以遏乱萌而备荒政，法至善也。惟简易习艺所意在化莠为良，裕小民之衣食，非徒以工代赈为一时之权宜，尤应推广及于全湘永久设立。兹已公同议决定名为简易习艺所，并将原案增删修改各条另缮清折，理合备文呈请公布施行。须至呈者。

条件列下：

下二条照原案：

（一）凡湘中各州厅县被荒之区云云；

（二）此项习艺所约分二类：一公立、一私立云云。

下一项系增添：

习艺所系善后要政，宜责成地方官切实举办。如公立一类不得将原有之自新习艺所等略加修治、改换名目，藉以搪塞，至少必须三四十人，不得以寥寥数人希图敷衍，惟私立者不在此限。

下一条系修改：

（三）此项习艺所宜先从简易入手，暂拟分织布、织席、制革、制糖、织手巾、编竹器等项（惟以米谷制糖者宜禁），并由各该州县自行考察，于本辖境内所出土货酌量裁制，但取易于行销，不必骤求精美。

下二条照原案：

（四）开办之初教习难得，应先就本地所有匠师技艺较佳者遴选充任云云；

（五）习艺所地址云云。

下二条系修改：

（六）习艺人民年龄、资格除老弱罪废者外均得一律收入，惟须得妥人保送，庶易管束而免偷惰。毕业以工之难易为期限，来所习艺之人每日由所一律给与饭食。至于工资，除扣去原料、饭食成本，品其物之良楛、察其工之勤惰，仍各量该处生活日用数目分别酌给。

（七）习艺场所宜设城镇适中之地，制造须择易于贩卖之品，即在本所内附设发行所或分存各店代售，不必另立行栈，以节糜费。

下一条照原案：

（八）各属士绅如能劝筹多办理，确著效验云云。

下系原案第十条移置，原案第九条删去，说明理由见第七条：

（九）所中一切用人、筹款、购售品物之权，如系公立由官绅主之，私立则由承办人自主，凡习艺人民均不准有丝毫干涉。

下一条系增添：

（十）习艺所宜带感化院性质，其管理教育方法另订详细章程，通饬办理。

下一条系照原案删去末项说明，理由见第七条：

（十一）经费

甲、属于公立款项之区分：

一、酌量地方公款；

二、量移地方慈善事业各款；

三、劝集富绅捐款；

四、招集股款。

乙、属于私立款项之区分：

一、独力承任开办一所或数所之资本金；

二、独力捐认巨款而复团集一族款项为补助之资本金。

札复前案公布施行文

宣统二年五月二十二日

为札复事。案：据谘议局呈称云云等情到本部院。据此，查阅来呈于设立简易习艺所以工代赈一层复经引伸其义，期垂永久而厚民生，用意至为深远，折开增删修改之处与原案有变通而无出入，均属可行。除照案公布施行外，合行札复。为此札行谘议局查照。须至札者。

札行筹办新监狱、改良旧监狱希逐一议复文

宣统二年二月二十日

为札复事。照得谘议局呈送议决提出筹办新监狱并暂改良旧监狱议案一件请裁夺施行到院，当以改良监狱与筹办审判厅实相维系，兹事体大，不厌求详，比将原案札发按察司筹议具复。兹由该司详请核夺前来，本部院复加审查，原案议决各节有须提前赶办者，有须俟部章并监狱规则颁布或参考他省情形徐议规定者，有一时尚难如议办理者，自应参照详文，逐一核复原案。甲条两款穷源竟委于监狱不能不改良之理由言之慨然，自是扼要之论。乙条办法第一款请就湖南法政学堂附设监狱专科分速成、完全两项办法，自属可行，惟看守练习仅限三个月毕业，所学能否通用，应届时体察情形，或量予增展学期以期实用，其监狱传习所员绅原可并用。至士绅仅具有曾习法政资格将来毕业便可为巡狱、典狱之预备是否可行，尚须俟今年法部宣布监狱规则时再行遵照。上年八月间本部院奏筹办审判厅折内曾声叙：监狱传习所与检验学习所皆当，陆续设立既为局议所及，候

饬按察司采择所议办法以便创行。第二款请设立模范监狱以为各属实行改良之标准，现在京城及他省多已先后设立，自系迫不容缓，惟此项监狱制度一面须斟酌本省财力，一面须调查京城及他省规模再行从长计画。至隔别男女监狱、附设拘留场均系设立模范监狱应有之义，自当一律兴办。第三款如议办理。第四款狱官试署一节容再详酌，余如分课设所均属可行。第五款如议办理。第六款应俟部有明文或监狱规则颁布后查照施行。第七款湘省审判厅筹办处业已成立，应毋庸议。第八款监狱改良系属国家行政，经费候札饬布政、按察两司会同善后局通盘筹画再行酌度举办。至改良旧监狱，如选择狱官、慎雇狱卒、宽筹犯食、划分狱区、展拓监地、责成习艺、清厘重案、禁革陋规各款，均切要之论。惟裁撤管押一层应俟将来各地方审判厅成立后再行一律裁革，现在惟有严饬各州县不准监押，严禁家丁、差役藉端需索，倘或阳奉阴违，一经查出或被告发，立予从重究办，以期惩一儆百。似此切实整顿，庶民困可苏而弊端亦可期稍息。总之，我国监狱为司法独立时期亟须改良之要政，造端伊始，自以培植管理监狱人才、设立模范监狱为前提，然后逐次推广，徐议更张，庶规制渐底文明，斯民同登衽席。合行札复，希即查照核议各节，如以为无甚出入可以公布施行，抑或尚须复议、留存备案，均即另文呈复，以凭核夺。为此札行谘议局查照。须至札者。

呈复议复前案无甚出入请裁夺施行文

宣统二年三月初三日

为呈复事。案：奉札开云云，至为札行查照等因。奉此。查法部所订监狱规则尚未颁布，今年系省城及各埠审判厅成立之期，监狱亟应改良，其理由已具于原案关系最为紧要，现在各省设立监狱学堂及模范监狱者已有数处，湘省似宜迅速举办。监狱系法政之一部分，挑选曾习法政者以研究监狱自必事半功倍，当此筹办监狱需才孔急之时，只能量其才学之适用与否为衡，不宜以资格所限遂谓其不可为巡狱、典狱之预备。至于模范监狱制度，一面须斟酌本省财力，一面须调查京城及他省规模，自应从长计画，然需乃害事，而敏则有功。原案乙项第七款筹办机关虽已成立，而案中培才造狱各办法亟应限期实施。细绎札文，于乙项第一款之培才则以为自属可行，于乙项第二款之造狱则以为迫不容缓，具佩钦恤犴圄而出以矜慎之盛心，拟请将此两款与第六款暂照原案一律办理。作为湘省单行章程，俟法部颁布监狱规则时再行遵章酌量变通，其合者固已协先事之机宜，其未合者亦可立施行之基础，庶几较诸他省不至落后，其余札复各节均与原案无甚出入，理合备文呈请裁夺公布施行。须至呈者。

呈报复议前案请并案公布施行文

宣统二年五月十九日

为呈报复议事。查本局议决筹办新监狱、改良旧监狱一案，奉前抚部院札复，业经本局申复呈请公布施行在案。复奉札开：查省城及商埠各级审判厅云云呈候核夺等因。奉此。兹于临时会本月十六日会场复议，佥称监狱为辅佐审判之机关，有感化罪人之作用，其目的在减少再犯，其效果可推暨无刑，各国政治之良否，尤于监狱足以觇之。前抚部院奏筹办审判厅内已声叙当设立监狱传习所，为兴事必首储才之要术，即请从速开办。现行变通分发章程佐贰以下各官已许掣分，本省传习所之考录自宜员绅并用，更宜遴选毕业法政者以期事半功倍。贵因材而培植，不限格以苛绳，历试诸艰则学术益进，久于其任则心志自专，当兹始基亟宜预备，至毕业后即派为巡狱、典狱及选派巡狱各节自应（俟）〔候〕奉到部章遵办。又，模范监狱宜赶紧建设，以与他省相齐，旧有监狱宜切实改良，以救目前之急，均系此案紧要事件，业经公同议决理，理合呈请抚部院迅予公布施行。再，临时会期照章以二十日为率，应请于会期内早日札复到局。合并声明，须至呈者。

札复前案已照案公布施行文

宣统二年五月二十四日

为札复事。前据谘议局呈请将筹办新监狱、改良旧监狱议案是否尚须复议，迅予札复俾得通知各议员讨论得失等情前来。当经本部院札知，案内乙条第一款第一项及第六项俟开会时复议在案。兹据谘议局呈称：本月十六日临时会会场复议，佥称监狱为辅助审判之机关云云等情到本部院。据此查阅呈复各节，如开办监狱传习所、招考曾习法政之员绅入所肄习以期事半功倍自属可行。惟招考时果得此多数之法政毕业生，录取如额固自甚善，设或不敷则凡品学优长、心地慈善之人亦可兼收并蓄，正不必加以限制。余如设立模范监狱、改良旧有监狱均属当务之急，自可如议办理。除将全案照章公布施行外，合行札复。为此札行谘议局查照。须至札者。

札复银行研究科议决案应将银行如何组织、研究科何时开设希即议复文

宣统元年十月二十一日

为札行事。照得谘议局呈送议决提出开设银行研究科案一件请裁夺施行等情到院，本部院查原案宗旨，开设银行研究科所以为开办银行之预备，而开办银行可以发兑钞票化一为二并代募公债，使本非我之资本吸收为我所用，诚开辟利源之法，为今日切要之图。惟是此项要政创办之时，不难于造就半年毕业之学生，而难于确有充实稳固之资本。造端伊始，凡会社如何组织股本、如何招集皆应先

事筹维，庶免临时竭蹶。案内于银行种类及官办、商办均未分别说明，查度支部奏定银行则例原奏内载：各省所设之官银号、官钱局凡有银行性质者，即可以普通银行赅之。又，银行通行则例第十四条，官办行号每省会商埠只准设立一所，如有必需另行设立时，须与度支部协商或会奏请旨办理等因。湖南官钱局久经设立，本具有银行性质，举凡发兑钞票、代募公债尽可由该局妥为经理，无开设银行之必要，应无庸另设，亦节省糜费之一端。此项研究科之设自系为商办银行张本，应一面由各绅商厚集资财，设法组合，然后官为开设研究科，造就任事之才，俾收得人之效，办理方为合法。至挑取学生，自以法政毕业生为宜，以期事半功倍，卒业期限各学生如能于六个月内将银行主要学科悉数研究有得，原不妨从速蒇事。至借用法政学堂讲堂及聘人授课一节，查新筑法政学堂现已落成，共建有讲堂八所，除官绅两班法政学员照目前名额预计，并将来绅校添设本科共约需讲堂五六处外，所余尽敷借用。至学生征收学费，法政绅校久已照章实行，自应仿照办理，以归一律。其银行主要各科将来须见诸实行，如银行理论、银行法规、货币论、簿记学等均属重要课目，授讲者非曾经研习有素不能胜任，自应遴聘出洋留学银行专科毕业生二三员分门担任，专心教授，以期培养人材俾资任用。此案于教育实业均有关系，当已札发提学司、劝业道会同核议，兹据详复所见略同，合行札知。如以为尚须复议，希即查照存案另文具复，若以为可以公布施行，应将商办银行如何组织、研究科应于何时开设早日呈复，以便转饬办理。为此札行谘议局查照。须至札者。

呈复议决前案文

宣统二年正月二十八日

为呈复事。案，奉札开：照得谘议局呈送议决提出开设银行研究科一案云云，早日呈复以便转饬办理等因。奉此。查本局原案意义系为造就任事之人以备开办银行之用，盖欲发生一种事业，必先预备一种人才，犹之言教育必先师范，言实业必设专科。而能养成一项人才，则必发现一番事实，犹之师范卒业而乡学日有成立，艺徒卒业而工厂渐以改良，其事理一也。银行之学至为深邃，本非浅尝所能致用，然使并此理论法规及种种方法皆无人稍事研究，则一般人民何由知银行之必要，欲组织银行不可得也。湖南种种新事业所赖于银行实多，商民资本确厚者不乏其人，而不闻起而组织，即有一二号称具有普通银行性质者，按之事实亦未尽符，岂皆故步自封，实属无人任使，即如铁路公司拟设银行，延访此项人材至为困难，省会且然，外埠可想。不为培养人材之计，终无组织银行之时，及今图之尚未为晚。况法政学堂讲堂有余，附设其中需费不多，以少数之金钱、简短之时期，他日学成，于社会固属有裨，即公家未尝无益。江南高等商业学堂附设银行专科，咨部有案，即系官校设立有案可援，此本局决议之理由也。来札以为：研究科之设系为商办银行张本，必先厚集资本、设法组合，然后官为开设研究科，自系为慎重款项、实事求是起见，惟于本局先事设计之意似有未尽，自应缕晰声明，仍请查照原案公布施行。至开办应尽于本年下学期开学，以期早日蒇事。理合备文呈复裁夺。须至呈者。

札行核复前案与原案略有变通无甚出入希即呈复文

宣统二年二月二十日

为札复事。照得谘议局呈复云云等情到院，本部院查银行为金融机关，亟须设法办理。培养人才与组合会社均系为振兴实业起见，特微有缓急之不同，一面官为设科研究、造就任事之材，一面绅当厚集资财藉收银行之利，此本部札复之本旨也。惟组织银行需款至巨，诚非一蹴可及，先造就此项人材为未雨绸缪之计，意亦甚善，特是学堂学生辛勤毕岁，始获卒业，原期以所学见诸实用，若徒设银行研究科而银行成立尚无期日，恐来学者将裹足不前，今拟变通办理。于现在法政绅班无论讲习科、别科均添入银行一科，原案拟六个月毕业，今则延长时期，分作一年讲授。其已届毕业而银行科尚未蒇事者，应于法政毕业后再专习银行各学科，以毕业为限，庶几成就较多而成效亦速。以上核复各节与原案略有变通，无甚出入，合行札复，希即公同酌定。如无异议，应呈候札饬提学司会商法政学堂监督妥速筹办，各绅士仍应以热心桑梓之谋为招股开办之计，庶将来实业前途渐臻发达，本部院有厚望焉。为此札行谘议局查照。须至札者。

呈复前案变通各节请饬提学司会商法政学堂筹办文

宣统二年二月三十日

为呈复事。案：奉札复开设银行研究科一案云云，为此札行查照等因。奉此。查变通办理一节以银行科添入法政绅班，经费节省而造就宏多，用意良极周详。惟现在法政绅班讲习科业已遵章停办，而所办别科照章三年毕业，每日授课已达七时，似难再加功课，若添入银行一科于教授有无滞碍，应请如札即饬提学司会商法政学堂监督妥速筹办。本局议决湘路限年赶修案及振兴工业大宗案均有开设银行之请，储材宜急而组合亦不可不豫。至开办招股一切事宜，自应由绅商切实规画，唯乞尽猷提倡，以冀早收成效。理合备文呈请裁夺。须至呈者。

提学使咨奉抚札银行研究科案已移法政学堂监督查照办理文

宣统二年五月二十九日

为咨会事。案，奉抚宪杨札开：查接管卷内上年谘议局议决提出开设银行研究科议案，经岑前部院札复，拟于法政绅班别科加入银行课程，限一年讲授完毕，无庸另设专科等因。旋据谘议局呈请饬速筹办，前岑部院未及札行准移交到本部院。合就粘单抄录原案暨札文、呈文札到该司，即便会商法政学堂监督妥筹办理，即自本年下学期起于法政绅班别科加入银行科目，按日讲授，造就实业人才，为创办银行预备，并将筹办情形具复暨移劝业道、谘议局查照毋延切切等因。奉此。除移法政学堂监督查核办理外，相应咨会查照施行。须至咨者。

札行核复整理湖南全省教育案各条希即议复文

宣统二年二月二十二日

为札复事。照得谘议局呈送整理湖南全省教育议案一件，请查阅核办等情到院。查阅各节分纲列目，剀切指陈本惠爱桑梓之热忱，冀增进人民之智识，本部院佩慰良深。此案于本省教育前途关系甚大，当即札由提学使督同科员悉心研究，并分致学务议长、议绅暨官立学堂监督、堂长等公同核议，以期集思广益利于推行。兹据该司详复前来，本部院参观审察，按以事理，稽之部章，虽间有形格势禁之虞，终收同条共贯之效。湘省学界新机发生最早，本部院忝抚斯土，深以教育为万事根本端，赖官绅合力谋扩充整顿之方，前次交议简易小学普及办法并筹经费一案即属此意。此次所议关于整顿全省教育案首在注重教育机关，以次统筹经费、普及小学、创改师范及各项学堂并整理各项教育事业，原文都三十七条有亟应如议施行者，有参照部章应再从长计议者，亦有曾经提学司遵章办理与局议相合者，兹经本部院逐条核复，但求于部章不相妨碍，或察核条件有可隶入本省单行章程规则者。局议所及亟愿甄采舆情，其实有滞碍之处亦照章说明原由，核议各条一俟谘议局呈复到院，即当分别公布施行。除批示提学司外，合行札复。为此札行谘议局查照。须至札者。

附录条件如左：

一、整理教育行政机关

甲、筹画学务公所进行方法

此条早经提学司遵照部章办理，与局议大致相合。查光绪三十四年政务处、学部会奏请设直省提学司折内称：学务处绅士及办事委员佐理学务实有成绩者，应留充学务公所议绅及课长各员之选。又，学部奏定各省学务官制权限章程第十五节内开：各课课长、课员以曾在中学以上毕业或曾习师范并曾充学堂管理员教员积有劳绩者充任。此时创办，应与变通暂就本省官绅办理学务积有阅历学望素孚者由提学司详请督抚札派。又，学部奏定续拟提学使办事权限章程第一条内开课长以下各员由提学司给札妥派，一面申详督抚等因。嗣奉部文六课改称六科，据提学司详称：委用公所员绅皆以部章为准的历，委科长、科员半由正绅荐扬，半由本司采访，其中有曾经出洋游学或习师范或习法政、先后毕业回国者，有曾在两湖师范毕业者，有在湘省历充教员管理员者，有在原籍历办学务者，有在前学务处供差最久谙习章程积有经验者等语。是选派资格尚与部章相合，此后应仍照学务官制权限章程第十五节办理，多选中学以上毕业及曾习师范、曾充学堂管理员教员积有劳绩者充任，庶使佐理者多得深造之士，而全省学务自当日见成功。至学务议长、议绅均经照章致送夫马，议长月支银二百两，议绅四人各月支银五十两，以资赞画学务。议事所名目为部章所无，业由提学司就学务公所内辟有会议之地，应即分特别、经常会期实行会议学务，藉收集思广益之功，庶免扞隔涣散之病。教育官练习所上年因考职暂行停讲，本年自应照案续办。附条如议办理。

乙、筹画劝学所进行方法

所请劝学所直接提学司一节与部章不合，不能一省自为风气，惟向来劝学所呈请提学司批答公牍一律收受，是事实上并无捍隔之虞。劝学总董作为实官一节应候实行新官制时再为遵章办理。至裁撤学官将衙署学田及一切经费改拨劝学所之用，用意甚善，本部院亦以为然，惟查第一百期学部官报，黔省曾经奏请部议，未经照准，湘省事同一律，应毋庸议。附条如议办理。

丙、慎选视学员

省视学关系重要，必如议案所称：须曾习师范或出洋游学并曾充各学堂管理员、教员积有劳绩者方能胜任愉快，此后应由提学司慎选此种相当人员以收视学之效。所请由教育总会遴选呈请转详札派一层，与定章微嫌不合，碍难照准。如教育总会能采访合格人员可随时开单请提学司甄择酌派，所有调查意见书应另缮一份交教育总会备查，庶几教育行政机关与议事机关可以相辅而行矣。附条：此条早经提学司照办，与局议相合，详情载第七、八期本省教育官报。

丁、慎选各学堂监督

查奏定续拟提学使章程载有：自高等学堂以至小学堂监督堂长、教员等皆由提学使分别聘用委派，并受提学司节制等语，盖重提学司职权即为统一学务起见，议案拟仿江苏成案亦具理由。兹定嗣后省城官立各校监督需人时，由提学司遴选相当员绅有学望经验者，会商学务议长、议绅暨教育总会会长公同甄采，再由本部院酌定委聘。其各属官校监督堂长需人，即由各地方官会同正绅及教育分会劝学所举定，禀请酌派。监督均应常川驻堂、不宜兼任一节自应照办。

二、统筹教育经费

甲、匀定官立学堂经费

据提学司详称：高等学堂未办正科之先，曾提六千金拨充优级师范建筑开办等费。蒙养院经费有余，则岁提二千金拨充优级师范常年费。此外各高等实业频年扩充，学科所增经常、特别两种开支不下数万，农业、工业、求忠等校亦均酌量增款，惟三路师范及法政学堂额款向章直接督销、善后两局支取亦经移饬，核实撙节所有赢余尽力推广名额等语，均系实在情形。至女子师范学堂，现拟就蒙养院改办一切筹款定额，业经提学司详由本部院批准照办矣。

乙、匀拨民立学堂经费

省垣民立学堂年久而成绩优者，均经本部院酌给补助在案，除腾出中路师范津贴八成支发银一万六千两外，余均由提学司腾挪拨给，共计补给民校之款岁支近二万两，实已竭力扶植各校，既经官款津贴，即当遵章扩充，不准停办，业由提学司饬令遵照矣。

丙、划定各地方学堂经费

教育为地方自治之根本，应如原议札行各地方官会绅酌拟筹定自治经费。再，划定学款确数禀报立案。

丁、提拨陋规及闲款

征收、督销之弊积渐使然，诚宜亟行厘剔。惟调查委之属吏仍恐习为相蒙，应由局议清查数目、方法，再行呈院核办。至不列祀典之庙宇及迎神赛会演戏等款，业由提学司通饬照章提拨兴学，应再重申旧章，凡有可提之款即采用议案，饬先注重实业各校提前兴办。

戊、公储补助费

铁路公司所提盐捐、米捐即为全省公股，候录议案照会铁路公司议复并酌定一款为全省教育基本金，现时全路未成，或先行定案可也。若地方殷实、能捐巨款入路股为学堂基本金者，应由提学司援照定章详请给奖，以励方来。已统一劝学所理财之全权如议办理。

三、小学教育普及

甲、暂定强迫入学章程

强迫教育到一体厉行必在地方自治规模粗具之后，学部分年筹备将试行强迫教育章程列在第九年具有深意，惟议案所云七年之内若听人民自便，则识字者必不能达二十分之一等语理论甚是，候饬提学司调查广西等省强迫教育办法，暂定章程详请核办。调查学龄儿童一事，将来即责成巡警道会同地方自治公所暂由省城试办，一面仍由提学司整顿四十所初等小学，推广学额并筹款，多设简易识字学塾以期教育普及，俟省城办有成绩再行推广各属。

乙、划一小学年限

学部变通小学章程有三、四年简易科小学，盖求合于社会程度斟酌，可谓至当。前札复简易小学普及办法并筹经费一案曾说明原由，应照定章办理。现经一再援案呈请仅择四年简易科小学一种，以期将来升学程度一律，尚非与部章相违背，即照所议办理。

丙、检定小学教员

学部奏准检定教员章程业已颁布，即应恪遵部章办理。

丁、优待小学教员

新奉部章，业经规定，亦应遵照部章办理。

戊、划分学区

查学部筹备清单载有宣统二年行各省因城镇乡已定之界域分划学区等语，俟奉部文再饬提学司遵照办理。至省垣所设官立、公立各小学向委士绅专管，仍由学务公所总辖，甚为妥协，毋庸别设省垣劝学所以致分歧。

（已）〔己〕、匀拨各学区学务经费

如议办理。

庚、轻收学费并由学生自备膳费及用品

除师范学堂外皆以通学为宜，余均如所议办理。

四、注重师范教育

甲、改良初级师范

初级师范应注重教育学科自属正办，此后毕业考试必须教育学及教授管理法，分数及格始准发给文凭，至收考学生亦应遵照奏定限制招考章程办理。

附件：

化除畛域用意甚善，惟所定第一、第二、第三师范学堂名目或以开办先后为次，或以地方广狭为次，应由提学司邀集学务议长、议绅，教育总会会长暨三路师范学堂监督公同妥议，分别议定再行照改。

乙、创设女子师范

官立女子师范学堂已由提学司详请就蒙养院改设，并附属女子小学、蒙养院保姆讲习所等限本年开办，与局议相合。至民立女校宜筹款维持，蒙养院保姆宜聘用本地人，均可照办。

附件：

优级师范校舍不敷添筑，苦无的款，蒙养院原有模范小学迁出后名义上即可作为优级师范附属小学，俟优级师范学堂增建校舍之后再行并入。

五、创办各项学堂

甲、设初等实业学堂

乙、设实业教员讲习所

以上两条业由提学司筹办一切，与局议相合。定章每府须设中等实业学堂一所，每州县须设初等实业学堂一所，虽由提学司通饬遵办，而教习缺乏亦属为难，现由提学司就省垣创设官立实业教员讲习所，先办农、工两科，本年成立，另办商业学堂一区并附设商业教员讲习所，限宣统三年成立，已由本部院咨部立案矣。

附件：

初级师范学堂定章有农工商课程，已由提学司照会三路师范学堂饬全校师范生一体加习，择一项作为必修科，以备将来实业教员之选。

丙、设立工厂

省垣高等实业学堂开办矿、路两科，业由提学司提前设法筹建工场以资实习。至矿业科分设长宁、平江等处，应候官矿总处妥筹详办。工业学堂先办金工、染织、漆工、图稿绘画各项，本科业由本部院奏咨立案。所称湖南应设某项工厂该校即应改授某项学科一节，尚须随时斟酌物力、人才再为办理。

六、整理教育各项事业

甲、扩充教育总会经费

查部定教育会章程，各会应由绅民发起，会员岁出六元以上之会金或名誉会员以财力助本会之发达。细绎会章，意在醵名流道义之资，襄学界文明之举，未有指拨官款明文。惟湘省总会开办之时曾由提学司详定岁给津贴银三千四百两，为数无多，筹拨亦已不易，现在总会建筑会场均由会长、会员热心组织，所称开办研究所，宣讲所，美术、音乐、体育诸会暨各种应办事宜规画甚为宏远，需款亦即浩繁，总会辅助教育事宜关系全省，则各属劝学所、教育分会暨各学堂义务所在均宜撙节财力，量为分担，或由提学司会商教育总会酌定一平均较低之数，饬各属劝学所教育分会暨学堂一体常年补助，集腋成裘，轻而易举，所请加拨官款之数应候提学司详查全省学务公项有可以酌提之款，即行详请拨入总会，以资提倡。

乙、改良各项有名无实之学堂

达材、成德、景贤三学堂前经提学司于九年筹备教育事宜案内声明，拟就三校基础扩充整顿办一存古学堂，业经转咨学部在案。惟该学堂等仍沿书院办法，有名无实，不合部章，亟应改办有益学堂以征核实。至存古学堂应否必须设立，应由谘议局详议，呈候核办。思贤讲舍查系盐商捐款设立，能否改办他项学堂，或即拨充教育总会经费，应候提学司会商教育总会定议，再行详请核夺。

丙、整理图书馆

谘议局呈有专案，另行札复。

丁、给各学堂以特别权利

民校借用官地公所，湘省前曾办理有案，自应照旧办理。至请免税各节，事关税务，碍难照准。

戊、职员、教员应久任，以专责成

如议办理。

己、划一学堂授课时间

此事可暂置缓议，仍令各校职员、教员较准钟表可也。

七、核实各学堂用费

甲、核实各学堂不急用费

应由提学司申明旧章，通饬办理。

乙、核实各学堂工程

如议办理。惟考核学堂工程事关教育行政，应归提学司主持，以昭统一。

丙、核实学务报销

如议办理。

呈复核议前案各条请裁夺施行文

宣统二年三月二十四日

为呈复事。案：奉前抚部院岑札开云云并另单逐条核复等因到局，奉此。查本局议决此案分别七款，其应参照部章及曾经提学使司遵章办理者固宜推行以尽利，其奉准如议办理者尤冀切实以程功。惟第二款丁项另单有征收督销之弊，诚宜亟行厘剔，应由局议清查数目方法再行呈院核办等语。查征收督销为财政之大宗，现已派有专员设局清理，谅不难一空积弊。今年为试行预算之期，本局开会会议时拟有清查数目方法可提作教育费若干，自应呈请核办。又，第六款乙项另单有存古学堂应否必须设立，应由谘议局详议呈候核办等语。查存古学堂既经奉有部章，自应就达材一校遵章整顿办理，其成德、景贤两校既改名法政学堂，应请饬恪遵定章办理，均不得有名无实。理合呈复裁夺，公布施行。须至呈者。

呈报复议前案请参照原案札准各条一律实行文

宣统二年五月二十九日

为呈报复议事。案：奉前抚部院札开谘议局呈送整理湖南全省教育一案，有亟应如议施行者，有参照部章应从长计议者，亦有曾经提学司遵章办理与局议相合者，兹经本部院另单逐条核复，但求于部章不相妨碍，或察核条件有可隶入本省单行规程者。局议所及亟愿甄采舆情，其实有窒碍之处亦照章说明原由核议各条，一俟谘议局呈复到院，即当分别公布施行等因。奉此，业由常驻议员公同协议呈复在案，兹经开会逐条讨论，佥以教育为万事根本，事势则随时变迁，不维好高（务）〔骛〕远之行，要以循名责实为贵。原案重在整理，札复意在推行，义本相通，毋庸固执，公同议决其实行有窒碍者自应删除，其不合定章者亦皆改正，未准而事可行者固重申前请，已准而有余义者亦补述理由另折呈候，参照原案札准各条一律实行。所有复议整理湖南全省教育案缘由，理合备文呈请裁夺，公布施行。须至呈者。

札核前案各条希分别改正呈候公布文

为札复事。案，照谘议局呈报复议整理湖南全省教育一案另折呈请，参照原案札准各条一律实行等情到院。查此案由岑前部院札复常驻议员，公同协议，呈明在案。兹经临时会开会逐条讨论，所称公同议决原案实有窒碍者自应删除，不合定章者亦皆改正，未准而事可行者固重申前请，已准而有余义者亦补述理由等语。责实循名自系为慎重教育起见，兹特另单逐条核复，仍当按诸事理，稽之部章，有推行尽利之方自收发展文明之效。所有核复各条，如无异议，应即遵照先后札准各条，将议案分别改正送院，以便刻日公布施行。合行札复。为此札行谘议局查照。须至札者。

条陈如左：

一、整理教育机关

甲、筹画学务公所进行方法

学务公所为全省教育行政机关，用人自关紧要，所请实行部章与议长、议绅定期会议各节应由提学司照案、照章办理。

乙、筹画劝学所进行方法

学官衙署学田拨归劝学所一节自属正办，惟现时学官尚未裁撤，应候本部院奏明办理。

附条：

如议由提学司随时考核，著加惩罚可也。

丙、慎选视学员

各属办理学务均恃文牍报告，必不能尽得其真，慎选视学员分途督察关系甚重，应由提学司参酌议案订立视学章程，以期征实。至提学司亲自视学一节，观听所及足以树之风声，亦由提学司随时酌核办理。

丁、慎选各学堂监督

据称由教育会公举二人呈请提学司酌定委聘，既可助学司审查之力，亦不侵学司聘委之权，实无弊病等语，自应分别照准。嗣后省城各官立学堂需人时，由教育总会公举二人呈请学司认可，再行转详酌定委聘。其各属官校监督堂长需人，仍由地方官会商正绅及教育分会劝学所举定，禀请提学司酌核派充。盖各属教育分会劝学所时有选举诉讼之事，若令监督堂长尽由该会所选举，必以党同伐异之见致启争端，转非慎重教育之道，故不得不分别办理也。

二、统筹教育经费

甲、匀定官立学堂经费

乙、匀拨民立学堂经费

以上两项，候饬提学司清查各款，通盘筹画。

丁、提拨陋规及闲款

如议办理。

三、小学教育普及

乙、划一小学年限

此条应如议删除。

戊、划分学区

候饬提学司责成学务公所普通科科长科员等实行职务。

庚、轻收学费并由学生自备膳费及用品

改办通学一层，候饬提学司先就省城实行，渐收教育普及之效。

四、注重师范教育

甲条附条：

三路师范亟应正名，候饬提学司邀集各绅公同妥议。

乙、创设女子师范

附条如议办理。

五、创设各项学堂

丙、设立工厂

复议注重矿业科学生实地练习，现今省城高等实业学堂业已开办矿、路两科，并由提学司提前筹建工厂，与局设工厂、学堂联成一气之语已相泯合，他项学科亦经陆续开办，此条应仍遵照岑前部院札复办理。

六、整顿各项教育事业

乙、改良各项有名无实之学堂

成德、景贤两校应改法政学堂，已于五月间照准推广，法政学堂培植审判人材一案，札饬提学司会商该两校堂长切实改良。其达材一校自应遵章改办，存古学堂、思贤讲舍亦应改办，他项学堂或即停办，拨充教育总会经费应由提学司会同教育总会定议，再行详请核办。

丙、整理图书馆

另有专案，已批提学司照办矣。

丁、给各学堂以特别权利

免税等语应如议删去。

己、划一各学堂授课时间

候饬巡警道于省城适中之处每日准放午炮可也。

七、核实各学堂用费

乙、核实各学堂工程

丙、核实学务报销

以上两项，均如议办理。

呈复查照前后札复各节将原案分别改正请公布施行文

宣统二年七月二十三日

为呈复事。案，奉札开：案照谘议局呈报云云，刻日公布施行等因。奉此。当即公同协议所有核复各条与复议案并无出入，应即遵照前后札复将原案分别改正，呈候公布施行。除原案另行粘抄外，理合备文呈请，查照施行。须至呈者。

条陈如左：

一、整理教育行政机关

甲、筹划学务公所进行方法

公所为全省教育行政之机关，定章各课长、副课长、课员以曾在中学堂以上毕业或曾习师范并曾充学堂管理员、教员积有劳绩者充任。又，查定章议长、议绅应给予薪赀，常川驻省赞画学务。此后公所办事人员应照章遴选，并定会议章程，会集议长议绅评议，已行事宜讨论进行方法编成议事录决议实行。教育官、练习所应继续开办，延聘游学东西各国高等师范毕业精通教育之员照章讲演，教育学教授管理诸法及教育行政视学制度并加讲学部新章以六个月毕业，每厅州县必派劝学所或教育分会职员一人轮流来所听讲。

附条：

官立各校收学或升学考试须先期通知各县劝学所及教育分会，届期不可改缓并宜从速发案，以免学生在省虚糜旅费及无事游闲染不良之气习。收录学生并须知会各劝学所取具确实保结，以免中途无故辍业。

乙、筹画劝学所进行方法

劝学所为全县之教育总机关，定章以本地方官为监督，设县视学一人兼充学务。总董地方官政务殷繁，势难兼顾，宜专责成于劝学所，其旧有学官裁撤后衙署学田及一切经费均拨充劝学所之用。

附录：

湖南各厅州县劝学所尚有未成立或成立而未照章办理者，由学司通饬各厅州县照章选人速行组织，限两月内详细册报。

丙、慎选视学员

省视学所以稽查地方学堂合法与否，有随时纠正之责。定章省视学须曾习师范或出洋游学并尝充各学堂管理员、教员积有劳绩者充任，并由教育会采访合格人员随时开单请学司甄择酌派。所有城镇各项学堂及乡村公立、私立各学堂，均须亲往巡视，认真考察，破除情面，切实报告，随时将调查意见书另缮一（分）〔份〕交教育会备查。至离省较近学堂，学司应每年亲自巡视二三次，较远者每年或二年巡视一次，以树风声。

附条：

视学员宜优给旅费，免受地方官供给及各学堂馈送。

丁、慎选各学堂监督

学堂监督所以主持一校，学务必须选聘相当之人充任，不宜专论资格，如法政监督宜知法政，实业监督宜知实业，师范监督宜由师范毕业，庶不至有乖教育宗旨。凡省城各官立学堂监督需人时，由教育总会公举二人，呈请学司认可，再行转详酌定委聘。其各府、直隶州官立学堂监督需人时，由各地方官会商正绅及教育分会劝学所会同公举，禀请学司酌核派充，总期为事择人酌实办理。又，监督责任綦重，宜照章常川驻堂，不能兼任，以专责成。

二、统筹教育经费

甲、匀定官立学堂经费

官立学堂如高等、高等实业、优级师范、三路师范、法政、农业、工业、医学、求忠中学、模范小学、蒙养院均已划定常年经费，惟教科难易不同，学生多寡不一，应权其轻重、先其所急，酌盈剂虚以归实用。

乙、匀拨民立学堂经费

欲期教育发达，必须扶植民立学堂，应调查其办有成效者优予补助金并责令照章办理，只准扩充，不准停办，以期多一学堂即多收一学堂之效果。

丙、划定各地方学堂经费

查筹办地方自治最重教育，其筹款方法先仅向有之公款、公产外得另筹公益捐，或从附捐著手，或从特捐著手，各视本地方情形所宜。教育为自治根本，关系极大，应由地方自治经费内划出多数以为各地方学堂经费。

丁、提拨陋规及闲款

学款以征收及督销两项为大宗，应清查数目。除划定经费外提作教育经费应饬各州县及督销局凡关学务附收款项另造清册一（分）〔份〕送学司，核对无误仍行知各堂及登入学务官报。至不列祀典之庙宇及迎神赛会演戏之存款有可提者，悉照定章办理。

戊、公储补助金

湖南铁路公司每年提有盐捐、米捐皆系全省公捐，应填给股票为全省公股，即指定一款为教育基本金。铁路告成即将此款拨为教育财产，若地方殷实能慨捐巨款入铁路股为地方学堂基本金者，由学司详情奖励。

（已）〔己〕、统一劝学所理财之全权

科举既停，书院均改为学堂，其原有之公款、公产如属通县之书院义塾宾兴印卷费，均应由劝学所会同自治公所切实清理，随时拨用。其属各乡之公款、公产，由各乡学堂自行经理，并责成劝学所稽查出入，以期归诸实用。

三、小学教育普及

甲、暂定强迫入学章程

定章初办五年之内，大率每四百家必设初等小学一所，十年之内每二百家必设初等小学一所，今各州县城镇地方照章设立者尚觉寥寥，至各乡村往往数十里无一小学。查宪政编查馆筹备立宪第九年人民识字义者须有二十分之一，学部奏分年筹备事宜第九年试行强迫教育章程，强迫教育章程既须第九年试行，而此七年之内若听人民自便，则识字者必不能达二十分之一，应仿照广西等省强迫教育办法，暂定章程，奏请试办。先由巡警道调查省城学龄儿童，造学龄册，即自宣统二年为始，自省会实行整顿四十所初等小学，推广学额以为模范，并筹款多设简易识字学塾，由此推行于各州府县。子弟有不入学者罪其父兄，期以三年全省城镇一律实行，以后再推行于乡村，务期教育普及。

乙、检定小学教员

学部奏准检定教员章程业经颁布，应即遵照办理。

丙、优待小学教员

小学教育之善否全操诸教员之手，待遇太菲必不安于其位，非教员不热心，实生活所迫也。现在部章业经规定，亟应实行。

丁、划分学区

定章劝学所应划定各学区，由各区董事担任兴学之责成，以学区关系于一区建设，小学之事甚大，而取便通学负担财政又不能纯就原有之区域而定。今各州县劝学所尚未筹及此事，以致区域不明，通学不便，有一区内设立多校者，有多区尚无一校者，殊与定章不符，应由各劝学所于本年内举定明白学务之劝学员，分往各乡划定学区，具图式及表册报告学务公所暨教育总会。既定学区筹有学款，即择明白学务之人办理，以免互争，藉学兴讼。至东西各国于市镇都会人口荟萃之地另画分之为市，设有市长管理其事，我国尚无此章，如长沙省会之地，向来地方行政属于长、善两县管理，则省城内小学事务亦宜属长、善两县劝学所管理，而城内各小学堂属全省官立或公立者又非州县劝学所所能干预，若不明定权限，亦非行政统一之道。查定章京内学堂辖于京师督学局，不归直隶提学使管辖，以此例之，省城内附近区域学堂应直辖于学司，责成学务公所普通科长、科员实行管理。其原有长、善两县官立之学堂及学款，则仍归两县劝学所管理。

戊、匀拨各学区学务经费

学章颁布以来，地方官应办官立小学一所以为模范，于是原有书院学田等一切公款强半提为官立小学经费。至各乡村办理小学与否、经费有无概不过问，教育何能普及？劝学所既负一县兴学之责，即宜统筹全局，使乡城利益均沾，至少亦应就一县所有之公款酌提若干为各学区补助费，以昭平允。

己、轻收学费并由学生自备膳费及用品

既行强迫教育章程，贫穷之家负担不易，除赤贫不收学费外其余只收一元以内，并一律改办通学。其不便通学而必寄餐宿者得征收膳费，其他一切图书用品服装等费概不许由学堂津贴，先从省域实行，以节经费而广学额。

四、注重师范教育

甲、改良初级师范

湖南创办师范七年，尚无完全师范毕业生，且多未研究师范学科，殊失办理师范之旨，应即遵照定章实行整顿。其有未授师范之毕业生再留堂补习师范学科，并派往各小学堂实地练习数月，始行毕业。又须加试教育学科，必确能胜小学教员之任者始发给小学教员文凭，庶师范学堂不失教育宗旨，而师范学生亦知注意教育学科，收师资之效。至收考学生其年龄太轻者，尤不能令习师范。

附条：

湖南有三路师范，名目显分路界，不可为训，应改为第一、第二、第三师范学堂，以示大同。

乙、创设女子师范

教育普及统合男女而言，欲设女小学必造女师范，女师范学堂现在规画已定，亟宜从速开办。民立女学已有成效者尤当筹款维持，令其多习师范学科以储师资。至蒙养院教员，概宜聘本地人，以期言语相同儿童易于领解。

五、创办各项学堂

甲、设初等实业学堂

学堂须注重人民生活，学部奏定初等实业学堂优加奖励亦即此意。湖南仅南路办有中等实业学堂一所，其余各州县均未筹及，将来初等毕业多有急于谋生者，仅习普通教育，仍于经济生活不能发展。拟请限令每州县必设初等实业学堂一所，以二年为期，一律开办。

乙、设实业教员讲习所

各县开办初等实业学堂，若无相当教员则虽设与不设等，拟请官立全省实业教员讲习所一所。此时中学及初级师范毕业生不多，暂招考中学及初级师范有三年程度者分习各项实业，以二年毕业，即派各属充当初等实业教员。

附条：

三路师范学堂款项甚足，各应设简易实业教员讲习所一所，或招考已经毕业之选科学生及各中学堂之毕业生再补习各科实业。程度既高，进步必速，尤于实业前途大有裨益。

丙、设立工厂

学实业而不实地练习仍属无效，既办各科实业，应即设立各科工厂以资实习。至矿业科尤宜分设于平江金矿、常宁铅矿等处，一则学生可以实地练习，二则所聘教员即可经营矿务。

六、整理各项教育事业

甲、扩充教育总会经费

教育总会为辅助全省行政机关，关系重大，湖南总会成立以来未能有所建树，洵为缺恨。现适建筑会场规模粗具，亟宜开办研究所，宣讲所，美术、音乐、体育诸会，派遣调查员编纂教育公报，储藏应用图书，筹设教育品陈列所、教育成绩展览会。惟在在需款甚巨，应由学司会商教育总会酌定一平均较低之数，饬各属劝学所教育分会暨各学堂一体常年拨助，并由全省学务公款酌量提拨，俾资应用。

乙、改良各有名无实之学堂

查成德、景贤系法政学堂，达材系存古学堂，应即遵照定章办理。至思贤讲舍亦应酌改为他项学堂，以广造就。

丙、给各学堂以特别权利

各国国家对于民立学堂多给以特别权利，如校地免租并许借用官地，以示鼓励。亟宜采用此法，凡兴建学堂者如有相当之官地，公所许其借用并免租税。

丁、职员、教员宜久任以专责成

劝学所职员及各学堂职员、教员当初择人最宜审慎，既已得人而理即宜久任，无故不得更换职员、教员，亦不得见异思迁，并宜划一薪金，凡属同等之学堂职员薪金不宜参差，至教员薪金应以学科难易高下分别划定，照实行授课钟点计算。

戊、划一各学堂授课时间

各校钟点迟早不一，以致教员授课、学生到校有过时之弊，尤于通学不便，应由巡警道于省城适中之处每日准放午炮，以期钟点不至参差。

七、核实各学堂用费

甲、核实各学堂不急用费

经费既不易筹，则用费皆宜核实。各学堂每届毕业动用数百千金，不无滥费，亟应切实节用为推广学额之计画。

乙、核实各学堂工程

学堂建筑只求适于教育之用，此后各官立学堂如有兴大工程者应先将图式呈学司核定估勘，工程告竣后核实验收。

丙、核实学务报销

学务公所，教育总会、分会劝学所，全省官立、公立、私立各学堂，每学期均造决算表汇登教育公报，以昭核实。

札复筹办湘汉航业案碍难公布俟开会时复议文

宣统元年十二月十一日

为札行事。案，查谘议局章程第二十二条：谘议局议定可行事件，呈候督抚公布施行。又，第二项前项：呈候施行事件若督抚不以为然，应说明原委事由，令谘议局复议等因。前由谘议局议决提出湘汉航业一案呈请裁夺施行等情到院，当即札发劝业道妥速筹议。兹经该道具详前来，本部院复加核阅，详开各节与原案略有出入，兹特略加采择，分别说明。原案谓：挽回航利端在鼓励航业，鼓励之法不外官款保息、官力集股、官人赀本数者为提倡开办之方。比年内港行轮多让外人攘利，设法补救诚为切要之图。近日风气未尽开通，商民罔识抵制，因本各国鼓励航业之意以有此官商合力之谋，兼顾统筹，讵云非计。惟是振兴航业固须组织公司，公司要素首在维持信用。诚得资本丰富、乡望素（符）〔孚〕、熟悉商情之人慨捐巨股，极力倡导，则凡不足之款无论招集股本、发行债票、息借商款皆可呼应灵通，无庸官为保息。湘中不乏财力雄厚之绅富，应如何结合团体以维公益而保利权？保护维持，官自应惟力是视，若使信用不彰，空言组合，开办公司全无实力，官为出示亦属虚文。至发行债票一节，就令官为指款保息，亦恐难生效力。前年广东试办公债，指定粤海关税的款担保息金，按年抽偿，原本办法颇为妥善，人民尚复观望不前，此其明效大验。息借银行资本纵令可以实行，设公司捐失巨资，应由何人赔补，未雨绸缪，正非过计。否则，集股之外全恃官股加入，历年要政繁兴，财政奇绌，久已入不敷出，罗掘俱穷，实无此大宗闲款足资挹注，因噎废食，固非良图，剜肉补疮，亦岂得计？案内于添设商轮一项估计需银一百万元，并举兼营自须此至巨之股本，所虑规模愈大收效愈难，为今日计，公司股本自宜从速招集。商轮一项尽可陆续添置，得尺得寸，较易为功。案内又谓公司成立须呈部立案，嗣后只准加股，不许别立公司。查航业专利大部本无明文，自未便加以限制致滋纷扰，余如培养人才、组织公会、改订章程、清查账目、清洁船厂以及联合汉口华商两湖开济公司合赀贸易，均属振兴航业应有之文，应俟公司成立分别照案办理。所有原案碍难公布施行各节，合行说明原委事由札知谘议局，希俟将来开会时公同复议，以凭核夺施行。为此札行谘议局查照。须至札者。

呈报复议前案仍请公布施行文

宣统二年五月二十八日

为呈报复议事。窃照本局前届议决提出筹办湘汉航业一案，奉前抚部院札开：碍难公布，说明原委事由，俟开会时公同复议以凭核夺施行等因。奉此。兹于临时会本月十九日开会复议，佥称湘汉航业为外商所夺利权，尽失振兴，实不能缓。原案指陈已极详晰，此事为交通要政，关系全湘利害最巨，无论官款如何支绌，要当设法维持，兴盛虽一时难期，创设实目前要务，若官不提倡，坐失大计，商无远志，莫知挽回，则湖南航业终无发达之日。细绎来札，有组织公司，诚得资本丰富、乡望素孚、熟悉商情之人慨捐巨股，极力提倡，无庸官为保息，若空言组合，全无实力，官为出示亦属虚文等语。查欧美各国民智大开，商务甚盛，然兴一事业、创一会社犹待国家极力提倡，保息之法已成为世界通例。如日本邮船会社则保息之外更有补助金，官款之外更有官物集合，亦无非以国力助长商业。今中国商智尚未大开，商情尚多涣散，况创办此事本无近利可图，徒以国权所在万难放弃，乃于区区保息尚靳不肯与，但空言保护而冀其自行组合团体以维公益，是亦终任利权之外溢而已，应请抚部院仍查照原案筹指官款保息。保息既定，自有资本丰富、乡望素孚、熟悉商情者出而组织公司以彰信用，官为出示，断不至于徒属虚文。又，来札有发行债票一节，官为指款，保息亦恐难生效力，前年广东试办公债，指定粤海关税的款担保息金，人民尚复观望不前等语。查广东试办公债之事本非生利事宜，且昭信股票既失信于前，公债更纯系官办性质，民信未孚，以拟航业殆非其伦。又，来札有息借银行资本，纵令可以实行，设公司损失巨资，应由何人赔补等语。查外国人数万里来湘经商不虑亏折，而吾湘人集资自办独虑其损失至巨，两相比较，未免不情，招商局开办数十年未尝有亏成本，尤为可证。又，来札有集股之外全恃官款加入，历年要政繁兴，财政奇绌，久已入不敷出，剜肉医疮亦岂得计等语。查库储固极困难，而民利尤宜兴办，原案请加入官款不过冀官实力提倡，以期信从者众易于成功，固非专恃官款遂足济事。又，来札有公司股本自宜从速招集商轮一项，仅可陆续添置等语。查原案估计通共八十万圆，或有他项增款亦只以百万为限，非必须款百万不得则不办，且公司招股满足敷一轮之用即先定购一轮，敷两轮之用即先定购两轮，非必俟股本招足百万始可开办也。又，来札有航业专利大部并无明文，未便加以限制等语。查原案系为预防争夺起见，既为部章所未定，自应将末条以后湘汉航业只准加股扩充、不许别立公司诸语一并删去。要之此案意在保守国权、振兴实业，请筹拨保息的款至多不过六万元，且亦未必动用，是希望于官府者不奢而裨益于国民者不鲜。至于发行债票、息借银行、官款入股三者皆推类至尽之辞，非急切必需之款，无妨宣示以为提倡。所有复议此案缘由，除末条删去数语外，理合备文呈请裁夺，仍予公布施行。须至呈者。

札复前案复议各节与前此札复颇有出入照章抄送资政院核议文

宣统二年六月十七日

为札复事。案，照谘议局章程第二十四条内开：谘议局于督抚交令复议事件若仍执前议，督抚得将全案咨送资政院核议等因。兹据谘议局呈送复议湘汉航业一案前来，本部院复加查核，案内如保息、招股两条为全案最要问题，若一时不能解决，则其他各节均失其根据。卷查前部院岑札复文内于此项公司之组织注重商股经营，官力保护，诚知湘省财政奇绌，航业亏折实多，全恃官款维持，碍难遽行照准。来呈反复引申，仍请悉照原案办理，是复议各节与前此札复颇有出入，自应照章抄录全案咨送资政院核议，以期折衷一是。除咨明资政院外，合行札复。为此札行谘议局查照。须至札者。

札复推广法政学堂培植审判人才与原案略有变通更希另呈复文

宣统二年正月二十七日

为札复事。照得谘议局呈送议决提出推广法政学堂培植审判人才案一件，请查阅核办前来。本部院查筹办审判厅自以培养审判人才为先务，需才愈多，筹备益亟，业于上年札饬按察司筹拟办法，依限设备，略已具有端倪。兹查谘议局提出此案议决各条尚足以备采择，比将原案饬据提学、按察两司会同筹议详复到院，本部院复加审查详复各节，与原案略有变通，自应互证参观，以期折衷一是。如画一学校一条原案谓：湖南法政学堂官绅分校，不合部章。查湖南法政官校系遵宪政编查馆章程办理，法政绅校系照学部章程办理，开办本有后先，且非部章所能包括，前因绅校狭隘，未能兼容多人，分校授课原非得已，现在新筑法政学堂系合官绅为一校，所谓合校之利与分校之害均不必鳃鳃过计。又，查宣统元年九月接准宪政编查馆咨开：学员分科教授须别为一班，庶程度不致参差等因。原案谓：将可并之班次照章并合，按之馆文殊觉不合，自应毋庸置议。又，添设教室一条，原案因新筑法政学堂教室仅容百余人，意在增建阔大之讲堂，以期容多员而宏教育。查法政学科虽不能以理化、数学、外国语为比例，然学生上课听讲原冀心领神会，庶几剖析毫芒，若一堂学生超过六百人，必有多数人距离较远，教员声浪纵能普及，而口讲指画遂不免观听模糊，势必有专恃讲义为研究资料，或日久不到堂者自宜先就原有教室分班授课，随时体察情形，如果必须增筑讲堂再行酌量办理。又，慎选教员一条原案谓：中国教员须具有一定之师资、相当之学问，更须聘请外国律师及司法官之退职者讲授手续法及各国比较法，创立司法制度之始，兼可以备顾问等语。查教员之良否关系綦重，遴聘外国教员自系取法乎上之意，惟外国素负声望之律师辩护诉讼一案所得报酬甚丰，未必肯舍终身事业就我讲席，司法官之退职而有学问者恐亦无闲散之理，若徒骛虚名，彼以金钱为目的之外国教员一经聘定，不惟学问未精，且虑无从应付，此事碍难照准。自应如原案第一项所议慎选中国教员、俾之注重主要学科悉心讲授较为切实易行。又，慎选职员一条原案谓：法政学堂自监督教务及其他管理各职务均以曾习法政人员充任，自系为实行改良、为事择人起见。惟查湘省法政学堂，其副监督以及充当其他各职务者不乏曾习法政之员，自未便一律更换以资熟手，应俟将来遇有相当人员再行酌量改委。又，预定年分班次一条原案谓：应照筹备清单年限切实计算需应人数，开设讲习科，别科预科二年后再开本科，其讲习科班次须以足敷本省司法行政各项之用而止等语。按之筹备清单，此项人才自非养成多数不可，容俟察核情形，分别酌量办理。又，变通考验章程一条原案谓：原定章程未尽允协，拟请出奏更改等语。查馆章考列一、二等者毋庸入法政学堂肄业原指定章以前已经到省人员而言，盖以目前办事需人，势不能概令从学。宣统元年九月准宪政编查馆咨开内一条法政知识宜设法推广，本馆奏章为澄清仕途起见，故只考试捐纳、保举各员，令其学习，方今各省筹办新政在在需材，即由正途学堂出身及考试列入一、二等人员亦宜扩以新知，期收远大之效。查湖南法政官校附有自修一科，遍发讲义，俾校外各员自行修业，今特采其意，令各省除应入学堂各员仍分别入学肄业外，其余无论现任及有要差者均须领取法政学堂讲义，自行研究，遇有疑义，随时函询学生答复。每届一学期将所圈讲义及研究心得作为笔记，并送学堂核验，如有旷废玩弃情事，由督抚分别记过，以示惩儆。若有自愿入别科讲习科肄业者卒业，奖励准其与本省士绅一律办理，以昭激劝等因。现查湘省候补人员无论正途、捐纳，其领取法政学堂讲义归入自修科者已居多数，而分发禀到各员则一律施以相当之教育，但使严定规则，实事求是，将来法政人才自不难渐推渐广，馆章本极详备，未便遽请议改。余如学期及卒业试验一项，划定常年经费、改良旧有学校两条均属可行，应即照准。总之，养成审判人材为今日急须筹备之事，本部院熟思审处，不厌求详，一应办理方法固宜广益集思，尤期推行尽利。以上核议各节，希即公同酌议，如以为可以公布施行，或应俟下届开会时复议，应即另文呈复以凭酌核。为此札行谘议局查照。须至札者。

呈复前案协议各条请一律公布施行文

宣统二年二月廿二日

为呈复事。案，奉札开：照得谘议局呈送议决提出推广法政学堂培植审判人才案一件云云等因。奉此。查原案画一学校一条系指部章无官绅分校明文，因举分校、合校之利害以期画一。现在新筑法政学堂，官绅虽同校舍而其中教授管理均各悬殊，与本局所谓合校之意不同。至并合班次原指官绅程度相等，应按其程度合班教授，非谓官校并为一班，与馆章并无不合。惟现在官绅两校均已开学，暂难合并，应请体察情形斟酌办理。又，原案添设教室一条系为推广名额以宏教育起见，日本各法政学校与京师法律学堂皆有阔大教室，学员动容千数，未尝有观听模糊诸弊。至若虑学员藉此专恃讲义以为研究，或日久不到堂，则管理检察自可随时干涉，毋庸过虑。至慎选教员一条，第一项以现在法政学堂正需推广，学生程度日以增高，断无不聘外国教师之理，况手续法及比较法均为法政必要科学，手续法纯以经验为基础，比较法则非熟悉各国文字不足以资研究，日本律师及司法之退职而就聘国外者非无其人，但令遴聘认真，自无徒骛虚名之弊，应请与第二项并照原案办理。至慎选职员一条，现在法政学堂职员虽不乏曾习法政之人，究不能尽归一律，应请仍照原案，嗣后如有缺出即以曾习法政人员补充，以收得人之效。又，变通考验章程一条，原案提议系在未奉馆章以前，现既奉有馆文，自应遵照办理。官校自修一科饬候补人员领取讲义自行研究，固系推为广法政起见，然凭笔记以征心得难保无倩人代记及代圈讲义诸弊，似应施以口头试验或书面试验以求核实，应请严定办法，庶以实行馆章。以上各条，均经本局协议，应请与其余各条一律公布施行。所有呈复缘由，理合备文呈请察核。再，改良旧有学校既经核准可行，现查景贤、成德两校均已开学，请即分别照会该两校堂长遵照定章讲习科或别科教授管理诸法，切实办理，以期改良而省糜费。合并声明。须至呈者。

札复核议前案出入甚大应行分别存案文

宣统二年三月十六日

为札复事。照得谘议局呈复议决提出推广法政学堂、培植审判人才议案据称云云等情到院。本部院复加核阅，原案画一学校一条来呈谓：现在官绅两校舍均已开学，暂难合并，应请体察办理。此节自当从缓计议。又，添教堂一条呈文反复引申，不外普及法政知识，惟查新筑法政学堂已建有讲堂八所，以每（室）〔堂〕一百五六十人计算，约可容官绅一千二百余人，济济生徒已不为少，日本各法政学校与京师法律学堂每年造就学生度亦不过此数，必欲增建足容六百人以上之讲堂讲授科学，是否观听不至模糊非身历其境者无从深悉。现在司法研究所本为审判人才而设，暂假法政讲堂教授，将来法政学生名额如果逐渐扩充，原有校舍不敷应用，再行设法于该学堂内另建司法研究所讲堂，俾容多数学生。又，慎选教员一条第一项法政学理博大精深，手续法及比较法尤为繁难细密，故步自封诚虑无从深造，惟聘请外国律师及退职之司法官动需多金，犹其余事至遴聘教习、慎选翻译，一或不慎于实际上毫无所补，其间种种困难言之匪艰、行之维艰，此条与札复各节出入甚大，应由谘议局存案，俟开会时复议。又，慎选职员一条前此札复所云：遇有相当人员再行酌量改委，应俟将来出有缺额自当照案办理。又，变通考验章程一条整顿官班自修科系为推广法政教育，前已饬由该学堂监督严定章程，认真考核，尚不至有名无实。至景贤、成德两校既具有法政学堂名称，自当遵章办理，俟札饬提学司会商该两校堂长设法改良，以昭核实。以上核议各节，希即分别存案，其已经核准各条即由本部院公布施行。除札饬提学司外，为此札行谘议局查照。须至札者。

呈报复议前案各条请从速一并公布施行文

宣统二年五月二十二日

为呈报复议事。案，奉前抚部院岑札复呈报议决提出推广法政学堂一案，业经协议呈复在案。复奉札复，内开：画一学校一条须从缓议。添设教室一条以现在司法研究所暂假法政讲堂教授，将来法政学生名额逐渐扩充、原有校舍不敷应用，再行设法于该学堂内另建司法研究所讲堂，俾容多数学生。慎选教员一条与札复各节出入甚大，应即存案，俟开会时复议。变通考验章程一条整顿官班自修科，已饬由该学堂监督严定章程，认真考核。景贤、成德两校俟饬提学司会商该两校堂长设法改良。其余已经核准各条，即由本部院公布施行等因。奉此。兹于本月十六日开会复议，佥称：画一学校一条，札文以官绅两校暂难合并，当从缓议，此节将来尚宜体察情形，酌量合并，以期齐一学科而融界限。添造校舍一条，现查新筑讲堂八所，绅三班，官二班，司法研究所一班，共占六堂，所余仅二堂，审判需才日多，计必开办正班、添招别科，非仅此校舍所能济事，应请从速规划，建造合宜讲堂以资容纳。慎选教员一条，札文反复引申，无非为节省经费起见，惟教科之良否全视师资，中国如有相当教员自应尽先聘请，使开办正科而无高等学识之人充当教员，断难完善。查中国各项高级学堂现多聘用外人，非不知事实上有种种困难，然不如此则不足以资深造，将来开办正科时仍请查照原案办理。变通考验章程一条整顿自修科既已饬令该校监督严定章程、认真考核，应请查照局章第二十一条第六项饬催该校，速将所定章程交由本局议决，以符定章。惟划定常年经费一条虽经札准可行，尚有应行声明者。查绅校常年费现只一万二三千两，仅能勉强支持，明年若再招足六班，预算增加一万二千两。官校常年费亦有一万二三千两，而学员则仅两班，不过百余人。经费同而学额悬殊，亦非正当办法，拟请嗣后仍照划一学校一条将两校合并为一。否则，两校虽分而办法仍归一致，其两校经费则当以学员多寡为比例方昭平允。至景贤、成德两校既饬提学司会商该两校堂长设法改良，究竟该两校如何改良，是否遵照定章改设别科或讲习科，现在教员、职员、学员各若干，想均呈报有案，应请饬令切实办理。所有议复推广法政学堂一案缘由，理合备文呈请，查照原案一并公布施行。再，本局临时会会期以二十日为率，应请于会期内早日札复。合并陈明。须至呈者。

札复核议各节与来呈无甚出入应并全案公布施行文

宣统二年五月二十七日

为札复事。案，据谘议局呈称，案奉□□□□□□□□□□议决提出推广法政学堂一案云云等情到院□□□□□核复议各节，如画一学校一条拟请官绅两校将来仍酌量合并等情，此节俟察夺两校学员学生、年级程度，如可量为归并，再行斟酌办理。又，添造校舍一条拟请建造合宜讲堂以资容纳等情，据称法政学堂尚余讲堂两所，将来审判需才续行招考，开办正班尽可就现有讲堂先行举办，况现在官校学员业已陆续毕业，嗣当渐次减少，所余课堂亦可备用，或尚不敷，届时当就该校隙地量为建筑，以期推广。又，慎选教员一条请俟将来开办正科仍聘用外国教员等情，异地借材俾资深造，所陈不为无见，惟外国之硕学宿儒就聘我国者除京师外恒不多见，加以翻译之传述舛错脱漏伪误滋多，听讲者实不达圆满之目的，较之遴用本国教员受益深浅相去能有几何，骛虚名而鲜实际，前札之所以极不赞成者大率因此，惟是审判人才将来之用方既渐推渐广，则致用之学术当精益求精，听断时固适用本国之法律，造就时先须研究各国之法理，作用具备而后人才可以养成，此条应俟将来开办正科时酌量办理。又，变通考验章程一条请将该校所定整顿章程发交议决等情，候饬知该学堂监督抄呈以凭札发。其划定常年经费一条呈称：官、绅两校用费相等而学员、学生人数悬殊甚远，应请嗣后两校经费以学员多寡为比例等情。查各省岁出入预算今年须交谘议局议决，该校经费一节俟九月开会时提议可也。至景贤、成德两校亟应改良一节，前抚部院岑未及札行，前已由本部院札饬提学司知照该两校堂长按照法政学堂办法切实改良，当不至仍旧有名无实。以上核议各节，与来呈无甚出入，应即并入全案照章公布施行。合行札复。为此札行谘议局查照。须至札者。

札复议决改良征收案内惟欠粮差催米改折色等条摘出存案余均札藩司饬办文

宣统二年二月二十二日

为札复事。照得谘议局呈送议决提出改良征收议案一件请察办等情到【院】。本部院详加披阅原议办法十二条，如革除陋规粮书舞弊、痛除垫解隐匿支延、过粮索费以分包厘、藏匿誊黄各节，均切中情弊，自应严行禁革以恤民艰。至规复减征及钱粮内捐收各项新政公费请每年于上下两忙及署任官交卸时清查一次，以免喊晩，亦属可行，当经录案札饬布政司通饬所属各就地方情形查明禁革暨分别办理，余如征收钱粮、欠粮差催、米改折色亦经札饬，一并查明，筹议具复。去后兹据该司详称：查谘议局原拟办法十二条，如革除陋规粮书舞弊、隐匿支延、过粮索费以分包厘、藏匿誊黄痛除垫解以及规复减征并钱粮内捐收各项新政公费请每年于上下两忙及署任官交卸时清查一次各节均奉于单内明晰指示，自应遵饬各属各就地方情形查明禁革并分别办理，禀报查考。所议征收钱粮一条，查各属征收情形各有不同，有征银者每粮银一两征银一两四五钱，有征银元者每两折银元二元，有征钱者每两折钱自二千三四至二千七八百文，此谘议局所谓自为方法也。征银之处则长沙、善化、宁乡、醴陵、湘潭、武陵、邵阳、平江等县，余则银元与制钱并征，前因银价日昂，收钱者征不敷解，本司是以有一律征银之请。旋奉批示：按照银元平色、铜元尾零体察情形通盘筹画，遵即一再考察，期于官民两便。惟是银元之平色难齐，铜元与制钱互异，早晚之价值不等，彼此之折合各殊，牵算尾零难归一律，征银既格于部议，抵算亦势有难行，因思各属之征收银钱相安已久，今谘议局既拟一概照旧，应请暂仍照章办理，俟将来币制大定再行酌议更张。至银元各属情形不一，应如所拟照市价逐日牌示，不得抑勒病民。所议欠粮差催两条为国家维正之供，开征完解例有定限，不容稍有拖欠。外州县催征钱粮设立滚单，本系照例办理，若逾收粮定限尚未投纳，自不能不差催完缴，惟不得藉端骚扰苛索。及将亲兵派作粮差，欠户到官即行完纳清楚，原可不必收责，若仍抗欠自应押追，以重国课。又，第十一条所称各州县粮书征解南米驴脚遇闰加征，又绿营制兵裁已逾半，请将应解兵米由司榜示，以后递年减纳，宣统三年以后改征折色各节，查兵米一项系由司发价各属采谷供支，并非南米，谘议局所谓南米驴脚当系指南粮而言，惟查赋役全书内开：南折昔留南用，今抵军需，盖自国初支充军饷，南粮一例改折谓之南折，康熙以后凡漕粮银两解粮道库，于是南折归并漕项曰南粮，正耗折色。是南米驴脚久归漕项改征折色，应请毋庸再议。裁汰绿营制兵奏定分限十年，无三年裁尽之文，但裁已过半，现仍逐年裁汰，则兵米自应递减，各营所需兵米每年由司榜示，事属可行。所有核议改良征收缘由，理合详请批示祗遵等情到本部院。据此查核详复各节，如征收钱粮一条与原案无所出入，应批饬该司续行通饬各属一体遵照办理。其欠粮差催、米改折色各条虽持论略有变通，而按诸事实不为无见，希即摘出存案，留俟开会时复议。除批示布政司外，合行札复。为此札行谘议局查照。须至札者。

呈报复议前案请并已准各条公布施行文

宣统二年五月十七日

为呈报复议事。案，奉札开：谘议局议决提出改良征收一案摘出欠量差催、米改折色各条存案，留俟开会时复议等因。奉此。兹于临时会五月十五日会场复议，查原案第八、第九两条札文说明事由在不容花户抗欠，而兵差藉端苛扰亦应设法严防，应将此两条修改并为一条。又，第十一条札文所开各节，查由藩司发价采买之兵米各属多变为摊派迫令民完同正供，本局另提有专案，已奉札饬司核议在案。南粮久已改折，通俗皆目之为南折，今并无南米之称，原案所请改折之南米系指各属现征之本色南秋米，或单称为秋米，向惟宝庆之邵、武、宁城暨靖州全属有之，现今通道会同新宁城步制兵已裁，全数改折，惟邵阳、武冈、靖州本州、绥宁四属兵未尽裁，尚待支放，自应俟制兵裁尽照章改折，应将原案第十一条修改，业经公同议决，理合将复议、议决、修正各条开具清折备文呈请抚部院，并业已札准各条迅予公布施行。再，临时会照章以二十日为率，应请于会期内早日札复到局。合并声明。须至呈者。

复议改良征收案清折

原案八、九条决定改并为一条，如左：

一、量差催粮往往带同白役多人并有兼派署内亲兵者，兵差讹诈最足扰累小户良民，应请通饬各属一律禁派亲兵，其粮差每票不得过二名，欠户开销差役食宿费应由各绅董计程计日酌议定章，呈请地方官立案照给，倘有伙带白役滋扰苛索者，准本户投由自治公所绅董报案究惩，其欠户到官只勒令取保完粮，严禁书差藉端诈索等弊，非实在抗欠、无人担保者不得押追。

原案第十一条决定修改如下：

一、本色南秋米原系就地留支兵丁本色月粮支剩折解充饷，本有定章，现在各属南秋米有已经全裁停放者，有递裁待裁尚须支放者，应请暂饬布政司每年查照在实未裁兵额、某年某州县只应拨兵米若干，分别榜示，司辕及尚有应拨南秋米之州县俾众周知，以俟数年后绿营制兵裁撤渐尽一律照章定价，改征折色。

札复前案照章公布施行文

宣统二年五月二十四日

为札复事。案，据谘议局呈称案奉札开谘议局议决提出改良征收一案云云等情到本部院。据此，核阅复议各节，如改并原案八、九两条所以杜粮差之积弊、免欠户之拖累用意与前部院札文有变通而无出入，自可准行。又，修改原案第十一条各营所需兵米每年由司榜示一层，前部院札复业已照准，此条即可照议办理。惟南粮秋米本系两事，南粮久已改折，秋米尚待支放，修改案内南秋米字样稍觉含混，应一律改为秋米，以清眉目而免混淆。除将全案照章公布施行外，合行札复。为此札行谘议局查照。须至札者。

札复改厘税为统捐案据牙厘局详复准其照旧办理文

宣统元年十二月十二日

为札行事。据牙厘总局详称：案，奉宪台札发据谘议局呈送议决提出改厘税为统捐案一件，饬即按照议决各条会同布政司悉心筹议，详复核夺等因。奉此。窃为厘金之设原非得已，补偏救弊在乎因时，现当国家预备立宪，如能改良方法、斟酌变通，固宜上下一心、随时改革，仰副朝廷体恤商民之心，藉慰各绅关怀桑梓之望。兹查该议员等议决改办统捐五条，本司职道等逐条查核，详细研究，其所言统捐办法提纲挈领，固属切要之言，而度势揆情尚待图维尽善，谨将本省现行厘章与该绅等所筹统捐办法互相比较，并旁稽鄂省现办统捐章程，为我宪台缕晰陈之。溯查湘省厘章原与各省情形显有区别，各省逢卡抽厘每宗货物经过三四局，分收三四道，以故节节为难，商民不免受累。湘省定章无论土产、外来货物向只收一入境、一出境，如须起坡则收一落地，有落地即无出口。本省土货则收出山厘，如靳江河、三汊矶两地原为预抽省河落地而设，虽曰兼抽上、下水，其实复查上下游货厘之不足而补抽之，南路如雷家市一局亦系补抽，并非重征。长沙省河局凡起坡之货已经完过落地厘或因货物滞销运往他埠，即由省河局发给拨票，不再重抽，此固班班可考者。他如岳州雷湾、花畹冈为湖北进口，永州双江为两粤进口，郴州为广东进口，辰州为滇黔进口，醴陵为江西进口，所设各局皆系抽收进口货厘，凡经进口之局完厘之后，沿途经过各局查验票货，相符立予放行。惟洞庭以南港汊歧出，如雷湾、花畹冈等局设卡虽属较多，皆为慎防偷漏起见，实则此卡已经完厘之货经过彼卡并无一征再征之事。查湖北统捐章程内载：襄河以内出产货物运出长江者上下一千四百余里，经过三四局，收厘三四道，足见鄂省未改统捐，以前系属按卡抽厘。湖南向章本不类此，名非统捐，实与统捐大同而小异者也。就现在体察情形，节目虽时有变更，而大纲未尝稍易，间有奉公不力者要皆办理之非人，并非立法之不善，如有需索留难情事一经访察或被告发，无不从严惩办，以儆其余。即如木簰一项，恐其丈量不实也，则设复查卡以稽征之。厘票一项恐填载不实也，则有经验缴票互证之。其在各局员司虽不能弊除净尽，然如该议员等所议第三条逢比较既足之月即将长收之款竟行肥入私囊，或不至有如此之甚。查湘省厘金创办伊始，本属引用士人，该议员等所议第四条裁去巡丁、委用各学堂毕业生并除去比较以一年为试办之期，万一比较不敷，收数过绌，则常年各项待支之巨款其又何策以筹？况厘金收入原济各项之饷需，养兵卫民，抽厘助饷，本有互相维系之意，湘省财政困难，专恃厘金为大宗入款，以近两年之厘收畅旺，出入并计每年尚不敷至七八十万之多，一旦幡然改图，将来收数是否能如原额毫无把握。京饷、洋款期限綦严，此外应支、应解各项均有刻不容缓之势，稍有贻误，曷敢当此重咎，此固本司职道等不能不鳃鳃过虑者也。总之湘省厘章历来办法实与统捐相近，固不必改弦易辙，遽变成规。然亦必防弊剔奸，冀纾商力，究竟商情习惯应如何改革始可以便商，积弊相沿应如何剔除乃可无弊，局卡沿革有无应行裁并，员司薪赀有无应行增减，自应随时考查，酌量变通，总期裕课、恤商两有裨益，固不能稍存拘执，亦不敢轻议变更。本司职道等再三筹度，意见相同，所有奉饬会议谘议局议决改厘税为统捐一案查明现在征收厘金办法，其名虽非统捐，实与统捐大同小异，拟请照旧办理，未便遽议更章各缘由，理合具文详请察核示遵等情到本部院。据此，查湘省厘金办法既经该总局查明与统捐大同小异，未便遽议更章，自应准如所请，照旧办理。除批示外，为此札行谘议局查照。须至札者。

呈报复议前案请裁夺施行文

宣统二年五月二十七日

为呈报复议事。窃照本局上届常年会议决改厘税为统捐一案呈奉前抚部院岑札复，内开：据牙厘总局会同布政司详复查明，现在征收厘金办法其名虽非统捐，实与统捐大同小异，拟请照旧办理，未便遽议更章各缘由请核示等情到院。据此查湘省厘金办法既经该总局查明与统捐大同小异，未便遽议更章，自应准如所请，照旧办理。除批示外，为此札行查照等因。奉此。查湘省厘金之弊尽人皆知，本局开办以来征集各议员意见与收受人民所陈请，种种弊端莫不言之痛恨，此本局所为议决改厘税为统捐也。来札以厘金无异统捐、未便更章，且恐收数不如原额有负重咎，此亦办理厘金者所宜虑及。惟是幡然改图固非容易，而空言整顿无补事机，究应如何酌量变通方足以裕国课而恤商艰之处是在抚部院斟酌情形，切实办理。本局固未敢稍执成见，所有议复改厘税为统捐一案缘由，理合备文呈请裁夺施行。须至呈者。

札复议决禁止妇女缠足案已札据司道会议详复文

宣统二年正月初七日

为札行事。照得谘议局呈送议决提出禁止妇女缠足章程一案请裁夺施行等因到院。本部院详加审查，原案实为提倡天足、改良风俗起见，章程第一条内称：拟仿照前江督端通饬苏、皖、赣三省章程，严定罚规以为督促进行之具等语。三省严定罚规章程未经调查，无从考证。第二条称：禁止缠足期限以宣统二年全年为限。查禁止妇女缠足钦奉谕旨未经规定年限，湘省能否刻期禁止，应候民政部颁发章程再行查照办理。第三条甲、乙两项系实行劝导办法，自属可行。惟甲项定期二字应行删去。丙项候札饬地方自治筹办处行各属地方自治公所详议查验方法有无窒碍，详候核夺施行。收税一层，查此事曾经升任前山东巡抚部院周奏请，缠足官宦妇女免给诰封，并普行妇女缠足税未邀俞允，朝廷重在劝导，而不欲苛累民间。现在湘省未经奏明，断不能操切从事已可瞭然矣。丁、戊、己、庚、辛、壬、癸各项，俱应俟限期与收税两问题解决后方有结束。业经札行布政司、巡警道会议详复前来，合亟札复。为此札行谘议局查照。须至札者。

呈报复议前案请将已准各条迅予公布施行文

宣统二年五月二十五日

为呈报复议事。窃照本局上届常年会议决禁止妇女缠足一案呈奉前抚部院岑札复，内开：查原案第一条：拟仿江督通饬苏、皖、赣三省章程，严定罚规以为督促进行之具等语。三省严定罚规章程未经调查，无从考证。第二条：禁止缠足期限以宣统二年全年为限。湘省能否刻期禁止，应候民政部颁发章程再行查照办理。第三条甲、乙两项系实行劝导办法，自属可行。惟甲项定期二字应行删去。丙项候札饬地方自治筹办处行各属地方自治公所详议查验方法有无窒碍，详候核夺施行。收税一层，现在湘省未经奏明，不能操切从事。丁、戊、己、庚、辛、壬、癸各项，俱俟期限、收税两问题解决后方有结束。为此札行查照等因。奉此。兹于本月十六日开会复议，佥谓原案所拟期限办法等条即系三省章程中发生之件，但各省单行规则只期能否通行，不在有无根据，即不仿照他省原可自订章程。且原案标名宗旨，本系根据谕旨实力奉行，拟仿江督通饬苏、皖、赣三省章程严定罚规以为督促进行之具等语自当删去。至禁止以宣统二年全年为限，本系仿照三省章程拟订，札文须候部颁章程再行照办自应遵照期限一条应即删去。办法一条甲、乙两项既经札准可行，甲条定期二字自应删去，丙项已札饬地方自治筹办处通行各属地方自治公所详议查验方法有无窒碍、详候核夺，自是慎重之意，惟查验一节为实行禁令之要务，虽不遽加以惩罚，亦须时验其从违，无论有无限期。应否收税既关禁令，总宜调查，是以调查户口之人兼查验注册之事，法本简便，尤免烦苛。至收税一层，抚部院既不欲苛累于民，本局自未便固执，除将本条限期既以宣统二年为止至宣统三年春应即查验等语及以便收税四字删去外，仍请照原案施行。其余丁、戊、己、庚、辛、壬、癸各项，既应均俟期限两问题解决后方有结束，自当遵照，暂缓施行。总之，本局议决此案不在于惩既往之浇漓，而在于杜将来之习染，果能于甲、乙两项切实办理，复参以丙项之查验，自于社会前途不无效果。所有议复禁止妇女缠足一案缘由，理合备文呈请，查照已准各条迅予公布施行。须至呈者。

札复前案将已准各条公布施行文

宣统二年六月二十日

为札复事。案，据谘议局呈称：窃照本局上届常年会议决禁止妇女缠足一案云云等情到院。据此卷查此案第三条甲、乙两项经岑前部院札复照准，自可通饬遵照办理，本身作则实力倡导，自不难默化潜移。至丙项查验一节，事为耳目所未经，是否可以通行无阻此时毫无把握，自应仍由地方自治公所斟酌情形，妥议具复征考意见以定从违，庶无一切窒碍。除将已准各条公布施行并札饬地方自治筹办处通行外，合行札复。为此札行谘议局查照。须至札者。

札复议决设立稽查运米局案札据司局详称窒碍难行文

宣统二年正月初七日

为札行事。照得谘议局呈送议决提出设立稽查运米局一案到院。本部院查阅所议设局宗旨系为稽查运米数目、酌定丰歉出入之宜及清查关卡情弊切实整顿起见，当经札饬布政司、长沙关道、两湖赈粜米捐总局会同悉心筹议，详候核夺。兹据该司道暨该总局等会议详复并开具清折前来，本部院复加审查，此案筹议各节不无窒碍之处。原详称切虑事权歧出，费用日增，欲济公而縻费转多，欲恤商而牵累更甚，容亦实情。查谘议局原案谓：据中国经济全书日本人调查，湖南每年售销汉口之米有四百余万石。本省商界中人则云，湖南出外之米除汉口外，由汉口转运往各省者合计不下千万石，歉岁所出亦有四五百【万】石。此种调查尚无实数，虽不能指为确切之证据，然以去年清查考之，岁仅中稔，出口之米即近三百万石，与原案所称有四百余万石之数尚差百万石以外，此中恐不无隐匿遗漏情事。至于局卡用人不善、司巡舞弄弊端，言之实堪愤痛，关税制度未经实行改革，局卡一时不能即裁，为权宜计惟有严定章程、刻实稽核，以期稍有补救。原呈所称用贿卖放等情，应由地方指名呈控，本部院当尽法严惩。至就米捐而论，设局稽察既嫌繁费，而又不能听其长此终古，不为设法改良。除再札饬布政司、长沙关道、米捐总局会同考究严密稽查之方法，或改章程，或酌请各处商务总、分会董事辅助稽查，勿再徒托空言外，合将各司道会同逐条议复清折抄送查阅，俾得另筹救济之策。所有来呈议立稽查运米局一案，合行札复。为此札行谘议局查照。须至札者。

抄发各司道议复设立稽查运米局案清折

如左：

一、名称

二、宗旨

三、局所

四、职务

按：以上四项系略举大概，应毋庸议。其办法皆具以下各条，应逐条详议。

五、办法

按：此即第二宗旨中所谓酌定丰歉出入之宜也。丰年不加限制，固已至中稔欲呈请上宪预定出口米数，运米满额即行停止，法意甚善。惟查湘省近年以来虽未十分荒歉，然亦半仅中稔，欲定运额必须合全省各厅州县而综计之。留济民食，其数不能不稍宽，运额多少，全凭预算，此必先由地方自治办妥调查各乡、各村之户口，产业，确实由各乡、各村报告各厅州县，各厅州县报告上宪，然后有确数可稽，乃不难酌定运额。现在各处调查虽已开办，其户口、产业多寡尚恐未尽核实，是运额即难预算，且留食之数少则民食不敷，多亦乡民受困。近日各乡各村中常有藉口把持希图米谷价钱者，若一乡一村中多留百数十石，以全省统计即不下一二百万石。捐收之减固不待言，而乡间小民终岁勤动，以农为业，全恃余谷变卖以赡家用者，徒任人卡买岂不坐受其困，此皆不可不虑者也。若荒歉自当禁运、无捐可收，现有之米捐局经费难支，再设稽查费更无出提倡，进口万不可缓，而筹款又不更难乎。

六、局费

按：米捐总局所有罚款及补底钱文已奉宪札提拨，解作两湖矿业学堂常年经费。查该学堂常年经费经督宪奏定，湘省于第一、第二两年应摊解银一万二千两，第三年即应摊解银一万六千两。前应解第一年经费本总局因去秋南官钱局垫解协助鄂灾银六千八百两，将此两款动支归还，于本年六月内始得凑解上年第一学期经费银六千两，屡经鄂省催解，昨十一月内始请宪示，将上年北款生息之款一并凑合得解。上年第二学期经费银六千两，自北款改章收钱解钱随收随解，以后并无息款，专恃此款凑解。现在应解今年上学期之经费已属无款，尚何有余，若至第三年应多解四千两更未必能按期照解，目下捐收尚旺犹且如此，倘遇荒歉停捐，款更无着，今议专就旺收有余一方面着想，欲划移为该局之用，诚恐力有未逮。

七、运费

按：此名虽冠以运资，实仅定取运单之费。每石收钱一文，数亦甚微，若数至百万石可收千串，总计亦属巨款，收作该局经费未始不善。其请领运单限以一小时，似极严谨，但运米之船到局每日多者数百号，若以一单一小时计之，虽不留难，而多船拥挤，挨次提单非一二日所能遍给，商船停待于重湖风浪之中，恐又不免多一番危虑矣。

八、联络各处

查中英通商章程载明：米谷等粮与铜钱一律不准运出外国，惟通商中国各口准其由此口运至彼口。又，光绪三十三年八月奉度支部咨抄二十九年会议江海各口运米办法，原折内开：运米办法系由关道衙门取具的保饬备保银，方准填给三联印照，注明购运米数，发照时即行知指运彼口之海关监督查验。装运数目如与执照相符，即于照上加注查验相符字样，不符即照章罚办。所发米照洋关限六个月缴验，逾限不缴即将保银罚缴充公等因。业经职道会商税务司，拟定三联运单，于是年二月禀奉宪台批准照办在案。惟湖南自光绪三十三年春间禁运谷米出口后，仅于是年八月因湖北各属歉收亟待接济，遵奉宪札准其运济湖北，仍禁运汉口，迄未普通开禁，是以前定三联运照办法尚未实行，应俟普通开禁之时再行印刷照办。至民船运米，向由米捐局照章稽查，惟现在不准运往汉口以下各处，及将来联单报运，自应与轮船一律办理。

九、稽查护照

已于前条注明。

十、改订章程

按，此即第二宗旨中所谓清查关卡积弊切实整顿之意也。按，所称原定章程第三条中总办亲属如果得力、准其拣用二句应删，现拟办事细则第二章分则中第二节第二十四条列入此条，已将二句删去，至于总办任用私人亦须处罚亦已于第二章分则中详列司巡舞弊责成专办之罚，又以专办失于觉察者均分别记过撤差。

按，所称第七条局卡巡丁下河必着号衣，此乃各局常例，已饬各分局专办，随时申警遵办。按，所称第十二条原定语颇严切，宜由该局再派人分赴各局卡稽查畀以凭文，俾得与各局直接等语。此皆意在密查各局卡弊端，现拟办事细则既于第二章第二节中事事严责专办查察，又于第三节中责令各局专办。每月亲查各分卡员司巡丁亦颇严密，今议由该局再派人往查。又云，无定人是以有职守之委员为不可恃，而凭空派往之人遂尽可恃乎？又云，无定额是分往各处络绎周巡，即令其皆能洁（已）〔己〕奉公、川资伙食糜费不已多乎？按，所称第十三条原定此条实行，可以防弊，是以无可改订。至云局卡林立实为病民困商之最重大者，究竟征收无几，开销先占大宗，此实为通达情势之论。查湘省各局即以厘金一项而论，当日东征开局实一时万不得已之举，本拟事平即行裁撤，嗣又留为善后，乃成要需的款，局不能撤。今因以征为禁，而米捐设局亦万不得已之举，虽捐收必期畅旺，总以恤商便民为主义，不得专以朘刻为能，今议以米捐各分局恐不足恃，又恐见好，又恐留难，无非以多一局即多一弊，乃又议添稽查局分设各处，不愈见局所之多乎，遂皆一一尽可恃乎？即皆可恃，亦保无见好者乎？况多一稽查即多一时刻，其为难情形已具前七运费项下，此即捐收加旺，恐于恤商便民之意未为相宜。按，所称十四条中绕越诸弊，或于荆河脑设局严查，现在该处久已设有分卡，并有随时移知水师巡船协缉之权，至称得贿无论多少均应究办，不得仅指过巨者，使每船得一千，每日即有数十百千等语。按，原定章程语系连及，意尚未明，大致阅过似为一时一事而言，今拟细则已于第二十二条中声明，司巡舞弊得贿已多者即为巨，轻者当尚送县讯办，过巨者提省严究以至详请监禁。是盖以初犯得贿最少者为轻，若屡次舞弊、得贿已多者即为巨，轻者尚送县讯办、不得轻纵，况有每日买放数十百船得数十百串之多者专办毫无觉察、能不议罚，该司巡能不从严惩办者乎？按，所称第十五条格外二字有语弊，现拟细则三十二条中已经删改。至云船到时刻及放行时刻预定时间，则船到有多寡，时间即有长短，全在专办随时认真，毋许稽延，亦难悬拟预定时间，现拟细则又已于三十二条中责成专办，不准稽延，违者撤革。按，所称第十七条最详晰周（币）〔密〕，非水警办有成效恐难禁绝，此亦探原之论，若云俟稽查人访实报局，则该分局卡何至如此全无觉察，该分局卡既经觉察，即可移会地方官究办，又何必稽查人之报局，行文多费周折乎？

呈报复议前案仍就原案修正请裁夺施行文

宣统二年五月二十二日

为呈报复议事。查本局议决提出设立稽查运米局一案，奉前抚部院札复此案筹议各节不无窒碍之处等因。奉此。兹于临时会本月十五日、十九日两次在会场复议。查本局议决此案以稽查出口谷米确数为湘省丰歉盈虚之预备，并清查关卡积弊、切实整顿为宗旨。细绎札文，固以清册所载不无隐匿遗漏情事揭举局卡用人不善、司巡舞弄弊端，至为愤痛。是于米厘一节未常不欲总核以图补救，惟以设局稽察稍嫌繁费，故一面责成司道改订章程，一面酌请商务总、分会辅助稽查，与本局原案用意同，而方法尚未明定。兹经再三讨论，佥称运米出口之多少必以本省民食之足不足为衡，足则直纵其流通，不足则必示以限制，欲使不逾定额必先实力稽查，自非别立机关不能专其责任。已就原案修正，公同议决另折开列，理合备文呈请裁夺，即予公布施行。须至呈者。

另折如左：

一、名称

名曰稽查运米局。

二、宗旨

稽查运米数目、斟酌丰歉出入之宜预定运额，杜绝关卡偷漏卖放之弊。

三、局所

总局系就省城商会附设分局，则原有米捐局之庐林潭、城陵矶、荆河脑、藕池口、太平口五处附设。

四、职任

总局既附设商会，即令商会总理兼摄分局，局绅由谘议局议员、教育总会干事、商务总会董事投票选定，呈请抚部院札委，任期以一年为限，其书记司事由局绅自置。

五、办法

总局调阅税关清册，分局月报以求出口确数，分局稽查米船，发给稽查运米局凭单以资汇报。其限制流通之额，仍以米价之涨落、时势之缓急为准，额满即呈请禁运。

六、局费

每谷一石收费二文，米倍之，即以为总局、分局之用。

札行禁革衙署差价陋规案照议公布施行文

宣统元年十一月二十九日

为札行事。照得差价名目最足扰累地方，本部院莅湘以来禁革之举已不啻三令五申地方有司应如何实力奉行、藉苏民困。兹阅谘议局呈送议决提出禁革衙署差价陋规案，谓龙阳差价米石一千六百文，每月共缴五十石零六斗，照现价每月赔钱二百串，有价无领合三百串；桃源县城各店每年既取其货合值三千五百数十串，无给外又取其钱，共计一千一百串有奇；其余各属派累虽有轻重之不同，要之绝无沾染者殆居少数。是此项差价各属仍未豁除，凡商民人等何堪受此刻剥，自应重申禁令以除陋习而恤民艰。除出示晓谕并通饬各府州县，嗣后衙署购买物品、雇用人力均须照时照市给以相当价值，不得再有官价差价名目，凡从前如上任年节及一切所有各行店陋规款项并一概不准收取。至差价陋规作俑于差，总是以本部院曾经将差总名目通行革除，自此次札饬之后倘各衙署尚敢阳奉险违，仍用差总援差价陋规名目，向该地方行店工人苛索勒派，或变易名称巧取者，一经告发或别经查出，本部院定当予以严谴，决不宽贷。懔之切切，发来大小告示共百二十张，即由该局等代为标判，在于城乡市镇遍行张贴，务使周知，仍将奉文日期贴过告示处所暨将该地方从前所有何种差价、何种陋规逐件革除情形切实明晰，禀复查考，毋稍含混违延外，为此札行谘议局查照。须至札者。

札行整顿词讼积弊案据按察司所详各节核与原案略有变通希公同酌议文

宣统二年正月十四日

为札复事。照得谘议局呈送议决提出整顿词讼积弊案一件请裁夺施行到本部院。查所议各条均为廓清夙弊、疏达民隐起见，当经札发按察司悉心筹议、详候核夺。兹据该司详称：案，奉札发谘议局议决整顿词讼积弊案一件，饬即逐条确核、详查妥议具复等因。奉此。本司遵就奉发议案逐条悉心复核，总计所议共十五条，有已见诸施行而各属或不免奉行不力者，有本为例章所载而日久浸成具文者，谨就管见所及吋缕陈之。如第一条民事诉讼，限一月内审结，不准陷害良善，自系为扫除拖累之弊，与第二条州县每日坐大堂、第三条急切诉讼许其鸣锣递呈皆为顾恤民隐起见，均属可行。第四条民事铺堂遵结等费，原、被告各出钱至多五串，未结复审各出钱四百文，刑事原告至多二串，被告至多八串，明定数目固较之暗中需索为有底止，惟铺堂等费名色系属州县衙门陋习，应在禁革之列。现在议设审判厅，来年亦将推之外府州县，不如明定状纸费，遵结者取笔墨纸张，办公费民事一案收钱四串、刑事减半、命盗案豁免较为简而易行，亦与审判厅不独无背，似此变通规定庶不致多取于民，而推行可期便利。第五条监押人犯不准凌虐勒索，查定例，凌虐罪囚治罪綦重，即专管官失于查察，亦例有应得处分。近来各州县漠不关心，以致百弊丛生在所不免，此条自可通行。第六条盗案宜速诣详勘、悬赏缉犯，与第七条获正凶真盗应即时隔别研审、不许延搁均系州县分内应办之事，且迭经通饬、整顿有案，自应通饬照办。第八条实行裁革门丁改用收发委员，查此事叠奉通饬、遵办在案，各属或不免有阳奉险违者，应查明勒限饬遵，以昭核实。第九条裁减差役发给腰牌，有益无损，事属可行。第十条差役下乡不许乘舆、民事诉讼只许饬差二名云云，查差役不准乘舆曾奉过通饬，民刑案件除缉捕凶盗外签差均不许多，多则不免骚扰。每案规定原告共出钱四百、被告每名给钱三百文尚属平允，惟起差陋规及草鞋费等名目殊属不雅，不如定为差役食宿费，将来改设审判厅时亦不致有窒碍。第十一条州县官因民事刑事下乡，夫马火食及仆从等一切杂费应由官自办，以杜扰累云云。此在稍知自爱之州县，不待上官之告诫当亦不肯扰累民间，惟流品不一亦难保无有因下乡而滋扰者，应请通饬严禁。第十二条严禁地痞劣绅干与公事云云，查扛帮架讼原有治罪明文，湘省此风最甚，应饬实行禁止。第十三条幕友宜将姓名、（藉）〔籍〕贯呈报上司、刑席不得任居署外，系为杜绝招摇之弊，惟刑席多携带眷属，衙门广狭亦未可一概而论，不必任其居住署外恐亦难于一律办到。至于传呈快票等名目，早已悬为厉禁，如有纳贿情事，原许指名禀究旧章具在，自应一体遵循。第十四条佐杂收受民词大干律例云云，此条应请重申禁令，以肃官箴。第十五条各州县宜设息讼所，选公正绅士董理，遇有民间细故均归该所劝谕和息，以免涉讼。此条为民息讼起见，果得公正绅士经理，于民间大有裨益，可以通行试办。惟所选绅士务得博访慎择，必明白事理、守洁品端、实在素孚乡望者方免流弊。所有遵饬核议缘由，理合具文详请核示遵等情到本部院。据此查详复各节，只第四、第十、第十三各条与原案略有变通，而揆诸事实察度情形不为无见，应即照详办理以期周妥。合行札复，希即公同酌议，如以为无甚出入可呈候公布施行，抑或留存备案，俟将来开会时复议，均即另文呈复，是为至要。为此札行谘议局查照。须至札者。

呈报复议前案各条请裁夺施行文

宣统二年二月十九日

为呈复事。案，奉札复照得谘议局呈送议决提出整顿词讼积弊案一件云云等因，奉此。查札开各节惟第四、第十、第十三各条略有变通，自应悉心协议。谨绎札文第四、第十两条于整顿积弊之中预为设立审判厅，地步较之原案虽有改易，意义实无变更，应改正原案条文抄呈，以期一致。至第十三条札文以为刑席携带眷属必不任居署外，恐难办到。查刑席携眷例章，本无明文设令任其居住署外，自好者既难于远嫌，不肖者且因以为利，种种弊混由此而滋，甚非严密关防之意，应请仍照原案办理，与第四、第十及其余各节一律公布施行。抑本局更有请者，州县词讼之弊几于无处不然，小民困苦颠连，无可告诉。在上者勤恤民隐，非不谆谆（诰）〔告〕诫、三令五申，通饬有案严禁。有案卒之，日久弊生，奉行不力，甚且任意（阁）〔搁〕置，视为具文，即如原案所陈，盗案宜速详勘研审，不许延搁，门丁应行裁革，佐杂禁受民词，定例森然，迭经整顿。本局各议员非不知之，而就所见闻则未经遵行者所在多有良由，除恶未能净尽，徒法不能自行，虽日言整顿终属无济，惟有请抚部院雷厉风行，信赏必罚，务以廓清积弊、实行法令为归，庶不致议案施行仍蹈故辙。所有呈复缘由，理合备文呈请察核。须至呈者。

更改原案二条如下：

第四条拟改为：民事诉讼每案定状纸费及遵结者笔墨纸张费原告、被告各四串文，未结、复审不得再取。刑事诉讼原告、被告二串文，命、盗案皆免，诬告者罚归原告赔偿，所有铺堂遵结及其他陋规一律裁革。其业经地方绅耆和息呈请销案者不准需索分文。

第十条拟改为：差役下乡传案不许乘舆，民事诉讼只许饬差二名，刑事诉讼应视案情轻重饬差，至多勿过六名（至缉捕凶盗不在此例）。传案向有起差陋规，下乡草鞋费均一律革除，酌定差役食宿费由原告每案给钱四百文，被告规费每差一名五十里内给钱三百文，百里内四百文，百里外六百文，均于票上标明。如有格外苛索，准其指禀严究。如衙门向有定规较此数尤少者，应即仍旧，不得援此加增。

札复前案各条照议公布施行文

宣统二年三月初二日

为札复事。照得谘议局呈复整顿词讼积弊议案，据称查札开各节云云。本部院查原案第十三条，限制刑席住所系为预防流弊，所虑不为无见，既经一再呈请公布施行，应照所议办理。各属词讼积弊多由于猾吏奸胥弄法舞文所致，改弦更张自系刻不容缓，况值规画司法独立之日，整顿积弊显以祛地方人民之讼累，即隐以树审判筹办之先声，若任其泄沓成风，毫无实际，将来司法行政进步难期，长此因循，伊于胡底。本部院关于地方兴利除弊力求实惠，不尚虚文，凡有应行革除事项惟有严饬所属切实奉行，倘敢阳奉阴违，自当重惩不贷。除录案札饬按察司通饬照案办理外，合行札复。为此札行谘议局查照。须至札者。

札复议决岳、常、澧水灾善后案文

宣统二年二月二十二日

为札复事。照得谘议局议决提出岳、常、澧水灾善后议案一件请裁夺施行到院。本部院查上年湘省水灾以岳、常、澧各属为最重，虽经随时赈恤，善后之策不可不先事图维，除议案内剀切示谕、整顿团防两条前经照准，札饬布政、按察两司会同筹赈总局通饬被灾各属一体照议办理外，其余各条一并札发该司局会同悉心筹议，详候核夺。兹由该司局会详前来，本部院复加核阅，议决各条自是救荒善策，惟或因需款过繁未能照议办理，或须俟地方酌议始可见诸实行，自应参照详文逐条核复。原案拟请札饬各厅州县俟议员回籍会同筹劝捐款一节，议员好义急公，深堪嘉赖，各属地方官于赈务责无旁贷，自当饬令会商募款以救灾黎。善后第一策重在修复溃垸，以工代赈，拟向官钱局或大清银行酌借票钱百余万串，令田多业主以契纸抵押等情。查湘省官钱局向恃钞票为周转，上年因度支部清查限制业将票币数目截清造报，嗣因筹赈局（振）〔赈〕粜谷价待用孔亟，奏明在库存钞票内提借银票、铜元票专备（振）〔赈〕粜购谷要需，若再有他项大宗出款，实属无从应付。上年灾情安乡较重，前经拨官款十万串以应急需，似亦不无小补。至大清银行本以放款生息为目的，案内声明借款每月拟认息八厘，且有契纸作为抵押，仅可由各业主或公举代表向该银行直接商办。善后第二策拟请屯谷备荒各节，均属可行。此事前经奏请借拨票币派员采买谷石，分储仓廒用备春荒及青黄不接之需，与所议办法相合。至劝富室卖谷必留有余以供邻里之粜，应由各处士绅分担办理。其鄂省购米阻止转口一节，业经本部院电奏禁运，奉旨允准并出示晓谕在案。至接济鄂米，将来自应酌夺本省情形从长计议，当可毋庸过虑。善后第三策拟酌提被灾各属公款一节，移缓救急，斟酌得宜，惟被灾各属筹办新政之款本自无多，一经提用则百务废驰，未便照准。其余善堂社会请愿报效各款，究竟能有若干，是否可以提用，应由各该地方官召集士绅协同商酌，此节俟谘议局呈复后再行通饬遵办。以上核议各节是否可以公布施行，希即公同酌议，呈候核夺。为此札行谘议局查照。须至札者。

呈复前案请饬由被灾各地方官召集士绅察明各款若干酌提办理文

宣统二年三月十二日

为呈复事。案，奉札开云云，为此札行查照等因。奉此。查此案既蒙奏请借拨票币采买谷石，用备春荒及青黄不接之需，仰见我抚部院筹备荒政、救济灾黎之盛意，兹奉札复各节，益见硕画周详，无微不至。所有被灾各属一切善堂社会以及请愿报效各款，自应移缓救急，以资赈济而补公款之所不及。至应如何酌量提用之处，应请饬由被灾各地方官召集士绅察明各款若干，酌提办理。为此备文具复，呈请公布施行。须至呈者。

札复议决扩充图书馆案希公同酌议文

宣统二年三月初二日

为札复事。照得谘议局呈送议决提出整顿扩充图书馆议案暨章程各一件请裁夺施行等情到院。当以图书馆之设系为保存国粹、造就通才，所关甚巨，一应内部办法自当博稽众论，力求完善，比将原案并章程先后札饬提学司悉心筹议，详候核夺。去后兹据该司详称：上年迭奉札发谘议局呈送整顿扩充图书馆议案及另编改订图书馆章程饬即并案议复各等因，当于详复教育议案文内附述，请俟部章颁到再办在案。本年奉到学部奏定京师及各省图书馆通行章程，遵即督同科员悉心研究，正核办间又奉函饬迅速详复等因。奉此。细核原案甲、乙两项共列九条，有可照办者，亦有须酌改者。如甲项之第一条及第七条意在裁汰员薪，不用监督等名目限制常年经费，以现在每年所支银数为率。查湘省开办该馆之始在学务公所尚未建设、部颁各种教科书尚未通行到湘之先，是以前抚宪庞奏设该馆首以调查编辑为重，现在审订各学堂教员讲义已有图书科专司其事，部颁教科书均已陆续到湘，现奉部章亦无编辑部分而有排印、刊印两所，则编辑各员自应裁停，排印、刊印两所自应遵章附设，即以腾出之编辑薪金移作常年采购图籍、影抄秘本、添筑房屋、改良书橱暨附设排印、刊印两所之用，自是正办。至原有之监督、提调系馆中办事之员，核与部章并无不合，自应无庸议裁，仍旧遴派以资督率而昭郑重。原有之会办，部章所无，现已停支，自应无庸规复。其余各员部章亦无定额，自可量事之繁简酌设。其常年经费应准如原案所议，以现在每年所支善后局银数一万四千两为限制，不得逾越。第六条意在妥定办事人数及其职任，用意甚善，惟所另编之章程有总理而无监督、提调系拟于部章未颁以前，是以未能密合，应请遵章只设监督一员，不用总理名目仍设提调一员，以符定章。

此外改定各条除宪台签示外，大致尚妥，惟第十六条加盖本馆藏书印记一语不符部章，应改为由提学使钤印。乙项之第一条意在另筑馆舍，故于现在之馆有建筑简陋、地处偏僻之讥。查部章第四条云：图书馆地址以远市避嚣为合宜，建筑则取朴实谨严，不得务为美观。该馆地址建筑核与部章尚属相符，惟全馆面积狭隘，将来扩充必需逐渐添购地址、陆续增筑房屋乃能适用，过于简陋湫隘亦非所宜，至所议就适中之地另筑馆舍则需费浩繁，刻无此款，似可从缓，凡此诸条均须酌改。他如甲项之清查图籍、改良书橱、增添图书、广购新闻杂志，乙项之添设于衡、常两府，推广于各复选举区，均与部章不相违背，自可照办，详请察核前来。本部院复加审查，自可参酌原案、查照部章分别办理。原案甲条第一项以裁汰员薪为入手要义、整顿初基，查部章第六条图书馆用人一节规定已有明文，自当奉为准的，现拟于该馆照设监督、提调各一员。余照改订章程总则第四章总理以下各员酌量设置，惟照部章应添设排印、刊印等所亦须派人经理其事，应俟临时酌定。至原设之总纂、会办、编校等名目，部章所无，应即裁撤。原详拟以腾出薪金移作他项支用，规画尚属妥善，与原案用意大略相同，自应照办。第二、第三、第四、第五、第七等项为整顿扩充应有之义，均可照准。乙条第一项另建馆舍一节暂从缓议，应照详文办理。第二项拟添设常德、衡州两府图书馆及推广各复选举区一层，核与部章不相违背，应准照办。改订章程总则第三章意与原案乙条第一项相同，应毋庸议，章程内凡总理名目俱应改为监督，及细则第十六条应改为本馆书籍均由提学使钤印，以符定章，其余各条大致均甚妥协，惟间有应照部章加入者应俟该馆整顿之后由提学使发交。此项章程作为底本，俾再按切事实逐一研究，如有应行增改之处再行详请核定，方足以期周妥。合行札复，希即公同酌定，如无异议即呈候公布施行。为此札行谘议局查照。须至札者。

呈复前案应遵部章办理文

宣统二年三月二十四日

为呈复事。案，奉前抚部院岑札开云云等因。奉此。查原案之意，本以在馆各员均宜实心办事，不得视为乾修，常年经费亦宜撙节开支，用以多购珍籍，应整顿者切实整顿而无所瞻徇，应扩充者赶速扩充而不涉于因循。兹奉札开，现已奉到学部奏定图书馆章程，自应遵照办理。理合呈复裁夺，即予公布施行。须至呈者。

呈报灾变损失湘省不任赔偿文

宣统二年五月二十七日

为呈请事。窃以此次灾变公私受累、外人财产亦遭损伤，推其结果赔偿固属于意中，综厥原因祸端实出于意外，本局收受旅奉、旅宁、旅浙、旅鄂、旅汴、旅粤、旅皖湘人及本省各州县绅商学界等陈请建议书类皆情词愤慨，意气激昂，莫不以为有司偾事，愚民无知，上廑朝廷绥缉之劳，下贻桑梓无穷之累，推原祸始，罪有攸归，本局旁采舆论，切按事情，既不敢违法律而妄事要求，又不敢拂舆情而自安缄默，谨就全体公决关于湖南因灾变发生之赔款准之理论，有不可担任者核诸事实，有不能担任者谨陈于左：

一、湖南乏米由于救灾恤邻，此次灾变实代鄂省受祸也。因饥酿变以来，论者多归于阻禁不早，然湖南米谷不独津、沪赖其灌输，武、汉尤恃为生命，是以鄂省电告外务部谓：武、汉若无湘米接济，立召变乱。自去岁常、澧被灾甚重，长、衡因旱歉收，米价翔贵，自救不暇，前抚院岑虽奏请禁运，而武、汉犹许查照军米办法采购不绝。鄂无湘则早危，湘救鄂而坐困，鄂危则患在腹心，天下均被其影响，湘困竟变生肘腋，一省独受其灾殃，确系损在一隅而功在大局，是为湘人不可担任赔偿之理由一。

二、湖南灾情今岁早已上闻，此次乱源实官吏泄沓所酿成也。查正月二十九日前抚岑电奏内开：湖南地处腹内，转运为艰，一有匮乏，哗噪堪虞，体察现在米价情形，本地饥民可虑云云。则事变虽起于三月，祸萌已伏于初春，既明知民食为艰，乃仅以空文塞责。又，查二月初禁米出口之奏即云：已督司道查造贫民户口细册，筹议减价平粜。当时果能如议实行，城关警察林立，旬日之间即可查清开办，乃迁延一月之久，不但平粜并未设局，即清册亦未造成，致令弱者僵卧于家，狂夫（挺）〔铤〕而走险，因循酿乱，谁为厉阶。是为湘人不可担任赔偿之理由二。

三、长官临难逃匿，放弃职权，政令无所适从，公私因而受累也。乱事初起，谕旨即以认真弹压、切实保护、解散胁从、严拿首要各事责备抚臣，前抚岑不特事前全无防闲，临事又仓皇失措。窃查湘垣肇乱情形，当要求平粜时尚系贫民，迨至放火焚署则全系乱民，诚有如督部堂、抚部院会奏所云者然，饥民乌合类皆饿殍之余生，乱民鸱张究无攻坚之利器，顾何以始则不拿办、贸然开枪，继则徒畏崽、任其纵火，恩威两失其用，痞徒因而生心。当时转危为安间不容发，不思执行军令诛魁桀以安良，惟知卸篆藩司为楚囚之对泣，贼非劲寇，胡束手而无谋，势已燎原，竟訾颜而欲遁，朝廷以方面寄抚臣，抚臣乃以溺职贻国祸，弃疆符如敝屣，视朝命如弁髦，几为外患之媒，实启内忧之渐，是为湘人不可担任赔偿理由之三。

四、官吏保护有名无实，遂致波及外产，无异纵匪以殃民也。保护外人，责成官吏屡奉严旨，载在约章，前抚握调遣军队之权，有保全地方之责，果使城中兵队分布各区，城外师船扼要驻扎，匪党本无寸铁，岂能任意横行。乃巡警尽已私逃，兵勇不闻出救，通衢纵火，彻夜焚烧，曾无勺水之援，几等无人之境。是商埠税关无端被毁，不毁于匪，实毁于官，英领事署、日清公司幸而不毁，非免于官，乃免于匪。而前抚电奏一则曰教堂先已饬兵保护，再则曰弹压兵弁被拒受伤，湘人万目未尝见有弁兵，前抚一人乃独知其被拒，使不知而言，此平日之昏瞶可知，使知之而言，此朝廷之法纪安在。律以保护不力尚觉其轻，谓之纵匪殃民实无可解，是为湘人不可担任赔偿理由之四。

（一）现筹赈款无著也。湖南素称贫国，恃米为生，自水灾洊臻，游民失业，非加意赈恤极力抚循，不独沟壑流离、极中泽哀鸣之惨状，抑恐潢池盗弄、贻彤廷旰食之隐忧，现虽告贷孔殷，犹虑缓急难济，若因此次赔偿，加重人民负担，是则医疮剜肉，立见元气消亡，诚恐火热水深，更非国家幸福，是为湘人不能担任赔偿事实之一。

（二）善后事宜甚繁也。此次变端虽暂，创痛已深，商界恐慌，金融紧逼，除公私财产烧毁破坏有价目可稽者外，民间无形之损失尤不可以亿计。休养生息尚赖官府之经营，酌盈济虚必以财源为命脉，若以赔款之故更累全湘，无论或挪移别款，或提拨现金，虽巧立名目避国民一时反抗之风潮，而悔等噬脐贻湘人百年无穷之怨毒，焦头烂额，既为前事之师，厝火积薪，宜作将来之鉴，是为湘人不能担任赔偿事实理由之二。

以上各条皆据事理之公，为平情之论，往车已复，来轸方遒，与其藉词善后致以罗掘之手段竭泽而渔，何如慎诸事前勿以迁就之政策为业驱雀。现在交涉事宜尚未就绪，赔款实数未见明文，而民间同意不外两端：一则以为宜照光绪二十二年总理衙门奏定成案，由肇祸官吏分赔；一则以为政府勤恤民隐，必能设法筹拨，无累湘人。惟外交事件固非本局之范围，官吏惩罚亦非人民所能邀请，查谘议局章程第二十一条，凡关于本省义务之增加及本省权利之存废事件皆有议决之权，今湘省因灾变发生赔款问题，直接及于全省义务之增加，间接及于全省权利之存废，而其不可担任赔款与不能担任赔款缘由，人民既异口同声，本局亦全体公决。理合申叙情形呈请抚部院裁夺，据情具奏以恤民艰而顺舆情。须至呈者。

呈请将此次赔款数目及将来如何拨还借款乞详细札复文

宣统二年七月二十三日

为呈请事。案，准善后局移称案奉抚部院札开云云等因。奉此。除分移外，相应移请查照施行等因到局。准此。查本局五月间临时会议议决关于湖南因灾变发生赔款有不可担任理由与不能担任事实呈请裁夺，据情具奏，并遵章质问此次赔款数目及现在筹款方法、将来作何拨还情形呈请札复。兹准前因不胜悚异，息借大清银行一百二十万两，是赔款数目。及筹款方法，固已具见明文，惟将来作何拨还，度支部折内有该省应如何指定的款、按期归偿等语，在抚部院蒿目疾苦，谅已早有权衡，而湘省财力困难，何堪益此重负。本局钦遵谕旨，以指陈通省利病、筹计地方治安为宗旨，定章第二十一条本省担任义务之增加及权利之存废均为本局所应议决事件，第二十六条谘议局于本省行政事件及会议厅议决事件如有疑问，得呈请督抚批答等语。理合备文呈请抚部院查照前后各节迅赐札复，以慰喁望而符定章。须至呈者。

呈报议决提出调查各州县民食以资筹备案文

宣统二年五月二十九日

为呈请事。窃维备荒之政莫要于积谷，去年本局议决积谷清查及增加案已奉前抚部院公布施行，各州县果能实力奉行，何患盖藏不裕。惟连岁滨湖州县迭被水灾，其余各县尚称中稔，而今春米价腾贵到处皆然，虽由出口过多存储无几，商民贪利囤积居奇，实以事前毫无调查，临时遂无准备。不足之处固束手于告粜之无从，有余之乡亦漫然以遏粜为先务，长此不变，歉岁则内地已不流通，丰年则出口漫无限制，一遇青黄不接，又必胥动浮言。欲求预备之方必以调查为首，现在地方自治方在筹办，乡镇警察尚未举行，精密调查诚不易得，然苟严加规定，示以责成，得其大凡即可依据。盖以民间切己之事，且值此次灾变群有戒心，官府但能实行，何忧于事无济。调查既有确数，而后酌存补救之法乃有所施，即积谷增加亦不为无据。本局迭经讨论，公同议决以为可行，理合备文并议决调查各州县民食以资筹备一案另折呈候裁夺公布施行。须至呈者。

另折如左：

甲、调查

（一）每年秋收后，各厅州县据自治公所所呈户口清册转谕旧有之都团保甲绅董各就本境分区调查各境出谷及杂粮实数若干，周年民食若干，除去民食应余存若干或不足若干，目前价值若干。

（二）调查后分具户口、谷米各一册呈报本管地方官汇具，总册报省，为来年赢缩之预备。

（三）市镇满百户者另册呈报。

乙、责成

（一）都总团保限一月内呈报户口、谷米清册，地方官限两月内呈报户口、谷米总册。

（二）都总团保缴清册时另具切结，载明合境人数，应食谷若干，或有余若干，或不足若干，积谷原额并息谷若干。如逾限不报或来岁境内乏食，即责令采办备荒。

（三）地方官缴总册时另备公文，声叙该管地方人数共应食谷若干，或有余谷若干，或不足若干，该管地方共积谷若干。如逾限不禀，来岁民食有歉以玩视民瘼论。

丙、酌存

（一）如遇荒歉之年，都总团保于缴清册后约同本境绅耆就本境租户佃户按照所收谷数酌量存置，每谷百石者约存十分之一，并查明境极贫、次贫户册，俟来岁青黄不接之时由团保给照，贫户持向酌存，各户零粜。

（二）此项零粜照纸应注明本人姓名、食口数目及零粜次数，比较时价，不能过为抑勒。

丁、补救

（一）各厅州县米价不齐，斗斛不一，不能预定平粜价格，惟在官绅斟酌时势之缓急为之，如有藉词要挟及坐吃大户等弊，地方官即宜严究。

札复前案照章公布施行文

宣统二年六月十八日

为札复事。据谘议局呈称云云计呈清折一扣前来，本部院详加核阅，原案注重就各地方清查谷米总数藉为酌济盈虚以裕民食地步，所陈不为无见，就中调查、责成、酌存、补救四端所拟办法亦尚妥洽，自属可行。惟湘省数称产米之乡，每遇歉收，各处囤谷之家遂不克自由贸易，一任痞徒之把持遏粜，而懋迁有无之义竟未能实行，积渐使然浸成习惯，相沿既久，官吏亦无可如何，在各地方既保存其有余，遂不得不挽粟飞刍，以救济其所不足。有此一大障碍，将来案中酌存一条行之有无效力尚难逆睹，此则影响于全省者甚巨，而潜移默化正非一蹴所能几言之可胜慨叹。除照章公布施行外，为此札复谘议局查照。须至札者。

呈报议决提出整顿扩充省城仓储案文

宣统二年五月二十八日

为呈请事。湖南素称产米之区，东南各省皆赖接济，去岁滨湖洲县尽成泽国，长、宝各属又复歉收，然自秋成后至今年阻禁数月内出口之米已二百万石，及省城以米贵酿成巨变，常德重遭水灾，救乱赈荒不遗余力，而由外省采运来湘之米不及二十万石，视出口之数仅十之一，是知以湘米供湘食虽甚歉之岁无忧缺乏，所患者事不预备盖藏空虚耳。省城为全省根本，果使仓储充实足支半年，更有余粮以应各属，一遇青黄不接开仓出粜，市价自平，若有水旱偏灾，朝令夕发，不烦再计，人人知有恃无恐，一切囤价居奇、遏粜闹荒之事自无由生，善后之亟，无逾此者。现在年谷丰歉虽不可知，而秋后填仓决无不足，储谷百万石，每石值二千钱，需银不过百余万，除平粜所余及旧有仓谷外，度不过数十万石，或由善后经费提拨专款，或息借巨款分途采办，由所筹之款分年摊还，从容布置，谅非难事，更后填补各属常平仓以复定章，整理省城各公仓以为补助，以惩前毖后之计为一劳永逸之谋，非独省城赖以安全，实全省蒙其乐利。除善后筹款已另提专案外，所有整顿扩充省城仓储一案经本局再三讨论，公同议决，应请抚部院裁夺公布施行。

条件如左：

（一）省城官仓、公仓统计共应储谷至少一百万石，以备青黄不接之时平粜并各州县水旱偏灾赈济之用。

（二）各属常平仓应遵照奏案买补规复，其历年所借省仓谷应一律清查，分别归还存储。

（三）湘社、湘义、储备三仓本全省历筹经费以备荒歉，应由商会自治公所并公正绅耆每年于九月间投票选举董事，经理一切，限定一年一换，不许久管，以免挪移变卖等弊。

（四）从前主管三仓绅耆董，有因亏欠将田抵偿者，有存银生息储谷无多者，于存谷备荒之本意至为背驰，应请抚部院专委廉正干员会同清查公所清查实数，如有拖欠，应即严厉追缴，勿得瞻徇情面。再有蒂欠，清查后官绅各具结并重订章程，以垂久远。

（五）清查既竣，所有商店存款应行提出将田作抵者应即变卖，一律购谷实仓以裕民食，再由抚部院奏明立案，声明此项仓储关系全省民命，不得移为别项支用。

（六）湘义仓买谷之款系每年由督销局于收足军需备荒项下拨解，年约万余金，此项系按票派捐，应一并清查，由商会会同公正绅耆息借十万两购谷入仓，其本息按年摊还，即以此款作抵。

（七）建仓储谷应行推广，即由清查全省公款中酌量提拨。

呈报议决提出禁止销售彩票案文

宣统二年五月二十三日

为呈报事。窃照局章第二十五条开、第二十一条所开第一至第七各款议案，应由督抚先期起草，于开会时提议，但除第二、三款外谘议局亦得自行草具议案等语，兹于本月二十二日开会提议禁止销售彩票一案，佥谓售卖彩票无异开赌，不惟贻害地方，亦且有乖政体。查江南彩票业经该省谘议局议决永远禁止，而湖北行销该省之签捐票亦于本年六月一律停销，久已公布施行，况湖南并未开办票捐，全系外省输入，尤宜从速严禁，以肃政纪而塞漏卮。业经公同议决，另将办法缮具清折，理合备文呈请公布施行。须至呈者。

另折如下：

（一）请禁销售外省各票

湖南销售之票概系商人射利辗转贩卖，应请抚部院一面咨明开办票捐省分禁止来湘分销，一面札饬各府厅州县依限禁止商人设肆销售，违者例以诱赌之罪。

（二）请禁本省各属套票

湖南府、厅、州、县有藉学务及他公事为名创设套票希图渔利，应请抚部院札饬各属，此后无论公款如何困难，一概不准开设套票及一切近于彩票之行为（如洋货票、公益票等类），如或（朦）〔蒙〕禀巧设科以局骗之罪。

（三）请速布禁止期限

售票之期延长一月，即地方多受一月之损伤。湖南本无仰给大宗票利事件，既无须另筹抵补，即于禁止事宜毫无牵掣，应请抚部院核准即以九月初一为禁止销售各项彩票之期，先于六月以前颁发告示，一以遏绝购票者之觊觎，一以免贩卖商家误蹈咎戾。

札复前案改期为七月以前示禁文

宣统二年五月二十八日

为札复事。案，据谘议局呈称：窃照局章第二十五条开、第二十一条所开第一至第七各款云云等情到院。据此查湘省销售彩票者市街林立，统计每年漏卮不小，若不设法禁止，于小民生计、社会人心均有（防）〔妨〕碍。来呈请禁止外省彩票、本省套票暨速布禁止期限各节均属可行，惟禁止期限条内六月以前应改为七月以前，以资周转，候即分别咨行及出示晓谕可也。合行札复。为此札行谘议局查照。须至札者。

呈请电商盐政处会奏援案借买长芦山东上色盐文

宣统二年四月十三日

为呈请事。恭读三月十七日电传谕旨：近来沿江各省年岁歉收，米价腾贵，饥民艰于得食，以致人心浮动，目前办法亟应联合绅商协筹款项采办米粮，或迅购大宗洋米设局平粜，以定人心而弭隐患等因。钦此。查上年岳、常、澧水灾，长、衡各属亦仅中稔，产米顿减而销米更多，加之阴雨连绵麦秋失望，米价翔贵，致有三月初五之变。今距秋收尚远，丰歉犹不可知，非多购谷米杂粮将何以为善后。但现在无论采买何米，非备巨资赔贴不可，以地瘠民贫之区而值此米缺年荒之际，筹款实难。惟有暂时息借、将来筹偿之一法，然筹款莫如盐务，今长、常、辰、岳淮盐加饷过多，每盐百斤价逾五两以外，商利亦成弩末，似难再派赈捐。惟衡、永、宝十九州县淮盐引地被粤私侵占，久成废岸，光绪二十七年经前两淮盐政刘、前湘抚部院俞会奏收复豁免淮盐新饷，设局配销收买私贩粤盐，办理官运定为淮粤并行，均奉部核准在案。然粤盐晒产，淮盐煎产，惯食粤盐者皆不愿食淮盐，是以衡阳、衡山、新化、邵阳设立配销四局，已七八年极畅之时岁销不过二万余引，每引额饷六两零二分，湘淮各收其半，湘省仅得六七万两拨充铁路经费，配销盐饷善后局涓滴无收，即照章旧饷之湘厘九钱五分亦归乌有，粤盐私贩不服官收，乃酌征厘金，为数亦只数万两，官运之案竟成虚文。现在朝廷整顿盐务裕饷便民，衡、永、宝如此情形自应设法改良，变通尽利。然整顿首在便民，查上年江南借买之东芦晒监，淮商运往配销，民皆乐食，课厘较配销加至一倍，惜定价过昂未能全敌私贩，此时淮南场灶业经修复，不再借盐，该三府将无此盐配销，私贩又将充斥，官运坐失利源殊为可惜。查湘盐近日销数加增，即使淮灶尽复产盐仍不敷销，本年二月该处盐店德聚源等已经禀请商务总会，求借芦盐实行官运，若再拣选精良，减轻盐价，销数之畅可操左券。查近年江南、广东借买东芦晒监叠有成案，今衡、永、宝有名无实之官运正可援案借盐行销，藉以筹款平粜。该三府本系奏准淮粤并行之岸，江南既可借东芦以代淮监，湖南何不可借东芦以代粤监，粤与东芦同一邻盐，皆非应行衡、永、宝引地，况粤盐徒便贩私东芦藉资充赈。权衡优绌，利弊昭然，想大部必乐赞成，藉纾湘难。又，查安徽滁、来全现行官运，其赢余系充本地义举，今以衡、永、宝官运赢余筹备本省赈款，名义尤正。至配销淮盐仍应率由旧章，以符定案。粤盐私贩尽属良民东芦来盐，皆将改贩官盐则私贩不禁而自无，益公便民无逾此者。湘省例收衡、永、宝三府粤厘，如官运东芦盐实行之后比较收数短少若干，即于赢余项下提补，以期湘饷无亏，其赴长芦山东买盐运盐均照江南现行章程办法。朝廷轸念民食，饬令联合绅商协筹款项，本局于本月初九日开协议会公同研究，舍此别无良法，相应备文呈请。查照新章电商盐政大臣会奏援案，借买长芦山东上色晒盐一百二十万包，请旨饬下直东转行运司谕饬场商收晒，以备湖南购运。其官运成本即请责成商会筹备平粜，有此的款弥补亏耗，则办理自无牵掣之患。事关备荒理财要政，理合备文呈请裁夺，照准施行。须至呈者。

呈报议决借运芦东盐行销衡、永、宝三府以备善后各款文

宣统二年五月二十三日

为呈请事。窃惟湘省财政本极困难，现值灾变之余，善后事宜百端待理，非筹集巨款真无下手之方。然当兹饥荒迭见，民困未苏，再肆搜求必酿祸乱，惟有整顿固有之财源，不加小民之担负，庶于国计民生两有裨益。查衡、永、宝官运粤盐本有奏案，自粤盐缺产官运几成具文，若能改运芦东盐以抵粤盐之乏，既利民食，复给要需，前已由本局常驻议员协议呈请查照借运在案。兹于临时会五月十一日、十九日两次会议公同议决，借运芦东盐行销衡、永、宝三府以备善后各款一案以为可行事件。理合备文并另折开列，呈请裁夺公布施行。须至呈者。

另折如左：

理由：

湘省连年灾祲，因荒召变，急赈善后需款迫切，惟有遵照官运粤盐奏案，由湘省借运芦东盐专行销衡、永、宝三府，以岁获余利作为专款，拟请抚部院电商督办盐政处会衔奏咨奉准后即一面咨请直隶、山东各会办盐政大臣速饬运司预备盐斤发运，一面先向大清银行息借巨款，指定芦东盐余利分年抵还，此系本省应兴事件，既济急需，无妨盐政，不得不代表人民一请命也。

办法：

甲、援官运成案借运芦盐一百二十万包，由湘派人至芦东盐场拣选洁净上等晒盐过秤，打包运湘，专销衡、永、宝三府。

说明：衡州、永州、宝庆三府十九州县本系淮盐引地，发、捻乱后被粤私侵占，久成废岸，光绪二十七年经前抚部院俞奏请收复，设局配销淮盐，并收买粤私，改办官运。因淮盐煎产色味不如粤盐，每年淮销至多不过三、四十票，近年粤盐缺产价昂，官局收买粤私亦成虚设。上年淮盐场灶破坏，借运山东长芦盐年销至八十余票，今淮盐场灶修复，不须借运，淮盐滞销，岸废如故。三府既喜食

芦东盐，不如仿照江南借运办法直接借运，以抵粤私。惟芦盐向用毛织口袋装裹，每包一百六七十块不等，往往盐内夹有羊毛，滋人疑虑，应由湘派人自带蒲包拣盐装运，每包计重一百斤。

乙、淮盐照旧配销，所有应解厘课如有短绌，由芦东盐余利项下提补。

说明：衡、永、宝为淮盐引地，前奏配销官运本系淮粤并行，食户不宜于淮盐，故销数不旺，现在粤盐缺乏，官运几同虚设，此次借运芦东盐仍是遵照奏案实行官运，淮盐于旧引地自应配销并行不悖，然应解厘课及学务、铁路经费如有短绌，自应由芦东盐余利项下如数提补，不使向有款项稍有亏损。

丙、责成商会筹集借运成本，承办借销事宜。

说明：借运芦东盐一百二十万包需款甚巨，既为全湘营此余利，自应由商务总会担任，其如何借运配销手续应由抚部院分别奏咨施行。

札复前案已录案札饬司道具复核夺文

宣统二年五月二十八日

为札复事。据谘议局呈称云云等情到本部院。据此，查此案前据谘议局常驻议员协议呈请奏咨前来，当即行知善后局会同盐法长宝道、淮盐督销局妥议具复在案，兹据谘议局复行提议，自应并案办理。善后需款至巨，运销芦东盐余利事如可行，要亦筹款之一端，然欲恃此为统筹全局之计划，尚恐不敷甚巨，除再录案札饬迅速具详以凭核夺外，合行札复。为此札行谘议局查照。须至札者。

呈请截留江南新政加价以充浚湖经费文

宣统二年五月二十九日

为呈请事。窃本局前据旅奉湘人以救荒善后浚湖实为治本之策、请截留江南新政加价一款专充经费陈请建议前来。查江南新政加价始于宣统元年，前江督端因江南创办各项警学新政亏累甚巨，乃将湘岸淮盐每斤加价二文，每年约收银十余万两。本局公同讨论，以为江南本财赋之区，入款素称极巨，新政又各省同有，无非就地取材。前江督端藉此加价，本非湘人应尽之义务，然使时和年丰，无大灾变，既系销盐省分犹可勉强应付，兹则三月五日之变事出非常，善后事宜百端待理，现常德水灾又见告矣。频年荒歉悉由水灾，非大加疏浚无以解免后患，而工程浩大，经费必多，使无大宗的款足供筹画，虽明知当务为急，亦恐徒托空言。去岁前抚部院交议疏浚洞庭案，经本局决议，必兼疏浚荆江，后经公举议员赴鄂联合疏江，鄂议局亦极力赞成，并无异说，至今仍未举行者，则以经费无着也。今本省承历年灾祲之后而浚湖尤为善后要工，江南既非贫瘠之区，每年即少此项加价亦不至于支绌，应请暂截五年划归湖南，正名为浚湖加价经费，在江南他项所入湘人之担任仍多在本省要政所关，截留实合乎公理。湘岸淮盐在未显言加价以前历年纳税于江南者谓之盐票捐厘，可分善举、军需为两大项。善举之目一曰保甲，每票年捐银四十两；一曰梅花书院经费，每票年捐银二十四两；一曰粥捐，每票年捐制钱九千文；一曰育婴堂，每票年捐制钱十三千文；一曰散粥捐，每票年捐制钱二千五百文；一曰金陵杂支，每年银七十两，姑自光绪元年计算，约纳江南善举银一百余万两。军需之目，一曰豫厘解淮转运局者，每年十二万两；一曰淮厘解金陵支应局者，每年二十二万四千两，自同治三年至今约纳江南军需银一千六百余万两。庚子赔款复于湘岸盐斤加价二文，作为江南应派之偿款，十年来又约银一百五六十万两。湖南贫国，何堪当此负累，而江南藉产盐省分之名，凡兴一善举议一新捐，无不取办于湘岸食户，数十年来勉力输将，原不稍分畛域，刻下湘中大患，无过于湖不浚则滨湖州县将尽成泽国，而欲浚湖必先筹款，使概将湘岸他款全数截留或于江南财政大有损害，若仅区区新政加价以出之湘人者还之湘人，必不至吝不予畀。江南盐价每斤仅值五十余文，前此改收洋码，尚且函电交驰力求蠲免，湖南盐价倍于江南，当此旱干水溢之际，为扶伤救死之谋，在江南大吏体国为怀，其人士夙尚风义，准此相质必表同情，饷需协济固朝廷之定规，救灾恤邻实古今之通义，揆诸法理并无不合，按之情事亦协其平，应请抚部院察夺具奏并咨江督施行。须至呈者。

札复前案已咨商两江督部堂文

宣统二年七月初八日

为札复事。案照谘议局呈送议决请截留江南新政加价一款专充浚湖经费一案呈请察核具奏，并咨商两江督部堂施行等情到院。查湘省灾害频仍，抚绥正急，欲免剜肉补疮之苦，宜筹一劳永逸之方。疏浚洞庭湖以免后患，治标治本兼而有之，所请暂截湘岸淮盐新政加价一款业经据情咨商两江督部堂矣，一俟咨复到湘，再行酌量办理。合先札知。为此札行谘议局查照。须至札者。

乙、关于质问者

呈请批答议员粟戡时质问关于外交文

宣统元年九月二十九日

为呈请事。窃照谘议局章程第二十六条内开：谘议局于本省行政事件及会议厅议决事件如有疑问，得呈请督抚批答等语。兹据议员粟戡时以关于外交等案质问前来，合将质问各缘由缮具清折，备文呈请察照。批答须至呈者。

质问事件条列如左：

一、省城潮宗门外祖淦堂等将杜俊伦中孚、衍庆等房屋六栋笼买悄卖与外人，杜俊伦等不服，构讼数月，是否照章勒令祖淦堂退价退产。

一、安化王正永、王正板将天罩坪、产子坪、李家山漆树坪、天造坪、埤子山等处十余里之地卖与益阳信义会原教士，查该教士系为避暑建屋之用，并非开堂可比，显系违背约章，是否勒令领价退产。

一、福记火油公司确系亚细亚火油公司之化身，已在我国未通商之口岸开设二百余处，现在湖南境内者如衡州、常德等处皆是，是否援据约章勒令迁于通商口岸。

一、长沙捞刀河口之龙洲地方外人久拟购建油池，现在劣绅康渭滨从中笼买，口称被善后局所托，查该地并非租界，谁敢擅卖外人，是否查问严禁。

一、湘潭总市黄龙巷□□人违章设店，今春因凌虐本地工人激众生变，旋被索赔款千圆议定歇业了事，乃日人既得赔款，复照常营业，并未闻勒令停歇，何也。

一、长沙岐阳市杨树廷将龙王宫应赎之业谋买、悄卖与瑙威信义教会一案，该教会牧师迁延日久，不肯领价退产，是否照约勒令退还。

札复前案质问关于外交各案文

宣统元年十月初十日

为札行事。前据谘议局呈称云云到院，本部院已照折开各节将一切办理情形另纸札复。惟查本条章程第三项有督抚若认为必当秘密者应将大致缘由声明等语，本部院单开各节关系外交事件，不宜向局外之人宣布，以昭慎重，务望各议员共守秘密主义，是为至要。为此札行谘议局查照。须至札者。

批答事件条列如左：

一、省城潮宗门外祖淦堂等将杜俊伦中孚、衍庆等房屋六栋卖与同仁堂、转租与英商和记公司一案，现经饬令长沙关翻（绎）〔译〕委员郭良泉与英领事磋商办法，英领事已允将中孚、衍庆公屋一契退价还契，其余各契现仍极力磋商。惟长沙开埠时所订租界章程，系由前洋务局及长沙关道与日领事商准，一面知照驻汉英领事，并通布各国领事，讵英、法、德、美、比先后来文诘问，以约文载明长沙府开作通商口岸应包括城池在内，北城外人烟稀少，不能作为商场，声明所定租界章程断不承认，经局关援据商约并引各口岸通章切实辨驳稍稍息喙，且当开关时即有英商贝纳赐在城内西长街开行抗骗厘捐，牵涉口岸问题，彼此口舌，争持文牍，(辨)〔辩〕论至历三年之久，异常困难。尚赖各绅协力同心设法调处，由公家酌给该英商津贴弥补亏耗，另招华商接顶，仅将该英商私人喊晚了清，而口岸问题彼时未能解决。嗣外务部电达本署饬局关就近会商英领事划清通商口岸地界，英领事要索六款，局关多未允认。惟当日原议租界章程大小西门外本准各洋商指明租用为停泊轮船码头起下货物，是以自永州码头起连原定租界止认照口岸办理，城内断不能包括在内，英领事犹坚执未允，嗣复由英公使向外务部重申前说，并由英、日领事联衔照会，总以通商口岸不分城内外为言，哓渎不休。本部院到任后电商外务部，内外坚持极力驳拒，年来始不复饶舌，城内商民尚无蹈舒象卿等复辙者。现在布置城外商埠作釜底抽薪之计，英领事已迁居城外，各洋商见城外商务渐臻繁盛，（竦）〔泊〕岸码头已逐段兴修，便于居住贸易，杂居城内之话亦不再提作正式谈判，将来部署完备当可就范。此次和记租用地基系在续议认照口岸办法地段之内，若欲照原订长沙口岸租地章程一概勒令退价退产，恐牵动已息之案，但交涉事件能得挽救一分即是一分，当饬关道地方官相机因应妥为办理。

一、安化王正永、王正板将天罩坪等处山场卖与益阳信义会原牧师一案，现据安化县胡令铿莹禀称：外人在中国内地传教，购地建堂虽为条约所准，然其所购地基契载四抵界址大都可以丈尺，从未有一契载至地名七处之多，其区域至十七八里之广，如原牧师此次所买王正永等之荒山者。且约章所载仅有买地建堂字样，并无准买山场之明文，查阅王正永所立卖契虽载明卖与信义会福音堂购造传道避暑之所字样，而山场究非地基可比，拟劝该教会勿置此业。并华教士陈亚藩缄告原牧师扣价付兑，一面谕令团族转饬王正永等毋得遽收业价等情，当以堂教租地从无（籍）〔藉〕避暑为名置买山场袤延十余里之事，自未便听其租置。该县将契扣留所办甚是，批饬提讯王正永兄弟此山买自何人，调验确实契据有无将官荒擅作（已）〔己〕产，盗卖实情禀复察夺，并将扣留之契作废。长沙关道亦批令接任县张令谟劝令该教会不必收买此项山地在案，应俟该县禀复再行察夺此事，总以办到废契退产为断。

一、衡州福记火油公司经理人曹耀材擅立商牌号一案，前据府县先后禀报，即经告知英领事饬令该福记公司将英商亚细亚招牌撤去，福记火油公司牌上驻衡二字擦去，并由英领事来缄声明该公司所执合约系准其专卖亚细亚洋油，又于来辕谒见时将福记公司实系华商自行开设，立有合约，并非亚细亚之化身开设分行陈述明白。现调合约查核察办，如果别无情弊则系华商代销，洋货自未便饬令迁移闭歇，有碍销路，致滋藉口。其常德福记火油公司现已谕由关道饬查，如有擅挂洋商招牌情事，自应按照衡州办法一律办理。

一、捞刀河口龙洲地方外人购建油池，现有劣绅康渭滨从中笼买一节。查此案始于上年春间，据长沙关道呈报访查，南门外大坡有刘姓田房一区，被其侄盗卖与史三达，将（朦）〔蒙〕售洋人备建油池之用。当即照会湘、汉各领事，声明湘省境内曾经绅民公议永远不准建设油池，请谕知各洋商，切勿误受欺骗，一面饬县查拿刘姓等讯明究办，并将契纸声明作废。旋据善化县禀复讯明，系地痞黄兰亭勾串刘贵和所为，遵将契纸追销，黄兰亭从严管押拟办。嗣美总领事照会关道，以美孚洋行拟在长沙建设油池与各埠办法无异，一再要求，均经切实驳阻。美总领事复坚执前说照会，督部堂来电以美总领又援通商之例来照催复，又经本部院电复关道，所禀情形确实断难照允各在案，此系历次禁阻外人建设油池之情形也。旋由美使向外务部直接交涉，迭准部电均经一再坚拒，请外务部主持驳阻。嗣准外务部电，以他埠筑池成案既不止一处，湘省情形何以与他省不同，如美孚所指地段确有窒碍，自可据实申辩，若彼听我择一与居民无碍之地何始终坚拒。美使屡催面商，长沙绅民永禁之说断难以告外人，务速向绅民明白事理者切商办法电复，以凭酌核因应等语，并准督部堂电，同前因随即饬道会绅妥商，以油池地址须由省绅指定距省较远、无碍民居之处方准租置等语复部。是建设油池一事先经竭力驳阻，嗣迭准外务部来电复与省绅商妥电复，办理自未便以租界为限，现已咨准各省将汉口、苏州、金陵、九江等关洋商建设油池章程抄发关道饬令仿办，由道会商各绅议仿汉口、丹水池办法更加详审，先择荒旷地段由绅指购转租，如房屋、房佃例拟订油池试办章程十四款，又租地章程七款呈赍到院，核与九江、苏州等关油池成案较为妥慎周密，所拟另择偏僻地段，亦核与上海之浦泉、汉口之丹水池均距口岸数里十数里同一保安防险办法。至所指龙州地段尚未勘定，如美商愿遵前项拟章租赁，自应准其办理。

一、湘潭总市黄龙巷日人违章设店，本年六月因殴打火夫起衅被众毁损器物索取赔款一案，前据湘潭县禀报妥议赔偿情形，业经批行长沙关道转饬该县谕令日商加藤央刻速迁回长沙，一面仍由关道督饬郭翻译速与日本领事磋商。嗣据禀称，日本领事已禀商伊国外务省，俟得复缄当即饬令迁移等语。此事总以办到该日商仁得堂迁回长沙口岸为断，当饬关道再行照催日本领事转饬遵办。

一、岐阳市杨树庭悄买龙王宫公产与信义会是否照约勒令退还一节，查本年四月间牧师戈德白将购置长沙县沱市等处、萧钦和等基地六契送交长沙关道发县印税，关道以契内虽载明系教会公产，未注明本处字样，与通行定章不合，送还更正。该处士绅以岐阳市一契系龙王宫公产，被杨树庭私行盗买等情赴道署具控，经关道函致戈牧师嘱令收价退契。戈牧师一再来缄，以龙王宫售出此业已易数主，杨树庭系出卖已业，并无喊晚，不允退契，并将前项契纸交由驻汉领事照送税印，亦经关道切实驳复，将杨树庭契纸提出发县饬传收回退价，迄未就范。嗣据欧阳振声及郑铁生等先后来辕具控，均经分别批示，并行关道转饬长沙县调验各契秉公讯断详办。旋接驻沪哪威总领事来电转据牧师电告岐阳市阻教危险情形请为查办，当经本部院查案电复，嘱劝地方官持平办理，并将来往电文抄发各在案。查教会在内地购地建堂约所准行，惟历来办理必经地方官查明实无喊唤，方准印税。此案应催饬该县调验各契，讯明龙王宫出业究竟是卖是当，则该会应否退契不难片言而决。

呈请批答质问湘省赈荒办法已否实行文

宣统二年五月二十六日

为呈请事。窃照局章第二十六条云云，查岳、常、醴各属自去岁以来巨浸横流，灾黎遍野，为二百年来未有之奇祸，抚部院下车伊始注重赈恤，凡在湘人同深感戴，但灾区甚广，救济宜周，本局迭接各府厅州县人民陈请书及各处议员报告各情，至为哀惨，虽筹赈放赈久劳官府之措施，而（己）〔已〕溺（己）〔已〕饥尤切闾阎之愿望。所有现在赈恤各事办理情形，理合缮具清折，备文呈请抚部院迅速逐件批答，以慰舆情而宣德意。须至呈者。

条件如左：

一、现在常德、武陵一带尽成泽国，延及各属惨不忍闻，究竟灾情孰重孰轻、灾区孰广孰狭，已成者如何赈恤，未成者如何预防，曾否委派官绅切实调查随时呈报。

二、湖南贫瘠之邦，不幸迭遭巨患。去年前抚部院奏拨赈款六十万，并开七项常捐，及由官钱局增发钞票二百万，本年抚部院奏请由度支部拨给三十万两，另筹借三十万两，共已支放若干，尚存若干，本省可筹现款及预定的款若干，外省解到的款及已筹拨而未解到者若干，已到之款现存若干，统计现谋赈恤及将来善后事宜共需若干，除已筹赈款抵销外短少若干，谅已列表预算。

三、赈济方法因地因人各异，其宜或发米，或发钱，或减粜，或设粥厂。现在发米者若干处，发钱者若干处，减粜局设立若干处，施粥厂设立若干处，各地方官谅已分别禀报。

四、各属皆忧乏米，不独灾区。抚部院前曾购运西贡米并向内地及各省采办，现已实到若干，未到若干，赈灾区者共去若干，分济各属共去若干，省城存储尚有若干。

五、救荒要政宜由官绅协力主持，各属派遣妥员及分任职务应有一定之章程，其劝惩之法已有明文，地方官敷衍贻误者应如何纠察，以示惩儆。

六、洪流横溢，酷暑上蒸，哀此灾黎饥溺并至疾疫传染死亡更多，医疗防卫之法莫如多设医药局，慎选医士及药料，现在已否札饬各州县迅速施行。

札复批答前案文

为札行事。据谘议局呈称云云到院。据此，当由本部院札饬筹赈总局按照折开各节逐条查明具复。去后兹据该局详称：遵将奉发谘议局清折逐条查明，另开清折详请察核批示前来，合行查照来折逐条批答，抄单札发。为此札行谘议局查照。须至札者。

条件如左：

一、查本年常德被水灾情以武陵为最重，迭据常德府谭守、武陵县刘令电禀，被淹地方共计四十余村，地段较广，龙阳则溃一十余垸，桃源惟杨溪、燕家坪两处出蛟，灾情较重，节经筹赈局委派本任常德府戚守朝卿带同叶令新荫等运解钱米驰往查办，共计拨发武陵急赈钱一万串、米五千石，龙阳急赈钱一万四千串、谷一千一百余石，桃源急赈钱四千串。现奉恩帑银二万两委员解交谭守，分别匀拨核实，散放武陵急赈。极贫每大丁赈米三升、钱三百文，次贫大丁赈米二升、钱二百文，小口均减半，病者给药，死者给瘗埋费一千文。所塌房屋冲没无存者，瓦屋给钱十六串文，茅屋给钱八串文，仅被冲坏者酌量轻重给与修理费，并在德山书院、乾明寺分设粥厂安插饥民，病不能往者即于东城外旧有营垒收养，乡城雇有医生住厂防治。疫疠至龙阳县最重，大丁发钱四百八十文，次重大丁发钱三百二十文，小口各减半，桃源赈款亦交由该县核实散放具报。

二、湘省上年水灾经前抚部院岑奏拨南折库平银十六万两，并无拨款六十万之说，本年向鄂省官钱局筹借银三十万两亦未成议，现查自宣统元年起至二年五月二十三日止，筹赈局共收拨来南折暨发恩帑并赈常捐输牙厘局拨款银四十七万零七百二十一两七钱八分六厘、钱一千串文，共支银五十八万零八百四十九两零二分三厘、钱九十六万二千五百五十五串四百八十九文，两抵不敷银一十一万零一百二十七两二钱三分七厘、钱九十六万一千五百五十五串四百八十九文，已由该局另开清折呈核。帑藏久绌，罗掘无方，通计将来筹办工赈、安辑填仓一切款项尚非数十万金不可，至上年秋间该司局因散放冬赈并买谷补今春赈粜，详经前抚部院岑奏请增发银票五十万两、铜元票二百万串，旋经度支部议复：只准增发银票，不准增发铜元票。维时购谷虽发出银票二十余万两，而随用随回。遭三月初间之变，不特新发者全数收回，即前发者亦多半兑银，而官钱局为预防危险计，此后纸币只收不发，以保信用。至前奏拨部款银三十万两系办善后一切事宜，不能专归赈粜项下支用。

三、赈济方法均系因地制宜，筹赈局上年详定冬赈办法六条，办赈事宜要不外此，所有办法抄录于下：

子、变通办法

本年澧州、安乡等州县水灾之重在昔所无，应仿义赈办法，由委员延访诚实耐劳司事督同前往被灾各垸，确查极贫，验明口数，当面填给赈票，以期实惠在民。拟准各该州县印委各员延请廉干可靠司事分任查户放票事宜，司事不易多得，则就地访请公正士绅以辅之。司事由外来月支薪水钱十串，绅士系土著，月支薪水钱六串文，所有月薪暨员司绅士查赈舟车火食之资应准实用实报，是为力求核实，杜绝中饱起见。倘各委员仍不督同司事躬亲查户放票，玩视赈务，徒事虚糜，即行严参。印委各员如能坚忍耐劳，督同司绅切实经理，无滥无遗，亦即从优奖励，以昭激劝。

丑、严杜浮冒

际兹时事多艰，公家万分竭蹶，而百计筹款放赈者专为救济极贫灾民，倘有并非极贫而冒领赈济者，即送地方官照冒领钱数加二十倍罚充赈款，以示惩儆。事竣，办赈委员会同地方官将赈过户口、钱数榜示受赈处所，俾众周知。

寅、明定赏罚：

各州县办理赈务虽由印委主持，而地广事繁，不得不赖地方绅商首事合力经理。绅首之秉公办理、一意救贫者固多，而营私舞弊、吞赈自肥者即亦在所难免，惟劝善惩恶全在赏罚严明。此次办理澧州等处灾赈，凡绅首之实心任事者拟准由办赈委员会同地方官禀请奖励，侵渔赈款者即送地方官从重惩治，吞钱一串监禁一年，十串监禁十年，十串以上永远监禁并将家产查追充赈。

四、查本年采购米石承办各员尚未造报，现计运到江西米二万石，西贡米四万五千包，合湘斛米二万八千余石，又本省米一千七百余石，除拨发灾区暨缺米州县并经省城商会购领暨各碓坊陆续领粜外，尚存米一万七千余石。

五、办赈员绅赏罚章程业于冬赈办法六条内详细订定，并经筹赈局迭次电饬，如有办理不力或任冒领报款，一经发觉或被查出，官则严参，绅则究办。

六、各灾区医药历经善后局制备委员解交地方官随时施发，此等善举仍应由筹赈局再札行各属饬令善堂随地随时多方布施，以辅官力之不足。

呈请批札质问官钱局发行银钱票纸文

宣统二年五月廿八日

为呈请事。窃照局章第二十六条云云，兹据议员周煦挻以湖南官钱局发行银钱票纸等情质问前来。查湖南官钱局本系营业行为，而成为一省财政之关系所有发行纸币不无怀疑，待释之处合将质问各缘由缮具清折，备文呈请迅赐批札。须至呈者。

条件如左：

一、宣统元年度支部奏定限制章程通咨到后，全局截算发出最多数目之日总计发行之票银额若干，铜元额若干，制钱额若干。

一、各种票纸中区分数级之种类各若干（如银分几两，银圆分几元，制钱分几串，铜元分几十枚、几百枚之类）。

一、各种票纸之编列字号若何，各种中区分等级之各种编列字号又若何，其字编列号数有无多少异同。

一、各种票纸曾经几次印刷，每次印刷各种票各若干，除截数发行外，余剩存库者尚有若干。

一、旧式票纸宽幅纵长方率多盖用藩印，后来新式窄幅横长方遂有不捺藩印者，其分别之意维何，是否新式出后已将旧式陆续收回另存或销毁若干，抑全数循环发行如故。

一、局中准备金是否照章确有十分之四，其余十分之六是否有确实可靠之券契备抵，其准备金原系如何提拨现款，及券契是否均存在局，亦别有储藏支应之处。

一、宣统二年起是否能实行收回二成之说。

一、据闻官局营业连岁颇有赢余，是否仍储存充准备本金，抑另已提支别项行政费之用。

一、前抚部院札复岳、常、醴水灾善后议案文内开：官钱局票币截数报部，后因筹赈局赈粜谷价待用孔亟，奏明在库存钞票内提借银票、铜元，专备赈粜要需等语。是此项票纸已在部章限制，不得逾现额增发之外实在提借若干。

一、湘潭、益阳、衡州、常德、洪江、汉口各分局与赈局之关系分划若何，其各种票纸是否另编票数，准备金暨提支并业务赢亏是否各自为界，不相混淆。

一、全局自办赈委员以下雇用司事杂役若干人，各工薪若干，其明定办事单行规则若何。

呈请批答质问湘省灾变赔款文

宣统二年五月二十六日

为呈请事。窃照局章第二十六条云云，查湘省此次饥民滋扰，焚毁教堂、洋行、堆栈、趸船等项，抚部院下车伊始即与各国领事迭次商议赔偿，弭外衅而恤民艰，久为湘省人民所共仰。惟是外人财产损失虽不甚多，难免不藉端需索，侵夺权利，外间传言此次赔款将近了结，未知此款系从何出，并有无附设条件，在抚部院廑怀民瘼，必为湘人保全利权，而民间欣戚相关，莫不欲知其究竟。本局为采取舆论之地，以指陈通省利病、筹计地方治安为宗旨，此次赔款数目及现在筹款方法将来作何拨还情形，谨遵章备文呈请查照，迅赐批答以慰众望。须至呈者。

呈请批答质问签立铅砂合同文

宣统二年七月二十三日

为呈请事。窃照局章第二十一条第七项议决本省权利之存废事件，又本局议事细则第三十条巡抚与各国缔结关于湖南之契约属于本省权利，存废事件毋庸请部核办者得先于各议案而提出于谘议局。本局谨守权限，常用兢兢，近闻司局以财政困难议将水口山所产黑铅砂一万吨，每吨价银五十三两，白铅砂四万吨，每吨价银二十两卖归洋商，分五年交砂，得价百二十余万两，即将签立合同，并闻洋商要求合同中须声明：此后铅砂即以此为定价，并不得卖与别行等语。道路传言不无疑虑，查湖南矿务惟水口山成效最著，获利最丰，前经奏设练厂，开炉未久即欲以大批出卖，似可练铅交货，不必径行卖砂，转致有厂无砂，使设厂巨款遂同虚掷。若合同永定砂价，又声明不能更售他人，则操纵之权全在外人之手，丧失利权，坐受挟制，有矿将与无矿等为害不可胜言。以一朝之微利，贻无穷之交涉，其术至狡，断不可从。伏惟抚部院莅湘以来，以保存权利为心，以开诚布公为本，必不肯使此等至狡之计得行于前。事关本省权利，其契约为本局所当与议，惟是否果如所闻未敢悬揣，理合援照局章第二十六条呈请详赐批答，并将所订合同宣示，以释群疑而符定章。须至呈者。

丙、关于陈请者

呈据李金生等以铁煤两项利源外溢请转恳剔除旧弊文

宣统元年十一月二十六日

为呈请事。窃照局章第十二条常驻议员于第二十一条第九至第十二各款所列事件，若不在开会期中得由议长委任协议办理，第二十一条第十二款有收受本省自治会或人民陈请建议事件各等语。兹据茶陵职商李金生等以铁、煤两项利源外溢，厘税两空，商困民病等情陈请前来。查本局开会时议决提出改厘税为统捐一案，即系除去留难苛索等弊起见，兹据该商等所陈请适与前案相发明，若不亟加整顿，无以体恤商艰。理合备文连同陈请书呈请裁夺施行。须至呈者。

具陈请人茶陵职商李金生、攸县职商萧敦泰、安化职商梁伯佑、新化职商苏代芝等为陈请事。窃职等历在茶、攸、新、安四属采办铁矿、煤矿，就地设厂熔炼铁斤，以供各省农器之用。咸同间四属不下百余厂，熔成六七千石，合计每年可出百万石，能活工力贫民数万，厘金虽轻，积少成多，按年可收钱十余万串。迩来茶属仅五厂，攸属仅十八厂，安属仅七厂，新属仅五厂，通共三十（二）

〔五〕厂，而熔炼之数亦大减，每厂只在二千石，每年合计不上七万石，厘虽加重，合计不上万金，县署结册可稽，厘局比较可考。推原其故，实因洋铁只纳进口一税，通行内地并无留难需索他费之累，而华铁矿苗在窿照章须纳年租，设厂开采须纳本县及各署结费，熔成生铁又须遵领藩署批照，始由小河起运。如攸县者按货由攸卡完厘，沿途验票每索盖戳之费，运至湘潭换拨大船，过载复抽过担之厘，非行户报单不给厘票，而行户藉索行用，倘无大船必须起坡又有落地之厘，至靳家河卡复加抽出口之厘，沿途验票而局丁又索划舟及盖戳等费，自攸至岳州卡如一月内赶到尚只索小费，准其验票放行，若被风阻延违限，逾月一日即将前卡厘票作废，另行全数重抽。依藩署批照每批额定一万五千斤由攸抽钱九千五百八十文，至湘潭抽钱三千九百六十文，靳家河加抽钱二千文，倘抵岳过期复抽钱一十一串文，四处补水之钱又在一串上下，外加县署具结费、各卡验票费、行户藉索费、划船费、盖戳费，每批合计厘费钱三十余千不等。公家所得有限，大半尽归中饱，本省如此，邻省可知。区区之铁，省省重征，处处留难，不禁自绝，逐年减少，华商安得不败，洋商安得不胜。论铁质之优劣，华优而耐久，论厘税之轻重，洋轻而简便，优者由近而反滞，劣者由远而反畅，商战之败实由自取。伏读新律有纳税免厘之条，矿章载内地概不重征之例，以冀振兴商务、藉挽利权，不料章程久颁，仍未实行。铁业一项困难已达极点，如再不加厘剔，及早改良，不但各厂工商生路尽绝，而洋铁充斥利源外溢，厘与税亦将两空矣。查湘省出产煤铁为大宗，铁有藩照弊犹如此，煤无藩照，经过局卡非多给局丁规费，往往以少报多，浮收无厌，欲壑不填，彼必勒令搬舱留难，数日不验，呼号莫应，哀恳无闻，及私囊既饱，给票放行，而商人与船户均已受害无极矣。事关大局，共属桑梓，不得不逐一缕呈，仰恳提议转达，俾得剔除旧弊，准照新章施行。不胜盼祷之至。谨呈。

呈据两湖轮船公司南局湘泰顺风互撞案咨会了结陈请建议文

宣统二年六月初九日

为呈请事。窃查谘议局章程第二十一条第十二款云云，兹据两湖轮船公司南局因湘泰与顺风互撞一案前来，据称当经理船厅查验，湘泰确系循上水线航行，并未逾越范围，顺风不循下水线行驶，侵入上水线横冲而来，以故撞伤湘泰船头左旁，而顺风亦自遭沉没。曲在顺风，不在湘泰，以故湘泰仍准航驶，未将关单（掉）〔吊〕销。曲直既明，湘泰自无出资捞船、偿款恤难之义务。前夏口厅冯丞不顾航章，专听搭客梅镇涵等一面之词，断令湘泰捞船偿款。湘泰不承认厅断，系根据航章，后经叠次禀诉，归汉关道秉公断结。旋汉关道电复长沙关道称，顺风船主系属窭人被难之人，纷禀请恤，仍饬湘泰出资捞船恤难，后又经南局禀请前抚部院岑饬善后局委员前往会同冯丞办结。冯丞仍称顺风租主舒献章等系属贫苦小贸之人，终责令湘泰赔偿。又有湖北官界合资朱铭敬经理之厚记公司因利汉旧嫌，从中播弄，务倾湘泰以图报复。善后局所派委员张令维馨不将查验情形据理力争，声叙禀内，一任冯丞（朦）〔蒙〕禀，致有督部堂瑞批饬将湘泰拍卖充公等语。昨又奉善后局发阅来电断湘泰出银七千五百元，照前议由官钱局垫款抵租与朱铭敬，已奉督部堂批准等情。查内港行轮章程早经订定，轮船上下行驶，彼此如有违误，应由理船厅决定是非。今湘泰与顺风互撞，既由理船厅决判自可据为定案，而汉关道及冯丞不论曲直，一则曰顺风船主系属窭人，再则曰顺风船主舒献章等系属贫苦小贸之人，无论能租赁洋轮必非贫户，即使确为贫户，而藉此以图侥幸，置搭客身命财产于不顾，专图自便，其私亦当严行惩办以儆效尤，今反极力庇纵，摧折正当公司，将来湘汉航业富商大贾必至相戒裹足，而窭人小贸徒能损伤人货，而不能挽回利权，反得任便畅行，置定章于不顾，商业日坏，外轮愈多，甚非所以保全内港航权也。此次顺风不遵航线，幸而撞遇湘泰，假令撞伤者为外国商轮，彼理直气壮，必索修理之赔偿，试问汉关道、冯丞能以无理之词向外商索赔乎？湘泰既由理船厅勘实毫无违误，而停驶既久，损失已多，如不得直而反勒赔偿，将来外轮即可不遵航章，肆行欺压湘汉航业，本省商轮将绝迹矣。总之理无二是，湘泰而是则不能因顺风租主之贫窭而代任赔偿，湘泰而非则理船厅应即调销关单而量加处罚。此事关系全湘后来航业，应准公理处断以济其平，庶后此航轮皆有所遵守，为此备文呈请，拟恳抚部院咨会督部堂并一面派遣廉明道府大员前往审察确情，会同汉关道迅速了结，以免拖累。所有陈请缘由，理合备文附折，呈请裁夺施行。须至呈者。

札复前案派员一节未便照准文

宣统二年六月二十日

为札复事。据谘议局呈称云云到院详加核阅，该公司陈请建议系因湘泰、顺风两轮相撞彼此争讼一案。此案两造既经涉讼，复经夏口厅丞一再判断，纯系诉讼行为，果有屈抑自应直接向各上级官厅控诉。查谘议局章程第二十一条第十二项之规定系指人民普通建议事件而言，自可由谘议局代为陈请，藉以通达民情，俾免隔阂。若事关争讼，收受自有法庭，下情本可上达，谘议局自应无庸过问。本年四月二十八日承准宪政编查馆咨复山东巡抚通行各省文开：谘议局收受人民建议一项，自以通达民情、指陈得失为主，若纯然诉讼事件，自应由法庭审判，该局不得干预，以杜侵越等因。前已札知谘议局在案，自应遵照办理，以符定章而清权限。所请咨会督部堂并派道府大员前往会同汉关道切实了结一节，未便照准。为此札复谘议局查照。须至札者。

呈复前案并非纯然诉讼仍请查照前呈裁夺施行文

宣统二年六月二十七日

为呈明事。案，奉札复云云等因，奉此。窃按纯然诉讼四字自系专指个人诉讼而言，此案则关系航业轮章，非个人诉讼可比。查湘泰轮船系属公司所有，公司系由两湖组织分设南局，而后曾蒙前升抚部院赵饬由善后局筹拨官款四万两在案，是该轮为湖南公共财产，即属本省权利之所在。本局照章应议决本省权利之存废事件，兹据两湖公司南局以湘泰受累等情陈请建议前来，本局指陈得失，代通情悃，实与定章第二十一条第十二项之规定并无不合，而与宪政编查馆咨复山东巡抚文内所谓纯然诉讼者性质实有不同。此案结果所及，其影响于全省航业者甚巨，非独公司当事者一二人受其利害，若不为之伸张公理，听其枉屈，似与从前拨给官款惠利交通之初意未免大相背驰。况叠经前抚部院暨长关道、善后局先后咨请，督部堂暨汉关道饬令秉公讯断，又蒙前抚部院饬善后局委员前来会同办结各在案。是即系诉讼事件，湖南行政官厅亦俨然在参加当事者之列，事关两省交通要政，其非纯然诉讼尤为显而易见，本局恪遵定章，于职任权限内所有不应为者固不敢稍有逾越，而于职任权限内所应为者亦不敢放弃建言之责。至于执行方法，抚部院自有权限，惟本局对于此案实系遵守定章，并非侵越权限，所有协议此案并非纯然诉讼事件，理合明白声复，仍请查照前呈裁夺施行。须至呈者。

札复前案究属纯然诉讼仍请遵照办理文

宣统二年七月十五日

为札复事。案，照谘议局呈称云云等情到院。查此案近准督部堂咨开：上年八月间两湖公司之湘泰轮船撞沉顺风小轮、淹毙搭客多命一案悬宕经年，迄未断结。本部堂莅鄂以后迭据被难搭客梅镇涵、焦仁常等来辕具禀，当经批行江汉关道严饬夏口厅打捞沉船，速予贴恤两轮船，管事人等分别讯供严办，并请责成长沙关勒令湘泰船主王明中来汉备质，交出领江董中和解鄂审办在案，方谓人证一齐，此案不难了结。乃迄今两月有余，王明中等仍潜匿不到夏口厅，办理此案更杳无声息，且未准电复则长沙关道之瞻顾徇情意在拖宕，尚未遵办禀复亦可想而知。本部堂察核案卷，顺风全船搭客计共一百四十五人，被撞失事获救只二十余人，此二十余人尚系顺风撞沉之初适其铁拦挂住湘泰之锚钩，羁留片刻始得乘间逸出，非湘泰所援。湘泰开车力驶急图逃避，坐视搭客百余人悉数淹毙悍然不顾，且将攀船求救之一人推落江心，忍心至此，惨无天理，纵使遵行水线确未违章，其情节可恶已属无可曲恕。况失事以后，船主王明中始终避匿，不敢到案，领江董中和自知肇祸，畏罪远扬，则湘泰之违章横驶、撞沉顺风尤属显而易见，否则人命至重，断无见死不救之理，事后对质，亦断无避匿不到之理。推其居心，湘泰船主固明知理屈不免究罚，故宁使船被扣留，不使人证到案，意在悬案姑作拖宕之计，一言揭破，如见肺肝。顺风失事在上年八月初七，是月十三湘泰账房魏绍谟等获案管押即具捞船切结，向使前署夏口厅冯丞切实办理，则彼时沉没未久不难打捞，顺风早已起岸，此案早已办结，乃冯丞一再迁延，置之不问，听其积日累月泥沙淤拥，夫然后一禀塞责，诿为无法打捞，是诚何心，尤百思不得其故。总之，湘鄂小轮近来不遵定章，任意横驶、互撞失事时有所闻，此案若不严办，无以安航路而警将来。本部堂衡情核断，应即将湘泰轮船拍卖，变价传齐被难搭客淹毙家属从优分给赔恤，余款尽数充公，拨作武汉平粜亏耗之用。领江董中和在逃未获，应著落魏绍谟等交案听候，从严惩办，董中和一日不到，魏绍谟一日不准释放。王明中为湘泰船主，实属责无旁贷，一面仍应由长沙关道勒令王明中将董中和寻获解鄂，不准推诿延宕。至于顺风小轮，贪载冒险搭客一百四五十人之多，已属故违定章，况其管事人等挟妓酣嬉，不谙驾驶，中途遇风劝停不停，儿戏人命卒肇此祸，亦属罪无可逭，应将其管事舒宪章监禁十年，大车周连山监禁五年，年限未满不准托故保释。顺风沉没时舱门紧闭，尚有尸身在内，仍俟设法捞起后传属领埋，将船身变价充公，以示惩儆。除饬汉关道、长沙关道遵办暨先电咨查照外，相应咨会请烦查照饬遵施行等因，准此。湘泰与顺风互撞讦讼经年，究属纯然诉讼事件，仍应遵照馆咨暨前次札复办理。惟事关航业公款，又经两湖轮船南局股东具呈前来，业经明白批示，并咨会督部堂察核办理在案，合行札知。为此札行谘议局查照。须至札者。

呈据华容徐煜等以户书需索收条费请饬革究文

宣统二年三月二十日

为呈请事。窃照局章云云，兹据华容县士绅徐煜等陈称云云等语。据此，查此次办理租股，书吏藉端需索几于无处不有，前据安福县士绅蒋定诩等陈请亦有此弊，当经呈请通饬严禁在案。兹据陈请前因，理合据情连同陈请书呈请严饬革究，以杜弊端而维路政。须至呈者。

具陈请人徐煜等为陈请事。窃华邑饥馑荐至，饿殍载途，兼之僻处一隅，民情锢蔽，贫者救死不赡，富者坐井观天，其间略认股分，不知费，劝股人几许精忱，始允输助。至随租入股一节，自去年县被洪水围堤决尽之余，经邑尊谢剀切示谕，幸得化除阻力，通行无碍，而小民艰苦已不可言，讵户书舞弊不顾灾黎，需索多方以供其洋烟饮博之用，每给花户收条一纸，格外取钱五十文，一遇乡里愚怯甚至不给收条。查定章额银一两入股一元，而该书违章收钱，且于收条内反较原股少填数十文、数百文不等，乡愚受害，比比皆然。今四乡粮券具存，若将收条互调合勘，弊端立见，刻虽经邑尊觉察，严行申禁，勒令赔偿，然该书等怙恶不悛，气焰从不稍降，今秋下忙开办，难保不愈出愈奇，似此步步作奸，有碍于路政前途不浅。以故各劝股员所如辄阻，佥谓租股如是，则现入之股他日分息果昭信用乎。且严禁洋烟、裁革蠹役久有明文，华邑合署书差无人不与洋烟为命，无事不异常苛索，种种毒害奚啻狼虎。该书等每岁出息约数千金，奴仆盈前无复顾忌，身压罗绮，口饫珍羞，剥闾阎之脂膏供一己之挥霍，可悲可恨。至于此极，非得上宪切究路款难集、民气曷伸，仰恳垂念民瘼据情上达，不以僻远微区弃置不屑，则华邑幸甚，湘路幸甚。谨呈。

札复前案饬各属究办文

宣统二年四月初二日

为札复事。案，据谘议局呈称云云等情到院。据此，卷查前据长沙等十八府厅州县陈绅文玮等联名呈称，粤汉铁路收回自办，股款请援照川、滇两省章程按租认缴，随粮交纳，经前抚部院札发示谕，遵照妥办，并饬严查书吏，不准稍有苛勒在案。查铁路股款按租入股，原定章程完银一两收银一元，并无分文耗羡纸墨津贴一切规费。该户书等经办此项租股事宜，应如何妥慎从事，乃敢婪收规费，发给收条，一纸格外取钱五十文，遇有乡懦不给收条，或于收条内反较原股少填数目，实为胆大妄为，将来照领息银从何征信，于路政大有阻碍。似此情弊，恐他县亦在所不免，亟应严饬查禁，以杜弊端。除札行布政司即便会同劝业道通饬各属一体遵照，如查有前项情弊即将该户书斥革，从严究办，一面出示晓谕乡民，如有租股收条所填数目与完粮之数不相符合者，准其于今秋将上届粮串收条禀县更正，以昭核实。各该厅州县仍当随时约束，认真稽查，不准各书差稍有需索，并严行查察各书差，如其吸食洋烟等弊亦即照章革除卯名，另行招充，毋稍宽纵，其各懔遵外合行札知。为此札行谘议局查照。须至札者。

呈据木商谢玉树等请撤新添厘卡文

宣统二年二月二十三日

为呈请事。窃照局章云云，兹据永州府职员谢玉树、常德府职员文儒谦、长沙府职员李益溪、宝庆府监生曾子洽、衡州府职员左京山、永州府职员舒凤翔、沅州府监生向永清、辰州府监生张鸣嘉、靖州监生陈明齐、郴州许功锜等陈称：窃维立法以裕课为本，裕课以恤商为先。职等经营木业辛苦异常，光绪三十三年善后局借整顿厘金为名，添设复查补抽木厘三卡，名曰复查，实为重征。屡将受害情形缕禀湖广督宪张、赵、陈、杨暨抚宪岑沐批仰候饬查，期于尽善，总以裕课而不困商方为正办。若事非尽善，无妨及时变通办理等因。善后局奉饬查复每存出尔反尔之嫌，托词筹款维艰、成效昭著、暂难裁撤，激职等于去冬奔呈农工商部蒙咨督抚两宪，以该商所禀各节其所指地势不便及各处均有局卡抽查，无须另设，与洋木日见发达、华商本重滞销等语似亦不为无见，其所请裁新卡之处是否可行，相应抄禀咨行贵督查照核办等因，迄今未见裁撤明文，万分惶急，俯思商人受有形之害，公家尤受无形之害，谨将原禀各节吖缕陈之。所谓商人受有形之害者，新增三卡均非泊簰适宜之地。南路衡州之东洲滩险水急，西路常德之德山距府城仅十里许，旧设一卡一关，今又增一卡，忽收忽放，连开连泊，措手不及，往往失事，况挨马家吉水大外流势杀，水小内流势逆，最难解缆，常被冲散。若中路之岳州尤为危险，昔曾文正、胡文忠两公拟在岳州设关验簰，因地势不便建置新堤，以江湖汇合之处波涛汹撼不能下碇故也。况今日洋轮俱寄泊于岳江，以无碇无桡之木簰杂厕其中，既有飘泊性命之虞，又有交涉赔偿之苦，是不啻置木商于死地矣。开办告示有曰添卡以防偷漏卖放，不思三路局卡密如蛛网，何能偷漏，况卖放弊在司巡，尽可立革。而必添卡以防之，使商人受许多危险，其害一。湖南三路，旧章西路除黔省不计外，托口有局，洪江有局，辰州有关，麻衣洑有局，下至常德不足四十里河洑一处有两局一关，西门外有复卡，稍下又有皇木关；南路自江华以下则永州之冷水滩、衡州之白沙及雷家市皆有局，湘潭、长沙又有落地厘金局；中路新宁有局，武冈有局，宝庆有关，邵阳有局，新化有局，苏溪有关，琅塘有局，益阳有局，或点根核完，或尺量估抽，有正局，有复查，有正局而兼复查，节节防范，至严且密。原示又曰，添卡原以杜中饱，不思旧有各局卡员司均系委派，不自查察厘剔，乃致百弊丛生，使商人受许多留难，其害二。职等并非畏其复查也。竹木产于山岭，溪河狭小，必须按水深浅随地改揪，方可运驶。原示又曰，如货票不符即应补足，不思木仍此木，不过由薄改厚，由散改整，表面虽自不合，总核断无不符，司巡专据表面为词，辄以不符措难勒索。夫下游既无产木之处，只有折卖，并无添购，上游各局卡皆系印委，岂肯少估短收，且节经查验，如果短少岂有不亟补足之理，就使正局与复卡估查稍异而相去不远，不难互质以判是非。今岳州距正局迢迢千里，一有不符何能折回正局以求伸辩，只得吞声忍气，任其威勒苛索，其害三。至如局员之跋扈，司巡之凶横，更有言之懔懔者，善后局查复文中屡称成效昭著，而出示又曰原为筹款起见，添卡原以补漏，并非格外加抽，自欺欺人，实所不改。试问果不加抽，款从何筹，效从何著，况自增卡之后上游各局卡故意多索，数且倍于昔时，分委冀避中饱之名，总办便夸成效之大，究竟成效出自苛索，故中饱尤甚于曩年。一抵岳卡之时，司巡即视为奇货，不问原簰大小、完厘多少，大肆狼噬，辄以不符为词。前岁添兴合抵岳，有票确查，因司巡需索未遂，播弄姚委良楷送押巴陵县，苛罚六百串，益阳薛姓被诈五百串，更有祁阳杨典记苛罚至二千串有奇，其余或留难数月，或需索数十百元者指不胜屈，从未有不补不抽立即放行者。种种苛刻，已达极点。其害四。所谓公家受无穷之害者，多设一卡，公家即多一糜费。新添三卡，委员司巡须百数十人，按月自有比缴，薪食亦有开支，名曰补抽，所补几何。且补多归中饱，是得不偿失，既不尽取自商人，势必出于公家，与其添卡糜公，曷若就原有各局卡慎重委派。少一糜费，自必增一羡盈，所谓无形之害者一。近来洋木日见发达，华木日就衰微。推其故，洋木税轻，一经入口，毫无阻滞，所以销路日畅，获利亦丰。内地关卡林立，已征再征，已查再查，稽延日久，成本增昂，本重则滞销，滞销则亏折。不亟筹振兴之策，而反层层抑勒，使洋人进步益速，独操无限利权。前岁以来，湘、鄂两省木厘已视往年锐减，所谓无形之害者二。湘省上五府山多地瘠，山民专恃竹木以为生活之资，朝廷轸念民瘼，请求实业，小民渐勤种植，旷土变为森林，今不提倡扩充，反为拔本塞源之计，非特贩商以本重亏折，群怀退缩之心，即山民亦虞工巨利微、防乏销路而坐废，全湘利源将终塞矣，所谓无形之害者三。商人入山采办，运至汉口分销，鄂、赣、豫、宁等省逐年入款不止千万，湘省关卡、山户、水手及沿河一带之人无不分而得之，公私交益，其进款亦长且巨矣。同时并添三卡，使商民惶惑，裹足不前，再阅数年，商贩路绝，各属虽产名材，空山老朽，鄂、豫等省需材如故，势必取资异国，倘外人从而垄断，势必噬脐无及。出木各区少此一大进款，销木各处又溢此一大利源，而各省竹木厘税亦归乌有，害及全国，能不寒心，所谓无形之害者四。职等生长山陬，食毛践土，正供所系，谁不乐输，且非世守本业，继起自有他人，惟念商民共罹殃孽，流毒更及公家，用特胪陈公私交害情形公恳集议，呈请抚部院迅将添设新卡一律裁撤，以除巨害等情前来。查该职商等陈请各节自系实在情形，究应如何酌量变通裁撤新卡、以恤商艰之处，伏候裁夺施行。须至呈者。

呈据嘉禾廖如璲等指控县令各款请饬查办文

宣统二年五月二十七日

为呈请事。窃照局章云云，兹据嘉禾县士绅廖如璲等条列嘉禾县知县鲁藩任用非人各款联名陈请前来。据此，查该绅等所指各款如果属实，殊负抚部院整饬吏治之盛心，理合钞粘原书，遵章呈请查办，伏候核夺施行。须至呈者。

各款如左：

一、从前民间词讼，无传词、铺堂、盖截、投到、挂牌、带审等费，今则一一需索，两造规费，动至百余千；

一、从前各团绅奉谕息讼，民无差役之扰，并免歇户之害，今则藉口恐其瞻徇，不许与闻；

一、从前革去门丁仅有传帖，今则用一熊姓亲戚为门丁，而以罗姓厨役为线索，串通歇户，表里为奸；

一、从前差役不多，移交止有十三名，今则衙门如市；

一、从前词讼听民自诉，城中歇户不敢肆毒，今则不徒任其包揽，且倚案积如鳞之痞棍为腹心，公然置为总办；

一、从前下乡勘验，随行夫役不过三五名，今则勒取过山礼银三十二两，兵差、书役百数十名不等肆行骚扰，置若罔闻；

一、从前监禁小犯，教之学习工艺，原欲其改悔自新、可谋生计，今则择肥而放钱多先放，无钱不放，而自新所并无习艺之人矣；

一、从前船帮夫行、屠行概用民价，泐碑县署，今则将碑扑碎，勒用官价；

一、从前出示革除杂票，并泐碑永禁，今则时时出票，下乡滋扰；

一、从前赌博、私宰一律禁止，今则到处赌杀，广发墟包赌每期每张摊板抽银一元，团绅李德松面请禁之，竟膺县怒，嗣因收包赌价闹事，遂藉此以害德松，勒取洋银八十元，由刘季藻过交，泛及差勇夫马费在外；石马、唱戏、卖赌及宰牛经巡警教练长李国禄面禀，因为班主李光基所忌，大受凌辱，禄诉县，置不理，有刁衿李黻廉亲书信札为据；城内赌场，日任兵丁勒抽，兵差下乡，恶索不堪其扰；

一、从前禁烟，城乡拔除殆尽，今则任其吃卖，概置不问，乡间并不预行张示禁止，故意纵其犯禁，以为诈索之资；

一、本年附捐除兴贤谷捐每分加征一文、学堂谷捐每分加捐一文皆随征比缴外，又每分加征三文，系李黻廉盗名具禀请行，并不由阖邑士绅公议；

一、自治筹办所系阖邑地方自治总机关，县主不由地方绅士照章组织董事人员，惟给钤记与李黻廉，以巡警总长一人兼其任，欲借巡警以倾自治之权，并不许地方有分区名目，只准设立巡警分局，以便伸张权势，剥民脂膏；

一、各区立局，前县业已兴办，以为立宪基础，自李黻廉为今县今信任，深嫉各区自治成立，每嗾各区地痞联名捏禀，希图破坏公益，并强人合并，以揽大权；

一、县主专任李黻廉为巡警总局总长，将前县所教练三十名裁去十名不用，而二十人之中七区又各分去二名，总局仅六名而已；总局既有总局长二人，又有教练长二人，而警兵只有六名，分局既有分局长二人，而警兵只有二名，盖总局虽有教练长员而警兵实未招新班故也；有名无实，莫此为甚，乃一则曰前县有名无实，再则曰急求改良，无非欲藉行弊政而已。

札复前案饬司查办文

宣统二年六月初十日

为札复事。案据谘议局呈称云云等情到院。据此，查阅廖如璲等请愿书，据称：李巘廉以曾被斥退之歇户，经该县鲁令擢为巡警总长兼巡警分局正长，并总握自治筹办钤记，以致恃势揽权，破坏公益，好人所恶，已属不合。并据另条指陈各弊政，如规复词讼各费，不准团绅息讼，任用门丁差役，以及歇户则包揽词讼，勘验索取礼金，甚至卖放痞滥，勒用官价杂票，时出纵赌抽银，烟禁废弛各等情，如果属实，殊不足膺民社之任。惟词出一面，难保无挟嫌禀控、砌词耸听情事，应候饬司派员，按照请愿书所指各节照章查明确据，以凭核办。合行札复。为此札行谘议局查照。须至札者。

呈据辰溪萧寿昌等指控巡检违法纳贿请饬查办文

宣统二年三月二十日

为呈请事。窃照局章云云，兹据辰溪县士绅萧寿昌等指摘该县黄溪司巡检王之宾劣迹多端，陈请转求查办前来。理合备文钞粘原书，呈请察夺施行。须至呈者。

各款如左：

一、放贩宰杀擅抽牛厘。黄溪司巡检王之宾勾串本衙差役米顺、本街牛屠米光发，每年出本银千余金，今二人陆续赴黔省朱家场贩牛，解至黄溪口场上宰杀，每银一百两按月取息五两，每宰牛一只另收厘钱五百二十文、牛肉五斤，所辖各场一律抽取。

一、违章翻瘾。王巡检素有烟癖，春季虽经查验，夏间仍旧吸食，瘾较大于从前。每值各处场期，亲诣抽收牛厘，上下不过十余里，且于舆内开灯坐吸鸦片，途人皆见，物议沸腾。

一、贪放重利。每年五六月间放取民间新茶油万余斤，由米顺、米光发二人经手，每百斤仅给钱五千六百文，冬月如数追缴，其利数倍，乡民畏之，斤两不敢欠少。

一、滥取讼费。民间构讼索原告坐堂大费钱十七千文外，门房钱六千八百文，值堂钱三千四百文，亲兵钱二千四百文，被告加倍。

一、受贿埋冤。今春三月内白竹山张洪东被伯母张石氏私行活埋，后族众不平，经控黄溪司，王巡检受石氏重贿，不究私埋，反将族人张洪富收押数月，勒令寝事方准保释，有受害事主足讯。

一、纵差杀毙民命。光绪三十三年，该巡署差米杰在黄溪司对河黄滩因诈索溆浦人民单大石不遂，登时杀毙。王巡检并不将该役送县究办，反索地主许姓出钱数十千勒令安埋。

一、纵兵丁凶捉勒赎。光绪三十四年，周喜发之子被王巡检亲兵张矮子与值堂李桂生凶捉至大溪口，肆行毒殴，勒索钱四十八千文，凭米月发交钱赎人，有事主中证可讯。

一、纵贼殃民。光绪三十三年，惯贼舒昌谦偷窃舒昌进衣物等件，控告到黄溪司，王巡检受贿钱八十千文，不究窃贼，反押失主，失主控县，有案足调。

一、擅理命案。今年五月内，龙井蒲姓有因奸自缢人命，乡愚无知，就近禀控黄溪司。王巡检竟敢擅理擅结，收受贿钱一百二十串文，勒令领尸安埋。

一、纵役奸淫，酿成命案。光绪三十三年，巡署差役夏老四因争风，将王老五杀毙在署后坳上，王巡检勒令领葬，不许声张。

一、变更旧制。担用门房一名，监禁一名，值堂二名，亲兵四名，改弓兵为司差，每案传票一纸加亲兵一名，有案确查，有事主可核。头门外设站笼二架，二门外左边第二进新设班房二所，置有压床，专押构讼乡民。夜间将受押之人一一用有眼木枋压，足穿钉加锁，令其仰面排卧，不能伸缩，以便敲索，非先与以钱无得免者，惨酷无复人理，殊骇听闻。

呈据南洲、华容、安乡士民以厘金子卡林立请饬裁并文

宣统二年六月初三日

为呈请事。窃照局章云云，兹据南洲段云松、华容宗惟寅、安乡孟炳燮等以厘金子卡林立、百弊丛生，恳请裁并等情陈请建议前来。查设卡过密，所收厘税未必能敷卡用，无裨公款，徒贾民怨。该三邑士民等所陈各节皆系实在情形，既据呈控有案，理合备文，连同原书呈请裁夺施行。须至呈者。

原书十条如左：

一、雷湾各子卡：芝麻坪米厘、茆藻街米厘、梅田湖米厘、三岔河米厘、三仙湖米厘、华容东门米厘、五田渡米厘、注滋口米厘；晃湖寺厘、中和梁厘、柴码头厘；又董林沟米、紫港米、易家嘴米（以上三卡，现派有船，尚未建屋），并雷湾共一十五卡。

二、花畹冈各子卡：东坝口米厘、瓦窑河米厘、埋金窖米厘；刘家嘴米、张家台米、晃湖寺米、中和梁米；大湖口厘、夹洲厘、凤凰嘴厘、仙桃厘、二步窖厘、福善桥厘、羌口厘、丁家洲厘、腰口厘、并花畹冈共一十七卡。

三、岳州局两子卡：君山濠沟米厘、洪水港米厘，并上两条所开共三十四卡。

四、应先就地确指出口实在情形，庶便分别各卡应否设立。出省为出口，华、安两邑之北与湖北公安、石首连界处是为真出口。安乡西连澧洲，澧自有赴鄂之出口卡；华容东连岳州，岳自有赴鄂之出口卡；南洲距公、石尚隔华、安两邑，而三仙湖、柴码头一带南连洞庭，距鄂界更远，皆不得谓为出口。故论三邑之真出口必先指定华、安与公、石连界之处，而各子卡之应否设立乃可由此而定。

五、华、安两邑与公、石连界处所有出口各要卡：花畹冈、瓦窑河、东坝口、刘家嘴、埋金窖、晃湖寺、雷湾、梅田湖、芝麻坪、五田渡；又洪水港、君山濠沟二卡夏秋湖满，可出荆河，以上共一十二卡确系出口处，倘出口米捐不裁，则此一十二卡自不可少。此外尚有二十二卡分别开列于下。

六、上条所开二十二卡分别详列：中和梁、三岔河、注滋口；并奉准停征之华容东门、茆藻街、易家嘴、董林沟、紫港、三仙湖、张家台，共米捐十卡，皆非出口，强收出口；其牙厘子卡除中和梁、晃湖寺厘兼米外，又柴码头、丁家洲、仙桃、二步窖、福善桥、腰口、羌口、夹洲、凤凰嘴、大湖口，共牙厘十卡，其抽收多无定规，并多不给票，留难需索，商民苦之。

七、上条所开中和梁十卡再行缕晰声叙：由茆藻街、中和梁北上，自有芝麻坪，此外别无歧汊；由三岔河北上，自有芝麻坪、晃湖寺、埋金窖、刘家嘴，亦别无歧汊；由三仙湖北上，必由梅田湖出口，相距百余里，斜趋三合；垸枝河自有雷湾走扁担河，则必由注滋口，注滋口距岳州尚隔一湖，中间又有五田渡、洪水港、濠沟各出口子卡，此外更无别处可以绕越；而易家嘴一卡谓系堵截陆路而设，诚如是，则截不胜截。举此数端，则各子卡之应否多设已大略可睹矣。

八、各卡所有互截收数实在情形确指一二，以例其余：（茅）〔茆〕藻街、三岔河两卡，雷局截畹局晃湖寺、埋金窖、刘家嘴各卡之收数耳；注滋口、董林沟、雷局截岳局濠沟、洪水港之收数耳；雷局又设柴码头一卡，以截畹局腰口各卡；畹局又于对岸丁家洲设一卡，以截柴码头。两卡相望，一见商船辄彼此招手，争相叫唤，更属全不成体。举此数端，其所以多设子卡之意更昭然明白矣。

九、应请裁撤米捐十卡分别开列：注滋口、中和梁、三岔河；并奉准停征之华容东门、三仙湖、茆藻街、易家嘴、董林沟、紫港、张家台，共米捐十卡。皆非出口，勒收出口，应请将此十卡米捐一并永远裁撤，仍将米捐归并第五条所开出口各要卡，照章征收，以省浮费而恤民困。

十、应再请裁撤并整顿各厘卡：除上条所开请裁米捐十卡外，所有各厘卡应请酌予裁并，稍纾商力，并饬照收落地之后凡过江者不得再照出口重税抽收，且照章过江亦应只收一次，前卡定须验票放行，不得再行违勒需索，一征再征。所有应行条列各节略具于此，已由三邑士民联名禀赍。各上宪词与请愿书略同，合并声明。

呈据安乡邓纶源等请筹水灾善后藉工代赈文

宣统元年十一月初四日

为呈请事。窃照局章云云，兹据安乡县士绅邓纶源等陈请水灾善后藉工代赈一策，愿将公私产业契据向官钱局或大清银行照章息借银二十余万两，来秋偿还，并请委员支付并督率堤工等情陈请建议前来。查本局议决提出岳、常、澧水灾善后案内本有集款宜兼借贷一条，该绅等既有产业付押息借，定期偿还，似无不可。理合备文，钞粘原书呈请裁夺施行。须至呈者。

具陈请人邓纶源等为陈请事。窃安邑滨于洞庭，为江水淤垫之一大平原。二十年来下流壅塞，容水之处若湖东北一带日益淤高，致安邑成一大泽国。光绪乙已之水，全境垸多溃决，向使连占大有尚可支持，乃数年之间元气未复，戊申又患大水，萧条四野，见者恻然。蒙上宪赈恤，灾民幸免失所，顾其时被溃者不过十之五六耳。今年五月下旬，则荆、澧、沅三水齐涨，五百九十余垸存者仅三十有奇，屋舍已漂，鸡犬亦尽，惊涛骇浪中攀鹊巢、浮木以延残喘者所在皆是。逮秋初水退，其地稍高阜者相率典冬衣、鬻耕牛以种晚稻，讵大[1]不悔祸，秋涨叠乘。种甫，怒芽尽成虾菜，盖饥民掠食，蚁聚蜂屯，其互相戕贼及死于法者不下数百。夫荷锄秉耒，谁非良民，其卒忍而出此者岂得已哉，此安邑被灾之实在情形也。八月间，曾以借巨款备工赈等情具禀各大宪，蒙抚批准，照澧、华等州县估工津贴。宪恩高厚，讵不谓然，惟安邑之灾与各属同而苦则倍蓰，其中情事有数理由。一则地势平衍，庐境皆垸，垸外无田，完则桑麻，溃则沧海，非若澧、华各属山泽参半者可以互相补救也。一土地卑沃，惟宜稻谷，种类单纯，生活狭隘，非若澧、华各属之土脉可以杂种五谷以备荒也。一则僻处湖滨，工商业从不发达，阖邑人口农居十九，余皆仰给租谷，且土薄水浅，毫无盖藏，非若他属多

① 编者按，此字似应为“天”。

富商大贾、殷实之家可以通挪借贷，一遇天灾，遂生种种之困难、演出种种之惨剧者盖以此耳。迩来落木萧萧，寒风瑟瑟，十七万灾民无论十年布被、百结鹑衣，概归质库，即半椽茅屋、什物家囊亦俱付之流水。无富无贵，无男无女，扶老携幼，道路颠连，或咀菜和根，或糊糠作饼，此餍木叶，彼食丸泥，悲惨之情，笔不能绘。虽蒙缓急各赈一次，然大小口次极贫，平均计算，急赈每口钱七十文，缓赈每口钱不过九十余文，在公家耗已不资，而私人仅饱一日。至平粜开局，虽以救荒，然安邑现在之民米价苦无从出，盖农民无所用力，则生计因以立穷，白粲盈前，只成梦饱而已。相症施诊，惟有整顿堤垸、以工代赈之一策。民藉工资以糊口，垸藉民力以完工，既可免目下之死亡，又可冀来年之幸福。第县宪前谕各垸堤工统计，需费不下五十余万，当此国帑奇绌，罗掘俱穷，募捐一层早成弩末，且迫不及待，岁亦渐阑，安得累累巨金，惠我烝庶。再四筹维，惟有仰恳贵局诸公全体提议抵押之策，安邑愿将公私产业契据向官钱局或大清银行照章息借银二十余万两，于来秋一律偿还，并请抚宪选派干员主持支付，督率堤工，庶可纾（然）〔燃〕眉之祸而造无量之福，而于公家仍无所损，是一举而三善皆备，救济之法计无有急于此者。况现在天晴水涸，更好按候兴工，转瞬雨雪荒寒，春水泛涨，非惟缺款作堤，亦且无处取土。各佃户计穷力竭，惟有退庄。以多数灾民散而四出，经过州县恐不免扰害治安，纵令不滋生事端，亦必死亡枕藉，犬衔白骨，尸葬鸢腹，皆意计中事。此士民等昼夜旁皇，不敢不大声吁恳者也。现已全体熟商议决，故为此不情之请，愿缕陈上达。向者习艺开厂尚注意于一夫失所，况此十余万守分之生灵，移民实边尚注意于不毛之区，况此三百年作贡之腹地。仁人君子计规远大，谅不忍漠然置之也。呜乎，世无郑侠孰绘流民之图，势异包胥聊效秦廷之哭。值此隆冬渐逼，伏莽易滋，雀鼠皆穷，偷生无术，雪霜肆虐，催命有符，谓冬日可爱，恐黄棉不暖，将易子而食，则饿殍不肥，嗷嗷盈野，谁非同胞，诸君子幸垂怜焉。

筹赈局移奉抚札转饬安乡县遵照办理前案文

宣统元年十二月初五日

为移会事。案奉抚部院札：据贵局呈送安乡县士绅邓纶源等陈请水灾善后藉工代赈一件到院。据此，查该县工赈事宜前据印委各员会同查勘，禀请酌发公款，饬据该局呈报拨借钱五万串，派委彭令等领解前往会县督催兴工，并电拨钱二万串，饬令赶速查明极贫，次贫，老弱，残废男、妇，核实散放不敷之款，准予禀候续拨，以期实惠均沾，免致失所在案。至邓纶源等所请愿将公私产业契据抵押息借官款一节，查官钱局筹垫冬赈、工赈之款为数甚巨，无款借给，大清银行亦断难抵借，应毋庸议，合就札行。札到该局，即便转移谘议局查照，一面檄饬安乡县遵照定章赶紧派费修筑，毋任观望，致滋延误，并将工赈、冬赈事务会同妥为办理，此札计抄谘议局呈文并邓纶源等陈请书各一件等因。奉此，除饬遵办外，合就移会贵局，烦为查照施行。须至移者。

呈据华容议员刘承孝函送王岳四等以饥荒请赈文

宣统二年四月二十日

为呈请事。窃照局章云云，兹据议员刘承孝函称：先后接到本县士绅陈请书二件，专丁赍呈，公议如何设法拯救活此无数待死生灵，至为感盼等情。据此，查阅王岳四与张丙奎等所陈饥荒情形，均甚迫切，究应如何设法赈济之处，理合钞粘原书备文呈请裁夺施行。须至呈者。

具陈请人王岳四等为陈请事。窃华邑地称泽国，一面包山，三面濒水，所赖以生活者垸田，盖十居七八，幸而雨旸时若尚可年敷一年。而湖北荆、沔一带壤地交错，啼饥寒于华者踵接于途，近火先焦，自然之理，有心民瘼者虽为隐忧。然已成及溺之势，欲援手而无从，未雨不为绸缪，临事何能补救，积渐使然，庸讵知一荒至此耶。去夏水泛垸田，尽成泽国，沧海山田亦被积淹。以素无储蓄之民，一旦身罹其厄，鄂灾甚于前，湘粜遏于后，移民、移粟两唤奈何。虽代赈以工、设局平粜、赈饥善政以次举行而累累，然以有限之金钱，给无穷之饥饿，其时其势，即亦甚难。计自秋冬以来，饥殍之僵仆于道旁者始为流民，继则居民死者长已矣。惟此奄奄一息之余生垂死、未死，至为可悯，其剥树皮、掘菜根、摸蚌拾蛤以疗残饥者不下数万家，偶得蓬蒿、藜藿、莱芜、荆菁、芹荇、菱藻之属视之不啻精馔。况水所不得而尽者，雨又从而蚀之，雨所不得而绝者，地又因而厄之，所生有几，而所食无余。惟耕牛仅存十之一二，又病苦雨死伤过半，明年播种无牛何以能耕，此急请提议者一。华邑山三垸七，洲特附蜀，山垸皆谷，洲产杂粮，当淹没无存之余重谋种殖，无非减救生之余粒为延命之后盾。种皆购自邻邑，播之难免后时，即雨不为灾，较常年所需之数已不过十之五六，况天实降祸，除今此所损之数，遂只仅存一二。向来低洼产菜，高阜产麦，今则低洼又成汪洋，高阜悉遭腐烂，丰收且不过十之一二，至此并一二无之，此急请提议者又一。更有请者，华邑南接湘沅，北通荆汉，藕池、调弦、雷湾、三仙湖等处向为运贩之总汇，自去夏以至今日绝不一见商迹之往来。况遏粜令行，来源已竭，南安间阻于西南，石监横隔于东北，四境毗荒，早在洞鉴。查合邑现行米价升值八十余或九十余及百余文不等，且皆有价无米，在在闭市停贩，即在在闭户停炊。值此谷尽、米尽、牲尽、草根木芽同尽之余，所延颈以望者平粜春赈耳。春赈非不为恩，而来日方长，难免后援之绝，平粜讵无所补，而重湖远隔，又苦泛运之艰，惟有合恳贵局提案议决如何救急、如何善后，即呈抚宪迅赐施行。不胜迫切，待命之至，谨呈。

札复前案候札饬筹赈局详复核办文

宣统二年五月初八日

为札复事。案据谘议局呈称云云到院。据此，应候札饬筹赈局查明详复，以凭核办。除札行筹赈总局外，合行札复为此，札行谘议局查照。须至札者。

呈据全炳辉等以灾重赈缺转恳设法救助文

宣统二年四月二十日

为呈请事。窃照局章云云，兹据南洲厅人民全炳辉等联名陈称，窃维南洲全境概属垸田，去岁水灾实为从前所未有，阖厅大小分合约二百垸，存者不过二十垸而已。厅分五乡调查灾民户口总册，中乡极贫大丁五千九百三十三名、小口四千七百五十六名，次贫大丁四千四百五十七名、小口二千八百二十三名；东乡极贫大丁四千二百七十名、小口一千九百七十名，次贫大丁一千四百五十三名、小口七百零四名；南乡极贫大丁一万零九十五名、小口九千零八十七名，次贫大丁三千九百零三名、小口二千九百八十九名；西乡极贫大丁六千九百三十一名、小口三千七百二十二名，次贫大丁一千三百四十五名、小口七百三十二名；北乡极贫大丁一千六百六十名、小口一千零六十二名，次贫大丁一千四百五十七名、小口一千零一名，通计五乡极贫、次贫大丁小口共七万零三百五十名。每大丁一名稀粥延命，每日最少亦须米六七合；每小口一名稀粥延命，每日最少亦须米三四合。大、小丁各一名每日须粥米一升，通计大、小丁七万零三百五十名，每日共须粥米三百五十一石七斗五升，每月共须一万零五百五十二石五斗，从现在四月初间起，至七月初间止，共须米三万一千六百五十七石五斗。计去腊奉发积谷一万石，除车耗实存九千石，可办米四千五百石，可敷十二三日之粮，并现发赈谷、积谷合共二万石，内一万一千三百石已到厅，八千七百石尚未领到，共计除车耗可办米九千石，可敷二十五六日之粮外，尚缺粥米一万八千一百五十七石五斗。所有厅境殷实绅商自去秋至今捐输购办兼设粥厂，勉强撑持，幸有今日，然亦既财力俱穷，无可设法矣。而天未悔祸，又成春灾，自正二月至今，淫雨连绵，蚕豆苗高花多，而花均变黑色，全不成实，此一种实为南洲春收一大宗，而今无望矣。油菜亦因阴雨太多，结实最稀，此一种亦为南洲春收一大宗，而今已损其大半矣。川豆则苗皆贴地，郁热腐壤者四之三。更可虑者，秧苗一困于久雨，再困于雪雹，三困于北风，太多腐烂，几乎过半。哀此灾黎日食恶草，设法抵当，始克勉强办此种谷到厅。一旦重罹天灾，既不能再办一钱，亦更无处可以办谷，其弱者惟有相向而哭，其强者遂多狡焉思逞。兼之地本低湿，大水之后加以春霖过多，潮湿愈重，除每日饿殍死亡相继外，而卧病呻吟几于比户皆是，耕牛亦因湿病而大半瘠毙。天灾至此，人心惶惶，未知将来伊于胡底。而现缺粥米一万八千余石尤属然眉之急，只得合恳设法拯恤，能多赐一升、一合，即可多救一人、二人之命，天地之大德曰生，仁人以一言溥利，阖厅数十万生灵一齐翘首南瞻，五体投地，并请议决，即呈抚宪迅赐施行，不胜祷祝翘跂、急切待命之至等情。据此，查此次湘省水灾以南洲为最重，该人民等陈请各节系属实在情形，既据称蒙发赈谷合共二万石，内有八千七百石尚未领到，应请查明，迅赐发给，以资赈济。此外尚需赈款甚巨，该地方力既难支，自难坐视，究应如何设法赈救，伏候裁夺札复，迅予施行。须至呈者。

札复前案候札饬筹赈局详复核办文

宣统二年五月初十日

为札复事。案据谘议局呈称云云到院。据此，查湘省上年水灾南洲最重，经前抚院岑先后发谷三万石办理春赈平粜，为数不为不多。兹据称该厅人民全炳辉等陈称：调查灾民户口，赈谷不敷尚巨，其前发赈谷二万石尚有八千七百石尚未领到等情。查此项赈谷本拟以一万石粜收现钱移作赈款，前据该厅陈令、帮办赈务朱令会禀，准监发委员函称续发谷二万石，系由湘潭县监发。其时适值该县阻禁封仓，只得先将业已量装之一万一千三百石先行起运，余谷派绅续领等因。现查派人续领往返辄需月余，零星发粜以价作赈未免过迟，拟恳将未发之谷八千七百石即由湘潭官钱局变价缴省，由省发给三万串以作赈款等情，业经本部院批准，照办在案。据呈各节，现值青黄不接之时，秋谷登场尚须时日，该厅数万饥民嗷嗷待哺，自当设法赈抚，以惠灾黎。候札饬筹赈总局转行查明详复，以凭核办。除札行筹赈总局外，合行札复。为此札行谘议局查照。须至札者。

呈据善化黄星焕等以藉端影射有碍赈粜请速撤销护照文

宣统二年五月二十五日

为呈请事。窃照局章云云，兹据善化增生黄星焕等陈称：焕等世居善化县东南乡，去秋以来迭奉善化县谕查仓派粜，酌盈剂虚，春间开办平粜，米价每升五十减粜每升四十，数月无异。本月初十日，第五区内易堃浚、易宗藩、毛国栋、凌钦明等复奉县尊照会，属与八、九、十三都团绅前往有米仓户，按价采办，此外非有确实护照填注数目、经团验明者不准私贩出境。堃浚等已办得米八十余石运到省城，业交商会。良以省城乏食，既奉照会，即应劝谕乡民流通接济，本公益之所在，即劳瘁之难辞。正会办间，忽有邹子谋、李九裁缝等多人纷至，有米各户增价粜买，或谓某大人衙门采办，或谓某局、某营、某学堂采办，一时米价腾起，每石银三两八九钱涨至四两一二钱不等，并声称下米之时不特有勇来乡，且必恭请王令，阻挠者斩，乡民愚昧，莫不恐慌。详细调查，始知有分省补用知府朱益叙奉委四处办米，朱因抚宪有办米若干即予特保之令，升阶念切，极意搜罗，遽命张正德下乡到处托人赶办。于是邹子谋等遂敢藉名影射，危词恫喝，旋经团绅理阻，始行补请护照，自以挟持有具，人即莫敢谁何。但得便其私图，岂复顾全大局，不思公家办粜筹款万难，断无自增重价、浪掷金钱之理。闻武陵等处近亦需米甚急，涨价远过省城，然则增价采买是否为贿属关卡司巡私运出口之计姑弗具论，要其风声所播，不独真正采办者以价低于彼之故无从着手，即地方平粜、减粜之户亦纷纷遏粜居奇，贫民持有见钱竟难得其升斗。长此不改，必致酿成三月劫掠蜂起之祸，虽复签差缉犯，尽法严惩，而闾阎之被害已深，公家亦受累不小。前车已覆，殷鉴匪遥，在绅耆棉力同殚，数月之维持不足，而奸徒欲心正炽，一朝之破坏有余。现在秋收尚远，丰歉难知，与其事后补苴，大伤元气，曷若预为防范，期保治安。考前此暴动之由，皆以细微而起，人心近虽渐谧，疑虑似未全消，谣诼一兴，变端立兆，星焕等见闻所及利害攸关，固不敢妄事要求，上訾官府，亦何忍遂安缄默，愧负枌榆。查谘议局章程第二十一条第十二款有收受人民陈请建议事件之权限，不揣冒昧，缕切披陈，伏乞俯念危迫之情立予建议，呈请抚宪严饬采办谷米之补用知府朱益叙速将护照撤销，唤回张正德等，勿在乡间影射恐吓、增价贩买，并通饬各属凡有谷米赢余者派粜之外尽许流通，但无确实护照者仍禁贩运，以重民食而儆效尤等情。据此，查现值灾变之后，到处空虚，采买谷米自宜各就所在地方情形斟酌办理，果有赢余，固不能任其遏粜，惟似此威吓以致米价骤涨，人心皇然，不独后此采办者难于着手，且令仰食减粜者升斗难谋，殊失抚部院慎重民食之意。理合遵章备文呈请，迅赐裁夺施行。须至呈者。

札复前案已饬筹赈局查复核办文

宣统二年六月初六日

为札复事。案：据谘议局呈称云云等情到本部院。据此，现在采办谷米民食攸关，原冀以各乡之有余补城市之不足，值此青黄不接、人心粗定之时，全恃承办人员善为劝导，晓以大义，庶足以免纷扰而息浮言。兹据称：转据增生黄星焕等陈称，查有分省补用知府朱益叙因采办米石，命张正德赴乡托人赶办，遂有邹子谋等籍名影射，危词恫喝，以致人心恐慌、米价飞涨等情。如果属实，于赈粜前途颇多阻碍，候即札饬筹赈总局转饬朱守益叙暨善化县迅速查明邹子谋、李九裁缝等有无籍端影射，查明实在情形禀复核办。除札行外，合行札复。为此札行谘议局查照。须至札者。

呈据澧州谢开运等以灾惨情形乞赈文

宣统二年五月廿七日

为呈请事。窃照局章云云，兹据澧州自治公所所长谢开运等陈述澧州饥黎待赈情形，即请代呈前来。据称灾惨各情殊为可悯，理合备文钞粘原书，呈请察夺施行。须至呈者。

具陈请人谢开运等为陈请事。窃澧州东乡尽属垸田，而东北、东南亦然，年丰则西北乡可以自存，东南乡力能外给，旱则取给于东南，水溢不甚为灾，而西北歉收之处仍然取给。自光绪三十四年六月十九日大水溃城，东南十九皆成泽国，计灾黎十有六万，当是时，蓄积未空，尚有极贫、次贫之别。迨宣统元年五月复罹水患，东南二百余垸仅存百分之一，前此所谓次贫者已极贫，所谓极贫者且鬻妇卖儿，大半为沟中瘠矣。查东北乡灾区纵横约二百余里，东南乡灾区纵横约一百数十里，宣统元年五月急赈丁口多至二十八万。迨宣统二年正月年赈，核存丁口二十三万七千六百五十四名。本年春赈，丁口尚未汇齐，计每大丁一名稀饭延命每日最少亦须米六七合，每小口一名稀饭延命每日最少亦须米三四合，通计大、小丁口二十三万七千六百五十四名，每日共需粥米一千一百八十八石二斗七升，每月共需米七万一千二百九十六石二斗。虽现发积谷三万石，可稍恃以无恐，然亦仅足供平粜之用，若不名一钱之饥众仍难实惠同沾。以常年计，每岁春收出口约三十余万石，今春阴雨连绵，损坏约五分之四，出口当不下六万石，而西北缺米之乡不与焉。所有州境殷实绅商，比岁捐输购办、兼施粥厂，勉强支持，今且财力俱穷，无可设法矣。有什物、妻子典卖为生者预指今年春收度命，岂意入春淫雨，豆麦失望，高乡稻种损失亦巨，有以极贵之价购稻种于别乡，三四次下种而无秧苗可插者下年秋收又未可必。现谷价已涨至四串余，米价已涨至八串余，且无可买，亦无以为买。扶老携幼，男号女啼，遍野沿门，鸠形鹄面，食树皮、草根、观音土及糟糠而毙者所在皆是，大都身无完肤，为一息尚存者割以充饥。尤惨者则生人相食，如黄杉林、福兴窑等处或杀同伴，或杀己孩，或易子相食，前此禀官惩办者已屡见不一，见后则不胜禀报，亦无从详悉矣。此则尚属高乡乞食无计者为之，若垸乡则垸溃屋破，弱肉强食，不胜枚举矣。盖频年沿境南常北荆皆为灾郡，而澧民尤甚。凡此惨状，闻者靡弗酸鼻，况谊关桑梓，如运等者哉。乃者朱公履新，虽抱如伤之隐念，恐未悉孑遗之真情，似此惨灾，恐非平粜一策所能救济。虽将来天时人事未可逆睹，而现缺粥米三万余石尤属然眉之急，只得合恳设法拯救，活我灾黎，能多赐一升、一合，即可多救一人、二人之命。天地之大德曰生，仁人以一言溥利，阖州数十百万生灵一齐翘首，即请代呈，不胜急切待命之至。谨呈。

札复前案已饬筹赈局妥速筹办文

宣统二年六月十一日

为札复事。据谘议局呈称云云到院。据此，查澧洲频年被水，灾情之重在昔所无，节经颁发赈谷，严定规条办理在案。兹据转据该州自治公所所长谢开运等陈述饥民待赈情形前来，披阅实深悯恻。现在青黄不接，哀鸿遍野，自非设法赈抚不足以惠灾黎，候即札饬筹赈总局妥速筹办，毋任失所。除札行外，合行札复。为此札行谘议局查照。须至札者。

呈据新化艾章黼等陈请转恳札饬武冈州开关接济文

宣统二年六月初二日

为呈请事。窃照局章云云，兹据新化县艾章黼等陈称云云等情前来。查该绅等筹捐就近采办米谷各情，武冈州果有赢余，自应开关接济，理合备文钞粘原书，呈请裁夺施行。须至呈者。

具陈请人艾章黼等为陈请事。窃新化人口七十万众，钱粮一万七千两，计口授食，即上熟之岁极力节缩，尚少二、三月之粮。往岁由上、下游采办，自濒湖州县大水，益阳既无片帆转运，故专仰给于上游。去秋在武冈州公买谷一万八千余石，商谷一万余石被该州阻禁，颗粒未放。旋禀奉前藩宪庄批准，在本府省分仓借谷一万二千石，亦仅领到一千余石，人民迫念，储备、平常各仓已罄，外粮不至，升米七十余钱无从告粜，心甚恐慌。三月以来，穷檐炊烟缕断，掘葛根、划树皮，和糠屑充饥，以衣服付质库，鬻子女者不知凡几。先后吸排饭四五千人，有时拥至县署，幸只坐食，或握钱要索，并不抢劫，势虽可危，情甚可悯。其时请防营，请新军、团练，勇防，饥民如大敌，一面搜索民食，并通谕所买武冈之谷与所借省分仓之谷不日运到，适值麦秋登场，始行解散。惟是民仓止有此数，计难支过五月，设令邻谷与官谷不从速接济，转瞬食尽，其流离四散扰及邻疆内荒农事犹在意中，所虑省城闹荒，四郊风鹤，万一奸民乘煽，大局何堪设想。查武冈近编风土志，人口三十七万五千，钱粮二万七千余两，向来出口谷米约达四五十万石，其销售于郡城上游，不在郡局纳捐，无数可征者不在此数。今查米局仅出口万余石，虽去夏偏灾，富户闭粜，亦曾请领省分仓谷八千石，实止发五千余石，而民谷已纷纷减价出售，加以秋收大熟，其盖藏之充实可以想见。乃三月二十间，新邑公推代表前往请粟，该州苏牧屡谒不见，递禀不收，邑代表与该州各局所绅董议允先放该州应还之省仓谷八千石归新邑转借，次放新邑所买之谷，随发州属高沙、石下江、洞口三处之谷千余石，并不待官出示晓谕，沿途并无阻碍，独附城应还之三千余石，苏牧故意迁延日，以出示晓谕为词，并不察地方盖藏虚实，不顾大局缓急安危，一惟痞言是用，州绅有以恤邻为言者，彼转以痞言吓之，而新邑所买之谷愈无放期矣。伏读抚部院告示，采买邻省米、西贡米为数甚巨，又闻奏发部款银三十万两以资（账）〔赈〕济，父老方促赴省请领，窃恐灾区甚广，博济为难，又恐缓不急济，于是官绅捐集款项，四出收买，零挑小贩殊难接应，惟此武冈近邻藏粟既多，交通亦便，以新邑公私谷价统计六七万缗。菁华生命，毕集于斯，呼吸存亡，何能缄默。用恳贵局据情转达抚部院迅札武冈州牧开关，或委专员前往该州坐放，仍准陆续采买接济；并札宝庆府遵照前藩宪庄批，开仓给借，不必在武冈应还仓谷项下兑拨，实为德便。哀哀嗷鸿，声闻远近，维此哲人，幸垂悯焉。

札复前案已饬筹赈局转饬遵办文

宣统二年六月二十日

为札复事。案：据谘议局呈称云云等情到本部院。据此，除札行筹赈局转饬武冈州妥筹遵办外，为此札复谘议局查照。须至札者。

呈据湘乡萧伯章等陈请以漕粮帮价提作自治经费文

宣统二年六月初三日

为呈请事。窃照局章云云，兹据湘乡自治公所所长萧伯章等以漕粮帮价一项提作自治经费等情陈请建议前来。查帮价一项，据称起于咸丰初年，系为粮书李增林亏空饷银，地方官不能弥补，分都捐此，以为填解，随后历作团练经费、书院课奖学、院差费、科场誊录以及岁科两考等费各在案。今各费既经裁撤，即将此款提作自治经费似无不合。理合遵章备文，钞粘原书，呈请抚部院裁夺施行。须至呈者。

具陈请人湘乡县地方自治筹办公所所长萧伯章等为陈请事。窃湘乡受前明堕粮之苦，虽经圣朝先后豁荒减则，而钱粮正供之重犹冠于湘属各邑，正供既重，而额外增加之陋规即因之而愈重。陋规之太重者，上既显悖国家之经制，下则本非人民所应供，舍时移事迫，理应变通，请得缕晰源流，毕陈于下。

湘乡额征民赋、更名屯饷、地丁正饷银四万二千三十五两二钱六分厘，正供也因之每两随加耗银一钱，随征耗银四千二百三两五钱二分六厘一毫，亦正供也。现在征收之陋规，不论正耗并每两加收银四钱，于是额外增加银至一万八千四百九十五两五钱一分四厘九毫。湘中各属钱粮不及百两者弗论，次者不及万两、多者亦仅及三万两以外，独湘乡几近五万两。各属征收钱粮，轻者每两附正耗收钱不过二千三四百文，重者每两附正耗收银亦不过一两四钱，独湘乡不论正耗并皆每两收银一两四钱，此湘乡征收地丁正饷银额外增加陋规之独重也。湘乡地丁正饷外，又额派征南粮正米七千五百六十五石三斗九合，因之每石加收耗米二斗五升，随征耗米共一千八百九十一石三斗二升七合三勺，正耗两米合共遂至九千四百五十六石六斗三升六合三勺，因之正米每石加征驴脚米一斗五升，遂合加至一千一百三十四石七斗九升六合，于是先将驴脚米每石折银一两，共折银一千一百三十四两七钱八分八厘，后将正耗两米每石折银六钱五分八厘八毫，共折银六千二百三十两三分二厘，二共合成银七千三百六十四两八钱二分正供也。现在征收之陋规，不论南折、驴脚，每两亦均照正饷例加收银四钱，遂又额外加增银至二千九百四十五两九钱二分八厘，此又湘乡征收南折、驴脚额外增加陋规之独重也。湘乡南粮外，又额派征漕粮正米六千九百一十九石四斗二合四勺，因之正米每石加收耗米四斗，谓之四耗米，遂又合加收四耗米至二千七百六十七石七斗六升一合。因之正米每石加收耗米二斗，谓之二耗米，遂又合加收二耗米至一千三百八十三石八斗八升四勺。因之正、四、二耗三米每石又另外加收六升，谓之里纳米，遂又合加收里纳米至六百六十四石二斗六升二合六勺。以上合正耗、里纳四共加成一万一千七百三十五石三斗六合四勺，内除籍田、营庄、学署米二石七升九勺归官完暨竹山铺地米二十石六斗五升历由户库两房经收照缴，又欧阳、朱、王、邓、童、李、成等姓有所谓口子米九百三十二石五斗三升六合六勺，又十都舒姓米一石三斗四升二合每石只完钱二千六百八十文，又邑中乐舞团练学堂公产米七十七石三斗五升每石包南折、驴脚合完粮元银三两外，其余均每石折征库平银一两三钱，统计漕粮额、额正数、官饷并户库两房合收库平银二十九两五钱三分七厘二毫，口子米合收钱二千五百二串七百九十四文，公产合收粮元银二百三十二两五分，其余收库平银一万三千九百一十一两七钱六分四厘。查漕粮惟正四两米成为正供，其二耗米原以赠贴运军丁舵口食，自咸丰间停运，奏准由官变价，但计正米四耗，不计随、漕二米，嗣因各州县仍旧沿收，不肯裁撤，同治间始奉有提解二耗米充饷之文。然犹时以给予州县办理防剿，是二米一项朝廷尚未列为正供。至里纳米一项，则更取诸无名，为赋役全书所不许，徒以流成习惯奉例，亦只每石折银九钱，自光绪朝奉文又仅用五成银解省，而湘乡里纳概照正、四、二耗折征库平一两三钱，是于漕粮正数之中已不免有非正之供矣。现在征收之陋规外，又带收暂捐帮价，以三坊四十四都地境划为三大里，故有下十八里、中十六里、上十三里之称。漕粮征收除官吏饷米并口米、公产米外，每完漕折一石，十八里另捐帮价钱二千三百，计花民有费米四千二百九十九石五斗八升五合三勺，合收帮价钱九千八百八十九千四十六文，十六里与十三里并另捐帮价钱二千一百，计花民有费米六千四百六十二石五斗五勺，合收帮价钱一万三千四百五十三千一百二十六文，三里遂至合收帮价钱共二万三千三百四十二千一百七十二文，此又征收漕粮额外复以捐款，而渐成增加陋规之独重也。故以湘乡地丁正耗银四万六千二百三十八两七钱八分七厘，并南驴银七千三百六十四两八钱二分，并漕折库平银一万五千二百五十五两九钱七分三厘，并外又无耗羡津贴、闲丁二项银共二十七两七钱三分八厘，四共合成库元银六万八千八百八十七两三钱一分八厘之本重重以征收，额外增加正饷、南驴二项银之二万一千四百四十一两四钱四分三厘，漕粮帮价钱之二万三千三百四十二千一百七十二文，公产、口米项下亦多纳钱二百数十串文之重而又重，正供、陋规合计民间岁输库元银至九万三十余两，另输钱至二万三千五百数十串文，盖湘民之苦累负担久矣。

今者遭逢运会，奉诏开办地方自治，筹款无方，钱漕所捐，帮价已重，附加税无从再加，阖邑人士会商，佥议征收陋规项下捐款与规例较，然本不相同，爰拟以地丁、南驴二项之下银二万一千四百四十一两四钱四分三厘一概仍旧归官，作为平余赠贴办公之需。其漕粮帮价一项谨遵明诏，划分地方税之旨，应请即就原捐划还地方，作为自治经费之用，其粮书征收辛工仍在所收款内酌议开支。至漕折解省费用，查帮价未收之先，向系每正四二耗米一石带收随漕银九分六厘，共带收随漕银一千六十二两八钱二分二毫，县册暨户粮房历传底册所载均属历历可稽，自后拟仍照旧章，即在所收款内提清此款缴官，并拟自后仍在所收款内凡有费米石每石提钱二百，每岁合共提钱二千一百串文，作为津贴县署之用，其旧日津贴县丞巡检典史衙门仍照分送，此外一概拨充地方自治经费。自后即将帮价名目取消正名，曰附加地方税，其细章另由三里酌量情形会商详订，并拟请永远定为成案。舆论已成一致，欣逢议会初开，诸公荷舆论代表之望，必能代达民隐，所以不揣冒昧，敢为此请。其中理由，可得而言，一以帮价本出于人民之捐输也。查帮价起于咸丰初元，先是湘乡钱粮由书吏包征包解，道光以来，粮书李增林亏空应解饷银约三万两，经严、师两故任不能弥补，邑人士因分都劝捐此款，缴解旧欠，有县署现存邑绅赵焕联等所禀捐补正供案卷可查。自咸丰三、四年以至同治五、六年，邑中举办团练，先后提充练费。同治八年以后，团防渐弛，此项乃流为听官开支，至今每岁必由县柬请邑绅会议，名曰议漕，刊刷传单，发布四乡。惟其纯系捐输，本无确定义务在官署理，应未视寄附为固有，即民间分得，自量临时为转移，此请议划还帮价拨充地方自治经费之理由也。一则帮价本纯为地方税之性质也。初赔国课，继充团费，今办自治，其余捐输之用途不同而所以谋公益者。则一[①]中间虽听官用，亦多用于邑中公务，如书院课奖、学院过境差费、科场誊录及岁科两考经费，光绪元年定案仍提充团练费，以及驻防县丞、巡检、典史津贴费等皆出于其中。今诸费已裁，自应腾出作用，其未停、未裁者亦可仍由自治公所发给。兹值宪政预备之时，朝廷清理财政之始，凡有非正之项悉归厘正。湘属筹办自治经费，如桃源、永顺等处多就裁撤差价兵米划还提支，湘乡事同一律，因事醵诸地方者有事自应仍以还诸地方，此又请议划还帮价拨充地方自治经费之理由也。一则酌提帮价无伤津贴地方官之办公费也。州县廉俸菲薄，若地方一无余款，岂不以赔垫累官。顾湘乡虽非腴缺，然以正供

---

① 编者注：原文如此，疑为刊印错误，似应为“一则”。

数巨，实已宽筹盈余。除上所开地丁、南驴二项规例银二万一千四百数十两外，又加以此次所拟漕折项下仍照旧章遵缴之漕费银一千六十余两，并自后每石另提二百之岁缴津贴钱二千一百串，钱粮征收逾限罚款，除缴还团防三局钱共六百串外，其余归县署者岁无定额，大约亦在二千串左右，此外又有税契岁支津贴银之五六千两，合上数宗，以之贴补钱粮解费暨署中一切公用绰有余裕。在贤宰官蒿目时艰，怆怀民瘼，方且乐分鹤俸以助宪政之成，矧本为地方自谋公益之捐款，藉令今昔，微有不同，而前此数十年之湘乡何似现在，七十余州县之非湘乡又何似，一为比较，无不瞭然，此又请议划还帮价拨充地方自治经费之理由也。要之朝廷颁布宪纲逐年筹备事宜，既明谕以清理财政与天下官民更新，又以划分地方税为天下民庶开物成务，则是以地方之财办地方之事，于公既无所损，于事应属可行。查谘议局章程第二十一条第一项议决本省应兴应革事件，以湘乡帮价非分则为应革事件，以酌提帮价办理地方自治则为应兴事件，又本条第十二项收受本省自治会或人民陈请建议事件，则凡属本省一切公益事件，一般均得陈局请议，但经谘议局议决即成为议案事件。为此陈请贵局正式会议，立为议案，将湘乡征收漕粮项下原办公益所捐帮价划还地方，除照旧章岁缴随费银一千六十二两八钱二分一毫归官，并另缴津贴县署办公钱二千一百串，并支给粮书征收辛工钱并照旧分送县丞、巡检、典史津贴外，余皆拨充地方自治经费，自后即将帮价名目取消，正名曰附加地方税，另由三里商酌，详订细章，永远作为定案。议决呈请公布施行之处，不胜祷企之至。

呈据安仁李道康等以浮收漕粮应请转恳一律办理文

宣统二年六月初三日

为呈请事。窃照局章第二十一条第十二项云云，兹据安仁县附生李道康等二十七人联名呈称，安邑漕粮不遵近例折银附地丁完纳等情陈请建议前来。查钱粮成例，一县自未便特殊，而勒索浮收胥吏之弊端应革，据称提作举办新政之款除积弊以济要公，该生等事切梓桑，自属情形密迩，理合遵章代达，备文粘钞原书，呈请核夺施行。须至呈者。

具陈请人李道康等为陈请事。窃湖南漕政近例各府州县均每实米一石折纹银一两三钱，附地丁内完纳，合省皆然。惟安仁僻处一隅，每岁冬腊雨雪严寒之月地方官仍出示征收，小民奔走，颠踣输米，恐后上、下两忙之外又增一忙，且所征之数合胥役淋尖踢斛以及强掠余米，计每实米一石之外勒加二斗交，量计已浮征五分之一，又于纳米之外每漕一石勒加水脚名钱一千五百文，再勒收加费名目钱一千六百文，前光绪二十三年奉准核减一百文实仍收，加费名目钱一千五百文，又勒收小费名目钱二百文。查各府州县漕例近皆折银一两三钱，未有仍旧征米及浮征米及钱数至如此之多者。其有邑中贫弱下户不能负米上仓，则往往被仓书地绅包揽代纳，而于一切浮费必更取赢，是皆由安邑漕粮不遵近例折银附地丁完纳，以至流弊。至此恭逢朝廷预备立宪，周谘博议，轸恤民困，期于弊罔不革，利罔不兴，道康等夙知其弊，而亲受其害，不能缄默。伏查谘议局章第二十一条第十二项有收受人民陈请建议事件之规定，合谨据实陈请建议，俾得与全省各州县近例每实米一石折纳纹银一两三钱，附地丁内一律完纳办理。其向来浮收米二斗暨钱三千二百文之项或自此概行剔除，以苏民困，或酌量提作公费，以为安仁。举办新政之需，择要而行，以作常年经费，斯于革弊之外又兼兴利，合邑戴德，永世无穷。

呈据麻阳滕树屏等指控巡检违法纳贿请查办文

宣统二年五月二十七日

为呈请事。窃照局章云云等语，兹据麻阳县士绅滕树屏等条列高村周巡检擅受民词、恣情诈索各款陈请代达等情。据此，按其所指各款不为无因，理合照抄来件，遵章备文，钞粘原书，呈请查办施行，以肃官方而顺舆情。须至呈者。

一、擅受民词

甲、周巡检于户婚田债等项词状擅受滥差，贿赂公行，颠倒是非，欺凌穷懦，其弊不可胜指。

乙、邑民莫良贵以强横欺兄、短价勒赎等情控其弟莫良金，票提良金不得，返索良贵钱八千八百文，现有滥差票据粘辰沅道禀内。

丙、宣统元年四月，谭永兴被谭好芽勾引泸痞打屋，具控谭好芽，索谭永兴钱七十千文过户滕开喜、滕狗狗，后将好芽收押，索保费钱二十千文，留案未详。

丁、五月二十日，受滕德安以擅当膳田控同母兄符雪喜一案，索滕姓钱七千三百文过户滕三元，后雪喜诉禀，将两造俱押，又索符姓钱十六千文过户滕长长。

戊、九月初六日，受滕傅铭等以侵占坟山控阙国求一案，索滕姓钱十二千四百文过户滕家升、滕开喜，断结后将阙姓收押，又索保费钱六千二百文过户张福荣。

己、准满元魁以当爰燕山茶山控告满元良一案，索元魁钱三十千文，滥泥站驿书满维杰过手后，罚元良钱十六千文，陈迎春过手。

一、磕取客货

甲、纵其门丁郑大充带蠹役磕取瞒关土贩，以饱私囊，与抢劫客货者无异。牛皮为生意中一大宗，私宰耕牛者固罪有攸归，至客商贩卖牛皮究有何罪。而周巡检往往纵役勒磕，取货押人。诚使卖牛皮者有罪，则关卡早已取之，岂尚待高村司为之盘查哉。所以芷江牛皮多归榆树湾贩卖，泸溪牛皮多归浦市贩卖，而高村一带牛皮商人皆不敢过问矣。

乙、傅金榜携土过境，被蠹役张万取去充修衙署。

丙、八月二十五日，有宝庆府新化县商人彭顺科、曾必明带有土药路过高村，被游民勾通门丁郑大及蠹役五人尾追，至岩角庵，冒充土局巡丁将土搜取无遗，卖于滕姓烟馆。

丁、九月初九（月）〔日〕，莫桂喜带有土药到高村马怡泰店试秤，滥差赵贵走报门丁郑大，取去土三碗，复煽动周巡检票提马姓，索得钱六千文。

戊、八月初八日，芷江县商人尹太兴肩挑干黄牛皮四张赴高村场贩卖，夜宿火铺，被地痞邀同司署门丁诬以私宰，索钱五千六百文，过户滕嗣权。

己、八月二十四日，泸溪县商人向聪正以干水牛皮一张、黄牛皮二张被蠹役取至署中，索钱四千二百文，过户滕树纯。

一、窝赌纵赌

甲、周巡检借抹牌之具（牌名点点红）为图利之方，屡引商民在花厅放梢抽头，通宵达旦，且纵蠹役匪棍公然开户聚赌，从中索贿，不一而足。

乙、二月初三日，周巡检在花厅与张天福〈堂〉、滕代武、卢元芬、李寿记等抹牌一昼夜。

丙、二月十七日，周巡检在花厅与张天福、滕代鹏、曾绍康、滕代武等抹牌两昼夜。

丁、二月二十二日，周巡检在花厅与滕代武、曾绍康、张天福、滕代鹏等抹牌通宵。

戊、二月初，周巡检受滕久保、滕花春等贿钱二十千文，准其在滕庆庆家开宝抽头，过户滕久有、田必应二月十九日期票。

一、暗抽灯税

甲、使开烟馆者或阳领凭照，私开烟灯，每月纳钱二三千不等，或送米数斗，且有送靴子于门丁郑大者，无税可纳者常被查拿勒索，而烟馆主人返逍遥法外，以故高村烟馆十余家，只闻某日罚某吃烟人，从未闻封一烟馆以警将来，其以烟馆为钩（铒）〔饵〕可知矣。

乙、滕长茂在烟馆收讨米账被拿，罚钱八千文，滕庆生过手。

丙、滕嗣佳在烟馆因蠹役飞磕，罚钱六千，滕教元过手。

丁、滕云程领土胶业凭照，收费钱四千文。

戊、滕国志领土胶业凭照，收费钱五千文。

己、抽收灯费，每月有索米五斗、索钱三千文不等。

庚、滕姓烟馆被县差拿获烟具七套、烟胶一缸，贿周巡检钱十八千文，将烟具退回，三月又被县差拿获烟具五套。

辛、二月内莫成林在段韶客烟馆被周巡检瞥见带案，索钱十千零八百文，过户滕久政，而置烟馆于不问。

一、假公勒索

甲、去年夏，忽将大堂前厅屋拆毁，至今未修，往往藉民苛罚，现存罚款甚巨，尚未鸠工，不知其意云何。

乙、向老丑因田中遗落烟苗三株，被罚钱十二千文。

丙、滕红红因拔烟未尽，横生数株，罚钱八千文，过户滕春夏、滕宽乔。

丁、五月二十一日，蓝万寿因瘟牛未报，罚钱十千文，过户滕聚五、滕老长。

戊、六月十三日，贵州思州府职商罗吉生由粤旋梓，带有海参往司署贩卖，因争价口角触怒，将罗曲打一千二百板，收押罚钱十千文，过户刘顺和。

己、七月二十四日，陈兴和在高村场上买得耕牛二头，路遇门丁郑大率带蠹役捏为私宰，将牛牵入署中，罚钱二十千文，过户滕久政。

札复前案候饬司委员查明核办文

六月十二日

为札复事。据谘议局呈称云云，计钞粘一纸等情到本部院。据此查阅该士绅等陈述该县高村周巡检擅受民词及恣情诈索各款，如果属实，殊为地方之害。惟词出一面，有无挟嫌指控情事，应候饬司委员前往该地方，按照条举各节逐一查明确据，禀候核办。除札行外，合行札复。为此札行谘议局查照，须至札者。

呈据长沙胡鼎等以笼卖房屋与外人请据约力争文

十一月初四日

为呈请事。窃照局章第二十一条第十二项云云，兹据长沙县民胡鼎等以祖淦堂等为外人谋买房屋一事陈请建议前来。当经本局调察该案卷宗，再四讨论，缘祖湰堂等笼买中孚衍庆公屋时，系以李福卿及同仁堂等名目为买主，初不料其转卖洋商。及至事发，卖主既愿退价，而英领事反执不肯，显与条约大相违背。至买杜俊能等房屋则系乘杜远出，笼其弱弟福生书立契据。查福生年仅十四，所书契据何足为凭，此不惟在中国法律所宜注销，即准之各国未成年者之法律，行为亦当无效。以上所请，皆不可不据约与争者也。况土地人民权利所关，核与局章第二十一条第七项所规定关于本省权利之存废事件亦无不合，前本局议员以此事质问，业奉批答在案。兹据陈前情，理合备文钞粘原书，呈请裁夺施行。须至呈者。

具陈请人胡鼎等为陈请事。窃鼎等住长邑潮宗门外草河保城堤一带地方，多历年所。今年四月，突遭见利忘义之汉奸祖湰堂、黄绍南、李福卿、黄良栋等擅将本街木帮之中孚衍庆公屋及杜俊能等房屋一连六栋，屋基共宽二十四丈，长不计丈，共价银万二千七百九十两，乘中孚衍庆之执事人等未及觉察，笼买悄卖与英商和记洋行，始则用钩距手段，以李福卿为卖主，继则立通套名目，以同仁堂为买主。至杜俊能之房屋，系乘杜远出，笼其弱弟福生书立契据，尤堪骇异。夫杜福生年仅十四，在外国为未成年，无论为何等法律行为，法律上均可取消，况更加以欺诈手段，是以一个事实而有两种取消之原因，彰彰明矣。乃祖湰堂等笼买之后，忽有杨昆山、韩永清等口称：业归，伊受诡谋谲计层出不穷，既掣契后，乃显注英商和记洋行永租李季德堂等基地各一块等语，契呈关道，饬税在案。幸各业主将祖、黄等控长沙县惩办，已沐邑尊集讯，判令退契退价完案。而祖、黄等违抗县判，竟敢措契不交，甘为汉奸而不耻。后复经数次审问，鼎等随即备价呈堂，以为可以即时退还产业文契，讵邑尊反劝鼎等领价，以图了案。经鼎等极力拒绝，盖以生命财产既寄于斯，国土主权尤当保重，遇强梁其何畏，誓九死而不辞，夫强制勒索为条约所不许，笼哄谋买尤法令所不容。伏查谘议局章程第六章关于职任权限之规定，其二十一条第十二号有收受人民陈请建议事件之权，兹特缕陈颠末，遵章程请迅速设法维持，乘此契未税之时，俾祖等笼买之六栋房屋契据勒令全数退还，并治祖湰堂等以笼买悄卖之罪，庶主权得以无失，土地共获保全，湖南幸甚，中国幸甚。

长沙关道移奉抚札已饬长沙县会同委员办理前案文

宣统元年十一月二十日

为移会事。本月二十七日，案奉抚部院岑札开，据谘议局呈送长沙县民胡鼎等陈请被祖淦堂等为外人谋买中孚衍庆等房屋将书呈请裁夺到院。据此，查祖淦堂为英商和记笼买中孚衍庆等房屋一事，前据各买主来辕具禀并准英国领事缄同前由，业经本部院檄委古丈坪同知沈丞瀛会同长沙县提集人证，持平讯断详办，并据该关道将此案喊晚情形详咨外务部查核在案，应俟该印委讯断详复再行察办，合就札行。札到该道，即便移会谘议局查照，并饬印委各员遵照前札提集人证，秉公讯断详办，此札计抄单等因。奉此，除札饬长沙县会同委员遵照办理外，相应移会贵局，请烦查照施行。须至移者。

丁、关于规则者（凡局内细则非经呈请督抚核准者不载）

札复核定议事细则文

宣统元年十月十八日

为札行事。照得谘议局复称，前奉发交复议议事细则各条遵即查照公同讨论，分别修改，理合缮具清折呈请核准施行等情到院。复经本部院详加核阅，如议事细则第三节第三十条原拟各节，兹经电请宪政编查馆核示。复电谓：督抚与外国人商订契约，均应由部核订，无所谓单行章程规则。此项契约，何者应由部办，何者应由省办，现在尚未规定。除关于本省之权利存废事件照章由谘议局议决外，其应请部示核办者自无庸由该局提议云云。原拟第三十条条文应改为巡抚与各国缔结关于湖南之契约属于本省之权利存废事件无庸请部核办者得由谘议局编案提议。又细则第五节第七十七条，照定章三十四条开会时应议事件须于三十日以前通知各议员，自宜明白规定，以便遵循，原拟第七十七条条文应改为开会时照章由议长将本届应议事件于三十日以前通知各议员，但由巡抚临时交议及由各议员临时提出者不在此限。又原拟第十节第一百三十三条条文应改为议员质问巡抚，巡抚之批答如不能得其要领，得陈请派员到会再行详细质问。其余所拟各条及旁听规则均属缕析条分，足资遵守，希即查照。以上札开及前次发交改正各节逐一改定，即准公布施行。除咨宪政编查馆外，合行札知。为此札行谘议局查照。须至札者。

呈复复议议事细则文

宣统元年十月二十日

为呈复事。案奉札开云云等因。奉此，查前次发交改正各节业经逐一改定，申复在案。此项札开凡三条，指示周详，莫名钦佩。惟细则条文均系以类相从，修正词句必与前后各条联缀，方免凌杂寻译，札文复加讨论，旨趣不能有出入，而文理宜求其贯通。第三十条属于第三节，系规定动议及发议之手续，前三句拟用札文云，巡抚与各国缔结关于湖南之契约属于本省之权利，存废事件毋庸请部核办者末句拟用原文云，得先于各议案而提出于谘议局，如此方与第三节前后各条规定动议及发议手续相类。第七十七条属于第五节，系规定读会之手续，拟以札文所增者列为第一项，而以原文所云者列为第二项，如此方与第五节以下各条规定读会手续相类。第一百三十三条应照劄文，于原文内删去抚亲临会所或七字，此虽无关于大义，而文句亦不可不修饰，以期至当。理合备文呈复，察核公布施行。须至呈者。

呈请核定互选资政院议员细则文

宣统元年十月初九日

为呈请事。窃照资政院章定各省谘议局选举资政院议员章程第十一条，关于互选详细规则由谘议局拟订，呈由互选监督核定施行等因。本局互选遵于本月十一日举行，兹拟就互选资政院议员细则十二节二十七条，公同议决，理合备文缮呈，核定施行。须至呈者。

第一节　选举监督

第一条　照资政院选举章程第三条所定，应以本省巡抚为互选监督，互选监督届互选日期应亲莅选举所监察之。

第二节　选举所

第二条　选举投票、开票所即假用本局议厅。

第三节　选举议员额数

第三条　照资政院选举章程第一条之规定，本局应选举资政院议员五人。

第四节　选举当选人额数

第四条　照资政院选举章程第十条之规定，互选当选人额数照议员额数加倍，应先举出当选人十人，待互选监督之核定。如当选不足额，由互选监督将票数较多者按照缺额多寡加倍开列姓名，令互选人再行投票，以足额为止，其得票及格以额满见遗者一律作为候补当选人。

第五节 互选当选之标准

第五条 照资政院选举章程第八条之规定，互选以得票过互选人半数者为当选。前项互选人数以实在行使互选权者之数为准。当选人名次以得票多寡为先后，得票同数者以年长者列前，年同则以抽签定之。

第六节 选举权及被选举权

第六条 照资政院选举章程第五条之规定及谘议局章程第十四条，此次互选凡正、副议长，常驻议员及审议长各项主查员、部长、理事，均得有选举权及被选举权。

第七条 照资政院选举章程第十五条之规定，惟被选为资政院议员者不得兼充为谘议局议员。

第七节 办理选举人员

第八条 照院章所定，互选投票、开票、检票等事均由本局办事处管理之，应以书记长为管理，书记为执事员。

第八节 投票、开票、检票

第九条 十月十一日午前九时，互选人齐集投票所，互选人监督入议厅监视投票。

第十条 互选人按每部次第至发票所，按册亲书“到”字发票。至写票所用记名连记法，将被选举人姓名列记，一票分作十则，每则一人，并于票末自书选举人姓名。照院章第七条之规定，互选人有因病或不得已事故，得就互选人内委托一人代投，并应遵照院章第七条第二项办理。前项之投票不得用减记投票法。

第十一条 互选人投票毕，即由执事员当众开票，无论有效、无效之票均须高唱选举人姓名宣示，检票员即按照有效、无效各票分行叠置登记入册。开票毕，即将当选人姓名票数当场宣布。

第十二条 投票时，应先将选举票与投票簿对照，如有放弃选举权者另册记明。

第十三条　凡选举票应作废者如下：

一、写不依式者；

二、夹写他事者，其记载被选举人职业者不在此限；

三、字迹模糊不可认识者。

第九节　当选及候补当选人

第十四条　互选完竣后，由本局办事处造具当选人名册，连同票纸呈送互选监督。将互选当选人复加选定为资政院议员，余作为候补当选人，榜示投票所。

第十五条　选充资政院议员者，如不愿应选，得于榜示后三日以内呈明互选监督，许其辞退。

第十六条　互选监督遇有前项情事，应依次将本届当选人及候补当选人复加选定补充，如候补当选人不敷选充者，应即举行临时互选，一切照寻常互选办理。

第十七条　议员选定后，由互选监督给予执照，另造议员名册，连同当选人及候补当选人原册咨送资政院。

第十节　资政院议员之补缺

第十八条　照院章，各省谘议局互选资政院议员有缺额时，由资政院行知本省，照第十三条第二项办理。

第十一节　补缺议员之任期

第十九条　补缺议员之任期，照章以补足前任未满之期为限。

第十二节

第二十条　本局互选细则由本局拟定，呈由互选监督核定施行。

附录：抚部院批

来呈阅悉。所拟互选资政院议员细则悉照院章规定，大致尚属妥协，所有字句之间略加删改，希即按照办理。惟细则第八条，关于互选时投票、开票、检票，概以书记长、书记主任其事，则是书记一席职任綦重。查谘议局章程第五十一条，办事处置书记长一人，书记四人，由议长选请，督抚委派。现在谘议局开会已久，所有此项书记长、书记如何任用，系何职名，本部院无凭悬揣，应即从速开具履历，呈候委派，以符定章，是为至要。折并发此复。

呈请通饬各署、局、所检送本省各项单行规则文

宣统元年十月初八日

为呈请事。窃照谘议局章程第二十一条第六项，谘议局有议决本省单行章程规则之增删修改事件等因。查此项章程规则，各署、局、所各有规定，应请通饬各署、局、所将本省各项单行章程规则检送一分，以便查考。理合备文呈请，察核施行。须至呈者。

札复已饬各署、局、所检送各项单行规则文

为札行事。案，据谘议局呈称云云等情到本部院。据此，业经通饬司道局所暨长沙府长沙、善化两县遵照，如有单行章程规则，即检一分送局，用备查考。至省外各府厅州县经办事项，均系由省饬办，向无单行法规，自无庸饬令检送。为此札行谘议局查照。须至札者。

戊、关于互选者（凡议员之开缺、补缺者附之）

呈报互选议长、副议长文

宣统元年九月初五日

为呈报事。窃照本届议员业奉抚部院召集，现已陆续到齐，所有议长、副议长，自应照章互选。兹于本局开会之日，遵用单记投票法，分次互选。第一次互选谭绅延闿为议长，计得五十七票；第二次互选冯绅锡仁为副议长，计得三十七票；第三次互选曾绅熙为副议长，计得三十八票。到会投票者共六十九员，各得票数核与定章相符，现均入局任事。合将互选议长、副议长缘由备文呈报查照，转咨备案。须至呈者。

呈报互选常驻议员文

宣统元年九月初六日

为呈报事。窃本局遵于宣统元年九年初一日开局，业将成立日期及选定议长、副议长姓名呈报在案。所有常驻议员照章均应互选，兹于本月初六日遵用连记名投票法互选，得李永瀚等十六人为常驻议员，汤鲁璠等八人为候补常驻议员，核与定章均属相符。理合造具清折备文呈报，察核备案。再，此次投票系四次选足，所有投票及得票各员数详载清折，合并声明。须至呈者。

第一次投票七十五员，当选者十二员：

李永瀚，五十八票；钟才宏，五十五票；谢宗海，五十四票；胡壁，五十二票；刘润珩，四十九票；李执中，四十六票；丁沅，四十四票；朱廷利，四十三票；罗杰，四十一票；彭施涤，四十票；萧鲤祥，三十九票；邹士桢，三十九票。

第二次投票七十四员，当选者四员：

陈炳焕，五十四票；粟戡时，四十七票；曾继辉，四十七票；石秉钧，四十七票。

候补当选者四员：汤鲁璠，四十六票；周煦埏，四十三票；黎尚雯，四十票；周广询，三十九票。

第三次投票六十九员，候补当选者三员：

易宗夔，四十三票；唐右桢，四十一票；罗亮杰，三十五票。

第四次投票六十九员，候补当选者一员：

李有珪，三十七票。

以上四次投票，选得常驻议员十六员，候补常驻议员八员。

呈报互选副议长并递补常驻议员文

宣统二年五月十二日

为呈报事。窃照局章第十六条开，议长因事出缺时以副议长递补之，副议长因事出缺时由议员中选补之，若不在开会期中得由常驻议员中互选补之，又常驻议员因事出缺时以候补常驻议员名次表之列前者递补等语。查本局副议长上年经众选举曾熙、胡壁二人，业经呈报在案。本年正月，据曾熙以老母多疾、难遽远离等情电辞到局。本局以其情词恳切，未便强留，惟辞职不在开会期中，照章应由常驻议员中互选补充。嗣常驻议员为慎重起见，协议俟开会时选举，适因本月初十日为临时会开会之期，即于是日午后举行互选。计到会者五十一员，经两次投票，选得陈炳焕二十八票，核与到会投票实数业已过半，照章应补为副议长。再，陈炳焕系常驻议员，今既被选为副议长，其遗缺应以候补常驻议员之周广询递补。所有此次互选副议长并递补常驻议员各缘由，理合备文呈报，查核备案。须至呈者。

呈请选定资政院议员并榜示投票所文

宣统元年十月十四日

为呈请事。窃照资政院奏定各省谘议局互选资政院议员章程第十二条，互选完竣后，由谘议局办事处造具当选人名册及候补当选人名册，连同票纸于十日以内呈送互选监督，互选监督按照第一条所定该省议员额数，将前列当选人复加选定为资政院议员，榜示投票所等因。本局业于十一日遵用记名连记法，互选三次始足定额。第一次系罗杰当选，第二次系汤鲁璠等当选，第三次系向燊等当选。先后计选十员，核与定章均属相符。理合造具该当选员名册，连同票纸备文呈请察核选定，转咨备案，并请榜示投票所，以便遵行。须至呈者。

第一次投票七十七员：罗杰，四十四票。

第二次投票七十五员：汤鲁璠，五十票；冯锡仁，四十九票；唐右桢，四十八票；易宗夔，四十一票；黎尚雯，四十票；姚炳麟，三十八票。

第三次投票七十四员：向燊，四十六票；刘润珩，四十一票；王章永，三十九票。

呈请递补被选资政院议员所出各缺文

宣统元年冬月初一日

为呈请事。窃照资政院奏定各省谘议局互选资政院议员章程第十五条，选充资政院议员者不得兼充该省谘议局议员，又谘议局章程第十六条，副议长因事出缺时由议员中互选补之，常驻议员因事出缺时以候补常驻议员名次表之列前者递补各等语。本局互选资政院议员业经呈请，复选榜示在案。查冯锡仁系被选为副议长，兹既被选为资政院议员，自不得兼充副议长之任，当经互选得票最多数之胡壁以补此缺。查胡壁系常驻议员，既被选补副议长缺，应以候补常驻议员名次表列前之汤鲁璠递补，而汤鲁璠亦被选为资政院议员，则以候补常驻议员之周煦埏递补之。查罗杰亦系常驻议员，既被选为资政院议员，应以候补常驻议员之黎尚雯递补之。所有递补被选资政院议员所出各缺缘由，理合备文呈请察核，转咨备案。须至呈者。

札准资政院电复仍准冯士偶补充议员文

宣统元年十一月二十一日

为札行事。照得本部院于宣统元年十一月初七日电致宪政编查馆文曰：据谘议局函称，现在该局副议长冯绅锡仁被选为资政院议员，所遗谘议局议员名额应由该复选区照章另补。查本届复选冯绅锡仁之子冯士偶本以六票当选，业经榜示，嗣奉馆电，以父子尚须回避，特许辞职。今冯绅锡仁谘议局议员资格既已消灭，则冯士偶无所用其回避，可否仍以之补充谘议局议员，请据情电询请示等情。查复选当选人冯士倜前本因回避辞职，今回避一节应无庸议，仍以之补充谘议局议员，是否相合，请即酌示，俾便遵循等因。除电译发去后，旋于本月初十日接准宪政编查馆蒸电开：虞电悉。冯绅锡仁既被选为资政院议员，自无所用其回避，伊子士倜可充补谘议局议员，此复等因到本部院。承准，此相应录电札行。为此札行谘议局查照。须至札者。

呈请将资政院议员所遗谘议局议员各缺另补备案文

宣统元年十一月十三日

为呈请事。窃照资政院奏定各省谘议局互选资政院议员章程第十五条开，选充资政院议员者不得兼充该省谘议局议员，又谘议局章程第十六条开，议员因事出缺时以复选候补当选人名次表之列前者递补各等语。查议员罗杰、冯锡仁、汤鲁璠、唐右桢、易宗夔等五人业经本局选举为资政院议员，呈请复选榜示在案，自不得兼充本局议员，所遗议员各缺，应请饬下各该复选监督按次递补。除由本局分别移行外，理合备文呈请，察核备案。再，查本届复选冯锡仁之子冯士倜以六票当选，前奉馆电以父子尚须回避，特许辞职。今冯锡仁既被选为资政院议员，自无所用其回避，当经函请，电奉馆复，冯士倜可补充为谘议局议员等语，应即移请该复选监督照办。合并声明，须至呈者。

移请辰州府另补冯锡仁所遗谘议局议员文

宣统元年十一月十三日

为移请事。窃照资政院奏定各省谘议局互选资政院议员章程第十五条开，选充资政院议员者不得兼充该省谘议局议员，又谘议局章程第十六条开，议员因事出缺时以复选候补当选人名次表之列前者递补各等语。查议员冯锡仁业已被选为资政院议员，所遗谘议局议员自应照章另补。惟查贵区本届补选冯绅锡仁之子士倜本以六票当选，嗣奉馆电以父子仍须回避特许辞职。今冯绅已被选为资政院议员，无所用其回避，冯士倜以得票多数当选，榜示在前。回避一层既经消灭，似不能以个人之关系取消公众之选举，且未便以得票多数者反抑于得票较少者之后，兹经敝局函请抚部院，电奉馆复：冯士倜可补充为谘议局议员等因。则此次冯绅所遗议员应以冯士倜补充，方昭平允。除呈请抚部院备案外，相应备文移请贵府查照办理。须至移者。

准长沙府移知议员刘国泰辞职应否照准议复照办文

宣统元年十月初一日

为照请核复事。案，据长沙府属复选当选人善化职员刘绅国泰呈称：为因公辞职俯恳转报事职员，德薄能鲜，缪膺众举，正滋惭怍，前奉知会，旋以清查慈利雄黄矿事，据情禀请辞职，未蒙允准。本月初旬，职员因经手事件未完，请假十日，拟即如期赴会，讵知头绪繁多，百端待理，假期之内未能一律部署，是以愆期。查馆章，因公出省，例得辞职，慈利虽属本省，而距省较远，且职员年逾六秩，精神亦难兼顾，理合呈恳俯赐察核，准予辞职，转报另补等情到府。据此，查刘绅前以总理慈利雄黄矿务确有职业，辞选当因馆章确有职业一条，系指不能常驻本省境内者而言，慈利仍在本省境内，总理非矿师可比，无须常年驻山，再三敦劝，仍填给议员执照。去后刘绅始勉允担任，兹仍以力难兼顾呈请辞职前来，应否照准之处，相应照会贵局，请烦核议，见复施行。须至照会者。

移复长沙府准刘国泰辞职文

宣统元年十月初四日

为移复事。案，准贵府移开：据职员刘国泰呈称云云，相应移请核议见复等因。准此，查刘绅国泰久未到局，业经本局公同议决照章除名，兹准前因，理合备文移复，烦请查照，另补立予施行。须至移者。

准长沙府移知议员程希洛辞职以宋增馨序补文

宣统元年九月初七日

为照会事。案，据府属议员议叙知县举人程绅希洛禀称，职自光绪三十一年以誊录供职国史馆，议叙候选知县，三十四年部定新章停止候选，一律改为分发，拟于本年九月赴京改请分发，呈缴议员执照，请取消复选当选名额等情到府。查定章，议员确有职业，不能常住本省境内听其辞退。据禀前情，应将复选候补当选人宋绅增馨序补议员。除另备执照知会宋绅遵照外，相应照会，为此照会贵局烦为查照施行。须至照会者。

移请澧、郴州查照另补杨生春、陈为鑑缺文

宣统元年十月初六日

为移请事。窃照谘议局章程第五十九条，凡议员无故不赴常年会之召集，或赴召集后无故不到会延至十日以上者，均除名。又，第十六条第三项，议员因事出缺时，以复选候补当选人名次表之列前者递补各等因。兹查议员陈为鑑、杨生春久未到局，业经敝局公同议决照章除名。除呈抚部院备案外，相应移知，为此合移贵州请烦查照另补，望速施行。须至移者。

准岳州府移复周铭勋议员遗缺以方名贵补充文

宣统元年十一月二十八日

为移复事。准贵局移开：窃照谘议局章程第十九条议员辞职事由第三项云，其余事由特经谘议局允许得以辞职，又第十六条第三项云，议员因事出缺时以复选候补当选人名次表之列前者递补各等因。兹据议员周铭勋函称，南洲灾后，难民冬时尤易滋事，铭勋家住滨湖，人丁单薄，叠接家信，催促回家照料。加以垸溃已久，趁此冬晴水涸，亟应设法修筑，均须在家专心经理，不能兼顾等语。迭次恳请辞职前来，业经宣告到会，议员全体决议应允许其辞职。除呈请抚部院查照备案外，相应移知，为此合移查照另补施行，须至移者等因。准此，查议员周铭勋因事辞职，照章应以候补之方名贵递补。除移南洲厅并行临湘县知照外，相应移复，为此合移贵局请烦查照递补。望切，盼切！须至移者。

准常德府移复唐右桢所遗议员缺以李肩武补充文

宣统元年十二月初二日

为移复事。案，准贵局移开：窃照资政院奏定各省谘议局互选资政院议员章程第十五条开，选充资政院议员者不得兼充该省谘议局议员，又谘议局章程第十六条开，议员因事出缺时以复选候补当选人名次表之列前者递补各等语。查议员唐右桢业已被选为资政院议员，所遗谘议局议员自应照章另补等因。准此，兹经敝府查有复选候补当选人李肩武名次列表之前，堪以递补议员。唐右桢所出之缺，除照会知照外，相应备文移复，为此合移贵局请烦查照补充。须至移者。

准长沙府移复准补童光业、陆鸿逵、龚云翥文

宣统元年十一月二十二日

为移会事。案，准贵局移开：议员罗杰、汤鲁璠、易宗夔等三人均已被选为资政院议员，不得兼充本省议员，所遗谘议局议员自应照章另补，移请查照等因到府。准此，查本复选区候补当选人已挨序补至杨绅德邻为止，顶补名次在前之俞绅蕃同业经据报病故，此次应以名次在前之童绅光业、陆绅鸿逵、龚绅云翥依序补充。除备具执照知会童绅、陆绅、龚绅遵章就职并申报抚宪外，相应移会贵局，请烦查照施行。须至移者。

准长沙府移知龚云翥辞职以黎承福补充文

宣统二年正月初六日

为移会事。案，照议员罗杰、汤鲁璠、易宗夔等三人被选为资政院议员，所移议员当以本复选区候补当选人名次在前之童绅光业、陆绅鸿逵、龚绅云翥依序补充，移会贵局在案。兹据龚绅云翥呈称，职素性迂拙，兼患怔忡，每夕不能安眠，甫逾六十之年大有衰惫之态，据医者云精血异常亏耗，非安心调摄不能日起有功。现将所办善邑中、小两校学务力辞，呈请遴员接替，而议员责任较重，尤非衰病之身所能胜任，踌躇再四，惟有缴还执照，呈请取消等情到府。据此，查龚绅因病辞退，应以本复选区候补当选人名次在前之黎绅承福补充。除备具执照知会黎绅遵章就职并申报抚宪外，相应移会贵局，请烦查照施行。须至移者。

呈资政院议员冯锡仁已故以（藜）〔黎〕尚雯等选补文

宣统二年七月二十七日

为呈报事。案，奉抚部院札开：准资政院电开云云，为此札行转知该议员等遵照等因。奉此，业经本局通知各议员遵照在案。兹据西路师范学堂电称，该校监督冯绅锡仁于本月二十日在籍病故，冯绅系选充资政院议员，自应遵章另补。查奏定各省谘议局互选资政院议员章程第十七条云，各省谘议局互选资政院议员有缺额时，由资政院行知该省，照第十三条第二项办理，又查第十三条第二项互选监督至复加选定补充等语。本局去年当选人除业经选定外，尚有黎绅尚雯等五名当经造具名册呈送在案，应请抚部院照章依次复加选定补充，给予执照，俾得如期遵赴召集。为此备文呈报抚部院，分别转咨备案施行。再，十七条内由资政院行知一语，自系指召集以后缺额而言，现在召集以前似无须咨报资政院，候奉行知，始行补充照办。是否有当，合并呈明。须至呈者。

己、关于经费者

呈报第一届预算常年额支文

宣统元年十月十四日

为呈请事。窃照谘议局章程第五十三条云，谘议局经费由督抚筹指专款拨用，其款目分列为五：一、议员旅费；二、议长、副议长及常驻议员公费；三、书记长以下薪金；四、杂费；五、预备费。第五十四条云，前条公费及薪金数目由督抚定之，其旅费、杂费、预备费由谘议局会议，预算数目呈请督抚核定等语。本局开办已久，所有旅费、杂费、预备费自应照章拟定，当集各议员等会议，分别切实计算，于旅费项下分列旅居费、旅行费。旅居费每年以三月计算，每月每员六十元，除议长、副议长不受此费外，计一万四千二百二十元。旅行费一项，前经筹办处拨定，详请批准照办，应请作为定额，往返一律。惟查此项旅行费前系善后局兑由各该地方官发给，仍请由善后局查明原数开支，以昭划一。杂费项下拟分守卫、课员、火食、图书印刷、调查、邮电、工役杂用等费。其中课员一项，以本局事务纷繁，仅有书记四员，不敷分办，拟照日本，书记属江苏等省课员，办法由本局另请，以资补助，人数之多寡，视事之繁简以为增减。惟守卫、课员、工役、火食等费分别开会、闭会自可酌定数目，确实预算。至图书印刷、调查、邮电、杂用等费碍难确定，姑照目前所用平均约计，此项杂费常年共需二万四千七百五十七元。预备费原以备特别开支及预算不敷之用，拟约定常年六千元。除公费薪金请由抚部院酌定，旅行费仍由善后局照给，开办费俟由本局造报，均不列入预算表外，所拟旅居费、杂费、预备费三项统共常年额支四万四千九百七十六元。查江苏、山东、福建等省谘议局预算常年额支均五六万金不等，本局再三撙节，比较各省所减已多，业经公同议决，理合造具表式，备文呈候核定筹拨专款，分别奏咨立案。须至呈者。

附录：预算表如左

旅　　费			
项　目	员　额	圆　数	摘　要
旅行费			此项因道里参差，未得确数，请由善后局查照来城费数目发给，未列表。
旅居费	七十九人	一万四千二百二十圆	本局议员八十二人，除正、副议长另受公费外，每届以三月计算，每月每员六十元。
杂　　费			
项　目	月　计	年　计	摘　要
课员费	三百圆	三千六百圆	各员分课办事，其人数及薪金多寡视事务之繁简，由议长随时酌定。
守卫费	一百九十四圆	二千三百廿八圆	守卫长一人，每月薪资三十元；守卫番长二人，每月薪资各二十元；守卫开会时二十人，闭会时八人，每月薪资各十元；其他添置制服、靴帽等费每月约费二十四元。
伙食费	二百二十五圆	二千七百圆	本局伙食每人日以二百文计算，扣洋一角五分三厘三毫，合正、副议长，常驻议员，书记员，守卫员计之，适合此数。
图书费	一百圆	一千二百圆	
印刷费	二百圆	二千四百圆	
调查费	四百圆	四千八百圆	
邮电费	三百圆	三千六百圆	
工役费	一百零四圆	一千二百四十八圆	谘议局暨寄宿舍两处，开会时共二十八名，闭会时共二十二名，平均每名月给工食四元五角。
杂用费	二百四十圆	二千八百八圆	关于岁修、工作购置器具、油烛、柴炭及纸笔墨等费，悉在此项下开支。

续表

预备费			
预备金	每月五百圆	全年六千圆	凡未列预算及预算不敷等款在此项下开支。

以上旅居费、杂费、预备费三项，统计全年额支四万四千九百七十六圆正。

附录：抚部院批

来呈阅悉。所拟谘议局第一年预算表各数目业经札饬司局详细复核，筹拨的款具详核夺矣。其旅居、旅行等费，现在谘议局已经闭会，待用孔殷，饬善后局先行照送，以应要需。希即知照此复。

札复核减前项预算数目饬另编表文

宣统元年腊月三十日

为札行事。照得谘议局呈称云云等情到院。当经本部院札发布政司、善后局会议详复，并饬善后局照送旅居，旅行等费以应要需，分别札行批示各在案。兹由该司会同详称，除议长、副议长、常驻议员公费暨书记长以下薪金已由宪台核定外，查旅居费本年到会实在人数除常驻议员计六十三人，业已遵照宪札每员月支六十元，各发三个月，共计洋银一万四千二百二十元。旅行费一项虽经筹办处详定有案，然从前召集各议员时系该地方官先行垫发，随后由局归垫，现在此项领款尚未一律到齐，无凭确算，谘议局闭会后各议员回籍旅费前由该局陆续请领洋银二万零八百元，屡经移催造具详细确数，迄未据复。至杂费、预备费两项，查核该局表列数目共计洋银三万零七百五十元，虽据称再三撙节，比之各省所减已多。然本局伏查湖北谘议局预算表杂费一项，约合银四千八百余两，预备费一项原拟银一万两，嗣经督部堂核定发银四千，两湘鄂事同一律，该局表内拟定各项数目核与鄂局已相悬殊，虽要政所关，不宜过从简略，惟近来财政支绌已达极点，每遇支放，无不东挪西掩，煞费周章，兹将该局预算表所列各数比照鄂局，遇有歧异，逐加签明，以资考证。应否援照鄂局量予核减之处，伏候宪裁。所有核复谘议局常年经费缘由是否有当，理合开具清折备文，详请察核批示祇遵等情到本部院。据此，查谘议局预算表内旅费、杂费、预备费等项均属必需之款，固不能过事节省致狭小其规模，亦当斟酌本省财力，比较他省情形，以期权衡至当。表内开列各款据称，较江苏、山东、福建为少，实则比广东、广西、安徽、湖北为多，他省姑不具论，湖北为最近之行省，鄂谘议局尤正当之比例，湘局一切应支各款纵不能较为减少，自未便格外加多。查湖北谘议局经费表常年用款合公费薪金及一应经费，共计银四万零六十两有奇，自应互证参观，量为裁减，以归一律而免部诘。除旅费项下均已照数发给，火食一项无庸酌减，暨守卫薪资为鄂局经费表所无，应饬巡警道比较通常巡警薪资数目酌量加增、另款支给外，其余杂费及预备费等费均经参照湖北谘议经费表各数量为核减，另单札发，希即查照。核减数目另编预算表，呈候转饬善后局按月照发，是为至要。合行札复，为此札行谘议局查照。须至札者。

附录：核减预算表内各项数目如左

一、课员项下全年拟支洋三千六百元，兹核减为全年支银一千两。

一、图书项下全年拟支洋一千二百元，兹核减为全年支洋六百元。

一、印刷项下全年拟支洋二千四百元，兹核减为全年支洋一千元。

一、调查项下全年拟支洋四千八百元，兹核减为全年支洋二千元。

一、邮电项下全年拟支洋三千六百元，兹核减为全年支洋一千元。

一、工役项下全年拟支洋一千二百四十八元，兹核减为全年支银五百两。

一、杂用项下全年拟支洋二千八百八十元，兹核减为全年支洋一千元。

一、预备项下全年拟支洋六千元，兹核减为全年支银一千五百两。

以上各项，除旅行费不计外，照核减数目暨旅费、伙食、公费、薪金各等项每年约共支银四万一千两有奇，核与湖北谘议局经费表内全数有增无减。

呈复碍难遵照核减预算另编文

宣统二年三月十一日

为呈复事。案，奉札开云云，为此札行查照等因。奉此，查局章第五十四条前条，公费及薪金数目由督抚定之，其旅费、杂费及预备费由谘议局会议预算数目，呈请督抚核定等语。推局章之精意，固以各省情形不同，不能先授以型式，故谘议局支用之款听其自为筹画，不惟甲省之预算不必同于乙省，即本省本年度之预算亦不必适用于明年，各因时因地以制宜，即多寡殊悬似不虑上干部诘。且预算不过财政之预测，而决算乃施行之结果，各国预算大抵基础于前年度决算之事实，而参以逆料将来之政见，互相为根均衡。不爽本局事当创始，从前无所因袭，各省虽可比较，容不免有参差。故预算之时虽共体财力艰难，务从撙节，亦兼虑临事竭蹶，自隘规模，诚以预算数目宜求正确，不妨为少额之收入过剩，以限制决算之不得超过。至于支用之际，则极力节省，按月决算，编成报告，俟第二次开会之公同审查。现在去岁四个月经费收支表业已呈报抚部院暨善后局查核在案。旅费及会期内用费均已支过，此后闭会时间如无特别事项，所有第一年度款项已略有准的，可以类推，较诸原表所列，所减已为不少，兹奉前因，仰见抚部院循名责实之意，实符本局实事求是之心。惟本局预算系经全体议员在会场公同讨论，再三斟酌而后议决，刻值闭会已久，仅此十数常驻议员未便另行编制，拟请按照现在实支之数分别请领。庶抚部院行遵章核定之权，本局无违法另编之事，谨就善后局所拟减各款与本局实在情形详晰比较，有已减定而尚未减者，有可以减而减之过甚者，有可减与否暂难遽定者，有未可减而漫漫然减之者，请为抚部院详陈之。查旅费一项最为支出大宗，旅居费预算以七十九人计，每人一百八十元，共一万四千二百二十元，九月决算则除常驻议员已领公费、又有三人未应召集外，实支一万零九百八十元，较预算减去三千二百四十元。旅行费照筹办处详定章程，每百里四元，交通处减半，来往并给情形复杂，预算极难，约计三千元，十月决算则除来城费已由地方官垫发、应由善后局归垫者不计外，实支一千六百三十六元四角，并单开具细数呈报善后局备查，较预算减去一千三百六十三元六角。善后局详文云：回籍旅费陆续请领二万余元，不知本局每月经费收支有表可稽，此已减定而尚未减者也。课员项下预算全年三千六百元，核减为一千两，现准已用过者推算，开会两月共五百八十元，闭会十个月共一千七百一十元，全年应需二千二百九十元。工役项下预算全年一千二百四十八元，核减为五百两，现准已用过者推算，开会两月共二百三十元，闭会十个月共七百六十元，全年应需九百九十元。杂用项下预算全年二千八百八十元，核减为一千元，现准已用过者推算，去岁四个月共百余元，为三分全年之一，全年应需二千一百元，照预算原表则有余，照善后局所拟则不足，此可以减而减之过甚者也。图书一项，裨益甚广，各国议院均附设有图书馆，本局拟请领开办图书二千四百元，去岁业经支领二百余元，即已备文呈报善后局，于此款并未议及。而于预算常年图书费一千二百元，核减为全年六百元，去岁四个月仅用去三十余元，皆系新闻杂志之类。邮电一项，用款多少视事实之发生而不能悬定，预算全年三千六百元，核减为一千元，去岁约用去三百余元。调查一项，尤为要政进行所必需，预算全年四千八百元，核减为二千元，现查去岁所已用过者十月决算表内有赴鄂调查费百余元，本年又有赴江南、赴日本两项，约共四百余元，此后关于第二次议会议案之预备暨本局遵章应办各事件，其有赖于调查者甚多。此上三项，将来或如善后局所详拟即以敷用，或必需用至预算所定之额，不能准既往以类推，此可减与否暂难遽定者也。印刷一项，预算全年二千四百元，核减为一千元，查去岁四个月已用至八百元，此后公布议案、编纂报告及通信各属调查凡有关于应用印刷者甚多，加以印刷营业各店承印本局各件排检甚缓，而校雠不精，尤虑机事易泄，本局现拟购印刷机器，雇工自办，为一劳永逸之计。若如核减之数，势将束手无为，此未可减而漫然减之者也。本局于预算稍有余者固不敢意存回护，于预算之必要者亦不能妄事削改，现已公同协议，原详拟减之数实与事实不符，本局现支之数本较原表为减，自应根据现在情形，以期损益得当。除守卫薪资各费应划由巡警道另款支给外，火食费二千七百元已奉札无庸酌减。课员、工役、杂用三项，若照核减之数委实不敷，拟请查照前开数目，均系按月发给。图书、邮电、调查三项，暂照善后局拟减之数。印刷一项，仍照预算表原定二千四百元之数，均作一次发给。至预备费，预算全年六千元，核减为一千五百两，则为数过隘，设有急需，必至有超过预算之嫌。查外国会计法规预算中应设预备费，分为两项：第一预备金则预算有款目而补充其不足者，第二预备金则预算无款目而意外有必需者，均据从前所经验以定适当之额。本局甫经创立，未有前模，局章第五十四条于预算费定有明文，具存深意，拟请仍照前表筹给，俟有动用事实发生时，由本局备文具领。现在总计各款，旅费分旅居、行两项，共已支出一万二千六百一十六元六角；杂费除守卫薪资各费另款支给外，共计一万四千零八十元；预备费六千元，合银二万二千余两，加以公费薪金二万零八百八十两，共计四万三千七百余两，以较善后局所详拟核减四万一千两之数，所增亦属无多。其中预备费或竟不必支，即支亦未必尽数支出，剩余残额尚可操入第二年度预算，似此办理，于法理、事实两无违碍。要之本局预算虽略近于宽，而决算则务极其信，固明知办事之艰难而不欲过于刻啬，亦深体公家度支之不易而不敢稍有虚糜，但能节省一钱，顾全公益，断非恃有余款，遂萌侈心，事业日期其发达，用度必臻于衡平。至于遇有应开临时会旅费及局中各项增加费用，届时协议，另文请领，不在此数，合并声明。所有会议预算表碍难照核减数目另编，惟当核实决算，以重公款各缘由，理合备文另折呈复抚部院核定，指款拨用施行。须至呈者。

附录：变通复拟预算数目如左

旅费			
项目	员数	圆数	摘要
旅行费	五十三人	一千六百三十六元四角	据十月决算表，除来城费有由地方垫发者应由善后局归垫外，本局实支此数，另表注明。
旅居费	六十人	一万零九百八十元	据九月决【算】表，除正、副议长，常驻议员已领公费，又有三员未应召集外，实支洋一万零九百八十元。

续表

杂　费		
项　目	圆　数	摘　要
课员费	二千二百九十元	准用过者推算，开会两月共五百八十元，闭会十个月应需一千七百一十元。
守卫费		去年四个月费用概由局内支垫，自本年正月起薪资、物品划由巡警道另款支给，惟伙食仍由局内开支。
伙食费	二千七百元	照前表。
图书费	六百元	
印刷费	二千四百元	照前表。
调查费	二千元	
邮电费	一千元	
工役费	九百九十元	准去年四个月推算，开会二月共二百三十元，闭会十个月应需七百六十元。
杂用费	二千一百元	准去年四个月共七百余元，为全年三分之一推算，今年应需二千一百元。
预备费		
预备金	六千元	预备金之用有二：一为供给预算不足之经费，一为供给预算外新生之经费，俾遇非常之场合得为活泼之措置。

以上旅费、杂费、预备费三项统计，全年额支三万二千六百九十六元四角。

札准复拟预算已饬善后局照数发给文

宣统二年三月廿八日

为札行事。照得谘议局复称云云等情到院。复加核阅，所拟数目自应照准。除札饬善后局照数发给外，合行札覆。为此札行谘议局查照。须至札者。

呈送财政局宣统三年预算表册文

宣统二年二月十八日

为呈报事。案，准贵局移开：查清理财政章程第五章第十四条内开云云，相应移请查照办理等因。准此，查本局第一年度预算，自宣统元年九月初一起，至二年八月底止，业经造具预算表册，呈请抚部院查核在案。刻在闭会期中，照章常驻议员无编造预算之权，所有宣统三年之预算应俟开会时经众议妥方能造报。兹准前因既奉部章，期限甚迫，自应通融办理。当经协议，拟照第一年度预算各项数目作为宣统三年预算，仍不得于定额外开支别项，经费亦不得彼此挪用。所有详细缘由，除备载表册备考外，理合备文呈报贵局，请烦查照，分别转咨备案。再，本局系遵章从开常年会日起扣至下年开会前一日止为一年度，与各局处以正月至十二月为一年者不同。合并声明。须至呈者。

札照鄂省仿山东限制兼差办法酌加公费薪金文

宣统元年十二月初三日

为札行事。照得谘议局议长、副议长、常驻议员公费，书记长、书记薪金数目照章由督抚规定，前据筹办处查照鄂省办法，拟定议长公费每月银元一百元，副议长公费月各八十元，常驻议员公费月各六十元，书记长薪金每月六十元，书记薪金月各三十元等情到院，当经本部院核定在案。兹查鄂省现仿山东限制兼任办法，谘议局公费、薪金概行增加，复定议长公费银每月一百五十两，副议长公费月各一百二十两，常驻议员公费月各七十两，（记书）〔书记〕长薪金每月七十两，书记薪金月各四十两，加增之后，议长等不得兼任他事。湖南谘议局公费、薪金数目亦应援照办理，以归一律。除分别札委暨行善后局按月照送外，为此札行谘议局查照。须至札者。

呈请善后局查照预算比较已领数目补给清厘文

宣统二年七月二十五日

为呈请事。窃照本局第一年度预算案，业经呈奉前抚部院岑参照鄂局核减数目札行。另编预算复经本局协议，将碍难照核减数目另编预算各缘由，并变通酌拟数目开具清单呈奉抚部院札覆，准饬善后局照数给发等因在案。是本局经费业已照章指拨专款，嗣后本局请领各款自应在预算范围之内，既属预算内应领之款，自应照数发给，以符原案而协定章。本局预算未奉核准以前所用一切，均系陆续向贵局支领，其数多寡，苦无一定，兹经核准，自应将从前已领之数与预算应领之数两相比较，总计多寡，清厘界限，方不致稍涉混淆。兹将本局自宣统元年九月初一开办之日起，至本年六月止，按照核减预算数目扣算，计应领洋银三万一千四百一十二元六角四分二厘七毫。又，守卫一项既奉前抚部院岑饬由警务公所另款支给，不列预算，而警务公所又仅自本年正月起按月照送，所有本局垫给上年九月至十二月守卫费计洋银九百六十三元四角，应请由贵局发给，以清款目。合计前项共应领洋银三万二千三百七十六元零四分二厘七毫，除已领洋银二万五千零四十二元七角八分一厘三毫外，尚应领银七千三百三十三元二角六分一厘四毫，即请贵局照数一并发给。经此次清厘之后，除公费、薪金每月共银一千七百四十两按月照领外，其课员、工役、火食、杂用四项亦请按月发给，每月计应领洋银六百四十六元。除呈明抚部院外，相应缮具清折并印领备文，呈请贵局烦为查照，发给施行。再，此次临时会旅居、旅行等费不在此内。合并声明。须至呈者。

附录：清折如左

本局应领款项数目：

课员、工役、火食、杂用四项款，开会两月查照实支应领银一千六百二十八元二角四分二厘七毫，闭会八个月（算至本年六月止）应领五千一百六十八元，此四款系按月请领，除开会两个月外，每月计银六百四十六元，七月以后另行按月请领。

印刷、邮电、图书、调查四款，应领银六千元，此四款系一次请领，共银六千元，旅费应领一万二千六百一十六元四角。

预备费，六千元。现因邮电费及图书费不敷，必要动用，拟请全数领存局内，每月决算用数据实开报。

守卫费一款，自去年九月起至十二月止，共计实支九百六十三元四角，业由本局代垫，应请照给本局已领款项数目。

筹办处移交议员旅居费银圆一千五百四十元，开办费银圆八百元，除呈报外，尚存一百六十一元零五分一厘三毫。

去年先后支领银圆二万一千一百四十元。

去年九、十两月议员公费内存纹银一百四十两（六九四），折合银圆二百零一元七角三分。

本年五月内支领银圆二千元。

以上合计银圆二万五千零四十二元七角八分一厘三毫（临时会旅费四千六百四十三元不在此数之内）。

比较数目：

从去年九月起至本年六月止，按照抚宪核准数目暨本局应领与已领数目比较，尚应领银三百三十三元二角六分一厘四毫。

上所列数目均系常年经费。至临时会旅居、旅行等费，已援案另文请领。杂费拟在常年经费内开支。合并声明。

呈报宣统元年九、十、十一三个月决算并开办费文

宣统元年十二月十七日

为呈报事。窃照局章，谘议局经费由督抚筹指专款拨用等因。本局预算业经呈请查核在案，迄今尚未奉批。本局自开办以来，所用一切款项系由善后局借支，所有九、十、十一三个月份出入一切款项并开办费，自应分别造具决算表册，备文呈请，查核备案。须至呈者。

附录：宣统元年九月至十二月收支总册

旧管：无

新收：

接收开办费银圆一百六十一元零五分一厘三毫，谘议局筹办处移交议员旅居费银圆一千五百四十元，支领善后局银圆二万一千一百四十元整。

支领善后局省平纹银六千八百九十两整。

支销：

议员旅费银圆一万二千六百一十六元四角。

正、副议长，常驻议员公费纹银五千九百两整。

书记长、书记薪金纹银八百五十两整。

课副、课员、速记员薪金银圆九百三十元整。

守卫薪金银圆八百四十元整。

守卫物品银圆一百二十三元四角。

伙食银圆八百四十九元七角八分五厘九毫。

邮电银圆三百零五元三角三分五厘。

杂用银圆四百四十四元四角四分一厘。

印刷银圆七百九十四元七角一分。

调查银圆一百零一元七角零四厘。

图书报纸银圆三十五元二角二分。

杂役银圆三百六十九元三角一分一厘。

以上共支省平纹银六千七百五十两，银圆一万七千七百一十元零三角零六厘九毫。

实在：

收支比较：实存纹银一百四十两（六九四），折合银圆二百零一元七角三分；银圆五千一百三十元零七角四分四厘四毫。

附录：开办费表

项　目	圆　数
品　物	四百一十七元七角八分八厘七毫
图　书	二百二十一元一角六分
合　计	六百三十八元九角四分八厘七毫

呈报宣统二年春、夏两季决算文

宣统二年八月初六日

为呈报事。窃照本局宣统二年春、夏两季所有一切收支款项，理合分别造具决算总册，备文呈请，察核备案。须至呈者。

附录：宣统二年春季收支总册

旧管：上年存银圆五千三百三十二元四角七分四厘四毫。

新收：善后局拨交省平纹银五千二百二十两整。

支销：正、副议长，常驻议员公费纹银四千二百九十两整。书记长、书记薪金纹银六百九十两整。课副、课员缮写薪金银圆五百三十三元一角一分一厘。伙食银圆五百五十二元二角一分三厘八毫。邮电银圆六百二十六元零一分。杂用银圆一百四十二元七角八分七厘。印刷银圆一十六元五角四分四厘。图书报纸银圆一百一十元零零四分一厘。杂役银圆一百八十三元八角九分六厘。调查银圆四百九十九元三角八分九厘。以上共支纹银四千九百八十两整，银圆二千六百六十三元九角九分一厘八毫。

实在收支比较：实存纹银二百四十两整，银圆二千六百六十八元四角八分二厘五毫。

附录：宣统二年夏季收支总册

旧管：春季存纹银二百四十两整，银圆二千六百六十八元四角八分二厘六毫。

新收：善后局拨交省平纹银五千二百二十两整，善后局拨交常年经费银圆二千元整，善后局拨交临时会旅费银圆四千六百四十三元整。

支销：议员旅费银圆四千六百四十三元整。正、副议长，常驻议员公费纹银四千四百一十两整。书记长、书记薪金纹银六百九十两整。课副、课员缮写薪金银圆六百三十八元二角七分二厘。伙食银圆六百六十四元一角九分二厘。邮电银圆二百九十六元五角四分五厘。杂用银圆四百二十八元五角六分四厘。印刷银圆三百一十四元二角七分。图书报纸银圆五百二十三元零五分三厘。杂役银圆二百五十五元七角八分。以上共支纹银五千一百两整，银圆七千七百六十三元六角七分六厘。

实在收支比较：实存纹银三百六十两整，银圆一千五百四十七元八角零六厘六毫。

附录：旅行费表

查照谘议局筹办处原定每百里费四元、交通处减半计算，但因交通机关不甚发达，来往不能一律，故比较略有参差。

姓名	籍贯	道里	来费	往费	合计
刘元鑑	桂阳州	六百三十里		二十五元	二十五元
杨圭珽	古丈坪	一千一百五十里		四十六元	四十六元
彭施涤	永顺	一千零九十里	三十二元六角		三十二元六角
刘承孝	华容	三百五十里		十四元	十四元
谌伯瑞	溆浦	一千三百五十里	四十三元	五十四元	九十七元
周煦珽	湘乡	一百八十里	五元四角		五元四角
李永瀚	芷江	一千一百五十里	四十六元		四十六元
洪泽灏	道州	八百九十五里	三十四元	三十四元	六十八元
李有珪	邵阳	五百里		二十元	二十元
郑鼎	麻阳	一千五百里	四十九元	六十元	一百零九元
姚炳麟	晃州	一千二百七十里		五十元零八角	五十元零八角
皇甫天成	桃源	六百里		二十四元	二十四元
刘忠训	浏阳	一百四十里	五元五角	五元五角	一十一元
刘楚英	耒阳	五百一十里	二十元零四角	二十元零四角	四十元零八角
周鸿勋	零陵	七百里	二十六元二角	廿六元二角	五十二元四角
刘善渥	浏阳	一百四十里	五元四角	五元五角	一十一元
谭兆元	益阳	二百里		八元	八元
周翼松	湘潭	九十里	一元八角	一元八角	三元六角
周名建	清泉	三百七十里		一十四元八角	一十四元八角
侯昌铭	永定	九百一十里	廿五元四角	三十六元四角	六十一元八角
刘献典	清泉	三百七十里		一十四元八角	一十四元八角
胡璧	零陵	六百五十里	二十六元		二十六元
萧湘柱	新化	五百里		一十八元	一十八元
杨若时	江华	九百五十里		三十八元	三十八元
何居怡	永兴	六百里		二十二元	二十二元
王鼎峙	邵阳	五百里		二十元	二十元
刘泽林	武冈	七百五十里		三十元	三十元
何步蟾	道州	八百九十五里	三十四元	三十四元	六十八元
姜岳崧	宁远	九百二十里		三十五元	三十五元

续表

姓名	籍贯	道里	来费	往费	合计
黄本崑	龙山	一千二百九十里	四十元零六角	五十一元四角	九十二元
王章永	宁乡	一百里		四元	四元
周毓丰	新化	五百里		十八元	十八元
贺景章	湘潭	九十里	一元八角	一元八角	三元六角
周广询	湘乡	一百八十里		五元四角	五元四角
丁鸣盛	攸县	三百六十里	十元零八角	十元零八角	二十一元六角
邹士桢	溆浦	一千三百五十里	四十三元		四十三元
钟逢优	桃源	六百里		二十四元	二十四元
潘振铎	武冈	七百五十里		三十元	三十元
罗蔚廷	桂阳州	六百三十里		二十五元	二十五元
于云赞	慈利	七百三十里		二十九元	二十九元
吴树声	永绥	一千一百廿八里		四十五元	四十五元
张文卿	辰溪	一千一百五十里		四十六元	四十六元
向燊	衡山	二百七十里	十元零八角	十元零八角	廿一元六角
杨本沼	会同	一千二百里	四十八元	四十八元	九十六元
储世镜	靖州	一千一百里		四十四元	四十四元
郭景鳌	益阳	二百里		八元	八元
危耀垣	湘阴	一百五十里		三元	三元
李积璿	平江	二百四十里		九元六角	九元六角
唐右桢	武陵	五百五十里		二十二元	二十二元
宋增馨	湘潭	九十里	一元八角	一元八角	三元六角
罗亮杰	安化	三百六十里		十四元四角	十四元四角
刘佐璇	醴陵	二百七十五里	五元五角	五元五角	一十一元
曹作弼	湘潭	九十里	一元八角	一元八角	三元六角

以上总计银圆一千六百三十六元四角整。

庚、其他

筹办处照奉抚札附录奏借府学宫明伦堂为会场文

宣统元年九月二十三日

为照会事。案，奉抚宪札开：照得本部院于宣统元年八月十六日附片具奏暂借府学宫明伦堂为谘议局会所一片，除俟奉到朱批恭录另行外，所有片稿合行札发，札到该处，即便移行遵照等因。奉此，除分别咨行外，相应照会，为此照请贵局查照施行。须至照会者。

附录：片稿

再，湖南谘议房屋前经派员采勘地基，参酌规制，估工绘图，筹款建修，于奏报第一届筹备情形折内声明。旋复附片，奏请将丁忧湖南试用道朱祖荫仍留官钱局总办原差，与在籍军机处存记广西补用道汤鲁璠经理监修事宜，奉旨允准在案。嗣经采定抚标中军参将衙署，并陈军营房地宽衍，当饬该参将移住，拟裁抚标右营游击，署内其练军亦移札城垣，即将该衙署营房旧有屋宇一律撤毁，参仿各国议院制度兴修谘议局，正在估计建筑。惟谘议开议在即，其房屋一时尚难竣工，臣与筹办处司道会商绅士，议定本届开会暂就长沙府学宫明伦堂修饰精洁，略加扩充作为会所，业将应设之议长、议员、旁听、书记各席妥为布置，以便届期举行。所有借用谘议局会所缘由，除咨宪政编查馆查照外，理合附片具奏。伏乞圣鉴。谨奏。

呈请延长会期十日文

宣统元年十月初十日

为呈请事。窃照谘议局章程第三十二条，常年会每年一次，会期以四十日为率，自九月初一日起，至十月十一日止，其有必须接续会议之事，得延长会期十日以内等因。本局系属创办，所有应议事宜尚多，势难如期就绪，照章应请延长会期十日，应扣至本月二十一日闭会。嗣查是日及二十二日均系忌辰，应推至二十三日举行闭会礼。所有本局延长会期及推定举行闭会日期各缘由，理合备文呈请察核，咨转备案。须至呈者。

呈明抚台本局改至二十日闭会文

宣统元年十月十九日

为呈明事。窃本局照章延长会期，业经声明二十一日闭会呈报在案。兹查二十一日系德宗景皇帝忌辰，应改至二十日举行闭会。理合备文呈请察核备案。须至呈者。

抚札复提前一日闭会文

宣统元年十月十九日

为札行事。照得谘议局呈称云云等情前来，查谘议局延长会期十日本系照章办理，所请于本月二十一日闭会自应照准。惟本月二十一日为德宗景皇帝忌辰，是日一切闭会礼式未便举行，应即提前于本月二十日闭会较为妥协。除咨明宪政编查馆、资政院外，为此札行谘议局查照。须至札者。

呈请以办事处归并寄宿舍文

宣统元年十一月二十日

为呈请事。案，奉札开：照得本部院奏借明伦堂为会场一片云云，合就恭录札行查照等因，业经遵照办理，呈报闭会在案。惟当日办事处暂随会所附设，其中转瞬春祭，仍须迁移，诸多不便。查湖北谘议局开会即系暂假教育会为会所，至闭会后另假牙厘局旧地设局办事，有例可援，本局闭会后各议员均已返里，寄宿舍腾出房屋尚宽，拟仿湖北办法，将本局办事处移入前设寄宿舍之长沙同知署中较为便利。至明伦堂会所在谘议局工程未竣以前，如遇紧急事件奉召集开临时会时，仍可照前开办。所有本局办事处迁移缘由，理合备文呈请察核，照准施行。须至呈者。

附录：抚部院批

来呈阅悉。所拟将办事处移入前设寄宿舍之旧长沙同知署中，自属可行，希即知照。此复。

呈请变通札复议、决各案分别存案公布施行文

宣统二年二月初一日

为呈请事。窃照谘议局章程第二十二条，谘议局议定可行事件呈候督抚公布施行，若督抚不以为然，应说明原委事由，令谘议局复议。又，查宪政编查馆复河南巡抚电开：常驻议员照章无议决督抚交局复议事件之权，所有应行复议事件，如谘议局业经闭会，应由督抚声明缘由，交常驻议员存案，俟下届开会再行交议，如系紧要重大事件，应开临时会办理等因，曾由本局呈请照办在案。惟本局议、决各案现已陆续奉到札复，除业经公布施行及不以为然之案应行存案外，其有全案均属可行。而案中条款尚须更改者亦属不少，本局既经闭会无复议之权，且未便以少数人变更全体公决之意见，若概行存案，则因一、二节目遂致全案阁置，于要政贻误实多，亟宜设法变通，以除窒碍。前经协议，请就札复各案分别办理，凡全案可行而内有条款须复议者，拟请将应复议各条摘出存案，仍将全案中可行者公布施行，庶于慎重之中得免羁延之弊。所有札复各案拟请分别变通办理缘由，理合备文呈候察核施行。须至呈者。

移请各府厅州县检送志书文

宣统元年十二月二十三日

为移请事。窃照局章第一条，谘议局钦奉谕旨为各省采取舆论之地，以指陈通省利病、筹计地方治安为宗旨等语。是欲指陈利病、筹计治安，非先期调查通

省志书无以周知地方之习惯沿革。所有贵治志书，应请检送一部过局，以资参考。相应备文移请贵府厅州县烦为查照办理。须至移者。

移请各署局所造送统计表文

为移请事。窃照局章第二十一条第二、三款议决本省岁出入预算、决算事件等语。查明年为试办预算之期，亟应切实调查，以为议决之预备。所有贵所造岁出入统计表应请照送一份，以资考证。相应备文移请贵烦为查照办理。须至移者。

呈请召集临时会择定五月初一日为会期文

宣统二年三月二十五日

为呈请事。查谘议局章程第三十三条内开：临时会于常年会期以外遇有紧要事件，经督抚之命令，或议员三分之一以上之陈请，或议长、副议长及常驻议员之联名陈请，均得召集，其会期以二十日为率等语。窃惟湘省此次乱事，其近因固在米价之昂贵，其远因实由小民生计之艰难，现在善后事宜万端待理，谘议局之宗旨本在筹计地方治安，凡全省应兴应革及关于权利存废各事件均为职任权限内所当为，非集思广益何以副朝廷督促宪政之至意。又，查去岁闭会以后始奉宪政编查馆闭会后不得复议之电，计本局于会期内呈报议决者三十一案，前抚部院均于闭会以后陆续札复到局，其中有全案应交复议者四件，即已核准施行之案而摘出数条，存俟复议者尚难枚举，且有迄今未奉札复者。本局议决各案悉系紧要事件，迁延时日，未竟甘绩，综兹二端，悚惭无已，用敢遵照局章第三十三条召集临时会之第三条件，拟择于本年五月初一日为临时会开会之期，请署抚部院酌定后即日通电各属，于开临时会会期以前令议员到局齐集，以重议会要政。又，查局章第三十四条内开：凡召集开会，应于三十日以前由议长将本届开会应议事件预行通知各议员，本局遵章应于四月初一日以前由议长通知本届临时会应议事件。理合呈请署抚部院察核，一面发电召集，一面并将电文于本月内札行到局，俾得预备一切。再，临时会会所仍借用长沙府学宫，临时会议员旅费及局中增加各项费用业于呈复核减预算表内声明另文请领，应由本局撙节开支，据实报销，不在预算之内。为此合词，呈请署抚院部迅予施行。须至呈者。

札复临时会以五月初十日为期文

宣统二年四月初一日

为札复事。照得谘议局议长、副议长、常驻议员呈称云云等情到院。据此，查湘省现值灾变之余，安缉抚绥极关紧要，谘议局以筹计地方治安为宗旨，自宜群策群力，兼顾统筹。本署部院下车伊始，所有善后事宜亦亟愿采取舆论，从长计议。又，谘议局上年议决各议案，经前抚部院先后札复在案，其中有已经公布施行者，而应行复议之件尚居多数，自应开会讨论，以期次第推行。所请招集议员于五月初一日开临时会一节核与定章相合，自可照准。惟湘省地方辽阔遥远，各属交通尤为不便，文电敦促展转需时，一或迟逾辄虞贻误。来呈请于五月初一日开会时期颇为迫促，应展缓数日，俾得从容集事，即以五月初十日为临时会开会之期，所有应议事件希即照章于三十日以前通知各议员是为至要，余均照来呈办理。除电咨宪政编查馆、资政院暨电饬各属转行知照各议员迅于五月初十以前齐集省垣听候开会，并行布政司分别移行知照外，合行札复。为此札行谘议局查照。须至札者。

呈报临时会赴会议员已过半数照章开会文

宣统二年五月初九日

为呈明事。窃照局章第三十五条开：凡会议非有议员半数以上到会不得开议等语。查本局此次临时会发起仓卒，议员道路远者多难如期一一赴会，惟查现已到局者计三十四员，合议长、副议长及常驻议员共计五十三员，核与定额已过半数，照章应准开议。理合备文呈明抚部院查核备案。再，副议长曾熙今正函电到局力辞，全体常驻议员为慎重选举起见，协议俟开会公举，兹拟于初十日午后一时照章互选，俟选定后另文呈报。合并声明。须至呈者。

呈报临时会闭会日期文

宣统二年五月二十九日

为呈报事。案，奉抚部院札准本局呈请召集临时会，以五月初十日为开会之期，旋以赴会议员数已过半，呈报遵照定期开会在案。查局章临时会会期以二十日为率，本局于本月初十日开会，扣至本月三十日会期已满，遵于是日举行闭会。除将闭会礼式另行呈送外，理合备文呈报抚部院查照备案。须至呈者。

呈请明定期限分别功过以期议案实行文

宣统二年五月二十七日

为呈请事。窃以本局钦遵谕旨设立以来，所有抚部院交议以及本局提议各案凡以为地方筹计治安者罔不悉心考究，以期切实可行，其经本局呈奉抚部院采择札准公布施行者事类甚伙，惟奉行勿徒视为具文，斯举办可期确有成绩。查立宪各国凡关于法律命令以及地方自治团体之条例莫不规定施行法为发生效力之时期，如日本则以公布后二十日为原则，各国虽有差异，而其实行之效力全国遵守不违则一也。兹经常驻议员公同协议，本局议决呈奉札复公布施行各案应请抚部院分别酌定限期，颁发程式，严核功过，不容推诿，庶几兴利除害，不至徒托空言，实为公便。须至呈者。

札复前呈已饬藩学按司妥议功过文

宣统二年七月二十日

为札复事。案，照谘议局呈称议决呈奉札复公布施行各案，请分别酌定限期，颁发程式，严核功过等情到院。查规定法令施行期间最关紧要，此后谘议局议决呈请公布施行各案，该管道府暨厅州县自奉文之日始，扣定二十日为发生效力之时期，凡应行出示之件自应从速张贴晓谕，或撰拟简明告示通谕周知，并将公布之案抄交自治会，加具说明书附发传单，分途散给，总期家喻户晓。法令无扞格之虞，其程式可与普通文告一律办理，无庸另行颁发。严核功过一层，应即妥订功过章程，以促实行而资劝惩。除札饬布政司迅速分别移行，并会同提学、按察两司公同妥议功过章程详候核办外，合行札知。为此札复谘议局查照。须至札者。

信札类

复抚部院

敬启者：昨由筹办处转示预期确定议长与通章日期稍有未符，希再酌商等因。议长名称照章本以开局之日始行确定，惟议员等遵限到省后会期伊迩，一应准备事件头绪纷繁，若无议长主持一切，殊形困难筹商，至再与其暂时假定，不若仿照江苏办法先期确定，以专责成。前以此意函陈，幸承俯允，并委庄藩司、张道率同长沙府及两县在府学宫开会投票互选，较核票数，选得在籍翰林院编修、学部谘议官谭延闿为议长，前工科给事中冯锡仁、陆军部主事曾熙为副议长，业经当众宣示，应即作为确定，特此奉告。敬请台安。

致长沙县

敬启者：查宪政编查馆复鄂督电开：谘议局应议事项内遇有必须调察卷宗及诹访各事，可径函请各署局抄交并答复等语。敝局议员现拟提词讼事件，苦无参考，查前抚部院赵曾以整顿词讼通饬各属在案，特请台端饬将前项通饬抄送过局。又,前请调取祖淦堂等与外人交涉一案卷宗,并希发下为荷。专肃,顺颂筹安!

致藩台

敬启者：查宪政编查馆复鄂督电开：谘议局应议事项内云云。敝局议员现拟提议征收事宜，敬请饬将各府厅州县漕粮等项江防带征各全案，并新化劝学所所办税契章一并封送过局，俾资考镜，阅毕即缴。敬请勋安！

致关道

敬启者：外人购地建造油池一案关系重要，众议沸腾，究系如何情形，本局无从查考。特援宪政编查馆复鄂督谘议局有必须调查卷宗函请抄交之电，恳饬将此案卷宗检齐掷下为幸。顺颂勋安！

致长沙府

敬启者：昨接台函并抄发周铭勋被控卷宗，敬悉种切。查周铭勋尚有上年南州孟广钰等控关选举诉讼一案，业经贵府讯断，判词详文及抚部院批语未审如何周铭勋。现经敝局审查其答辩书内叙述此案详文数语不甚明了，特再函恳饬即一并详细抄送过局，幸先示复。敬请升安！

致藩台

敬启者：前奉文送新化县劝学所承办税契案禀、各属减提不减提清单、澧南交代章程各件均经收到。兹以敝局议员仍欲就各处屯粮征收一切章程、前岳州卫卷宗及近年征解底册详细考察，特恳饬吏将各件检齐封送过局，以便核实讨论，事毕当奉缴，决不延误。专肃，敬请勋安！

致善后局

敬启者：敝局预算常年经费关系重要，再四审议始行，呈请抚部院核定文牍往返不免需时，现尚未奉批回。敝局行将闭会，各议员皆当旋里，势难久稽，敢请通融办理，除将前在筹办处每人支领二十元扣除外，其余旅费幸即早为预备，以便届时具领，无任感盼。专肃，敬请台安！

致抚部院

敬肃者：查资政院选举章程第二十五条，凡被选为资政院议员者不得为谘议局议员，现在本局互选资政院议员已奉核定榜示，副议长冯绅锡仁既经当选，所遗议员自应由该复选区照章另补。查辰州府本届复选冯绅之子士倜本以六票当选，业经榜示，嗣奉馆电以父子仍须回避，今冯绅锡仁已被选为资政院议员，则冯士倜无所用其回避，且以得票多数当选榜示。在前回避一层亦经消灭，似不能以个人之关系取消公众之选举，并未便以票数较多之候补人反抑居较少之后。此次冯绅所遗议员一缺应以冯士倜补充，方昭公允。惟前奉有馆电，是否仍应回避，即乞电馆核复，俾有遵循。专肃，敬请勋安！

致善后局

敬启者：约章汇览及乙巳、丙午交涉要览诸书均由贵局发售，应请饬送一份过局，以备查考。其价若干并希见示。专肃，敬请筹安！

致谘议局筹办处

敬启者：本局常驻议员佥谓：业已闭会，所有此次修理谘议局议场及议员寄宿舍各项帐目未经宣布，本局对于通省财政照章均有调查之责，不能于局中用项反不与闻。此事均由贵处经理，前仅承示购置木器什物数目，其价格及修理各费均付阙如，希即饬将一切支用数目详细开送过局，以供众览而昭核实。专肃，敬请筹安！

致抚部院

敬启者：顷阅初八日《长沙日报·本省纪闻》有《委勘河道》一则，内称：荆州藕池河道值春水涨时上下商船均便停泊，一遇冬干水涸，荆襄、沙市各商船非绕道不能径抵其处。兹悉抚部院札委岳、常、澧道及岳州府驰赴该处勘验形势，以资开浚而便商船。闻王观察、魏太尊于上月二十八日同乘官船由岳起程，驰往该处验看情形云云。查湖工一事，前奉发交议案意主堵塞藕池，本局讨论再三，均以湖南水患全由藕池口决而起，藕池不塞，别无办法。但以藕池原属鄂境，同治中两省绅民援御史奏案，呈恳大府拨款兴修，屡奉勘估各在案，卒以当事观望，贻害至今。民欢其鱼，不得不急求救济之法，各议员因就交议原案暨全省人民意见参互考证，不厌求详，列举办法，约分三类：一曰浚湖，二曰塞口，三曰疏江。并公举议员陈炳焕、曾继辉、谢宗海三人驰赴鄂省谘议局协商，期臻周妥。疏江一说，鄂议员多主赞成，而南岸松滋、公安、石首议员犹有以堵塞藕池为要务者，可知疏江系南北两省公共之益，而堵口尤南岸切要之图。藕池系新决之口，当日不急堵塞，害遂中于湖南。若如报纸所言再行开浚，则岷江全势直趋洞庭，障塞全无，淹成泽国，长、岳濒湖诸县均有不堪设想者。鄂人谅不以邻为壑，湘人亦岂肯受此巨害乎？考大江北岸从前杀水之口极多，郝穴而下有柳子口、小岳口、杨林市口、上新、河尺八口诸处，今俱筑堤堵塞，逼水南趋，揆之公理已属不合。若再开浚藕池，重吾湘以无穷之害，想为事理所必无。报纸所言或多失实，特恐鄂人见之以为南省主持，此说影响所及，为患滋大。用特缕晰情事，并另文呈送湖工审查报告书四册，敬乞札发王道、魏守详悉，察酌办理为祷。肃此，敬请勋安！

致长沙府

敬启者：前以敝局议员刘国泰久未到局，公议照章除名，复以议员罗杰、汤鲁璠、易宗夔三人均被选为资政院议员，不得兼充本局议员，先后移请贵府查照另补各在案。所有前项应补各议员系何姓名，曾否知会，如未发给执照，即请交由敝局分别转致为荷。专肃，敬请公安！

致铁路公司

敬启者：顷接山东湖广会馆湖南董事杨君先甲来函，询问收款、存款如何给有可凭之据及一切详章，特将原函抄送，即请查照办理。又，据议员粟勘时开送铁路代收股处，一长沙太平街锦星、二太平街大吉祥、三端履街松云、四司门口青莲均系红纸号，即乞查照为荷。此请公安！

致铁路总公司

敬启者：顷接麻阳县士绅公函，担任租股深虑地方官抑扣铜元、书吏需索券费，实于租股大有妨碍。特将原函抄送即请查照，将租股利益详细告之，并一面移知该地方官立除前弊为荷。此请筹安！

复麻阳县士绅

敬复者：昨奉公函备悉路股一事殊形困难，惟租股之议系出全省同意，年来迫于外债，不能不设法筹措期早竟功，故特呈请抚部院奏准通行各属遵办在案。风声所播，莫不视为莫大利益奋勉输将，来函以事近派捐为疑，未免误会。派捐有负担而无权利，租股不然，交款有利息，路成且有红利，人所垂涎而不可得者。吾湘不宜自相放弃，遂以全省之同意谋为利益之均沾，犹虑贫者担任之难，故又设为累进法。假如比照原案五十石入股，一元自收租百石至二百石者，按每石递加五角，自二百石至二千石者，按每百递加五角，千石以上不复累加。如此办法，似不必以贫民过虑。惟查券费每张收至四十文之多，殊属不合，业已函请铁路公司转移贵县随时厘剔，仍希广为劝谕，勿复惑于浮议，有碍路政进行为幸。此复，即请公安！

致童光业、陆鸿逵、龚云翥君

敬启者：顷准长沙府移开：议员罗杰、汤鲁璠、易宗夔三人均被选为资政院议员，所遗谘议局议员自应照章另补。查本复选区候补当选人前已挨次候补至杨绅德邻为止，顶补名次在前之俞绅藩同业经据报病故，此次应以名次在前之童绅光业、陆绅鸿逵、龚绅云翥依次补充，备具执照，烦请分给等因到局。特将执照送上，即请查收见复为荷。此请伟安！

复龚云翥君

敬复者：昨接手书并执照属为转达取销，事虽可行，要以台端声叙辞职理由径向复选监督呈请为是。兹将执照送返，即请查照办理。此复，敬请日安！

致抚部院

敬肃者：窃照局章第二十二条云，谘议局议定可行事件呈候督抚公布施行等因。查本届议决交议事件可行者十八案，议决本局提出事件可行者十四案，均经缮呈查核。除现奉札复十五案外，尚有十七案乞即札复到局，无任感盼。专肃，敬请勋安！

致善后局

敬复者：顷准函开：贵局自闭会后如非常驻议员早经陆续回籍，所有此项旅行费前经敝局先后支送洋银二万零八百元，请由贵局自行分送在案。现在敝局拟将开支各款条分缕晰开折呈复抚宪，请将每员回籍旅行费各领若干分别开示，以凭照数登折具复等因。查敝局自开办以来，所用一切款项均由贵局支领，除公费、薪金外共计洋银二万一千九百八十元，与来函所称二万零八百元之数稍有不符，所有议员旅行费、旅居费及本局局用均由此项开支，业将九、十、十一三月收支数目列表并开办经费及旅行费一览表另文呈赍，想蒙察核，下余四千一百四十元列入十二月新收项下，俟造表后再行备文呈送。专复，即请台安！

致铁路公司

敬启者：顷据旅日湖南同乡事务所会长刘崧衡君函称：粤汉铁路事已有转机，废约消息已揭报章，目下要着集股外无他事。同人等鉴内地父老昆季热诚，愿投股者颇多，前已开本省全体大会筹议招股事宜，只须内地集股会寄一公函及收条来东即可入股，乞速商招股会急将收条掷下，并示如何办法即当照行等语。用特函请贵局饬将收条寄至日本东京神田区三崎町三丁目一番地，湖南同乡会事务所刘崧衡君照收为盼。专肃，敬请台安！

复藩台

敬复者：敝局书记长贝允昕于客腊赴日调查国会事务，尚未回湘。此次互选资政院纳税多额议员既须敝局人员执事，即派庶务科书记员曹完届期前往，以副台命。肃复，敬请勋安！

复藩台

敬启者：二月初一日为纳税多额互选之期，其间一切事权原非敝局所应参与，如以府学宫为投票所必需有人照料，则本省义务亦不敢辞。惟不便以敝局书记员名义出而执事，所有奉到大札理合缴还，届期仍当前往照料，以副尊属。肃此，即请台安！

复地方自治筹办处

敬复者：昨奉函开：奉抚部院札发议决地方自治经费用案内清查公款公产办法第一条有遵照度支部咨文办理之语。查此项文件尚未奉到，询之财政局亦无案可稽，即请饬抄敬肃者。窃照局章第二十一条所开：第一至第七各款议案应由督抚先期起草，于开会时提议等语。本局呈奉核准五月初十为召集临时会开会之期，当即遵章呈请将此次临时会应议各案于会期前札交本局，以便预备会议在案。现距会期不远，所有此次临时会应行交议各案特再函恳台端迅赐起草，即日交局，俾得详晰研究。至剔除采买兵米一案，既经前抚部院岑札发布政司咨商各营核议，应请饬催，从速详复并早日札知，无任企盼之至。专肃，敬请勋安！

致筹办处

敬启者：顷接来示并委员入场券，当即加盖戳记，且令守卫照办。惟各处分送，一时急切难周，特将原券呈上，仍请尊处饬送。又，行政官及委员入场参观例应载入议事录内，本局开幕后莅会者多不能尽职，希即调查详悉汇开见示外，呈连日演说并各议员分坐次序表幸即察收。敬问台安不次！

致筹办处

敬启者：承示谘议局建筑问题及四省成局图式悉心讨论，佥以湘省财政困难，议厅只以适用为主，可仿浙江造法，在坚实不在华侈。需用木料湘省尽多佳品，不宜购之异地，溢利于人。包造之工程师宜以本省之人为是，如实在不能胜任，始可雇用外来。湘省僻处一隅，交通尚阻，会城复无良旅馆可容多人，若议员遵赴召集时任其星散而处，则会期到局或致参差，就近赁居岁费又巨，拟请于局旁起造全体议员寄宿舍一所，但求完固轩爽，为一劳永逸之计，毋庸定仿西式。总之，此次建筑不外体制相合，丰俭得中，朱、汤二公经验素深，希即转达为荷。肃此，顺颂筹安！

致商务总会

敬启者：乱事甫定，善后之策赖诸君子苦心经营，莫名钦感。现在省城谷米囤户垄房所储蓄者约有若干，各处运来者日有若干，平粜日计若干，以及米价跌涨情形想贵会已调查确实，均请示悉。若能按日抄示，尤所深感。肃此，敬请台安！

致巡警道

敬启者：本局业经呈请抚部院于五月初十日召集临时会，仍假明伦堂为会场办事处，守卫科亦于本月迁居会所，应请饬派巡士于寄宿舍前添设岗位，以资镇压为荷。肃此，敬请台安！

致抚部院

敬启者：本局近日连接各府州县绅士暨各属议员来函，均称各该地方盖藏极少，荒象可危，接新之日甚长，防患之策宜豫。遏籴固非仁政，乏食亦属隐忧，议局为全省代表机关，务先从长计议。又，接常、澧士绅公函声称：灾黎甚众，老弱已侧偃待毙，少壮则远道求生，目击心酸，非急办春赈不可，并称即有公呈至省请赈。又，现在省垣米壳空虚，据调查可信者云：合仓户、米店屯积城外内仅共有谷二十五万石，皇仓二十万石。而比较往年销数，自正月下旬起至六月上旬新谷登场，实共需谷四十五万石。如颗粒不使外溢，尚能勉强支持，今省垣空乏已形，而各府州县濒河仓户专顾重利，贩运四出，漫无限制，缺乏可知，各士绅所称荒歉情形断非虚构。民以食为天，荒象若成，欲其安静无事，虽慈父不能得之于子。兹所企望者，春收耳。万一春收歉薄，筹备未先，鄂省灾荒犹可藉四川、江西米谷，北地杂粮稍资救济，湘与他省窎远，转运极难，如遇缓不济急之时，滋生事变虽予惩处，元气已伤，此中消息甚微，恐有不堪设想者。高价则民食甚难，无市尤民心易乱，大公祖恫瘝在抱，勤恤民依，值此灾歉之余，谅已早劳筹画。本局既接受各处函札，不忍缄默不言，为此缕晰现情，特陈左右。安人心即以消反侧，重民食即以酿休和，倘鉴其诚而宣布善策焉。同人幸甚，全湘幸甚。鹄候回示，敬请勋安！

致抚部院

敬启者：本局此次互选资政院议员，系遵照资政院奏定章程第十条三次投票始足定额，其选出各员，如罗杰之四十四票，系第一次当选；汤鲁璠五十票，冯锡仁四十九票，唐右桢四十八票，易宗夔四十一票，系第二次当选；向燊四十六票，系第三次当选。今查台端榜示，但据票数之多寡，不论次数之先后，进向燊而遗易宗夔，于院章似未尽协。谨按奏章第八条第三项云：当选人名次以得票多寡为先后，系专指第一次投票，非综合数次投票始足额而言，每次均以此递计。证以第十条第二项所言，候补当选人名次照第八条第三项办理，其义益显。又，第十二条互选监督按照第一条所定，该省议员额数将前列当选人复加选定为资政院议员，榜示投票所云云，则湖南资政院议员定额五人，应以罗杰、汤鲁璠、冯锡仁、唐右桢、易宗夔五人为前列，当选人毫无疑义。其名次先后应否更正榜示，暂不张挂，敢请迅速赐复。顺颂勋安！

复藩台

敬启者：他省于各项行政事宜所应查照之规章成案均汇刊有省例一书，略如京中各部则例之类，由布政使衙门主政刊行。湖南如刊有此书，即乞检赐一部。如未汇刊成帙而散见他书者，亦乞逐项惠检一分，以备查考。专此，敬请勋安！

致各报馆

敬启者：贵报博访时事，有闻必录，自是新闻记者应书之天职。惟关于敝局所议各件，必经办事处送交者方为议事范围内之言论，可用局中名义录登。其以所发言论在外自行刊布者，应由各个人自负其责，不能滥用本局议员之名义，以淆观听。即希察照，并将此函登入贵报为荷。专此，顺请撰安！

致抚部院

敬启者：湘本贫瘠之区，工商各业向不发达，所出物产以谷米为大宗，劳动者流惟恃耕种为生活。自频年荒歉，富者渐失所恃，贫者几无从觅食，人心浮动，在在堪虞。矧值此次之乱影响所及，益以不靖追寻复辙，可为寒心，非徒厚集兵力即能绥定。欣逢执事莅湘，惩前毖后，勤求民瘼，亟思有以镇安之。现已奉旨，得请款三十万金采买平粜，天恩优渥，感激涕零。惟豆麦成熟之时，久雨深寒，春收失望，堤垸难复，泛滥可知。现距新谷登场为时尚远，杯水车薪，断难济事。且下游各省以缺米滋闹，迭纪报章，咸须购运，于湘以资接济。吾湘若不预备，待至四月以后各处无米可购，省仓乡间所蓄悉已罄空，则其险象更有不堪设想者。安危之机，千钧一发，伏恳尽猷硕画，先事防维，迅即沥陈情形，请旨颁发内帑，或向大清银行裕宁官钱局等处暂贷巨款一百万两，选派廉洁干员采办米二三十万石，限端节内外到省，以供粜买。近日各属以乏食抢掠者时有所闻，其来省领米散放者亦必踵趾相接，设非预有存储，势将穷于应付，集霰之兆已见，补牢之计非工，失今不图，罔知所届。用敢合词吁请裁夺，迅予施行。专肃，敬请钧安不具！再，本局遵照局章第三十三条，由议长、副议长、常驻议员联名陈请，拟择于五月初一日开临时会议，业经呈请酌定，通电各属召集，备文送达冰案。事关会议要政，应请迅赐札复，俾得及早预备。再颂勋祺！

致抚部院

敬启者：顷据安化县议员罗亮杰面称：县境产米无多，向赖外来接济，现因四处困阻，所在几断炊烟，其往他县运来者中途多被拦截，人心恇惧，岌岌堪虞。闻冰署本有内地流通禁止遏粜之告示，应请迅即颁发多张，由安化县遍贴晓谕，以济民食。如果已有此项印示，或即发交本局，由罗议员转寄到县似较直捷。专肃，敬请勋安！

致长沙日报馆

敬启者：省城因饥肇乱，发生绝大问题，月余以来，百端待理，本局有代表之责，现已呈请署抚部院召集临时会，定期五月初十日摅研究善后之方。吾湘诸君子多具热心，必有硕画远谋，救此创痛。敢请直摅所见，于月内惠寄到局，以便采入议案，呈报施行。谊笃枌榆，定弗遐弃。敬闻伟论，不尽拳拳！

致北京国会请愿代表团事务所

敬启者：日昨承寄联合会场比较表，并见示开会期近，速举代表到京。敝省以乱事甫平，百端待理，正在购米平粜及开临时会预备善后之策。教育会开幕之始尤为汲汲，不遑既奉函催，自当召集各团体公举代表，举定即行出发，务于先期到京，以便面商进行方法。至会场一节，前接江苏议局函达贵所通告，比已电复苏局主张在京，今表中尚未列名，必系苏局未转。兹将原电别纸录上。复请公安！

致米捐总局

敬启者：前奉抚部院札复本局议决提出设立运米稽查局案，知贵局订有米捐细则，具见厘剔弊端、惠济商民之盛意。现在临时会开办期近，前案尚待研求，即希饬检一册，以资参考为荷。专肃，祗请勋安！

致湘社、湘义、储备三仓董事

敬启者：常德去岁水灾，今春霪雨，积荒成惨，早彻听闻。见在盖藏既空，来源又绝，嗷嗷万众不乱即僵，特举乡绅余君佑铨等来合词告急，虽抚军指拨湘潭官钱局存谷五千石分舟运往，藉活灾黎，然荒境甚宽，待哺者众，前此放出之谷为数甚微，余君等昨又吁求抚军冀申发粜之请，精诚所感，遂令其面商执事，通融挹注。窃以常自辟为商埠，五方辐辏，户口几半长沙，其地上达川、滇，尤为湘省要郡，倘不亟为筹措，深恐变生意外，至贻全局之忧。诸君子性秉仁慈，愿施宏济，敢请商之同志，就湘社、湘义、储备三仓通融万石，俾得运往平粜，暂济目前。所得粜价必能陆续缴还，不至久假不归，致亏仓本。似此惠而不费，即亦义不容辞，显以活垂毙之民，即隐以弭未然之患，如蒙许可，所全实多。祗颂任安，鹄候回玉！

致铁路代表陈炳焕君

敬启者：湘岸淮盐加复钱价前后案由暨谢君往返江淮与苏皖西鄂联络争议情形，谅已一一洞悉。阁下条驳江督奏案，崇论闳议，深中肯綮。日昨鄂议局函催代表赴京，仍与五省合力抗争，本拟仍烦谢君始终其事，因临时会期伊迩，一应布置事件多关紧要，常驻力量溥已不欲谢君复行。拟请台端分神就近担任此事，如承慨允，幸即电复数字，以便函告鄂局。专此奉恳，顺颂筹安！

致善化县

敬启者：本局开会期迫，一切善后事宜亟须提议，非将各项章程规则调查明确不足以增完善。贵治历办团练法美意良，保全治安素所钦佩。所有一应章程，敬乞饬发一分，以资研究为荷。肃泐，即请台安！

致署抚部院

敬启者：会期伊迩，所有交议各案应请即日发下，以便分送各议员先期研究。又，照本局开会礼式，抚部院必有演说词一篇，见在想已撰成，亦希即日发出。肃泐，即请台安！

致警务公所

敬启者：本局业经呈请抚部院于五月初十日召集临时会，仍假府学宫明伦堂为会场，办事处及守卫科均于本日迁居会所，应请饬派巡士于寄宿舍门前添设岗位，以资镇压。肃此，敬请台安！

再致警务公所

敬启者：本局前因开办临时会所有办事处、守卫科均须迁往府学宫明伦堂，函请饬派巡士于寄宿舍门前添设岗位，未蒙见复。现在会期已迫，务希选派前来，无任感盼。肃此，敬请台安！

致淮商公所

敬启者：湘省因饥致乱，创巨痛深，一应善后事宜正苦无从措办，不意濒湖郡县复被水灾，村落成墟，秋收难望，彼中绅界诸君纷纷告急。敝局有代表之责，业由同人各捐款项并电达各省同乡请赈，良以灾情惨巨，来日甚长，若非救济有方，将恐不死即乱。惟公家经济困难所在皆然，筹措补苴势不能不别谋呼吁。闻新盐票诸君雅意助赈，已经贵局提倡，卓识宏裁，咸用钦佩。查新票提前起运之己亥秋纲已有三十五票，综计此中租价数颇不赀，若以拯济灾荒，功德实为无量。且抚院业经奏准捐助赈款者皆破格请奖，在新票诸君以意外之获活此穷黎，必可援案奏陈，上邀优奖。一举两善，计无逾此。诸君子于公益所在担任极多，惟冀极力赞成，早日决定汇交绅商筹赈处，俾得采买谷米，源源接济。肃泐布恳，祗请任安！

致湘社、湘义、储备三仓并贡院沙水公所董事

敬启者：湘乱善后事宜亟须筹措，敝局对于湘省公款尤有调查之责，希将阁下所管仓所成立原由、历年出入增加款目并现存确数大略即日示知，以凭研究办法。因临时会期，照章以二十日为率，现已届满，尚待提出故也。肃泐，敬请任安！

致督销局

敬启者：贵局代收备荒经费一款向系径解湘义仓，此款始自何年、年收若干、由湘义仓共领若干、未领若干，乞饬钞录原案款数过局为幸。肃请台安！

致商务总会

敬启者：顷据敝局庖丁面称：省城无米可粜，大有乏食之虞。现在开会人多，每日尤需用不少，前购西贡之产计已陆续到湘，特命该丁备价前来，务恳饬粜十数石以资接济，不胜感祷。肃泐，即请台安！

致米捐总局

敬启者：省城因灾乏食，酿成聚哄，损失资产交涉甚难。两月以来，征集各界意见，均以调查出口谷米为善后切要之方法。贵局为米厘总汇，希将去年秋收以后至本年阻禁时期出口数目若干饬钞见复，以资补救。肃泐，即请台安！

致谘议局工程处

敬启者：本局以建筑未就，借用府学宫明伦堂为办公处所。事本权宜，数月以来闻以阴雨过多，购料未能全到，工徒作辍，遂致迁延。议场为指陈利病、筹计治安之地，规模较宏，固不能任便兴工，致形草率。然必于本年会前蒇事，方足以崇体制而肃观瞻。又，见在寄宿舍借用之同知衙门屋宇无多，开会时议员到齐实在不敷居住，希饬泥木工徒加人赶造，限令七月底一律竣工，以便各议员齐集之时免前此奔驰之苦。祷切，盼切。祗请勋安！

致抚部院

敬启者：湘路集股自办，已由本局议决，经前抚部院奏奉谕旨：邮传部知道，钦此。旋派代表北上，又蒙邮部批准，自办远近咸知，乃昨连接京函，皆称外人于借款一事持之甚急，议员等闻之深惧议决奏准之案均归无效，遂以此情电请资政院亟予挽回。伏念抚部院为南天保障，全湘利害久在恫瘝，敬恳大力主持，俾得完全自办。全湘人衔感，永矢弗谖。电文录呈钧览，肃请勋安！

致抚部院

敬启者：顷接会同县议员杨本沼专丁来局函称：该县赵令希图金矿利益未遂，因假该议员经手事件暗嗾劣绅杨有荣等捏控扣留在籍，不令到会等情。查局章第四十条，凡议员除现行犯罪外，于会期内非得谘议局承诺不得逮捕。无论杨议员经手之学田赈谷均已交自治公所绅董接管，并有报销存券非可（朦）〔蒙〕混了结，就令帐目果有不清，既经公所绅董呈请核算，应俟杨议员于闭会后回籍料理，何得于会期中任意扣留。议员选自民间，各国皆加保护，赵令身为民牧，辄敢藉公事以报私嫌，他属尤而效之，将来议员定多危险。局章为之蹂躏，宪政何以进行，应请抚部院急电洪江转饬会同赵令勿得再留杨议员，俾其赶赴召集。原函另钞呈览，即乞示复，并将赵令通禀全文饬钞过局，以备调查。肃请勋安！

敬再启者：日昨函送本局预算审查意见书谅邀钧鉴。现在该股议员催查甚急，务恳迅饬财政局赶将未交各册从速汇齐，呈由抚部院札送来局。鹄（侯）〔候〕环示，再请勋安！

致农业学堂

敬启者：顷接江苏谘议局函称：议长张謇君与各省同志组织全国农务联合会，于九月二十一日在南洋劝业会场开成立大会，通告各省农务团体推举代表与会。现在为期已迫，即请推定精熟农学之人迅赴金陵会所，以资研究而促进行。贵校学为专门，想多堪膺此选也。通告另钞奉览。肃请台安！

致浏阳县

敬启者：刘议员忠训交到伪造本局所寄执事公函关说，贵治保靖团诉讼之事深为骇异。本局为全省立法机关，以筹计地方治安为宗旨，凡与各署局所往来文件必用正式公牍，以昭慎重，或间用书函，以期简便要必。关于地方利病，断无以局中名义干涉个人诉讼之理，该团竟敢捏造公函妄为尝试，实于本局名誉大有妨碍，务希彻查严究，以警效尤。专肃，敬请升安！

致抚部院

敬启者：前承交议改办通学案经本局会议两次决定，呈请公布施行。查长沙府中学堂现尚建筑未就，拟请饬知长沙府按照通学办法多建讲堂，实为利便。肃请勋安！

致藩台

敬启者：本局议长谭延闿君前因期丧请假尚未到局，二十三日会议事件应由副议长陈炳焕君届时赶赴财政局面商一切，合先布达。敬请勋安！

致藩台

敬启者：本局第一年度公费、薪金系由前抚部院岑核定，饬由善后局照发，本届第二年度应即仿照办理。所有九月份应领之款计共一千七百四十两，业经缮具印领，备文呈请在案，迄今尚未照发，特再函达，务望如数发交过局，不胜感祷。专此，敬请台安！

致财政局

敬启者：查宪政编查馆复湖广督部堂电开：谘议局应议事项内遇有必须调察卷宗及诹访各事，可以函请各署局抄交并答复等语。本局议员现拟提议预算事件，必须参考周详，方足以资研究。所有试办宣统三年预算总册、总表各三本，附册、另册各一本，暨常关、洋关专册各一本，各署局厂堂所府厅州县分表五十九本，内除府厅州县分表已由抚部院交议外，其余既不能作正式交议，即请贵局抄交，或由本局派人前往钞取，统候示复，以便照办。敬请公安！

复抚部院

奉读来示，并资政院湘议员文敬悉，关怀全局，至为纫佩。迩者外忧孔亟，国步多艰，自非上下一心不能有济。今资政院既议决速开国会，即请抚部院自行电奏。封疆任重，效力更闳，此事本局前已提作专案，并经全体议决，俟将呈稿修好，即行呈请代奏电抄奉缴。复请勋安！

致商务、教育总会

敬启者：昨接劝业道照会互选农会总协理，知已照贵会妥议举行，即请择定选举日期，先期示知为盼。肃请公安！

致长沙日报馆

敬启者：顷阅本月二十二日贵报“本省纪闻·本城”（拦）〔栏〕内有《湘路添筹户股议案》一节。查本年临时会李君肩武并未提有添筹户股议案，自不应如此标题致淆观听，应请更正，以昭信实。专此，敬请撰安！

致财政局

敬启者：本年为试办宣统三年预算之期，敝局常年会开会为日甚近，关于本省岁出入预算事件照章有决议之责，亟应博采旁搜，及时预备，应请贵局将收到各署局宣统元年全年季报及年报并宣统三年预算表检送过局，藉资研考。兹将各署局名单另纸开列，即乞照发为荷。顺请筹安！

附单：计十六处

盐茶厘局、善后局、督练处、劝业公所、新关、督销局、省河厘金局、百货厘金局、官钱局、自新习艺所、学务公所、调查局、木厘局、牙厘局、印花税局、军装局。

致财政局

敬启者：敝局前曾开单函请，饬检盐茶厘金、善后各署局共十六处宣统元年全年季报、年报并宣统三年预算表藉资研考，未奉复示。兹距常年会期愈近，务乞查照前单核发。顺请台安！

致互选资政院议员唐佑桢、易宗夔、汤鲁璠、罗杰、冯锡仁君

敬启者：昨奉抚部院札准资政院电，以本年八月二十日为召集资政院议员之期，现因本院建筑未竣，暂借京师法律学堂为第一次开会议场，希即分别转知谘议局互选资政院议员等语。特此知照，务请早日赴都，届期到院为幸。肃泐，即请台安！

致各议员

敬启者：六月间以常年会应提议案及规画宣统三年预算事件函达台端，请于七月内邮寄到局，计已登览。近日叠接旅京同乡电，四国银行代表晋京急催借款画押，经邮部选派湘籍司员苏舆、章华、陈毅三君签注合同，舆论大哗，通电力拒，并集绅商学界于席祠开会票举代表。除陈炳焕君先已赴都侦探路事，曾、粟、石三君仍旧举定外，加举周广询、曹惠、陈家珍、王尹、衡文斐五君刻期出发，与邮部直接交涉，誓达目的。惟代表拒款虽为见时要著，总以切实招股，乃不徒托空言。湘路公司余总理云：去秋以印收简章交由同志诸君分担招集，仰赖热心劝募，陆续解到巨款者固不乏人，其所解无多或所荐亲故分招尚未缴到者即亦不少，其间有无难处虽不可知，然株昭计日开车，此外路线甚长，需款尚巨，非有源源接济必无以资进行。希即婉告分招诸君随时凑缴，以便执事来省时汇解公司用维路工，而重股款毋任企盼。专肃奉达，即请毅安！

致商务总会

敬启者：昨按江苏谘议局来函，以美国实业团将于中历八月来华考察实业，请早联合团体示敬。兹将来函抄送，希即选派代表为幸。敬请公安！

致长沙电报局

敬致者：顷承贵局递到京电，译对方毕，忽复有电送来。译之，即系前电并无同异。查贵局所递各电前已屡有重送之事，曾将电文退转，想邀台鉴。今又重送，如此未审抄码者用意之所在。除将复电奉还外，应请立予查察并详以见复，以祛疑惑。专此，祇请勋安！

致魏光焘君

敬启者：里居暌隔，奉教已遥，山斗隆名时用纫翼伏承平泉清晏，兴居康和引企，珂乡颂祝无量。近日叠接旅京同乡电，四国银行代表晋京急催借款画押，邮部选派湘籍司员陈毅等签注合同，舆论大哗，通电力拒。已于席祠开会票举代表曾继辉、粟戡时、石秉钧、周广询、曹惠、陈家珍、王尹、衡文斐八君刻期先后出发，与外、邮等部直接交涉，期达拒款目的。惟京外同乡之意，兹事关系全湘命脉，非得声望素著者与之俱往恐无以收效果。伏念公耆德硕望，远近所推，敝局为代表舆论机关，不敢缄默，敢援浙路公举王文勤、陆春江二公入都之例，奉屈我公一行，并请曾君继辉造庐劝驾，尚乞俯允所请，惠然启行，以保权利而弗枌榆。不胜迫切待命之至。专肃布恳，祗请台安！

致邮传部调查员余濬年、李大受君

敬启者：日前台旆遥临查勘款【铁】路公司底蕴，从此毕宣阖省绅民至为忭忻，拟假席祠开会敬致欢迎，寻以过执谦冲、高轩弗至而止。湘路自归商办公司，股款办法历经抚部院及黄次如侍御奏奉谕旨有案。去年谘议局开幕限年赶修一案首为议决呈报，奉有札准公布之文。其后借款事兴，一时函电纷驰，上渎贵部废约。春间代表北上，荷蒙批札奖许，闻命踊跃，股款日增，故虽灾变之余未尝稍减成绩，具在非可欺诬。今株昭不日开车，进规衡、郴、长、岳，不图签约警告忽复发生，远近惶然，不谋而合，因即开会投票，举定粟戡时、曾继辉、石秉钧、周广询、曹惠、陈家珍、王尹、衡文斐等八君，正在克期首涂，适会执事莅止，本专门之学业费数日之钩稽内容如何，想自难逃洞鉴。今已前驱欲发，无计能留，而数百万湘人生命财产之转机实已预伏于此，私相庆幸，殆无可言，尚乞婉将湘路实在情形详达堂宪，立废草约，还我主权。它日大工告成，胥出两公之赐，全湘感戴，讵有穷期。以湘路代表之行不免稍后，谨摭舆论哘缕以陈。肃请台安！统维亮察不戬。

致清理财政局

敬启者：湘省各衙门局所上年年报、季报及宣统三年预算表册计已汇送台端，本局屡次函假，未蒙见示。现在亟待研究，特派课员诣领，希即饬将各册检付为幸。此布，即请衡安！

复清理财政局

敬复者：昨奉大札，以湘省财政困难、预算明年出入不敷甚巨，现奉部饬限制裁节，以符量入为出之办法。惟有于无可裁节之中再行设法裁节，希即核实开单见复等因。查本局章程，每年预算皆于常年会时公同议决，宣统二年经费业于上年常会通过，呈奉前抚部院核减，复由本局再三撙节酌开数目，呈请抚部院核准。前奉文催预算，当经声明宣统三年预算须俟今年常会始能决定，此时无从造报，暂据本年预算开列在案。现在局中已用之款律以核准，预算数目实已力加减少，即如本年临时会费用皆在常年经费内支用，并未另列报销。是于无可裁节之中已屡次勉为其难，其决算又已按月呈报，贵局有案可稽。若已裁而仍须再裁，已省而犹欲再省，则九月开会在即，明年预算照章须于会场议定，届时自当斟酌损益，公同议决，非现在少数人所能擅决。本局预算年度载在奏章对于全省预算尚有议决之权，岂于本局预算转有放弃之理，情形、性质皆与他局所不同，实未便开单奉复。至本局六月分报及夏季季报均缮册呈送冰案，屡奉催取，窃所未喻，应请查察见复，以重公牍而免疏虞，毋任盼祷。肃泐，祗请台安！

致罗亮杰君

敬启者：常驻议员钟才宏君现以要事自请辞职案。查上年互选票数轮应台端补缺，用特专函知照，希即早日莅局，以便协议事件为幸。肃请日安！

复清理财政局

敬复者：昨奉函开：以敝局所送报册有开支旅费、调查费二款，究竟议员旅行费系何章程，每员若干，或按道路远近，或系一律发给，又议员调查费系何章程，夫役工食每名每月扣支银元若干，希即开单见复，以凭造报等因。查旅费一项，系各议员遵赴召集往来用费所必需，筹办处详定有案，数目多寡统按路程远近并分别其地之交通与否，其籍隶长善者则虽居数十百里之外概未发给。调查费一项，系因本局职任权限内应办事件有必须调查确实而后可以着手者，前经本局预算列为专款，并奉抚部院核准在案，似此办法各省谘议局大略相同。至夫役则分别开会、闭会酌定名数，其服役有轻重之别，即工资有多少之殊，号房每月钱三千，信足每月钱二千四百，杂役二千，火食一律三千，均按时价扣成银元，以便册报。以上各节，自上年开局以来均系如此办理，并按月决算具报，可以复查。区区核实撙节之苦心，本不欲鳃鳃表见，辱承询问，是以哓缕专泐奉复。即请台安！

致铁路公司

敬启者：路事股款重要，湘中不乏热心募集之人，敝局前送详细收股章程如无滞碍，即乞饬检多册，分寄各属、各团体（如劝学所、教育分会、商务分会、自治公所之类），并函劝查照，迅速实行为幸。专泐，即请台安！

致乾州自治公所

乾州厅自治公所鉴。本月初四日接到来书，以遵筹的款特请提议拨还泸粮以作自治经费等因，自为慎重要政、亟图进行起见。查乾州自康熙中就前明镇溪千户所改升为厅，设立同知后，其镇溪所原额秋粮屯粮二顷、田地一十三顷一十四亩八分有奇，粮石实征银一百四十四两一钱六分六厘，业隶乾州经征，又经征筸子坪原额秋粮荒石两次、报垦熟粮石银五两八钱零三厘，又经征康熙五十年镇溪所六里苗民复归版图案暨五十二年招抚毛都塘等寨案，雍正十年招抚瓮流溪、夯坨等寨案，前复增纳粮石数除雍正七年、十年改拨凤凰、永绥杂粮石数外，实征杂粮五十二石八斗二升，此乾州经征钱粮之定额也。来书称：乾州钱粮向归泸溪征收者约计银四百六十七两六钱四分七厘，尚可拨还。查泸溪屯饷项下有原并辰州卫粮石银四百五十二两三钱三分九厘未审，来书所云即指此项，抑所指另在泸溪现征民赋银四千七百五十九两三钱八分数中。总之事关经制，从前各属粮额割隶并寄庄收回先后均有奏案，未易率议更张。奏定府厅州县暨城镇乡地方自治章程于区域虽可更改合并，然必双方便利，协议周妥，由各地方官会同申请，督抚酌夺，咨送民政部核定。来书似仅为征收余润冀裨提拨，且其数亦微细，不便遽请抚部院奏咨，应由贵所按照定章会同泸溪自治公所协议决定，呈由地方官会同申请办理为是。此复，顺颂日祺！

致国民公报馆

敬启者：屡承寄到贵报，取材鸿富，持论博通，立于今日报界中允为特色。披读之下，深用钦纫，希即随时邮寄一分藉资考览。承惠敝省各团者均已分别转交，如各团后须订购，即请径寄彼处，以便各清报费且省手续。肃泐布达，顺请撰安！

致抚部院

敬启者：岳、常、澧水灾困苦颠连，惨难罄述，业经迭次胪陈，函达冰案。顷据沅江李议员肩武在会场报告灾情，听之酸楚，一县如此，其他澧州、安乡、南洲、华容等处灾情尤重，苦更可知。现常德水势又极暴涨，此即连日晴霁，尚不知能否苏此孑遗，况收获尚须月余，哀我灾黎何以苟延残喘，恳即筹办米谷杂粮迅往接济，俾沟壑余生得沾实惠，不胜迫切待命之至。专肃，敬请勋安！

致抚部院

敬启者：顷据两湖南局轮船公司送到陈请书一件，事关官款之损失与航业之保护，已由常驻议员协议收受，即当遵章转呈。惟事机迫切，文书投递须时，用特另纸抄陈，先行函达。此事已争辩经年，谅已久邀洞鉴，即恳亟予电鄂设法维持，不胜悚企。专肃，敬请勋安！

致谘议局工程处

敬启者：本局前以建筑未就，暂假府学宫明伦堂为会所，同知旧署为议员寄宿舍，原属一时权宜，自去岁以来局工庀材具劳苠，画权与缔构匪易经营。惟会议厅规模崇闳，或不能克期蒇事，然江鄂各省多已成工，观瞻所系亦甚，冀揆日兴功，免致迁延岁月。至寄宿舍落成闻当俟诸八月，现在常年会期已迫，尚乞督饬工徒赶于七月竣事，俾得及早迁入，不胜感荷。专肃，敬请台安！

致抚部院

敬启者：本局成立之始，暂假府学宫明伦堂为会所，同知旧署为议员寄宿舍，原系一时权宜，自去岁以来鸠工庀材，几经时日，而工程迟滞，未具规模，似非始意所及。惟会厅规画崇闳，或不能克期告竣。然江鄂各省多已成功，观听所系亦甚，冀揆日兴功，免致迁延岁月。至寄宿舍落成，闻诸工程处言当俟八月，现在常年会期已迫，似宜加早蒇工，能于七月内一律完竣最为妥善，尚乞督催工程处赶紧营缮，不胜企望之至。专肃，敬请勋安！

致各议员

敬启者：本局第二次常年会期转瞬将届，应办各事件亟应及早图维，且按九年筹备宪政清单今年试办，宣统三年预算事体重大，创始尤难，端绪纷繁，钩稽匪易，会期不过四旬，必于期前预立规画，庶临事不至仓皇而持论皆得要领。诸君子盱衡时局，轸念民依，必有深识闳谟，足苇桑梓。凡本局职任权限内有急须提议者，即希先具草案，于七月内一律邮寄到局，以便遵照局章第三十四条，于开会三十日以前将抚部院交议各案、诸君子提出各案汇集通知，则第二届常年会应议事件皆可先期准备，以裕时间而求完善。除已呈请抚部院外，用特函达台端，即乞察照办理，不胜企仰之至。专此，敬请台安！

致各议员

敬启者：顷接出品协会函称：南洋劝业会湖南别馆已开募，昨得来书，以湖南农业素为东南诸省之冠，而此次采集各属谷品尚未完全，审查长亦颇注意于此属，再将各属所产各种谷类再加征集，力求完备，并将各处所用农器稍形特别者各制雏形赶寄金陵会场，以便陈列审查等情。惟此刻再派调查，不独所费过多，而为日无几，仍不能遍至各处，即有增加，决难完备。此事前已要求诸君子协赞，惟有再请各就本处所产各项谷类每种购就三五升，详具说明书，声叙栽种、收获、产地、产额，速寄省城出品协会。农品雏形能造者亦请造成，务希赶于七月十五以前寄到，以便转寄。如有妥便，亦可径寄金陵。事关公益，素佩热心，琐渎清神，感谢无既。专此代恳，敬请台安！

致抚部院

敬启者：本年为筹备宪政第三年，亟应试办预算。本局第二届常年会议一切应议事件，业经备文呈请，先期起草发交到局，早已上达冰案。现距开会之期不过四旬，敬祈察照前呈，迅赐发交草案，以便遵章预行通知各议员公同研究尽善。至于提议各件，持论不必过高，而兴革要在切实，办法尤宜确定，而条理务极精详，但取荦荦大端，足收进行之成效，无须洋洋多案，有类射策之空言。此则本局同人所兢兢共励，以期副取决舆论翊赞宪政之盛心也。专肃，敬请勋安！

致抚部院

敬启者：窃惟禁烟一事系万国之观瞻，祛历年之毒害，必应急切推行。而禁种较禁吸尤为要案，奉前抚部院奏定湘省限令冬一律禁绝，现奉来札殷殷，以稽查禁种罂粟交议荩筹极（珮）〔佩〕。惟定章常年开会期在九月初一日，各属种莳罂粟大都皆在八九月，若不于此时严行禁令，劝其改种他项有益植物，窃恐小民贪利，未能骤易革心，迟至明年春间即令拔净烟苗，而地利旷弃，扰累不少。至交议稽查禁种各条，开会时自应悉心详议，呈请公布施行，以副采取舆论之雅意。然此不过恃为后盾可期，周密无遗尤应预事防维，庶免不教而诛之诮。用特函恳迅饬各属剀切示谕，设法禁绝，以期敏给而励实行。敬请勋安，伏候裁夺。

致魏光焘君

敬启者：前因湘路拒款废约一事公请曾君继辉奉函抠谒恳求入都，代表全体人民意思，为全省保障利权。顷得曾君来函，详述垂询路工股款情形，荩虑周详，慷慨自任。侧闻金诺凫藻莫名，伏维杖节西陲，绾符南镇，勋绩铭于竹帛，讴思遍于海隅。兹以松菊之余闲，出谋梓桑之公益，老成报国，不避艰危，辰告远猷，天颜有喜。商洛皓首，以兴汉唐，且华颠而悟秦前哲，芳踪于今未坠耆英佳话，寰宇欢传，岂唯湘人实深嘉赖。安车莅止，为日匪遥，忻忭之诚，曷其有极。敬迓驺从，恭请台安！

致抚部院

敬启者：查筹备宪政清单，本年应试办预算前已呈请照章先期发交，以便及早考究。昨奉札知预算表册办理完竣一折，奉朱批：度支部知道，钦此等因。现在度支部奏交未知何日，而开会期近，诚恐过于匆促，于事实未克详求，不能为正当之协赞，拟请即将咨报度支部底册中关于地方行政各项先行抄示，一俟度支部奏明再行正式交议，似较便捷。专此，敬请勋安！

致抚部院

敬复者：昨奉大函，藉悉种切外间喧传卖砂一事，宗旨未经宣布，竟向本局诘责，是以备文质问，讫今未奉札复，惶惑滋深。嗣接谭道台来函，知前事已经取销，遂亦遍告各绅，群疑涣释后有问及此事者，常将谭缄所云一一转告。至各处报纸，或系传闻失实，无从辨论，旅京湘绅本局并未通信，其所闻见未知何如，既承函示，即当将已经取销情形专函布告。电文简略，恐不能详尽也。本局议员到局者均已周知，足纾廑念。肃此奉复，敬请勋安！

复江苏谘议局

敬复者：叠接惠书以盐款公呈事，已与增运台接洽。又以奉批商复之际，属再专员赴扬为正式之交涉，具见规画周至，钦佩无已。敝局已派谢君宗海于日前出发，江轮迅速，计早抵扬。查去岁公呈请提岸商未经收回之二成复价理由至为完密，而督批所指已与原呈意义不符，其言海军经费及由商人认缴外究竟能余若干、能否作为五省公益之用等语尤属支离，不知海军经费与此次议（提）〔题〕毫无干涉，何能借词搪塞。昨阅报载江督复奏廷寄饬查湘岸盐价提充路股一折，意谓十成津贴已经提尽，无可更提，请毋庸置议等因。此次赴扬会议，运司必据此折为言，尤不可不合力争（办）〔辩〕，惟事机（禺）〔遇〕变，非远道所能悬揣，应请贵局更为申叙，或代表各省意见切实声明，以（勉）〔免〕误会。肃此奉复，即请公安！

复驻湘日领事

敬复者：顷奉华翰欲过敝局参观，本拟届时欢迎，以敦交谊。惟现定旁听规则，外宾须由行政官行文介绍，应请函达关道知照敝局，以便送券接待。肃复，顺颂台祺！

复湖北谘议局

敬复者：顷奉大函及呈稿具悉。顾重团体，任事热心，即希贵局代表上呈邮部，具批回奉到亦乞见示为感。此复，敬请台安！

致各报馆

敬启者：湘路借款事起，远近大哗，敝省绅商学界诸君莫不极力抗拒，兹将电文及驳张江督奏折公启等件寄上，希即分别登载，以维路政而息浮言，无任感盼。此请撰安！

复福建谘议局

敬复者：顷奉手书，以财政局所交试办宣统三年预算总册例言与谘议局性质权限不合，确论极佩。敝局奉到此件后，逐条研究，大致与尊意相同，随将碍难照办缘由答复财政局。嗣财政局以部限甚严，迭次催促，再四筹维，只好通融办理，将第一届预算列表呈报，并声明本局自九月开办至翌年八月为一年度。惟此事虽已造报，而办法终有未符，究应如何解决，应俟谘议局联合会开会时提出议决，以昭划一。专此奉复，敬请公安！

致湖北谘议局

敬启者：借款事起，共切隐忧。前奉来电，知贵省组织协会筹款自办，尤为热心，至计复电简略，未尽所怀。窃以借债之权操之自我，我自有款，何用借为外人，既无强迫两省借债之权，政府亦无勒令人民借债之理，愿与贵省团结，悉力坚持，总以草约取销、保我权利为目的。至湘路筹款及其他办法，已由敝局议决，谨以一份奉达台览，尚乞匡其不逮。是所至（盼）〔盼〕，临风钦想，不尽欲言。专颂伟安，诸维亮察。

致各省谘议局

敬启者：湘汉铁路自政府倡议借款，全国震动，以为外人得以强权侵入，生命财产不复能存，匪特湘汉之忧，实大局安危所系曩者。赎回自办已耗无穷财力，何堪再借外债自授利权于人，以重我同胞之虑，特与鄂省协商力拒，筹款自办，已由敝局议决，谨将议案一份邮呈省览。诸君子为贵省代表，必有嘉猷硕画匡我不逮，伏愿大力赞助，提倡正论，使政府得以全国舆情废弃草约，不胜钦感之至。肃此布达，顺颂伟安！

致各省同乡

【敬】启者：我省铁路自政府倡议借款，全国震骇，引为大局，忧危属在湘人尤为切肤之痛。生命财产关系匪轻，火及于梁，岂容坐视。昔者耗无穷财力赎回自办，今复借用外债，丧失利权，受胁于强邻，贻羞于全国，岂我沈毅勇敢之湘人所忍出此。果能协力合谋，区区二千余万，筹措自当易易，是以同人力拒，筹款自办，已由本局议决呈报抚部院公布施行。伏念诸君子谊笃梓桑，必有至计深谋，匡其不逮，特将议决案邮寄一分奉达公览，深望热忱毅力，维持赞助，若能招集股本惠寄公司尤所深盼。专肃，即颂旅安！

复日本留学同乡

敬启者：前奉手教敬悉。诸君子远居异国，系念乡邦，毅力热忱，良用感佩。湘中新政尚在萌芽，弟等谬承公推，无裨桑梓，惟有时加黾勉用。答盛怀铁路公司昨由股东开会，举定权理董事五、查账员二，知注附闻。顺颂旅安，诸希亮察。

致各省谘议局

敬启者：议局为吾国未有之创举，海内诸君子发摅伟抱，与人民谋幸福，为国家建殊猷。论著所陈，震动遐迩，敝省僻在南服，闻见限于一隅，言论所存，无裨大计，兹将议决案一部邮呈台览，倘蒙指示疵纇，以匡不逮，则拜赐多矣。临颖驰企，肃请公安！

致同乡京官

敬启者：淮商加复钱价一项前拟提充路股，已派人与五省协议，悉力争持，方以舆论所关，可收效果，不谓江督张受盐商运动，冒昧出奏提充海军经费。其所指之项属于盐厘，与食户加价之一钱五分者实不相干，顾以影响之言上淆天听，殊可骇怪。况此项加价出自湘岸，食户贫如乞丐亦所不免，强权攘夺畴复能甘同人等。已发公启，集合绅耆会议，呈请中丞奏争，务恳鼎力赞助，或据情上达，或与度支部交涉，想关怀桑梓者必能以热忱卓见挽此利权也。企候回示，肃请台安！

致同乡京官

敬启者：祃电谅达台览。拒款代表入都呈请邮部废约，深仗大力匡助，以竟全功。诸君子以雄才伟略造福枌榆，登高一呼，必能收效。祷切盼切，肃请公安！

致各报馆

敬启者：湘乱方已交涉维艰，敝局议开临时会共筹善后之策，寄上呈稿一分，即乞从速登载，并请转知各报馆为荷。

致山西谘议局

敬启者：顷接贵局办事处函，知诸君以交文之故纷纷辞职，惊骇莫名。议局为舆论代表之机关，即有为地方兴利除害之责任，鸦片流毒创巨痛深，贵局主张速禁，热心果断遐迩同钦。交文变生实出意外，纵当时办理不无过激，官吏或不能辞咎，而于诸君何与焉。即令人言不谅必非公论，可知凡事准公理以行，岂能尽如人意，由恚生谤？今昔所同况，新政之兴骇人耳目，在愚民固惊疑过甚，即有识者亦责望太苛，非造无根之谣，即有求全之毁，无论何国维新必经过此等困难阶级，岂独吾国为然，又岂独贵省为然哉？诸君子以巨人长德旧为众望所崇，犹冀勉为其难，勿忽遽萌退志。夫以谗言交兴即拂袖而去，黄鹄举矣，青天廓然，在厌世孤高之士则以为快，而非有时世之责者所宜出此也。国步艰难，宪政萌蘖，非力任劳怨独力不移，不足以支危亡而维桑梓。诸君子惓怀大局，当必谓然五台嵳嵳，夐绝霄汉，南天翘首，不尽依依。

复湖北谘议局办事处

来示祇悉。贵局组织保存全鄂矿山会，不遗谫陋，询及敝省矿务章程，集思广益，良深饮佩。惟敝省矿章恐多疏漏，不当高明采择耳。送呈一份，即乞察收。肃请，筹安！

复旅鄂同乡

敬启者：蒸电敬佩。本局已定五月初十日开临时会统筹善后之策，诸君子热心桑梓，必有深谋至计救此创痛，务望随时指导，以匡不逮。毋任感盼，敬叩旅安！

致湘路代表

【敬】启者：马电谅已得达。诸公以湘路故呼号奔走，感何可言墨公牺牲肢体以救全湘，高谊苦心，不特同人感泣，父老子弟咸用崇拜，甚望速加调摄为全省自爱。前者夏寿华等庚电言：湘乱善后旁及路事，正在征集意见，又以本局拒款，人所共闻，无容置答，故未加驳斥不虞，其径载报纸也。近已电达袁制军，乞为剀切开导，湘中各界亦有电致袁，并以奉闻敬问。毅安不次！

致旅奉同乡

敬启者：路潮未已，荒祸踵兴，哀哉湘南，曷其有极！诸君子以敬恭桑梓之心发挽回大局之议，拒款救荒诸策允为卓识先知，纫佩无量！本局临时会定遵寄件，提案溯自拒款议起，外而各省旅团，内之京曹官吏，远则海外学子，近则一般人民，莫不异口同声集款自办。迨本局成立编制议案一从公布日起，有功款则租股，商股踊跃输将，工则长岳、长衡分途规画。祗以废约未经宣布，公举代表入都不图，湘潭杨某逢迎邮部主张借款，旅粤夏寿华等又复附和其说，电揭报端，代表粟君戡时以湘人丧心病狂，一再发现，愤极断指，血书请愿邮尚窃以数人瞽说本无损于成局，然拒款正有转机，集款犹须鼓吹，若辈妄腾异说，纷纷登报，实属营惑观听，贻误事机。诸君子惓怀湘路，素费苊筹，尚请续赐进行方法，布告天下，息爝火正舆论，决不因偶受巨创，致贻笑柄。海天万里，无任驰思。肃布区区，即维多福！

致国会请愿代表团

敬启者：山西议局以交文之变致议长、常驻议员不安于位前，已致函慰留，顷奉来电，足见关怀大局，当即如命电晋矣。函电另抄呈览。复请毅安！

复奉天清理财政官熊希龄君

敬启者：叠奉来教于湘灾筹赈办法，几费清神，谊笃梓桑，异声同叹。湘中旱干水溢纷至沓来，小民生活维艰，致有三月之变，惩前毖后，公私早已荡然不图。五月初旬，常郡又以巨灾见告，有自其间来者谓：东、西梁山诸处莫不葬身鱼腹，庐舍为虚，弥望荒凉，闻者酸鼻。适值临时会开会、抚部院莅止，因即面达乞赈，并通电各省同乡协济。旋蒙环示，允以巨款汇湘，办法三端极为周匝，复得解人木铎慨慷登场，以改良社会之心写琐尾流离之状，其为悲惨不问可知，向非毅力提倡不能有此，惠心仁术抑何竺欤？倘得陆续汇来，实为灾黎叩祷。肃复致谢，祇颂勋绥！

复南通州地方自治公所

敬复者：昨奉赐书，以敝局议案仅于报纸得其大凡，未见全帙，属即检付两分，以供浏览，谷怀翕受深用钦纫。敝局成立以来，业已开会二次，其临时会交议提议案，以手民排印迁缓尚未竣工，谨将常年会各案如命奉寄二分，如有未当之处，希即便中指示，以匡不逮。肃沏，祇请公安！

致江苏谘议局

敬复者：接奉惠书，知美国实业团行将来华，游踪所经亟应招待，贵省地当孔道，首议开会欢迎，以敝省相距颇遥，代谋一切内顾团体，即以外重邦交、公谊荩筹，至渥极善。兹事既烦，大部之补助且为国民程度所关，执事与为，周旋一堂，跄济主宾，浃洽不问可知。敝省不获挽留，希即婉为道歉为幸。肃复鸣谢，祇请公安！

致杨德邻、陆鸿逵君

敬启者：本届常年会按照九年筹备宪政清单，应办宣统三年预算，造端宏大，未易钩稽，必须规画周详，乃足以臻完善。现抚部院交议已有八案（稽查禁种罂粟，提倡种柞树、养野蚕以广生计，设立谷米公司以裕民食，推广官立学堂客籍学生，改办通学，筹办各属女子两等小学堂，援照苏省成案于丁漕带征自治经费，修筑马路收用民地），同志诸君子提议亦已陆续到局，会期伊迩，台从未来，务希迅速启行，毋任企盼。此布，即请台安！

致同乡京官

敬启者：前因外间宣传水口山矿砂订约销售一事多来，敞局询以是否闻知，比已备文向抚部院质问。兹将劝叶道函暨与抚部院来往函稿照抄呈览。顺请公安！

致湖北谘议局

敬启者：敞局奉抚部院交议疏湖暨筹办洞庭淤泥水道一案，佥以此案关系滨湖人民生命财产，至为重大，各区连年患水，损害甚多，与贵省同兹忧患，亟应通力合作，以谋洒沈澹菑之术。特派议员谢宗海、曾继辉、陈炳焕三君携带意见书前来，与诸君子协商，尚乞惠赐南针，共筹水利。粤汉铁路赎回自办，已耗无穷财力，何堪更借外债，以重我同胞之困。前奉贵省来电，知已组织协会筹款自办，热心至计，钦佩无量。敞省公司已于本月十一日开现有股东会，权举董事及查账人实行商办，筹集股款限年赶修，一切方法已由敞局公同议决，亦属谢、曾、陈三君携呈议案。贵省比邻谊洽，利害相同，倘蒙鼎力勛勷，是所至祷。又，前奉惠函，拟联合各省公请邮传部准予谘议局往来各电减半收费，敞局极为赞成，即希挈衔联合公请为荷，其详由谢、曾、陈三君面述。专此，敬请公安！

电报类

副议长冯锡仁君来

宣统元年九月初九日

因病迟期，歉极！复阻风五日，顷始抵常，准明日附起凤行。

澧州王正雅君等来

宣统元年十月二十七日

澧属石慈雄黄矿被宏益分公司违章夺办，商民愤憾，势同水火。执事全湘代表素重公理，恳据情转达抚部仍归澧属自办，以顺舆情。除另函外，先行电告。

零陵士绅来

宣统元年十月二十七日

零陵苛征蠲饷，乞诸公救此一方民。

致谢宗海君

宣统二年正月初十日

接皖电，盐价事已行，运司须举人赴扬，公推兄往，川资专差送。余函详。

谢宗海君复

宣统二年正月十一日

二十九日回岳，川资尚有，不必送。余函详。

致谢宗海君

宣统二年正月二十二日

前电函复，现苏局函催，请速由宁赴扬，盼复。

致副议长曾熙君

宣统二年正月二十六日

前辞职群议挽留，仍请速临。

曾熙君复

宣统二年三月初三日

母年八旬，近更多疾，万难远离，恳公推呈报。

零陵自治公所来

宣统二年二月十三日

零陵连年歉收，自去秋迄今驻永官钱局又复藉口采办，肆行渔利，源源贩运，约计不下十余万石。盖藏愈少，米价愈昂，春夏之交饥馑立至，永粤接壤，甚属可危。恳即电饬停办，保全地方大局。幸甚！

致副议长冯锡仁君

宣统二年三月初十日

省城暴动，酿成交涉，弟等面陈当道，推公协同赞画。事关大局安危，万勿延委，无任盼祷。

李永瀚君来

宣统二年三月二十三日

前函请假期将届刚服满，即于十八日力疾开船，到洪风雨阻，恐逾数日，约四月初可抵省，特先电达。

致沅州府王太守、靖州太守、辰州府景太守

宣统二年四月二十六日

常德盖藏已空，势甚危迫，祸变之生恐在俄顷。贵治闻有余粮，乞婉谕绅商各界酌准采运，藉恤邻灾且泯乱萌。

沅州府王太守复

宣统二年五月初一日

电悉。常德已委余绅来沅采运二千石，俟其购齐保护出境。

致澧州朱太守

宣统二年四月二十九日

贵区新补议员田昺请速发给执照，并促其遵照抚部院召集电即行到会。

致常德府谭太守、衡州府禄太守

宣统二年五月初四日

会期迫，贵属议员请催速来。

致常德谭太守、洪江姚别驾

宣统二年五月初十日

顷得黔电，雨甚河溢，恐为湘患，乞预防，请转辰州，送沅州。

复武陵士绅戴丹诚君

宣统二年五月十五日

电悉。已提专案并面恳抚院源源接济及电各省同乡助赈近状如何，乞示。

戴丹诚君等来

宣统二年五月十五日

武陵前灾未澹，不意端节后复遭水患，村落均被淹没，将来景象无一生理，若不妥筹办法，疠疫刀兵均在意中。贵局日筹治安，专恳集思广益提为议案，及早图维，解此倒悬。

常德师范学堂来

宣统二年七月二十三日

敝校监督冯公锡仁于本月二十日在籍病故，校事安静如常。

杨本沼君来

宣统二年八月二十四日

会同金矿经局提议，现与杨委员留此，到会稍迟，乞报告。

致永州府

宣统二年八月二十五日

胡璧辞职，请以魏联蓁递补速来。

永州府复

宣统二年八月二十七日

有电敬悉。魏联蓁朝考尚未回。

致永州府

宣统二年八月二十六日

乞电。魏如辞职，请另补速来。

姚炳麟君来

宣统二年八月二十六日

舟行阻风，必下月初方能到会。

旅桂宾玉瓒君等来

宣统元年九月初一日

议会成立，同声叩贺。湘路善后事宜乞速议决，联名公举谭、龙、陈三君主持，已经开工并贺。此间已设法集股，乞速寄收条多册致魏方伯署。

旅沪湘路协会来

宣统元年九月初一日

议局开幕，全湘永福。路政千钧一发，宜速废约，更派员联粤。

旅鄂法政学员来

宣统元年九月初一日

铁路为湘命脉，外债灭湘，恳诸公招股拒款。

旅鄂中学堂学生来

宣统元年九月初一日

湘路借款，路亡湘亡，凡我湘人，抗不承认。恳决议集股自办。

旅蜀黄忠浩君等来

宣统元年九月初三日

议会成立，谨贺。正、副议长何人，乞电示。

安徽谘议局来

宣统元年九月初三日

查宪政馆咨开：督抚行议局用札似不合宜，且非奏案，贵局有意争改否；督抚文系咨呈体，抑禀呈体；资政院应报开局否，统乞电复。

复安徽谘议局

宣统元年九月初四日

电悉。请以尊意联各省电馆更正。湘局愿列衔开局，应报资政院。

安徽谘议局来

宣统元年九月初七日

电悉。札行事极争惟联名似不合，现本局定初十日，电馆请改用。照会贵局，既表同情，可同日电馆合力争持。先电复。

山西谘议局来

宣统元年九月初四日

公文用札、用呈，于局中体制多未宜，贵局处同一地位，谅有同情。贵监督备文有无变通、已否向宪政馆交涉，均祈复示。

复山西谘议局

宣统元年九月初五日

昨接皖电，言札、呈于体制未合，已电请皖局领衔，联各省电馆更正。尊处谅表同情。

北京宪政研究所来

宣统元年九月初八日

笥腴奏：奉旨，邮传部知道。速将租股累进、开银行各节伊俱奏准。

旅桂刘人熙君来

宣统元年九月初十日

省会成立，庆幸。中日七月新约，种种失败，各国相因，而至后患何堪设想。民气为外交后援，诸公为吾省代表，恳合各省省会筹策挽回，忠告政府，以救危亡。直、浙、苏、蜀旅桂同人均公电本省并联。

安徽谘议局来

宣统元年九月十一日

昨阅抚交馆电。公牍式虽有变通，究未尽当。前约初十电馆敝局仍电争，请贵局即电馆速复。

复安徽谘议局

宣统元年九月十二日

电悉。已电馆争。

致宪政编查馆

宣统元年九月十二日

昨阅抚交钧电。公牍称谓局与议长似难歧异，拟请更正。均用照会，局用咨文，司道以下均互用移。乞核示。

直隶宪政研究会来

宣统元年九月十四日

中日七月新约，种种失败，各国相应而起，危在目前。敝省即电政府挽救，并治梁罪，乞联各省力争。

致湖北谘议局

宣统元年九月十四日

铁路借款同此忧危，尊处如何对付，乞复。

湖北谘议局复

宣统元年九月二十八日

电悉。敝省已组织铁路协会担任筹款自办，争废借款草约请鼎力协助。

复湖北谘议局

宣统元年十月初二日

电悉，敬佩！借款为两省巨害，应合力拒免。敝省筹款万法容函详。

广西谘议局来

宣统元年九月十五日

中日新约辱国失权，自速瓜分，梁敦彦实尸其咎。除电请政府撤任、力图废约外，恳共同策应，并复。

直隶宪政研究会来

宣统元年九月十五日

争约事敝省系谘议局执行，除电争外，上书总督、军机请代奏。余函达尊意如何，盼复。

江苏谘议局来

宣统元年九月十七日

敝局书记属开会时十余人并非定额，守卫三十人长及番长在外，另函详薪资、预备杂费。

致宪政编查馆、民政部

宣统元年九月十八日

欧美议会佥以为立法枢纽，不可使普通警察权施诸院内，致行政、司法、立法不分，以乖立宪要旨，故政府派出警察非议长唤人不得入内。本局及江苏各省皆仿欧美，局内自设守卫概系警察毕业，开局至今尚能尽职。钧馆复湘抚云，守卫由警务公所酌派熟手，难更会体，须顾乞再酌。赐复。

致各省谘议局

宣统元年九月十八日

议会代表人民，为神圣不可侵犯之机关，故不许普通警察权行于院内，欧美、日本皆然。敝局于开局时自行选请守卫，秩序井然，乃湘抚以守卫应由何人遣派电询宪政馆。复云：应由警务公所酌派，以立法机关使保持秩序之权操诸行政官手，殊失议会体制，敝局刻已电争，乞贵局从速电馆力争为幸。

复宪政编查馆复抚部院

宣统元年九月二十七日

湘谘议局巧电悉。查议场守卫应听议长指挥，故虽由警务公所选派，而并不能于场内行使普通警察权。该局电称仿欧美例自设守卫，此种制度未经本馆核定采用，亦未据江苏等省报告，应毋庸议。又，电称：熟手难更会体，宜顾等语。查守卫既听议长指挥，则无论何处选派，均与会体无涉，该局初次开办，亦无所谓熟手。惟念该局守卫雇用在前，仍由贵抚体察情形，如果合格适用亦可酌留，以省纷更，希转饬遵照。

安徽谘议局来

宣统元年九月二十一日

电悉。敝局内系自设守卫。

江苏谘议局来

宣统元年九月二十一日

前复电想达。敝省守卫编制已函详，情形似不同。

四川谘议局来

宣统元年九月二十七日

贵局警卫是否由议长指挥定入会规。盼复。

复四川谘议局

宣统元年九月二十九日

敝局警察官派守卫，自设厅指挥，编入议事规则。

旅蜀赵启霖君等来

宣统元年九月二十八日

闻湘路公举黄镇军总理，旅蜀各同乡一体赞成。

致江苏谘议局

宣统元年九月二十九日

淮商加复一款久应提充公益，敝局已提议请抚咨江督照湘岸销数提作路款。昨奉来讯，深感同心，请贵局代表敝局意见并入议案，呈请江督裁决施行，毋任感盼。余函详。

致旅奉杨德邻君

宣统元年十月初二日

议员出缺，君已补，请速归。

杨德邻君复

宣统元年十月初四日

电悉当选，决意承认，但整装交代归湘会期已满，碍难从速。

再致杨德邻君

宣统元年十月初四日

会期延长，望初十前赶到。

杨德邻君复

宣统元年十月初五日

延长以十日为率，初十前插翅难飞，后归无益，决计明年到局。

致湖北谘议局

宣统元年十月二十三日

湘省灾重，待赈日长，非宽为收捐，款无从出。忽大部勒限造报，加成改章事，势断难办到，经抚部电请展至年终报部，未蒙照准。现在湘绅及敝局分电军机处、度支部，恳奏请将赈捐原减成数展限三个月，并呈请抚部会同督部堂电奏乞恩。鄂湘同是灾区，情形均迫，乞协同速办并电复。

致军机处、度支部

宣统元年十月二十四日

湘省水灾重于上年数倍，常、澧、岳各属灾黎惨状耳不忍闻。欲救民生，专资常赈，要以多收捐款为命脉，此外则点金无术。议员等自召集协商已驰函各本籍，酌请各初选当选人广为劝募，并于议案内请求抚部札饬各府厅州县，俟闭会，议员回籍会同筹办。所恃捐章轻减，庶不难集少成多，兹大部遽令改章，加成勒限，势必立形短绌，何以全活百余万待毙之生灵。议员等代表人民，目睹阽危，异常惶骇，不得已为民请命，冒昧陈言万，恳俯念巨灾，据实奏请将湘省常赈捐仍照部章原减成数展限三个月，如蒙照准，灾区穷庶感同再生，无任迫切之至。

旅奉同乡会来

宣统十一月初五日

艳电欣悉。此间正议集股并电请邮部废草约归商办，林梁到湘如何应付，招股章程如何，乞详细缄示，以便赶办。

汪荣宝君来

宣统元年十一月初五日

速记学堂刻正筹办，尚无定章，学生暂请缓派，详信续寄。

旅粤同乡来

宣统元年十一月初九日

路事议案公认，即设协会，集股筹抵。

江苏谘议局来

宣统元年十二月初七日

运商违章（朦）〔蒙〕收事，除由局议决呈盐院外，拟再由五省绅士公呈合争，请速举望重代表，并开联同绅衔于封印前到宁协商，同谒盐院。事关巨款，幸如约速复。

复江苏谘议局

宣统元年十二月十三日

运商（朦）〔蒙〕收违章湘岸售价，已由湘抚据议决案具奏，提充路款联呈确定，至纫公谊。敝省代表谢宗海到恐稍迟，如联呈，特开联衔：议长谭延闿，副议长曾熙、胡璧，常驻议员陈炳焕、刘润珩、李永瀚、钟才宏、谢宗海、李执中、丁沅、朱廷利、彭施涤、萧鲤祥、邹士桢、粟戡时、曾继辉、石秉钧、周煦埏、黎尚雯。

资政院致抚部院

宣统元年十二月初九日

各省互选资政院议员与谘议局常驻议员有间，除照章不得兼充谘议局议员外，其有他项差务者仍可照常充当，惟本院开会期内临时酌派代理，希即转饬遵照。

江苏谘议局来

宣统元年十二月十一日

赣、皖代表已到，鱼电请即复。

复江苏谘议局

宣统元年十二月十一日

敝省已举代表，小轮不通，到恐稍迟。

江苏谘议局来

宣统元年十二月十二日

代表即到，均难久候，请速复。

江苏谘议局来

宣统元年十二月十七日

四省皆集，拟共议进行方法，盼谢君速临，乞电复。

复江苏谘议局

宣统元年十二月十七日

谢君已行，不日即到。

谢宗海君由宁来

宣统元年十二月十九日

十八午后初开议，海赶到宁会商呈稿，二十二日公同亲递。

北京国会期成会来

宣统元年十二月二十六日

国会迟开，救亡无策，此次请愿无效，请联各团再举代表，合本会上书作后援。盼复。

安徽谘议局来

宣统二年正月初十日

盐价事已行运司，请举代表过皖，由宁赴扬。盼复。

复安徽谘议局

宣统二年正月十九日

电悉。照办。

致北京汪荣宝君

宣统二年正月十三日

现充本局速记系师范三学期毕业或中学二年以上，可否额外另送，乞示。

汪荣宝君复

宣统二年正月十九日

电悉。速记学生凡与中学毕业生程度相当者均可考选，奏章各省定额四人为限，未便多送，即希查照办理。

致江苏谘议局

宣统二年正月二十五日

函悉。敝省已举谢宗海赴扬，计到。

致上海孟昭常君

宣统二年正月二十七日

函悉。继续请愿，湘已发起，贵省不必举人来。

旅京鄂路代表来

宣统二年二月初一日

顷阅报纸传闻，邮部拟收广东路权，破坏商办成局，藉以抑制两湖。贵省近情如何，希速举代表来京合力争持。盼复。

复旅京鄂路代表

宣统二年二月初五日

东电悉。湘人全体拒款，路工进行愈力，现已电部力争。

同乡京官来

宣统二年二月初五日

路事危，代表速来京，行期电复。

复同乡京官

宣统二年二月初七日

电悉。路事内容究竟如何，乞详复。

谢宗海君由扬来

宣统二年二月初八日

速电催运台照案核准。

致扬州增运台

宣统二年二月初九日

淮盐加复钱价一案由五省公呈请提办地方公益，奉盐院批：由贵司查复。此系食户公输之款，于课商均无所取，历有成案可稽，湘路需款尤急，务恳从速照案核准，实为感（盼）〔盼〕。

致邮传部

宣统二年二月十五日

粤汉铁路借款，湘民誓不承认，屡经电恳钧部主持废约，日久未蒙宣布，报纸传闻异词，群情惶骇。现在湘路进行已有成效，务恳钧部俯顺舆情早决废约，并恳电复以安人心。

致同乡京官

宣统二年二月十五日

顷公电邮部请速废约，乞诸公先直接向部力陈，代表当即来。

鄂路协会来

宣统二年二月十六日

奉邮部批呈悉。查川汉、粤汉铁路宣统元年八月二十四日奉旨：著邮传部妥协接办，钦遵在案。此路关系数省，未便各分省界，惟造路以集款为先，既据鄂绅黎大钧等呈称民情踊跃，自应准其立案，设立公司招股。将来所有路事，应视湘、粤等省确定妥协之办法请旨一体遵办。此批。

复鄂路协会

宣统二年二月十九日

电悉。公司成立，同深忭贺。拒款尚未解决，愿协力以竟全功，敝省代表不日出发，贵省代表如将出京，乞电止。

致邮传部

宣统二年二月二十二日

前删电请宣布废约未奉复示，人心惶悚，谨公举曾继辉、粟戡时、陈炳焕、石秉钧北上面谒钧部，代表舆情，谨先电闻。

致同乡京官

宣统二年二月二十二日

湘路代表已举曾继辉、粟戡时、陈炳焕、石秉钧明日北上，乞合力极争。

致奉天、江南、江西、安徽、四川、湖北、广东、广西同乡

宣统二年二月廿三日

湘路拒款，邮部久未宣布废约，现已公举代表曾继辉、粟戡时、陈炳焕、石秉钧北上，乞合力电争。

邮部复抚部院

宣统二年二月二十四日

据湘绅谭延闿等电称：公举曾继辉北上面谒，代表舆情等语。查湘路公司前据该省全体绅商公举总理，呈由本部奏准派充，是湘路业举总理为全体股东代表，复经本部认可奏派，则议办之事自应由总理代行达部，断无另举代表与部直接之理。若以该省舆论而言，现既设立谘议局议长，亦应遵照章程，开议后由议长呈由地方官报部，更无绅商学各界举员代表之文。现据电称公举代表入都各节，本部决不承认，将来亦未便接待。希转饬遵照。

致邮传部

宣统二年二月二十五日

顷奉抚院交阅钧部漾电，敬悉。湘路拒款自办，万众一心，函电具在。事关全省生命财产，非但公司议局始可与闻，且公司总理屡据股东同意电请钧部废约，既未奉钧部明文，谘议局议决集款自办，不认借款，经抚院据案奏陈，奉旨邮传部知道，亦未见钧部废约办法。湘人待命已久，人心惶惶，报纸纷传，益增疑虑，不得已电请宣布废约，又不蒙复示。若非公举代表面谒详陈，下情何由上达，现曾继辉等业已出发，务恳钧部俯赐采纳，以顺舆情，大局幸甚！

致同乡京官

宣统二年二月二十五日

邮传部电：不承认代表。湘人大愤，现代表已出发，望合力对部抗争。

邮传部复抚部院

宣统二年二月二十九日

顷据绅商学界谭延闿等径电，称湘路事关全省生命财产，非但公司议局始可与闻，现公举代表曾继辉等业已出省，务恳俯赐采纳等情。查公司系营业性质，非股东不能干豫，既由股东举定总理，湘路各事应由总理代表股东与部直接，若于股东代表总理之外又复另举代表，本部断不承认。希转饬遵照。

旅蜀黄忠浩君来

宣统二年二月二十五日

举代表，请废约，已遵示电部前部员查复。林梁入京后情形何如，乞详示。

复旅蜀黄忠浩君

宣统二年二月二十六日

电悉。林梁入都后无消息，代表已行，邮部来电阻止，现正研究进行极力抗争，乞随时协助。

旅奉湘路协会来

宣统二年二月二十六日

顷已组成旅奉湘路协会，并用会名电部，乞速寄章程、股票并示近情。

盐政处致江、皖、赣、鄂、湘五省（由抚部院转）

宣统二年二月二十五日

淮南商本内复价一款，前准度支部来咨酌提公用，当经本大臣札饬淮运司核议，具详在案。兹据四岸运商姚吉昌等电禀苏、鄂、西、皖、湘五省绅士请提盐价余款兴办地方公益，因捐款重叠请予免提，并准湘抚咨请拟提复价作湘省路款。本大臣查光绪二十一年规复商本内之原减岸价，原以钱价骤涨，故为此举。现在银价已涨至一千五百文以外，复价一项自非该商所应得，何得（籍）〔藉〕

口捐款请予免提。况当时原减岸价系减商本及盐厘两项，今盐厘之复价虽经提回，然历年所亏已属不少，方今国家财政困难，此项商本内复价全数提归公用，以弥补从前盐厘亏耗。此款既准部咨提归公用，所有各省地方公益及铁路用款提议复价之处未便照准，希即转行遵照。

江西谘议局来

宣统二年二月二十七日

运商（朦）〔蒙〕收一款准盐政大臣札开，已由度支部提归公用。五省力争方有成议，忽归部提，似近攘夺，且（朦）〔蒙〕收已久，部臣何以早无觉察，仍应各派代表会集鄂局，商定赴京争回日期，请由宁局酌定通电。

致各报馆

宣统二年二月二十九日

湖南澧属灾荒惨巨，恳代登募赈，速救残黎，不胜感盼。余函详。

致同乡京官

宣统二年三月初七日

初一日，米价涨至八千有奇，南城外贫民要求减价，长、善两县令不能排解。初四日，抚院委警道赖、长协杨出城弹压，赖、杨但严词恐吓，居民大噪，匪徒乘势辱赖，拥至抚署。抚台并不速出开谕，但调兵卫署，时辕门内外聚积多人，匪徒彻夜喧闹，拆毁抚署照墙，抛掷砖石，并鸣锣胁铺户闭市。初五早，军队放枪毙多人，匪徒愈噪，碎毁抚署头门至大堂。巳刻，藩臬府县暨绅士会议席公祠，众绅随同藩臬步行，晓谕铺户开市，出示减价，贫民已解，匪徒不散。自是日午刻至初六日巳刻焚毁城内外教堂、学堂各数处并新关太古怡和公司。未刻，焚三井洋行堆栈。绅士建议请护，抚庄派兵缉拿匪徒，登时诛二人，长沙县亦捕杀二人，匪立散，风波稍平。特奉闻并转告代表四君。

复旅蜀黄忠浩君等

宣统二年三月初八日

初四夜，贫民求减米价，莠民乘之哄烧抚署头门至大堂，连烧城内外教堂、学堂各数处并新关太古怡和公司、三井行堆栈。初六未刻，捕斩令下，始戢。

北京铁路代表来

宣统二年三月初八日

省城饥民滋事，现情如何，乞速详复。

复北京铁路代表

宣统二年三月初九日

湘乱情形已详公电。现人心稍定，惟交涉甚难，赔偿恐巨，拟开临时会。路事近情如何，乞先详复。

致军机处、湖广总督部堂瑞

宣统二年三月初九日

湘省民食翔贵，绅商屡请岑抚筹备，阁置不问。昨贫民因乏食在南城外滋闹，并不设法平粜，遽饬巡警道拿办，致激众愤。群集抚署，要求释放，岑既不出开导，但将常备军、巡防队悉调署前自卫，各处教堂、学堂、租界、洋行遂无一官一兵保护，听其焚毁。及抚署被焚，皇遽无措，悬牌捏称病重，以关防交藩司用，署巡抚名义出示，乱民始稍解散。岑已潜避臬署，置大局于不顾。连日拿办匪党、安辑居民皆藩司主持，湘人皆谓岑故庄署属实。现在各属，伏莽正多，闻之皆将蠢动，若非速简贤能，必至更生事变。昨由在籍士绅聂缉椝、王先谦等公电鄂督台端，恳请转奏，事关大局安危，用敢合词吁恳王爷中堂大人迅赐、督部堂乞即分别呈奏，请旨施行，不胜迫切待命之至。

湖广总督部堂瑞复

宣统二年三月十一日

本日已前准初九日贵绅公电悉。查湘省痞徒滋扰一案，业经本署部堂据情具奏。初八日已奉岑抚开缺查办，杨藩司文鼎暂署湘抚之命不日即可莅湘。所有善后一切，幸贵绅等熟筹妥办，以期辅助官力，杨抚即可到任。一切并祈宣告，以释群疑。

复湖广总督部堂瑞

宣统二年三月十二日

真电谨悉，同声感戴。湘乱稍息，仍恐蔓延，敬恳商请杨抚院迅即移节，藉资镇抚。

致署抚部院杨

宣统二年三月十二日

湘人望公如岁，恳速移节莅湘，以慰舆情。

铁路代表来

宣统二年三月十四日

房股具呈否，代表来公司电部否，速复。

旅奉熊希龄君等来

宣统二年三月十五日

报载饥民暴动，已成巨案，甚为悬虑。公等既为全省代表，岂可坐视。应开临时会，要求官长筹集巨款以救灾黎。弟等已电请瑞督，奏请将度支部练兵加价及江南新政加价盐款概行截留，以充赈款。请就此提议，乞速复。

旅京陆鸿逵君等来

宣统二年三月十五日

明激饥民变，如认为匪徒，外交更难著手，名称宜正。

复旅奉熊希龄君等

宣统二年三月十六日

电悉，尽筹佩极。敝局现拟开临时会统筹善后，仍乞随时指导。

北京铁路代表来

宣统二年三月十六日

善后事速呈抚奏请派川汴多协粮第，缓归价并请帑赈，赔款宜极力磋商，使少防经手人横吞。

复铁路代表

宣统二年三月十六日

两电悉。乱事已定，善后事宜当照办，房股即具呈公司，早电部。

再复铁路代表

宣统二年三月十六日

人心大定，公司依旧进行。拒款事请商在京同乡诸公，仍申前请如何，候复。

旅皖李辅焘君等来

宣统二年三月二十一日

路关全省命脉，得诸公毅力维持，同深感激。遵即开会集议，合电力争，并拟筹招股办法，余函详。

复南京谘议局

宣统二年三月二十二日

函悉。联合会场主张在京。

致铁路代表、同乡京官

宣统二年三月二十五日

善后事迫，已定于五月朔开临时会，先请诸公征集意见，从速寄示，以裨全局。

致铁路代表、同乡京官

宣统二年三月二十五日

交涉尚未开议，闻已向部直接，望请外部令领事与湘抚就近议结。

铁路代表来

宣统二年三月二十六日

交涉应由局急电政府归湘议结，此事局有特权，毋诿京官后援。

复铁路代表

宣统二年三月二十七日

电悉。已电政府外部，请转致同乡协助。

致军机处、外务部

宣统二年三月二十七日

湘省饥民乏食，地方官未能防患，致肇事端，波及教堂、商埠，实非仇教排外可比，即旅湘教士、商人亦均持此论。伏恳王爷中堂大人婉拒各公使，将此案交新任督抚就近调查确情，从速议结，以靖人心而敦睦谊。

致湖广总督部堂瑞

宣统二年三月二十八日

湘省乱事，因防范未周，波及教堂、商埠，实非排外仇教可比，旅湘教士、商人亦均持此论。仰恳电商枢府外部婉拒各公使，将此案归公主持，会商新抚院就近议结，以靖人心而全大局。湘省幸隶仁帡，湘人生命惟公是赖，议局有代表人民之责，谨迫切电陈。

湖广总督部堂瑞复

宣统二年三月二十八日

俭电悉。湘乱固非排外仇教，然因与官隔气，波及外产，是谁主使，诸君当有公论。至赔价损失一节，各国已有联合与外部交涉之谋，(澄)〔呈〕与杨中丞往返电商，以就地分国议赔为妥。前已电告外部，得复：深以为然。特复。

致外部、邮传部

宣统二年三月二十八日

湘乱甫平，人心浮动，路事久未解决，谣传甚多，不无后虑。伏恳大部主持，决定废约，早赐宣布，以固民心而维大局。本局有代表人民之责，未敢缄默，谨肃电陈。

北京国会代表团来

宣统二年三月二十九日

续上书，决定四月二十日请各代表速来。

广西魏藩台来

宣统二年四月初六日

湘赈现在如何办理，主管何人，乞示。

复广西魏藩台

宣统二年四月初六日

鱼电敬悉。湘事敉平，赈务由杨抚奏请赈款三十万购西贡米十万石、赣米二万石外，绅款已集三十余万元，由朱雨田京卿及商会主持购米平粜，每升价四十文。尊处如能提倡，尤为桑梓叩祷。

致旅奉杨德邻、京陆鸿逵君

宣统二年四月初八日

五月初十开临时会，乞先归。

旅奉杨德邻君复

宣统四月十一日

电悉，准归。

旅粤夏寿华君等来

宣统二年四月初九日

饥民酿祸，由官激成，善后之策，亟宜妥议。奉省同乡三策最为扼要，望即开临时会决议。又，借款筑路、以工代赈亦应及时提议部借部还，并无流弊，空言拒款，实误事机，力挽浮论，责在诸子。

旅鄂同乡来

宣统二年四月初十日

湘乱官激赔款，湘民决不担任，分归官偿。及善后各节，熊京卿所请务恳力持争辩。

复北京国会代表团

宣统二年四月十六日

电悉。湖南商学界公举代表刘善渥、王尹衡已北上，如呈先递，请代签名。

致浙江谘议局

宣统二年四月十九日

贵局议决本省行政命令施行法及公布本省各种现行章程规则两案，宪政馆如何核复，祈详细函示。

复旅鄂同乡

宣统二年四月二十一日

电悉，敬佩。定五月初十开临时会，善后事宜仍希指导。

致铁路代表

宣统二年四月二十一日

寒函惊悉。墨公断指活湘，同深感泣，宜速调摄为全湘保重。湘路拒款自办，誓达目的，决不容夏、黄辈妄腾簪说，各界及本局均已电驳。

致两广督部堂袁

宣统二年四月二十二日

湘乱开会统筹善后正征集意见，适得旅粤同乡夏寿华等庚电，以祸由官激，主用奉策，实所深佩。至路事，本局坚持拒款，前后函电具在，业举代表在京共见共闻，故未置答。不图径电帝国报揭载借款，殊深骇诧，伏冀剖晰利害启导，诸君无持异说以惑观听而误事机，全湘幸甚！

旅皖李辅焘君等来

宣统二年四月二十二日

激变饥民，咎将谁属，赔偿外人财产应援沪闹公堂案，若再加湘民担任，恐生他乱，求力拒以保桑梓。

北京国会代表团来

宣统二年四月二十四日

代表皆集京，将递呈。罗赴日，请速举人，可否委陆鸿逵，速电复。

致铁路代表、同乡京官

宣统二年四月二十四日

瑞督袒庇岑抚，归咎士绅，颠倒事实，预为抵制官赔地步，且恐外人藉口要挟，即电枢府，请旨复查，乞联名奏参。

致军机处

宣统二年四月二十四日

湘乱由官酿成，久在洞鉴。事前湘绅屡请阻禁备赈，有案可查，岑抚始则偏执成见，玩忽迁延，临事畏葸无能，但思卸责。巡抚为一省政权所出，贻误至此，咎何可辞。鄂督归罪士绅，为岑曲脱，殊失情理之平，业经奉旨，本不应冒昧渎陈，惟谘议局为代表舆论机关，事实昭然，不敢缄默，应如何请旨复查以服人心而昭公道之处，伏乞钧裁。

铁路代表来

宣统二年四月二十六日

路贼运动，借款甚力，邮尚将回，请速约公司各界助力，向部公电交争。

致邮传部

宣统二年四月二十六日

湘路毋须借款，已举代表胪陈，并由公司呈明钧部在案。如有不顾大局之湘人冀便私图，妄生异议，全省决不承认，敬乞始终保全，迅赐复示，以息浮言而定人心。

北京国会代表团来

宣统二年五月初三日

代表团专员赴晋，查确议长被诬辞职，事关全局，恳速电慰留。

湖北谘议局来

宣统二年五月初三日

盐案代表均在京，贵局谢君何日起程，乞复。

复湖北谘议局

宣统二年五月初四日

电悉。敝局临时会在即，谢君未能即行，余函详。

致山西谘议局

宣统二年五月初四日

交文事诸公处理尽善，毋因浮议遽萌退志。

致铁路代表

宣统二年五月初五日

见徐否，批否，会期归否。

致苏州左臬台

宣统二年五月初九日

本年江苏新军闹成交涉，报载廷寄令协标统照赔损失是否属实，乞查案迅赐电复。

云南谘议局来

宣统二年五月初九日

雨甚河溢，恐为湘患，乞预防。

北京国会代表团来

宣统二年五月十一日

初十书已上，祈速合电政府要求。

致四川、广东、云南、盛京、吉林、苏州同乡

宣统二年五月十五日

常德水灾，溃垸甚多，收成难望，下游灾区皆属可虞，急待赈济，乞诸公劝募义赈，速救灾黎。

广东袁制台复

宣统二年五月十六日

删电悉。常德水灾，迭接督抚院、商务总会来电，均经分行司道设法协济，劝谕捐助，并将办理情形分别电复矣。

奉天熊京卿等复

宣统二年五月十七日

删电敬悉。奉天已协济万金，吉林五千金，即日汇湘。募赈办法业电商鄂督、湘抚，得复再办。昨得公司电称，有款亟应先将长岳路线提前赶办，以工代赈，乞提议。

云南魏藩台复

宣统二年五月二十九日

删电敬悉。常德水患频遭，深堪悯念，遵当速筹赈济，藉慰廑怀。

北京国会代表团来

宣统二年五月二十九日

请愿无效，决为三次准备，誓死不懈。

四川黄提台复

宣统二年五月三十日

常德水灾，承川省公捐银二千，同乡凑假八千，共万两，电汇常，求派妥员会绅速放。

致湖北谘议局

宣统二年五月三十日

盐案代表消息如何，乞示。

旅沪袁仲龙君来

宣统二年六月初九日

奉制宪札委驻沪劝办常德赈捐，商会公允义赈，惟须得常德灾情，请即详细电告，以便集有成数，早汇来湘。

复旅沪袁仲龙君

宣统二年六月十一日

电悉。常德因上游水溢，溃决极宽，灾倍上年。待赈孔急，承与诸公协济，甚感，乞速汇湘散放，不胜盼祷。

旅京学界来

宣统二年六月十七日

四国代表来京，催急外部，将允乞维持。

旅京劝股会来

宣统二年六月二十二日

闻外部致邮传部函有四国银行已在巴黎会议支配湘粤路款，代表即日来京速定办法，免误大计等语。事势危迫，速电外部力争。

旅奉同乡会来

宣统二年六月二十二日

顷得京信，四国代表执约硬争，不惟拒款徒劳，且恐路权尽失。公司应统筹全局，设法对待，免悔噬脐，乞速复。

致徐协揆

宣统二年六月二十三日

湘路无须借款，前承面谕，深感德意。顷闻四国银行代表来京，仍恳主持拒绝，至为盼祷！

致外务部、度支部

宣统二年六月廿三日

湘路完会自办，毋庸称贷，业经邮部批奖，转咨钧部在案。现统筹路款，除盐、米两项，三佛余利岁入百余万圆外，累进租股、房股、薪股岁获约五百万圆，商股亦较前踊跃数倍，款项实已有著，路工克期可成。顷传四国银行代表来京交涉，舆情惶骇，伏乞钧部严词拒绝，注销草约，宣示天下，以保路权而定人心。

致邮传部

宣统二年六月廿三日

湘路完全自办，毋庸称贷，业蒙钧部批奖，风声所播，路股踊跃，路工猛进。顷传四国银行代表来京交涉，钧部必已严词拒绝，不待电渎。惟讹言纷传，舆情惶恐，伏恳罢约宣示，以定人心而维路政。

旅京学界来

宣统二年六月廿四日

确查路危，签押在即，另函告，乞速拒。

旅京学界来

宣统二年七月初一日

路危，速举代表来。

旅京劝股会来

宣统二年七月初一日

邮部派苏舆、章华签注合同，祸迫，速电枢、外、邮、度力拒。

致旅京同乡苏舆、章华君

宣统二年七月初一日

闻借款草约派两公签注，正可极力设法注销。两公湘人，务恳勉为桑梓肩此责务。乞速复。

致鄂路协会

宣统二年七月初一日

四国代表进京，警告迭来，贵省如何对付，乞速电复。

鄂路协会复

宣统二年七月十四日

电悉。敝省已电部力争，坚持到底，纵令借款，誓不承认，并克期选举开工，祈嗣后联合一气，以为声援。

致奉天、吉林、成都、广州、苏州、西安、福州、桂林、云南、济南、南昌、太原、兰州、武昌同乡

宣统二年七月初一日

湘路邮部前许自办，今四国银行代表到京迫借，公司各界业已电拒，请速电部协争。

旅赣同乡复

宣统二年七月初三日

电悉，遵即电部协争。

旅奉同乡复

宣统二年七月初四日

东电敬悉。借款事迫，前已由弟等电促湘公司设法对待，盖此项南皮合同一经画押，非仅取销拒款，且并夺我商办之权。言之焦愤，若徒纠各省同乡电争，彼此空言无效，弟等意吾湘非派资望卓著之绅迅赴北京相机办理，不足以挽回危局，应请余总理、谭议长即日起程北上。事关全省命脉，幸力争不患无辞，桑梓

责望，惟在两公，请坚持正论，签注稿乞寄示。

致外务部、邮传部、度支部

宣统二年七月初九日

湘路款能自修，无须外债，久在洞鉴。闻四国代表来京，人心惶骇，查外债弊害无穷，此次草约工程师、查账人两条丧失国权，购料回扣大损路利，万难承认，伏恳主持立废草约以断葛藤。全省感戴！

致旅京陈炳焕君

宣统二年七月初九日

见徐如何，部咨湘抚，谓湘款不可恃，已呈辩。

陈炳焕君复

宣统二年七月初九日

徐病假，未见。闻庆邸严责邮部主借，事迫，速派代表来。焕见后，电告即归。

复陈炳焕君

宣统二年七月初十日

即举代表来京，公专任侦探。事未定，请勿回。

陈炳焕君来

宣统二年七月十一日

合同贻重已签注，闻不坏，速电讬。

复陈炳焕君

宣统二年七月十二日

电悉，已电托，签约内容请钞示。

致旅京陈毅君

宣统二年七月十二日

湘路前承部奖，款集工速，复闻借款，人心惶迫。公任签注，必为湘请命，力主废约，不胜企望。

旅京陈炳焕君来

宣统二年七月十四日

勿迟误，并乞电复。

旅蜀同乡复

宣统二年七月初四日

东电悉，已电邮部协争。

旅甘同乡刘京卿等复

宣统二年七月初四日

湘路不借外债，已电部协争。但款事非空言可拒，望速举声望素著总理赶紧筹款，分段开办，以免觊觎。

济南同乡罗学台复

宣统二年七月初四日

电悉，照办。

旅京劝股会来

宣统二年七月初四日

外、邮力主借款，情形危迫，请速电枢、外、邮、度力为拒绝，并电宦游各省同乡、鄂省铁路协会，促其一体电拒，以资多助，并乞速寄密电本。

复旅京劝股会

宣统二年七月初四日

电悉。部及各省电均已发密本早寄，现在情形仍乞电示。

钟才宏君由汉口来

宣统二年七月初四日

得部密函，路危。鄂筹设公司，总理举柯黎，代表续举，湘宜速定计。

旅京同乡苏舆、章华复

宣统二年七月初七日

电悉。签注事恳辞，未得。同人现拟逐条细注，惟英文并无尾条，棘手情形可胜浩叹。

复苏舆、章华君

宣统二年七月初九日

电敬悉。草约作废，成例甚多。华、英文不符，尤当拒绝。大部据理，徐入军机，唐少帅署邮尚，沈暂署，盛回邮任，机甚好，代表速来。

陈炳焕君来

宣统二年七月二十一日

路事须唐到，现派李余查湘款，京官望魏帅率新代表来振，吾拟回劝驾，弟留无益，即归。

复陈炳焕君

宣统二年七月二十一日

电悉。代表举定八人，魏已劝驾，俟马到，再促路事。变幻无常，专恃公探，万勿归。

陈炳焕君来

宣统二年七月二十三日

唐快来，代表能通英、法、德语可介绍直接外国代表。

致联合会议员左学谦君、曹作弼君

宣统二年七月廿五日

督抚札复议案任意延阁，应于局章规定十五日期限请提议。

致旅京陈炳焕君

宣统二年八月初五日

李余分查工款，与公司电部情形相符。初五回京如何禀复，请探听曾请，魏尚无信。代表应否先发，请酌示。

广东谘议局来

宣统二年八月廿三日

闻瑞、锡二督拟联各省会奏借外债数万万筑路确否，此事重大，尊处意见若何，乞示。

复广东谘议局

宣统二年八月廿六日

漾电悉。瑞、锡主借款事万难承认，俟调查确后再奉商。

桂林谘议局来

宣统二年八月廿八日

敝局与抚院力争禁烟展限案通告计达，现全体辞职。

复桂林谘议局

宣统二年八月廿九日

函电均悉。公布施行案万无展限之理，已电魏护院矣。

致桂林魏护院

宣统二年八月廿九日

公布施行案东、西各国无展限之例，贵治议员全体辞职，务乞竭力维持。

桂林魏护院复

宣统二年八月廿九日

艳电敬悉。分区立限禁烟，系官厅提议，由局赞成，临时窒碍，前院批展，议局反抗，曾电部，奉复：酌行奏咨。又察度情形，改原展五月为五十日，议员辞职亦经分电馆院，惟有静候，承注感谢。

广东谘议局来

宣统二年八月廿九日

桂局因烟案全体辞职，敝局已电院，乞联争。

致旅日同乡会

宣统二年二月廿二日

湘路拒款，邮部久未宣布废约，现已公举代表曾继辉、粟戡时、陈炳焕、石秉钧北上，乞合力电争。

致旅日同乡会

宣统二年七月初一日

湘路邮部前诩自办，今四国银行代表到京迫借，公司各界业已电拒，请速电部协争。

湖南谘议局议员通问录

湖南谘议局第一届议员一览表

第一届：78 人

姓　名	别号	年龄	籍贯	住　所	通问处
谭延闿	组庵	三一	茶陵	省垣荷花池	宫保第
冯锡仁	莘垞	五八	沅陵	柳林汊	常德府城沅靖官运公司
曾　熙	俟园	四九	衡阳	西乡龙田桥	南路师范学堂
刘元鑑	亮秋	四二	桂阳	北乡高福头	桂阳州劝学所
杨圭埏	作臣	三十	古丈坪	北门内	北门内
易宗夔	纬舆	三五	湘潭	十都明港	劝学所
彭施涤	心荃	三六	永顺	西乡大井	城内协正街泰和仁缎号
黎尚雯	湝崧	四二	浏阳	邑西青草市	乐心田高等实业学堂

续表

姓　名	别号	年龄	籍贯	住　所	通问处
刘承孝	初民	四五	华容	邑东外乡南雁山	北城外劝学所
谌伯瑞	辑五	三八	溆浦	邑南百二十里龙潭	县城利用公号
曾继辉	月川	四一	新化	亲睦团水口村	新化劝学所
周煦埏	汝霖	四六	湘乡	白龙都柏门楼	湘乡县城十八里团防局
李永瀚	惠荃	五十	芷江	沅州府城府学宫左	府学宫坪左吴茂兴店
洪泽灏	商舫	四一	道州	南门外水南街洪宅	调查局
李有珪	松江	四十	邵阳	东乡九龙岭雁门前	东门外永昌纸店
郑　鼎	定三	五三	麻阳	下乡桑林约	县城南街郑宅
姚炳麟	瑞承	三六	晃州	大鱼塘大坪	晃城巡警局
皇甫天成	敬之	三九	桃源	县城西街	本宅
唐右桢	召皆	五七	武陵	离城百里前乡唐	县城内育婴堂
刘忠训	心符	五十	浏阳	县城团防总局	团防总局
刘楚英	澄甫	五十	耒阳	北乡兴二区锡田	东门内刘氏宗祠
周鸿勋	右铭	四六	零陵	西乡涧山	府城自治公所
刘善渥	雨人	三十	浏阳	南正街刘公馆	省城文星桥宋寓
谭兆元	嵋仙	五六	益阳	泉交河石仑村	二堡资裕祥
李恒泽	润生	五二	善化	府正街	群益图书公司
周翼崧	约循	五四	湘潭	西乡岳冲	县城劝学所
宋增馨	鞠仙	四一	湘潭	三门	十八总正街怡生祥绸缎号
周名建	屏侯	五七	清泉	府城内财神殿巷	府城内财神殿巷
侯昌铭	箴青	五五	永定	南乡木讷里	县城文昌祠内自治所
刘献典	丽堂	四七	清泉	南乡渣山坪	府城内堰堂巷刘氏试馆
胡　璧	桐琴	六八	零陵	北乡梅溪州	永州城内铁路收股处
萧湘柱	竹雯	四十	新化	大同团阳硐村	新化中学堂
朱廷利	彦才	五十	桂阳	津江村	省城黄泥段朱寿康堂
杨若时	子敬	四四	江华	黄沙	杨同发店
黄　锳	同阶	四九	长沙	清泰都	谘议局缪君润泉转寄
罗亮杰	次龙	四六	安化	归化乡浮山	县署转
何居怡	晴溪	四六	永兴	牛头村	县城协茂药号

续表

姓　名	别号	年龄	籍贯	住　所	通问处
王鼎峙	希安	三四	邵阳	西乡留田	郡西门和吉织造公司
汤鲁璠	稚庵		善化	省垣孙家桥	湑庐
刘泽林	鹤山	五三	武冈	西乡茶园	城内警务局
何步蟾	云阶	五六	道州	西乡沙田	自治调查局又水南街洪宅
姜岳崧	蓀谱	四九	宁远	东乡万石桥	城内息讼所
刘润珩	笠湖	五四	湘阴	县城十字街	十字街
黄本崑	紫珊	六三	龙山	南门里	南门里
钟才宏	伯毅	三十	蓝山	在城乡高阳里	城内松鹤堂
王章永	杖芸	四七	宁乡	二都秦塘冲尚德门	县城大西门王义泉号转交
周毓丰	凤山	四一	新化	永固团石脚村	劝学所
贺景章	紫云	五四	湘潭	六都姜畲	自治局
周广询	采之	五三	湘乡	三十八都冠曹区	县城劝学所
郭景鳌	临照	四六	益阳	八里昌家坪	县城郭宗祠
丁鸣盛	歌镛	三八	攸县	北乡高枧	城内劝学所
邹士桢	幹周	四一	溆浦	五都桥江	县城正街利用公号
谢宗海	聘卿	五四	巴陵	县城棚厂街	南门外谢谦益盐行
左学谦	益斋	三一	长沙	大贤都常家冲	长沙筹办地方自治公所
曹作弼	槐生	四二	湘潭	中八都五甲璋壁堂	十六总怡生祥缎号
石秉钧	公溥	四三	邵阳	府城内汲泉保沙井	府城内汲泉保沙井头
陈文玮	佩珩	五五	长沙	省垣樊西巷	枫林陈寓
钟逢优	笏唐	四七	桃源	北乡莫林村仙华冈	县城前西街皇甫宅
萧鲤祥	笛坞	三九	衡阳	北乡三官殿寺门前	城内南路分校
李积璇	贵勤	三九	平江	南乡沙段	平江金卯局
潘振铎	宝孚	五四	武冈	西乡围塘团	城内警务局
罗蔚廷	文岩	五十	桂阳州	西乡西湖塘	城内劝学所
刘佐璿	履谦	五九	醴陵	北乡清安境	城内育婴堂
于云赞	奎仲	五七	慈利	城内东门正街	瀛洲第
危耀垣	菘礽	五六	湘阴	城内诗礼堂	诗礼堂
吴树声	仁风	五六	永绥	城内裕新当铺	裕新当铺

续表

姓　名	别号	年龄	籍贯	住　所	通问处
丁蕃绶	翰园	五十	长沙	河西都乌山	县署侧新粮科
罗　杰	峙云	四四	长沙	省垣北门吊桥侧	吊桥侧
陈炳焕	树藩	五十	湘阴	省垣学院街	湘阴陈寓
丁　沅	芷庭	六一	武陵	北乡黄鹂滩	常德大西门后街胡太史第
张文卿	位箴	五十	辰溪	南乡温塘坪	山塘驿麻恒盛染坊
向　燊	乐毅	四一	衡山	白莲市	城内北直巷恒生典
粟戡时	墨生	三一	长沙	东乡筱塘	城内松云纸局
杨本沼	璧卿	四十	会同	西门内	城内警察总局转交
李执中	懋吾	四九	石门	上街	李陇西堂
易宗羲	佑恂	三五	善化	第五区云田	南门口鸿章纸局
陈晋鑫	左蘅	六十	善化	南乡蠡塘	东门捷径陈汇泽堂
储世镜	明秋	四四	靖州	西门外艮山口枫木村	城内警务局

湖南谘议局议事录

成　立

各省谘议局遵光绪三十四年上谕，于次年一律成立。湖南谘议局遵限，定宣统元年九月初一日开会，以谘议局建筑未竣，抚部奏准假长沙府学宫明伦堂为会所。

选举议长

全省议员既赴召集，佥以会期在迩，主持准备责任宜专正、副议长，须先期确定，遂于八月二十五日预行选举正、副议长。行政官自布政使以下咸莅局，议员至者六十九人。互选投票自午前十时起，至午后四时止。互选议长谭延闿君得五十七票。互选副议长第一次冯锡仁君得二十七票，罗杰君得二十二票，均不及过半数，遂以冯君、罗君重投，冯君得三十七票。互选副议长第二次曾熙君得三十八票。于是决选以谭延闿君为议长，冯锡仁君、曾熙君为副议长。

开　会

宣统元年九月初一日，湖南谘议局成立。议长、副议长、议员到会，行政官自抚部院以下咸莅局。午前九时行开会式，行政官由东阶、议员由西阶莅会场，恭上筹备宪政旷典。祝词毕，抚部命委员读开幕演说词，议长命书记诵答词，礼毕，退入茶会厅。是日官吏赴会者四十五人，旁听者三百余人，自开会至散会秩序整齐，罔不欣庆，诚我国数千年来未有之盛事也。

纪　要

副议长冯君以事未至，公推罗杰君代行副议长事。

筹备宪政旷典祝词

圣清二百七十载，圣祖神宗绵绵相嗣。我孝钦显皇后暨德宗景皇帝图皇基于亿叶，迈宪政于六洲，用是远绍皇古，询于谋及之旧制，旁采列国立法与行政、司法峙立之宏规，洵为我国铸古融今之旷典也。今上冲龄达孝，仰承先志，诏各省先创谘议局，继开资政院。湖南臣庶筹构兹局，难辛缔造，以底于成，济济雍雍，欢庆无既。兹局既为立法枢纽，兼为参事机关，凡发言执行，允宜宣我上德，沦我下情，近济吾省，远济吾邦，内政修明，国威远播，以扬我天子休命。自兹厥后地无论南朔东西，民无论满汉蒙回藏卫，各抒忠爱，远拓宏规，日月重光，瀛环慕德，中兴伟业基于此矣。我臣庶延颈企之，谨祝。

抚部院演说词

今日为谘议局开幕之日，即人民参与政事之日，亦即舆论发生之日，全省人民咸拭目而视，倾耳而听，延颈企踵，喁喁望治。诸君子以巨人长德为里党所推重，出而代表全省人民，必有以副全省父老子弟之望，春萱忝抚是邦，躬逢盛典，亦得与诸君子相接洽，欣幸之怀，匪言可喻。夫谘议局之设，为我中国数千年来未有之创举，而在今日救亡图存不可缓之要图。何以言之，大凡一国之中，朝野上下，能同心协力以谋国家之发达，则治，则富，则强，否，则乱，则弱，则危。泰东、西各立宪国均以人民为国家三要素之一，其要点则在以立法权公之上、下议院，俾人民有参与政事之特权，即使人人知个人与国家之关系。有应享之权利，即有应尽之义务，权义分明，而后忠君爱国之忱、急公奉上之义不烦告语而自解，此则东、西各国所以强大之原因。然则欲立国于天演竞争、优胜劣败时代，非伸张民气、固结民心、俯顺舆情、博采舆论不可矣。稽诸我国历史，古之圣帝明王旌以进善鼓以纳谏，而诗书所载，一则曰询于刍荛，再则曰谋及庶人，他如明堂之制、周礼之规，事无巨细，多决于民，载籍灿然，无庸赘述，此为中国最注重舆论时代。所惜者上有虚怀采纳之心，在下者无一定机关、一定专员、一定言责为之献，可而替否，及其久也。采用舆论与否，悉听在上者之自为，发抒言论与否，一任人民之自便，世变愈深，专制愈甚，流及末造，如周厉监谤、秦诛偶语，务以挫抑民气、愚黔首为不二之政策，此为中国最压制舆论时代。嗣是而后，升降递嬗，王政殆难复古，舆论之不张也久矣。今我国家幡然改图，破除（锢）〔痼〕习，远企唐虞三代之隆风，近参东西列强之成法，特颁明诏，于宪法未颁、议院未开以前，各省设立谘议局选举议员，以参与一省之政事，此于宪政前途实有莫大之关系。其故何也？国无论中外，断未有上下隔阂而国势可以有进步。政体可以言立宪，盖隔阂则上下之情不通，譬如人之一身气血凝滞，关隔不利则病，国家亦犹是也。我国内与外隔阂，官与民隔阂，士农工贾不知结团体，不知谋公益，则人民与人民又隔阂，及今不图，缓将不治。谘议局者，于官与民之间为之枢纽者也。在官一方面，以庶政公诸众论，俾之从容计议，共同商榷，则可以收集思广益之效；在议员一方面，具有代表一省人民之资格，则即以一省人民之意思为意思，一省人民之利害为利害，而即代一省人民发表意思，陈述利害，此后上下隔阂之病涣然水释矣。此应为谘议局前途祷祝，而即应为宪政前途庆幸者也。虽然通上下之情、除隔阂之病，此固谘议局之效果而议员之天职矣，夫诚欲收此效果，则谘议局内部组织之法不可不研究也。谘议局内部组织之法，一在和衷共济。大凡多数人参与一事也，各有心思，各有志虑。异同之见，贤者不免始则相竞于是非，继则相持以意气，终则互相倾轧，虽破坏决裂而不恤，开盈庭聚讼之端，滋筑室道谋之诮，舆论萌芽断不可有此现象。诸君子以济济之才、休休之度，出而为全省谋利益，断不至以小忿而乱大谋，此则毋庸代为鳃鳃过虑者一也。一当化除畛域。议员者，全省人民之代表，非一州一县人民之代表。第恐一事也，甲县、乙县所受之利益不同，则甲议员与乙议员之意见遂异，关怀桑梓讵非人情之常特所见，局于一隅，即何以规画全体。且各怀利己之私，将成散沙之势，诸君子毅力热心，规画远大，自能统筹兼顾，而不至狭小其范围，此固毋庸代为鳃鳃过虑者二也。一宜言行相顾。谘议局者，议决机关也，议决机关之所议决，必审度为执行机关之所可行，乃不至贻空谈无补之讥，有言行龃龉之弊。盖天下事，坐言易而起行难，凭理想颇为圆满，及实行则多窒碍，简单之理论可以解决，而见诸事实非统筹全局不克施行。诸君子富于经验，必不至放言高论，强人以所难能，此更毋庸代为鳃鳃过虑者三也。总之，一省之大，方舆辽阔，政务殷繁，一人之耳目有所难周，访察或虞不确，必赖多数人之开诚布公，共相赞助。况行政官本以统筹通省利病、规画地方治安为先务，各议员亦以指陈通省利病、筹计地方治安为宗旨，目的既同，则将来行政官对于各议员固群策群力之是赖，各议员对于行政官即有相维相系之原因，合之则两得，离之则两伤。当此时势艰难，事机危迫，食毛践土，共戴皇仁，全体个人同负责任，合群为竞争之本，改良即进步之阶，宜疾起以力追。倘稍纵而即逝，九年预备转瞬已届，百端待理，先事宜筹，必行政官与各议员通力合作以统筹通省利病、规画地方治安为进行之方针，以增进人民之幸福，以谋国权之发展，以赞助朝廷之盛举，此则行政官与各议员所当同尽其职务者也。诸君子以清标峻望为乡里所崇拜，社会所欢迎，必有卓识宏谟匡春蓂所不逮，不禁企予望之矣。

议长答词

我中国数千年来本为专制政体，近来朝廷感列邦之侵凌，愤国势之危弱，知非俯顺民情、博采舆论决无自立之理，因是下诏预备立宪，遂有各谘议局之设。今日为湖南谘议局成立之日，即湖南人民参与政治发端之日。延闿等才识无似，谬膺众举，正滋惭悚，今蒙抚部莅临，发明要义，所言权利为国民所当有，舆论为国家所宜重，实为朝廷所以立宪之精神，亦即为人民所以参政之原理。至论谘议局所宜注重之事，一在和衷共济，二在化除畛域，三在言行相顾，而归结于官民合力，去从前上下相隔之弊。延闿等以为政事之隔由于人心之私，官吏不知惜民，而惟自私其利禄，人民不知爱国，而惟自私其身家，愈私愈隔，上下愈以不通，政事愈以不理，国日以弱，民日以贫矣。我国危殆至此，无不因于以私成隔，前岁煌煌谕旨，庶政公诸舆论，大哉皇言，惟公可以去私，惟公可以医隔。

此言也，岂仅谘议局应守之以为教令，抑亦谘议局之所以发生且应守之以为权限者也。盖一人之见不得谓之公，而必决之以多数，虽欲不和衷共济而不能矣。一地方之利害不得谓之公，而必决之各府县议员之多数，虽欲不化除畛域而不能矣。官吏与议员所见未必皆合也，若其甚不合者，两方必有一私，非议员之有意迫官，即官吏之轻视民事也，今官吏与议员皆可提议，而议员议决，官吏执行，虽欲不言行相顾而不能矣。凡此者，皆公之道也，故夫公也者，不仅议员所当守，抑亦官吏所当守也。议员代表全省人民，使所议而与人民之利害相反，是不足谓之为舆论，即不得谓之公。若议员所议者而为人民之所利，利于民者未必不害于官，官乃欲牺牲人民以护其私，是不足谓之公诸舆论，即不得谓之公。延闿等所愿与湖南官吏共守之者，议员当思何以而后可谓之舆论，官吏当思何以而后可谓之公诸舆论，则私之心必去而隔之弊必除，而于朝廷立宪之本心乃能相合，官民合力之效庶乎可期矣。夫官民合力之语，乃今日各省官吏与谘议局之所宜同守者，惟于湖南则更有说。湖南于咸同中兴之顷，曾以民力佐官治兵筹饷，出兵各省，戡定大乱，其所以能致此者，岂仅曰官骆诸公为之督抚，抑亦湘军将帅皆以绅民之资格崛起田野，有以佐而成之也。今虽时殊事变，然武功文治非有殊异，前日可以官民合力而成全国之武功者，今日岂不可以官民合力而成一方之文治。方今宪政发轫之初，官民相见之始，一堂之上，秩然厘然，延闿与全体议员又不能不以往昔湖南官民相倚之故事与今日官临斯土之大吏相与共勉者也。抚部及诸大吏幸鉴察而实行之，斯湖南之幸矣！

开会礼式

一、抚台及各行政官冠服莅局，就行政官憩息室。

一、议员冠服，就议员憩息室。

一、书记长介绍，行相见礼。

一、抚台及各行政官、议长、议员均至议厅前行礼处。抚台及各行政官西向，议长、议员东向，对行三揖礼。

一、摇铃开会。

一、书记长引抚台及各行政官自东廊入，议场立。

一、议长、议员、书记自西廊入，议场立。

一、书记长请抚台、议长各就席，各行政官、议员、书记长、书记同时各就席。

一、守卫长引旁听人各就席。

一、抚台及行政官、议长、议员同时起立，恭上筹备宪政旷典祝辞，旁听人均立听，读毕就坐。

一、抚台就演台宣诵开会词，诵毕就坐。

一、议长就演台宣诵答词，诵毕就坐。

一、摇铃散会，旁听人均退出。

一、抚台及各行政官、议长、议员、书记长、书记同退至茶会厅茶会。

一、茶会毕，议长、副议长送抚台及各行政官至大门外。

行政官及旁听官衔名

布政使庄赓良、按察使周儒臣、盐法长宝道朱延熙、巡警道赖承裕、劝业道唐步瀛、辰沅永靖道朱益濬、候补道刘启翰、候补道朱祖荫、候补道胡得立、候补道涂懋儒、候补道卢守孟、候补道吴跃金、候补道李起荣、候补道张鸿年、长沙协副将刘崐、中营参将连陞、右营游击王仁瑞、暂编陆军第二十五协统领官杨晋、暂编陆军第四十九标统带官黄鸾鸣、暂编陆军第五十标统带官牛云锦、长沙府知府汪凤瀛、候补知府王寿龄、候补知府许晋祁、候补知府彭家骥、候补知府盛松、候补知府汪文溥、候补直隶州知州殷安华、候补同知李国柱、署长沙府通判刘榆生、调署长沙县知县永桂通判刘钺、长沙县知县余屏垣、善化县知县郭中广、读词委员知县车赓、筹办处委员知县陈正学、筹办处委员知县费尧勋、长沙府学教授丁明燮、长沙府学训导凌盛谦、长沙县学教谕陈本敬、善化县学教谕陈为鋕。

外宾四员

财政副监理官李启琛、调查局总办张启后、大清银行总办宗尧年、督销局总办刘体乾。

分 部

午后二时，议长掣签分部定席次，共分九部，每部九人，另有表。

讨论规则及建筑问题

九月初二日午前九时，议员到会者六十六人。议长宣布讨论四事：一、议事细则；二、惩罚规则；三、谘议局建筑问题；四、办事细则。

纪 要

议事细则：起草员为粟戡时君，由书记朗诵毕，众赞成。

惩罚规则：由起草员粟戡时君逐条宣解，有由众决定者二条，第十条惩罚之动议，众决于三日以内为之，第十七条常驻议员不到局办事之日，众决合计至三十日以上者销灭其常驻资格。

建筑问题：谘议局筹办处以建筑谘议局工程问题并直隶、山东、浙江、湖北四省谘议局图式函请公决，众入茶会厅休息，察阅图式。复至议场，议长宣布问题理由，与众讨论，佥以财力支拙，但求体制合度，丰俭得中，贵在适用，不必华侈。又以湖南旅馆恶劣，街道窄狭，议员到省之后诸多困难，于是决议二事：一、议厅仿照浙江一局，旁特建全体议员寄宿舍，以期集会便利，其余由工程处酌量。

办事细则：由起草员罗杰君逐条宣解，周广询君谓书记长权重，恐其久而专擅，宜规定年限。议长以书记性质与议员异，年限无容规定，众赞成。周君又谓：书记长处理局中一切事务，“处理”二字太过，宜用“监督”二字。众可之。

议长谓：事属创办，一切规则可以试行，若有窒碍之处，宜随时修改。众赞成。

互选常驻议员：九月初三日午前九时，互选常驻议员到会者七十五人，至午后六时举毕散会。

第一次互选用连记名投票，得过半数者十二人，列表于下。

姓　名	票　数	姓　名	票　数	姓　名	票　数
李永瀚	五十八	钟才宏	五十五	谢宗海	五十四
胡　璧	五十一	刘润珩	四十九	李执中	四十六
丁　沅	四十四	朱廷利	四十三	罗　杰	四十一
彭施涤	四　十	萧鲤祥	三十九	邹士桢	三十九

以上十二人均决选为常驻议员。

第二次互选以次多数之二十四人选举，补足常驻议员，并选举候补议员，列表于下。

姓　名	票　数	姓　名	票　数	姓　名	票　数	姓　名	票　数
陈炳焕	五十四	粟戡时	四十七	曾继辉	四十七	石秉钧	四十七

以上四人均决选为常驻议员。

姓　名	票　数	姓　名	票　数	姓　名	票　数	姓　名	票　数
汤鲁璠	四十六	黎尚雯	四　十	周煦埏	四十三	周广询	三十九

以上四人均决选为候补常驻议员。

候补员尚缺四名，议长报告于初六日补选。

九月初四日日曜日，休会。

第一次正式会

九月初五日开第一次正式会，自午后一时，至五时止，行政委员莅局，议员到会者七十五人。

议长宣布动议抚部院交议三案：一、湘路亟应限年赶修案；二、改良宣讲所案；三、改良扩充慈善事业案。

纪 要

湘路案

罗杰君云：

湘路办法约分四种：一、拒绝外债；二、实行商办；三、任用铁道毕业学生；四、设校多培本籍铁道学生。既云拒借，必先筹款，而筹款又分数种：一、依奏准租股成案改用累进租股；二、拨提盐斤，加复钱价；三、开铁路、银行；四、本籍分区劝股；五、湘人在外集股；六、就事劝股，如地股、木股、薪股之类。且凡办铁路必先有计画，而计画又分数种：一、筑路期拟仍照五年原限；二、筑路费，湘路千三百余里，每年修二百七十里，每里约一万八千元，每年需款四百九十三万二千元；三、营业利，每投资四百九十三万二千元，约得利四十万元，第二年至第六年可得六百万元；四、实需款，除将来净利实需千八百六十余万元；五、统计，五年出入合加复钱价百十五万余两，第二年试办累进租股二倍租股原额，每年三百余万元，四年共可得一千三百余万元，又现在公司商会所招之股百二十余万元，所差二百余万元不难续招敷用；六、追加豫画，六年以后如公司有不敷用之欠款，凡前十年指定赎路之款皆可以之清理积欠。

易宗夔君主张商办，宜权开股东会，举董事，由董事举总理，又宜选用本国铁道毕业学生。工程则先长岳以通京汉，筹款则赞成罗君累进租股、设立分会、开办银行诸法，又加以创办房租及仿照皖省彩票入股之法。

陈炳焕君反对彩票之法，谓其近于赌博，为害多而获利少。若路归商办，详细计算，则縻费少而集款易，先改良宣讲所，使民间知铁道之利益，则入股者众。此外如房股船捐皆可举行，并宜提出盐捐存款息银以为保息之用。

汤鲁璠君言，现今湘路宜取销官督二字为完全商办，举乡望素孚之人为总理，则集款自易。至累进租股之法，恐未易行，不如切实调查租户，则租股必多，又宜广开入股之门，如木料、铁轨皆可入股，则集股尤易，工程则宜同时并举，而开办当以长、株为先。

议长以此案重大、时间已至而讨论未完，遂宣示延会于次日。

宣讲案

陈炳焕君言，宣讲之益可以兴起人民忠君爱国之心，去其荒谬固蔽之习，促社会之进化而消宪政前途之阻力，宜于省城设立数处，请学堂教员、职员之热心公益者轮讲，则用费少而收效溥。

周广询君谓：宜复申明亭之旧，请地方有名望学识之办公正绅为宣讲员，使人民有所观感而易于听信，学堂教员、学生于休假时亦可为之，又宜设阅报所，以补不足。宣讲以开化为主，女子亦宜旁听，不可禁止。

罗杰君谓：宣讲宜先正宗旨，将各国致富强之原因与孔子富教之义比较发明，而以政治及道德为之，精神教以宜尊重国权、保守国土，详述我国租借内容，以兴起其爱国之心，又以孔子智仁勇之意开民智，育民德，鼓民坚忍之气。讲所则宜就省城设总机关，然后分设各属。其经费则或提卷费，或用已裁训导之学租等费，或提宾兴之款。

刘泽林君谓：宣讲虽有部章具文而已，宜请官吏及劝学所切实举行。

曹作弼君谓：从前宣讲空言道德，今宜多讲政治关系，以开通民智，庶可消宪政前途之阻力。

议长以此案交审查会审查，众赞成。

慈善案

刘善渥君主张大兴工艺，使贫人得自谋衣食。

罗杰君云，此事须从整理财产入手，而整理财产：一、公举正直人清查；二、慈善为自治要务，公举正绅经理，一年一任；三、收钱之事、存钱之事、发钱之事不得一人兼任，以杜弊端；四、每年预算，本地方有若干应受慈善财产救济之人，每月举人检查，该经理人每月抄列决算，简表报告，每年终列决算详表报告。又办法急宜改良，而改良办法：一、地方团体所举调查员，按前列应受救济人之姓名、住所表密查暗核，虚缺者补之，不应得救济者裁之；二、调查有溺婴儿者罚之；三、救育婴儿者与发出婴儿者各设一所，以便调查，但承领婴儿之人必有正绅担保；四、凡寡妇在善堂须教以工艺；五、设女子习艺所及济良赎身所；六、以废疾院改为废疾学堂，教谋生活；七、凡年老之翁妪另室优待；八、医局每日列表存簿，以备检查；九、凡施药、施衣、施被、施棺木之处各将受救济之人姓名、籍贯、住所及受救济之日时逐一列表存簿，以备检查；十、设贫民习艺所，须分别性质，隔绝工场；十一、设救贫警察。至于实行扩充，则或就已清出之公款、公产实事求是，或以习艺者可以自谋生活，以出缺之款项腾作新受救济人之资金，或因预算、决算咸知所用皆实，慈善家勃〈湘〉然施舍。

陈炳焕君与刘君之意同，主张多兴工厂，使贫人习艺，自谋生活，谓：奉天行之，大著成效，省似可照办云。

议长以此案交审查会审查，众赞成。

补选候补常驻议员及审议长

九月初六日午前九时补选候补常驻议员，议员到会者六十九人。被选举各员列表于左：

名　称	审议长	候补常驻议员	候补常驻议员	候补常驻议员	候补常驻议员
姓　名	罗　杰	易宗夔	唐右桢	罗亮杰	李有珪
票　数	三十七	四十三	四十一	三十五	三十七

第二次正式会

九月初六日开第二次正式会，自午后一时至五时止，行政委员莅局，议员到会者七十人。

议长报告本日日表所载之组织商务分会案已由抚部院撤回，遂宣布动议抚部院交议二案，续议一案：一、续议湘路亟应限年赶修案；二、组织禁烟会社案；三、组织农会案。

纪　要

湘路案

曾继辉君谓：粤汉铁路关系有三：一、此路系中枢，绝大干路为全国精华所聚，利息雄厚，我辈当自保利权；二、自美国合兴公司赎回，我省实摊派七百万元之巨款，此项在英国香港政府借出，至今尚未还楚，若加借外债，则债上加债，还无了期；三、既借外款，万一我省稍有他变，则各国护路之兵不旬日间布满境内，我等且无插足处所。又谓：此路办理不善亦有三因：一、既属商办性质，不应加以官督；二、主持总理不到局；三、现在公司办事人员观望迁延，贻误不小。此必要求政府改作完全商办，加举总协理，迅速开工，方为正办。

周煦埏君谓：官督商办，互相歧贰，故集款难。若全归商办，可由各府厅州县分配摊认招股，则集款自易。

石秉钧君谓：宜于各处设白话报劝民入股，今急须于局中派人至公司调查一切款项，并质问其因循之故。

姚炳麟君主张开彩票及加重税契二法，谓可作为常年实款。

议长以此案交审查会审查，众赞成。

禁烟案

周广询君谓：不必立禁烟会社，宜缩短限期，于百日内严厉禁绝，土税膏捐应一律废止。

罗杰君谓：禁烟宜先清源。一、拟请抚台饬主管道清查吃烟户口，另编烟籍；二、吃烟人限日自报每日吃烟若干；三、省设烟膏专卖总局，府设大分局，厅州县设小分局，层累隶属，凡吃烟者必向专卖局持所填每日吃量单购买，特重膏价多，参料子；四、每厅州县将吃烟之人聚为一区，名曰烟区，以动耻心而便监查；五、设戒烟警察；六、烟种禁栽，限明年一律绝种，查有逾限之户分别罚金，将烟种拔尽，当即焚烧；七、加重烟税。

石秉钧君主张从速禁绝，不必分年递减，可就各府县学署设立禁烟会社，先于滥衿土豪从严厉禁，则下流社会自然生畏而禁绝矣。

向君桑主张绝种，禁止入口并免土税膏捐。

曹作弼君谓：宜严定烟律，禁止上流社会吸食。

议长以此案交审查会审查，众赞成。

农会案

刘善渥君谓：宜改良农学，以尽地利，他如日人之开垦及北人之牧畜，皆可仿行。

周广询君以设农会、学堂、公司三者徒耗财力，不如通力开垦，有资本者以财入股，有荒地者以土入股，游民则以力入股，加以官力维持保护，则农业自兴矣。

议长以此案交审查会审查，众赞成。

第三次正式会

九月初七日开第三次正式会，自午后一时至五时止，行政委员莅局，议员到会者六十九人。

议长宣布动议抚部院交议二案：一、培禁森林案；二、禁止迎神赛会案。

纪　要

议长报告长沙府来文，程希洛君辞职，以宋增馨君递补。宋君今日到会，请介绍于诸议员。

森林案

易宗夔君极言森林之利益，经营之方法在设林务总局以为机关，设森林讲习所作育技师，择公私山地以为培植之场域，编森林计画书以计收获之利益，订森林保护章程，设森林警察以杜其侵害，募集公债以为资本，俟森林发达以其利偿还正供外，可以其余为公益之用。

周广询君主张设地方警察，以除森林之害，又谓湘省荒地面积甚广，一旦繁殖，可岁益数十余万元，扩充可得百万或数百万元未可预定也。

周煦珽君谓：宜由行政官明白宣示森林之利益，使地方之有资本者提倡之，然地方自治团体成立后尤便切实举行。

姚炳麟君谓：牛马侵害，盗贼戕伐，木关抽税，出口困难，皆阻森林之发达，宜设法补救。

黎尚雯君谓：森林为湘省要政，宜设林务学堂，以培人才而求进步。

议长以此案交审查会审查，众赞成。

赛会案

周广询君力言迷信之害，所有淫祀及巫祝佛道之流皆宜会同官绅并力毁禁。

刘忠训君赞成周君之意，又谓：宜毁邪书，以绝其迷信之根，乡域演戏者虚耗财力，宜分别抽税以为公用。

石秉钧君谓：抽税使民疑而生阻力，不如先出示禁止，违者则罚，如其所费之数。

议长以此案交审查会审查，众赞成。

九月初八、初九二日审查会分股讨论。

第四次正式会

九月初十日开第四次正式会，自一时至五时止，行政委员莅局，议员到会者六十九人。

议长宣布动议抚部院交议二案：一、简易小学普及办法并筹经费案；二、振兴工业大宗案。

纪　要

议长报告宪政编查馆电，定演台席次，抚台席在议长后居中稍高。

议长报告铁路案，审查会经审查员等增加筹款方法，通过原案报告，拟呈请抚部院饬公司仿浙江先由绅商开特别会，举假定董事。今铁路公司亦有函来，拟先开绅商学界大会，应否仍呈抚院请公决。众决议先呈请抚部院，再同公司开会。

简易小学案

黎尚雯君对于此案有数条件：一、使劝学绅董调查其内容，不可使之名实不符；一、有学校之区不宜再立私塾，使之伪托改良；一、设半日学堂不如多设初等小学；一、甄别教员，去其不胜任者；一、优待小学教员，使之尽力；一、教法宜以简易常用之字；一、定学额，私塾宜三十，半日学堂宜四十，初等小学宜五十；一、筹经费，除按户抽捐，卖买产业之中人费亦可酌提二成，如常德办法。

周广询君以派视学员糜费甚巨，宜责成各属教育会，教法宜以简易之字，如工业厂拘留所宜使日识一、二字亦是普及之法，经费筹户捐虽可行，宜寡取为是。

何居怡君谓：四乡宜多设高等小学，实定奖励，使人民有所希望，自然乐捐，兴学可以筹特别捐，较之按户抽捐当更易也。

刘忠训君主张甄别教员，限定学额，多选劝学员，每周调查经费宜于湖南已增钱漕之州县一律平均抽收，并可酌提庙费，惟中人费宜取于置业者方得其平，又谓教员薪俸过优，故经费难筹，殊于普及，教育有碍。

周毓丰君力言近日学务之弊，谓毕业者少，奖励不足以达其希望，学堂约束未严纳子弟于浮薄，教员根柢未深，失父兄之信仰，假期太多，使时间荒废，加以新旧之界未镕，辄生破坏，使热心者易于沮丧。凡此种种，皆为教育前途障碍，必先去其障碍而教育方能普及。筹经费之法，宜提地方之宾兴而减少教员之薪俸，户捐易于扰民，不宜抽收。

议长以此案讨论未毕，时间已过，延会于次日。

工业案

向燊君主张多兴工业厂，改良制造，以抵制外货而挽回利权。

议长以大众对于此案皆主赞成，即交审查会审查，众赞成。

九月十一日日曜日，休会。

第五次正式会

九月十二日开第五次正式会，自一时至五时止，行政委员莅局，议员到会者六十九人。

议长宣布动议抚部院交议二案，续议一案：一、续议简易小学普及办法并筹经费案；二、积谷清查及增加案；三、矿务改良案。

纪　要

议长报告宪政编查馆电，督抚对于局仍用札，对于议长有京堂及翰林资格者用照会，局对抚司道用呈，府县互用移。公决电宪政编查馆请改正：督抚对谘议局应用照会，局对抚部院用咨呈，司道以下均互用移。

简易小学案

石秉钧君谓：宜用老成宿学、众望素孚之人为总理，而使通达学务者实力襄办，则阻力潜消而后教育可普及矣。

钟才宏君谓：教育为预备立宪最要问题，欲求普及须以奖进为前矛，以强迫为后盾，办法分为四纲十七目。一、学制：甲、多设识字学塾以便强迫；乙、改良私塾义学以归画一；丙、筹设初等补习科以齐学科；丁、多立公立高等小学以广升学；戊、干涉已立小学以昭核实。二、师范：甲、三路师范宜以高等小学支配学额；乙、各属生员宜订自习科；丙、各属宜普设塾师补习所。三、经费：甲、节省官立、公立中小学旧款；乙、各属宾兴及相类之款宜全提；丙、庵院寺观之产宜酌提三分之二；丁、宜办戏捐以征为禁；戊、烟酒为嗜好品，可重税。四、机关：甲、宜整理劝学所实行职务；乙、宜普设教育会以补助行政；丙、宜宣讲以开通人民；丁、宜发白话报以动观感。

易宗义君主张，减少各学堂教员、职员薪水以为简易小学经费。

杨若时君谓：限定学额不便于乡里，宜仍仿家塾办法，户捐亦不必提。

粟戡时君云：

欲图普及教育，当从简单入手：

一、养成教员每厅州县设立简易师范，聚全邑之乡村塾师，而教以至简之科学。

二、扩充劝学所之权限：甲、预备师范生毕业后之用品；乙、监查新立小学之事务。

三、宽筹经费：甲、师范生卒业之后，其能以一二人组织小学者由劝学所发给开办用品；乙、学校成立之后，得略收学费以为教员之薪资，若办理虽合而学生仍少者得给以相当之津贴。总之，既图教育普及，万不可务求高深，多糜经费，终以格于事实而不能收完全之效果。至筹经费之方法，则目下民间疾苦实深，宜就学产闲款等项酌提。

议长以此案交审查会审查，众赞成。

积谷案

刘润珩君极言积谷之弊，有滥绅之私饱，有刁户之抗欠，有痞徒之滋扰，有官吏之需索，以致不能蓄积而渐归于减少。欲除其弊，一在总理、分理之得人，一在收谷、放谷之有定，然后可期于增加，又方收息五升过轻，宜稍加重以补一切耗资。

刘忠训君谓：委员清查不如责成绅董切实核算，又宜限定出入有中人之产者不得挪用，酌定收息不可多，亦不宜过少。

黎尚雯君谓：委员清查后，应详细登报，俾众咸知，庶免侵蚀，积谷多者亦可入路股收息，又清查之法不可徒恃官力，宜责成地方自治。

罗杰君云：此案办法须从经理担保及借谷人着手：一、收谷、管谷之人须由公举殷实而正直者充当；二、放谷之人亦须公举如前；三、催缴欠谷之人亦须公举如前；四、担保借谷之人不准借谷，倘系欠谷之人尤不认为担保；五、欠谷之人如期到不偿，明岁审判厅成立。凡拖欠之户，管谷人得向审判厅强制偿还；六、每月将借出收入之谷列表载明何人借谷、何人还谷、何人欠谷、现存若干，逐一详列；七、凡在借谷期中之人无选举及被选举权；八、利息须极轻。

议长以此案交审查会审查，众赞成。

矿务案

陈炳焕君谓：近来矿务争哄，构讼时有所闻，由于利权外溢，公众不平，遂生暴动，宜以一县之矿归一县之人开采，多集分股，使全县之人皆股东，自然和洽，互相保护，则矿务可兴矣。

周煦娗君谓：湖南矿务为幼稚时代，非极力提倡不可，尤在官吏切实任保护之责。

朱廷利君谓：宜请精于矿学者勘定矿苗，然后开采，使获利者众，则矿务自兴。

王章永君极言官商合办与官督商办为流弊无穷，主张提归公办，谓矿砂畅旺，可以酌提赢余助办新政，盖乡间多开一利源，则人民自少一分担，荷实良策也。

议长以此案交审查会审查，众赞成。

第六次正式会

九月十三日开第六次正式会，自一时至五时止，行政委员莅局，议员到会者五十八人。

议长宣布动议抚部院交议三案：一、组织混同消防案；二、展拓街道案；三、建设食品市场案。

纪　要

消防案

周广询君谓：义务消防与公家之消防队自应混同，使之在一处，教练办事者轮流充当，以三年为限，凡省城轿夫、箩夫、东洋车夫及瓦木工匠等均宜编入消防队，以便临时救济。

议长以此案交审查会审查，众赞成。

街道案

陈炳焕君谓：使民间建屋者退让三尺为展拓之法，则历时久而收效寡，不如就北城外造成新式市场，广拓街道，可以驰行电车、马车，商务必日趋繁盛，旧有之狭街受天然之淘汰，势必进化而归于宽廓。

粟戡时君反对此案及食品市场案，谓此二案均关系省垣一部分之事，如应属于城议事会范围之内，目下城议事会既未成立，办理极其困难，本局实未便代为议决，即令认为重要，由抚部饬巡道可以举办，不必交谘议局提议。

黎尚雯君谓：粟君据法理而言，陈君所云办法甚为合宜。

罗杰君亦赞成陈君展拓之法，谓粟君所论自是正理，然展拓街道未容迟缓，不必拘定在地方自治成立后然后举办。但须从根本着手：一、拟编土地收用法专案请抚台奏准，则展拓之路线，凡收买土地人民不致居奇；二、先定路线，或在城内中心点着手，或先在城外着手，须亲履其地，然后可定；三、设土木局，以为执行土地收用法及建筑一切之监督；四、设筑路公司，发券招股，业主得以其屋或地入股；五、令警察严重取缔一切；六、预留下水道及自来水地步；七、拟请抚台饬主管衙门，令民间建屋左右邻须各隔三尺，不惟防火、卫生，亦为展拓支路之法。

议长言此案应否仍交审查会审查，众赞成，交审查会。

食品市场案

周广询君谓：食品市场亟宜建设，以免街道梗塞，议案所定十二区过少，应增加数处。

朱廷利君谓：食品最宜卫生，建设市场以便警察干涉，有以腐败之品出售者可以严行禁止。

议长以此案交审查会审查，众赞成。

选举三部审查员

九月十四日午前九时，选举预算、请愿、惩罚三部审查员，除常驻议员公推外，再由普通议员中举二十一人，每部七人，用七人连记票，以多数为定。

第一次选举预算审查员表

姓　名	票　数	姓　名	票　数	姓　名	票　数	姓　名	票　数
易宗羲	十　三	黎尚雯	十　二	左学谦	十　二	刘善渥	十　一
汤鲁璠	十	唐右桢	十	周翼崧	十		

第二次选举请愿审查员表

姓　名	票　数	姓　名	票　数	姓　名	票　数	姓　名	票　数
刘忠训	二　十	易宗夔	十　六	周名建	十　五	黄　锳	十　四
王章永	十　三	曹作弼	十　二	周煦埏	十		

第三次选举请愿审查员表

姓　名	票　数	姓　名	票　数	姓　名	票　数	姓　名	票　数
周广询	三十三	向　燊	三　十	李恒泽	十　八	侯昌铭	十　七
贺景章	十　二	洪泽灏	十　一	丁蕃绶	十		

常驻议员公推三部审查员表

预算审查员	陈炳焕	谢宗海	李执中	邹士桢	萧鲤祥	曾继辉	彭施涤	钟才宏
请愿审查员	胡　璧	朱廷利	罗　杰	粟戡时				
惩罚审查员	丁　沅	刘润珩	李永瀚	石秉钧				

第七次正式会

九月十四日开第七次正式会，自一时至五时止，行政委员莅局，议员到会者六十七人。

议长宣布动议抚部院交议二案：一、抽收房铺捐充作警费案；二、整顿田房税契案。

纪 要

房捐案

周煦埏、左学谦、彭施涤、曹作弼、粟戡时、刘润珩、陈炳焕、石秉钧等八君互相讨论，惟周君以为人民果得保护宜有负担，房铺捐亦未始不可施行，陈君主张抽收房捐以改良警察，其余诸君大抵以警务经费现提税契二分，各州县警务大半有名无实，今又抽收房捐作警费，而官吏未能切实改良，恐民人未便担荷，此案不能通过。

议长表决，赞成此案不能通过者起立，起立者多数，遂决议以此案不能通过呈报抚部院。

税契案

周鸿勋君谓：税契加九分重矣，匿税短价从严惩办，使官吏得以意为轻重，厉民益甚，宜明定限制，分别罚金。至于提罚款以赏告发之人，是为奸民开谋生之路，贻害滋多。又抽查之法益不可行，有祖父标占，或开垦之业原无契约，或遗失，或由水火毁灭而无力请执照者，皆无契可查，若官吏任指一处抽查，其流弊有不胜言者矣。

曾继辉君谓：第一条，团总盖戳，团总之贤者必不愿充此苦役，团总之不贤者且将索登簿费、画押费，种种弊窦由此而生；第二条，意重招告，近年乡间刁民尝假匿税大题挟嫌诬控，地方官并未严加，反坐以致良懦之户受累恒多；第三条，减税者将田房赎归公管似未妥善，盖道咸以前田房价贱，近年涨至一倍、二倍不等，奸民发难，指道咸以前之契为短填，则夺产倾陷将无已时；第（六）〔四〕条，抽查之法尤为不便，田土有但执分关为凭而老契散失者、若房屋由祖父建造并无契据者固占多数，若随意抽查，则住屋之人必造契呈验而后可，然造契呈验又将以白契匿税之罪科之，则小民进退维谷矣。总之，税价加重吾民固应担任，然由防弊之中又生出无穷弊病则万万不宜。

周毓丰君云：税契九分已重矣，经吏胥之手展转扣折，累民益多，宜仿湘阴、新化之例，由劝学所经理。

石秉钧君以税契为财政一部分，民间多方隐匿，碍难尽查前者，宜一概弗究。自今年起，应照抚部院所定之法施行，每月以所税者榜示通衢，庶免流弊。

黎尚雯君谓：税契加九分原以抵制土税，应将烟土禁革，然后可以加增税价。

洪泽灏君谓：议案防民匿税而不防官，近以三连纸存根以为可以防官矣，而不肖官吏通同舞弊，印空白纸贱售，民间漏税者亦不少。

周煦挺君谓：九分已成部章，无俟议，但各种防弊之法亦不可专注于人民一面。

彭施涤君云：国家立宪，人民有监督财政之权，所税之契榜示通衢，所收税价应载之报章，俾众咸知。

周翼崧君谓：立契不用堂名，亦可以杜民人私售与外人之弊。

议长以此案交审查会审查，众赞成。

第八次正式会

九月十五日开第八次正式会，自一时至五时止，行政委员莅局，议员到会者七十一人。

议长宣布动议抚部院交议二案：一、疏浚洞庭湖水道案；二、订立地方禁约崇尚节俭案。

纪　要

恭录九月初一日上谕，敬谨悬挂会场。

疏湖案

易宗夔君谓：让地之法在迁城废垸，迁城无益于治水，而废垸则民无所依，归自藕池口决太湖口，继之挟鸦仑乌江之泥沙以淤洞庭。昔湖今洲，湘民以为大利，相率而垦，故南洲、华容、安乡各属已成为殖民地，居民田庐于此数十百万，一旦废垸为湖，民失其业，势必啸集而滋事，若如值而偿，又安所得此巨款，此法虽良而行不易者也。又疏浚之说，虚者实之，曲者直之，淤者通之，此专指布袋口、白河、白杆洲小滩而言，光绪二十七年赵升抚曾委人修治，亦无成效，又筹款于湖南全省，钱量分摊，恐扰民而肇怨，不若就地筹款之为愈也。

刘承孝君谓：疏浚必穷源，竟委不能轻举，转其沙石于长江，则北水高于南水，为患益甚。洞庭既淤之后，地多而高，疏浚无从着手，议案谓出口、入口合力以通之，循其故道，不无少益，然开支河于汉，南人以为利，北人未必认可也。

曾继辉君谓：洞庭地面平廓，受上游之泥沙淤成洲渚，年年继长增高，变为垦地，水失其归，为患滋甚。疏浚之法，若从平铺宽敞之地开掘，旋浚旋塞，百无一效。惟有仿明臣潘季驯筑堤束水、借水淘沙之法，于两堤对峙之间分设疏河局，如现有河道之雷湾、三仙湖、注滋口、三汊河、扁担河、麻濠口及草尾白水、浃瓦官河、青天湖等处常年照料，浚治则有利无弊。又，凡新洲已经发照未曾筑堤之处，应留其天然河道，勿许修垸者横钉强塞，有碍消泄。至让水与地之法，惟有将各属垦务局一律裁撤而已。

陈炳焕君主张浚江一在清源，应请川督晓谕沿江两岸山主种植森林，以固泥土，免致泥沙随雨夹江而下；一在畅流，宜与北省联合购刷沙、挖泥机器，分三段疏浚，以荆河口至调关为第一段，以挑兴口至郝穴为第二段，以观音寺至枝江为第三段，同时并举，则荆江上下当无沙壅州亘之患矣。

汤鲁璠君不赞成疏浚，而主张堤防，谓宜请督部奏准割松滋、公安、石首三邑俾隶湘省，可于三邑修复南岸江堤，一遇盛涨，鄂人以全力守北堤，湘人以全力守南堤，自无水患。

罗杰君谓：湖工事体重大，宜从根本入手：一、派协商委员赴鄂组织两湖治水会，将两省调查水患之源及将来之趋势详细协商，免致彼此为壑；二、派有经验之员调查本省水患及将来之趋势；三、派员测量，如经费不足，不能自行测量地势，须取外人所测疏浚洞庭图为底本亦可；四、调查他省治淮、治河、治江办法以资考证；五、托我国留学法、德、美诸国学生调查各国治水之法；六、设浚湖总局主持其事，分局分任其事，请抚台拨助赈之款开办；七、与各省协商沿江两岸保护森林之法；八、或以赈款、或垸主分摊、或官款独任、或其他民款以为经费；九、两湖须组织防患机关先事预防，其费即取诸船税、吨税、芦、渔各课。

议长以此案交审查会审查，众赞成。

节俭案

黎尚雯君谓：外国生活程度高，虽奢而富，中国生活程度低，虽俭而贫，应于人民生计上讲求，不专在俭约也。

李执中君谓：议案有严禁赌博一条最得治本之法，近日麻雀牌风行，废时失业，莫此为甚，亟宜禁革。

罗杰君谓：就社会经济而论，富户之流出即为贫民分利之源；就文明进步而论，文明与生活为正比例。今日所谓奢侈，或将来所谓俭朴，似不必竞言节俭，可听自然。然政俗与时会推移，当民间资力不裕、实业未兴之余，节俭亦可救一时之弊，如丧祭、婚姻、交际诸费皆宜稍有限制，力破迷信，削去繁文。至于本人自寿既乖，古礼尤坏人心，盖生日为亲母产难之日，非人子忍心宴乐之辰，相约禁人自寿，不为省费，且厚风俗。又若服饰、器具购外洋之品尤为财政漏卮，推其原因，皆由于不能俭约之故，宜设法节制。

周广询君谓：官绅为民之表率，应先作则。近日官绅服用过侈，加以各校教员、职员以薪俸过优之故咸事奢靡，民间效尤，乌能俭约，欲地方崇尚俭约，非先自俭约不可也。又如赌博、纸烟等之消耗，皆应从严禁革。

议长以此案交审查会审查，众赞成。

九月十六、十七二日审查会分股讨论。

九月十八日日曜日，休会。

第九次正式会

九月十九日开第九次正式会，自一时至五时止，行政委员莅局，议员到会者七十三人。

议长宣布动议抚部交议一案，议员提议二案：一、抚部交议各属组织商务分会案；一、议员陈炳焕提议经营森林案；一、议员易宗夔提议改良征收机关案。

纪　要

商会案

谢宗海君谓：我国向来轻视商务，有学有识者不肯研求，以故窳败，不能发达。日本物产远不及我国，近来极力讲求，骎骎乎与欧美各国抗衡，此富强之所自也。欲求抵制，其要义有二：一曰剔除内弊。中国商人积习识见狭小，心志不齐，各怀其私，不顾大局，即如丝、茶两项为出口货大宗，往往小商借资营运到岸，急于求售，减价出脱，巨商为所牵累，亏折歇业者无岁无之。其他作伪搀杂、意图侥幸，卒至亏本者尤多。在各国商例皆应处罚者，此内弊亟应剔除之说也。一曰考察外情，中国地大物博，因工商墨守旧规，制造不精，贩运不广，遂致利权外溢，如玻璃、纸张、洋蜡、肥皂、洋布之类皆华人力能仿造者。此外学堂仪器及寻常日用所需各物宜分路调查，改良制造，收回利权，此外情亟应考察之说也。至各处市商行使纸弊，漫无限制，动辄倒闭，以失信用，此尤弊之大者。现经商部订定新章，各省城设立商务总会，各厅州县亟宜遵设分会，由官绅提倡联络，固结团体，以通商情而保商利。商战之目的，其在斯乎！

罗杰君主张设商品陈列所，派员调查，将外省、外国货物寄集本所，借资模仿。调查我国货物何以滞销，被何国压倒，求所以改良之法。盖商之源出于工艺，不得不从此着手，吾湘富于天然物产，再求进步发达当益速也。

宋增馨君谓：近日商务有退无进，即以湘潭一邑论，前者茶商五十余家，近无一家，岂非由商民无智识、任洋商卡勒亏折以至于此乎！宜以通商学者为商会之人，以图改良商务。

石秉钧君谓：宜亟组织商务分会，诸君所言皆系成立后之办法，查各属分会成立尚少，应请抚部饬各州县从速设立。

议长以此案交审查会审查，众赞成。

森林案

陈炳焕君说明提案理由。

周广询君主张组织公司以兴利，设森林警察以除害。

议长以此案与培禁森林案互相发明，可合并交审查会审查，众赞成。

征收案

易宗夔君说明提案理由。

刘忠训君言：征收之弊及陋规之多，应将陋规提出，以十分之三作办公费，其余办理新政。又乡民完纳尾数未清，胥吏勒索，以十纳一，非将胥吏尽裁不可。

周广询君言：官之陋规，数倍于胥吏之作弊，亟应改良。

贺景章君主张归地方自治征收，省城设立银行，齐一银价。

向燊君言：近日征收，官与胥交弊，无贤愚一也，良由官吏俸薄而酬应浩繁，势必出此。国家立宪自应改良，必须明定公费，使官民两便而后可。

罗杰君云：征收不专指钱粮，就钱粮而论，征收机关万不能不改良，请将平日所编改良征收钱粮草案宣布，以待公决。一、城内设经征总局，各乡按地段大小设经征分局，经征总局地方官主之，经征分局乡间殷实正绅主之，均受成于地方官；二、经征分局局绅皆由本地绅商学界公举；三、经征人拟暂用粮房，或由地方绅商学界公举；四、发征收票仍由地方官；五、经征费由经征局垫用，收税后每百扣五以为经征费用；六、各州县设存金库于其治，其管金库人由布政使委员经理，一年一任，如开有银行，银行总理即可兼充；七、纳税人在城径缴金库，金库即发领收证，在乡由经征分局代缴，分局即代发领收证于纳税人，并发领收讫报告于总局；八、征税票及领收证须照后列各式；九、金库无论纳税人径缴、由经征分局代缴，一面发领收证于缴金人，一面发领收讫于总局；十、经征人所收之金，五十元以内一月内缴库，百元以上十日内缴库，三百元以内五日内缴库，五百元以内二日内缴库。

曹作弼君不主张尽裁胥吏，谓民间抗欠之人非胥吏催索不可。

议长云：前由议案研究会派人调查各属情形，须将报告汇齐，并此案交审查会详细审查，众赞成。

九月二十日，审查会分股讨论。

第十次正式会

九月二十一日开第十次正式会，自一时至五时止，行政委员莅局，议员到会者五十七人。

议长请假，副议长曾熙君主席。宣布议员提议二案：一、议员黎尚雯提议整顿湖南全省教育案；一、议员钟才宏提议推广邮局以厅州县为单位案。

纪　要

教育案

黎尚雯君说明提案理由。

周广询君谓：建筑校舍与教员修俸及校内一切用品过于侈靡，是为经费不足之大原因。又假期过多，荒废子弟之时日皆为教育前途之阻碍，又学部所定一览表按月造具，学堂不胜其烦，乃按式填写，是驱天下之人为伪者也，宜仍改为一学期一造，亦可省事。又省城图书馆现同虚设，与其不能改良，不如将此项经费提并教育费为有益也。

王鼎峙君主张慎选学员，于各属劝谕，使民咸知教育之益，经费可提用地方积谷。

向燊君谓科举时代学者专尚空论，不谋实业，近日学界几同斯病，宜使多习实业学问，庶毕业后能自谋生计，多设美术学堂以提倡美术，凡小学教员由提学检定后宜实行奖励，拔其优者按级升擢，可递升至大学。以为热心教育者劝教员脩金，可由提学按级明定多寡，以昭划一。

李有珪君主张设女子师范学堂以兴女学，至经费不宜取于租捐。

罗杰君谓：教育二字须拆开说，教者当研究教授科学学生如何领授，育者凡管理教习当以身作则，不仅教习在讲堂授以伦理修身为口头禅，必期实践，西洋无经学之名，而以伦理修身为经之髓，我国经学冠世，而道德反日以堕落者何哉，由于不实践故也。有教育责者当知以道德为体，新知识为用，不可瞻（狥）〔徇〕情面，误聘不知教育之人，使学风不能良善，贻害国民种子。

副议长以时间已至，此案讨论未毕，延会于次日。

邮政案

钟才宏君说明提案之理由。

朱廷利君言：邮政不推广边远州县，消息隔绝，一遇警急，彼此不相闻问，最为害事。今不惟邮政宜推广，电线亦宜多设。

曹作弼君以邮政之权握之外人之手最为窒碍，宜设邮政学堂，多造人才，收回自办。

副议长以此案交审查会审查，众赞成。

九月二十二日，审查会分股讨论。

第十一次正式会

九月二十三日开第【十】一次正式会，自一时至五时止，行政委员莅局，议员到会者七十人。

议长宣布读会一案，提议一案，续议一案：一、抚部交议湘路亟应限年赶修案第二读会；一、议员易宗（羲）〔夔〕、罗蔚廷提议整顿州县衙门词讼积弊案；一、续议整顿湖南全省教育案。

纪　要

湘路案

书记宣诵审查会报告书毕，议长逐条诠释。至累进租股法由众再三讨论，谓租股方经奏准施行，而租股累进又由黄侍御奏准在案，惟民间罔识，利之所在，恐不能无阻力。然湘路无款，必借外债，而以路权授之于人，于湘人之身命财产关系甚巨，十年之后为害何可胜言。今欲拒债，必筹的款，舍累进之法实无的款之大宗，与其他日受赔累之损失，何如目前尽担任之义务。况累进租股于富者有益，于贫民无损，实为良法，必可通行。若他项股款发达，即可随时停止，未有不便之处。议长请起立表决，赞成者最多数，其余各条众皆赞成，遂决议以此案呈报抚部院施行。

词讼案

议长报告张文卿君，胡璧、周名建二君皆有同意之议案，谌伯瑞君有改良书吏衙役案，互相发明，可以合并为一，众赞成。

易宗（羲）〔夔〕君说明提案之理由毕，次由张文卿君、胡璧君、谌伯瑞君各宣布提案理由，大抵以近日衙门种种黑暗，积弊亟宜改革，以除民蠹。

于云赞君谓：县令于讼案示期审讯后宜饬歇户将诉讼事主传齐，不得拖延误期，尤须严饬典史不得擅受私押。

议长以此案交审查会审查，众赞成。

教育案

李永瀚君谓：宜从教育行政下手，使办法与章程统归一律，宜请提学设练习所，调集各属办学之人研究行政方法、财政如何清理、章程如何厘定、表册如何造具、教科书如何编辑，详细审定，使归划一。

曾继辉君谓：经费提用租捐，于铁路累进相妨，宜另设他法。

周煦埏君谓：欲整顿学务，宜先整顿学务公所。

议长以此案交审查会审查，众赞成。

第十二次正式会

九月二十四日开第十二次正式会，自一时至五时止，行政委员莅局，议员到会者六十七人。

议长请假，副议长曾君主席。宣布读会一案、提议一案：一、抚部交议组织禁烟会社案第二读会；二、议员丁沅提议常、岳、澧水灾善后案。

纪 要

禁烟案读会

书记宣诵审查会报告毕，副议长请公决，经众讨论，颇有增删之处：一、烟膏专卖虽有执照，而卖者自卖，吸者自吸，必须明定烟律，示以递减中止之法方为有效。又，烟膏既由专卖，省城三十六家土店是否歇业，应由警察调查干涉，限期以明年为止，土商所余之土药作何处置应须研究。又，一切费用均须取之膏捐，又有主张仿湖北办法者，公栈卖土，公厂卖胶，三十六家轮流推转。一、限期以年为断，有言西、南两路边郡种烟、吃烟者多于中路，一年戒绝恐难实行，而主张速绝者又谓不可迁延。副议长请起立表决，赞成一年者最多数，于是以一年为限，定议递分三期戒断，每期百日，由近及远，切实举行。

副议长以此案再交审查会修正，众赞成。

水灾案

丁沅君说明提案之理由。

李执中君极言今年水灾之巨及被灾者之惨，救济之法约有数端：一、宜请抚部奏办赈捐；一、宜请抚部提拨公款修复废垸；一、湖南北督抚前奏请拨给部银六十余万以救两省灾黎，应将此款分归湘省赈济；一、宜就旁近无灾郡县募捐补助；一、宜限制谷米流通，今秋被灾各处以半值卖牛，倍价买谷，已不胜其困顿，安望明年播种，宜请抚部禁止旁郡谷米出口，由公家拨款屯积，明年谷荒照价平粜，庶几两益。

陈炳焕君云：前在奉天闻我省水灾，与熊秉三君发起捐银三千余两。又电请各省助赈，广西回电则云：湘省官绅并无来电；上海盛宫保回电则云：正在筹款济鄂，已改为湖广赈捐；四川赵制军回电则云：电湘，而湘无复电。炳焕回湘，不知究竟，应请抚部院电请各省助赈，并仿鄂省办法，由官钱局借款与灾民修复堤垸。

刘承孝君谓：灾民待救甚急，加以鄂省灾民会合求赈，使居民夜不安枕，若不急济，恐生他变。

周铭勋君谓：徒赈无济于事，宜以工代赈，由公家发巨款贷与田主修复堤垸，又可使田主转贷与佃户，作明年牛种之费。

易宗夔君谓：滨湖被灾州县钱粮数十万，宜请抚部发给巨款修复堤垸，不然明岁无收，钱粮无出，于民有害，于国帑亦大损。又，水乡田贱，求售无人，加以税契加重九分，更为困难，宜请抚部设法分别酌减。

曾继辉君谓：赈有缓急之法，以钱分给灾民济一时之急，此急赈也；由公家借巨资修复堤垸，使丁壮自食其力，此缓赈也。借贷之法，宜举多田者为借款首事，赴县署具保结，借者具领字，以田作抵，此款仍有归还之日，于民有益，于公家无损，壮者用缓赈法，老弱用急赈法。

彭施涤君云：处处仰之官款，何能供给。天灾流行，应相救济，上海报馆一遇天灾，为之鼓吹，遂能招集多款，我省水灾而报馆不言，最为缺点，宜改良报馆，极言灾黎之惨状，以激起国人慈善之心，则捐助者众，实救灾之良法也。

陈炳焕君谓：宜请钱局多发钞票，以作赈款。

副议长以此案交审查会审查，众赞成。

周煦埏君宣言：本局开会二十余日，议员尚有未赴召集者，应交惩罚审查员审查。众以为然，副议长云：俟调查后交惩罚员。众赞成。

第十三次正式会

九月二十六日开第十三次正式会，自一时至五时止，行政委员莅局，议员到会者六十九人。

议长宣布读会一案、提议一案：一、抚部交议改良宣讲所案第二读会；二、议员邹士桢提议改良监狱案。

纪　要

宣讲案

书记宣诵审查会报告毕，议长请公决。经众讨论，大体可以通过，尚有细节应当增删及文字应加修正之处，仍以此案交审查会修正。

监狱案

议长报告：罗杰君有筹办新监狱案，可合并提议。由邹士桢君说明提案之理由毕，次由罗杰君说明提案之理由。

易宗夔君谓：邹君之意就旧有者改良，罗君之意在营造新监狱。其为救济囚徒之心，则一也，但新监狱须俟审判厅成立，是数年后之问题，此数年中囚人之受苦者急何能待，不如先就旧监狱实行改良为救急之法。

陈炳焕君言：奉天由省城创办模范监狱，甚著成效，湘省大可仿照，无须就旧监狱改良。

议长以此案交审查会审查，众赞成。

九月二十七日孝钦显皇后梓宫奉移，休会一日。

第十四次正式会

九月二十八日开第十四次正式会，行政委员莅局，自一时至四时止，宪政编查馆参议汪荣宝君来局参观，后以为常，议员到会者六十九人。

议长宣布提议二案：一、议员朱廷利提议维持医学堂并组织医学研究会案；二、议员萧湘柱、曾继辉提议不缠足会案。

纪　要

议长宣布惩罚审查员报告，议员杨生春、刘国泰、陈为鑑三君至今未赴召集，照章应否除名，请俟公决。众以三君应照章除名，议长请起立表决，赞成除名者起立，全体皆起立，遂决议呈报复选监督除名。

医学堂案

朱廷利君说明提案之理由毕，粟戡时君、刘承孝君、刘善渥君均反对，大抵谓医学虽为当今急务，而朱君所言维持医学堂范围过小，经费既由抚部院筹拨，章程应由提学核定，一切办法自有监督官厅核其性质，及该议案内所主张各理由均不宜在本局提议，似不当作为成立之案。议长谓：此案应否成立，请表决。主张不成立者多数，遂决议作废。

不缠足案

曾继辉君演说明提案之理由。

粟戡时君谓：缠足之害，尽人皆知，然无执行之机关，恐言之易而行之难。倘将来效果欠缺，反失法必维行之信用，加以组织成会，乃社会上事实，本局亦未便强制。若俟地方自治成立又缓不济急，不若由地方别立一会，将来附属于地方自治，亦可请抚部院核办，不必在本局提议。

周广询君谓：禁止缠足前有谕旨尚未革除，非本局提作专案，切实施行，恐难反此积习。又言朝廷方化除满汉意见，若令满汉之人一律天足，亦是调和之一法。

李执中君云：前已有不缠足会及天足会之发起，未得尽除者良由女子不开化之故也。然天下无不可除之积弊，若官吏能严切施行，必能禁革。

钟才宏君谓：宜使上流社会妇人一律天足，则民间自然改良。

朱廷利君谓：女子缠足使血脉阻滞，大害卫生，理当禁绝。惟妓女可令缠足以辱之，使人知所区别。

粟戡时君谓：妓女亦犹是人类，原当悯其痛苦而出之于水火，无容区别。况现今社界，妇人装束每视妓女为转移，若妓女可以缠足，且于此案之实行生一障碍矣。

议长以此案交审查会审查，众赞成。

第十五次正式会

九月二十九日开第十五次正式会，自一时至五时止，行政委员莅局，议员到会者六十三人。

议长宣布读会一案、提议一案：一、抚部交议积谷清查及增加案第二读会；二、议员陈炳焕提议筹办湘汉航业案。

纪　要

议长报告：因提淮商加复钱价事电江苏请提作专案，呈请江督施行。又报告：议员皇甫天成君等十人公函言，杨生春君实因公逾限，与无故有别，应否再交惩罚员审查。经众讨论，仍交惩罚员审查。

积谷案

书记宣诵审查会报告毕，议长请公决。经众讨论，有增加之处：一、各处任意报销，故经理者敢于侵蚀，宜一律造具四柱清册切实报告，以便调查；一、有以原案收息五升过轻者，谓宜收息二斗，以补助各种用费。经众往复磋商，有言过重者，有言尚轻者。议长谓：宜体察各处情形，纵多以二斗为止，众以为然，再以此案交审查会修正，众赞成。

航业案

陈炳焕君说明提案理由。

易宗夔君谓：湘汉航路之权于政权、经济均极有关系，亟应争回。陈君所言补助金一说，中国轮船原有保险公司，不必求之政府，惟管理建造刻难其人，势不能不通融办理。

罗杰君谓：凡事必有相关系者互相发达，然后可成。今就促航业之发达者言之：一、关系于学问者，航业为专门学问，其他与航业相辅者亦应研究；一、关系于法律者，如民法、商法、国际私法及船舶登记法、保险法、运送法，皆为航业家所恃，以保护利权者亦须研究；一、关系于政治者，交通、行政发达，铁路、邮电可相辅为益，此外水上警察之保护、航业调查之勤核、政府奖励金之补助、外人行轮内河条约之改正，皆可促航业之进步者；一、关【系】于经济者，经济思想发达，则公司招股易集巨款，盖航业之利，远则争富外国，近则保守内河权利，姑举日本近事为例，英国现在制有往来中日轮船，而日本人往来崎、沪非本国轮舶不坐，惟恐利权之外溢，我国人经济思想如是，则航业可以兴矣。

议长以此案交审查会审查，众赞成。

第十六次正式会

九月三十日开第十六次正式会，自一时至五时止，行政委员莅局，议员到会者六十一人。

议长请假，副议长曾熙君主席。宣布读会一案、提议一案：一、抚部交议振兴工业大宗案第二读会；二、议员陈炳焕提议商埠划定地址案。

纪　要

工业案

书记宣诵审查会报告毕，副议长请公决。大致赞成，惟经费加厘一节，丁蕃绥君出席反对，谓厘金应在裁撤之列，何堪加重。周广询君言：但可加米厘。本案审查长向燊君谓：每千加五十文不至病商，而工业振兴为益不少。旋经大众再三讨论，互有异同。副议长谓：无款安能实行，或减加抽之数，有赞成者请起立。起立者多数，副议长请改五十为四十。左学谦君谓：十文加减不关轻重，不减亦可通过，众以为然。副议长云：此案可以通过，呈报抚部院施行。众赞成，遂决议。

商埠案

副议长报告：洪泽灏君亦有同意之案，可并提议，先由陈炳焕君说明提案之理由毕，次由洪泽灏君说明提案之理由。

姚炳麟君谓：外人通商地址原已划定，而行政官不能据约以争，外人得乘渐而入，遂有草潮门外莠民祖湓堂等私售房屋与外人之事，而关道信札词涉影响，应将此约宣示，否则酿成交涉，为患方长，自后应划清租界，凡租界之外有购地与外人者当严行禁止，若事已成就则困难无穷矣。

周广询君谓：交通之处闻外人以贱价购租界外之地，而收回则耗无穷财力。今我省交通方始，务宜划清，凡约章外不得易寸地与人，有售地与外人者应切实干涉。

粟戡时君谓：湘省通商口岸有四，而此案仅言一处，其余亦应调查研究防守之法。又，光绪三十年条约所载，上自永州码头，下至鱼码头止，今关道所言语意含混，究竟若何，应请关道明白宣示。且草潮门外即令在租界之内，然据中英通商条约不得被此措勒，质之英领事当亦无辞。在官长偶然含混其辞，而小民遂受无穷之累，如草潮门一案拖累数月，试问酿成之者谁乎？又闻北门外捞刀河侧龙（州）〔洲〕地方有我省劣绅及无赖数人私售与外人，且系善后局主持，查龙洲地方在指定租界外以北十余里，是又租界之外另生一租界也，是否属实，亟应调查，以图保全主权。

各议员互相讨论，大抵谓：既有此项交涉一误，何堪再误，当质问行政官妥筹应付之策，以免后（忠）〔患〕。粟戡时君谓：前已有质问书由局呈请抚部院，须俟其批答后再行研究。众以为然。

议长以此案交审查会审查，众赞成。

十月初一日审查会分股讨论。

十月初二日日曜日，休会。

第十七次正式会

十月初三日开第十七次正式会，自一时至五时止，行政官莅局，议员到会者六十五人。

议长宣布读会三案、提议一案：一、抚部交议改良宣讲所案第三读会；二、抚部交议组织禁烟会社案第三读会；三、抚部交议整顿田房税契案第二读会；四、议员姚炳麟提议组织土地保存会案。

纪　要

宣讲案读会

书记宣诵审查会报告毕，议长请公决。众皆赞成，遂决议以此案呈报抚部院施行。

禁烟案读会

书记宣诵审查会报告毕，议长请公决。众皆赞成，遂决议以此案呈报抚部院施行。

税契案读会

书记宣诵审查会报告毕，议长讨论，大致皆主赞成，惟责成都团一条互有同异，议长付之表决。赞成责成都团者最多数，其余各条略有增删及修改字句之处，议长谓：此案交审查会修正后即可呈报抚部施行，众赞成，遂决议。

保存会案

议长报告周名建、胡璧二君有禁止人民私卖房屋与外人案可并提议，姚炳麟君演说提案之理由。

刘善渥君谓：人民私售土地，自应设法保存，惟此会由本局发生，不甚妥协，不若脱离本局，使地方绅士另行组织。

粟戡时君谓：此案立意甚是，惟本局本为全省省会，若又发生一会，则将来入会会员何所标准，如仅以议员为限，尽可以本局之名义行之，不必再行组织；如不以本局议员为限，属一般绅士共同之责任，则不必在本局提议。今欲成立此以保存土地，离开本局另行组织则可，由本局议员组织保存会则决不可。

罗杰君谓：欲除后患，须就根本上解决。以精神论，必人人知土地、人民、国权为国家元气，自然咸知保存；以形势言，无论开码头、设教堂，须经地方官查明，即在租界之内亦只能租，而不可私卖。至此案名称，或改为土地调查会亦可，但不可属之本局。

陈炳焕君谓：外人在租界之外租买土地本条约所不许，果行政官一面据约力争、一面严禁私卖外人亦无如之，何也？应请行政官严守条约。

各议员互相讨论，大抵以组织此会只可用绅士资格，不当用本局议员名义。

议长谓此案宜改名称，或用胡、周二君提案之名称，或并入他案，可暂交审查会审查。众赞成。

十月初四日，孝钦显皇后梓宫奉安休会。

第十八次正式会

十月初五日开第十八次正式会，自一时至五时止，行政委员莅局，议员到会者六十三人。

议长宣布读会一案、提议一案：一、抚部交议简易小学普及办法并筹经费案第二读会；二、议员易宗夔提议设运米局寓限制于流通案。

纪　要

议长报告惩罚审查员答辨澧州议员杨生春君书并澧州公函，请公决。众以前经全体表决除名，无庸再行表决。

简易小学案读会

书记宣诵审查会报告毕，议长请公决。经众讨论，大致赞成。惟筹款一节，多以户捐为扰民，不可行。行政委员苏钟贞君出席发言，谓原案为教育普及起见，欲使贫寒子弟皆受教育，非有巨款不行，不得已而谋及户捐。如诸君有他项巨款可筹，户捐不办亦可。旋经大众讨论，不主张户捐者大抵谓：本局未能先为民兴一利，除一害，而惟筹捐之是务恐民不见信而生反对。主张户捐者大抵谓：取于民者不多，而兴学育才为益于地方不少，取之并不为虐，又言户捐终不可免，地方自治经费必抽户捐，或于自治经费内提出几分之几作为小学费，此刻但可提空闲之款。议长仍以此案交审查会修正，众赞成。

运米局案

易宗夔演说提案之理由。

周煦埏君谓：限制运米，所极赞成，至借此抽收经费则大不可，且抵补土药税尤不必由人民代表发生此问题。

周广询君谓：运米局许济湖北而限制他省，然由鄂而出口，非湘之所能禁也，宜筹限制之策，又谓加厘八分不若于旧日米厘清其积弊。

丁蕃绶君谓：此案有害而无利，既云流通自难限制，设运局于汉，商民运米至汉始得护照，已不胜其困顿，至云米价昂贵即行停运，吾恐愈昂则愈运，盖既云运米局必不能禁人之不运也。又，每石加厘八分以为抵补土药及教育会、商会之津贴尤觉难行，本局自开会以来未闻为民间筹兴利之策而惟抽厘加税之，是务恐民以为借题为商会、教育会筹款而大相诟病也。

危耀垣君谓：运米局名称不合，年荒谷贵，乡民可自行禁粜，若设运米局，奸商假买单为护符以勒粜乡民，无如之何，其害不堪设想。

黎尚雯君谓：运出之米加八分非增加湖南人之负担，而湖南得此巨款以为公益，未始不可。

陈文玮君谓：设局之事，办理得人则可收益，办理非人则湖南之米不数月而贩运且尽矣，吾恐其收益少而受害多也。各议员互相讨论，多不主张加厘，且谓流通不能限制。

易宗夔君表示提案之意在寓限制于流通，不重在加厘，如以加厘为非，即可将末二条删去。

周广询君谓此案关系重要，须交特别审查员审查。

议长以周君之言决之于众，众赞成，遂议定：每部公推一人审查此案。即时推定汤鲁璠、胡璧、陈文玮、周广询、丁蕃绶、刘承孝、陈炳焕、周煦埏、刘忠训等九君为此案审查员。

第十九次正式会

十月初六日开第十九次正式会，自一时至五时止，行政委员莅局，议员到会者六十九人。

议长宣布读会一案、提议一案：一、抚部交议禁止迎神赛会案第二读会；

二、议员邹士桢、谌伯瑞提议剔除采买兵米案。

纪 要

赛会案读会

书记宣诵报告毕，议长请公决，经众讨论，大致主赞成，略有增删。议长谓此案应否经三读会，众赞成省略，交审查会修正后即呈报抚部院施行。

图书馆案

刘善渥君说明提案之理由。

周广询君谓：湖南图书馆腐败如此，自后宜切实改良，无庸设立总理、监督、提调等名目。

姚炳麟君谓：办事者既不到馆，尽可裁汰，所有图书可移至存古学堂，请一司事者管之，以便旧学者之研究可也。此案可并入黎君所提教育案内。

易宗夔君谓：姚君未免视之太轻，外国图书馆之设，所以供全国有智识之人研究，异常郑重，吾国图书馆有编辑而不供披览，湖南自设图书馆以来未见有编辑之书，而编辑之脩金年约一万数千金，言之骇听，何不将此款多购书报供人阅览，收益必多。

副议长曾熙君谓：此案既多数赞成，不必再经审查，旋经大众讨论决议，将章程修订即可通过，无庸开第二读会。议长指请陈炳焕、易宗夔、刘善渥三君修订章程，俟呈报抚部院施行。

兵米案

邹士桢、谌伯瑞二君各说明提案之理由。

钟才宏君谓：兵米原以供绿营兵食，各属采买兵米或数百石，或数千石，已成陋规，并有种种苛索，国家预备立宪自应革除。湖南绿营兵奏定三年裁尽，若能提前裁撤更为上策。其次则由绿营直接领款，分给兵丁平买，不必经官过手。又其次则就已裁者豁免，未裁者照额数采买，亦可稍除流弊，至此项余利以改作地方公费为宜。

杨若时君谓：江华县采买情形，官由藩库领银采买兵米，强者能得四百文之价，弱者并此而无之，此种弊政，非设法剔除不可。

郑鼎君谓：官吏假兵米以利（已）〔己〕，视采买如征收，几成正供，使民困怨，应请抚部院就各属所报之册清查虚实，而后厘定价直，以免病民。

黄本崑君谓：他处兵或可裁，惟镇筸镇为西陲重镇，万难裁撤，是该处将来独不能沾剔除之惠。查采买兵米一节，既在藩库领银，至民间采米则当妥筹方法，务使以相当之价相偿，万不可使民人受摊派之累。

何居怡君谓：地方官既领银于藩库，而又苛索于民间，如永顺每年冬出示强各都团总约买谷千余石，最为弊政，宜请抚部实行革免。

胡璧君谓：贵州亦有此累，曾经革除存案，湖南亦可仿办。

汤鲁璠君谓：宜就根本上解决，此案可并入征收案内。

议长以此案交审查会审查，众赞成。

第二十次正式会

十月初七日开第二十次正式会，自一时至五时止，行政委员莅局，议员到会者六十七人。

议长宣布读会二案、提议一案：一、抚部交议组织农会、培禁森林案第二读会；二、议员周翼崧提议筹办贫民习艺所案。

纪　要

议长报告闭会伊迩，而议案未决者尚多，应照章延会十日呈报抚部院，众赞成。又，报告互选资政院议员，应依据院章规定互选细则呈请抚部院核定，于是指请左学谦、陈炳焕、罗杰、李永瀚、石秉钧五君为起草员。

农会、森林案读会

议长报告森林案附于农会之后，书记宣诵审查会报告毕，本案审查长陈炳焕君申明设农务总会与森林之关系，森林会应附设农务总会，故两案合并审查。

粟戡时君谓：会章第八条“本会之员凡不关于会内事一概不宜干（与）〔预〕”宜稍删改，又，会期第二条“前一月通知”，一月太久，宜更正。

周广询君谓：在省森林会宜附于农会，各属森林会宜附于地方自治会，保护森林宜设警察，章程中宜加规定。

于是大众讨论森林警察，有主难设者，有主必须设者，有主缓设者，有主速设者。议长谓：森林警察无妨规定，但可酌量地方情形办理。惟此案由审查员修正，应否经三读会，众赞成省略，遂决议呈报抚部院施行。

贫民习艺所案

周翼崧君说明提案之理由。

刘承孝君谓：贫民宜有分别，城市之贫民与乡村之贫民不同，生而贫、由天灾而贫与游惰而贫又不同，尽纳之于习艺所势难相容，贫民与流民不可混淆也。

曹作弼君谓：人民之穷，良由实业之不发达。湖南应多兴工艺，省城应设工艺总局及工艺学堂、习工场、考工场、工艺演说所、工艺陈列所。至于贫民与游民，应分两项，先由省设立一所以为模范，次由各处分设，经费可由殷实户自由捐集。

粟戡时君谓：贫民、游民若果强为分别，则是没有羞恶之心，不特游民不可分，即贫民亦不可分，宜不用贫民等字，则廉耻道存，况贫民与游民无界线可分者也。既为贫民设习艺所，则无论其为贫民、游民，均在应行收入之列，若其流而为盗贼，自有拘留所安置，不待分也。

陈炳焕君谓：习艺所奉天所办兼有学校性质，每日课六时，以三时习艺，三时习文算等科，不特贫民愿入，即宦游之子弟亦入焉。今不可划分贫民、游民，仅云习艺所可矣。若已有不正当之行为者，可另收入工艺传习所。

议长谓：抚部院交议改良慈善事业案已有贫民工厂一条，此案即可并入审查，众赞成。

第二十一次正式会

十月初八日开第二十一次正式会，自一时至五时止，行政委员莅局，议员到会者六十一人。

议长宣布读会一案、提议一案：一、抚部交议改良矿务案第二读会；二、议员刘善渥提议推广法政学堂以培植审判人材案。

纪　要

矿务案读会

书记宣诵审查会报告毕，议长请公决。经众讨论第四条与英人布卢特订卖湘锑一段。

曾继辉君谓：以我国商人资格，轻与外人订约，恐丧失权利，宜留此段原文呈报抚部院，妥善办法。众议员以私人各营商业，不可限以国界卖买，契约当事者双方国籍虽异，要皆属于个人关系之法律行为，本局无庸侵个人之私权，且商人利害切己自谋，应臻周挚，双方合意，始缔契约，非可以挟权力以行之者。所订契约，合则缔结，不合则解散，实为私法之通则，与国际交涉无关，本局未便干涉，宜删。

又，罗杰君谓：湘矿富敌欧洲，而湘人委弃，致生外人觊觎，非明定矿章不可。其整理方法约有数端：一、派人测勘，划分矿区，切实登录，以免重买葛藤；一、分别试掘权、试采权，指定正立方、纵立方，以免互相侵越；一、执行矿章必责之于官，拟请凡有矿之地设官立局严重监督，并设警察取缔一切。

众议将罗君所说加入。议长谓：此案可否经三读会，众赞成省略，遂决议审查会修正后呈报抚部院施行。

法政学堂案

刘善渥君演说提案之理由。

钟才宏君谓：推广非经费不行，官府之度支皆间接取之于民者，民之负担过重，实足以损国家元气，湖南如景贤、成德、达材各校均可改良为法政学堂，不必更别筹款。

粟戡时君谓：钟君之说我甚赞成，惟筹款之事，查官绅两校及自治研究所年领官款约计洋银四万余元，若所收学生在二千人以上，每年学费即在五万元左右，又何无款之足患乎？至景贤等校既名为法政学堂，尽可命其改良，无令其徒縻巨款可也。

易宗夔君谓：将钟君、粟君之说加入即可通过。

钟才宏君又谓：思贤讲舍系盐商公款，亦可提并否？

粟戡时君谓：无论官款、公款，均可提并。

罗杰君谓：思贤讲舍注重性理之学，实为我国哲学，提并之议不愿赞同。

议长谓此案仍须交审查会审查，众赞成。

十月初九日日曜日，休会。

审议预算表

十月初十日开全局审议会，自午前九时起至十一时止。

议长宣布审议本局第一年经费预算表，请审议长罗杰君就席。书记宣诵预算表毕，审议长请逐条公决，由众议决定者数端：一、守卫原表闭会时十二人，众议减四人，用八人；一、邮电费原表每月二百圆，众议加一百圆，每月三百圆；一、调查费原表每月三百圆，众议加一百圆，每月四百圆；一、纸笔墨费原表每月六十圆，众议减二十圆，每月四十圆，并入杂用费内，不特立名目。其余均依原表通过，呈请抚部院核定。

互选资政院议员

十月十一日互选资政院议员，自午前九时至午后三时止，布政使莅局代理互选监督，议员到会者七十七人。

资政院议员湖南额定五名，照章倍选，由互选监督核定，其选举情形如下：第一次投票七十七人，当选者一人；第二次投票者七十五人，以次多数十八人决选，当选者六人；第三次投票者七十四人，以次多数六人决选，当选者三人，列表于下。

姓　名	票　数	投票次数	姓　名	票　数	投票次数
罗　杰	四十四	第一次投出	汤鲁璠	五　十	第二次投出
冯锡仁	四十九	第二次投出	唐右桢	四十八	第二次投出
易宗夔	四十一	第二次投出	黎尚雯	四　十	第二次投出
姚炳麟	三十八	第二次投出	向　燊	四十六	第三次投出
刘润珩	四十一	第三次投出	王章永	三十九	第三次投出

第二十二次正式会

十月十二日开第二十二次正式会，自一时至五时止，行政委员莅局，议员到会者六十六人。

议长宣布读会三案：一、抚部交议订立地方禁约崇尚节俭案第二读会；二、抚部交议清查积谷及增加案第二读会；三、议员提议筹办湘汉航业案第二读会。

纪　要

议长报告抚部院交宪政编查馆电论谘议局权限，但能议论地方行政，不得侵越国家行政。又，报告刘承孝君因葬母事于会期前请假回里，众认可。

节俭案读会

书记宣诵审查会报告毕，议长请公决。经众讨论，大体赞成，以十四、十五二条归并于十二、十三二条内，遂决议以此案呈报抚部院施行。

积谷案读会

书记宣诵审查会报告毕，议长请公决。左学谦君谓：前列弊端四项但可作动议之理由，可删，众以为然，其余均赞成，遂决议以此案呈报抚部院施行。

航业案读会

书记宣诵报告毕，议长请公决。经众讨论，有增加之处：一、实业学堂附设商船学堂恐难实行，然又未能专设，不若选送学生至沪就学；一、补助金四万八千金过少，可改为保息金，应于保息金之外另筹补助金，既为湘汉航业应联鄂省共筹，又新公司宜收入旧公司以抵制外人，其余略有增删。议长仍以此案交审查会修正，众赞成。

第二十三次正式会

十月十三日开第二十三次正式会，自一时至五时止，行政委员莅局，议员到会者六十人。

议长宣布读会二案、动议一案：一、抚部交议疏浚洞庭湖案第二读会；二、抚部交议各属应组织商务分会案第二读会；三、抚部交议筹办地方自治经费案。

纪　要

疏湖案读会

书记宣诵报告毕，议长请公决本案。审查长曾继辉君逐条宣解，众以浚湖、塞口、疏江三项平列，可以通过，嗣又反复讨论，佥谓此案关系两省利害，应与鄂省协商办法，于是公推陈炳焕、谢宗海、曾继辉三君赴鄂协商后再行呈报抚部院。

商会案读会

议长报告审查会报告，谓此案可照原案通过，请公决。众皆赞成，依原案通过，遂决议呈报抚部院施行。

自治经费案

行政委员周大烈君出席，言此案本属地方行政，其财产之义务亦须就地方之人民负担之，抚部院所拟者原本馆章有公产、公款、公益捐等项，公益捐又分为特捐、附捐，皆为补助地方行政之基本金。但其筹画之手续不过以化无益为有益，如迎神赛会、演戏张宴之费则可抽拨其款，以挹注于自治，故必清厘公产、公款，而无容急急于公益捐，俟其有不足之时当另行筹度。至于筹公益捐之时，当以附加捐为始行之策，而不可径行特捐，因同时并举，必生窒碍。

姚炳麟君云：公款、公产其中饱者必先清理，提出即如晃州厅之米行、油行亦可酌提余利，以资此项经费之补助。

罗杰君云：此项经费有由根本上著手者，即前所提之改良征收机关一案是也。就本议案所言，拟分数种办法：一、限各属设立自治局，以公正绅士分任其事；二、派员清理公款、公产（先由筹办处通饬各地方官会同绅士清查）；三、公款、公产统归自治局管理，由局支配教育、实业诸费；四、税契即由局代办，以便截留应留之款；五、先统管各项财产，然后支配，支配之后列预算表，不得挪移，每一年度列表决算报告；六、罚金及僧产之可酌提者；七、殖业银行；八、募公债，如价额五百元，价格四百九十元，分若干期偿，每偿一次，抽签定之。既定之后，又将所定若干采金限若干分，抽签分收。

议长以时间已至，而讨议未毕，延会于次日。

第二十四次正式会

十月十四日开第二十四次正式会，自一时至五时止，行政委员莅局，议员到会者五十四人。

议长宣布续议一案、读会三案：一、续议筹办地方自治经费案；二、抚部交议组织混同消防案第二读会；三、抚部交议展拓街道案第二读会；四、议员提议筹办湘汉航业案第三读会。

纪　要

自治经费案

曹作弼君言：此案仅言经费之办法，并未申明利益，殊觉难解。此项经费既无原款，而对于所办之教育、卫生等费又不能彼此挪移，必欲再索于民，恐多阻力。清查一节非假官力不行，若专在公款、公产，所得无几。再者如省城换洋一元、抽钱数文，亦可作特捐之一法。

周广询君云：据曹君所言，系江南章程，固属甚善，至谓清查而须委员，不如仍归绅士。

刘泽林君云：此项经费当以因地制宜为是。

议长言：公款、公产非清查不可，此项办法亦只能规定大纲，其细目不能不就因地制宜著手，此案当交审查会审查。众赞成。

消防案读会

书记宣诵审查会报告毕，议长请公决。大众赞成，遂决议呈报抚部院施行。

街道案读会

书记宣诵审查会报告毕，议长请公决，谓：抚部院交案在展拓旧有街道报告书、在建设新街道应否两案并存。经众讨论，有主张并存者，有专主新市街者，议长请起立表决，赞成两案并存者最多数，遂决议以此案呈报抚部院施行。

航业案读会

书记宣诵审查会报告毕，议长请公决。众赞成，遂决议呈请抚部院施行。议长报告：陈炳焕、谢宗海、曾继辉三君于明日赴鄂协商疏湖事业、铁路招股办法。

罗杰君谓：三君赴鄂与鄂人商妥已在开会之后，不可不先定办法，可径由议长、副议长、常驻议员议决，抑须召集临时会众决定，可由议长、副议长及常驻议员决议。

第二十五次正式会

十月十五日开第二十五次正式会，自一时至五时止，行政委员莅局，议员到会者六十人。

议长请假，副议长曾熙君主席，宣布读会一案、提议一案：一、抚部交议建设食品市场案第二读会；二、议员向燊提议改厘税为统捐案。

纪　要

食品市场案读会

书记宣诵审查会报告毕，副议长请公决。

陈文玮君言：护国佑民坊之闲地不若先锋厅贡院照墙外之闲地，不若又一村。

左学谦君谓：学院街口应购屋建修。

汤鲁璠君谓：永庆街口无余地，改一都司衙门即可布置八角亭，可就白马（卷）〔巷〕天孙宫对门之游击衙门后操坪余地，粮道街口无余地，可就广盈厅废署。

副议长谓：此案交审查会修正，可否再经三读会。众赞成省略，遂决议呈报抚部院施行。

厘税案

向燊君说明提案之理由。

丁蕃绥君言：湘省厘金创办之始，原为粤乱军饷之计先拟，乱弥则撤，不意变本加厉，流弊无穷。如长沙一县六十里内外已有四局，留难阻滞，商民不堪。

朱廷利君言：中国厘金无弊莫如福建、浙江，尽可仿行，其余各省多由法宽以致于此。

周广询君言：此案惟稽查一节应设机关，不由总局、分局派遣员丁，致滋流弊。

罗杰君谓：立宪国欲清理财政，首在改良征收机关及其方法，前者本局已提议之矣。若地方自治会成立，必仿外国，举估计员，公议估计办法，上不病国，下不病商，最为两便，故其征收统一，手续简单，而国商俱利。本局当拟定征收细则，由藩司总挚其纲，如厘金百万只能以百分之五为征收机关经费。诸公回里，各将自治研究所设立，卒业后即开自治会举员估计，以达改为统捐之目的，而去留难阻滞之疾苦，商民之困稍苏，国家、地方亦分受实利。

胡璧君言：此案向君所说在实行，甚与鄙见相合，与其知弊而迟误之，不若请行政长官速行整顿。

汤鲁璠君言：此案于湖南可行，出口、入口之货多由岳州，如在岳州设一统捐局，则厘税毫无遗漏，盖厘金少一局，即少一分之需索，而人民亦少一分之负担也。

刘润珩君云：此案无损于国，无病于民，洵属善策。

副议长以此案交审查会审查，众赞成。

十月十六日日曜日，休会。

第二十六次正式会

十月十七日开第二十六次正式会，自一时至五时止，行政委员莅局，议员到会者五十九人。

议长宣布读会二案：一、议员提议整顿词讼积弊案第二读会；二、议员提议剔除采买兵米案第二读会。

纪　要

词讼案读会

书记宣诵报告毕，议长请公决。经众讨论，酌定审讯规费，民事诉讼原、被告各出钱五千文，刑事诉讼原告出钱二千文，被告以六千文为限，概归歇户经手散布，衙门内外一切陋规皆宜裁革，经绅士和息销案者概无规费。差役下乡，民事诉讼不得过二名，刑事诉讼以六名为限，起差之费由原告给钱四百文，下乡用费五十里以内由被告给钱，每名三百文，道远者照加，此外毋许苛索。又，周广询君加入息讼所一条。议长谓：此案可否再经三读会，众赞成省略，遂决议修正后呈报抚部院施行。

兵米案读会

书记宣诵报告毕，议长请公决。经众讨论，有谓兵米有可剔除，亦有不可剔除者，钱粮少于兵米之州县一旦裁尽，州县失此巨款，恐有升科之虑。而主张剔除者谓：会同县采买镇筸兵米近已裁免，已有成例可援，况事在除弊，未可因一二处窒碍而不行也。议长仍以此案交审查会修正，众赞成。

第二十七次正式会

十月十八日开第二十七次正式会，自一时至五时止，行政委员莅局，议员到会者四十九人。

议长宣布读会二案：一、议员提议岳、常、澧水灾善后案第二读会；二、议员提议改良征收机关案第二读会。

纪 要

议长报告周铭勋君自请辞职，众认可。

又，报告陈请书二种：一、安乡士民陈请书，因今岁水灾甚巨，请拨借官款以拯灾黎，众决议代报抚部院救济；一、长沙草潮门外请愿书，因外人谋买房屋事，众决议呈报抚部院察夺。

水灾案读会

书记宣诵审查会报告毕，议长请公决。经众讨论，大抵谓清查户口、提公款就近募捐均在筹款范围之内，惟借贷一节由业主出契抵押，向官钱局酌借，宜设总公司，由公司代领各属，宜举借贷代表一二人，如官钱局不足，更请向大清银行补给。又，宜禁止谷米由鄂转口，议长谓此案经审查会修正，可否再经三读会。众赞成省略，遂决议修正后呈报抚部院施行。

征收案读会

书记宣诵审查会报告并副议长冯锡仁君提出之修正案。议长云：审查会报告注重在新机关，主张设经征局定公费，就将来言，冯君注重在除去积弊便于实行；就现在言，请众酌定。于是冯君说明修正案之理由。经众讨论，有主张依修正案者，有主张依报告书者，议长请起立表决，赞成依修正案者多数，遂决议以冯君修正案呈报抚部院施行。

第二十八次正式会

十月十九日开第二十八次正式会，自午前九时至十一时止，议员到会者四十八人。

议长宣布读会三案：一、抚部院交议改良慈善事业案第二读会；二、议员提议推广法政学堂案第二读会；三、抚部院交议简易小学办法并筹经费案第二读会。

纪　要

慈善案读会

周翼崧君提议之贫民习艺所案前并入此案审查会报告，并附于后，由书记宣诵毕，议长【请】公决。众均赞成，遂决议以此案呈报抚部院施行。

法政学堂案读会

书记宣诵审查会报告毕，议长谓：达材馆已改为存古学堂，未便再改，景贤、成德本奏定为法政学堂，须急改良为宜。粟戡时君谓：此案可云推广法政学堂案，培植审判人材但可附于理由中。众以为然。此外各条众均赞成，遂决议议长以此案交刘善渥、钟才宏二君，修正后呈报抚部院施行。

小学堂案读会

书记宣诵审查会报告毕，议长谓：此案大体已定，惟户捐一节须众决定。左学谦君谓：户捐一项刻难实行，俟办理地方自治确有成效后由本区内自行办理，不必藉手书吏，以滋苛扰。众赞成，遂决议以此案呈请抚部院施行。

第二十九次正式会

十月十九日开第二十九次正式会，自午后一时至五时止，行政委员莅局，议员到会者五十七人。

议长宣布读会四案：一、议员提议不缠足会案第二读会；二、议员提议改厘税为统捐案第二读会；三、抚部院交议筹办地方自治经费案第二读会；四、议员提议改良监狱案第二读会。

纪　要

议长报告：副议长曾熙君以母老请辞副议长职，众挽留，托议长转述众意。

不缠足案读会

此案审查会改为禁止妇女缠足案，书记宣诵审查会报告毕，议长请公决。经众讨论，删去劝学员一句及女董事一节，余均赞成，遂决议呈请抚部院施行。

厘税案读会

书记宣诵审查会报告毕，议长谓：此案关系重要，可否缓决。众议可以通过，由明年二月试办，如有窒碍再行讨议，遂决议以此案呈请抚部院施行。

自治经费案读会

书记宣诵审查会报告毕，议长请公决。经众讨论，有增加之处：第二条加入清查员须由自治公所绅董及地方官【发】照，清查员不得典买公款、公产；第二条加入州县之公款、公产由自治公所直接管理，市镇之公款、公产由自治公所间接管理；第四条：（甲）加入得由自治公所征收；（丙）加入奢侈品、消耗品；（戊）加入税契由自治公所代办；第七条加入利息不得过六厘，其余均赞成，遂决议。议长谓：此案须交审查会修正，呈请抚部院施行。

监狱案读会

邹士桢君、罗杰君所提两案合并报告，由书记宣诵毕，议长谓：邹君案在改良现在之监狱，罗君案在筹办将来之监狱，请诸君决定。曹作弼君言：未改良之前，应用邹君之案以济目前；既改良之后，应用罗君之案以图进步。众以为然，遂决议两案合并，呈报抚部院施行。

第三十次正式会

十月二十日开第三十次正式会，自午前九时至十二时止，议员到会者五十八人。

议长宣布读会三案、提议二案：一、议员提议整顿湖南全省教育案第二读会；二、议员提议剔除采买兵米案第三读会；三、议员提议设立运米稽查局案第二读会；四、议员罗杰提议拟请开设银行研究科案；五、议员周煦埏提议禁革衙署差价陋规以苏民困案。

教育案读会

书记宣诵审查会报告毕，议长请公决。众赞成，遂决议以此案呈报抚部院施行。

兵米案读会

书记宣诵报告毕，议长请公决。众赞成，遂决议以此案呈报抚部院施行。

运米局案读会

此案原名拟设运米局寓限制于流通案，经特别审查会审查，前数条就原案意见，后数条依两湖赈济章程而增删之，改用今名。书记宣诵报告毕，议长请公决。众赞成，遂决议以此案呈报抚部院施行。

银行案

罗杰君说明提案理由，大抵以新政待举，百端需款，惟开银行可以裨益财政，骤然开设，执事无人，既不能雇用寻常钱店之人，而银行专科学生又未可多得，非先培才不可。若设完全银行学堂，无论需款甚巨，刻难举办，而历时甚久，缓不济急，不如选曾习法政之本籍学生，使之入银行研究科专习六月，以应急需。众赞成，以原案通过，遂决议以此案呈请抚部院施行。

差价案

周煦（延）〔埏〕君说明提案理由，大抵以差价陋规苛派扰累，为患于民不浅，盖此项陋规，上自官幕、下逮厮役皆得均沾，供应之人，小至屠沽工匠，不免损失，最为弊政。前经抚部院出示禁革，奉行者不力，未能尽除，应请抚部院严饬各属将差价陋规革除净尽，【以】（苏）〔纾〕民困。众赞成，以原案通过，呈报抚部院施行。

闭　会

十月二十日午后一时行闭会式。议长、副议长、议员冠服到会，抚部院方请病假，行政官自布政使以下咸莅局。布政使莅演台宣告闭会毕，议长演说，罗杰君演说，书记长报告一会期决议各案名目。毕散会，齐至茶会厅，茶会官及议员摄影，以作第一次闭会纪念。

闭会礼式

一、十月二十日午后一时行闭会式。

一、抚台及各行政官冠服莅局，就行政官憩息室。

一、议员冠服，就议员憩息室。

一. 摇铃入会场。

一、书记长引抚台及各行政官自东廊入议场，各就席。

一、议长、议员、书记自西廊入议场，各就席。

一、守卫长引旁听人各就席。

一、抚台就演台演说。

一、议长及各议员就演台演说。

一、书记长报告各议案。

一、摇铃散会，旁听人皆退出。

一、抚台及各行政官、议长、议员、书记长、书记同退至茶会厅茶会。

互选副议长

副议长冯锡仁君既被选为资政院议员，例应补选。午后四时，布政使代理互选监督，互选副议长。第一次投票者六十五人，胡璧、侯昌铭二君各得十八票，均不及过半数。于是以胡君、侯君重投，胡君得四十五票，遂决选以胡璧为副议长。

湖南谘议局议事录附表

抚部院交出议案表

件　名	可　决	否　决	撤　回	未　决
湘路亟应限年赶修案	√			
改良宣讲所案	√			
改良扩充慈善事业案	√			
组织禁烟会社案	√			
组织农会案	√			
培禁森林案	√			
禁止迎神赛会案	√			
简易小学普及办法并筹经费案	√			
振兴工业案	√			
积谷清查及增加案	√			

续表

件 名	可 决	否 决	撤 回	未 决
矿物改良案	√			
组织混同消防案	√			
展拓街道案	√			
建设食品市场案	√			
抽取房铺捐充作警费案		√		
整顿田房税契案	√			
疏浚洞庭湖水道案				√
订立地方禁约崇尚节俭案	√			
组织商务分会案	√		△√	
筹办地方自治经费案	√			
计二十	十 八	一	一	一

一、本表次序一依日表之顺序。

一、本表中△系撤回再行交议。

本局提出议案表

件　名	可决	否决	合并	未提议	撤回	未决	呈报	提出者
经营森林案	√		△√				√	陈炳焕君
改良征收案	x√						√	易宗夔君
湖南全省教育案	√						√	黎尚雯君
推广邮局以厅州县为单位案						√		钟才宏君
改良监狱案	√		√				√	邹士桢君
维持医学堂并组织医学研究会案		√						朱廷利君
筹办湘汉航业案	√						√	陈炳焕君
商埠划定地址案			√			√		陈炳焕君
筹办试行征兵案					√			洪泽灏君
组织土地保存会案			√			√		姚炳麟君
整顿州县衙门词讼积弊案	√		√				√	易宗夔、罗蔚廷君
整顿词讼积弊案	√		√				√	张文卿君
整顿词讼积弊及书差案	√		√				√	胡璧、周名建君
改良书吏衙役案	√		√				√	谌伯瑞君
岳、常、澧水灾善后案	√		√				√	丁沅君
安集荒民案	√		√				√	贺景章君
件　名	可决	否决	合并	未提议	撤回	未决	呈报	提出者
严禁赌博案	√		△√				√	周鸿勋、周名建、胡璧君
严禁人民私卖房屋与外人案			√			√		胡璧、周名建君
调查户口及职业案				√				侯昌铭君
整饬游民使循职业案				√				刘承孝君
裁撤绿营改征新军案				√				洪泽灏君

续表

件　名	可决	否决	合并	未提议	撤回	未决	呈报	提出者
调和民教及编查教民户籍案				√				何居怡君
禁止妇女缠足案	x√						√	萧湘柱、曾继辉君
申明定例并规定本省单行章程崇俭戒奢为办理自治及各项新政之基础案	√		△√				√	潘振铎君
整顿商埠及划定地址案			√			√		洪泽灏君
改良征收设立经征局并确定州县公费案				√				洪泽灏君
拟设运米稽查局案	x√						√	易宗夔君
剔除采买兵米案	√						√	邹士桢、谌伯瑞君
整顿书吏衙役案	√		√				√	洪泽灏君
整顿警务案				√				洪泽灏君
整顿扩充图书馆案	√						√	刘善渥君
规画移民新疆请先派员调查案				√				黄锳君
筹办贫民习艺所案	√		△√				√	周翼崧君
推广法政学堂案	x√						√	刘善渥君
改厘税为统捐案	x√						√	向燊君
禁革衙署差价漏规案	√						√	周煦埏君
筹办新监狱案	√		√				√	罗杰君
拟请开设银行研究科案	√						√	罗杰君
设立息讼所案	√		√				√	周广询君
计　三十九	廿四	一	十七	八	一	五	廿四	

一、本表次序以出草之先后为次序。

一、本表中△并入交案呈报。

一、本表中 x 议题经审查会改正。

议事日表

<table>
<tr><th>月　日</th><th>件　　名</th><th>月　日</th><th>件　　名</th></tr>
<tr><td rowspan="3">九月初五日</td><td>湘路亟应限年赶修案第一次动议</td><td rowspan="3">九月初六日</td><td>延议湘路限年赶修案</td></tr>
<tr><td>改良宣讲所案第一次动议</td><td>组织禁烟会社案第一次动议</td></tr>
<tr><td>改良扩充慈善事业第一次动议</td><td>组织农会案第一次动议</td></tr>
<tr><td rowspan="2">九月初七日</td><td>培禁森林案第一次动议</td><td rowspan="2">九月初十日</td><td>简易小学普及办法并筹经费案第一次动议</td></tr>
<tr><td>禁止迎神赛会案第一次动议</td><td>振兴工业大宗案第一次动议</td></tr>
<tr><td rowspan="3">九月十二日</td><td>延议简易小学普及办法并筹经费案</td><td rowspan="3">九月十三日</td><td>组织混同消防案第一次动议</td></tr>
<tr><td>积谷清查及增加案第一次动议</td><td>展拓街道案第一次动议</td></tr>
<tr><td>矿务改良案第一次动议</td><td>建设食品市场案第一次动议</td></tr>
<tr><td rowspan="2">九月十四日</td><td>抽取房铺捐充作警费案第一次动议</td><td rowspan="2">九月十五日</td><td>疏浚洞庭湖水道案第一次动议</td></tr>
<tr><td>整顿田房税契案第一次动议</td><td>订立地方禁约崇尚节俭案第一次动议</td></tr>
<tr><td rowspan="3">九月十九日</td><td>组织商务分会第一次动议</td><td rowspan="3">九月廿一日</td><td>整顿湖南全省教育案第一次动议</td></tr>
<tr><td>经营森林案第一次动议</td><td rowspan="2">推广邮局以厅州县为单位案第一次动议</td></tr>
<tr><td>改良征收机关案第一次动议</td></tr>
<tr><td rowspan="3">九月廿三日</td><td>湘路亟应限年赶修案第二次读会</td><td rowspan="3">九月廿四日</td><td>组织禁烟会社案第二次读会</td></tr>
<tr><td>整顿州县衙门词讼积弊案第一次动议</td><td rowspan="2">常、澧、岳水灾善后案第一次动议</td></tr>
<tr><td>延议湖南全省教育案</td></tr>
<tr><td rowspan="2">九月廿六日</td><td>改良宣讲所案第二次读会</td><td rowspan="2">九月廿八日</td><td>维持医学堂并组织医学研究会案第一次动议</td></tr>
<tr><td>改良监狱案第一次动议</td><td>不缠足会案第一次动议</td></tr>
<tr><td rowspan="2">九月廿九日</td><td>清查积谷及增加案第二次读会</td><td rowspan="2">九月三十日</td><td>振兴工业大宗案第二次读会</td></tr>
<tr><td>筹办湘汉航业案第一次动议</td><td>商埠划定地址案第一次动议</td></tr>
</table>

续表

月　日	件　　名	月　日	件　　名
十月初三日	改良宣讲所案第三次读会	十月初五日	简易小学普及办法并筹经费案第二次读会
	组织禁烟会社案第三次读会		拟设运米局寓限制于流通案第一次动议
	整顿田房税契案第二次读会		
	组织保存土地会案第一次动议		
十月初六日	禁止迎神赛会案第二次读会	十月初七日	组织农会案、培禁森林案第二次读会
	剔除采买兵米案第一次动议		筹办贫民习艺所案第一次动议
	整顿扩充图书馆案第一次动议		
十月初八日	改良矿务案第二次读会	十月十二日	订立地方禁约崇尚节俭案第二次读会
	推广法政学堂以培植审判人材案第一次动议		清查积谷及增加案第三次读会
			筹办湘汉航业案第二次读会
十月十三日	组织商务分会案第二次读会	十月十四日	延议筹办地方自治经费案
	疏浚洞庭湖水道案第二次读会		组织混同消防案第二次读会
	筹办地方自治经费案第一次动议		展拓街道案第二次读会
			筹办湘汉航业案第三次读会
十月十五日	建设食品市场案第二次读会	十月十七日	整顿州县衙门词讼积弊案第二次读会
	改厘税为统捐以恤商情案第一次动议		剔除采买兵米案第二次读会
十月十八日	岳、常、澧水灾善后案第二次读会	十月十九日	改良扩充慈善事业案第二次读会
	改良征收案第二次读会		简易小学办法并筹经费案第二次读会
十月二十日	整顿湖南全省教育案第二次读会		推广法政学堂案第二次读会
	剔除采买兵米案第三次读会		禁止妇女缠足案第二次读会
	拟设运米稽查局案第二次读会		改厘税为统捐案第二次读会
	拟请开设银行研究科案第一次动议		改良旧监狱、筹办新监狱案第二次读会
	禁革衙署差价漏规案第一次读会		筹办地方自治经费案第二次读会

备考：

一、本表范围以列入日表已会议者为限。

一、本表案目皆以当时载入日表原名为准，有经审查会改正者详后表。

抚部院交议案经过月日表

件名	第一次动议	第二读会	第三读会	呈覆
湘路亟应限年赶修案	九月初五	九月廿三		十月初四
改良宣讲所案	九月初五	九月廿六	十月初三	十月初七
改良扩充慈善事业案	九月初五	十月十九		十月廿一
组织禁烟会社案	九月初六	九月廿四	十月初三	十月初八
组织农会案	九月初六	十月初七		十月十五
培禁森林案	九月初七	十月初七		十月十五
禁止迎神赛会案	九月初七	十月初六		十月十三
简易小学普及办法并筹经费案	九月初十	十月初五	十月十九	十月廿一
振兴工业案	九月初十	九月卅日		十月十五
积谷清查及增加案	九月十二	九月廿九	十月十二	十月十四
矿务改良案	九月十二	十月初八		十月十八
组织混同消防案	九月十三	十月十四		十月十八
展拓街道案	九月十三	十月十四		十月十九
建设食品市场案	九月十三	十月十五		十月十八
抽收房铺捐充作警费案	九月十四			十月初七
整顿田房税契案	九月十四	十月初三		十月廿一
疏浚洞庭湖水道案	九月十五	十月十二		十一月十一
订立地方禁约崇尚节俭案	九月十五	十月十二		十月十三
组织商务分会案	九月十九	十月十三		十月十八
筹办地方自治经费案	十月十三	十月十九		十月廿二

本局提议案经过月日表

件　　名	动　　议	第二读会	第三读会	呈　　报
经营森林案	九月十九	十月初七		十月十五
改良征收案	九月十九	十月十八		十月廿四
湖南全省教育案	九月廿一	十月廿日		十月廿四
推广邮局以厅州县为单位案	九月廿一			十月廿四
整顿州县衙门词讼积弊案	九月廿三	十月十七		十月廿四
岳、常、澧水灾善后案	九月廿四	十月十八		十月廿四
改良监狱案	九月廿六	十月十九		十月廿四
维持医学堂并组织医学研究会案	九月廿八			
禁止妇女缠足案	九月廿八	十月十九		十月廿四
筹办湘汉航业案	九月廿九	十月十二	十月十四	十月廿二
商埠划定地址案	九月卅日			
组织土地保存会案	十月初三			
拟设运米稽查局案	十月初五	十月廿日		十月廿四
剔除采买兵米案	十月初六	十月十七		十月廿四
整顿扩充图书馆案	十月初六			十月廿四
筹办贫民习艺所案	十月初七	十月十九		十月廿一
推广法政学堂案	十月初八	十月十九		十月廿四
改厘税为统捐案	十月十五	十月十九		十月廿四
拟请开设银行研究科案	十月廿日			十月廿四
筹办新监狱案	十月十九			十月廿四
禁革衙署差价漏规案	十月廿四			十月廿四

议场出席发言表

湘路亟应限年赶修案	罗杰、易宗夔、陈炳焕、汤鲁璠、曾继辉、周煦埏、石秉钧、姚炳麟
改良宣讲所案	陈炳焕、周广询、罗杰、刘泽林、曹作弼
改良扩充慈善事业案	刘善渥、罗杰、陈炳焕
组织禁烟会社案	周广询、罗杰、石秉钧、向燊、曹作弼、钟才宏、粟戡时
组织农会案	刘善渥、周广询、石秉钧、陈炳焕
培禁森林案	易宗夔、周广询、周煦埏、姚炳麟、黎尚雯、陈炳焕
禁止迎神赛会案	周广询、刘忠训、石秉钧
简易小学普及办法并筹经费案	黎尚雯、周广询、何居怡、刘忠训、周毓丰、石秉钧、钟才宏、易宗夔、杨若时、粟戡时
振兴工业大宗案	向燊、丁沅、周广询
积谷清查及增加案	刘润珩、刘忠训、黎尚雯
矿务改良案	陈炳焕、周煦埏、朱廷利、王章永、易宗夔、罗杰、曾继辉、周广询
组织混同消防案	周广询
展拓街道案	陈炳焕、粟戡时、黎尚雯、罗杰
建设食品市场案	周广询、粟戡时、朱廷利
整顿田房税契案	周鸿勋、曾继辉、周毓丰、石秉钧、姚炳麟、洪泽灏、周煦埏、彭施涤、周翼崧
疏浚洞庭湖水道案	易宗夔、刘承孝、曾继辉、陈炳焕、周铭勋、汤鲁璠、黎尚雯、周广询、罗杰
订立地方禁约崇尚节俭案	黎尚雯、李执中、罗杰、周广询
组织商务分会案	谢宗海、罗杰、宋增馨、石秉钧
经营森林案	陈炳焕、周广询

续表

改良征收案	易宗夔、刘忠顺、周广询、贺景章、向燊、罗杰、曹作弼
湖南全省教育案	黎尚雯、周广询、王鼎峙、向燊、李有珪、罗杰、李永瀚、曾继辉
推广邮局以厅州县为单位案	钟才宏、朱廷利、曹作弼
整顿州县衙门词讼积弊案	易宗夔、张文卿、胡璧、谌伯瑞、周广询
岳、常、澧水灾善后案	丁沅、李执中、陈炳焕、周铭勋、易宗夔、曾继辉、彭施涤、周煦埏
改良监狱案	邹士桢、罗杰、易宗夔、陈炳焕
禁止妇女缠足案	曾继辉、粟戡时、李执中、周广询、石秉钧、钟才宏、朱廷利
筹办湘汉航业案	陈炳焕、易宗夔、罗杰
商埠划定地址案	陈炳焕、洪泽灏、姚炳麟、周广询、粟戡时
组织土地保存会案	姚炳麟、刘善渥、粟戡时、罗杰、陈炳焕
拟设运米稽查局【案】	易宗夔、周煦埏、周广询、丁蕃绶、黎尚雯、危耀垣
剔除采买兵米案	邹士桢、谌伯瑞、钟才宏、杨若时、郑鼎、黄本崑、何居怡、胡璧
整顿扩充图书馆案	刘善渥、姚炳麟、易宗夔、周广询
筹办贫民习艺所案	周翼崧、刘承孝、曹作弼、粟戡时、陈炳焕
推广法政学堂案	刘善渥、钟才宏、粟戡时
筹办地方自治经费案	姚炳麟、罗杰、石秉钧、曹作弼、丁蕃绶、周广询、刘泽林
改厘税为统捐案	向燊、丁蕃绶、朱廷利、罗杰、胡璧

各案审查员姓名表

件　　名	审查长	审查员
湘路亟应限年赶修案	石秉钧 罗　杰	易宗夔、黎尚雯、曾继辉、周煦娫、李永瀚、洪泽灏、李有珪、姚炳麟、刘楚英、周名建、胡璧、朱廷利、罗亮杰、王章永、周广询、左学谦、陈文玮、丁蕃绥、易宗夔、陈晋鑫、粟戡时、陈炳焕、邹士桢、王鼎峙、汤鲁璠、刘善渥、向燊
改良宣讲所案	黄　锳	刘元鑑、刘忠训、杨若时、刘泽林、姜岳崧、周广询、潘振铎、罗蔚廷、罗杰、陈炳焕
改良扩充慈善事业案	罗　杰	黎尚雯、周翼崧、朱廷利、周铭勋、贺景章、于云赞、陈炳焕、粟戡时、李执中
组织禁烟会社案	钟才宏	刘元鑑、李有珪、郑鼎、谭兆元、黄锳、王鼎峙、何布蟾、钟逢优、罗蔚廷、罗杰、粟戡时、杨本沼、陈晋鑫、向燊
组织农会案	侯昌铭	刘元鑑、谌伯瑞、洪泽灏、郑鼎、刘善渥、谭兆元、黄本崑、钟才宏、周广询、郭景鳌、罗蔚廷、吴树声、罗杰、陈炳焕、张文卿、储世镜
培禁森林案	侯昌铭	刘元鑑、易宗夔、谌伯瑞、周煦娫、姚炳麟、谭兆元、朱廷利、黄锳、罗蔚廷、吴树声、丁蕃绥、陈炳焕
禁止迎神赛会案	左学谦	郑鼎
简易小学普及办法并筹经费案	彭施涤 刘善渥	黎尚雯、皇甫天成、谭兆元、李恒泽、周翼崧、萧湘柱、钟才宏、周毓丰、石秉钧、萧鲤祥、罗杰、张文卿、粟戡时
振兴工业大宗案	向　燊	黎尚雯、洪泽灏、谭兆元、宋增馨、黄本崑、罗杰

续表

件　　名	审查长	审查员
积谷清查及增加案	丁　沅	刘元鑑、谭兆元、危耀垣、张文卿、李执中
矿务改良案	王章永	周煦埏、洪泽灏、谭兆元、朱廷利、黄本崑、周毓丰、于云赞、罗杰、李执中
组织混同消防案	曹作弼	罗杰
展拓街道案	陈炳焕	黄锳、王章永、周广询、刘佐璇、罗杰
建设食品市场案	周广询	
整顿田房税契案	周毓丰	郑鼎、皇甫天成、谭兆元、危耀垣、丁蕃绶
疏浚洞庭湖水道案	曾继辉	易宗夔、洪泽灏、周铭勋、于云赞、罗杰、陈炳焕
订立地方禁约崇尚节俭案	刘承孝	刘元鑑、何步蟾、周广询、罗杰、杨本沼、陈晋鑫
组织商务分会案	洪泽灏	唐右桢、刘善渥、谭兆元、钟才宏、谢宗海、石秉钧、陈文玮、罗杰
经营森林案	侯昌铭	刘元鑑、易宗夔、谌伯瑞、周煦埏、姚炳麟、谭兆元、朱廷利、黄锳、罗蔚廷、吴树声、丁蕃绶、陈炳焕
改良征收案	刘忠训	易宗夔、洪泽灏、郑鼎、周鸿勋、谭兆元、刘献典、刘泽林、何步蟾、周铭勋、刘润珩、潘振铎、罗蔚廷、危耀垣、丁蕃绶、罗杰、丁沅
湖南全省教育案	彭施涤 刘善渥	黎尚雯、皇甫天成、李恒泽、周翼崧、萧湘柱、钟才宏、周毓丰、石秉钧、萧鲤祥、向燊、罗杰、粟戡时、张文卿
推广邮局以厅州县为单位案	李恒泽	罗杰、粟戡时
整顿州县衙门词讼积弊案	易宗夔	
岳、常、澧水灾善后案	丁　沅	
改良监狱案	邹士桢	罗杰、谭兆元、陈炳焕、粟戡时
禁止妇女缠足案	萧湘柱	曾继辉、粟戡时、李执中、周广询、石秉钧、钟才宏、朱廷利
筹办湘汉航业案	李执中	陈炳焕、黎尚雯、洪泽灏、刘善渥、谭兆元、罗杰
商埠划定地址案	陈炳焕	洪泽灏
组织土地保存会案	姚炳麟	左学谦、罗杰、粟戡时

续表

件名	审查长	审查员
拟设运米稽查局案	汤鲁璠	胡璧、陈文玮、周广询、丁蕃绶、刘承孝、陈炳焕、周煦埏、刘忠顺
剔除采买兵米案	邹士桢	谌伯瑞
整顿扩充图书馆案	刘善渥	
筹办贫民习艺所案	周翼崧	贺景章、周铭勋
推广法政学堂案	彭施涤 钟才宏	李永瀚、黄本崑、周毓丰、丁鸣盛
筹办地方自治经费案	左学谦	曹作弼、罗蔚廷、丁蕃绶、粟戡时
改厘税为统捐案	向燊	
筹办新监狱案	罗杰	邹士桢、谭兆元、陈炳焕、粟戡时

陈请建议表

件名	有效	无效	呈报	缓决	陈请者	介绍者
长沙请阻止外人谋买房屋之请愿	√		√		胡鼎君等三十人	左学谦君
安乡水灾筹赈之请愿	√		√		邓纶源君等五人	李执中君
靖江请断结宁乡越境加抽米捐之请愿				√	刘继宽君等七人	丁蕃绶君
武陵整顿钱粮征收之请愿		√			彭庆云君等十八人	
东安整顿学务之请愿		√			张焕文君等三人	
常德请补救商务之请愿		√			常德商界	
要求补助女子工艺厂经费之请愿		√			王杨庄君	陈炳焕、易宗夔 彭施涤、曹作弼 四君
昭雪焚弃骸骨之请愿		√			魏柏年君	丁蕃绶君
祁阳振兴铜矿之请愿		√			曹兆祥君等六人	
会同请查究官吏蠹国害民之请愿		√			田明科君等十二人	

续表

件　　名	有效	无效	呈报	缓决	陈请者	介绍者
新康都请调销囤粪工厂存案之请愿		√			刘耀亭君等	丁蕃绶君
巴陵请究高等小学堂职员侵蚀学款之请愿				√	邓振声君等十二人	谢宗海君

计十二件

行政委员莅会衔名表

星期一	星期二	星期三	星期四	星期五	星期六
藩　台 候补道刘道启翰 候补道张道鸿年	学　台 候补道胡道得立 候补道张道鸿年	臬　台 候补道涂道懋儒 候补道张道鸿年	盐　道 候补道朱道祖荫 候补道张道鸿年	巡警道 候补道李道起荣 候补道张道鸿年	劝业道 候补道卢道守孟 候补道张道鸿年
长沙府知府 汪守凤瀛	长沙府通判 刘倅榆生	本任长沙府通判 舒倅凤贻	长沙县知县 余令屏垣	善化县知县 郭令中广	调署长沙县知县 刘令钺
牙厘局提调 彭守家骥	巡警学堂监督 王守寿龄	法政官校教务 提调许守晋祁	法政官校庶务 提调盛守松	军装所提调 殷直牧安华	官矿局提调 李丞国柱
常德同知 刘丞德馨	浏阳县知县 钟令麟	永定县知县 张令致安	龙山县知县 潘令运炳	新田县知县 孙令毬生	泸溪县知县 顾令永鑑
南洲通判 陶倅福增	安福县知县 彭令杰墀	慈利县知县 陶令福履	蓝山县知县 刘令锡禧	会同县知县 叶令新荫	嘉禾县知县 吴令森元
藩司委员 车令赓	学司委员 苏令钟贞	兵备处委员 翟令熊书	劝业道委员 陈令正学	巡警道委员 董令[illegible]председ	牙厘局委员 李令介春
清理财政委员 胡州同庆道	巡警道委员 赵倅增典	调查局委员 周令壬	调查局委员 王生崇铭 米捐局委员 赵令钟灵	善后局委员 任令汝明	劝业道委员 唐令应莹

续表

星期一	星期二	星期三	星期四	星期五	星期六
筹办处委员 邵令承祜	筹办处委员 费令尧勋	筹办处委员 王生凤苞	筹办处委员 杨都事崇勋	筹办处委员 罗县丞志京	筹办处委员 沈典史锡畴
长沙日报馆 吴令品瑀	长沙日报馆 吴令品瑀	长沙日报馆 吴令品瑀	长沙日报馆 吴令品瑀	长沙日报馆 吴令品瑀	

上表系抚部院送交本局者，依原表抄录。

议场席次表

第一部	一	曾　熙	三	刘元鑑	五	易宗夔	七	黎尚雯	九	谌伯瑞
	二	冯锡仁	四	杨圭珽	六	彭施涤	八	刘承孝		
第二部	十	曾继辉	十一	周煦埏	十三	洪泽灏	十五	郑鼎	十七	刘国泰
			十二	李永瀚	十四	李有珪	十六	杨生春	十八	姚炳麟
第三部	十九	皇甫天成	二十	唐右桢	二二	刘楚英	二四	刘善渥	二六	李恒泽
			二一	刘忠训	二三	周鸿勋	二五	谭兆元	二七	周翼崧
第四部	二八	宋增馨	二九	周名建	三一	刘献典	三三	萧湘柱	三五	杨若时
			三十	侯昌铭	三二	胡　璧	三四	朱廷利	三六	黄　锳
第五部	三七	罗亮杰	三八	何居怡	四十	汤鲁璠	四二	陈为鑑	四四	周铭勋
			三九	王鼎峙	四一	刘泽林	四三	何步蟾	四五	姜岳崧
第六部	四六	刘润珩	四七	黄本崑	四九	王章永	五一	贺景章	五三	郭景鳌
			四八	钟才宏	五十	周毓丰	五二	周广询	五四	丁铭盛
第七部	五五	邹士桢	五六	谢宗海	五八	曹作弼	六十	陈文玮	六二	萧鲤祥
			五七	左学谦	五九	石秉钧	六一	钟逢优	六三	李积璿
第八部	六四	潘振铎	六五	罗蔚廷	六七	于云赞	六九	吴树声	七一	罗　杰
			六六	刘佐璇	六八	危耀恒	七十	丁蕃绥	七二	陈炳焕
第九部	七三	丁　沅	七五	向　燊	七七	杨本沼	七九	陈晋鑫	八一	储世镜
	七四	张文卿	七六	粟戡时	七八	李执中	八十	易宗夔		

议员开缺补缺表

开缺者			补缺者	
姓　名	选举区	事　　由	姓　名	初选区
杨生春	澧　州	未赴召集	田　昺	永　定
陈为鑑	郴　州	仝	何朝钦	桂　阳
刘国泰	长沙府	仝	杨德邻	长　沙
周铭勋	岳州府	自请辞职	方名贵	临　湘
罗　杰	长沙府	被选为资政院议员	童光业	宁　乡
汤鲁璠	长沙府	仝	陆鸿逵	长　沙
冯锡仁	辰州府	仝	冯士倜	沅　陵
唐右桢	常德府	仝	李肩武	沅　江
易宗夔	长沙府	仝	黎承福	湘　潭

谘议局地方行政经费预算案总说明

一、资政院寒电谘议局议决岁出，宜以抚部院交出之预算案为准，此中酌盈剂虚、移缓就急自属谘议局分内之事，若于预算外另议增加某项支出，应先由谘议局筹款，此次预算案谨本此义编制。

一、原册分已办、应办，本局并而为一，依类编制。

一、各学堂、各善堂列算均以领官款为准，公款、公产及杂收入未经列入。

一、各厅州县民政、教育各项另有清册，未经列入。

一、款项目以事实性质为准，此次对于原册稍有变更，如教育总会新增一款，教练、拘留两所由国家行政划归此册之类。

一、本案仍照原案，以四两库平列算，以厘为单位。

一、本案以末次交来之试办宣统三年预算核定增减总册为标准，而参考于原册，并续交各项清册。

一、核定增减总册经常、临时两门共四两库平银贰百零壹万玖千壹百壹拾叁两玖钱捌分陆厘，又补加三路师范学费库平银玖万陆千壹百伍拾叁两捌钱肆分陆厘，楚怡小学补助费银壹百柒拾叁两零柒分陆厘，商办女子工艺厂补助费银肆百叁拾贰两陆钱玖分贰厘，又由国家行政册内拨入教练所并教练、学生火食银肆千贰百陆十壹两柒钱柒分，拘留所银伍百陆十肆两，合计库平银贰百壹拾贰萬零陆百玖拾【玖】两叁钱柒分为已办之事交案总数，又应办册计开贰拾万零贰千壹百贰拾柒两陆钱壹分柒厘，又补加法政绅校银壹万壹千零伍两贰钱玖分陆厘，合计共库平银贰拾壹万叁千贰百叁拾贰两玖钱壹分叁厘为应办之事，共贰百叁拾叁万叁千玖百叁拾贰两贰钱捌分叁厘为交案总数。本案经常、临时两门共库平银贰百叁拾伍万伍千肆百玖拾柒两壹钱壹分，实超过库平银贰万壹千伍百陆十肆两捌钱二分柒厘。本局遵照院电，以抚部院交议之应办事项并超过银两为本局认定之应办事项，共库平银贰拾叁万肆千柒百玖拾柒两柒钱肆分由局筹款，现议决加抽口捐、米捐、房捐、营业捐实属有盈无绌，应以所盈肆拾叁万伍千贰百零陆两肆钱贰分捌厘列为预备费。

地方行政经费经常门

第一类　民政费：197569.114

第一款　谘议局：32818.741

第一项　谘议局：32818.741

第一目　经费：30693.741

第二目　预备费：2125.000

说明：局章原有预备费一项，故于经费外别列一目。

第二款　省城及省河巡警：112619.519

第一项　省城巡警费：100925.114

第一目　区段经费：92665.154

第二目　消防所：3434.190

第三目　教练所：4261.770

第四目　拘留所：564.000

说明：查分表内新添教练费一项，因教练所原以备教练、学生之用，无须另行添费，兹议定长期教练一百名，将火仓费项下教练、学生每名一两五钱移入此目。又，拘留所，查国家行政册内增二千两，议暂依原数加倍，不必另增。又，应办册内添消防三十名，去年本局议决混同消防案请实行，不必另添。

又，巡警经费摘要格：全年共支省平银八万五千八百四十四两七钱五分八厘，除原裁习奖一项外，查清查市街公所区段本有清查之责，此举系属骈枝，应删，所管事项即由各区各段管理，团保、更夫、油烛向本按户抽资，无须公款津贴，议删。卫生费应办册内新增四千八百零八两一钱四分六厘，查第一项第一目区段警费本列有卫生费库平银二百零八两三钱八分，应行删除，即以此项加入，不另列目。又，应办册内添巡警四百名，按省城地段加密，二百名已足分布，此项计加费一万一千二百两，此项警兵先行，教练即以此项薪饷开支。消防一款另列一目。

答案：查省城巡警经费准巡警道函复谘议局议删除之清查街市、公所、团保、油烛等费，现因款项支绌，已定裁减至议，不必另添。三十名消防队兵一节，查混同消防案前次虽经谘议局议决，惟各水龙会员役均系临时召集，一切联合组织叠经商办，窒碍实多，即便联合妥协，亦必需时日，且消防队兵平日兼司弹压，凡公所行政科治安股一切事件均系调遣消防队兵执行，以补各区之不足，酌添三十名尚属力求节省，所称不必另添，碍难认可。拘留所费既于原案应办之事册内第一类第一款第三项下将碍难认裁情形详细说明，则本项第四目拘留所应请仍照原数开列，不必倍加。新添教练费一项，谘议局议将长期学生火食每名一两五钱移入第三目，合成四千二百六十一两七钱七分。虽属正办，然以长期学生添至百名之多，现有教员既已不能兼顾，而校舍狭隘亦属不敷住宿，所列添聘教员、增加佃租各项均属从实核计，无从再减此种，教练费应请仍照原数加入。卫生经费四两库平银四千八百零七两六钱九分二厘系预算，明年暂设卫生队，分驻所，以为招募队长、队兵，添募清道夫，购置卫生器械等项之用，第一项第一目区段警费内所列之卫生费库平银二百零八两三钱八分系单指前年修整各区段清道车、购换车笼扫帚等费而言，至于应办册内卫生局经费，并未将此等费用重复算列，谘议局今议删除，碍难认可。至于应办册内所添巡警四百名，宗旨系因前巡警服物每岗一站一巡，每昼夜六人值岗，各街岗位过稀，故特变通办法，每岗改为一昼夜三人，值岗计每段有巡警十人者即设岗位九处，以九人站岗，以一人巡逻，互相移换，周而复始，是以各岗位较从前骤增，实属权宜之计。然而站岗者多，巡逻者少，若循是不变亦觉未臻周密，原拟明年即规复一站一巡办法，而岗位则仍照新增之数以期完善，今谘议局议裁二百名实属不敷配置，碍难认可。

第二项　省河水巡警：8694.405

第一目　经费：8694.405

说明：应办册内拟添各项均非紧要，议删。

答案：查应办册内拟添省河水警薪饷以及修造座船等费共四两库平银一千一百八十三两，准巡警道复称：系因挥刀河第四段未设巡官，仅有巡警二名，且系设局河岸，于抽收船捐、稽察奸宄殊多不便，故修造座船、添募巡警均属刻不容缓之事，情形至为紧要。今谘议局议将此项裁去，碍难认可。

第三项　济良所：3000.000

第一目　开办并常年经费：3000.000

说明：济良所规模无须宏大，此数尽足开支。

答案：此款准巡警道复称：济良所经费原为救济娼妓而设，含有教养性质，调查各省章程，需款有至巨万者，原拟四千八百零七两六钱九分二厘确系核实预算，较别省之规模宏大者已属相形见绌，今谘议局议减去银一千八百零七两六钱九分二厘碍难认可。

第三款　警察学堂经费：5862.956

第一项　高等巡警学堂：5862.956

第一目　经费：5862.956

说明：该堂职员薪水多于教员，应行核减，辛工、火食亦有浮冗，仍照部减为正。

答案：查高等巡警学堂经费原算四两库平银七千九百四十七两四钱零四厘，奉部核减，以己酉支数为例，减银二千零八十四两四钱四分八厘。查该堂己酉年支数另有监督薪水一款每月洋银二百元，向由前善后局径发，未入该堂册报，故己酉支数无此款在内，而预算之数本局据前善后局册内提列加入，是以较己酉支数见多。现准该堂复称遵照部核，以己酉之数为例，支银五千八百六十二两九钱五分六厘，加入旧有监督薪水，全年连闰洋银二千六百元，合四两库平银一千七百两，共支银七千五百六十二两九钱五分六厘，较原算减去三百八十四两四钱四分八厘，于放假时设法撙节，即系遵部核办理。

第四款　善举经费：45387.128

第一项　慈善养济所：3846.154

第一目　经费：3846.154

说明：应办册内民政费第一款第四项应列入。

第二项　补助省城及各地方善举经费：40660.204

第一目　孤贫口粮：2894.307

第二目　省城保节堂经费：1249.619

第三目　省城普济堂经费：799.231

第四目　省城育婴堂经费：5781.396

第五目　镇筸育婴堂经费：374.192

答案：查原册内列第四项育婴堂经费四两库平银五千七百八十一两三钱九分六厘，系总括省城、镇筸两子目之数在内，今省城育婴堂经费列银五千七百八十一两三钱九分六厘，系将第四项总数列册，实系错误。

第六目　省城接婴各堂经费：2133.172

第七目　乡团救婴局：144.231

第八目　省城救生局：280.000

第九目　岳州救生局：576.922

第十目　恤嫠经费：3777.288

第十一目　长沙府百善堂：13553.163

第十二目　同仁堂：50.000

第十三目　乐善堂：250.000

第十四目　湘义仓备荒经费：7147.355

第十五目　惜字局：411.789

第十六目　镇箪栖流所：450.231

第十七目　镇箪养济院：757.308

第五款　官医局及补助私立医院经费：880.770

第一项　补助医院经费：880.770

第一目　同仁永济医药局：250.000

第二目　仁民医院：150.000

第三目　医学送诊局：288.462

第四目　恤无告堂贫民药饵：192.308

第一类说明：查教练、拘留与消防并称三所，应以类相从添入第二款第一项。又，应办册内第一款第四项现时财力不给，暂缓办理。又，第五款第一项医学堂，现改实科中学堂虽为医学专门之预备，惟就现在名称应编入第二类第一款第一项。又，第六款民政难支第一项各属团防经费，现时警察渐次推广，议删。又，应办册内第六项杂支，因推广巡警，教练期中无庸开支。

答案：教练、拘留与消防并称三所，应以类从，无甚关系，仍照原编报部，俟下次预算再行更改。应办册内第一款第四项查系慈善养济所经费，以于第四款列入，兹又称现时财力不给，暂缓办理，似有错误。医学堂已改实科中学堂，应照改列。各属团防经费应移知财政公所，删除。应办册内第六项推广巡警、水警、杂支，准巡警道复称：水陆巡警均须照原算办理，此项活支之款自不能无，仍应照列。

第二类　教育费：418611.058

第一款　省城及各府厅州县官立学堂经费：263638.369

省城官立学堂：167484.523

第一目　法政官校：11699.701

说明：监理员项下酌定监督月一百两，提调一员，月四十两；监学二员，月各三十两；文案一员，月三十两；会计一员，月三十两；管本堂讲议一员，月十二两；管图书一员，月十二两；管自修讲义一员，月十两，余删。奖员项下议删。工食项下较绅校原算近四倍，裁半。火食项下较绅校近三倍，中席、点心校中不宜有此，裁半。

答案：法政官校准提学司函交该学堂清折内开：

一、管理员：原章因监督兼管绅校事务殷繁，规定月支薪水银一百五十两，夫马银五十两，均由官校开支，现在监督因系兼差，未支薪水，只支夫马银五十两，将来若遇监督不兼差，仍应按照原章开支，未便议减。又，本年附设司法研究所，因学员多至百余人，添设会办一员监督该所事宜，月支薪水银八十两，尚未追加预算。又，提调原章照奏定学堂章程应设三员，因系通学，只设教务提调一员，庶务兼斋务提调一员，各月支薪水银五十两，查各学堂教务、庶务各有专司，若独任一员势难兼顾，实属不可裁并，且原支薪水均系比照各学堂教务长、庶务长酌量规定，亦难议减。又，监学检察因有别科、讲习科两堂，均系原设二员，本年附设司法研究所应添监学一员，已将原有检察一员改充，所余检察一员兼管全堂规则，上事尤不可少。又，司事管本堂讲义暨管自修讲义均兼收发核对，手续甚繁，实非三员所能敷用，应仍照原定人数分任之，一难裁并。

一、奖品：向章每年两学期共需银二千两，本年十月内遵照部饬，甫经裁减银一千两以后，每学期只支银五百两，此项系鼓励各学员向学之资，未便全删。

一、工食：原章规定各项写生丁役但期敷用，并无虚糜，且官校每年须照馆章考收学员及院司，举行特别试验各两次，一切情形亦难尽与绅校比校，所需工食实无可裁。

一、火食：查官校教员、委员、司事及随丁每月火食向需钱一百四五十串文不等，核与绅校每月报销火食总数大致相同，实属无可裁节。

第二目　法政绅校：15589.076

说明：查该校正科须招中学毕业生，本年各属中学生毕业者至宣统三年春季提学司方考完给凭，该校招取正科学生应俟宣统三年下学期始能开学，其正科两班但能作全年一班计算，以较宣统元年两班学生虽系加办四班，但能作为加办三班，其增加经费应减四分之一。至本局议决增设银行研究科，该校应即开办，所需款目得另行追加预算。

答案：查该校经费已据复称：明年添招别科第四班，增办正科，即照谘议局认定银数办理。开办银行研究所另表预算追加，除收学费外，列银一千七百八十五两七钱六分八厘，细数列报部册内。

第三目　优级师范学堂：42782.639

附属中学堂：5939.774

说明：师范应照部减附属中学，分表应只列领款五千九百三十九两七钱七分四厘，原列之数系并学生、学膳等费计入，应剔除。又，查该校管理费多至五千余两，中学系附属，尽可就原有管理费开支，不必另列，应删。

答案：该学堂及附属中学两款已准提学司复准照办。

第四目　高等学堂：36023.721

说明：该校学生现只三班，管理员薪水多至七千余两，比较他校已应裁减，此次新添一班，无须更添管理费。又，查原算未将学、膳费除出，按每名五十二元、每班六十人计，应得库平银二千零四十两，应于估计六千六百零五两七钱六分九厘内除去，学费及管理费实应加三千九百两。

答案：高等学堂经费准提学司复称：抄录原折函送该校监督核议。据复：追加增招理科一班，经费原数势难裁节，其添班应收学、膳各费今已一并算入，适足与其中不敷各数相抵等语，并将详细理由开具清折送司。经本司细加复核，据称该校添招新班，原管理各员不敷分布，追加管理经费碍难删减，系属实在情形，此项管理费银七百二十两自应仍请增入。惟所称添班应增各费前次漏列，请补入追加数内，以与应删学、膳费相抵一节，查该校添班用费前已另案追加，即有漏列亦未便陆续请补，此项议删之学、膳费银二千零四十两仍应照数删除。查照谘议局此次认定数目，再加入管理费银七百二十两，定为三万六千七百四十三两七钱二分一厘。

第五目　景贤法政学堂：4798.327

第六目　成德法政学堂：7762.043

第七目　达材、存古学堂：8783.269

说明：第五、六、七目三校前曾提案改良，查分表子目办法仍旧。除景贤已更正办法外，成、达两校并未照议决案办理，三校预算分表并令另行造报。

答案：景贤、成德、达材三校准提学司复称：景贤法政学堂现已改办别科，其预算分表子目可照现办情形饬令核实改造。惟成德、达材两校刻正遵照上年详定筹备单内办法将两校合并，即就原有经费改办。存古学堂目前尚在筹议章程，一切未定，预算细目碍难悬拟，应俟各项组织就绪另行编造分表。

第八目　女子师范学堂：11540. 462

附属保姆讲习所、保姆蒙养院：6915. 896

第九目　实科中学堂：4526. 308

第十目　高等选升小学

第十一目　五十二所完全科初等小学堂：11122. 307

第十二目　艺徒小学堂

说明：第十、十一、十二各目原册标明为长沙善化小学堂，查该校系前抚部院端开办之官立四十八所小学，直隶学务公所，应正令名编入此项。

答案：此款准提学司复称：长、善两县各小学谘议局改正名称自可照准，惟该两邑小学学款合计原算共库平银一万七千六百九十二两三钱零七厘，今谘议局认定为一万一千一百二十二两三钱零七厘，计共核减银六千五百七十两，为数甚巨，亦未声明核减理由，当经本司抄录原折饬送该两校监督核议。旋据长沙小学监督复称：长沙地段所管初等小学堂应支常年经费库平银一万零三百八十四两六钱一分五厘，现在初等小学已推广至二十九处，其中派教习三人者三堂，选升高等小学完全科学额至一百三十名之多，且本学期新开简易识字学塾六所，又历年津贴河西、临湘两都小学岁支钱三百四十串，均奉本司批准在案，即以现有之款办已兴之学，若遇闰岁或有特别开支尚苦无从应付，况值预备立宪，教育亟需推广，学款应议增加，决无减少之理，应请仍照原定数目，万不能丝毫核减。又，据善化小学监督复称：善化小学学款每年共省平银七千二百两，现增至初等小学二十六堂，简易识字学塾四堂，艺徒一堂，增设初等工业一堂，常年经费尚属不敷，况宪政期限缩短，识字人民太少，宜极力推广小学藉开民智，断无减少之理，若如谘议局核减之数万难遵办各等语。经本司复加察核，小学原算经费均系额定经常之款，历年照数支销，断不能中途减少，且推广小学洵为目前切要之图，此项经费比较上年并未增加，未便遽议裁减等因。查高等选升、初等、艺徒三小学各支经费若干，未据分列细数，暂仍照原名原算列入报部册内，俟下次预算册再行更名改列。

第二项　三路官立学堂：96153.846

第一目　中路师范：38461.538

第二目　西路师范：30769.232

第三目　南路师范：26923.076

说明：三校定案由口捐加价项下收足一厘，六成匀归三校，按月各一千六百两，遇闰加半，其四成则按年中路二万、西路一万二千、南路八千，应照定数列入，惟尾数未计。

第二款　补助教育总会：2980.769

第一项　补助经费：2980.769

第一目　补助经费：2980.789

说明：思益学堂停办后经费已拨归教育总会有案，应并入。

答案：查停办之思益学堂经费库平银六百七十三两零七分七厘，全数拨归教育总会经费，准提学司复准有案，可照办。

第三款　图书馆经费：2500.000

第一项　图书馆经费：2500.000

第一目　图书馆经费：2500.000

说明：应照部章编造预算分表。

答案：图书馆经费向来年支一万三千余两，明年减为二千五百两，已饬另造分表。

第四款　补助学堂经费：149491.920

第一项　补助公立、私立学堂经费：134759.554

第一目　各厅州县小学堂：107115.380

说明：本届议会议决补助各厅州县小学经费案应添列此目。

答案：补助各属小学堂经费系为教育普及起见，固属应支之款，惟查盐斤新筹教育经费准提学司复准以抵向支，各项教育经费尚有不敷，无从划拨，已据案详复等因。此款实属无着，自难列算。

第二目　长沙府中学堂：657.948

第三目　长、善两小学堂：1315.897

第四目　衡州中学堂：1925.000

第五目　南路中学堂：384.615

第六目　中路中学堂：384.615

第七目　西路中学堂：384.615

第八目　楚怡小学堂：1708.800

第九目　常宁学堂：228.846

第十目　隐储学堂：1250.000

第十一目　明德学堂：10000.000

第十二目　经正学堂：2769.231

第十三目　修业学堂：2500.000

第十四目　衡粹、女子两等小学堂：461.538

说明：明耻现办改衡粹女子小学，应正今名。

答案：此款名目照改。

第十五目　静善小学堂：461.538

第十六目　作民小学堂：461.538

第十七目　正义小学堂：461.538

第十八目　进德小学堂：461.538

第十九目　广益小学堂：673.077

第二十目　周南女子师范：1153.840

说明：补助民校为数无多，尽可无须核减，仍照原数支给。

答案：民立各学堂补助经费准提学司复准，免其核减。

第二项　补助旅学经费：14732.366

第一目　旅京学堂：8135.615

第二目　旅鄂学堂：5341.825

第三目　旅宁学堂：1254.926

说明：旅校岁入有系盐商捐助者仍应照原数支给。

答案：查旅京湘学经费系出自盐商捐款，应照列；其旅鄂学堂经费系由督销局缉私岸费项下支拨；旅宁学堂经费亦由督销局于减平项下支给，并非出自商捐，准提学司来函将旅鄂、旅宁两学堂经费停支，仍应删除。

第二类说明：第一款第一项第三目优级师范学堂应办册内有附属中学应并入列算。又，第一项内求忠中学堂现改为商业中学，应编入第三类第一款第四项。又，第一项内女子师范学堂原名模范初等小学附属蒙养院，既议改设，应正今名。第二款补助教育总费原册列入补助私立学堂名义不合，应添列一款。又，追加册增简易小学声系王绅以私人编辑费补助，且系简易小学未便开支全省公款，应删。又，第六款杂支项下刷印费一项系营业性质，不必补助，应删。

答案：优级师范附属中学又商业中学、女子师范附属蒙养院、教育总会各项，均分别查照更名改列。至简易小学及杂支刷印费两款，准提学司复称：简易小学现已推广至十有八所，方期赓续扩充，力求进步，此项经费无着，仍应追加。至刷印局刷印教科书津贴系因该刷印局承办之始成本较重，获利甚微，酌给津贴，现改为月给津贴银三十两，再支一年，俟销路渐广停止，现尚未便删除。

第三类　实业费：185993.829

第一款　农、工、商、矿各学堂：110993.829

第一项　中等农业学堂：17297.733

第一目　经费：12970.810

第二目　教员讲习所：4326.923

说明：原算农校总额未除去学生缴费及房租出产，应照数剔除。查提学司原详农校添办讲习所仅估常年费四千两，商业学堂附属教员讲习所加筹四千七百余两，农校事同一律，议照原算裁半，以示平均。

答案：农业学堂经费准提学司复称：照议办理。至附设教员讲习所经费，原算四两库平银八千六百五十三两八钱四分六厘，今谘议局认定为四千三百二十六两九钱二分三厘，计核减银数实去其半，当经本司抄录原折函送该校监督核议。旋准复称：原列此项经费系统开办及常年两项费用而言，且农业教员讲习所注重实习科目，如添筑场厂、购备彝器农具、制造肥料各项需费较多，与商业之专尚理算者不同，岂能强相比例，若照谘议局核减之数势必不敷，碍难照办等语。本司复加察核，均系实在情形，所有该校附设讲习所经费应照原算数目开列。

第二项　高等实业学堂：46669.057

第一目　经费：42457.519

第二目　附属工业教员讲习所：4211.538

答案：查实业学堂及附设工业教员讲习所经费准提学司复称：高等实业学堂经费原算四两库平银四万五千七百八十六两五钱九分六厘，前经司中核减银三千三百二十四两六钱三分七厘，实存库平银四万二千四百六十一两九钱五分九厘，今谘议局认定为四万二千四百五十七两五钱一分九厘，两相比较，只小数微有不符，应请照办。至附设教员讲习所经费原算四两库平银四千二百一十一两五钱三分八厘，前请改正错误，更为库平银六千九百一十二两，今谘议局仍照误列数目认定，则该讲习所常年用款势必不敷甚巨，且此项经费业自本年下学期起按月垫发，来年断难核减，仍应列银陆千玖百壹拾贰两。

第三项　中等工业学堂：18529.162

第一目　经费：18529.162

第四项　中等商业学堂：10845.192

第一目　经费：10845.192

说明：该校系求忠改设，列算既多，至壹万余两，应照招学三班补编预算子目。应办册内开列附属教员讲习所，查定章高等实业方可附设，农校新添讲习所已属通融办理，该校甫议改设，本位尚待组织，何能同时并举，议删。

答案：查求忠改为商业学堂，其经费既照原数认定，应照列至删除。讲习所经费现准提学司复称：查奏定章程实业教员讲习所立学总义章内载，实业教员讲习所应附设农工商大学及高等农工商学堂之内，但此时甫经创办，农工商大学及高等农工商学堂势尚有待各省，应暂特设一所养成实业教员，以为扩充实业学堂之基等因。是此项讲习所原准通融设立，并无限制不许附设于中等学堂明文，本司上年详定筹备四类教育单内业经声明于宣统三年附设，未便遽改前案，且湘省素无商业专校，此项人才缺乏，设讲习所以养成商业教员尤为目前切要之图，自应与商业学堂同时并举，以策进行，亦未便再行展缓，此项讲习所经费仍应照列。

第五项　两湖矿业学堂：11538.462

第一目　经费：11538.462

第六项　醴陵磁业学堂：6114.223

第一目　经费：6114.223

第二款　农事试验场

项目附农业学堂内，即由该校开支。

第三款　农会补助金：15000.000

第一项　补助湖南农会：15000.000

第一目　经费：15000.000

说明：本局议决由米捐项下每石加收一十文为补助农会专款，应加入。

答案：此项补助金由米捐项下加抽，已照准，系为原收原支，应照列。

第四款　工艺局：50000.000

第一项　模范工艺厂：50000.000

第一目　经费：50000.000

说明：上届临时会议决模范工艺厂案业经公布，应添列此目。查巡警道原存工艺厂省平银一万八千两，合此共七万两，以符原案。

答案：此款准劝业道复称：筹备宪政第四年各省应设工艺局改良工业，此案核与相符，自应筹办。惟现在筹款为难，建造房屋、采购各物非一岁所能完备，明年暂拨银二万两先行筹办，以俟按年扩充。

第二项　补助女子工艺厂：432.692

第一目　经费：432.692

第五款　劝工陈列所附设商品陈列馆：10000.000

第一项　陈列物品：10000.000

第一目　经费：10000.000

说明：据劝业公所来函更正今名。

第三类说明：第三款恳务经费议仿安乡华容南洲各厅县代收官租例由沅江县兼理征解议删应增入农会补助金一款；第四款应照议案正今名；第五款商品陈列所建筑费列临时门工程类。

答案：查沅江工程垦务局向设草尾官洲，地方经理官院租课、堤围抢险以及荒地招垦、弹压各事。该处距沅江县城湖路六十余里，事务繁重，非委专员不可，较之南洲、华容两属并非官业，仅收租课情形不同，势难归县兼办。劝工陈列所并附商品陈列馆经费准劝业道复称：现值财政支绌，可照认定陈列物品建筑共银二万两之数办理，惟须先尽数筹办建筑，次及陈列物品，不便预为划分。

第四类　交通费：1057315.350

第一款　铁路、轮船各学堂经费：1275.000

第一项　两湖铁路学堂：1275.000

第一目　经费：1275.000

说明：该校每年由善后局拨洋一千八百元，铁路公司拨洋一千八百元，有闰之年两局各加拨洋一百五十元，查公司拨款未列岁入总册，此项应以官拨，加闰列算。

答案：此款照议剔除铁路公司之款。

第二款　商办铁路并补助铁路经费：1056040.350

第一项　商办铁路经费：794594.797

第一目　湘境粤汉铁路：794594.797

第二项　补助铁路经费：261445.553

第一目　补助鄂省铁路：261445.553

第五类　官业支出费：304268.159

第一款　官办矿务经费：304268.159

第一项　官矿总处：304268.159

第一目　总处经费：46178.193

说明：总处分表薪水项下会办一员月一百两。又，一员夫马五十两，提调一员月五十两，文案一员二十两，帮办文案一员十六两，经理财政表册二员各四两浮冗，议删。息金项下品息出入应可相抵，议删。

第二目　堆栈经费：2220.489

第三目　平江金矿分局：63129.063

说明：该厂元年所购钻石机器业已停办，无庸增购，所列购买机器一款应删。

第四目　新化锑矿分局：16418.813

说明：该处官矿无多，事务较简，应查照本局议决改良矿务案，为该局归并经理商矿驻山委员办理，酌留局用。薪水杂用一千二百八十两八钱一分三厘，合窿工、窿用、红奖、炼运费定为此数。

第五目　常宁龙王山铅矿分局：33044.719

说明：应照部删。

第六目　常宁松柏市白铅炼厂：18157.935

第七目　常宁水口山铅矿分局：58039.221

第八目　常宁水口山西法矿厂：67079.726

说明：机器非按年增购之件，原表摘要格恐将来仍不免增购一语系出悬拟，应删。

第五类说明：第十目、十二目清折内开：定砂交尽以后，即在长沙交货。以上各目均成虚设，应删。

答案：官办矿务经费现准官矿总处逐条答复。

一、官矿总处经费：查总处事务繁重，总办之外设有会办，以期遇事相商、集思广益，万难以惜费故致驰群策群办之效，凡局类然，矿务尤关紧要。至提调承上接下，事务殷繁，一人实难照顾，且总处为公事总汇之区，文案极其繁赜，一切文牍函电不免纷纭，需人相助为理，故不得不设帮办一人。本年收发文件周绅辞差，已以文案一人改派接办，未另委人，藉资节省。经理财政表册事务最为琐碎，按月、按季、按年办理表册，本年赶办预算，来年加办决算，出入款项必需彼此详细勾稽，庶无疏误。以上均未便议删。又，息金一项本无定数，如存款多于用款，则品息有余，如用款多于存款，则品息不足，如谓出入可以相抵实无把握，碍难议删。

一、平江金矿分局：查平江金矿如不兴办西法，自无须购机器，惟矿山用费以矿之衰旺为衡，近来该矿渐旺，尚须加工采取，经费亦难额定。

一、新化锑矿分局：查经理商矿驻山委员系由劝业所委敝处所办官矿，自应由敝处委员坐办，以专责成，断不能节省经费，致滋贻误。

一、常宁龙王山铅矿分局：查龙王山矿尚未大著成效，现系小办，将来如能大旺，则经费尚须日见加增，实难预议删减，前已据实复部。

一、常宁水口山西法矿厂经费：查水口山西法厂机器如无增购，自可少此用款，一有增购自当核实开报，前已缄达谘议局，现在机器锅炉损坏，已于汉口洋行订购，不能照删。至开采经费，现正加开窿口，力图扩充，亦难额定。

一、驻岳经理关税经费、驻沪坐采矿价经费、驻鄂转运分局经费：查三项经费俟礼和洋行所定砂数交足以后再行议裁，惟须留一二人驻汉，经理采买各矿需用物件。

经常门共二百一十六万三千七百五十七两五钱一分。

地方行政经费临时门

第一类　民政费：14624.611

第一款　补助地方自治经费：14624.611

第一项　地方自治筹办处：10000.000

说明：原算以调查局并入，性质不合，仍应分列，照二万之数各占一半。

答案：已于调查局经费款内答复。

第二项　地方自治研究所：4624.611

第一目　经费：4624.611

说明：查该所宣统二年开支尚有盈余，应核减二千两。

答案：查此项经费准自治筹办处复照减。

第二类　教育费：115326.530

第一款　补助教育费：9615.384

第一项　女子师范学堂：9615.384

第一目　开办经费：9615.384

第二款　遣派留学生出洋学费：105711.146

第一项　各国留学生学费：105711.146

第一目　比、美留学矿物学费：8389.356

第二目　日本、英、德、法、美学费：97321.790

说明：应办册内女子师范开办费系属临时，应列此门。

第三类　实业费：31499.999

第一款　赛会经费：4000.000

第一项　出品协会：4000.000

第一目　经费：4000.000

说明：赴义赛会湘省尚难独立，暂估此数。

答案：此款准劝业道复照数核准。

第二款　高等实业学堂附设实习工场：7884.615

第一项　实习工场器具：7884.615

第一目　经费：7884.615

答案：此款准提学司复称：高等实业学堂附设实习工场经费原算四两库平银二万八千一百七十三两零七分六厘，今谘议局分作器具、购地及建筑三类仍照原数认定，经费数目固无出入，惟查该学堂开办工场详定将附设工业教员讲习所应用器具归并办理，不另支讲习所开办经费，今应将购地、建筑费内匀拨银两为购置器具之用，以工场完善为主，不必先分界限。

第三款　商办公司保息金：19615.384

第一项　湘汉航业公司保息金：19615.384

第一目　湘汉航业公司保息金：19615.384

说明：本局议决设立湘汉航业公司，官为保息金，业经资政院核准，应暂定保息金三万元。

答案：查保息金准劝业道抄送资政院原咨内称：此款应视预算案之盈虚以为消息等语。现在预算并无盈余，应暂不开列。

第三类说明：应办册内出品协会及工场器具并商办公司保息金增列一款均属临时费应用，划列此款。

第四类　工程费：30288.460

第一款　建筑商品陈列所：10000.000

第一项　陈列所：10000.000

第一目　经费：10000.000

说明：该所应择适中官地建筑，无须购地，以节縻费。

答案：此款已于经常门第三类答复。

第二款　高等实业学堂附设工场：20288.460

第一项　实业工场：20288.460

第一目　购地：4807.690

第二目　建筑：15480.770

第四类说明：商品陈列所、实习工场均新建筑，应列此门。

答案：此款已于第三类第二款答复。

临时门共一十九万一千七百三十九两六钱。

经常临时【门】共二百三十五万五千四百九十七两一钱一分。

湖南谘议局议决案

议决提出湘汉航业案

内港行轮沿岸贸易本系内国人之专业，应不许外人闯入，今长江内港已概许外人通商，损失权利为数极大。吾湘两湖开济均以资本、船只过小遂为外轮所压，其害益深，若不从新组织一大公司以图挽救，则吾湖南航业终为外人掠夺，民生愈困，国计益艰，将有不堪设想者。又，况湘粤铁路正在限年赶修，铁路成，轮船不能接济，则水运之利眼见发达，徒为外人添无数利源也。查各国鼓励航业较铁路为注重，航业有保息金、补助金、奖励金，而铁路无之。盖铁道在各国只能限行于本国内，不能侵入人国，航业则环球海口有商约之国彼此均可航行，彼来而此不往则利权外溢，其国必日即贫弱，况内河并许外人通商而可不力求抵制乎！日本维新之初，内海航权亦为外人侵夺，及鼓励航业之案出，经国会赞成，而邮船会社乃大发展，初与外人竞争于内海，几经减值争载，而后胜之，乃屏各国商轮于海口，改定条约，今则益加扩充，遂与各国争衡海上，而他部之大阪日清湖南汽船公司又侵入我内港，已历多年矣。日人以国力收复内海航船，并侵入人国以助其富强，我何不可以官力补助商力而先挽回内港之计乎！铁路外债群知其害，莫不同心坚拒，务归自办，航业事同一律，且与湘粤路成大有关系，万难迟缓。兹将议决诸条列后：

一、宜先定保息金也

保息金以亏损成本年利为限，年息暂定六厘，如实亏若干，得由湖南善后局查明补给。湖南内河航线有长常、长潭、长益、长阴、长沅、潭株、潭衡、常桃、常澧、常津、沅南、南沙诸路，航线既多，资本自应加大，惟非通商口岸外轮不得与我相争，其关系重要者长汉为最，常汉其次也，其余均系营业目的，且有利益可图，不必议及保息金，但规定办法保护一公司新辟路线之利权耳。今拟定制浅水商轮四艘，每间日开一班，常汉浅水商轮二艘，每间三日一开班。长汉每艘拟定制金十五万元，共六十万元，常汉每艘定制金十万元，共二十万元，通共八十万元，或有他项增款亦只以百万元为限，年利金纵令全亏，官给保息金亦只六万元耳。收回外溢之金颇多而利散民间，暗资富实，且与各国通例相符，允宜呈请照准定案，以资鼓励。至公司开办后外商如合力竞争，意图压抑，得由本局续行提议，再请筹给补助金。

一、人材宜培养也

驾驶、司机、管理均关重要，有船无人亦终必借材异地耳。今宜招选高等小学以上毕业生年在二十岁以外、质性坚定者若干人，资送上海商船学校分习驾驶、司机、管理诸事。又分速成、专门两等，速成科在学一年、上船练习半年为毕业，专门科在学三年、上船练习一年为毕业，最优等委以大船要职，其余以次按委，不及格者听其自营生业，庶人材勃兴，不至于发生种种弊害。

一、汽船公会宜组织也

商务之害，莫甚于倾轧，倾轧则两败俱伤。吾国商法未定，既无专利之条，复无保护之例，以故内港商轮自相侵夺，不独无利可图，反致亏折成本，无怪航业之不能发达也。今宜以公会为主体，公定严密规则，制限线路即以扩张航权，凡某公司新辟之码头，他公司不得侵越掠夺，违者照章处罚，但船价水脚亦宜适中，不得以该埠仅一公司故意抬高，致嫌垄断。

一、新公司宜准两湖开济附入船只作为股本也

两公司经营惨淡已历多年，徒以外轮侵入致耗资本，若新公司全不顾恤，则两公司必愈损害，亦非保商之道也。今准两公司公定存船平值价格附归新股，并由湖南政府担保，本利船只过小者改辟他航线，大者或酌走长常，或分走长岳、长衡，总以相宜为得。旧公司得保残存本利，新公司势力亦愈加扩充，一举两得，且无掠夺之害，如旧公司或不愿附入，即可听其另辟航路，或行原埠。

一、护险章程宜改良也

制限装载人数原为护险而设，但各船重量下水时早已验明核收船税，船唇又定有水线，向来装载重过水线保险行即不与保险，而吨钞合水线减十成之三，如本船容积百吨，载重至水线仅止七十吨原无危险，若不许到水线，是每船只可装重量六成，其亏损多也。且窗位制定人数各船多少不一，并不遵照原定吨位，又各理船厅丈量之时往往听信扦手，此关定数与彼关不同，以后定数与以前复异，此宜另定新章，俾有遵守者也。又税关烦扰，考验稽查之法宜由公会担任，不应假手税关，其每年应纳吨钞缴各关道核收，发给驾驶执照，庶商业可期畅旺，不受留难苛责之害也。

一、招股宜用官力提倡也

补助亏损年息既由湖南政府指款担当，应于招股之时请抚部院大张告示说明航业理由及应行扩充之故，劝谕绅商入股，再由绅商自行联合凑集巨款，严定规章以昭公允。如股款一时难齐，或由公司发行债票，或向大清交通银行息借，或由官款加入，总以公司成立为主，债票、息借宜由政府招款保息方有信任。

一、公司帐项宜按月清查

公家既有补助金，股东亦各有权利，一切收付数目尤宜在在核实，应仿外国行轮之制，每次乘客若干人，装货若干种及吨数、完税、烧煤，一切薪津、工食用项按月每轮详造细册呈报公会，转报抚部院查核，并张贴通衢以供众览。

一、船主、大副、司机、管理均应领有胜任执照，买办、账房亦须曾入商业学堂，下而至于茶房、水手、升火、下执事亦须入校学习职务数月者，否则不许充当。

惟开办之初，恐向无此完全员役，但雇用之时须由汽船公司严加考核，视其确能担任某项职业者给以凭单，如不可给凭单者不许雇用。又必详定行轮细则使上下人等一律遵守，务使行商、乘客皆乐附于其轮，如有船员违反规则及其他不

法行为，一经乘客指摘、查明确实，即时更换，不得瞻徇情面。

一、公司开办后，办理得宜，贸易兴盛，除本息外如有盈余，应派作十分，以三分奖励船员，以五成充作红利，分派股东承领，以二分抽归公家作保息金抵偿。如自开办以后即有余利，不须政府保息金，亦宜抽出二成作为公积，以备将来或须补助之用。

一、码头趸船宜洁清宽敞也

码头狭隘，乘客、货物异常拥挤，殊多窒碍，趸船亦然，宽敞则容积颇多，上下货物均有堆存之处。至于清洁，则行李货物不致污损，来往人客不触秽气，亦招徕之一端也。急宜预备宽敞码头、高大趸船以扩张局面，否则如轮船北局走巷逼窄而臭，码头陡峻而小，趸船少所容积，亦航业中一大障碍也。

一、宜通告汉口华商入股也

公司既称湘汉，则两省商务关系必多，如汉商愿附入股本，则声气灵通，势力愈大，但该埠股本保息金应由汉商呈请督部准予立案负担，方不致累及湖南，致生阻碍。如组合既成，则宜呈请两省督抚并呈请邮传部立案，以后湘汉航业只准加股扩充，不许别立公司。

议决提出岳、常、澧水灾善后案

湘省澧州、安乡等处去夏被水成灾，已奏办常赈捐输以资赈济。本年五六月川流泛滥，阴雨连绵，岳、常、澧各属濒湖之区汪洋一片，溃堤决垸，荡析离居，灾状之惨重于上年数倍。不料秋水复涨，苦况尤为难堪，业经奏准裁漕散放急赈并现发冬赈、预筹春赈及一切紧要荒政规画靡遗，惟是库帑久空，挪垫既无从弥补，而所需尚巨，非收捐别无筹措之方，各议员自召集以来大众协商，已驰函各本籍酌请初选当选人广为劝募，兹闭会在迩，拟请札饬各厅州县俟议员回籍会同竭力筹办，总恃多收捐款，庶不致期长赈短，使灾黎日就阽危。此外善后各事宜，特陈数策如下：

一、集款宜兼借贷

各垸初溃时，抚台已发谷十万石、钱十万串以办急赈，嗣又拟筹赈银六十万两接办冬赈，仁恩迭沛，已臻极点。惟被灾之区常、澧最重，岳属灾亦匪轻，现在水潴不消，杂粮未种，春收失望，老弱坐以待毙，少壮转徙流离，死亡枕藉，惨凄万状。救荒之策，除粥厂、平粜散赈外，尤以修复溃垸为最要，但估丈造册工程浩大，恐非数十万金所能竣事，今于万无可筹之时而复议增加，计惟有向官钱局或大清银行酌借票钱百余万串，规定月息八厘，谕令田多业主出契纸以为抵押，公举老成殷实、众望素孚之人为代表，领钱分给佃户，以工代赈，次年收获官局惟问代表清偿，然后退还押契，如此调剂公款，既不亏损，国赋可冀全征，上下皆便，仁者博济之效殆无以大过乎此。

一、屯谷以济荒歉

湘省本产谷之区，虽低乡被淹，而高埠所获或可勉敷挹注，无如鄂省同被水灾不能遏粜，况两湖督宪示谕官运免税，米商乘机射利运米，转口输入外洋，湘米几何，焉能堪此尾闾之泄，倘任搜括，行见湘、鄂两空，来岁春荒更从何处粜买。今拟官绅协查境内仓谷有余若干，酌拨平粜，款项屯之，略如社仓积谷估计足敷灾区，籴食而止，即或款绌不能多屯，则劝富室卖谷时必留有余，以供邻里之粜籴，庶免意外灾殃。又，鄂省采买湘谷，督宪宜申禁令，不准再转出口，皆所以补屯积之不逮，而来年荒歉不足忧矣。

一、酌提被灾各属公款以移缓济急

大凡郡邑之内，莫不有善堂社会之款，有筹办新政之款，且间有请愿报效之款，究之善莫大于活人命，政莫迫于救灾祲，盖各项常年经费或可节省，或可缓营，察其甚者节省之，挪拨之，亦可稍补国家公款所不及。

一、剀切示谕以安民心

被灾之后，贫富交困，度日如年，望赈俨同望岁，逃荒、掠食、饥疫、死亡不堪言状。地方官业经妥筹的款，宜乘早出示晓谕灾黎，均令各安乡里以待次第赈贷，勿复逃散以致流离失所。

一、整顿团防以弭盗贼

大灾之后，痞徒诱煽饥民，小则窃盗，大则行劫，良善不能自保，宜加谕城镇、乡里正绅因旧设团防认真整顿，各痞徒勾结滋扰一经禀报，立即查办，以遏乱萌。

议决提出整顿词讼积弊案

第一条　民事诉讼限一月内审结，每起呈词核准过一告期而被告不投诉者先用谕传，如被告确已奉到官谕故意藐玩者即饬差分别传带立讯，被告业已投诉而原告故意拖延逾期不对质者照例注销，不许续呈。其刑事诉讼当照例限审结，不准陷害良善，累及族戚、地邻，违者罪之。以上限期统按递呈之日扣算。

第二条　州县为亲民之官，除年节、纪念日外，每日必升坐大堂一次，以二小时为度，民有诉讼，准其面呈，随时判决，庶使官民直接，胥役无从舞弊。

第三条　大堂悬挂大锣，派役轮流看守，民有急切诉讼许其随时鸣锣呈递，州县官应立讯之，如看役留难需索，许其喊禀究办。

第四条　民事诉讼每案审讯、铺堂、遵结等费，原、被告酌定各出钱至多五串文；未结复审者不得援五串之例肆行再取，原、被告酌定各出钱四百文。刑事诉讼审讯、铺堂、遵结等费酌定原告出钱至多贰串文，被告出钱至多捌串文，诬告者罚归原告赔偿其规费，钱概交歇户经手散布，衙门内外无论何项陋规一律裁革，其业经地方绅耆和息呈请销案者概无规费，不准需索分文。

第五条　公所收押寻常事犯，监狱中禁锢囚犯，率为狱卒及老犯勒索不遂其欲，则反复凌暴，绝无人理，嗣后收押及监犯无论何项规费一概革除，违者痛绳以法，官失察者罢之。

第六条　盗案发现后，宜遵例速诣详勘，悬赏缉犯，胥役留难索费者重惩。

第七条　获正凶真盗应即时隔别研讯，不许稍有延搁，致累尸亲与失主旅馆淹留之苦。

第八条　实行裁革门丁，改用收发委员一人，由各州县自择佐职中明白笃实者禀请札派。三年无过者酌予奖励，如有串通受贿等情，轻则记过停委，重则从严究办。州县官有阳奉阴违或别立名目并不裁革门丁者事发，劾罢之。

第九条　裁减差役，少一差役即少一巨害。州县缺、繁、简不一，差役之多少因之宜令酌加裁减，禀报长官，一经确定，应按名各发给灼印腰牌，不许私增白役，如无腰牌下乡传案者，准民捆送究惩。

第十条　差役下乡传案不许乘舆，民事诉讼只许饬差二名，刑事诉讼应视案情轻重饬差，至多勿过六名（至缉捕凶盗不在此例）。传案向有起差陋规，每案规定原告共出钱四百文，下乡草鞋费概归被告，规定五十里内每名给钱三百文，百里内四百文，百里外六百文，均于票上标明，如有格外苛索，准其指禀严究。如衙门向有定规较少此数者，应即遵照定规，不得援此为例。

第十一条　州县官因民事、刑事下乡，夫马、火食及仆从等一切杂费应遵例由官自办，以杜扰累。

第十二条　严禁地痞劣绅干预公事。里巷争办之事多可片语调停，地痞劣绅知之则必反复构之，以遂其陷害鱼肉之计。狱讼之繁胥由于此，宜各以时访究，并许受害者告发，以儆刁风，诬控及窃名者实行反坐。

第十三条　幕友聘定几人宜将姓名、籍贯呈报上司，刑席不可任居署外，以免招摇。民有投诉者出批不得过一告期（如初三控案，初八即应出批），严禁传呈、提批、快票等名目，庶控者事早得直，无淹留坐耗之累，如有纳贿情事，许人指禀，诬者坐之。

第十四条　佐杂擅收民词，大干律例，今之佐杂多坐此弊，民遭之者不堪其苦，应请重申禁令，不许擅收民词，尤不许藉寿敛费，违者准民控告，立即参革。

议决提出改良征收案

湘省征收钱粮，厅州县自为方法，即各有弊端。征银者每两至一两四五钱，征钱者每两至二千七八百、三千数百文不等，除一正一耗平色解费外概谓之平余，往岁银价大低，典钱勒缴，重以种种名目额外浮收，民之奉官久已倍于奉上，非若三四年来民之所出如常官之所余顿减也。近自举行新政，学务、警务暨调查各项固未尝累及于官，以入款论，坐支如故，陋规堂费如故，税契亦所获不少，出款则无巡阅、考试，西路又省其贵火牌究之州县，办公以平余为大宗入款，而摊派指提各项又未退还，当银贵钱贱之时，保全地方官即保全百姓，何可遽言改革！然今日者欲为民兴利，当先为民除害，害之切于全省词讼而外莫如钱粮，际兹物力艰难，脂膏有限，将使之负担日重，亟宜养元气以苏生机，反复筹维，新官制未定以前，财政未尽清厘，币制未归统一，既不及统筹公费，又何敢过望公家。计出两全，惟有不病民仍不病官之一法，拟将现在钱粮定价暂行仍旧征收，如有此项陋规，实系归官是否应裁应减，亦各就各属情形由绅董妥慎筹办。此外，凡属于书差各弊一律革除，事求其可行，害去其太甚，于官无损，于民有益，是即官之所以爱民也。特拟办法数则如下：

一、各属征收钱粮办法歧异，或征纹银，或征银元，或征银元搭铜元几成，或全征铜元，今一概暂行照旧，惟银元、铜元均应按市价扣算，逐日悬牌照办，不得任意低昂，铜元须遵通行定章，不得擅行减折。

一、间有依附钱粮之陋规向来实系归官者，既非正供，又非定价，理应一律革除。惟缺分各殊，情形不一，是否应裁应减俟各属绅董就地详加体察，分别妥商禀办。

一、粮书内通家丁，外串差役，营私舞弊，上下把持，欲去弊根，此为要著。查粮书工食及笔墨、纸张一应办公之用，悉由本官于所收粮价内自行开销，所有一切规费，各属名目虽异，情弊则同，应请实行裁革。

一、粮书垫解，流弊无穷，官喜便宜，历任沿为故事，粮书以此为挟持之具，遂至为所欲为，是应官有主权，责令粮书按日缴款，由官自行办解，痛除垫解之弊，以绝病源。

一、花户投柜，粮书隐匿支延，每将上忙指至下忙，新欠变为旧欠，滚算重息，剥削多端，甚至借垫解为名自谓分所应得，违例实甚，应请严行禁革，永不准钱粮取息，贻害民间。

一、提粮过户，粮书种种刁难，每两索费若干几同定例，否则任听延搁，竟使户头错乱，票册纷歧。此后业户投税之初，由粮书即照契登簿，于造册时过割，并于契尾盖用照契过粮戳记，不许索取分文，倘下年开征，粮未入柱，由本户禀官严究。

一、粮书征收往往以分包厘小户受累，各属皆然，钱粮丝毫为重，应请严切查禁。

一、欠粮之后，理应差催，差役下乡，粮户不堪其苦，此后催粮差役每票不得过二名，应由各属绅董自行酌议定章，计程计日，欠户照给川资，呈请地方官立案。倘格外苛索钱财，仍前骚扰，准本户投由自治公所报案究惩。此项欠户到官只勒令取保完粮，不得擅收、擅责及书差借端讹索，至本署亲兵尤不准指派催粮差使。

一、每届隆冬，差役勾串丁书，将欠粮花户开列滚单，带同白役多人分赴各乡，追呼扰累，敲骨吸髓，以为卒岁之资。小户良民受害不浅，应请革去滚单名目，以免纵差殃民。

一、每逢蠲征钱粮，书差朋比为奸，藏匿誊黄，并不遍行张贴，仍敢愚弄乡民，私自征收。此次恭逢恩诏，自光绪三十四年以前之钱粮全行豁免，倘再蹈以前情弊，由自治公所据实径禀抚部查参严办。

一、南米拟请照支剩例改征折色。查此项南米原系就地支发兵米，惟近省各州县有之，向由各州县粮房并驴脚包征包解，粮书上下其手，巧立弥亏名目，甚且有遇闰年加闰者，各州县或轻重不同而积弊则一。现在绿营制兵裁额逾半，近有递奉三年裁尽明文，是此项南米自当查照支剩米石，每石折价库平库银五钱解库，若驴脚以及平余火耗仍请照例作为耗银征解，至此三年中尚有待裁兵，应解兵米，并拟请转饬布政司查照兵额，分别榜示司辕某年某州县只应解兵米若干，俾众周知，以便递年减纳，迨至宣统三年后一律全改征折色，以清吏蠹。

一、凡各州县规复减征及附于钱粮捐收各项新政公费已经立案者，应由官逐年如数交绅董支用，近日此种款项多有藉钱价低落之故付出迟延，官绅致生意见，自后拟由各地方绅董自向粮书收取，逐年将支出细数呈报地方官核销，或由各绅董会请本官在署内督率粮书调齐票簿，于上、下忙各清结一次，次年四月底奏销之期统结一次，如值署任交卸扫结一次，每次将税契内拨归地方公款一并结清，当即开明数目清单交该管绅董存查，并贴示公所，以便周知。

一、以上各条，凡从前事项如有应行变通之处暨以后凡涉地方公益由绅董筹款专案呈请者，均各就各属，随时酌量办理。

议决提出整理湖南全省教育案

一、整理教育行政机关

甲、筹画学务公所进行方法

公所为全省教育行政之机关，定章各课长、副课长、课员以曾在中学堂以上毕业或曾习师范并曾充学堂管理员、教员积有劳绩者充任。又，查定章议长、议绅应给予薪资常川，驻省赞画学务。据此，公所办事人员应照章遴选，以防流弊，并宜设会议厅会集议长、议绅，评议已行事宜，讨论进行方法，编成议事录决议实行。又，公所曾设有教育官练习所，未久即停，应请继续开办，延聘游学东、西洋各国高等师范毕业精通教育之员，照章讲演教育学，教授管理诸法及教育行政视学制度，并加讲学部新章，以六个月毕业，每厅州县务派劝学所或教育分会职员一人轮流来所听讲。

附条：官立各校收学或升学考试须先期通知各县劝学所及教育分会，届期万不可改缓，并宜从速发案，以免学生来省失期，虚糜旅费，并不至在省无事或染不良之习气，取录学生并须知会各劝学所取具确实保结，以免中途无故辍业。

乙、筹画劝学所进行方法

劝学所为全县之教育总机关，定章以本地方官为监督，设县视学一人兼充学务总董，而地方官政务殷繁，贤者既难兼顾，不肖者且暗为掣肘，故不如专委其责于劝学所，所有往来公牍均得直接于提学使司。又，劝学所总董仅给正七品虚衔，并无一定之职位，尚不足以专责成，应请抚台咨部奏请将各劝学所总董一如学官之制作为学务专官，旧有学官裁撤后衙署、学田及一切经费均拨充劝学所之用。

附条：湖南各厅州县劝学所尚有未成立或成立而未照章办理者，应由学司通饬各厅州县照章选人速行组织，限两月内详细册报。

丙、慎选视学员

省视学所以稽察各地方学堂合法与否，有随时纠正之责，非得其人不特敷衍无益，抑且有损定章，省视学须曾习师范或出洋游学并曾充各学堂管理员、教员积有劳绩者充任，今后拟由教育总会照章遴选，呈请学司转详抚台札派常年巡视，所有城镇各项学堂及乡村公立、私立各学堂均须亲往巡视，认真考察，破除情面，切实报告，随时将调查意见书送教育总会汇登报章。

附条：视学员宜优给旅费，免受地方官供给及各学堂馈送。

丁、慎选各学堂监督

学堂监督所以主持一校学务，必须选聘相当之人充任，不宜专论资格，如法政监督宜知法政，实业监督宜知实业，师范监督宜由师范毕业，庶不至有乖教育宗旨，拟请仿照江苏成案，凡省城各官立学堂监督需人时由教育总会公举二人，呈请学司转详抚合酌定委聘，其各府、直隶州官立学堂监督需人时由各县教育公会、劝学所会同公举，总期为事择人，切实办理。又，监督责任綦重，宜照部章常川驻堂，不宜兼任，以专责成。

二、统筹教育经费

甲、匀定官立学堂经费

官立学堂如高等、高等实业、优级师范、三路师范、法政、农业、工业、医学、求忠中学、模范小学、蒙养院均已划定常年经费，惟教科难易不同，学生之多寡不一，应权其轻重，先其所急，酌盈剂虚，以归实用，并宜筹定女子师范学堂经费。

乙、匀拨民立学堂经费

欲期教育发达，必须扶植民立学堂，应调查其办有成效者优予补助金，并责令照章办理，只准扩充，不准停办，以期多一学堂即多收一学堂之效果。

丙、划定各地方学堂经费

抚合交议筹办地方自治经费案最注重教育，其筹款方法先尽向有之公款、公产，外得另筹公益捐，或从附捐著手，或从特捐著手，各视本地方情形所宜。教育为自治根本，关系极大，应由地方自治经费内划出多数以为各地方学堂经费。

丁、提拨陋规及间款

征收督销之弊于今为烈，应清查数目。除划定经费外，提作教育经费至不列祀典之庙宇及迎神赛会演戏之存款，悉照定章办理铁道、实业各学堂。

戊、公储补助费

湖南铁路公司每年提有盐捐、米捐，皆系全省公捐，应填给股票为全省公股，拟即一款为教育基本金，铁路告成，即将此款拨为全省教育财产，积久可成一大宗。补助经费，若地方殷实，能慨捐巨款入铁路股为地方学堂基本金，尤于地方学堂大有裨益。

己、统一劝学所理财之全权

科举既停，书院均改为学堂，其原有之公款、公产，如属通县之书院、义塾、宾兴、印卷等费均应由劝学所会同自治公所切实清理，随时拨用，其属各乡之公款、公产由各乡学堂自行经理，并责成劝学所稽查出入，以期归诸实用。

三、小学教育普及

甲、暂定强迫入学章程

定章初办五年之内大率每四百家必设初等小学一所，十年之内每二百家必设初等小学一所，今各州县城镇地方照章设立者尚觉寥寥，至各乡村往往数十里无一小学。查宪政编查馆筹备立宪第九年人民识字义者须有二十分之一，学部奏分年筹备事宜第九年试行强迫教育章程，强迫教育章程既须第九年试行，而此七年之内若听人民自便，则识字者必不能达二十分之一，应仿照广西等省强迫教育办法暂定章程，奏请试办，先由省城调查学龄儿童，造学龄册，即自宣统二年为始，由省会实行整顿四十所初等小学，推广学额，以为模范，由此推行于府城，再及于县城，子弟有不入学者罪其父兄，期以三年全省城镇一律实行，以后再推行于乡村，务期教育普及。

乙、划一小学年限

定章初等小学完全科限五年毕业，学部奏请变通小学章程，有三年、四年简易科小学，为便于各地方推广小学起见，变通办理。今若照章实行，一省致有三种小学，年限不一，程度不齐，于升学、转学必多不便，小学教育不能统一尤为可虑。而五年完全科年限太长，乡村经费不足尚苦难行，三年简易科又嫌过短，国文文字繁难，恐难毕业，斟酌二者之间，应仿照江苏教育总会之议决，定全省通用四年简易科小学，由学司通饬各州县一律办理，实行强迫教育时即以此年限为义务年限。

丙、检定小学教员

学部分年筹备事宜有检定教员一条，于宣统二年颁布章程，惟小学教员关系紧要，必待部章颁发，缓不济急，拟请学司详定一检定章程奏请暂行，参考日本小学教员检定会法规，即于本年宣布检定章程并各科细目程度、参考图书，使之先自预备，其前已在师范学堂毕业者可不考验各科学，但须专考教育学科，定于宣统二年上学期实行检定，若已充小学教员者亦须调查，其成绩合格者始免试验，由学使主考会同教育总会确定正、副教员资格，发给文凭，以后各地方小学堂即须专聘此项教员充当，以示鼓励。此法若行，小学教员可免不缺不滥之弊，地方士子有志于小学教员者即可自修而得有教员资格，并可迫之使研究教育不费经费而师资养成矣。

丁、优待小学教员

小学教育之善否全操诸教员之手，脩金太菲必不安于其位，非教员不热心，实生活所迫也。各国优待小学教员至详且备，其任事时则有官职之待遇，退职后则有恩给等费，且有为教员备居宅菜园者，有供养薪炭者，有俸给终身者，我国亦宜议定优待方法，或视其义务年限递加脩金，或赠以名誉奖励，但递加脩金亦须示定限制，斟酌各地方财力所能及。

戊、划分学区

定章劝学所应划定各学区，由各区董事担任兴学之责，诚以学区关系于一区建设小学之事甚大，而取便通学、负担财政又不能纯就原有之区域而定，今各州县劝学所尚未筹及此事，以致区域不明，通学不便，有一区内设立多校者，有多区内尚无一校者，殊与定章不符。应由各劝学所于本年内举定明白学务之劝学员分往各乡画定学区，具图式及表册报告，学务公所及教育总会既定学区、筹有学款，即择明白学务之人办理，以免互争，藉学兴讼。至东、西各国于市镇都会人口荟萃之地另画分之为市，设有市长管理其事，我国尚无此章，如长沙省会之地向来地方行政属于长、善两县管理，则省城内小学事务亦宜属长、善两县劝学所管理，而城内各小学堂属全省官立或公立者又非州县劝学所所能干预，若不明定权限，亦非行政统一之道。查定章京内学堂辖于京师督学局，不归直隶提学使管辖，以此例之，省城内附近区域学堂应直辖于提学使司，请专设一省垣劝学所，指定城内及附城学区归其管理调查，而原有长、善两县官立之学堂及学款则仍归两县劝学所管理，既不至有所纷扰，且可各负责任。

己、匀拨各学区学务经费

学章颁布以来，地方官应办官立小学一所以为模范，于是原有书院、学田等一切公款强半提为官立小学经费。至各乡村办理小学与否、经费有无，官概不过问，教育何能普及，劝学所既负一县兴学之责，即宜统筹全局，使城乡利益均沾，至少亦宜就一县所有之公款酌提若干为各学区补助费，始为平允。

庚、轻收学费并由学生自备膳费及用品

既行强迫教育章程，贫穷之家负担不易，除赤贫不收学费外，其余只收学费一元以内，公款难筹，自以改办通学为宜，即不便通学而必寄餐宿者应征收膳宿费，其他一切图书、用品、服装等费概不许由学堂津贴，以节经费而广学额。

四、注重师范教育

甲、改良初级师范

湖南创办师范七年，尚无完全师范毕业生，且多未研究师范学科，殊失办理师范之旨，应即遵照定章实行整顿，其有未授师范之毕业生再留堂补习师范学科，并派往各小学堂实地练习数月，始行毕业。又，须加试教育学科，必确能胜小学教员之任者始发给小学教员文凭，庶师范学堂不失教育宗旨，而师范学生亦知注意教育学科而收师资之效。至收考学生，其年龄太轻者尤不宜令习师范。

附条：湖南有三路师范，名目虽无畛域，而路界之说不足为训，应照从前士绅原议，改为第一、第二、第三师范学堂，以示全省学界有公同维持之责。

乙、创设女子师范

教育普及统合男女而言，欲设女小学必造女师范，学部奏定女师范章程既已数年，湖南仅周氏女塾附设师范科，而尚未有特设者，拟请就蒙养院地址改设女子师范一所，而蒙养院即附属于其内，与各国女子师范附属幼稚园之意正符，应于本年筹定办法，明年即行开办。又，民立女学已有成效者尤当筹款维持，令其多习师范学科以储师资。至蒙养院教员，概宜聘用本地人，庶言语易通，儿童不至难于领解。

附条：蒙养院原有模范小学，应附属于优级师范，定章优级师范本应附属中学及小学，今若将模范小学附属优级师范，最合定章，实有裨益。

五、创办各项学堂

甲、设初等实业学堂

欲富国须注重于人民生活，学部奏定初等实业学堂优加奖励亦即此意。湖南仅南路办有中等实业学堂一所，其余各州县均未筹及，将来初等小学毕业多有急于谋生者，仅习普通教育仍于经济生活不能发展，拟请限令每州县必设初等实业学堂一所，以二年为期，一律开办。

乙、设实业教员讲习所

各县开办初等实业学堂，此项教员刻下尚难得人，虽设与不设等拟请官立全省实业教员讲习所一所。此时中学及初级师范毕业生不多，暂招考中学及初级师范有一二年程度者分习各项实业，以二年毕业，即派各属充当初等实业教员。

附条：三路师范学堂款项甚足，各应设简易实业教员讲习所一所，或招考已经毕业之选科学生及各中学堂之毕业生，再补习各科实业，程度既高，进步必速，尤于实业前途大有裨益。

丙、设立工厂

学实业而不实地练习仍属无效，既办各科实业，即应设立各科工厂，以资实习。至矿业科尤宜分设于平江金矿、常宁铅矿等处，一则学生可以实地练习，二则所出教员即可经营矿务，尤为两得。又，工业学堂须与本局议决振兴工业案所规定各工厂相联络，湖南应设某项工厂，工业学堂即应改授某项学科，以便见习。

六、整理各项教育事业

甲、扩充教育总会经费

教育总会为辅助全省行政机关，关系重大，湖南总会成立以来，未能有所建树，洵为缺憾。现适建筑会场规模粗具，亟宜开办研究所、宣讲所，美术、音乐、体育诸会，派遣调查员，编纂教育公报，储藏应用图书，筹设教育品陈列所、教育成绩展览会。惟在在需款甚巨，拟请加拨官款以为常年经费，俾资应用。

乙、改良各有名无实之学堂

成德、达材、景贤三学堂现在仍沿书院办法，并无讲堂授课，学生亦不到堂，月领膏火，亟宜实行改良。查成德、景贤系法政学堂，达材、存古学堂皆应饬令遵照定章办理，不得有名无实。至思贤讲舍亦宜酌改为他项学堂，以广造就。

丙、整理图书馆

图书馆地址太偏，藏书太少，近日阅书者不多，几毁于自然消灭之势，亟应裁汰冗员，实力整顿。此件已经本局另提专案，并拟有章程，应请照章实行。

丁、给各学堂以特别权利

各国国家对于民立学堂多给以特别权利，如校地免租并许借用官地，以示鼓励，湖南亦宜采用此法。凡兴建学堂者如有相当之官地、公所，许其借用并免租税，以及建筑所用之材料、教育用之器械、药品，许由各学堂报告教育总会及劝学所，转请地方官酌量蠲免各税，抑亦提倡维持学务之一法也。

戊、职员、教员宜久任以专责成

劝学所职员及各学堂职员、教员当初择人最宜审慎，既已得人，而理即宜久任，无故不得更换职员、教员，亦不得见异思迁，并宜划一薪金，凡属同等之学堂职员薪金不宜参差，至教员薪金应以学科难易高下分别划定，实行授课钟点多寡计算，尤为妥当。

己、划一各学堂授课时间：各校钟点迟早不一，以致教员授课、学生入校有过时之弊，尤于通学不便，应请于各城最高处每日准放午炮，以期较准钟点，不至参差。

七、核实各学堂用费

甲、核实各学堂不急用费

学堂经费既不易筹，则各学堂用费尤宜核实，即如各学堂每届毕业动用数百千金，过事铺张，颇多滥费，其他尚宜核实之处甚多，亟应节省，留此赢余推广学额，若制造学校用品、工业药品，以杜漏卮，尤为核实。

乙、核实各学堂工程

学堂建筑为适于教育起见，不宜专事华丽，湖南各学堂往往喜投巨款装潢门面，实与教育无甚关系，未免可惜。此后各官立学堂如有兴大工程者，应先将图式交学务公所会同教育总会察核合宜，总期以不陋不浮为是。

丙、核实学务报销

学务公所、教育总会、教育分会、劝学所，全省官立、公立、私立各学堂，每学期均造决算表，汇登教育公报，以昭核实。

议决提出筹办新监狱并暂改良旧监狱案

甲、理　由

一、对内

奏定预备立宪逐年应办事宜清单限明年试办审判厅，唯审判之事仅处分其犯罪之事实，而非感化其犯罪之天性。感化之道，厥惟监狱。我国监狱官不暇亲典牢狱，考究犯罪者之性质，斩断其犯罪之染习，保护其身体之健康，防维看守者之虐待，激动其固有之廉耻，教练其谋生之职业，警动其生平之忏悔，留意其释后之生活，以致不死病于狱，即染老犯之犯罪恶习，在狱固犯，出狱亦犯。夫人民至在狱犯罪、出狱仍犯罪，则凡根柢不深、中人以下之资之人民不连带犯罪，胥为犯人不止。夫我国典狱之官以防逸主义为尽职，至以上所言诸弊彼不任咎也。若取感化主义，则管狱诸员须就犯罪者三字注意，或隔离所居，不使染习；或预为防病，注重卫生；或教之工艺，使出有所以为生；或教之道理，使天性潜为改悟。至若看守之人，一面防其逃逸，一面察其异动，惩之劝之，使感而追悔，耻心自生，驯至于出恶迁善。凡犯罪之少者，于监狱之外又别为感化院以教之，化犯为良，莫此为善。湘俗不良，民易犯法，虽严刑峻法，日有增加狱房之势，而管狱方法既如此，囚人恶习又如彼，欲民之迁善以分负立宪责任，不窃取东西圣哲之精意从感化着手，内政不足言也。

二、对外

外人之在我国有领事裁判权也，即侵我法权，侵我法权即侵我国权，夫欲撤去领事裁判权，必从编法典、废刑讯、专官审判着手固矣。而我国监狱，外人称为地狱，称为犯罪学校，是故欲撤去领事裁判权，非与审判厅同时设立模范临狱不可。日本之变法也，英人言：贵国改法律、办警察、设专审官、改良监狱，我国即先撤去领事裁判权。日本从之，越四年英竟首撤，各国相继撤。夫监狱之所以与上所述并重者，盖外人一以为我国尚洁，彼国不洁，我西人岂屑居之；一以为中国待本国人尚无爱惜其生命之心，待外人有爱惜其生命之心乎？我国不改良监狱，则不能撤去外人领事裁判权，以收我法权与国权也，有断然者。

乙、办　法

一、培才

凡百宪政，首在培才，盖管狱诸务非深知此道必不能尽厥职。譬诸巡狱，凡恩赦之如何不滥不遗，一切给养如何宜其身体，检束囚行之如何出以慎密，感化囚人之如何确能改志，赏罚囚人之如何出以至公，防疾治疾之如何实尽心力，教导作业之如何确有成绩，监狱构造之如何适于管理，监房分合之如何不传恶习，监狱统计之如何比较进步，以及经费之如何核实，工钱之如何使出可生活，规则职务之如何确守且尽，非深知此道者必受欺（朦）〔蒙〕，而不得其真相。夫巡狱固须深知此道，而典狱系主持此职之人，看守系分任此职之人，其必先培才而后可用更无论矣。查光绪三十三年部奏有谓：狱务人才与司法官同一重要，应于京内外法政学堂一律增设监狱专科，选法政高等学生专门研究，年半毕业，专备法部及各省提法司咨议、改良及调查、管守之需等语。京师及江南、安徽皆已变通增设监狱学堂，惟湘省尚未专设，拟请就湖南法政学堂附设监狱专科，分两项办法：

1. 速成办法

拟请饬开监狱传习所，仿山东筹办审判处员绅并用之法，挑选曾习法政、慈厚诚实之员绅研究监狱学一学期，为巡狱、典狱之预备。并仿山东看守练习科办法，挑选本省年在四十五以下、二十五以上慈勤警密兼能文语之人练习三个月，毕业、试验均宜严核。至养成狱员额数，以足敷各属监狱之用为准。

2. 完全办法

此项学堂须先习法政固不待言，而监狱本科非多习数学期不足以收会通各国择善而从之效，至详细办法，须由专研监狱者妥拟章程续请核定。

二、造狱

拟请仿江宁、湖北各省先于省会设立模范监狱，其狱房之制固以独居为最善，以杂居为最不善，但因财政支绌，万难办到纯粹独居，又不忍仍尽杂居，拟请采外国折衷办法暂分为三种：一、日夜分居房为第一级；二、日杂居夜独居房为第二级；三、日夜杂居房为第三级。其居囚之分配，因新刑法尚未（须）〔颁〕布，警察尚未进步，势难尽采西法，须参酌本国情形办理，暂仿奉天各省，以军、流、徒以下及未决待质之轻罪犯入第二、三级，死罪及他重罪人犯入第一级，俟民度稍高、法制完备再行详细分别性质递升，如刑期已满三分之一时递升至假出场、假出狱，由朝出暮返，至日夜在外止。其造狱之法，或用扇面四翼形，或用十字四翼形，总以不僻不嚣、接近停车场便于解送、坚朴宏阔能容五六百人为善。至于女监，尤宜与男监隔绝，若拘留场，或附审判厅，或附警署，由当事者自酌。

三、办感化院

感化院地须与监狱稍远，以防沾染恶习。其办法以监狱管理法管理，而授之学课注重音乐、舞蹈，以柔和其血气。湘省经费支绌，拟请暂将自新习艺所改为感化院与惩役场。所中人犯由司法主管分别善良、年纪及送入情由隔离居室，勿染恶习，年十八以下者收入感化院，十八以上、性质不良者收入惩役场使之作业，俟监狱学堂毕业后再画完全办法，亦治标之法也。

四、内部组织

内部组织部定正、副狱官二人，创办之初拟请先于监狱毕业优等员绅中选派一人试署。其正狱官以次分职之法拟请亦仿湖北、奉天等省，隶以三课：司囚人身分上事项、会计豫算、庶务往复为第一课，司检束、别异、惩罚为第二课，司工业建筑用度为第三课。三课之外设教务、医务各所，各课主名，湖北分为案牍、守卫、庶务三科，奉天改案牍为文牍，余仍其旧。湘省应如何改变名称，抑全仿他省，均俟筹办审判处核定。至于崇升狱官品秩及分别，奏补、咨补遵照部章，或参仿湖北、奉天各省单行章程之处事关官制，未便越谋。

五、各属渐改方法

各属虽因无款不能同时并办，实不忍同属湘囚各有向隅之泣，拟请培才之时监狱传习所、看守练习科讲义随时分送各属，有典狱之责官吏先事研究。此两项员绅毕业之后拟请一面择优等员绅分别委充模范监狱管狱及看守，暂行试办有效方为分别补授，一面择此两项优等员绅分别委充巡狱、看守分往各属，与各该典狱官研究改良监狱诸法，决议之后或全体改良，或逐件改良，总以先去狱卒以此项看守毕业之人替充、添设庶务、会计、教师、医生分科办事为救急之法。

六、巡狱

巡狱一职须由抚台选派，以代行监察之权。盖外国巡狱之官多不主张由司法主管派出，恐其回护本管所办之监狱，使犯人申诉之理终不得直，改由内务省派出。我国全国巡狱使者固当由民政部派出自不待论，而一省监狱似当由警署派出，但巡视警署所设之拘留场亦难保无回护之事，不如由抚台派出，仍循抚台抚民之意之为得也。但所巡之地凡与各厅州县及捕厅所研究管理诸法详载于回复文件中者旋即登报，使厅州县及捕厅有所警惕。

七、筹办机关

宪政实施，莫不先设筹办处以资提挈，拟请抚台令提法司于本年十月仿山东筹办审判厅办法设立审判厅，筹办处添设通晓筹办司法独立人员充当会办，准照案中培才、造狱各办法限期实施。

八、经费

1、开办经费

俟参仿何种狱制决定后然后可定。

2、经常经费

如容囚五百人举奉天为例，其新设监狱除工业资本另筹额支、活支每年二万金以外，而筹措额支、活支之法将奉天府司狱承德、兴仁两县典史奏请裁撤，将遗缺廉俸食银及役食津贴岁入二千三百余两，及所支府县监狱囚粮仓米、禁卒津贴、押犯车价等项岁入六千五百余两拨为新监经费，其不敷之万余金由度支司筹给，湘省是否仿照裁撤、腾作新监经费，均请设法拨用。至于工业资本，拟请亦由善后局筹垫，或借发商生息之款亦无不可。日本东京监狱经费全恃囚人工业之余利以为经费，湘囚既多，作业之利谅亦不难抵补此项利息。

以上系筹办新监狱之方法。惟是新监狱未成立以前，囚人之痛苦亦当计及，另拟改良旧监狱数条，应请通饬各属照行。

一、选择狱官：现应责成司狱典史、吏目督率狱卒清洁监狱，严禁私刑，若遇出缺之时应请以曾于法政学堂毕业、领有文凭之佐贰补之。

一、慎雇狱卒：狱卒多半凶顽，残忍性成，惟利是趋，罪犯无钱辄遭蹂躏，应由地方官暂择其老实稳练、稍有身家者充之，并不得以贱役相视，以励其廉耻奋励之气。

一、宽筹犯食：各州县有罪犯口食钱及狱田等项，多少不一，官纵发出，一扣于家丁，再扣于狱卒，至犯人所得已无几矣，应请饬令宽筹犯食，无使犯人饿殍，唆令攀诬、伙同讹索往往有正当罪犯而案情牵连久不能结者，原因实由于此。

一、划分狱区：各州县旧有之监男女或有同处一狱者，殊多不便，应暂各建一所，不相交通，以免混淆。

一、展拓监地：监狱狭隘，空气闭塞，有碍卫生，应多开窗棂以透空气，若有余基隙地可宽筑房舍，俾得各习工业、补助衣食尤称两便。

一、裁撤管押：管押所有长期、短期之分，因犯罪甚轻或案未结断令收管待质，家丁、差役即于此申取利，规费未清，开释无日，收押既久，官亦置之不闻不问，健讼之徒藉以拖累良善，于事无益，于民有害，除贼监外应一律裁撤，另设一待质所，以公丁防守出入，自备火食候审。

一、责成习艺：管押裁撤之后应设习艺所，以处轻罪之犯，定其期限，勒令操作，有愿罚锾以缩短其期者，酌量轻重多寡收入，以备本所公费之用。

一、清厘重案：监犯积多，每有越狱反监之弊，应了重件，地方官勿得玩忽积压、希图卸责，司法长官亦宜上执国宪、下体民情，为地方造福。

一、禁革漏规：犯人在禁多年，家业罄空，一遇赦出，禁狱家丁刁难勒索，不遂其意虽遇赦不赦，应请一律革除。

议决提出禁止妇女缠足章程案

一、宗　旨

我国贫弱之原因，一在男子吸烟，一在女子缠足，今吸烟已交议限年革除，则缠足亦宜一律禁止，况煌煌谕旨安敢不实力奉行。兹拟仿照江督端通饬苏、皖、赣三省章程，严定罚规以为督促进行之具，请札饬各厅州县会同地方自治局绅董克日举行，总以使全省妇女皆能保存大足为目的。

二、期　限

以宣统二年全年为限，凡十二岁以下之幼女与十二岁以上之妇女未缠足者固宜禁止，不准再缠，即已经缠足筋骨既损者亦必渐次解放，统限于一年内一律遵行，不得违缓。

三、办　法

甲、各属禁止缠足须由各地方官会同自治局绅董督率，先发严切告示，城乡遍贴，以示定期禁绝，复将白话歌词印行，广为传播，俾得翻然解悟。惟积习既久，挽回风气必须责任共担，除由自治局主办外，劝学员、宣讲员按日宣讲亦宜郑重注意。

乙、各绅士为平民所观法，此次禁止缠足除请札饬各行政官倡率外，各属自治局、警务处、劝学所各办公绅董与各学堂教职员、各乡团总区长暨各族首等均须以身作则，由各家妇女首先遵办，始足端表率而挽浇风。

丙、限期既以宣统二年为止，至宣统三年春月应即查验，其查验之人即以各自治局调查人口之调查员兼任，其事将缠足、不缠足列入户口册内“女丁几口之下”（如本处人碍于情面，可更互查验，如甲区人查乙区，乙区人查甲区之类），或由自治局另造清册交各查验员携带，查有缠足未放者于另册中注明某区某家缠足妇女若干，以便收税。

丁、查验时如有年长妇女确未放足，各员绅不便亲往，应由自治局公请女董事专任稽查事务（女董事以女学堂堂长充当，无女学堂地方以向有名誉之绅董家不缠足妇女之年长者为之），城乡尤不妨多设，其有须报名地方官事仍由自治局代递，女董毋得直达官署。

戊、其自宣统三年如尚有缠足未放者应分别加罚，罚则分为三等：平民之家每缠足一人每年罚铜元四十枚（赤贫酌减）；举贡生员家每人罚铜元一百枚；职官家每人罚铜元四百枚，俟查验清册缴齐时，按照人数由局中制备两联印单，查照罚则，注明户主姓名及罚款数目，发交团族绅董挨户收取，作为地方自治经费。如抗不遵缴，即将该户姓名、数目榜示乡亭，公所限期缴送，屡抗不缴得禀请地方官催追，惟不持印单擅自取罚款者查出以冒诈论。

己、本年应罚之户照章缴罚后，由女董事再行劝导，至次年查验，倘仍如故，照上年罚则勒加一半，以后逐年递加。现闻民政部拟禁缠足亦有抽税以征为禁之议，如议定颁有章程，即遵部章办理，本章程罚则即当取消。

庚、自宣统三年起，各地方官应将所辖境内女子按照查验清册分别开具总数、十二岁以下尚缠者若干、十二岁以上未放者若干呈报查核。比较各属报册，明定优劣成绩，昭著者酌予奖励，劝谕不力者分别记过。

辛、此项禁止缠足既在自治范围以内，其开办费及查验各费应由各地方官督同各绅董于举办自治时通盘筹措，毋得藉口无款，因循敷衍。至所定罚项，特以儆顽梗之户，不得不加强制之力为辅助劝导之方，若劝谕既放者自毋庸再议。

壬、湘省各属地方情形不同，有向不缠足者，有近渐改变者，亦有现尚牢不可破者。本章程所列办法各条仍可由各属绅董就地酌量施行，总期限年禁止而又推行无弊方为尽善。

癸、凡制卖弓鞋木底者一律禁止，违者议罚。

议决提出设立稽查运米局案

湖南出米之乡，近年出口之米见于清册者极多之年不过二百余万石。据中国经济全书载：日本人调查湖南每年售销汉口之米有四百余万石。本省商界中人则云：湖南出外之米，除汉口外，由汉口转运往各省者合计不下千万石，歉岁所出亦有四五百万石。是米捐遗漏何止一半，局卡之弊往往用贿卖放，运米多而敢捐少，此利于司巡及奸商而病民食、病公家者也。其无贿者则卡勒苛索，运米少而出捐多，其所多者率归中饱，闻有运米百石第一卡以为有百七十石，商人请斗量则留难不放，卒完一百三十石乃止，至第二卡则以为有百八十石，卒完至一百五十石乃止，此则饱司巡、病商民之甚者也。惟用贿者则或完半数，或全船漏过，总计所贿所完必较应完正数为少，故商人虽欲不贿而不得，此皆病商害公之实情也。以实出之米较现收之捐，倘加清查，何难倍收。此等大利大害所关，不得不据实陈明，力求改良，欲求改良，非特设稽查运米局不可。条列办法于下：

一、名称

拟名为湖南运米稽查局。

二、宗旨

以稽查运米数目酌定丰歉出入之宜，及清查关卡积弊、切实整顿为目的。

三、局所

总局就省城商会，附设分局则就原有米捐局之芦林潭、城陵矶、荆河脑、藕池口、太平口皆须随地设立，或附原局，或另设专局，或派人来往行查，皆由总董酌定。至雷湾、醴、安澧溪港运米过载之处，皆须随时带查，不必设局。

四、职务

总局设总董一人，投票选举，正绅为之，书记、司事等人由总局自置，分局视事之杂易、繁简，为人之多少皆由总董裁酌施行。

五、办法

既设总局，嗣后湘省运米皆由总稽查发给运单，方可运载出口，议定限制流通之别如下：

甲、丰年不加限制，任其流通，惟须稽查厘捐数目仍须发给运单。

乙、中熟之年寓限制于流通，呈请上宪预定出口米数，运米满额即行停运，必发运单，以便稽查数目，不发买单，以免藉单勒买之弊。

丙、荒歉之年【一】律停运，禁止出口，仍须筹款，提倡运米进口。

六、局费

所须局费，查原定米捐每钱一千收补底钱二十文零四毫，另款列出。又有另存各局卡罚款，从去年拨两湖矿业学堂经费以来尚有盈余，以后一经清查，米捐更多，则余款亦必更多。拟指定此二项，划清矿业学堂经费每年酌定若干下余之款，均移作本局之用。

七、运资

运米成本或由商会筹资，或招精于米业之富商承办，或听散商自办，惟皆须赴本局请领运单方可出口，运单纸笔之费每石取钱一文，明示限制，不许多取，以免经手人留难需索。又，请单时刻亦须明定牌示，每请一单不得过一小时。

八、联络各处

由总董知会长、岳关道，须收本局运单始换护照，先由关道缄知税务司，援照光绪二十五年成例，必须验明关道护照始准报关出口，并请咨明督部转饬江汉关。凡无护照之米，无论洋船、民船一概不准转口，本年暂行之例虽有护照，亦不得转口，如此限制，两湖民食均得保全。闻洋船约章不许买米，止有运米之例，与民船同，惟民船不转口始可禁洋船转口，今年湖北必无民船转口之事，故可禁止。向例岳州关发给护照亦有准其转口之事，此非湖北所能禁，现在应请特饬停止此例，待丰年后再行驰禁。

九、稽查护照

凡护照载明指运之口岸，由进口税务司签字、遵章缴还，以明确到何埠，应由本局查核出入总数，以杜流弊。

十、改订章程

查原定两湖赈粜米捐章程十八条颇极严密，惟尚有须增改完备者逐条商酌，另列于下：

第三条“总办不得派用兄弟、子侄、女婿及妻之兄弟、妻之侄、妻之姊妹婿”等语用意最为周到，下云“此外亲属如果得力，准其拣用”二句应删，总办任用私人亦须规定处罚条例。

第七条“各局应用联票由总局另刊票板，将填票司事、查验司事、随查巡丁、验量谷米船只数目、宽深、丈尺一并刊入，札发各局卡，将填票、查验司巡姓名、船数、量数一一列入票内，嗣后查验谷米如有以多报少，以米作谷暨大头小尾等弊一经发觉，即照票列司巡姓名提省审办”等语，按：稽查司巡贿、放等弊以暗查为核实，宜令凡局卡巡丁下河必照营勇之例穿著号衣，于号衣之上明列字号及本人姓名，庶稽查者一望而知，得以确实指报。

第十二条“经收捐款月底截数必须尽数报解，月清月款，不得于填发大票时稍示挪移，如有挪前移后、征多报少并司巡得贿、卖放等弊，将总办委员详请撤参，司巡提省审办”。按：此条语颇严切，然清查月报效力盖鲜，宜由稽查运米局派人分赴各局卡稽查，畀以凭文，俾得与各处直接。此项稽查人数无定，额无定人，亦无定期，或明查，或暗查，务须查有实据报告总局，以便究办杜弊，并得于北省局卡及汉口到岸之处协同彼地员绅查究。

第十三条“商运谷米已经过第一局卡完过捐钱而又责成经过第二局卡复查者，为杜商人以多报少暨第一局卡司巡得贿卖放弊也”。立法虽密，但无以劝惩之复查，司巡仍不实力奉行，嗣后已完捐钱谷米经过第二局卡复查票货不符，如短报不及十成之一从宽令其照短报石数补完捐钱，短报一成以上除照短报谷米补缴应完捐钱外，另按米谷捐章罚令加完，短报一成以上加罚一倍，二成加罚二倍，三成加罚三倍，四成加罚四倍，及至五成则提短报谷米一半变价充公，罚款银钱按月册报，充公谷米准由外局招商承买，随时禀报。罚款及充公谷米变价应解总局，五成随同正款批解，准留该局，五成专赏查出短报之出力司巡并在事出力者，不准滥赏。其第一局卡验货填票不实之司巡，如谷米短报不及一成，从宽免议；短报一成以上，司巡各记大过一次；短报二成以上，司事撤差，巡丁革役；短报三成以上，司巡必有得贿分肥重情，应即一并提省审办。至短报二成至五成，由该总办自行举发者免议，若为他局举发者应按谷米多寡、情节轻重将总办分别记过、撤差”。按：此条果能实行，或可防弊，惟局卡林立，实病民困商之最重大者，究竟征收无几而开销先占大宗，此种事项应筹补救之方若徒以多设局卡为能，其害实不堪设想，试问历来第二局复查之船舶，其与第一局所查相符者有几，如以第一局为足恃，则可不设第二局，如以第二局为足恃，则第一局即当撤销，且第二局之查复未有不欲见好者，于是肆意留难卡索，而米商乃益苦矣。

第十四条“商运谷米不赴局卡报捐，有意绕越偷漏，一经拿获，照章将原装谷米全数入官，一面禀报总局就地变价，所变银钱仍以五成归总局充公，五成归外局充赏。充赏银钱如此起私货经线人引拿者则分三成赏线人，以二成赏局卡司巡，系巡卡司巡缉获者则全赏出力司巡，以资鼓励”等语。按：绕越诸弊极难禁绝，或于荆河脑设局严查亦可少免，并请饬水师巡船等协同办理。又云“倘有巡丁查船胆敢串同稽查司事并不核实验量以及全船卖放，或以米作谷、以多报少得贿过巨者，除船户照章罚办外，其司巡立即禀报总局提省究办，如数在二十串以上及十串、五串以上者一经查有实据，即将司巡就近送县讯明禀办，司事如有职衔顶戴即行详革，与巡丁分别限年监禁，原赃照数追缴入官，以儆效尤”等语。按：得贿无论多少均应究办，不得仅止过巨者，彼得贿者不惟其巨，惟其多耳，使每船得一千，每日即有数十百，应自五串以下至于一文皆不准受，查出指报一律重惩。

第十五条“倘有不肖司巡藉端留难、格外需索者，应由该总办委员随事随时留心察究”等语。按：总办委员留心恐其无暇及此，且恐蔽塞耳目，即留心亦不能察，自必别有机关以察之。又，需索本不可有，并不待言格外，“格外”二字原有语弊。至于禁止留难之弊，宜于发交船户运单联票内注明到关时刻及放行时刻，预定应有之时间，不得逾限，逾限者严定处分，则船户得以按时催促，稽查人得以按时报告。

第十七条“访闻大宗贿放踪迹极为诡秘，行贿过付多在船只未经过卡之先，停泊于数里外，专有一种游手地痞，已革丁役说合分肥，或假装划户盘踞扶同，或私设行店串通包揽，虽有复查局卡，而此项船只多在昏晓夜深时闯行，最为捐务之害。各局卡总办委员于奉到此次新章后将各局卡附近地痞、革役及无帖行户先行访察明晰，移县分别查拿，封闭示谕，俾令咸知儆惧。嗣后拿获贿卖谷米船只，仍将串通说合之人一并送县，从严惩办”。按：此条最详晰周密，然不易实行。非水上警察办有成效，恐难禁绝，暂宜由稽查人访实报明，总局行文各关卡及地方官协同究办。

议决提出推广法政学堂案

立宪精神在人人负责任，欲负责任而无法理知识，终不免胶柱鼓瑟，此法理一科在今日所以最为重要也。查九年筹备宪政清单审判厅一项，自今年至宣统五年各属之地方审判厅及初级审判厅一律成立。兹就湖南一省筹备言之，七十七厅州县，每厅州县设立地方审判厅一所，每厅分民、刑两庭，其推事检查官等每厅以二十人计算，则全省约需千五百人，其初级审判厅人员又有过之无不及，而律师、书记生数亦相埒，他如典狱之属、主计之属、厅州县议事董事之属，合计需才总达五千以上。若不早为筹备，俾法政教育普及，官绅将来使无数不识法理之人拉杂位置，是不啻南辕而北辙也。用拟推广法政学堂办法列下：

一、画一学校

湖南法政学堂分为官、绅两校，则一切教授、管理诸法必不能同，欺饰敷衍之弊必不能免，今宜官、绅合校，将可并之班次照章并合。合校之利约有五端：一节经费；二省时间；三严管理；四受统一之教育；五去官、绅之隔阂。有此五利，可祛二害：一为多设管理员之害；二为多占教授室之害。

二、添造教室

法政教育非他项科学可比，在理化、数学、外国语等科以实验演习为要，故教室宜小，若法政教室则但求声浪所及，使坐次离教员最远者听之亦能明了为合法，无取狭小之教室也。查新建之法政学堂教室虽有八处，然每室所容至多不能过百六十人，因是之故，将来须用讲员、职员必多，而所培植之人才仍居少数，拟请将该学校教室后之余地仿照东、西各国及京师法律学堂办法，增建二三阔大之讲堂，每堂如能容六百人以上，则所收学员学费即已不赀，若添设多班，则既可多培人材，亦可藉资挹注。

三、慎选教员

教员应有一定之师资，有相当之学问，而后能以精深之学说发达国家之文明，且不至使听讲者荒废寸金之时日，盖不精学理则肤浅无当，不征实用则空疏无益，故教员讲授之才能必二者相济，而后可以收完美之效果。其手续法及各国比较法两项，中国恐无相当教员，不得不暂聘外国司法官之退职者或律师讲授，以资深造。

四、慎选职员

学堂为造就人才之地，非同寻常差使，可以随便委人，盖学堂之有无精神，全视办事得人与否，法政学堂应请委用曾习法政之人充任监督、教务及其他管理各职务，则聘用教员及管理一切自可得善良之结果，而一切良法皆可实行，否则虽有绝大之更张终归无益也。

五、预定分年班次

欲为将来培养多数司法、行政、立法人才地步，非按照筹备清单年限切实计算需用人数开设讲习科、别科、预科不可。计除现在法政官、绅两校，已、未毕业之数百人外，应从速开设一年半毕业之讲习科二三班，每班应在六百人以上，别科、预科额亦如之，二年后再开本科。惟讲习科之班次，须以法政人才足敷本省司法、行政各项之用而止，其讲习科毕业，试验合格，原入本科者听之。

六、变通考验章程

甲、招班考验：今日无论何项行政、司法官吏，其必须学问，夫人【人】而知之矣。乃外官考验章程制定考列：一、二等者可以不入学堂，而考列三四等、下等之官反授以精深细密之学问，而文理优长之人反任其无学，殊未允协。今欲使官吏无人不学，则变通考验章程实为根本大计，应请抚台专折出奏更改原章，庶法令森严，可以尽驱官吏而从事于学问。况司法官任用之数既多，则预备之途宜广，将来采用士绅陪审制度，其陪审之人才一项尤不可不预为养成也。

乙、学期及卒业试验：学科以试验验成绩，成绩之佳否即学生与学校之名誉所关，亦即社会、国家安危之所系，故学期及卒业试验较之招班考验尤为重要。使不加惩劝于其中，则一般之幸获文凭者将来影响所及，实足以使立法、司法、行政上生莫大之危险，是宜于每班中就一、二、三等年级严定降班规则，凡试验时有枪替夹或欠缺分数者，均应令其降班补习。盖此两种于本人与国家均有密切之关系，一则为学问之缺乏，一则莫收人材之效用也。

七、改良旧有学校

查景贤、成德学堂均经奏定为法政学堂，然皆沿书院旧制，有名无实，应令遵照奏定章程实行改良，庶款项不至虚縻，亦广植人材之一端也。

八、划定常年经费

学堂既并官、绅两校而一之，而分年应开班次又皆豫出，此外如选聘日本教员、精选监督以下管理诸员所需款项自是不少，则学堂之常年经费较之现在必有增加，是宜由该校确立豫算表将应须经费筹备，庶该校在事人员得以按其预定之计划循次举行，若经费不定，则一切皆不免枝枝节节而为之矣，庸有济乎！

议决提出改厘税为统捐案

立宪国要政首在整理财政，而整理财政首在改良征收机关及征收方法。今我国征收机关、方法均未改良，以致不能统一，非仅钱粮征收极为困难，而厘金征收之弊已达极点。今既不能就根本上解决，不得不因势补救，改厘金为统捐以苏商困，盖少一卡局即少一分留难，少一分留难即少一分需索，少一分需索则商轻一分担负，担负既轻，奉公自急，实为利国便商之至计。谨列办法于后：

一、现在局卡宜分别汰留

湖南未有厘金以前，不过宝庆、辰州两木税关，现时专收局三十四分，收卡一百数十处，每局每卡平均以三千串计算，岁约需二三十万，商力几何，何能输此巨款以供此多数之一饱。且新增之三汊矶地势危险，覆溺之事层见叠出，若改为统捐，则城陵矶、澧安为鄂、蜀入口，辰州为滇、黔、蜀入口，永州为两粤入口，宜临为广东入口，澧陵为江西入口，就此数处改为入口统捐局，向来抽收转运内河之入口厘卡一律可裁。本省出产以米谷、竹木、油、煤、茶、矿、烟纸、牛皮、磁器、爆竹、纸伞、药材、糖食为大宗，只于内河出口扼要抽收，如中路货物之出口为岳州，西路为常德，南路为雷家市，改此数处为出口统捐局。此外，向来就地抽收出产各分卡亦一律可裁。长沙、湘潭、衡州、岳州、宝庆、常德、辰州、洪江向系繁盛之区，有落地起坡二厘可作为销场税，其非繁盛商埠之县属门厘落地月捐或按铺抽收，或由商人包缴。捐数微末，入不敷出，不若蠲免以苏商民。至查验入、出统捐有无贿漏，则以此彼互兼，即有销场税之处亦可兼收，似此布置，不惟便商，而卡局可裁去三分之二。

二、厘金税则宜重定宣布

金抽一厘，名曰厘金。其立法之初本极轻微，后因协饷盐茶加五、货加二，亦非苛税。近则屡征叠加，几无比例之可循，故巡丁得上下其手，今改统捐，亟宜重定税则。查各省出进口有以货本而定值百抽二，销场税值百抽二五者；又有以售货价估抽者，若湖北、江西则皆以向来所历各卡应完之税归为一次。统捐种种不同，今湘省财力久困，是宜仿照湖北办法，将入口、出口之货向来所经之卡应完若干、补抽若干归入一次。统捐明定税则（若奢侈品当仿各国税法从重），出示晓谕，并刊印成书，散存各埠书肆，以便商人购买，但取工本，不准隐秘。每年每船赠与一本，遇有增损之时亦宜刊布，俾商人周知。其已完入口统捐通行全省境内，除非至所指之地完纳销场税外，不得重征，出口统捐亦如之。惟货物已运至所指之地不能售销，未完销场税，又未起坡，可指明改运他处，再完销场税。又或有中途添货，如有确实清单自当照章补足统捐，不得指为偷漏苛罚。其从前各地方所加之公费及新议增加各项经费皆可并入一次，统捐一经完足，所过税局只许验票放行，不得重征。似此税则共晓，通行无滞，不惟商民得所遵循，而不受欺于卡局，征收者亦无任意苛求矣。

三、厘金积弊宜实行杜除

厘金积弊，尽人而知之矣。长官无日不以剔弊为事，然去一弊又生一弊，虽知者亦难预防。如往日之弊在留难需索，应完百千外索三四十千不等，否则坐以抗纳之罚，多方挑剔取偿方止。近日加重比较为救弊之方，以为可杜中饱矣，不知比较愈加，而中饱愈甚。往者多取于民，上司犹可得而过问，今则藉有比较，明目张胆加重征收，应纳若干加至一倍、二倍者，逢比较不足之月则归公，逢比较既足之月则分肥，而商民亦奉为正供，不敢支吾。若木税大宗则于货未到卡之先，商人到卡议价，譬如应完二百串，票只写一百串，下短一百串，商人占三分之一，卡员占三分之二，其簰何处深若干尺、宽若干尺预先指定，到卡过量，众目共睹，似若无弊，不知应纳厘金已中饱其一半矣。今欲去此数弊，惟明定罚章，过收有罚，短收有罚，如入口统捐不足，一经查验局确实查出，取具商人切结，不罚商人，由该局禀报总局罚入口征收之员，以惩贿漏。若收统捐逾额，则准商人禀明，查验局确实查明，禀明总局，将长收之款还商，其征收委员如数罚款充公，以惩贪暴。所有划子挂号、灰印提舱款目并一律革除，现在币制未定，征收厘税除红茶用银外一律概收铜元，不许折扣，若花银完纳，照市价扣算，如有故意需索，立予重惩，并遵照同治初年上谕，由抚台将按月实数分晰开载，榜示通衢，俾商人一望而知，庶几弊绝风清，涓滴皆可归公矣。

四、储才任用宜尽去巡丁

欲实行整顿厘金，非尽去司巡不可，宜仿照各国商业学堂实习办法，就厘金总局设立征收练习所，由藩台访查勤廉素著之佐杂，各地方官保送朴实耐劳之生员，并法政及中学堂或中学堂同等之学堂毕业生一律考取入所，练习量船、看货、各项税则，以三个月为限，而后举行试验，以取录之高下为委任之次第，使之到局实行看货稽查，名为司员，将旧日巡丁尽行裁汰。彼等自爱名誉，且有学堂知识，必不至于如从前通同作弊，并宜除去比较，以一年为试办之期，若有廉洁奉公、不辞劳怨、著有成效者与以不次之奖，若不知爱惜而舞文弄法者，如系生员、学生则追缴文凭，如有官阶则立即参处并追缴所得赃，按律治罪。任用得人，赏罚既当，而统捐当有起色矣。

五、规定经费以节虚縻

查湘省厘金，除烟酒税由各州县征解、淮盐由督销局带收、土药由常德统捐局带收、米谷出口由两湖合办不计外，约二百二十余万千，每岁支出约在三十万千，似此开支已耗出百分之十四。究之各卡局委员、司事薪水亦甚廉薄，巡丁月给钱仅三四千文，何能自给，而以查货之权授之此舞弊之所由来。今宜仿照各国征收经费通例，不得过百分之四五，由总局稽查通省岁入厘金若干，规定支出若干，如定为百分之五，则湖南厘金岁入二百二十余万，岁支出不过十一二万，约可节省三分之一。不改统捐卡局林立，则规定之数一定不敷支配，既改统捐局卡，裁撤必多，支配自可裕余，所有各局委员、司员均宜加重薪水，使无内顾之忧，俾得洁己奉公，以收得人之效。

以上五条，应请饬厘金总局详细调查研究，是否尚有应行增损之处另立章程，以便实行。

议决提出整顿扩充图书馆案

图书为保存国粹、输入文明、开通知识之瑰宝，故东西文明各国凡府州县治莫不设立图书馆，即稍大之郡市町村亦莫不设立图书馆，其所视为群思博览致用，强国者固已如此其重。我国自乾隆时开四库馆，荟萃古今载籍，复于奉天、江浙等处建文溯、文宗、文汇、文渊四阁，准士子赴阁检视钞录，俾得流传广播，其所以搜辑群书、津逮誉髦者固又如此其重。现在奏定城镇乡地方自治章程第五条城镇乡自治事宜第一款即规定设立图书馆，其著为法令者又如此其重。湖南自光绪二十九年始议创立图书馆，其时以财力薄弱未克恢张，洎三十一年冬就城东定王台故址改建藏书楼及阅览办公等室，于三十二年五月蒇工，费银陆千三百余两，始有今日之所设图书馆者。夫以湖南地方之大，人民之多，而仅有此区区一图书馆，使馆中书籍浩博，足以启发文明、堪资搜讨犹可说也。乃建筑简陋，地处偏僻，书籍寥寥，益以轶乱，办理腐败，虚糜巨金，虽既往可以不咎，而来者不容再诬，用特条具整顿及扩充办法数则如下。

甲、整顿之方法

一、裁汰员薪：查湖南图书馆开办时暂定章程有监督、会办、提调等名目，现在有总理而无会办以外，复有总纂、编校多名，每年由善后局开支银一万一千余两、钱三千余串文，大都视同干薪，亟应实行裁汰，另订详善章程，以费少数之金钱，收实际上之效果为第一义。

二、清查图籍：查现在所藏之书，除石印图书集成外，其余经史子集大半皆恶劣之板本，此外旧译、新译、未译之外国书籍均杂乱无章，不足观览，通架约计不过值四五千金。夫以湖南之大而藏书止有此数，而辗转散佚者又复不可指数，即上年所领阅之书现在有不可寻觅者，应请彻底清查，分编书目，印订成册，廉值发售，以资循览。

三、改良书橱：查现在所藏之书皆乱叠架上，尘封蛛网，不堪寓目，且楼门阖锁，不能任人游观，应一律改为四面玻璃大橱，分置楼中，每月定拟日期任人上楼游观，既避尘封，益昭公谊。

四、增添图书：凡旧板之经史子集，新著、新译之科学图书、小说，以及碑帖图书均应随时广为添购，以求日臻美备。

五、广购新闻杂志：查现在所购之日报不过五六种，且以前所存之报，如日本教育学报及太平洋杂志等册，今均散佚，夫欧西各国且以阅报之多少验人民程度之高下，以全省之图书馆而尚挂一漏万如此，则所输入文明、开通知识者何在，应令广为购置，以备阅览。

六、另订详善章程：应照学部定章，悉心妥定办事人数及其职任。

七、制限常年经费：每年经费照现在所支银数一万四五千两为率，除省汰全馆办事人伙食、薪金外，概为增添图书之用，无论如何，每年用费不得超过此项预定之款，但特别扩充款项不在此限。

乙、扩充之办法

一、就相当适中之地另行建筑馆舍。

二、添设常德府、衡州府图书馆及推广各复选举区。

湖南图书馆章程

总　则

第一章　名　称

本馆名曰湖南图书馆。

第二章　宗　旨

本馆以保存国粹、输入文明、补助教育、供人阅览为主义。

第三章　馆　地

本馆在某地建筑（改建在省城适中之地，即以截留善后局所支银款数内算拨建筑）。

第四章　职　员

本馆设总理一员，庶务一员，管理兼编次一员，会计兼掌案一员，书记一员，收发二员，司阅览室二员，司藏书楼一员。

第五章　职员薪金

总理月支洋六十元，庶务月支洋三十元，管理兼编次月支洋三十元，会计兼掌案月支洋三十元，书记月支洋十六元，收发每人月支洋十二元，司阅览室每人月支洋十二元，司藏书楼月支洋十元。

第六章　职员委任

本馆总理任事之期限以三年为限，庶务以下职员均由总理选任。

第七章　工　役

本馆雇用号房一名，门役一名，售券一名，收券一名，藏书楼兼阅览室一名，送信兼零买物件一名，更夫兼打扫一名，厨役二名，茶房一名，公役二名。

第八章　经　费

本馆每年额支照现在所支善后局银数，以一万四千两为率，即规定为本馆常年经费。除全馆办事人伙食、薪金外，概为增添图书之用，无论如何不得超过此项规定之款。但此外特别发生之重要用款不在常年经费之内者，应由总理督同庶务、会计先期预算，另呈公署核准，批领专案报销。

细　则

第一章　职任规则

第一条　总理：掌理全馆事务，督饬所属职员各尽职务，如有懈惰废驰职务者得随时查核撤换。

第二条　庶务：掌理馆中一切庶务事件及约束工役，工役如有怠忽不遵令者得临时面陈总理革退另换，每月上旬并会同管理、会计作前月阅览室人数表、书名表及年终阅览人数、书名总表。

第三条　管理兼编次：掌凡关于图书报章之事，得以一意督同书记、收发各员整齐清检，并编次储藏图籍门目，调度应添藏、续藏书籍及汇记赠品数目，按月会同庶务、会计造呈报册备查。

第四条　会计兼掌案：掌理出入款项及各处往来文件，并会同庶务办理每月报销会计季表及特别预算等事。

第五条　书记：掌图书报章之纪录及关于表册各项缮写等事。

第六条　收管：掌图书报章之收发、登记、清检，并整理储藏一切图书报章。

第七条　司阅览室：掌图书报章之传递，并登记阅览人姓名、里居及阅览书籍门目。

第八条　司藏书楼：掌整理楼中图书并招待参观、流览等事。

第二章　办事规则

第九条　本馆自总理以下各员均应常川驻馆任事，以专职守。

第十条　馆员办事时限概依预定开闭钟点，无论何人不得无故出馆违误。

第十一条　本馆每日开闭时间分别规定如下：

正月午前九时开，午后四时闭。

二月午前九时开，午后四时闭。

三月午前八时三十分开，午后四时三十分闭。

四月午前八时开，午后五时闭。

五月午前七时三十分开，午后五时三十分闭。

六月午前七时开，午后六时闭。

七月午前七时开，午后六时闭。

八月午前七时三十分开，午后五时三十分闭。

九月午前八时开，午后五时闭。

十月午前八时三十分开，午后四时三十分闭。

十一月午前九时开，午后四时闭。

十二月午前九时开，午后四时闭。

每日午前十二时午餐，休息四十分。

第十二条　馆员休息日期

岁首：自正月一日至正月十六。

岁末：自十二月十五日至十二月三十日。

万寿节

曝书期：六月初一日至初十日。

端午日、中秋日、星期月曜日。

本馆改良设立纪念日。

此外，暑假期或有须临时闭馆者随时揭示。

第十三条　馆员如有他项事务须出馆者，须预先告假并须约明期限，约定之时不得迟误。

第十四条　馆员于馆外事务概不得在馆内办理。

第十五条　馆员亲友来馆会晤者，概须由号房传报，只得于应接室坐待，不得擅自上藏书楼及阅览、办公等室，如有请往参观者，当由总理、庶务、管理或其他同事人招待前往，不得自行率领，庶可各别嫌疑，互相纠办。

第三章　藏书楼规则

第十六条　本馆所有图书，凡属藏庋者无论购入、移交、捐入、委托概置藏书楼，其购入、移交、捐入者均加盖本馆藏书印记，其委托者粘签载明书主姓名，并另簿详记藏置第几架第几层，以便寻览。

第十七条　所藏图书概须区别种类，分架分号陈列，并于图背书头端楷标识，以便依次检索收发。

第十八条　所藏图书须编列简明目录，印订成册，分类载明某图若干种，某书若干本，及著作者姓名，刊行地方，或购入、捐入、移交系在何时，价值几何，有无缺页、墨污、破坏，以便调查。此项书目并须多印，除分送各衙门局所及各学堂外，随时廉价发售，其有随时增添之图籍另登日报。

第十九条　书楼不得吃烟、食物、跑步、喧哗及随意涕唾、倾泼茶水、抛弃纸物。

第二十条　本楼除保存古藉、添购新书外，凡湘省耆儒名宿遗（箸）〔著〕有未经刊刻、有益名教者，应随时采访搜集，审校付印，以广流传，以发幽光。

第四章　阅览室规则

第二十一条　凡欲请阅本馆图书者，只准在馆内领阅，无论何人不得仍有以出备抵偿金暂借携出馆外情事，致使入馆请阅者有领取不得之缺望。

第二十二条　凡年满十二岁以上者，均得随意请览本馆藏置各种图书及报纸。

第二十三条　凡请览本馆图书报纸者，当先至二门入口处购取阅览券，券分特别、普通及阅报三种，均略收券费以津贴杂用，并以稍示限制。特别券一张售【铜】元三枚，十张铜元二十枚；普通券一张售铜元二枚，十张铜元十二枚；阅报券一张售铜元一枚，十张铜元六枚；购券在十张以上亦照十张例算。惟有致送之普通纵览券及特别纵览券、或先次购取各券者，只关照售券处即入。

第二十四条　本馆所藏各书，均分类编列目录，详载部数、函数及著作者姓名、刊行地方并藏架番号、存放阅览室柜房，以便阅览人查取请领。

第二十五条　购特别券者入特别阅览室可领图书四种，线装书限二十本，洋装书限十本；购普通券者入普通阅览室可领图书二种，线装书十本，洋装书限五本；购阅报券者入阅报室得纵览陈设各报。

第二十六条　购取阅书券及阅报券者至阅览室柜前将券交司事，阅书者更受阅书证，于证上记明住所、姓名及请阅书名，交司事取书，受书及证后始入阅览室，阅报者更受阅报证即入阅报室。

第二十七条　阅览券以一人一次，入馆阅览为限一日，虽来馆二次仍须再行购券。又，阅书者临时有事他出，于领阅书籍未能阅毕即日仍须再入者，亦须将所领书籍交司事检收。

第二十八条　阅书者于领书定数外，不得请阅多种，惟既指定领取之书已经阅毕、欲更换他种者，得将全数交领书处收清再换。

第二十九条　领阅书籍须于受书时检阅一通，如原有缺页、墨污、毁损等事，当关照司事载明阅书证内。

第三十条　阅书者所领图书不得圈点、涂抹，如有墨污、毁损或遗失等情，均照全部审量板本以相当之价格赔偿，如该项事件未清，不得更请阅他种，亦不得径行退出。阅报者须依次阅看，不得将各报（陵）〔凌〕乱杂（揉）〔糅〕及从集一处，尤不得从报中截取要件，违者除追还外并令偿该报半月价格。

第三十一条　阅览书籍、报章如有要项须抄录者，务须自备纸笔，不得向馆中借用。

第三十二条　阅览室禁止高谈朗诵、吃烟、涂抹几案、题画墙壁、倾泼茶水、抛弃纸物，痰涎务归痰壶内，不得随意涕唾，室外另设便所，亦不得随意溲溺。

第三十三条　阅书毕后，即将原领图书及阅览书证交还柜房司事，司事检视并无毁损等事，即在原阅览券上加盖收受无误戳记，仍交阅览人带交出口收券处。阅报者于阅毕后，亦须于证上记明住所、姓名，取回原券带交取券处。

第三十四条　每日馆中供给茶水，另有职役照料，如有欲购食物者可交钱司事，属人代购，以免出入乱规。

第三十五条　凡请阅本馆书报者，本馆有一定开闭时间，到馆不得过早，出馆不得过迟。

第三十六条　凡违背本馆规则或不遵本馆临时指示及无礼非违者，视其情形酌禁一月或数月不得来馆请阅书报。

第三十七条　醉者、疯癫者不得入馆。

第五章　特别、普通、纵览券规则

第三十八条　省城各衙门局所人员及官立、民立各学堂在提学使处禀定有案者，所有职员、教员须入馆阅览图书者均从优待，免取券费，先由本馆每处致送特别纵览券五份，每日每处以五人入馆为限。

第三十九条　凡捐赠图书者亦由本馆致送特别纵览券，从优招待，不受券费。

第四十条　省城各学堂学生由本馆每堂共送普通纵览券十份，每日每堂以十人入馆为限，亦均免收券费。

第四十一条　有特别纵览券者入特别阅券室请领图书与前定特别券数同，有普通纵览券者入普通阅览室请领图书亦与前定普通券数同，其纵览人阅书，各项规则亦均照阅览室规定。

第四十二条　凡致送之特别纵览券及普通纵览券，每份均载明以阅览一个月为限，致送在一月以上者仍须按月更换一次，但更换时须将原券缴还，换给新券，以每月初一日至初五日为止，逾期不换。

第六章　捐赠规【则】

第四十三条　凡捐赠本馆图书、碑帖、字画、报纸、说部等项，均填付本馆收到证书为据，除永远保存外，并随时登报，以志钦感。惟淫秽、悖逆之书概不收受。

第四十四条　凡捐赠本馆图书值至千两以上者，由本馆会同教育总会呈请提学使转详督抚宪附片奏请奖励；值至三百元以上者，由本馆会同教育总会呈请提学使书给扁额，并致送特别纵览券致谢；其不及此数者，则由本馆视书值之多少，定致送特别纵览券之久暂。

第四十五条　凡捐赠本馆图书者，请先自详记目录、册数及本人居所、姓名，以便注册登报。

第四十六条　凡捐赠图书之搬运费，概由本馆照给。

第七章　委托规则

第四十七条　凡有私藏书籍欲出偶以供众览者，请先将书目、册数及委托期限（至少须三个月）通告本馆查明，然后请本人投送，本馆收受，代为保管。

第四十八条　委托本馆代为保管之书，当由书主加盖印章，并粘贴书签以便辨识，本馆即填付代受证书，注明期限久暂，登报广告，惟所定期限延长则听本人自便，缩短则不便照办。

第四十九条　书主当委托期满欲收回书籍，须先将本馆代受证缴还，以便照证发给，如万一遗失证书时须得确实保证，以免误认情弊。

第五十条凡委托书籍，由本馆加意保护，万一因他变故致损坏、遗失，本馆不受其责，至无故毁损或遗失者不在此例。

附　则

工役规则

一、门役一名：专司大门稽查出入，凡来馆内职员、工役人等出入详细登簿，每晚呈庶务核对，早晚启闭大门按照四季一定时刻，不得稍有参差。

二、号房一名：专司引进来宾，收领报章、公文信件，逐一登簿，每晚呈庶务、掌案收发核阅，并与门役互相稽察头门事件。

三、售券一名：专司二门入口处，发售各种阅览券，随时登簿，每晚将券费呈庶务、会计核对，并查禁非阅书报者不得入二门内。

四、收券一名：专司二门出口处，收取阅览各券，详记券票种数及多少，每晚呈庶务、会计核对，并稽查二门出入事件。

五、藏书楼兼纵览室一名：专司启闭藏书楼、阅览室门户，并打扫清理藏书楼、阅览室，抹拭几案兼装订报章等事。

六、送信兼零买一名：专司馆内公文信件之送达及承庶务、会计命令买办零星物件等事。

七、更夫兼打扫一名：专司晚间巡更，注意馆内灯火，并打扫清理馆中、室外各地及厕所等事。

八、厨役二名：专司烹饪、安排沐浴用水等事。

九、茶房一名：专司安排开水、清理水缸及阅览室泡茶、添茶等事。

十、公役二名：总理及庶务、管理、会计各室一名，书记及司员各室一名，专司各室一切杂事。

十一、馆内工役均各司各事，如有临时分派事件随时给使。

十二、凡工役愿在本馆效用者，须有确实保人书立证据。

十三、在馆各役严禁吸食鸦片、醉酒滋事、吹歌弹唱、嬉笑怒骂、赌博、冶游、借贷、招摇等事。

十四、平日无事不得私自外出，如有要事，必须禀明庶务方准给假，并不得逾约定时间。

十五、各工役均归庶务约束，如有犯十二条严禁各项及平时怠惰误事者，由庶务告明总理革退。

议决提出开设银行研究科案

甲、理　由

宪政进行，需款甚巨，无款则万案皆空，呆筹现金，又河清难。俟各国变法之初，莫不从财政入手，而财政整理，一则清厘积弊，自浮而之实，一则维持信用，自少而之多与自无而之有。夫清厘积弊在改良征收机关，而先以改良征收方法渐次推行。惟维持信用以收自少而之多与自无而之有之效之事则尚未议及。何以能自少而之多也？惟开银行发有兑钞票，化一以为二。何以自无而之有也？惟开银行以代募公债，使本非我之资本吸收为我用之资本。何以开银行即维持信用也？盖银行守银行之法，以制限钞票不致惹起市面金银恐慌而人见信。且因有银行为代募公债机关，价跌则为维持，偿还则为经管，付于此即取偿于此，资本家尤为见信。若是，银行之设不可以已也。虽然凡办一事首在培才，使无曾习银行之人分任其事，则凡检查局、营业局、出纳局、发行局、国库局、公债局、文书局、股票局、计算局、秘书局分科执行以防流弊之事皆不能举，既无人可举，其职势必于资本已足之时雇用钱店之人如寻常钱店办法，寻常钱店因有中国习惯上之办法，然欲以之使人见信确能自少而之多、自无而之有未见其可恃也。甚或办法不善不免倒闭，匪惟不能使资金增长，且信用亦因以扫地殆尽，故欲开银行非首培才不可。

乙、办　法

一、完全银行学堂。无论需款甚巨，刻难办到，且迫不及待，拟请急开银行研究所，挑取曾习法政之湘藉学生研究六个月，使之开办银行自无不举。盖银行学校有民商法、财政学、经济学、统计学、商业政策各科，皆系法政科学，若招曾习法政之生，省去此项科学，专研究银行法规、银行理论、银行实践、银行簿记等科，容易毕业也。

二、为银行特设一校，一切费用自必浩大，拟请附设他项学堂，就人就器，必较专设一校为省。现在新筑之法政学堂尚有未用讲堂，即可借用，并拟请招考此项学生，仍仿法政绅校月收学费，以资津贴。专聘二人，每日各授课二时，所费无几而收效独大。

议决提出禁革衙署差价漏规案

今日之苛派扰累亟宜禁除净尽者，莫如各衙门之差价漏规。差价者，实多有差而无价，漏规者，公然因漏而成规也，湘省各属派累虽有轻重之不同，要其绝无沾染者殆少。综其该当之主体，则自官幕下逮厮役而皆有均沾，其支配之客体则自屠沽以洎工匠而不得脱免，其供亿之目的物则自饮食、服御一切寻常日用几于琐屑而靡遗，其计较锱铢之细甚者至以雇工觅活之穷苦小民而亦剥削数十百枚，忍令枵腹，从公而不恤（如各属应用工匠每日仅给钱四五十文之类），其敛取额数之巨甚者至以一行之业每月令负担赔累二三百缗（如龙阳差价米石一千六百文，每月共缴五十石零六斗，照现价每月赔钱二百串，有价无领合三百串），一城之市每年令负担赔累五六千缗（如桃源县城各店每年既取其货全值三千五百数十串无给外，又取其钱计共一千一百串有奇），而亦听其痛巨创深而不顾，岂弟君子民之父母，谁生厉阶，至今为梗。是在坐堂皇者或且以历任之相沿习惯而视为固然，抑或群小之扶同舞弊而不及觉察耳。顾其间，以此启子民之揭告者有之，贤宰官旦予豁除者亦有之，虽历经通饬，裁革有案，然因沿旧染，至今尚未实行者亦多有之，弊去太甚，兹尤当重为民请命者也。特拟办法数则于后：

一、请抚宪出示，遍行晓谕各属，并严札通饬各地方官，统以奉文到日为止，以后各衙署购买物品、雇用人力均须照时照市给以相当现值，绝不得再有官价差价名目。

一、请抚宪并饬地方官，凡各衙署从前如上任年节及一切所有各行店漏规款项，以后一概不得收取。

一、抚宪告示札饬到日，须由该地方官将奉到文件日期具文申复，并申明从某月某日起实将该地方从前所有何种差价、何种漏规一概剔除。

一、衙门差价陋规多作俑于差总，其婪索亦饱差总私囊为多，差总久奉革除，夏间并经抚宪通饬实行裁汰在案，自此次严禁之后，倘仍有阳奉阴违，抑或变幻名目、希图巧取者，应将该署所有差总置诸重典，某本官亦宜酌予以相当之惩罚处分。

一、抚宪出示通饬严禁之后，倘各衙署仍有差总援差价、漏规名目向该地方行店工人苛索勒派或变易名目巧取者，应许由各该行店工人赴院揭告，速予审查理处，庶几良法美意立得实行。

议决湘路限年赶修案

甲、办　法

一、力拒借债：张文襄为湘路拟借外债，原拟湘路无款及久未开工，现株昭业已开工，筹款已有成数，实不必借。盖借债损失甚大，假定借外债二百万镑，二十年偿还，其损失之数足修四千里铁路，故本会议员与全省士绅早持拒借之议，但事关奏案，虽绅商舆论已成一致，而借债草约必速注销，以断葛藤，拟请抚部院准照所陈款项有著、无庸更借外债各情从速入奏，以定人心而维路政。

二、实行商办：官办铁路一切隔阂，商人裹足筹款未必畅行，故欲免借外债而招商股，非完全商办不能踊跃，前已请抚部院饬催公司从速开股东会，举权理董事及查账人，以符商办性质，拟请奏定实行商办，以坚股东信用。

三、用人：兴业营业非专攻此学莫名筑管之方，拟请公司任用铁道学生，依商办公司成法改良现在内部组织，分科办事，以专责成。

四、培才：借才异地，动需巨费，某议员去岁访浙路公司总理询及用人，渠云：浙省筑路、管路之人皆以养成，不用外人。湘省急宜仿照，多培铁道人才，俾尽桑梓义务，亦可节省薪资。

乙、款　项

一、累进租股法

查奏准按租入股一案现已实行无阻，今年迫于外债，人心益知踊跃，拟仿照各国累进法从明年起试行累进租股，比照原定五十石入股一元之例，自收租百石至二百石者按每五十石递加五角，自二百石至千石者按每石递加五角，千石以上不复累加，听其自由。多入积微成巨，五年合计至少之额可比租股原数加至二倍以上，每岁可得三百万元，俟各项筹款毕集，收股日巨，足以递补此数，随时即议停止。

二、盐斤加复钱价

自同治七年前两江阁盐督部堂曾以盐务初定章程时每银一两约兑钱一千五百文内外，今则一千六百数十文及七百文不等，运商售盐收银，买盐用钱，一出一入，便宜不少，应减各岸售价，湘岸每百斤减价三钱，在运商本利内及应解盐厘内各扣出一半，迨光绪二十一年冬运商因钱价骤涨，两次禀准加复一钱五分，二十九年钱荒更甚，运商又禀请再复一钱五分，经运司详准，以此项应提归盐厘姑贴商暂行全复，三十一年前署两江盐督部堂周谕令收回盐厘，运商一再禀求，始批定暂先收回八成各在案。是盐银涨跌当照原案每银一两兑钱五百文为准，且运商屡次禀请，均声明以后银价如每两兑钱一千六百余文，仍将岸价酌减，乃近已递增至一千九百数十文，不独前复一半未遵案请减，并久据盐厘二成为己有，实属非所应得。查此款皆出自食户，自应以出自湘人者提作湘省公用，拟恳抚部院咨请盐督部堂照准饬湖南督销局随时划扣，拨交公司，以充湘路公股，每岁约得银廿三万余两，折洋三十五万余元。

三、铁路银行

各国兴业必有兴业银行为之流动，然后诸事易行，拟请仿四川开铁路银行，以现有各款发行铁道公司钞票，经理得法实足以资周转，如准备金不足，可向大清交通银行借贷准备。

四、分区劝股

本局议员除量力入股外，各担任劝股推广，省城集股会为集股总会，各属设集股分会，妥拟劝股章程共同劝股，指定地方富商巨室为存股处，给予收股收条以为换收股券之证，以后支利即就存股处支取。其劝股与存股处经费，即由所收股款仿河南九五扣收法以为报酬。其劝股之人，各属议员、初选当选人、劝学所、警务局、筹办地方自治、团防局、商务分会、农会、教育分会各董员暨各乡劝学员、各都都总、各族族首与热心公益、素为地方信用者皆可充当。但绅虽热心，仍须官力提倡，拟请抚部院出示，并通饬各地方官协同劝股士绅切实提倡，凡本管可以入股绅商或接以茶会，或寄以书札，剀切开导，热心敦劝。

五、在外集股

旅居各省湘人现设集股协会者已不一而足，其未设会者除商募自由入股外，凡游宦于某省者拟由谘议局公司集股总会公函劝请入股。

六、就事拟劝之股

一、地主以土地入股；二、山主以木料入股；三、公司所用各员略存薪资以入股。

七、各界以薪资入股

凡湘人在本省幕局或在学堂充教职员、或在营充将弁者，均计每月新脩所入划出十分之一劝购股票，拟从岁入百元起，至五百元以上者酌量加多。

八、官缺股

仿川滇汴铁路集股章程内缺股官股办法，拟请抚部院及布政使分别行知，劝令量力入股。

九、铁道债票

由铁道银行以一分息发行。

十、各地方公储股

调查各地方公积，除不动产及积谷外，劝令有余钱生息者酌提若干分入股。

以上十条所有详细办法，均于章程中规定之。

丙、计　划

一、限筑期

拟请限五年筑竣，湘路千三百七十里，平均每年应修二百七十四里。

二、筑路费

每里修筑费据熟于铁道者估计，如实行商办，一切撙节，平均一万八千元，每年修二百七十四里需款四百九十三万二千元。

三、营业利

据浙路股东会本年六月报告，苏杭路修筑费六百万元，计第一年所入百八十余万元，除付息四十余万元、营业费四十余万元外，得净利百余万元。湘路如第一年能修竣二百七十四里，铁路兴业费四百九十三万二千元，即商务不及浙江发达，折半计利，第一年扣足一年铁路所有收入，除付息提红及公司用费外，可得净利四十万元，以此推之，第二年资本比第一年已加一倍，可得净利八十万元，第三年资本比第一年再加一倍，可得净利百二十万元，第四年资本比第一年又再加一倍，可得净利百六十万元，第五年资本比第一年又再加一倍，可得净利二百万元，五年共得净利六百万元。

四、实需款

千三百七十里修筑费共需二千四百六十六万元，除净利六百万元可分年作抵外，实需款一千八百六十六万元。

五、统计出入

五年出款共需二千四百六十六万元，五年入款合加复钱价共得纹一百一十五万余两，折洋元一百六十五万余元，第一年租股百余万元，合累进法征股以二倍租股原额计之，岁可得三百余万元，四年可得一千三百余万元。公司商会现在所招股百二十余万元，共确有的款一千五百九十余万元，内外出入两抵，所差二百七十万元，内外既确系商办，其已认未收之股及续劝之股不难收用有余。

六、追加豫画

汉粤接轨，商务必兴，获利必丰，将来必无不敷之虑，即盈亏难料，尚有不敷，除正在劝股不难筹集外，六年以后赎路之债已清，公司每岁所入衡、永、宝配销米捐、盐斤、口捐、三佛支路余利共六十余万两，合加复钱价三十五万余元，皆可作为清理公司积欠之用。

议决改良宣讲所案

第一条　名　称

一、原文题为“改良宣讲所案”，兹宜增为“改良推广宣讲所案”以正名称。

第二条　宗　旨

一、宣讲当以纯正浅近之语启发全省人民新智识，俾负地方自治责任以作立宪预备为宗旨。

第三条　办　法

一、应于厅州县、城镇乡自治区域内逐一调查，凡已有之宣讲所宜照章改良，其未有者宜赶紧推广。

一、各宣讲所应恪遵部颁书目表所列各书，采购齐全，逐一宣讲，固不可涉及一切偏激之谈，尤不可狃于旧习，高谈元理，空说报应，而于改良风俗、国民教育渺不相关，以致有名无实。

一、除部颁各书外，应由各宣讲员体察该处现在情形，或闭固而不开通，则详语以新政之利益；或朴塞而安窳惰，则指导以土物之所宜；或强悍而多诉累，则明示以普通之法律；或习惯而成恶俗，则力劝以改良之方针。以事实为体，以白话为用，如因该处情形不同必须自编讲义，则宜先行呈核编辑处或劝学所然后行用。

一、省城设一独立宣讲书编辑处，由教育总会劝学所公举明达士绅专司其事，一面转发各府厅州县行用，一面呈部以备采择通行。如有硕学耆儒自撰白话讲义，亦可呈交该专员核定。

一、宣讲员应遵部章由劝学所延访，呈请地方官照会。该员以师范毕业生或与师范生同等之学识、确系品行端方者为合格；如无其人，则以自治研究所所绅、教育分会会员充任；若上项机关均未成立，则以地方明达绅董具有新知识者暂充。总之，此事并非讲演科学，但品行端方、通达时务、热心任事、声音朗畅者即可委任。

一、宣讲员当量地方广狭、贫富酌给薪水，如果热心任事确著成效，准由劝学所报知地方官随时请奖，如敷衍塞责及故违定章夹入邪说以相煽惑者，查明撤换，仍按情节轻重由地方劝学所教育分会呈请酌量惩处，但官民挟嫌诬陷，一经举发，从严坐诬。

一、宣讲所应遵部章附在劝学所，或借用儒学明伦堂及城乡地方公地，或赁用庙宇，或在通衢，总宜于公众交通往来之地，不宜在偏僻处所，并由宣讲员立一听讲规则悬挂本所，随时布告，俾众周知。

一、宣讲时应知照警官多派明白事理之巡警员到场旁听，俾资保护。

一、宣讲区如壤地寥阔，未能同时多派宣讲员，宜就该区分划地段，或设四所，或设二所，由一宣讲员分日轮讲，如今日在东所、明日在西所之类，周而复始，无复无遗，以期普及。

一、按日宣讲，每日以三小时为率，或上午、或下午随地酌定。惟酌定后宣讲员不得任意更改，以误听讲者之时间。

一、宣讲时间许延长，不许缩短，无论人之愿听与否，人之诽谤与否，总宜全神贯注、口讲指画、召集视线、激刺脑筋而持之以恒，始为尽职。

一、每日宣讲之书宜将事由先日宣布，如有重要事件宜先数日宣布，或悬牌本所，或广贴通衢，务使居民触目感心，争先听睹。

一、宣讲员如遇有特别事故请假，宜托相当之员代讲，假期不得过十天，逾期者查明立即撤换。惟请假宜先日将事由及代讲员姓名宣布，不得任意作辍。

一、宣讲时除朔望日宣讲圣谕广训应用衣冠外，其余日期概用便衣，以资简便。

一、宣讲时应遵部章，无论何人均准听讲，彼衣冠褴褛者尤不宜拒绝，惟妇人须分别座位，以防溷杂。宣讲员务破除一切习气，宜立讲，不宜坐讲。如讲毕有人诘问，必须逐款解答，使领悟而后已，以惬人民之心理，发天然之感情。

一、宣讲员应有宣讲记事录以便查核，如不记录即为旷职。

一、在城镇宣讲应会同各公所士绅，在乡村应会同该处耆绅，【以】藉郑重。如值星期，凡各学堂教员能来所会讲尤足启迪社会智识。

一、宣讲本教育之一种，如有士绅任意阻挠，准由劝学所教育分会、地方自治会各公正绅士即时分报提学及地方官并教育总会核办。

一、现当改良伊始，应由各该地方官实力奉行，设法推广，不得稍存漠视，仍前因循，并责成劝学公所随时稽查劝导，以辅地方官所不及，如地方官每月能亲临会讲一二次更昭郑重。

一、各条内所云明达绅董系就教育会、地方自治会未成立而言，如已成立，应责成自治会延访。

第四条　经　费

一、宣讲经费除旧有公款尽数办理外，如有不敷，应就各处学宫公款及别项公款内酌量提拨，嗣后扩充，设立之款则应由地方教育公款项下开支。

一、宣讲经费除宣讲书由省城编辑处颁发不收书价外，常年经费仅宣讲员薪金及零星杂费，应由地方绅董及劝学所教育会酌议定数列为一表，转报提学及地方官，仍一面径报教育总会，惟不得稍涉铺张致滋靡费，亦不得诿为无款置之不办。

上列条件尚属试办，如有窒碍仍随时提议改良。

议决扩充改良湘省慈善事业案

甲、整理财产

一、公举正直人清查。

二、慈善为自治要务，此项应并提归本厅州县自治公所暂为经理，俟地方自治会成立，由该会公举正绅经理，一年一任。

三、无论现今暂由自治公所及将来由自治会公举之人经理与否，收钱之事、发钱之事不得一人兼任，以杜弊端。

四、每年预算本地方有若干应受慈善财产救济之人。每月由自治公所或自治会举人检查报告，自治公所或自治会每月抄列决算简表报告，每年终列决算详表报告。

乙、改良办法

一、由自治公所或自治会举调查员，按前列应受救济人之姓名、住所表密查暗核，虚缺者补之，不应得救济者裁之。

二、调查员兼查有溺婴儿者罚之，其罚金提作自治经费，赤贫则罚充自治团体工作。

三、收育婴儿者与发出婴儿者各设一所，以便调查。但承领婴儿之人必有正绅担保，然后可听其作女作媳，不准卖作娼婢。

四、寡妇在保节堂者须聘女教习教以工艺。

五、设女子习艺所，并集反良、赎婢款项设立济良、赎身所，除在外受救助之寡妇、孤女应入该所习艺外，凡娼妓之已入济良所、婢女之已入赎身所者入之。

六、以废疾院改为废疾学堂，聘请教习教文教艺，使可自谋生活而后已。

七、凡年老之翁妪不能学艺者，如普济之类，另室优待，以免冻馁。

八、医局每日医者何人、受医者何人及服食何项药品列表存簿，以备检查，不合者剔之。

九、凡施药、施衣、施被、施棺木之处，各将受救济之人姓名、籍贯、住所及受救济之日时逐一列表存簿，以备检查。

十、设贫民习艺所。贫民习艺所内须分三所：一处未成年之贫家子弟；一处已为乞丐之人；一处已成年未为乞丐、身无职业之人，隔绝工场分别教授，不使善良成人及幼年沾染恶习。

十一、以上办法欲求实行，非各属设立警察附有救贫警察、明以法律干涉兼以秘密探查不能俱受实益。

丙、实行扩充

一、就已清出之公款、公产实事求是而扩充之。

二、除老者不限习艺外，凡五十以下之男女咸习工艺，或三年毕业，或一年数月毕业，毕业之后以在校、在所贸去物品所易之金自谋生活，不必再受救济。如是，则以出缺款项腾作新受救济人之资金而扩充之。

三、则预算、决算大众咸知，所用皆实，在市在野无复再有游荡无归之民。凡慈善家之欲施舍者，其心必勃勃，然动子曰：老者安之，少者怀之，人同此心，心同此理，扩充之款不募自集矣。

附：贫民工艺办法

甲、办　法

一、在省城仍应以南门外岳麓书院祀产公地地址为建筑贫民工艺厂之基础。

二、仿照天津、南昌、成都各处成法拟定简章，工艺厂图式及内部实施细节可就拟办乞丐工艺厂所定参酌行之。

三、设立技师学校，招选农、工、商家子弟年在三十岁以下者，额定六十名，就其性之所近单学一艺，以六个月为毕业，合格者准充当技师，此为速成班以济急用，以后宜续开永久班以图进化。

四、厂内当分三处：一为贫民工艺，一为游民工艺，一为女子工艺，严为限制以示区别。

五、厂内须设考工处，立定日程，考察各种制造物品良否，以行赏罚而资鼓励。

六、厂外须就省城适中之地设物品陈列所，将厂内所造各种器物分别陈列粘帖，确实定价，以广招徕而畅销路。

七、收集城市及乡间无业贫民，察其力所能为，授以技艺，乞丐则禁其外出，迫胁习艺。

乙、经　费

一、请提拨官款。

二、殷实绅商自由捐集。

三、商界各铺户平时施与乞丐之款可量移捐助。

四、各善堂、义所赈济乞丐之款请提资补助。

丙、推　广

（略）

议决实行禁烟办法案

第一章　纲　要

第一条　十年禁绝期限太久，久则生玩，查今年禁种省分近二十省，其抵补税项如盐斤加价、税契加成、印花税亦次第施行，拟请抚部院咨商各省会衔出奏，请旨缩短年限，至宣统二年十二月一律禁绝，或单衔出奏作湖南单行章程。

第二条　洋药入口前与各国缔约，订明十年递减，原恐不能早期戒绝，今中国既能缩短年限，彼必乐为协助文明之举，提前禁运，拟求抚台请旨饬下外务部与各国从新协约，要求于宣统二年十二月禁绝洋药入口，并饬各海关查照办理。

第三条　省城及各府厅州县无论何项人等，统限宣统二年十二月底一体不准吸食鸦片，逾限查有吸食者请照新定法典草案第二百六十条办理。

第二章　办　法

第四条省城设禁烟总公所，仍请派藩司为总办，巡警、劝业两道为会办，拟请加派廉干道员、正绅各一人为坐办，州县士绅各若干名相间任事。此所为调查吸户、收发牌照、化验戒烟丸、监查专卖、发验护照、检查土膏、调验戒户、实行赏罚等事之唯一总机关，各府厅州县一律设立禁烟分公所，拣派专员协同地方官绅合主其事，职务悉如总所。除私人禁烟团体外，所有局所或裁撤，或归并，以一事权。

第五条　地方官照调查户口例，已设巡警处责成警局，未设巡警处照会各区调查长责成调查员，分段调查吸户，编册送所，限期具领牌照，注明每日食烟分量。

第六条　调查遗漏者自缴册日起一月内准来所补报领照，如逾期不领牌照私吸者查实罚钱十千文外勒领牌照，查获具报者赏钱五千文。

第七条　牌照一纸带给百日折一扣，按日过戳，以免数人共一牌照之弊。

第八条　各处不乏挟持势力拒人调查，不领牌照敢于私吸者拟请地方官于大堂设匭收受无名告帖，再加侦仿，调所查验，实系有瘾，一体勒戒。

第九条　省城府厅州县各公所并他售膏场所，由牌照捐项下拨购戒烟丸，原照价发售，如赤贫者的保介绍免费。

第十条　凡官绅富室私藏土膏者，限宣统二年以前报明公所，除将期限内需吸之土膏酌留、填给保单外，余土余膏缴所代卖还价，过期不缴，查获实据，土膏充公外罚钱百千文，查实告发者赏钱十千文。

第十一条　各衙门局所、学堂、自治团体大都含混具结，此次须另由该主者亲具本辖各色人等不吸鸦片之总结，自后无论官眷、幕友、司事等项任调查验，如确有瘾，令离该处勒戒外撤换主者。

第三章　禁　吸

第十二条　生员原饬学官查禁，每多瞻循不力，拟请抚台再饬各学官所属生员勒限宣统二年三月底禁绝，以资倡率。期满抽验，如瘾尚未断，褫革衣顶外再勒限戒绝，其牌照仍归公所办理。

第十三条　除前条规定外，所有吸户以领照之日起，每日购膏只准减少，不准加多，限百日断瘾，缴销牌照。已戒之户用抽验法，确未断瘾分别贫富，处以四千文以上、二百千文以下之罚款，再调所勒戒。

第四章　贩　卖

第十四条　专卖最便稽查，惟官本难筹，拟略师其法而利用土商，通饬领有执业牌照者统限来禁烟公所，或指定场所发卖土膏与领照吸户，不准在本栈及他处私卖并卖与未领牌照之人，违者即将该栈封闭，其土膏一概充公。获有实据拟报案者无论所获为土商、为买户，均赏钱十千文。每府厅州县之城厢即就公所发卖，长沙、常德、衡州、湘潭地段过宽，土栈亦伙，准添设两所卖膏，其厅州县之各乡限设四所以内，以便派人监查验照。但限至宣统二年十二月底一律歇业，余土余膏毁销，抗者处以一百千以上、一千千以下之罚款外，勒令毁销。

第十五条　公所成立，即向领有营业牌照之土商检查登记，各土商于宣统二年内自量存土，不敷销售尚须出境贩买务陈明公所，由官给予护照始准出境贩买，并具结逾限余土余膏自愿毁销。凡过关卡无护照者，其货截留交附近公所煎膏发卖，半价缴还该关卡充赏。土到销场，即报公所注册，查对货单、厘票、护照，以凭稽核。即其在本境贩买者亦须报明，公所许可，方准交易。

第十六条　各府厅州县每有行商携带土膏拍卖或土帮闯关分投私卖查无护照者，其货充公，获土具报者半价充赏。

第五章　禁　种

第十七条　湖南原限今年禁种，春间虽已实行，未绝根株，拟请抚台今冬一面续饬地方官多出白话告示，严行查究，一面委员巡查。再抗禁者，已业则田亩充公，佃业则充公外再罚，佃户每种苗一亩罚钱四千文。

第六章　烟　馆

第十八条　烟馆早悬厉禁，如再有开设查获实据者，其房屋无分已业、佃业一体充入禁烟公所出卖，如有慑于势力三个月无人承买者，折卖瓦木、地基，永作公业。

第七章　烟　具

第十九条　烟具严禁已久，尚有制造及贩买者，由地方官再行严查毁销，并处以四千以上、百千以下之罚款。

第八章　度　支

第二十条　牌照捐分三期递加，以促速戒。自奉到章程至宣统二年四月底为第一期，其期内所领之牌照每张缴钱三百文，每卖膏一钱加收牌照捐钱二十文；自五月至八月底为第二期，其期内所领之牌照每张缴钱六百文，每卖膏一钱加收牌照钱四十文；自九月至十二月底为第三期，其期内所领之牌照每张一千二百文，每卖膏一钱加收牌照钱六十文。

第二十一条　办理禁烟在在需款，所收之牌照捐并罚金一概归本境公所应用，如有不足，就地筹补。每月开列出入悬榜通衢外，宣布官报。

第九章考成

第二十二条　全省或本境依限戒绝，省城总所之官绅及各府厅州县之印委士绅分别异常、寻常，请照光绪三十四年四月稽核禁烟章程第十八条禀请奖叙。至宣统三年尚未戒绝，官则拟请参革，绅则褫夺公权。

议决组织农会及培禁森林案

甲、组织农会章程

一、名称：本会名曰湖南省农务总会，拟请抚部札饬劝业道提倡设立，并咨部立案，奏给关防，以专责成。

二、宗旨：本会在联络绅民研究农政，务使全省农业发达，裕课富民，所有会中应办事件由总协理、董事提议决定，会同劝业道呈报抚部，札饬全省各府厅州县设法组织农务分会。

三、地址：本会成立后，暂假公所地方为办公处，俟筹有的款再行建筑会所。

四、组织农会尚未萌芽即责绅董负担经费，窃恐无成，暂应变通部章，由抚部札行劝业道照会绅董及商学各会，投票选举明于农学、有资望而热心者为总协理，举定后由劝业道呈请抚部委派，然后再由总协理开会选举董事，其任期由总协理起均定一年，办有成绩继续被举者以三年为限，评议者亦同。惟干事长一员、技师四员均选聘农科毕业、有优等文凭者充当，不在投票之列。

五、资格：农会本为合议体，选举董事亦应遵照部章办理，其资格如下：

1. 创办农业卓著成效者，或研究农学能发明新理者；

2. 在该地方富有田产为一方巨擘者；

3. 该地方土著或游宦流寓该地方已届五年熟谙情形、年在三十以外者；

4. 其人声望为该地士民推重居多数者，或平昔顾全公益勇于为义者。

六、职任：总协理为农会之代表，主管一切事宜；董事商承总协理，襄助农会各事宜；评议员应总协理之顾问，并议决会员提议事件；议员为各分会之代表；干事长受总协理之指挥执行会务，并稽查技师之勤惰；技师掌一切关于技术及施行之事件。此为尚有编译、演说、调查各名目，但事属创始，筹款维艰，可暂由干事、技师分部兼理，惟书记、会计须另行酌派。

七、会务：

第一条　劝业科

凡关于农业上各事宜须极力开导，以求进步。

甲、劝立农业学堂、蚕桑学堂及农事半日学堂，或夜学堂；

乙、劝办森林、蚕业、茶业、垦荒、种植、畜牧各公司；

丙、劝垦荒地荒山；

丁、劝开农产制造所及肥料制造场；

戊、劝立农事演说会及农具改良奖进会；

己、劝立农产陈列所；

庚、劝兴水利，除水害；

辛、劝办组合农产、整理耕田及农具之公同购入、农产物之公同贩卖；

壬、劝人勿种罂粟，如查有私种者，务使拔除净绝，并讲求新法，劝令广种有利植物以为抵制。

第二条　调查科

凡属本会所辖各地，每年分次派员调查，如一省之气候、土质之肥瘠、产物之良窳、秋取之丰歉、卖出价值之涨落，分别造表呈报抚部察核。若外府厅州县由分会设法调查，总会成立后、分会未设前应先请抚部札饬劝业道转饬各府厅州县，应遵照商部前奏指定遵造之地亩册、土性表，赶速选派妥绅切实调查，限期呈报，并附调查本属气象、农产、农事统计，以便布置。调查费准作正开销，否则一纸空文，不适于用。

第三条　试验科

此科目的在征于事实，不徒托诸空谈。凡有新法、新理或东、西洋新品种类，本会须广为采取，交农业试验场切实研究试验，确有效用即通知各分会，使农民仿行。其科目如下：

甲、耕种；

乙、蚕桑；

丙、森林；

丁、畜牧；

戊、渔业；

己、纺织；

庚、制造；

辛、茶业。

第四条　编辑科

此科以诱起农界之新知识为目的，所译农书以采取东、西洋最近发明之农学新理、新法为译本，农报以浅显明确、使人一目了然为合宜，更将每年试验成绩以及土质、肥料、温度、水分管理种种情形详细报告，使民易于仿行。

第五条　保护科

此科专以保护为主义，凡关于农业上困难事件均应切实维持，或量力提倡，以求完善其保护之事。大概列下：

甲、本会地方已设之农业学堂及农业试验场遇有应兴办事件，得商由本会随时扶助；

乙、本会有提倡分会之责，凡已设及续设者遇有办理不合之处，得由本会尽情指导；

丙、本省有旱潦荒歉事项，本会应筹备补救之策，协助地方官切实施行；

丁、农民于农业上被势豪侵夺致有冤抑，本会体察确实，由总协理向地方官秉公申诉，事情重大者并禀院或禀部核办。

八、会员：总会既概由官款开办，则会员亦宜变通办理，期收实效。

第一条　绅商学界如有热心农务、愿入会协助者，准由会中董事介绍入为会员。

第二条　乡间老农于农会内各项科目确有历练心得、足备采择者，准说明理由得为本会会员。

第三条　凡有田产、林业及农学会内各项实业，能捐助会中各种陈列品、价值百元以上者，得为本会名誉会员。

第四条　凡捐助本会各项良种、新式农具价在三百元以上者，得为本会特别会员。

第五条　不请官款能联络同志多人创设分会者得为本会创办会员。

九、会规：

第一条　本会会员皆有会券，凡热心农业愿入会者如得本会职员介绍，或自递愿书均可发给会券作证。

第二条　凡本会会员于开会期时皆有发言权。

第三条　凡本会名誉、特别、发起各会员皆有选举董事之资格。

第四条　凡本会特别、发起各会员皆有被选举为董事之资格。

第五条　本会会员因有事故呈请退会者缴还证券方能许可。

第六条　本会会员如有放弃在本会应尽之义务，由本会查出，即行勒令缴券退会。

第七条　本会会员有品行不检、违背法律致伤本会名誉者，由本会查出或被人告发，查实即行勒令缴券退会。

第八条　本会会员凡不关农会内之事一概不许干预，如有托名隐射涉及别事者，于开会时停止其发言权，因而欺罔图利藉以把持者勒令缴券退会。

第九条　本会会员于农务范围内事无论如何困难，均宜坚忍为之，而尤以结团体化私见为要，当开会决议，总以多数赞成为准。

十、会期：

第一条　本会每届星期午后自一点钟至四点钟为寻常研究会，凡省中会员均须到会研究农事之利害，以取集思广益之效。

第二条　本会每年二月开决议会一次（由总协理假定日期，前一月通知各会员），总协理虽居主席，而决定一年应行事件仍以得多数赞成为断，决定后由主席签字施行。

第三条　大会每年十月开品评会一次（由总协理假定日期，前一月通知各会员），由主席报告会中一年内所行之事，发给农产物优等者之奖牌，各乡农民有愿来会观听者，本会亦一律派人接待。

第四条　开品评会后，会中有提议事件均于此时登记印刷，寄交各会员逐条各陈答案，或另附意见书，限定次年开决议会之前半月寄到本会，由总协理督同评议员、干事长虚衷决议，迄开会时将决议各件当众宣读，赞成者举手，以得多数为决，再由主席签字施行。

第五条　本会遇有特别要事须开临时会者，亦由总协理于三日以前通知各会员，以便集议。

十一、经费：

第一条　收入：本会创办之初，一切经费暂均由官款拨领，以便实行，俟办有成效再行酌量停止官款，现拟由米捐、木税、茶厘项下每年提出五千金作为一切经费，惟开办费尚须另提。

第二条　支出：本会开办费即建筑公所、购办器具、标本等用；常年费即会中干事、技师及各执事人员之薪水、工食并为农业上推广改良、品评奖励之用；特别费即万国或内地博览会出品并开设展览会等项，以上支出各项须详细造册，月终呈阅于总协理，年终汇报抚部核销并报部察核，再登农报或开单张贴通衢，俾供众览。然筹款既艰，开支概宜从俭，应遵部章第八条不准有宴会应酬等名目，以节靡费。

十二、分会：

农事待举甚多，而又甚急，非各属遍设分会互相劝导、实力进行无由收效，兹拟仿照总会办法，由官会合绅董酌提公款开办勉励之外，加以维持热心士绅当有继续而起者。

十三、奖励：

第一条　无论会内、会外如有著作能发明农学新理、新法，送经会中干事长实验，确切可行，再由会中禀请抚部优给奖励，或给予功牌。惟地方新政端赖官长提倡，尤赖上级官厅鼓励，今拟各府厅州县能早成立分会办理，一年以上有实绩可凭者得将地方保奖一次或记大功一次。

第二条　会员有概捐巨款及独力创立分会，或在会执事卓著勤劳者，会中亦可禀请抚部酌给奖励，或分别给予匾额、徽章以示优异。

第三条　无论会内、会外如有制造新式农具足利民用，或有特别农产物优胜他人者，本会均可酌予奖牌以示鼓励。

第四条　地方官对于各分会其能尽力提倡确著成绩者，本总会考察属实，得比照部章二十条办法呈部奖叙。

十四、余论：

第一条　本会酌定大概办法以为准则，俟总会成立后再行另定分会章程，其章程虽由总会规定，亦准酌量各府厅州县情形因地制宜，略为增损，但不得于本会劝农宗旨有（督）〔碍〕。

第二条　此项章程将来有应增损之处由总协理议妥，俟开会时宣读，赞成得多数即行添改，以便施行。

乙、培禁森林办法

一、本会为全省森林事业总机关，直接受劝业道之监督，并提倡组织各府厅州县森林分会、分所。凡关于培禁事宜、经营方法，均与劝业道及地方官有补助、保护、维持之责。

一、本会附设于农务总会经理，即以农会经理兼充，惟另举坐办一人驻会专任其事。

一、分会仍附设于各属农会分会之内，凡关于本属有山林之处方二十里者，得令组合分所为执行机关，本区内应行种植之山岭须估计方面若干，注明地势之平坦、缓斜、急斜、险阻、绝险及土宜性质之黄、黑、白各壤坚软松之结合与干润湿之湿度，又须考察其处宜植某种树类，并相沿所种树类是否占经济上之优胜，概行编制成册，交由分会呈送总会及劝业道，查核各分所林业长以能振兴。

一、区林业至野无旷土为尽职。

一、凡划分林区之山岭，或非就近居民所有，或所有者错综不齐，经划分林区后无论私有、公有，统限以一年之内树艺相当之树类，一年以外仍荒芜者分所长得督令种植，逾半年仍不听者得将其地收买，或作为官荒田由分会代种。

一、山岭划分林区后，山主或不愿自行垦种，则应招就近居民佃种，无人佃种者由分会代行佃种，佃种之方随各地方习惯而定，但契约成立时须本区分所长到场参与。佃种年限以三十年为断，中间为改良或图特别利益有须变更时，必佃主与业主双方协议方得解除契约。

一、划分林区后，凡河流两岸山势急斜、陡峻之区须防泥沙倾泻、淤塞河身及冲毁田庐者，或名胜古迹可壮风景观瞻者则禁止斩伐开垦，如各国保安林之例。查本省西南各属沿湘、沅、滇、澧一带万山丛杂，溪流倒悬，沿河诸山多产竹木，近日采伐殆尽，并多开垦，种植谷物，每当春夏之交，山水涨发，泥沙俱下，相沿日久，致洞庭受水之区日渐淤长。今夏常、澧各属及南洲等处被水成灾，皆因上流森林漫无培禁所致，今宜思患预防，凡山巅耸矗近溪流沿河或田庐者由各林区禁止采伐垦种，以为地方之保安。

一、培禁森林须研究各地土宜所种种树类，应分三则：占经济上特别优胜、为社会所必需要、可常年取获实利者为上则；为社会所必需要、或数年或数十年方能供采取之用而利子最厚者为中则；为社会所需要、非数年不能采取而利子最薄者为下则。查本省各属发明，上则者如安化、湘乡之茶类，宝庆各属之漆类、纸类，永顺、沅州各属之油类，武陵、湘阴、浏阳之丝类、布类；中则如辰，沅，武冈，城步之木类、竹类；下则如衡水之薪类、炭类，均为输出大宗，诚能因地制宜，提倡有法，择取各则所产，相其土宜，加以新法，兼求制造，是亦开辟利源之要端也。

一、造林之法近今各国研究日精，本小而利巨，工少而效多，宜由会中择取林学各书聘深于此学者，用浅近白话编成书本，俾执行森林事业者有所遵守仿效，如目的所在，地位之分别，苗植之方法，造林之种类，培农之妙蕴，乔林、矮林、中林之作用，纯林、混淆林之利弊，轮伐、皆伐、选伐之优劣与夫果木各种之表解，俾互相研求以穷新法，庶林业得收时效。

一、凡森林附近居民，应负保护、维持之责任，并应斟酌地方情形仿设森林警察以资保护，如有不肖之徒不遵约束，任其牛马践踏，容子弟采伐，或引诱盗窃，放火焚烧，均于林业有重大之妨碍，除应按照损害之状态勒令赔偿外，并须科以加倍之罚金，其执强不服者呈请地方官惩治。

一、森林障碍，天灾之外，厥惟痞徒。痞徒平日横行乡里，莫敢谁何，兹欲此业振兴，非地方官痛除旧习、重惩痞徒不可，拟请抚部出严重之告示，凡有森林处所如遭痞徒侵害，准由分所呈报分会，请地方官严惩，如地方官因循故习，优容痞徒，得由分会将一切实情上报省会，请劝业道派员查办，轻则记过，重则撤任，仍饬后任重惩痞徒，庶法令森严，林业不难发达。

一、各厅州县所设之森林分会任提倡推广本属林业之企进，每年中应督同林业分所，按各区所填注已植各则树类若干、预备植各则树类若干并整理方法若何，订一详明确实表册报告省会及劝业道查核。如有热诚士绅能将一县林业办理确有成效者，按三年考其成绩实行保奖一次，地方官倡导有方、保护备至、一县林业不为痞徒扰害者满一年以上亦得记大功一次，满三年以上林业勃兴、维持特著者，应援士绅例酌量保奖。

议决禁止迎神赛会案

一、清迎神赛会之源

甲、禁淫祀：孔子曰：非其鬼而祭之，谄也。今各地方淫祠袄庙比栉墉崇，而顶礼焚香者每逢朔望络绎不绝，甚至家内祀狐，道旁祀树，殊诬妄之至。查祀典，祠庙祷祀皆有常制，凡一切无名不正者概行禁止，自今以往，凡有各项非礼之祀应有地方官查明，一律严禁，以清迷信之源。

乙、禁祝巫：今之祝巫，如师教之类，妄称鬼神，觅食民间。民之信徒者众，病者不延医服药，而惟祝巫祈祷之力，是恃幸而病愈，则归功祈祷，酬神许愿，不惜资财，无效者之归咎于命之不可救，惑世诬民，莫此为甚。今之计亟应由各地方官出示严禁，凡有持祝巫祈祷之术代人祈祷及私相传授者发觉惩治不贷。僧道以经咒代人祈祷建醮及作天符盂兰等会消耗金钱，坏乱风俗，及僧道登门募化者应请地方官一律严禁。烧香既成恶习，楮烛纸爆消耗尤多，迷信尚深，固难一律禁绝，然示之以渐，未始非节省靡费之一端，应请饬该管各地方官及警务局分别出示禁止。

丙、禁邪书：凡日者之家、方术之流，必有阴阳、卜筮各种邪书，附会经义以惑世而诬民，故圣人不语怪力乱神，孟子亦尝辟邪说，垂戒深矣。流及今日，更有愚诈游民崇僧道、讲仙佛，或有以方书语录以秘诀奉作津梁，或称祖师降乩以虚词言人祸福，无识者受其蛊惑，读其书者不免（沈）〔沉〕迷。今宜由各地方官凡邪说异书俱禁止出售，违则售者、买者均照价加倍罚金，藏板捡出焚毁。

二、破迎神赛会之迷信

甲、改良宣讲：迎赛之举，旧例相沿，世俗不知其非，实因无人提撕而警觉之也。今既改良宣讲所，亟须编订关于正人心、辟邪说各宣讲书，使逐日讲演，俾人人知鬼神祸福之诬妄，则迎赛之举不禁自绝。关于此项之宣讲，应责成宣讲书编辑处将破除迷信之理由编辑成书，由宣讲员切实宣讲。

乙、刊布白话：以上之宣讲书或虑不能家喻户晓，则须编成白话刊印传播，俾众周知，此项白话亦应责成宣讲书编辑处编辑发行。

三、禁止迎神赛会之强制力

甲、实行惩罚：由地方官出示严禁后，如有逢佳节神诞之期再为迎赛之举者，查明惩罚其经理人。

乙、裁改会长：凡各属迎赛之事必有会长，此项会长应即消灭，如其经手会款拨充慈善事业者即以其人改充慈善事项会长，但能否改充须得地方机关之同意。

丙、地方机关之协助：各属旧有乡约以及现在地方自治议事会及董事会将次举办，此后关于禁止迎赛事项，乡约内及自治规约内均须加入此条严行禁止，以辅官力所不及。地方自治议事会、董事会未成立时，即责成自治局、自治公所、自治研究所及都团正绅分任调查及报告。其任调查之各种机关应将境内之庙宇及各会之名目、存款之多少报告本地方官，并附论其应如何禁止及改并之法，自地方官禁止后，应每日将已应禁止及改并之状况、人民迷信之深浅分别报告，以资比较。

四、提迎神赛会之基本金

各属迎神赛会类多有基本金存储生息，或有不动产逐年收取利息，以为每岁迎赛之用，今拟各属凡有此项财产者概由地方官督饬提出，嗣后无款举行，醵集不易，此风或几乎息矣，是亦塞源拔本之办法也。所有此类款项提出后用方有之，如下：

甲、公益项下：凡地方学务、警察、地方自治等款项不足者以此款补助之。

乙、实业项下：凡开设工厂或工艺学堂及振兴农业等款项不足者以此款补助之。

丙、慈善事业项下：凡义仓、育婴堂、牛痘局、清节堂等款项不足者以此款补助之。

三项之补助不能预为分配，惟尽开办最先者支领，但慈善事业项下有应扩充及改良而旧有之款不足者有先取之特权。

议决改良矿务案

查湖南商矿之争端不一，凡有佳矿，或恃势强侵，或乘机袭取，或阳为集股开办、确定商牌，乃以一二私人之名掣取执照，潜图垄断，仇怨益积不能平，种种讼端皆由（朦）〔蒙〕混影射所致，抚台归咎于编号时未及细审，责成总公司查核，为之正本清源，并饬地方官从严查勘，据理直断，此为下手改良之法，本局极为赞成。惟善后三策，窃有所引申：其一上策为官商合办。官办与商办性质不相同，自不能相合，且官地而欲招商合办无非因资本不足，现湖南官矿稍有成效，每年数万金不难提出，何必零星凑合，以致官商杂糅。又，中国官情久难招信，商矿自不愿官来干涉，其所欲求官款者必因其中有纠葛耳。其纠葛而为地痞无故阻挠，刁民有心滋扰，官既收该商租税，自应为之保护维持，断不得以未入官股而遂置之不理，其纠葛而为该商恃强图私，或大有碍于庐墓丘舍，是即参以官股，而民智已开，矿章具在，立宪时代之百姓亦难胁以官威，是此类之矿官固不必与商合办，且亦不可与商合办。查光绪二十一年湘矿初开，官商合办之银矿、锑矿曾有数局，至今无一存者，其停办亦大有原因。即如三路公司原为商办，而前日抚台奏称：三路开办共领官本银拾伍万两，禀定按年八厘缴息在案，急宜详具报销呈核。是不惟商不信心于官，即官亦不能信心于商矣，似此两不信心，何能合办！其二策为官督商办。查湘矿不下千余处，如水口山、黄金洞皆官矿，并未招商，其余中、西、南三路之矿皆商办，并无官督，其官督商办者只新化锡坑山一处耳。其山周围四五里，商人百数十厂收私越界，日有争端，势必需有官局以督之，所虑者局费无人担任耳。然丁未以前，锑价高而竞争益烈，官局在山立即剖判，三年中并无上控，且禀准坐山收砂、就山设炉办法，岁为公家获余利数十万金，其局费亦何须众商担任。至丁未后，官矿总处与调查局既分，凡商厂事宜不归官矿分局经理，由是长和、富时、利和、天生、溥利等厂之讼端随结随翻，控省控部，而劝业道亦置之不理，至屡经该处众商禀请委员来山。查该分局官矿无多，其事最简，宜札饬该官局员绅兼理商厂事宜，仿照丁未以前办法实为妥便。其三策专归官办。此指结讼不休之矿泾渭难分，故为此举，如平江金矿、常宁铅矿其利甚大，从前商办屡起争端，诚不如归官办之为得。至若零星小矿，则长官有查勘之责、审判之权，孰是孰非，不难秉公断结，若以含糊了事，遽以归官，两造反有所藉口，故与其提归官办，尚不如提归该地方公办。一县之利，既就一县团体内集合公司开办，该两造亦利益均沾，将来新政叠兴，即恃此以供挹注，似更妥便。至于改良通行办法，条列于下：

一、责成官守：盖凡大利之所存，争相窥伺，故矿务初开，或能安静，及矿苗甫见，地痞见利生心，或称买卖界址不明，或假阴阳风水有碍，种种滋扰，该商数千金血本付之一炬，而矿务遂视为畏途。应请声明，凡矿山如实大有窒碍，地方官宜晓谕居民先行禀请查禁，及已见效，则只能保护维持。凡有矿务之地方官，宜与学务、警务并重，列入考成。

二、订立专章：光绪三十三年，农工商部奏定矿务正章七十四款、附章七十三条，条理精密，凡办理矿务者均应查照定章，各按所办矿地情形详订细则，以资遵守。

三、劝设商会：盖矿务繁兴之地五方杂处，良莠不齐，水火盗窃以及不法之行每足酿出命件，且万商云集，钱债纠葛、界址混淆尤所不免，地方官虽极精明，究不如地方之绅商情形熟悉，原案谓商人健讼而审判者或未得其平，故凡商人互控，与其经官判断，犹不如该商会之调停，诚使组织商会，假以权力，互相维持，实足辅地方官之所不及。

四、勘定地界：近日抚台奏准黄金洞、水口山圈禁百里，此官矿之范围，商矿不能比拟。至若前陈抚院初订矿章有大矿依脉十里、小矿依脉三里之禁，去年部章颁行矿界又有每边平方三百官尺之文，宽狭未定，讼端从此而生。凡有矿山者，该山主亦应有地主之权，商人当禀办之初必先请妥员测绘详明，标立碑石，即以外开辟隧洞泄水之区、屯积之所为该商工程所必需，必须与山主及别界矿商妥议，或入地股，或入银股，书立约据，事前多一番手续，即事后少无数葛藤。

五、合筹销路：中国煤、铁等矿可以自销，若铅、锑诸矿专恃外洋为销路，丁未以后准商人自运出口，装运汉、沪被洋商卡勒，不惜减价争售，适蹈红茶覆辙。宜饬总公司大集股资，于省会设一总堆栈，凡商砂到埠，比给船钱、水力、砂堆一处，毋得私售，并恳抚台咨请商部，由商部咨产铅、锑省分，凡与外洋订买矿砂须会商价值，毋得参差。

六、开设银行：查中国矿务不能发达者，坐由于无大资本家。每遇有佳矿，偶失利即行中止，不能尽发其藏，其弊一；及得利，又皆入私囊，除租税外于公家毫无利益，其弊二；若能开设银行，开矿时可行用钞票以资周转，及获利，可归银行储蓄，国家有事可供征贷，是公私两益也。总公司现存官本息银约二十余万两，并招商股，银行不难成立。

七、筹办学堂：湘矿开办已十有四年，用土法者或稍有经验用西法者制器、司机尚须借材异地，且商学不讲，销路难通，化学未谙，冶金无术，处处受制于外人。湘矿余利津贴游学生岁以万计，学成正宜召回，以尽义务，尤宜开办矿务学堂，造成多数人才。

八、扩充官矿：查省城久设官矿总处，驻鄂另有湘矿转运局，基础已成，规模亦甚宏大，而所管辖者仅三数分局，除水口山外获利甚微，何以持久。查光绪二十五、六前俞抚台停办之矿，如靖州、会同之金，兴宁大脚岭之铅，辰州银坑陀、女儿岩、牛婆溪、菅叶塘，益阳西村、板溪，安化木李坪、云雾山之锑，常宁、桑植、永定、桂阳州之铜，宁乡青溪、和尚桥、苦竹寺，湘潭小花石，澧陵豆田枫树山之煤，共二十余处已购为官地，前因资本不充停办，现官本尚可支持，急宜委员查勘，加设二三分局开采，于湘省财政、华民生计亦不无小补也。

议决简易小学普及办法并筹经费案

一、原案云私塾改良宜遵照奏定章程三、四年级简易科办法并略仿江苏私塾改良会章程，又第一条（总义：按照学部颁布三、四年级简易科小学之章程课本实行之于改良私塾并半日学堂，以期教育普及，俾各州县学龄儿童皆得入学，以启其人生应有之知识技能，立其明伦理爱国家之根基为宗旨），此皆赞成，拟添改如下：

私塾改良会宜附设于各州县劝学所，其章程即由所印发各都团，使有所遵循，亦便稽核（按：私塾改良，江苏私塾改良会章程至为详备，可斟酌采用）。私塾教科书均以部颁之简易小学教科书为限，由劝学所按照学级分别排印，廉价发售，以昭划一而便升学（按：省城学务公所刊行之本，其书精价廉者或即由劝学所采购发行亦可），并禁止滥用坊间私辑未经审定之本，以防流弊。

凡私塾自请改良者，应由视学员调查其地址、教员及学生人数，报告劝学所审其教员是否合格，课程及教授法、管理法是否均照定章，始准立案，否则，由劝学所呈请地方官传其教员到署，勒令即行照章改良办理。

既改良之私塾如学生未满三十名者，亦令正名为私立简易小学堂，报明立案，每月由视学员调查一次，每学期末考试成绩应由视学员调验程度，实有合格者准由劝学所发给修业及毕业文凭，一切转学、升学得与官立小学堂一律。如各地方劝学所酌量情形，有附给以奖励之物品者，如有不受劝学所调验者由劝学所另册存记，不得与以上学堂得同等之待遇。

私塾改良自宣统二年起，至五年止，准用此项章程办理，限期满后宜一律改正，以齐一学制。

二、原案云极贫之户子弟急于谋生、不克竟日上课者则多开半日学堂，以收入之略寓强迫之意，又第二条（办法：私塾就固有之地开办，若半日学堂必先就学区适中之地借用庙宇、祠堂或民房略加修缮，暂行开办，开办以前均应呈报地方官并劝学所认明第几堂存案，以便视学员随时稽查教习勤惰及学生成绩）拟添入如下：

半日学堂之多少，应列入地方官之考成。

半日学堂不能改者，可因地制宜办夜学堂。

三、原案第三条（学额：私塾每堂以四十名为合格，半日每堂每班以五十名为合格，私塾日教授一班，半日则日教授两班，令各州县学龄儿童无论贫富皆得入学，实收普及之效）私塾应改为听其设馆招生，不拘额数，惟须至三十人者乃为合格，半日学堂学生每堂每班应改为四十名即为合格。

四、原案第四条（教员：私塾、半日每堂均用正、副二教员，须曾经学习师范者，副教员就地择留心学务而耐劳者充当，每日助正教员堂上功课二三点钟外，监视堂内一切事宜，须知义务教育为国家造成人材，即是为国家尽一分责任，毋得始勤终怠）拟添改如下：

教员不专以师范生为限，但以有学问知教授法者即为合格，惟各州县以前向未设立师范传习所及师范简易科之处，亟应补设以资任用。

交案内有甄别塾师择文理明通先令试办云云。按：甄别塾师即是各国检定小学教员，办法部章亦有此条，于宣统二年实行，此时即由各省暂定章程，凡充当教员者无论是否学习师范，均由劝学所及视学员会同地方官主持其事，通行甄别，榜示后分给准其充当简易小学及完全小学教习凭单，并须于甄别时拟定一试验各科细则，先行颁示，以便应试者预备。

五、交案第五条（课程）专教修身、国文、算学、体操为主科，以手工、图画、乐歌三门为随意科，修身以能知忠孝为主，国文以能多识字义为主，算术以加减乘除能见诸实用为主，体操以游戏柔软发达身体为主。又以四年为毕业期，或以三年为毕业期云云。按：学部奏定章程有三年简易科，我国文字艰深，三年毕业必难致用，宜一律定为四年毕业（闻江苏教育总会早已研究此问题，决议以四年毕业，似可采用）。

六、交案第六条（课时）私塾每班每日照定章以五六点钟为率，半日则分午前、午后两班，均以四点钟为率，应改为第一班、第二班，不必忠、孝等字。

七、交案第七条（经费）抽收户捐一节已经再四讨论，刻难实行，然欲推广简易小学及半日学堂，自必以广筹经费为第一要着。查各处情形易于通行者略有数种，如下：

一、就区筹捐之款：茶捐、纸捐、矿捐、油捐、屠捐、烟捐、酒捐、戏捐。

一、就区酌提之款：惜字费，义学、学官、宾兴费，文昌会、关帝会、福神会、其他各神祀、公产公谷之余息。

以上各项款目专为推广简易小学、半日学堂、夜学堂、简易识字塾各种设法，私塾一概不予津贴，惟此等款项或有已经提捐充入中学堂及高、初等小学不能分拨者，或未曾筹及、尚有可以设法之处，均由各地方官谕令各都团，正绅报告劝学所，会商自治公所酌量各地方情形，会同地方官劝导提出，免生争竞，如有劣绅把持者请官从严究办，但该区内提出之款以拨入该区内兴学支用为限。

或就每区劝导各户量力捐助银钱为本区小学不动基本金，存储生息以作学堂正款，除赤贫小户不计外，劝令每户量力捐出，从一二百文起，将来积成巨款，庶足以持久远而收教育普及之效。

户捐一项刻实难行，俟办理地方自治确有成效后，由本区内自行办理，不必藉手书吏以滋苛扰。

八、交案内谓简易识字学塾亦见于立宪第二年筹备期内，其章程课本虽未见颁行，倘能拟定暂行章程及暂编课本，仿照山东省办法先于省城设立十堂作为模范云云。按：此层亦可酌量地方情形斟酌开办，略贡意见如下：

简易识字课本尚未颁发以前，仅将我国文字择要教授，以期简便。若如江南之另造简易字编以字母，谐以声韵似可不必，且于实际不合，盖所识之简易字不合完全字之用，仍与不识字等，且识字之法点画多者易而少者难，所造简易字亦实不易也。

附：呈推广简易小学办法数则

一、划分学区

由地方官会同自治区会长及劝学所沿旧制各都团地境调查户口，并宜按九年筹备所定人民识字额数应设学堂几所并促进历年之增加，每区责成会长规划本区内兴学事务及筹措经费，惟须地方官极力为之赞成。

一、调查学龄

划分学区后由区长就区内户口册调查该区孩童学龄（大约达八岁即应入简

易小学堂）是否已达及其多寡数目报告劝学所，以便查核，劝令入学，以收普及之效。

一、组合兴学

如甲都团中所有学龄儿童及财力不能独设一简易小学者可合一都团组织一校，惟山居荒远不能行通学章程者得委托别都团代教之，惟受委托者须尽教养保护之责任，放弃者应定罚章。

一、学级教员名数

简易小学每堂学生达四十五名者用教员二名，三十以下者用教员一名。

一、齐一学科

齐一学科均照学部简易小学四年级章程办理，其课本候部颁后应由劝学所筹资印刷，定低廉之价格，又须零售，以便贫民。

一、限制经费

每一小学堂经费以一百二十串起，至二百四十串为限。

一、略收学费

常年筹款有限，宜令学生略纳学费，城镇乡村小学学生略分贫富，每学生以年收学费大洋一元为则，至贫至富者酌收之。

议决振兴工业大宗案

查原案仅述振兴，大致未及办理方法，惟所称“取自有之原料以供制造方为合法”数语甚为扼要，无不极力赞成。窃湘省为富于天然物产之区，制造原料不可胜数，总以提倡无人，工业日形窳败，或拘于旧法不知改良，或限于资本未能举办，或有资本而办理不善，亏折中止，或有原料而鉴别不精，弃地可惜。即如澧陵磁业近虽改良，然非官绅合力，厚集资本，聘用名工，其进步亦未必有如此之迅速也。若不及时充类图维，输入之货日新一日，又廉值求售，人情厌故喜新，乐利趋便，将举日用所必需之物皆购自外来，其金钱输出之害犹人人所共知，吾恐人民一般之生活日促，将束手以待毙矣。查东西各国最注重工业、教育，实业学校林立，又辅之以工业，新闻纵览所、夜间图书馆、工业俗语杂志原以启发人们注意美术之兴味使实业发达，为劳动家经济上增益之政策，而国度因之日强。我省高等实业学堂虽已设立，其所办者专在路矿，他项工业未遑旁及，若中等工业学堂除省城方才开办一校外，余仅南路设立一校，以苦于经费本科尚未开办，其他初等工业学堂各县设立者寥寥无几，是学堂之收效尚迟在推广之后。今议抵制外货、收揽利权为全湘人民谋生活，亦惟有广设工厂、组织公司，取自有之原料以供制造较为易行，舍此二项亦无他项办法。然非提挈纲领则办理仍无成效，非广筹资本则工厂半年扩充，非宽与专利年限不足以广招徕，非实行特别奖励不足以促进行，所望抚部院极力振兴，次第饬办，庶制造以专精而益良，出品以繁多而价便，购取日多，漏卮可塞，富强之基即于此卜之矣。谨胪列办法七章于下：

第一章　纲　领

第一节　宗　旨

专就本省富有之原料仿造外货，改良工艺以挽回利权，发达人民生活为宗旨。

第二节　师　资

工业以技师之良否判出品之优劣，查日本制造工场皆设立教员养成所及速成科，一面培植人材，即一面以制造之品输出，故能节省经费，易著成效。兹值开办之初，尚无工厂可以附设，应先办实业教员讲习所以为入手之方，又多设工业陈列所助其观摩，以图进步。

一、简易实业教员讲习所

甲、定章简易实业教员讲习所分为金工、木工、染色、机、织、陶器六科，以一年毕业。查化学一门为工业上必需研究之知识，应添入应用化学科方能完备。

乙、此项技师如系仿造外货，当聘外国上等职工；如系改良土货，当聘外省上等职工以为向导，无取专讲学理，若能从速开办，可雇用各项上等职工就厂训练、实习尤为便利。若普通科学钟点甚少，可聘在内地各师范及中学堂毕业生充当，无需聘用外人，以节靡费。

丙、此项讲习所应归官设，然另行筹款开办未免稽延，查三路师范学堂选科学生均已毕业，所有腾出之款，可各就本地所产之原料、将来应设何项工厂即开办何项讲习所，期收实效。

二、工业陈列所

当广征中外工业名品分类陈列，并编制造白话说明书，使人人通晓仿造、改良方法。凡各府厅州县均令集款设立一所，不必求备，若大市镇及人民游集之处则须由官广筹资本设立，以臻美备。

第三节　职工资格

专取身体强壮、视力丰富子弟，无论已入初等、未入初等学生一律收入作为通学，不收学费。

第四节　任用董事

凡办理工业董事，无论官办、商办、官商合办，须具有下列三项资格方能任用：

一、资本能独立开办一项工厂者；

二、能集股至开办此项工业经费三分之一者；

三、办过各项工业著有成效为人所信从者。

若于以上三项资格不合而禀请试办者一概不予立案，以杜半途中辍之弊。

第二章　经费：分开办、常年二种

第一节　开办经费

近日举行新政，各项款目已罗掘殆尽，振兴工业虽为生财之源，而开办经费实为用财之薮，若徒责令民间筹款集股，开办恐仍是一纸虚文，都无成效，拟请援照部章，多设殖业银行，凡合于银行则例及本章程第一章第四节所定三项资格者均得向银行借贷开办经费，则各项工厂不难成立矣。

甲、官设殖业银行：拟仿四川殖业银行办法，先由藩库拨银二十万两就省城设立一所，并于各繁盛商埠分设一、二所。

乙、公设殖业银行：查殖业银行则例第五条，可由地方官以地方官款、或管理地方公共财产人以地方财产呈度支部设立。此等公共财产无县无之，如有不敷，可以集股补助，应请通饬各府州县详察地方情形，一律开办。

丙、商设殖业银行：查殖业银行则例第三条，殖业银行无论官办、商办，其详细章程均须报明度支部核准开办。此项银行本系商办性质，应请通饬各地方官查明商业繁盛之区，督催商人或独资或集股设立。

第二节　常年经费

工业为商业之基本，工业不发达，商业亦不能兴旺，今既有银行以资周转，又必设法补助以垂久远。查湘省百货厘金每年约收钱三百万上下，拟于商人每纳厘税钱一千文，加收工业经费钱五十文，每年约可获钱壹拾伍万余千文，又查米捐如照办亦可收钱十万串内外，以为官厂并补助办有成效各厂常年经费。

附：加收工业经费办法

查湘省各属就本地方出产加收公费皆附厘局抽取尚属无弊，但多以货计，此则就商人实完纳税钱一千文外加收五十文，较之验货抽取至为轻微，若入正税互征，恐生他弊，反累商人，拟请抚台出示，将加收之法通行晓谕，并饬厘金总局另刊发加收全省工业经费厘票，附各局卡带收，按日将钱解存劝业道衙门收贮，依照本案第六章乙条第一项支配。但各局卡于解征此项经费时除将加收情形禀明劝业道外，并通禀总局以便稽查，如有短少或与正税不符情节，从重惩罚。

第三章　建设工厂

以下所列皆就湘省所有原料而言，名目虽多，并举为难，拟就民间需用利益甚广之厂先行由官设立，其余或专归官办，或专招商办，或官商合办，再随时酌定。

第一节　煤气厂

煤气为用至广，用以燃灯比电光明，用以烹饪可以省煤，运动机械尤为便捷（如日本织布及制造理化器械各小项机械工厂皆用煤气）。其炼过之石炭仍可供各机器厂之燃料，湘省石炭最多，拟就省城设立一所以开利源。

第二节　硫酸厂

硫酸为工业之根本，无论何项制造必须硫酸，湘省富有原料，如石门、慈利、澧州、郴州，及常宁水口山所产之硫磺为全球之冠，拟就省城设厂制造。

第三节　纺纱厂

湘省仿织洋布，以纱价日昂，成本太重，故货日劣。查湘省产花之区尚多，若山花之绒极细，可以纺成细纱，是欲仿织精工洋布非先设立纺纱厂则无从入手，各省多已设立，湘省不可再在人后也。

第四节　造纸厂（分机械、手工二种）

机械造纸厂：洋纸原料为萱草、楮皮、三椏皮、稻草各种，湘中此项原料甚多，拟仿照四川由官设立。

手工造纸厂：查日本机械造纸厂惟王子厂一处，余皆用手工制造所需，转压机价亦便宜，约有三千元上下即可开办，拟请通饬各府厅州县调查原料所有之区，勒令民间设立。

第五节　澼麻厂

湘省产麻甚富，浏、澧但知织造夏布，郴、桂所产全由广州输出外洋，制成布疋仍以售我，若设立澼麻厂，使麻质细致，利当倍蓰，查湖北已经设立，应请咨取章程设厂开办。

第六节　玻璃厂

其原料为石英、大理石、珪素、亚铅各种，湘产甚富，省城商人亦设有制造厂，只奈知以玻璃造玻璃，以致出品薄劣，且系小品，不能畅销。拟请劝令该行商人组织设厂，分美术、用品两项制造，则理化、器械皆可不向外洋购用，而常用玻璃可以减少入口也。

第七节　塞门德土厂

查此项原料为粘土、石灰石二者合炼而成，其原料湘省现在无处无之，建筑、铁路需用日广，应即原料最富之区设厂制造。

第八节　机械厂

煤铁为湘省最富之物，以之铸造、印刷、造纸各中等工厂应用机械甚为便利，各省设立者多，拟请就省城设立。

第九节　制革厂

牛、羊、马、骡、獾、狼、兔、猫各种兽皮，中国不知制造，多以生皮贱价售出，经外洋制以药水，仍以高价卖之中国，市镇所售之药水皮为数不少，皆自外洋运来，若将湘省所产皮革勒令该行商人自兴制造，利权可免外溢。

第十节　织造厂（分为四种）

染色为织造所必需，已列入第一章第一节应用化学内，故不再设。

一、仿织绸缎：湘省所产之丝，民间只知织绢，不甚适用，拟雇江浙良工教织各项绸料。

二、仿织洋布：湘省仿织洋布皆用木机，故出品不甚精致，当购西洋各国最新手织机、力织机数十台，以便改良。

三、仿麻织布：查竹布及绉布皆用麻织，若澼麻厂已经设立，则此项工厂可以开办。

四、仿织毛毯：查此项原料当以羊毛为上，查湘省羊毛甚少，而牛毛以西路为最多，且擅长工师亦多，尽可附设。

第十一节　编织厂（分为二种）

一、细篾手工：此项手工以湘乡、益阳、浏阳、衡山所出各品最为工致，应请招致良工拨给官款开办。

二、棉麻手工：近日洋袜、洋汗衣及卫生衣几于无人不购，查此项衣服皆系手制，于女子尤为合宜，应请雇用良工拨给官款开办。

第十二节　石碱厂

其原料为动、植物油，湘中牛油、羊油、猪油、木子油、茶油、菜油、花生油皆极合用，应令商人集股开办。

第十三节　金工厂

金工为途至宽，今拟就日用常品如刀锉及绘图测量所需之品类先行设厂制造，以利民用。

第十四节　橡皮厂

橡皮者，橡树之皮质，即中国栗树子，古称橡实，凡树皮质有黏合力者皆可造橡皮（考验），樱桃皮、榔树皮、香柴树皮皆为原料，外洋制造橡皮为出产之一大宗，湘省土产既富，拟劝令富商设厂开办。

第十五节　制造工业药品公司

工业以药品为先，如染色、造纸、布疋所需漂白等药品名目甚多，近皆购自外洋，其原料不外硫磺、朴硝、食盐、明矾、水碱、硼砂、矾石、水银及一切植物种类，湘省所产最富，而价值又贱，拟就省设立一所，以为工业增进利益。

第十六节　制造学校用品公司

近日学校用品如石笔、石板、天然墨、油墨、墨水、树脂、水糊精、，米突尺、三角曲线板皆向日本购用，查此项原料无地无之，不过制造之法不明耳，拟请雇用良工设厂制造。

第十七节　酿造公司

外洋制酒有酿造二种，凡蒲桃、橘柚、果实等类其原质富有树皮酸者榨取其汁则曰造，中国仅知造而不知酿，故各果实及其粟米、苞谷、红薯、芋子、糁子、糠粃等类皆货弃于地而不知惜，致令洋酒输入内地，值极昂贵，一席之费十元、数十元不等，拟由商组织酿造公司，既可抵制洋酒，又可保存谷米，亦救荒之一端也。

第十八节　罐头公司

近日罐头为食品大宗，制造之法亦甚易，湘省所产麻菌、冬笋及各项果品为外人所同嗜，拟令商人组织公司制造，以广利源。

第十九节　造糖公司

甘蔗造糖本系旧法，惟米糖、白砂糖、红砂糖等类间有麦芽糖系以谷米制造，近今西人发明甜萝菔、枫树汁等类皆可造糖，中国若能仿造，即可禁用谷米，且成本甚轻，拟劝令商人设厂制造。

第四章　改　良

第一节　民间工业

甲、陶器：各府厅州县制造陶器窑户不下数千家，应通饬地方官责令改良。砖瓦二者尤为建筑所必需，若有窑户改用西式炼制，请酌拨官款开办。

乙、漆工：湘省漆工如省城浏阳均有可观，但皆小品，而附着漆灰太厚，易于脱落，不适于用，应请饬令仿照日本各种漆器样式改良，酌拨官款开办。

丙、折扇：纸扇工业以衡阳之长乐为最，亦出省之一宗，近虽改良，尚未十分完善，应请责令雇用杭州名工，酌拨官款开办（衡阳近有仿造四川扇者极佳）。

丁、竹器：宝庆竹器雕刻尚有可观，但仅小品用具，应拨给官款责令改制大项用具，以期畅销。

戊、火柴：省城和丰公司所出之品形质太劣，不足以抵制外货，应请饬令加重工本，于制造条盒附着燐料等项，从速改良，以适民用。

已、红茶：红茶向为湘省出口大宗，近来业此行者损失甚多，查其原因，皆用旧法，以手工制造，故粗细不匀，且用木炭焙炙，含有烟气，为外人所不喜，拟请饬各属红茶各庄极力改良，厚集资本，购办器械，精益求精，以免滞销而浚利源。

庚、草席：湘省出席甚多，惟龙须草席尚能适用，其余皆以生草编织，不能转折，近日日本输入一种织花草席极其柔软，并为西人所喜，用其原料即湘中席草，若通饬改良编织，不惟可抵制外货，且可为出口之大宗。

第二节　官办工业

甲、各县工业自新所：查各县工业自新所多已设立，其管理者多不明工业，以致徒靡款项，毫无实效，应请饬令各就地方所有原料制造，以期专精而便于畅销。

乙、各县已设艺徒学堂：各府州所设艺徒学堂，多有因资本不充半途停办，其原因皆因学堂初出之品不能获利所致。查学堂为造就工业之地，何能速著成效，应请饬令各地方官设法整顿，无令半途中止。

第五章　推　广

第一节　磁　业

澧陵磁业以良工尚少、用人过多、经费浩繁，故货价昂贵。查湘潭、衡阳、衡山、益阳、宁乡各属制碗之厂不下数百家，其原料已经日人试验，较澧陵有过之无不及者，应请酌拨官款推广，制造之厂日多，则货价可以减少，以便民间购取。

第二节　湘　绣

此项工业在湘省极为发达，且系女工，以未行推广故出品价高，若改用通俗教育画稿饬令各府州县一例开办，俾全省女子皆有职业，庶无坐食者矣。

第六章　奖励（分名誉、补助二种）

甲、名誉奖励：凡有就原有工艺美术翻新畅销外埠，或仿西式工艺各项日用所需畅销中国及集股至十万元以上，均请照部章给奖励章。

乙、补助奖励（分为二种）

一、常年津贴：除官办各厂外，无论商办、官商合办如出品精工，可查明该厂资本若干，仿照各国工商保息办法，每年按给六厘或五厘官息以示鼓励，若工业递增发达，则保息亦可递减至能完全保息，则将官息停止。

二、专利年限：仿造西式工业或改良本国工业著有成效者，均请予以三十年专利年限。

第七章　结　论

第一节

创办一厂宜先定章程方有把握，俟指定设立何厂再行拟具详细章程。

第二节

湘省所产工业上之原料未尽发见，俟调查确实如有后出之原料可供制造再议设厂。

第三节

以上所列，如有不尽不实之处，应请逐条删改，以期完备。

第四节

所拟办法一经决议，应请抚台实行，并札饬劝业道、商务总会及各县劝业所、商务分会协行办理。

议决积谷清查及增加案

第一条　清查法

甲、积谷册报数目每患不实，应通饬各厅州县札谕各都团并多出告示，限期将本境内本年实存积谷数目若干、何人经理、存储何仓由经营之社长确切结报本处，都里团总加具查实切结，各厅州县据各都里团所报从新另簿登记，一面册报到省，通以此次所认为确实数目。

乙、各都里团总奉到本管官照会札谕后，如该都里团向无积谷或有谷而社长等延不结报均著立时禀复，其无积谷者应令逐年筹捐，其已有积谷而社长延不结报者本管地方官得以限期催结，不许再延。

丙、各仓积谷除实系因公动用平粜减收不计外，如有经理人侵吞耗散、报销冒滥及借户抗延不缴者，准予限内互相禀讦，立时传案确讯，分别报销勒追，倘系挟嫌虚诬，从严坐罪不贷。

丁、凡清查积谷诉讼随到随审，不准胥吏需索，所有因讼往返费赀皆责令负者偿补，不准于谷内开支。至结报谷数，每起给该书纸笔费钱四百文，准在谷息内支用。

（斟酌原案理由）原案委员清查固系正办，惟七十余厅州县之广，纵有如许贤员，而每属积谷散存数十百处，相距数十里或数百里，较斛盘仓动淹时日，丁书纵少，势难徒步，夫马火食费用浩繁，即遇纠葛，情事恐非委员所能了结，且恐避繁就简，仍不免有虚饰，不如令其自行从新结报，更加该都里团查实之结，当无有不实者。又，原案清查原有数目若干、逐年得息若干、用费若干及平粜是否买还亦系正办，惟现存之数与原数及耗数恐多不符，辗转回护，反多虚饰，但无禀讦，当在可原，故一概不问，惟断以此次所报为实数。

第二条　增加法

各处积谷与本处贫户相较足以补救者即以谷息所余为增加，不足则捐，筹捐之法应分别等差，除收谷不及五十石者无庸议捐外，凡五十石至五百石者每石捐谷一合，百石以上至五百石以下者每石捐谷二合，五百石以上至三千石以下者每石捐谷三合，三千以上者每石捐谷四合，再多者均以此为本位，不再增加。如初无积谷之处，则宜量地派捐，或分年递捐，总以足备荒歉为率。

第三条　收放法

各厅州县除本城仓储选派正绅管理、收放由官监察外，各乡积谷皆宜分存各乡，以便收放。放谷迟早须相时定期，荒歉之时以能迟放为妥，或分两期散放；秋收之期以早为善，息谷不得过重，然太轻亦不敷补虚耗，宜参酌旧章，每石息谷至多不得过二斗。至收放之时，除该社长外，本地都里团总及公正绅董皆宜到场，眼同出入，互相稽查，以期核实。

第四条　杜弊法

甲、经营积谷之社长用城镇乡投票选举法选出，三年再选，而以自治局绅总理之，另举本处公正绅耆及都里团总任查察之责，如经营不善，公同举报更换。

乙、经营积谷最多讼累，几成畏途，应请抚台札饬各厅州县官于公举之经管社长必须加意保护，遇禀追积欠立时究追，不留难，不需索，使无拖累方能实心任事。

丙、借谷之户需有的实保人，作保之人不能借谷，借谷之人不能作保，如有抗欠，责成保人追偿。

丁、每秋收谷后需将本年放出若干、存留若干、收本息若干、续捐若干列表张贴通衢，俾众周知，一面详悉结报本管官存案查考，如有挪移侵吞，无论绅商士庶均得赴官控告，以凭究追，惟切须严坐虚诬，以杜讼累。

议决组织混同消防案

一、性　质

混同消防即采用义勇与常备二者组织而成，欧州如澳大利、德意志诸国皆行之，日本东京之消防署亦用此法。常备消防者，由国家募集，月予以相当之给料而赡养之；义勇消防者，人民自愿出力，由社会组织而成，平日各营生计，遇大事乃互相救护，无金钱报酬之供给。若混同消防，则与常备、义勇混合而成，遇大灾出力时公家酌予以报酬，制服亦由官给。湘省从前之救火会、水龙会、清平团、太平团、祝融宫，各城镇无不有之，且占多数，岁费巨资购置器械，由社会编定人数，遇有火警，临时召集，靡不争先。只以组织尚未完密，器械亦未齐全，操练未能娴熟，尚须加意改良以求美备。拟就已有之款及固有之人原与义勇消防相似者，每年与常备消防队混合练习二次而组成混同消防。

二、区 域

湘省各城镇设置混同消防组，可按巡警区域之范围组织之，或每区自成一组，或一区分为二组，或二区合成一组，均视地段之大小、人户之疏密以为标准。

三、用 人

甲、消防所长一人

即以常备消防所长充之，以挈纲领。

乙、消防组头一人

择范围内干练能事之人轮流充当，三年更换一次，凡遇火灾时，该组头指挥动作须神速机敏，不得稍有违误。

丙、消防副组头二人

亦于范围内选择之，如组头有事他出时，副组头得以代行其职务。

丁、消防夫

择范围内泥工、木工、篓夫及各户铺店雇工之强壮者编制之，编制后由组头造册具报，消防所长转报警务公所或巡警总局，以备查考。惟各厅州县市镇情形不同，除泥工、木工、篓夫外，所有炭码头、谷米码头、竹木码头、茶矿码头一切挑夫人等亦宜编入，以免推诿。

四、经 费

各消防组所需经费，无论开办费、常年费，除旧有的款外，均宜就范围内按户酌量抽收，概不支用公款，其已经编置为消防夫者可以劳力相抵，免其出费。

五、场 所

以旧有团防局或借用闲空祠庙、公所等处均无不可，成立后由组头将地段之大小、人户之疏密及消防之姓名、年龄、职业具报，消防所长汇呈警务公所或巡警总局备查。

六、器 械

蒸汽唧筒、腕用唧筒、水管马车、水管车、救助梯、信号钟及其他之种类，均须逐次购置，以备使用。

七、服 装

消防组头及消防夫服装救火时宜用小袖短衣，紧布密缝，使水火不易侵入，运动无所牵挂，全组衣面编制字号，组头则于帽上加用徽章，以示区别。

八、练 习

凡已编制之消防夫，须由组头择定营生之暇酌量时间，每年两次整率全组与该处常备消防组合练习，其方法、信号务须一律，庶临场救灾同力合作，了无妨碍。

九、救 灾

甲、消已然：失火之际，居民不知扑灭，往往惶恐奔避，酿成大灾，先到者务须审视下手，防救以力遏火源为第一要义。

乙、防将然：劝导居民自置消防粉及其他防火器具。

丙、防未然：如石油取缔、危险物取缔及其他保护之类。

丁、去阻碍：起火四面街道凡轿马车担一切妨碍交通之物概行禁止，惟救灾官员轿马不在此限。

十、赏 罚

每遇火灾出力，必须公家酌予以报酬，其尤为出力者似宜加倍给赏，若违反规则而有不法行为，须按情节之轻重大小以处罚之。

议决展拓街道案

理　由

省城繁盛交通之区，必须展拓街道以为第一入手办法。查日本改良道路即首定土地征收法，凡民间房屋有侵占街道者强令搬迁，几经折毁，始辟坦途。现在民智初开，似难骤语及此，然不逐渐设法，则一切取缔方法无从着手，警政必无起色。武昌、汉口近订新章，建造房屋无论官民均以退让三尺为准，湘省街道之狭过于武汉，惟限令改造时退让难期划一整齐，骤令让宽又多窒碍，且仅三尺终非新式市街，今宜一面改良旧市街以期逐渐宽敞，一面规划新市街以树模范。查北门外商埠连接铁道、停车场，绵亘十余里，现方修造马路，正宜就此刻意经营，预定计划，为城内商店迁移之预备，新式告成，商业发达，城内市街自易改良。胪列办法如下：

办　法

甲、改良旧街道：

一、民间建造房屋，无论何项人等，均应退让三尺以展拓街道。

一、官造局所、学堂或由地方公造者亦必遵照前条办理，以归划一。

一、地面窄狭之处有不能展拓至三尺者得量其情势稍为变通，惟至少必退让二尺。

一、民间建造房屋之时，预先呈报该管警局勘明地址是否退让三尺，划清界线然后兴工，仍由该局警官具呈警务公所备查。如实在狭窄、不能让至三尺亦必呈请该管警官前往核夺，不得听其藉词抵塞，含糊了事。

一、官造局所及学堂当建筑之时，应由该监修员将退让情形呈报警务公所饬查，地方公造局所、学堂当建筑之时，应由该监修人呈请该管警官勘明退让情形，具报警务公所核查，非实在窄狭均不能违背退让三尺定例。

一、建造房屋业经退让三尺者至下次建造时，非另有新章不必再行退让，亦不得越出旧址。

一、空隙地段向未建造房屋者兴筑房屋时，应照业经退让之邻舍划为标准，如邻舍尚未退让，则依该地退让三尺，不得藉词违抗。

一、房屋铺面有侵占公地及沟道者，应照长、善两县街道旧册查明丈尺，饬令退让。

乙、建设新街道：

一、宜严定新市街章程也

章程不先确定，或有人购地随意建造，将来不合新式又须改良，故必先订详章，俾资遵守。凡在指定新市场内建筑房店，必先报明警署，俟警署派员履勘，无悖新章，始准建造，不许通融。

一、宜预先划定市区也

市区分南北东西为四某区，由某处起，至某处止。既划定市区，然后依铁道经行之线及预定电车来往处所以划分市街之数与其面积、大小、坐向、方位详细，竖界立标以为程式，何处可设工厂，何处宜设局所，何处可作公会，何处可作公园，一一勘定，细绘详图，以为后此经营新市之成法。

一、宜由官或公司设购地局也

地段分为三则：当冲要之处作为上则，定每亩价值若干；次冲处作为中则；稍僻处作为下则，分别每亩各定价值若干。划分既定，或由官款购置，或由公司购买，或由绅商自购，总以照定价为率，不得勒减分毫。至现有房屋最碍街道者亦宜分别照平价值购买，其自愿改造者听。

一、宜先剀切告示也

告示中将改良街道之益与民间生计大有关系处发透精辟，劝地主、房主使各了然于心，并劝令毋得阻挠公益致妨地方发达，并严谕购地局只许劝买，不得压勒。

一、宜委任大资本家筑造新市街也

各国改良街市，除官款自造一二市街外，大半委任大资本家集款建造，其余则劝商家民户各自遵照市制改良。今宜由抚部院先将应设新市街之故照会商董，公举殷实老成重望者充当新市街总理，再由该总理集合团体资财，按首要次第建筑，以待众商迁徙，其有自购地段修筑不背市制者任其自由，则数年后即有成效可观。

一、宜严禁私买租界外土地房屋与外人也

查通商条例，洋人租置土地建行设栈只许在租界内，反是者则为违背条约，得令退去。吾湘北城外租界划地由前抚部院赵订立条款，由公家收买，再租佃洋商租界，且不能由地主径与洋人交涉，况租界外洋人本无租佃之权乎！今既拟由车站横至通商埠经营新市街，难免洋人不暗中在租界外置地，如能全段土地归官及公司收买固无他虑，万一遽难筹集巨款，则划分市区时即宜明发告示，晓谕地主房户不得违背条约，私卖地屋与外人，违者除照约章争回外，仍须重罚地主房户。

议决建设食品市场案

一、指定场所十二处尚觉太少，拟就原指各处附近闲地及公所余地加以推广，城外亦须一律仿行，其须改造场屋之处或就其原屋加以修整亦可权宜用之。所有公地闲地略指数处，以便择用：

一、通泰街附近之玉皇殿外大坪。

二、清泰街口无闲地，唯老照壁附近之先锋厅余地及六堆子余地可用。

三、南阳街口附近之皇仓街万寿宫东西两旁余地可用。

四、八角亭附近无闲地，唯白马巷参府署有旧箭道可借用一隅。

五、粮道街口附近无闲地，唯旧粮道署左侧内有荒地可用。

六、学院街口无闲地，唯学署前真公祠内有坪当可借用。

七、福胜街之裁缺新游府署可用。

八、太平街口无闲地，则须购用民房展拓作场。

九、羊风拐角附近之贡院墙外旧进水厂。

十、柑子园附近之协署可借用一隅，或由东长街，或由官园开门，止折一二小屋即通大街。

十一、定湘王庙口无闲地，先裁缺之善化汛署可用。

十二、城外如南门口、浏阳门口、小吴门口、北门口便河以内均系官地可用，如小西门、大西门、草潮门沿河一带隙地甚多，均可择地建场。凡设场之地，除官地外，皆须地主认可，或买或租，或以地价作公司入股之款当易商定：

（一）场所面积正方、长方均好，若就地势之便即三角形、五方形、六方形、磬折形亦可随用。原案正方占地二百五十尺太少，恐系字句之误，或为二千五百尺；长方纵八十尺，横四十尺，则占地平方三千二百尺，略可用之，然因地制宜亦不必拘于此数，但至少亦必有此数耳。

（一）场所建筑或就现有店铺撤去其货柜、墙壁，或另建大棚，厂墙围其外，架设其中，自是定法。惟原案中分三项不用间壁固可，然亦须阑干稍为分别之。

（一）场所陈列原案甚善，不赘。

（一）场所管理以区官、巡警充之自为两便，其本地街总人等亦须帮同照料。

（一）规定戥称银钱价值由管理员司之良为要著。

（一）场所禁令有益卫生，自宜实行，拟请饬警察卫生科随时考验。

末节云“购地置场费用不赀，能否就地筹款以肃市，而应公同议决”。窃谓既谋地方公益，自必就地筹款，但恐为数太巨，则初创为难。若如前说，既就闲地，不须购屋，止须清出公地、借用余地，可省浩费。菜担为数尤多，若先能安置菜担，则果摊、肉摊、鱼摊不难位置。筹款之法，除提公款先造数场以作模范外，余地作为商办公司招股建设，初办时任听挑贩，摆设一二月后准抽取落地税以偿利息。每厂约设为数十方，每方一丈，可摆一摊，每摊每日视食品之贵贱酌收钱，或十文、十余文至二十文不等，似不为重，合而计之，每日可收钱一千或千余文，每年可收二三百千文。若修建资本千圆以上或至二千圆则为利不为不厚，有利之事自必乐于承办，惟须官长劝导提倡耳。谨议大略呈请公决。

以上皆为省城市场宜首先建设以为模范，至各府厅州县市镇亦宜次第仿行。

议决整顿田房税契案

甲、整顿匿税之弊

一、原案典买田房须报明团总，登载印簿，并责成团总于正契内书名画押，倘有通同舞弊情事，分别处罚云云，公请取消。

理由：团之大者八九十里，小者十余里，买业者必约中保走报，团总已不胜烦，即匿而不报，团总亦无从查禁，且必责成画押。在自好者必不肯为，而不肖者转藉端娄索，至于通同舞弊尤必不能免者。

二、原案每月榜列征收数目准人告发，分别赏罚云云，公同修正。每季由各地方官将本季征收税契截算一次，于下季之初分晰开列榜示通衢，俾众周知。

三、原案欺隐价值准本地公款将该业取赎云云，公请取消。

理由：成交之业尝有卖主反悔、旁人争买情事，不遂其欲辄诬称短价，怂公赎取以快其私，且公家赎为永业恐不能有此公款，若随赎随卖难免不受人嘱托，被人舞弄，而争讼不休矣。

四、原案典买立契往往业户将姓名隐匿，只载某某堂名，以致甲售与乙，乙售与丙，业凡几易，契仍如初，于彼于此莫可究诘。嗣后典契买契必将业户姓名确切填载，不得仍以堂名含混立契，惟置买公产不便注明姓名者听。

五、原案填载契价须代笔人一笔直书，若上下笔迹不符，即分别罚究云云，公同修正。

立契时买主与卖主争执价值，故填载契价多由中人，不由代笔人，以代笔人多系卖主亲属故也。然中人若不当面确载，难免不减数私填预为短税地步。嗣后契价虽有中人填载，仍须代笔人于契尾当面批明系中人某某亲笔，以杜前弊。

六、原案地方官抽查责令呈验契纸，其有业户相距较远者酌予期限，以免藉口云云，公请取消。

理由：民间产业有祖父世传，而老契散佚者有公共会产契归一人经收，而其人或已死徙者即令酌予期限呈验契纸，而胥吏因缘为奸扰累，不堪言状。

七、原案临讼投税者即将价值一半勒缴充公云云，公同修正。

田房涉讼必先调验契纸，应由地方官出示晓谕，凡典买产业，限立契后三个月一律投税，倘有任意隐匿、必待临讼而始投税者照章科罚，惟契价尚未交清者不在此例。

乙、整顿征收之弊

一、湘阴、新化劝学所承办税契自光绪三十二年禀奉前抚部庞批行在案，至今办有成效，应请抚部通饬各属援照成案归自治局或劝学所办理。

二、契价每钱一串作银六钱，已经抚部通饬在案。惟契价用洋银者其如何征税尚未明示标准，仍不免上下其手，应请抚部核定每契价洋银一元作银六钱八分扣税，以昭划一。

三、纳税用银，其有用洋银、洋毫、铜元、制钱者均照时值扣银，不得折减。

四、契纸随到随税，随税随发，至久不得过三日，凡衙门经管税契暨用印各家丁不得需索茶钱，故意留难。

五、税银随征随解，不许蒂欠，所有局用除榜示通知外，仍受地方官之监督。

丙、整顿报告之弊

一、远年老契应一律投税，但请宽免告发缘祖业世传，间有老契散佚、仅执分关营业者，而奸民惯指此等祖业告发，使人无契可验，藉以拖案莫结，肆其糜烂，嗣后告人匿税断自光绪二十八年填用官纸为始，以斩讼蔓。

二、凡告人匿税者须有切实歇保，以便请官传案候讯，如无歇保者不得收理。

三、凡告人匿税者须先开具报单，交由承办税契之劝学所或自治局，传知业户带同契纸与报单对核，如有白契，责令投税，倘刁抗不遵，即据报单呈官，签差一人传案核办。除匿税应罚外，所有衙门种种规费一并革除，并禁留难。

四、诬告者律应反坐，然从未实行，且有只传被告并不问原告何人者，以致奸民敢于肆恶，嗣后诬告者即实行罚以所告应罚之款，纵贫无可罚亦当比照罚款轻重分别惩责。

议决订立地方禁约崇尚节俭案

一、关于下列各事项应由各地方绅商人等仿照乡约章程订立地方禁约，如下列各事项凡违约者得禁止之。

（一）无论何等人家非有特别事故（如婚嫁寿诞之类）不得宴会宾客。

（二）遇特别事故宴会宾客，筵席旧式亟须减少簋数，不得滥用珍奇之品，以免虚靡而归实际。

（三）遇特别事故宴会宾客，无论何等人家不得招集优伶演剧侑觞。

（四）丧葬费用称家之有无，原不便加以限制，然亦不得过事靡费，致无等级之分。

（五）嫁女妆奁虽无一定之限制，亦不得夸多奢靡，致惹一般人之倾向。

（六）春茗成为习例实为靡费之一宗，酬应沓身，受者苦之，应一并减免。

（七）年未满五十者遇诞辰不得开筵宴客，戚友亦不得馈物祝贺，以示限制。

（八）通常衣服当以清洁为主，不得恣意华丽。

（九）通常用品以坚固、朴素、清洁为要，不得刻意求耗。

（十）地方醵资演剧酬神既开迷信之端，亦属繁费之举，应相约一切停止。

（十一）凡无业者亦为致贫之原因，凡同人子弟游荡，父兄不为谋生计者得干涉之。

（十二）吸鸦片为妨碍营业、消费资财之大者，应各悬为厉禁；纸烟耗费几同鸦片，应并禁止。

（十三）赌博尤为消耗资财之一端，须悬为厉禁，凡违禁赌博者惩罚规则应格外加严，雀牌、纸牌、骨牌之类均应与赌博同禁。

以上各条，应由地方官严禁，而以乡约补官法之所不逮。

一、此项禁约崇尚节俭为宗旨，以提倡社会力戒奢靡为办法。

一、此项禁约应由各属城市绅商各界发起，实行振兴，其余镇乡逐渐推行。

一、禁约订立后须随时宣布宗旨，并刊印益白话报广为传播，俾众周知。

一、禁约中须订立惩罚规则，以为惩罚违反者之准则。

一、此项禁约与社会有莫大之利益，贤愚皆知，表同情者须先备请愿书以为如约之证据。

一、凡奉行禁约者均须遵照禁约，违反者照章罚金。

湖南谘议局第二届议员一览表

姓　名	别　号	年　龄	籍　贯	住　所	通问处
谭延闿	组　庵	三　二	茶　陵	省垣荷花池	宫保第
陈炳焕	树　藩	五　一	湘　阴	省垣学院街	湘阴陈寓
粟戡时	墨　生	三　二	长　沙	东乡筱塘	城内松云纸局
李积璠	贵　勤	四　十	平　江	南乡沙段	平江金卯局
周鸿勋	右　铭	四　七	零　陵	西乡涧山	府城自治公所
曾　熙	俟　园	五　十	衡　阳	西乡龙田桥	南路师范学堂
王鼎峙	希　安	三　五	邵　阳	西乡留田	郡西门和吉织造公司
杨圭珽	作　臣	三　一	古丈坪	北门内	北门内
钟逢优	笏　唐	四　八	桃　源	北乡莫林村仙华冈	县城前西街皇甫宅
周煦埏	汝　霖	四　七	湘　乡	白龙都柏门楼	湘乡县城十八里团防局
储世镜	明　秋	四　五	靖　州	西门外艮山口枫木村	城内警务局
罗亮杰	次　龙	四　七	安　化	归化乡浮山	县署转
石秉钧	公　溥	四　四	邵　阳	府城内汲泉保沙井	府城内汲泉保沙井头
刘佐璇	履　谦	六　十	醴　陵	北乡清安境	城内育婴堂
朱廷利	彦　才	五　一	桂　阳	津江村	省城黄泥段朱寿康堂

续表

姓　名	别　号	年　龄	籍　贯	住　所	通问处
田　昺	曦　明	五　四	永　定	县城内文昌阁	自治公所
冯士倜	稚　垞		沅　陵	柳林汊	
刘献典	丽　堂	四　八	清　泉	南乡渣山坪	府城内堰堂巷刘氏试馆
魏联蓁	寿　贞				
罗蔚廷	文　岩	五　一	桂阳州	西乡西湖塘	城内劝学所
李恒泽	润　生	五　三	善　化	府正街	群益图书公司
李永瀚	惠　荃	五　一	芷　江	沅州府城府学宫左	府学宫坪左吴茂兴店
洪泽灏	商　舫	四　一	道　州	南门外水南街洪宅	调查局
郑　鼎	定　三	五　四	麻　阳	下乡桑林约	县城南街郑宅
姜岳崧	蕻　谱	五　十	宁　远	东乡万石桥	城内息讼所
周焕华	绿　洲	六　二	湘　乡	三十二都井市街	永丰中里自治公所
童光业	子　亮	三　六	宁　乡	省　城	西园童寓
萧鲤祥	笛　坞	四　十	衡　阳	北乡三官殿寺门前	城内南路分校
刘承孝	初　民	四　六	华　容	邑东外乡南雁山	北城外劝学所
危耀垣	菘　礽	五　七	湘　阴	城内诗礼堂	诗礼堂
丁蕃绶	翰　园	五　一	长　沙	河西都乌山	县署侧新粮科
萧湘柱	竹　雯	四　一	新　化	大同团阳硐村	新化中学堂
刘元鑑	亮　秋	四　三	桂　阳	北乡高福头	桂阳州劝学所
李执中	懋　吾	五　十	石　门	上　街	李陇西堂
方名贵	少　岑	五　四	临　湘	聂家市	县城培元局
周广询	采　之	五　四	湘　乡	三十八都冠曹区	县城劝学所
胡子清	少　潜	四　二	湘　乡	二坊大冲湾	省城法政学堂
郭景鏊	临　照	四　七	益　阳	八里昌家坪	县城郭宗祠
彭施涤	心　荃	三　七	永　顺	西乡大井	城内协正街泰和仁缎号
何居怡	晴　溪	四　七	永　兴	牛头村	县城协茂药号
刘忠训	心　符	五　一	浏　阳	县城团防总局	团防总局
周翼崧	约　循	五　五	湘　潭	西乡岳冲	筹办自治公所
李肩武	哲　琳	四　八	沅　江	县城后街	筹办自治公所
左学谦	益　斋	三　二	长　沙	大贤都常家冲	长沙筹办地方自治公所

续表

姓　名	别　号	年　龄	籍　贯	住　所	通问处
姚炳麟	瑞　承	三　七	晃　州	大鱼塘大坪	晃城巡警局
何步蟾	云　阶	五　七	道　州	西乡沙田	自治调查局又水南街洪宅
何朝钦	伯　寅	四　一	桂阳县	东乡永安里	城西自治研究所
刘善渥	雨　人	三　一	浏　阳	南正街刘公馆	省城文星桥宋寓
曾继辉	月　川	四　二	新　化	亲睦团水口村	新化劝学所
刘润珩	笠　湖	五　五	湘　阴	县城十字街	十字街
丁鸣盛	歌　镛	三　九	攸　县	北乡高枧	城内劝学所
易宗羲	佑　恂	三　六	善　化	第五区云田	南门口鸿章纸局
陈文玮	佩　珩	五　六	长　沙	省垣樊西巷	枫林陈寓
陈晋鑫	左　蘅	六　一	善　化	南乡蠡塘	东门捷径陈汇泽堂
李有珪	松　江	四　一	邵　阳	东乡九龙岭雁门前	东门外永昌纸店
潘振铎	宝　孚	五　五	武　冈	西乡围塘团	城内警务局
许镇岳	崧　生	七　十	安　仁	罗家桥	县城救婴局
张文卿	位　箴	五　一	辰　溪	南乡温塘坪	山塘驿麻恒盛染坊
曾立廷	溆　坞	六　十	永　顺	施容溪	永顺县自治公所
谢宗海	聘　卿	五　五	巴　陵	县城棚厂街	南门外谢谦益盐行
周毓丰	凤　山	四　二	新　化	永固团石脚村	劝学所
黎承福	寿　丞	三　五	湘　潭	九都茶园铺	县城内劝学所
邹士桢	幹　周	四　二	溆　浦	五都桥江	县城正街利用公号
钟才宏	伯　毅	三　一	蓝　山	在城乡高阳里	城内松鹤堂
丁　沅	芷　庭	六　二	武　陵	北乡黄鹂滩	常德大西门后街胡太史第
谭兆元	嵋　仙	五　七	益　阳	泉交河石仑村	二堡资裕祥
皇甫天成	敬　之	四　十	桃　源	县城西街	本　宅
贺景章	紫　云	五　五	湘　潭	六都薑畲	自治局
谌伯瑞	辑　五	三　九	溆　浦	邑南百二十里龙潭	县城利用公号
刘楚英	澄　甫	五　一	耒　阳	北乡兴二区锡田	东门内刘氏宗祠
杨若时	子　敬	四　五	江　华	黄　沙	杨同发店
周名建	屏　侯	五　八	清　泉	府城内财神殿巷	府城内财神殿巷
刘泽林	鹤　山	五　四	武　冈	西乡茶园	城内警务局

续表

姓　名	别　号	年　龄	籍　贯	住　所	通问处
王章永	杖　芸	四　八	宁　乡	二都秦塘冲尚德门	县城大西门王义泉号转交
曹作弼	槐　生	四　三	湘　潭	中八都五甲璋壁堂	十六总怡生祥缎号
黄　锳	同　阶	五　十	长　沙	清泰都	
吴树声	仁　风	五　七	永　绥	城内裕新当铺	裕新当铺
于云赞	奎　仲	五　八	慈　利	城内东门正街	瀛洲第
周逢瑞	少　畲	五　七	益　阳	十三里古塘基	西门外自治公所
杨本沼	璧　卿	四　一	会　同	西门内	城内警察总局转交
宋增馨	鞠　仙	四　二	湘　潭	三　门	十八总正街怡生祥绸缎号

图书在版编目（CIP）数据

湖南谘议局／牛贯杰编．— 太原：山西人民出版社，2020.6

（清末立宪运动史料丛刊／胡绳武主编）

ISBN 978-7-203-10395-0

Ⅰ．①湖…　Ⅱ．①牛…　Ⅲ．①谘议局－史料－湖南－清后期　Ⅳ．①D691.2

中国版本图书馆 CIP 数据核字（2018）第 093749 号

清末立宪运动史料丛刊·湖南谘议局

主　　编：胡绳武
副 主 编：牛贯杰　戴鞍钢
编　　者：牛贯杰
责任编辑：李　靖
复　　审：傅晓红
终　　审：蒙莉莉
装帧设计：谢　成

出 版 者：山西出版传媒集团·山西人民出版社
地　　址：太原市建设南路 21 号
发行营销：0351-4922220　4955996　4956039　4922127（传真）
天猫官网：https：//sxrmcbs.tmall.com　电话：0351-4922159
E - mail：sxskcb@163.com　发行部
sxskcb@126.com　总编室
网　　址：www.sxskcb.com

经 销 者：山西出版传媒集团·山西人民出版社
承 印 厂：山西出版传媒集团·山西人民印刷有限责任公司

开　　本：787mm×1092mm　1/16
印　　张：44.75
字　　数：750 千字
版　　次：2020 年 6 月　第 1 版
印　　次：2020 年 6 月　第 1 次印刷
书　　号：ISBN 978-7-203-10395-0
定　　价：278.00 元

如有印装质量问题请与本社联系调换